FERDINAND BRUNOT
Membre de l'Institut, Doyen de la Faculté des Lettres
Professeur d'Histoire de la Langue française à l'Université de Paris

HISTOIRE
DE LA
LANGUE FRANÇAISE
DES ORIGINES A 1900

Ouvrage couronné par l'Académie des Inscriptions et Belles-Lettres
(Premier Grand Prix Gobert)

TOME II
Le Seizième Siècle

DEUXIÈME ÉDITION REVUE ET CORRIGÉE
(2e Tirage)

PARIS
LIBRAIRIE ARMAND COLIN
103, Boulevard Saint-Michel, 103

HISTOIRE

DE LA

LANGUE FRANÇAISE

DES ORIGINES A 1900

TOME II

LIBRAIRIE ARMAND COLIN

FERDINAND BRUNOT

HISTOIRE DE LA LANGUE FRANÇAISE
DES ORIGINES A 1900

Ouvrage couronné par l'Académie des Inscriptions et Belles-Lettres
(Premier Grand Prix Gobert)

TOME I : **De l'époque latine à la Renaissance.** Un volume in-8 de 548 pages, broché.

Relié demi-chagrin, tête dorée.

TOME II : **Le Seizième siècle.** Un volume in-8 de 510 pages, 8 planches hors-texte, broché.

Relié demi-chagrin, tête dorée.

TOME III : **La formation de la langue classique (1600-1660)** :

Première partie. Un volume in-8 de 456 pages, broché.

Relié demi-chagrin, tête dorée.

Deuxième partie. Un volume in-8 de 320 pages, broché.

Relié demi-chagrin, tête dorée.

TOME IV : **La Langue classique (1660-1715)** :

Première partie. Un volume in-8 de 670 pages, broché.

Relié demi-chagrin, tête dorée.

Deuxième partie. Un volume in-8 de 566 pages, broché.

Relié demi-chagrin, tête dorée.

TOME V : **Le français en France et hors de France au XVIIe siècle.** Un volume in-8 de 528 pages, broché.

Relié demi-chagrin, tête dorée.

TOME VI : **Le XVIIIe siècle.**

Première partie. Un volume in-8. } *(en préparation).*
Seconde partie. Un volume in-8 }

TOME VII : **La propagation du français en France, jusqu'à la fin de l'ancien régime.** Un volume in-8 de 360 pages, broché.

Relié demi-chagrin, tête dorée.

TOME VIII : **La propagation du français en Europe. Le français langue universelle.** Un volume in-8 *(en préparation)*.

TOME IX : **La Révolution et l'Empire.**

Première partie. *Le français langue nationale.* Un vol. in-8 de 632 pages, br.

Relié demi-chagrin, tête dorée.

Deuxième partie. *Mouvement interne de la langue. — Perte de l'hégémonie en Europe.* Un volume in-8 *(en préparation)*.

FERDINAND BRUNOT
Membre de l'Institut, Doyen de la Faculté des Lettres
Professeur d'Histoire de la Langue française à l'Université de Paris

HISTOIRE

DE LA

LANGUE FRANÇAISE

DES ORIGINES A 1900

Ouvrage couronné par l'Académie des Inscriptions et Belles-Lettres
(Premier Grand Prix Gobert)

TOME II

Le Seizième Siècle

2e Édition revue et corrigée

PARIS
LIBRAIRIE ARMAND COLIN
103, BOULEVARD SAINT-MICHEL, 103

1927

PREMIER TIRAGE, 1906. — DEUXIÈME TIRAGE, 1922.
TROISIÈME TIRAGE, 1927.

ABRÉVIATIONS

a) Principales abréviations des mots usuels (cf. t. I, p. XXIV).

aut. = autographe.
dial. = dialecte.
gasc. = gascon.
lyon. = lyonnais.
vendom. = vendômois.

b) Principales abréviations usitées dans les citations de textes, avec indication des éditions auxquelles ces citations sont empruntées.

(Il n'a pas été fait mention ici des textes qui sont cités d'après les Dictionnaires de Godefroy (G.), Hatzfeld, Darmesteter et Thomas (H. D. T.), et Littré (L.).

A

Alexandre d'Aphrodisée. *Problemes*, trad. par Heret. Paris, Guill. Guillard, 1555.

Amad. = *Amadis de Gaule*, trad. par des Essars, livres I-XII, 1540-56, 12 part. f°.

Amyot, *Vies*, = *Les vies des Hommes illustres...* Lausanne, Franc. le Preux, 1574, 8°; *Agis et Cléom.* = *Agis et Cléomène*; *Ant.* = *Antoine*; *Cat.* = *Caton*; *Cim.* = *Cimon*; *Dio.* = *Dion*; *Eum.* = *Eumène*; *Flam.* = *Flaminius*; *Lyc.* = *Lycurgue*; *Philop.* = *Philopoemen*; *Œuv. mor.* = *Œuvres morales*. Lyon, Antoine de Harsy, 1587, f°. *De l'Am.* = *De l'Amitié*; *Cur.* = *De la Curiosité*; *Prop. tab.* = *Prop. de table*; *Mauu. honte* = *De la Mauuaise honte*.

A. th. fr. = *Ancien théâtre français*, p. p. Viollet le Duc. Paris, 1854-57, 10 v. 16° (Bibl. elz.).

André (Pierre), *Traité de la peste et de la disenterie*. Poitiers, Nic. l'Ogerois, 1563, 8°.

Aneau (Barthélemy), *Lyon marchant*. = *Lyon marchant, satyre françoise* (1542), réimpression de 1831 par G. V.; — *Quintil Horatian*, à la suite de l'édition de la *Deffence et Illustration de du Bellay*, donnée par Person; — *Tresor des remedes secretz par Euonime Philiatre. Livre Physic, Medical, Alchymic et Dispensatif de toutes substantiales liqueurs et appareils de vins de diverses saueurs, necessaire à toutes gens, principalement a medecins, chirurgiens, et apothicaires.* Lyon, Balth. Arnoullet, 1555, pet. 4°.

Anonyme de 1624, *Ecloge praecipuarum legum gallicae pronunciationis.* Montibus, 1624.

D'Argentré, *Collectio judiciorum de novis erroribus.* Paris, 1724, 3 vol. f°.

Aristote, voy. Meigret.

Arnault-Pasquet de la Rochefoucauld, *De l'industrie des animaux*, trad. de Plutarque, 1557.

Art poétique. Paris, Corrozet, 1548, voy. Seb.

E. Langlois, *Art de rhet.* = *Recueil d'arts de seconde rhétorique.* Paris, I. N., 1902, 4° (Coll. des Doc. Inédits).

D'Assouc., *Ovid.* = D'Assoucy, *L'Ovide en belle humeur.* Paris, Ch. de Sercy, 1650, 4°.

D'Aubigné, R. et Causs. = *Œuvres complètes*, p. p. E. Réaume et de Caussade. Paris, Lemerre 1873-1892, 6 v. 8°. *Trag.* = *Les Tragiques donnez au public par le larrecin de Promethee*, éd. Lalanne, Paris, 1857, 16° (Bibl. Elz.) ; Paris éd. Ch. Read., Paris, 1896, 2 vol., 16°. Libr. des Bibliophiles. *Faen.* = *Les Avantures du baron de Faeneste* (t. II de l'éd. Réaume et de Caussade). — *Hist.* = *Histoire universelle*, éd. de Ruble (Soc. de l'Hist. de France, 1887 sq.), 8°.

Ant. Augereau, cf. *Briefve doctrine.*

Augurell, *Facture de l'or, trois liures.* Lyon, Guill. Rouille, 1541, in-16.

B

Bac., *Adm. p.* = Bacon, *De l'admirable pouuoir et puissance de l'Art et de nature*, trad. par J. Girard de Tournus. Lyon, Macé Bonhomme, 1557, 8°.

Bacon (Roger), *Mir. d'Alq.* = *Le miroir d'Alquimie*, trad. par un gentilhomme du D'aulphiné (Jac. Girard de Tournus). Lyon, Macé Bonhomme, 1557, 8°.

Baïf, *Euures en rime de I. A. de Baif*, éd. Ch. Marty-Laveaux. Paris, Lemerre, 1885-91, 5 v. 8° (*Collection de la Pléiade française*) ; *Psaut.* = *J. A. de Baïf's Psaultier*, hg. von Dr E. J. Groth. Heilbronn, 1888, in-8°.

Bail., *De l'hom.*, ou *Tr. de l'h.* = Le Baillif (Roch), sieur de la Rivière, *Premier traicté de l'homme et son essentielle anatomie.* Paris, Abel l'Angelier, 1580, pet. 8° ; *Conf.* = *Conformité de l'Ancienne et moderne medecine d'Hippocrate a Paracelse.* Rennes, Michel Logeroy, 1592, pet. 8°.

Baland, voy. de Lortie.

Balzac, *Let. chois.* = *Lettres choisies.* Paris, A. Courbé, 1647, 2 vol. 8°.

Barcley, *Here begynneth the Introductory to wryte and to pronounce frenche.* Londres, 1521 (réimprimé en grande partie dans Ellis, *On early english Pronunciation*, et Stengel, *Zeitsch. f. neufr. Spr. u. Litt.*, I, 23).

Bartsch, *Chrest.* = Bartsch, *Chrestomathie de l'ancien français*, 5e éd. Leipzig 1884, 8°.

Baude. Voir au tome I.

Beaumanoir, *Coust.* Voir au tome I.

De Beaune (Jacques), *Discours comme une langue vulgaire se peut perpetuer.* Lyon, P. de Tours, 1548 (réimprimé par M. Em. Roy : *Lettre d'un Bourguignon contemporaine de la Deffence et illustration de la langue françoyse, R. h. l.*, 1895, p. 233.

Becker (H.), *Un humaniste au XVIe siècle, Loys Le Roy.* Paris, Lecène et Oudin, 1896, in-8°.

Bellarmin, *De Verbo Dei*, t. I des *Disputationes*, Ingolstadii, 1599, 3 vol. 8°.

Bel. ou Bell. = Belleau, *Les Œuvres*, éd. Marty-Laveaux. Paris, Lemerre, 1879, 2 v. in-8°. (*Collection de la Pléiade française*) ; *La Recon.* = *La Reconnue*, comédie (*Ancien théâtre français*, t. IV).

Belleforest, *la Cosmographie universelle*, de Munster, trad. par..... Paris, 1575, 3 vol. 8°.

Belleforest, par erreur pour François le Grand, *La Honte vicieuse*, traduit de Plutarque. Rouen, 1554.

Belon, *Histoire naturelle des estranges poissons marins.* Paris, Chaudière, 1551, 4°. — *Singular.* = *Observations de plusieurs singularitez,... trouvées en Grece, Asie, Egypte.* Paris, Cavellat, 1555 4° ; — *Histoire de la nature des oyseaux*, *ibid.* 1555, f° ; — *Def. de labour* = *Remontrances sur le default du labour et culture des plantes. ibid.*, 1558, pet. 8°. — *Portraits d'oyseaux, animaux... ibid.*, 1557, 4°.

Benoist, *Synt. fr. entre Palsgr. et Vaug.* = *La Syntaxe française entre Palsgrave et Vaugelas.* Paris, Thorin, 1877, 8°.

Berger (Sam.), *La Bible française au moyen âge.* Paris, Impr. nat., 1884 ; — *La Bible au XVIe siècle.* Paris, Berger Levrault, 1879, gd 8°.

Bernard (Aug.), *Geoffroy Tory.* Paris, Tross, 2e éd., 1865, 8°.

Bernhard (Samuel), *Grammatica Gallica.* Argentorati, MDCVII, in-12°.

Béroalde de Verville, *Le Moyen de parvenir.* Paris, Garnier, s. d., in-12°.

Berte = *Li roumans de Berte aus grans piés*, voir au tome I.

De Bèze, *Traité de la prononciation fr.* ou *Pron. fr.* = *De Francicae linguae recta pronuntiatione.* Genevae. Apud Eustathium Vignon, MDLXXXIIII, réimpr. par Tobler, 1868. Berlin et Paris, in-12°.

[Olivetan], *Bible de Serrières. La Bible qui est toute la Saincte escripture...* Neufchastel, Pierre de Wingle, dict Pirot picard, 1535, f°.

Bocellin, *Practique sur la matiere de la contagieuse maladie de lepre*, Lyon, Macé Bonhomme, 1540, 4°.

Bodel (Jean), *Jeu de St-Nicolas* dans *Théâtre français au moyen âge*, p. p. Monmerqué et Michel. Paris, 1870, 8°.

Bodin (Jean), *De instituenda in republica iuventute oratio*. Tolosae, ex off. P. Putei 1559, 8°.

Bodin (J.), *Théâtre de la nature*, trad. en fr. par Fr. de Fougerolles. Lyon, Jean Pillehotte, 1597, 8°.

Boissière (Cl. de), *L'art d'Arythmetique contenant toute dimension tres singulier et commode tant pour l'art militaire que autres calculations*. Paris, Annet Brière, 1554, 8°.

De Boissière, voir à Gemma Frison.

J. Bouch., *Tr.*, Ham., *2 Mor* H., voy. Hamon ; — *Le temple de bonne renommée*. Paris, Galliot du Pré, 1516, f°.

Bouch., *Ser.* = *Les serces de Guillaume Bouchet, sieur de Brocourt*, p. p. C. E. Roybet. Paris, Lemerre, 1873-83, 6 vol. in-16° ; on indique d'abord le livre et la sérée, ensuite le tome et la page.

P. Boulenger, *De utilitate quæ ad populum Gallicum rediret, si sanctè Regis edictum servaretur, de adhibendis in singulis Galliae oppidis præceptoribus à quibus gratuitò egentiores adolescentuli ingenuis artibus erudirentur*. Paris, Fed. Morel, 1566, 8°.

Bourciez (H.), *Les mœurs polies et la littérature de cour sous Henri II*. Paris, 1886, 8°.

Bouelles (Ch.), Charles de Bovelles, *Liber de differentia vulgarium linguarum, et Gallici sermonis varietate. Quæ voces apud Gallos sint factitiæ et arbitrariæ, vel barbaræ : quæ item ab origine Latina manarint. De hallucinatione Gallicanorum nominum*. Parisiis Rob. Estienne, 1533, pet. 4° ; — *L'art et la science de Geometrie auec les figures sur chascune reigle, par lesquelles on peut facilement comprendre ladite science*. Paris, H. Estienne, 1514, 4° ; — *Géo.* = *Geometrie pratique nouvellement reueue augmentée et grandement enrichie*. Paris, Hier. de Marnef et Guill. Cavellat, 1566, 4° ; — *La Practique de Geometrie avec l'usage du Quarré geométrique* Paris, Gilles Gourbin, 1575, 4°.

Brailler (P.), *Art.* = *Articulations sur l'Apologie de J. Surreth*, médecin à Saint-Galmier. Lyon, 1558. *Declaration des abus et ignorances des medecins reponce contre Lisset Benancio*, Lyon, 1er janv. 1557 16° (repr. dans les *Œuvres* de Palissy, par Cap, Paris, 1844).

Brandon (E.-E.), *Robert Estienne et le dictionnaire français au XVIe siècle*. Thèse de l'U. de Paris. Baltimore, 1904, 8°.

Brant., *Vie des gr.* ou *G. cap.* = Brantôme, *Vies des grands capitaines*. dans les *Œuvres complètes*, p. p. P. Mérimée et L. Lacour. Paris, 1858-1893, 13 vol. 16° (Bibl. elz.).

P. Breslay, *L'Anthologie ou Recueil de plusieurs discours notables.* Paris, 1574, 8°.

Briçonnet, *Let.*, Herminj., C. = voy. Herminjard, *Correspondance.*

Briefve doctrine = *Briefue doctrine pour deuement escripre selon la propriete du langaige françoys*, 1533, 8°. B. Nat., Y 4525.

Bruès (Guy de), *Dialogues contre les nouueaux Académiciens.* Paris Cavellat, 1557, 4°.

Brun. Lat. = Brunetto Latino, *Li livres dou tresor*, voir au tome I.

Brunot (F.), *Doctr.* = *La doctrine de Malherbe d'après son commentaire sur Desportes.* Paris, Masson, 1891, 8° ; — *De Philippi Bugnonii vita et eroticis versibus.* Lyon, Storck, 1891, 8° ; — *Un projet d'enrichir, magnifier et publier la langue françoise en 1509*, Rev. d'Hist. litt., 1894.

Budé, *De l'Institution du prince*, publié par Mre Jean de Luxembourg, abbé d'Iury, imprimé à l'Arriuour, abbaye dudit seigneur, par Me Nicole Paris, 1547 f° ; — *De philologia*, dans les *Lucubrationes variæ*, Basil. apud Nic. Episcopium MDLVII f°.

Bugn., *Er.* = Ph[t] Bugnyon, *Erotasmes.* Lyon, Jean Temporal, 1557. pet. 8°.

Buisson (F.), *Sébastien Castellion.* Paris, Hachette. 1892, 2 vol. 8°.

Buttet (Claude de), *Œuvres poétiques*, Lyon, Scheuring. 1877, 8°.

C

Cabral (Barthélemy), *Epistre apologetique à Ant. de Clermont, baron de Montoison*, dans Joubert, *Erreurs populaires* (2e part.).

Campese, voir Champier.

Canappe, *Os* = *Anatomie des os du corps humain*, traduit de Galien, Lyon, 1541, 8° ; — *Muscles* = *Mouvement des muscles.* Paris, Denys Janot, 1541, 8°.

Canappe (avec collab. de Tolet), *Opuscules de diuers autheurs medecins redigez ensemble pour le proufit et utilite des chirurgiens.* Lyon, Jean de Tournes, 1552, 8°.

Cartier (J.), *Bref recit de la nauigation faicte es isles de Canada.* Paris, 1545, pet. in-8°.

Cathalan, *Arithmétique et maniere d'apprendre a chiffrer...* Lyon, Th. Payan, 1555, 16°.

Catharinus (Ambrosius), *Quæstio an expediat Scripturas in maternas linguas transferri*, dans *Collectio quorundam grauium authorum* ; voir plus loin, à *Collectio...*

Cauchie (Antoine), 1570 = *Grammatica Gallica, suis partibus absolutior quam ullus ante hunc diem ediderit.* Parisiis, Impensis Antonii Lithostratei. 1570, 8° ; — 1576 = *Grammatica Gallica, in III libros distributa : ad Nicolaum à Buckwolden et Franciscum Razouium, nobiles Holsatos. Cum Auctoris Epistola ad Martinum Barnecouium Nobilem Danum, de sua Grammatica, et prosodia Gallicana.* Antuerpiae, ap. Lucam Bellerum, MDLXXVI (Bibl. Maz., 20389).

Cayet, *Chron. sept.* = Palma Cayet, *Chronologie septenaire contenant l'histoire de la paix et les choses les plus memorables aduenues depuis la paix de Vervins (1598) jusques à la fin de 1604.* Paris, 1838, 4°. Collection Michaud et Poujoulat, t. XII, 2e partie.

Chamard (H.-J.), *Du Bellay.* Lille, 1900, 8°.

Champaignac (J. de), *Physique françoise avec un Traicté de l'immortalité de l'ame.* Bordeaux, Millanges, 1595, 2 part. 16°.

Campese (Champier), *Les lunectes des Cyrurgiens et Barbiers auquelles sont demõstrees les reigles et ordonnances et la voye par lesquelles se doybuent reigler les bons Cyrurgiens lesqueux veullent viure selon dieu et la religion crestienne.* Lyon, P. Mareschal (à la suite du Myrouel des appothiquaires). Bibl. Maz., Rés. 29045.

Champier, *Myrouel* = *Le Myrouel des Appothiquaires et Pharmacopoles par lequel est demonstre comment appothiquaires communement errent en plusieurs simples medicines contre l'intention des Grectz.* Lyon, Pierre Mareschal, 1532, 8°, réimpr. par Dorveaux, Paris, Welter, 1895, 8°.

Chansons françaises du XVe siècle, voir au tome I.

Chans. Hug. = *Le chansonnier huguenot du XVIe siècle.* Paris, Tross, 1870-71, 1 vol. en 2 t. in-12 carré.

Chapelain (J.), *Le Gueux, ou la vie de Guzman d'Alfarache.* Lyon, Rigaud, 1630, 8°.

Ch. d'Or. ou Ch. d'Orl. = Charles d'Orléans, voir au tome I.

Chartier (Alain), *L'esperance ou consolation des trois vertus*, éd. 1470-80, d'après Hoepfner, *Die Wortstellung bei Al. Chartier und Gerson.* Diss. Leipzig, Grimma, 1883, 8°.

Chart. (J.), *Chron.* = *Chronique de Charles VII*, par Jean Chartier, p. p. Vallet de Viriville. Paris, 1858, 3 vol. 16° (Bibl. elz.).

Ch. hist., voy. Leroux de Lincy.

Chastell. *Chron.*, = Chastellain (G.), *Chronique des derniers ducs de Bourgogne*, dans ses *Œuvres*, éd. Kervyn de Lettenhove. Bruxelles, 1863-66, 8 vol. 8°.

Chauvet (J.), *Les institutions d'arithmétique.* Paris, Hierosme de Marnef, 1578, 8°.

Ch. hist. Ler. de Linc., voir à Ler. de L.

Ch. hist., Pic., R. h. l., I, 300 = *Chants historiques*, p. p. Picot, *Revue d'histoire littéraire*, t. I, p. 300.

Chem. de Povret., Men. de Paris = *Chemin de Povreté*, dans *Le Menagier de Paris* ; voir au tome I.

Chenevière (A.), *Bonaventure des Périers.* Paris, Plon, 1885, 8°.

Chev. de la Tour Landr. = *Le livre du Chevalier de la Tour Landry*; voir au tome I.

Cheval. du Papegau = *Le Chevalier du Papegau*, éd. Ferdin. Heucken-kamp. Halle, 1896, in-8°.

Les choses contenues en ce present liure. Epistres et Euangiles pour les cinquante deux semaines de l'an commenceans au premier dimanche de l'auent — Apres chascune Epistre et Euangile, briefue exhortation selon l'intelligence d'icelle, attribué à Lefèvre d'Étaples; se trouve à la Bibliothèque de la *Société d'histoire du protestantisme français*.

Chrest. = Chrestien de Troies; voir au tome I.

Christie (Copley), *Etienne Dolet*, trad. par Stryienski, Paris, Fischbacher, 1886, g[d] 8°.

Chr. de Pis., *Dit de Poissy*, Christine de Pisan, dans les *Œuvres Poétiques*, éd. Maur. Roy. Paris, 1886-96. Soc. des A. Textes.

Chr. de Pis., *Charl.* ou *Hist. de Ch. V* = *Histoire de Charles V*, dans la Collection des Mémoires de Petitot.

Chron. paris. anon. = *Chronique parisienne anonyme de 1316 à 1339*. Mém. de la Soc. de l'hist. de Paris, XI, 1885.

Chron. du M. S. Mich. = *Chronique du Mont-Saint-Michel*, éd. Sim. Luce. Paris, Didot, 1879-86, 2 vol. 8° (Soc. des A. Textes).

Clément (Louis), *Est.* ou *Estienne* = *Henri Estienne et son œuvre française*. Paris, Alph. Picard, 1898, 8°.

C. Nouv. = *Cent Nouvelles nouvelles*, éd. Thomas Wright. Paris, Jannet, 1858, 16° (Bibl. elz.).

Col., *Œuvr.* = Colin (Sébastien), *L'ordre et regime qu'on doit garder et tenir en la cure des fieures..., plus ung Dialogue contenant les causes... des urines*. Poitiers, Enguilbert de Marnef, 1558, pet. 8°.

Collectio quorumdam gravium authorum qui ex professo, vel ex occasione, sacrae Scripturae, aut divinorum officiorum, in vulgarem linguam translationes damnarunt. Paris, Ant. Vitré, 1661.

Coll., *Œuv.* = Roger de Collerye, *Œuvres*, éd. Ch. d'Héricault. Paris, 1855, 16° (Bibl. elz.).

Comm., M. = Commines, *Mémoires*, éd. de Mandrot, voir au tome I.

Compayré. *Hist. des doct. de l'Éduc.* = *Histoire des doctrines de l'Éducation*. Paris, Hachette, 1879, 2 vol. 8°.

Coq. ou Coquil = Coquillart, *Œuvres*, p. p. Ch. d'Héricault. Paris, 1857, 2 vol. 16° (Bibl. elz.).

Cor. L. = *Le Couronnement de Louis*; voir au tome I.

Cord., *Corr. serm. em.* = Mathurin Cordier, *De corrupti sermonis emendatione libellus*. Rob. Estienne, 1530, 8°.

Valerius Cordus, *Guidon des Apothicaires*, éd. p. André Caille. Lyon, Est. Michel, 1572.

Corroz., *Hecat.* = Gilles Corrozet, *Hecatomgraphie*; réimprimé p. Ch. Oulmont. Paris, Champion, 1905. Quand la page n'est pas indiquée, c'est que le renvoi est fait à l'édition originale.

Costar, *Lettres*. Paris, Courbé, 1658-59, 2 vol. 4°.

Cotgr., *Dict.* ou Cotgr. = Cotgrave, *A Dictionary of the French and English tongues.* London, 1611, f°.

Courcelles (P. de), *Rhetorique.* Paris, Seb. Nivelle, 1557, pet. 4°.

Cyre Fouc., *Ep. d'Arist.* = Cyre Foucault, *Les epistres amoureuses d'Aristenet, tournées de Grec en François*, éd. A. P. Malassis. Paris, Liseux, 1876, 12°.

D

Dalechamps (J. ou d'Alechamps), *Chirurgie.* Lyon, Guill. Rouille, 1570, 8°.

Dariot, *Premier discours de la Preparation des medicamens...* Lyon, Pesnot, 1582, 8°.

Darm. ou Darm. et Hatzf., *XVI*e *s. en France.* = Darmesteter et Hatzfeld, *Le XVI*e *siècle en France.* Paris, s. d., Delagrave in-12°.

Darmesteter, *Création des mots nouveaux.* Paris, Vieweg, 1877, in-12°; — *Note sur l'histoire des prépositions françaises* en, ens, dedans, dans Paris, Leop. Cerf, 1885, broch, in-12°.

Daurat, voy. Dorat.

Deimier (P. de), *Académie de l'art poétique.* Paris, 1610 pet. 8°.

Dejob (Ch.), *Marc-Antoine Muret.* Paris, 1881, 8°.

Delisle (Léopold), *Notices et Extraits des mss. de la Bibl. nationale, et autres bibliothèques.* Paris, Impr. nat., 1899, 4°.

Delitzsch, *Das Lehrsystem der römischen Kirche.* Gotha, 1875, 8°.

Des Autels, *Rep. c. M.* = *Réplique aux furieuses defenses de Louis. Meigret.* Lyon, 1551, 8°.

* Desch. = E. Deschamps, *Œuvres complètes*; voir au tome I.

Desper., *Nouv.* ou *J. Deuis* = Bonaventure des Periers, *Les Nouvelles recreations et ioyeux deuis*, au t. II de l'éd. de ses *Œuvres françaises*, p. p. L. Lacour. Paris, 1856, 2 vol. 16° (Bibl. elz.). Je renvoie souvent simplement aux *Œuvres*; — *Cymbal.* = Des Periers. *Cymbalum mundi.* Paris, éd. F. Franck, 1873, ou au t. Ier des *Œuvres*, éd. Lacour, Paris, 1856, 2 v. 16° (Bibl. elz.)

Desp.; *Disc. sur les vertus* = Desportes, *Discours sur les vertus intellectuelles et morales*, voy. Frémy, *Académie des Valois* p. 231; — *Im. de l'Ar.* = *Imitation de l'Arioste*. *El.* = *Élégies*, dans ses *Œuvres*, ed. Michiels. Paris, Delahays, 1858, 12°.

Des Essars, voy. *Amad.*

Dial. animae et rationis = *Dialogus animae conquerentis...*; voir au tome I.

Dial. Greg. = *Li dialoge Gregoire lo pape*, éd. Fœrster. Halle, 1876.

D. de Poit., *Let.* = *Lettres inédites de Dianne de Poytiers*, éd. G. Guiffrey. Paris, Ve Renouard. 1865, 8°; en appendice, *Lettres de Henri II.*

Disc. des Troub. d'Arragon, Var. hist. et litt. = *Discours des troubles...* dans les *Variétés historiques et littéraires*, p. p. Ed. Fournier. Paris, 1855-63, 10 vol. 16°.

Doctr. sans autre indication renvoie à = *Doctrine de Malherbe*, voir Brunot.

Dolet, *La maniere de bien traduire d'une langue en aultre D'aduantage de la punctuation de la langue francoyse, Plus Des accents d'ycelle.* Le tout faict par Estienne Dolet, natif d'Orléans. A Lyon, chés Dolet mesme, MDXLII, pet. 4° ; — *Accents de la l. fr.* = voir *Man. de Trad* ; — *Brief discours de la republique francoyse desirant la lecture des liures de la Saincte Escripture luy estre loysible en sa langue vulgaire*, 1554 ; — *II Enf.* = Dolet, *Second Enfer* (suivi des traductions de l'*Hipparchus* et l'*Axiochus* de Platon), réimpr. de Paris et Bruxelles, 1868, 8° ; — *Gest. de Fr. de V.* = *Les Gestes de Francoys de Valois.* Lyon, Est. Dolet, 1540, pet. 4°.

Dorat, M.-L. = *Poemata*, éd. Marty-Laveaux (Coll. de la Pléiade française), Paris, Lemerre, 1876, 8°.

Ælii Donàti, *De octo oratiônis pàrtibus libéllus. Des huict parties d'oraison.* Parisiis, ex officina Matthaéi Davîdis, via Amygdalina, 1546, 8°.

Drosai, *Grammaticae quadrilinguis partitiones, in gratiam puerorum : autôre Ioànne Drosœo, in utroque iûre doctôre illustrissimo*, Parisiis, *Ex officina Christiani Wecheli sub scuto Basiliensi, in vico Iacobœo. Anno*, M. D. XLIIII, 4°.

Du Bart., *1re j.* = *1re journée ; 2e j.* = *2e Journée.* Du Bartas, *Œuvres.* Anvers, 1591, 8°.

Du Bel. ou Bell. M.-L. = Du Bellay, *Œuvres*, éd. Marty-Laveaux, 1866-67, 2 vol. 8°, Paris, Lemerre (Collection de la Pléiade française) ; — *Œuv. chois.* = *Œuvres choisies*, p. p. Becq de Fouquières, Paris, Charpentier, 1876, in-12 ; — *Def.* = *Deffence et Illustration de la langue francoyse*, 8° ; éd. Person, 1878 ; éd. Cham. = éd. Chamard, 1904 ; — *Let. in.* = *Lettres de J. Du Bellay*, p. p. P. de Nolhac. Paris, Charavay, 1883, 8°.

Dubois (Jacques) (Sylvius Ambianus), *Isagωge* = *Jacobi Sylvii Ambiani in linguam gallicam Isagωge, unà cum eiusdem Grammatica Latino gallica, ex Hebràeis, Graecis et Latinis authoribus Cum priuilegio. Parisiis, ex officina Roberti Stephani.* (Achevé d'imprimé le 7 des ides de Janvier 1531, nouv. style 1532.) Le nom de Dubois ou de Sylvius, sans autre indication, renvoie à cet ouvrage.

Simon Silvius, dit de La Haye; Siméon Dubois, dit de La Haye *Traduction du Commentaire de M. Ficin sur le Banquet de Platon.* Poitiers, 1546, pet. 8°.

Du Boulay, *Hist. Universitatis* = Bulaeus, *Historia universitatis Parisiensis.* Paris, Noël et de Bresche, 1665-73, 6 vol. f°.

Duez (N.), *Le vray guidon de la langue françoise*, Leyde, Bonav. et Abr. Elsevier, 1639, 8°.

Du Fail (Noël), *Eutr.* = *Contes et discours d'Eutrapel*, réimpr. par C. Hippeau. Paris, Libr. des Biblioph., 1875, 2 vol. 8° ; *Propos rustiques*, dans les *Œuvres facétieuses*, éd. Assézat, Paris, Daffis, 1874, 2 vol. 16° (Bibl. elz.).

Dufayard, *De Claudii Seisselii vita et operibus*. Paris, 1892, 8°.

Du Gault, *La Palinodie chymique*. Paris, 1588, 8°.

Du Lorens, *Sat.* = *Satires*. Paris, Jouaust, 1869, 16°.

Du Moul. (Ant.), *Chirom.* = Antoine du Moulin, *Chiromance et physiognomie*... Lyon, 1549, 8°.

Du Parc (Denis Sauvage), *Philosophie d'amour* de Léon Hebrieu, trad. par le Sieur... Lyon, 1559, 16°.

Du Perron, *Disc.* ou *Prem. disc.* = J. du Perron, *Discours philosophique tenu à la table du roy, avec C. J. de Guersen*, s. l. n. d., in-4° (Bibl. Maz., 14.164).

Dupuy (Ernest), *Bernard Palissy*. Paris, Lecène et Oudin, 1894, in-12.

Durand, *Im. de Bonnefons* = *J. Bonefonii... opera... Avec les imitations françoises de G. Durant*. Amstelodami, 1726, 12°.

Duret (Cl.), *Traité de la verité des causes et effects des divers cours, mouuements, flux, reflux, et saleure de la mer Oceane*. Paris, Jacq. Bezé, 1600, 8°.

Dusseau (Michel), *Enchirid, ou manipul des miropoles, sommairement traduit et commenté suivant le texte Latin*. Lion, J. de Tournes, 1561, pet. 4°.

Du Vair, *Œuvres*. Paris, Séb. Cramoisy, 1625, 2 part. f°.

Duval, *Esch. fr.* = [Duval], *L'Eschole françoise*. Paris, Eust. Foucault, 1604, 12°.

E

Enf. Viv., ms. 1448 = *Les enfances Vivien* ; voir au tome I.

Epitre du beau fils de Paris = *L'amant despourueu de son esperit escripuant a sa mye, voulant parler le courtisan, avec la Responce de la dame* (dans *Anciennes poésies françaises des XVe et XVIe s.*, par Montaiglon V, 127 et suiv., reproduit aussi dans la plupart des éd. de Marot).

Erasme, *Enarratio Primi psalmi* dans *Erasmi opera omnia*, Leyde, Van der Aa, 1703-1706, 10 t. en 11 vol. f°.

Rob. Est., sans indication d'ouvrage, renvoie au texte latin du *Traité de la grammaire française* qui a été ajouté par H. Estienne aux *Hypomneses*.

Estienne (Rob.), *Les déclinaisons des noms et verbes, que doibuent scauoir entierement par cueur les Enfans, ausquelz on veult bailler entree a la langue Latine*. Paris, Rob. Estienne, impr. du Roy, 1549, 8°.

Rob. Est. 1539 = R. Estienne, *Dictionaire francoislatin*, 1539-1540, f° ; Rob. Est., 1549 = *Dictionaire françoislatin corrigé et augmenté*, 1549, f°.

Estienne (H.), *Apol.* = *Apologie pour Herodote*, éd. Ristelhuber. Paris, Liseux, 1879, 2 vol. 8° ; — *Dial.* = *Deux dialogues du nouueau langage François, italianizé et autrement desguizé*, s. l. n. d., paru chez H. Estienne, Genève, 1578, petit in-8°. réimpr. chez Isidore Liseux, Paris,

1883, 2 vol. 8° ; — *Conf.* = *Traicté de la Conformité du langage françois auec le grec*, éd. Feugère, Paris, Delalain, 1853 ; — *Precel.*, éd. Hug. = *Proiect du liure intitulé : De la précellence du langage François*, édition Edmond Huguet, Paris, A. Colin, 1896, 12° ; — *Hyp.* ou *Hypomn.* = *Hypomneses de Gallica lingua, peregrinis eam discentibus necessariae, quaedam vero ipsis etiam Gallis multum profuturæ...* Auctore Henr. Stephano : qui et Gallicam patris sui Grammaticen adiunxit... (Genève), MDLXXXII, 8°.

Eusèbe (J.), *La science du Poulx. Le meilleur et plus certain moyen de iuger des maladies.* Lyon, J. Saugrain, 1568, 8°.

Ev. des Quen. = *Les évangiles des Quenouilles.* Paris, Jannet, 1855, 16° (Bibl. elz.).

F

Faits merv. de Virg. = *Les faictz merveilleux de Virgille* ; voir au tome I.

Farce a IV pers. = *Farce à IV personnages*, dans le *Recueil de farces* de Picot et Nyrop. Voir à Pic. et Nyr. ; — *Farce de f. bob.* = *Farce de folle Bobance*, ib. ; *Farce de II j. fem.* = *Farce des deux jeunes femmes*, ib. ; *F. joy. et recr.* = *Farce joyeuse et récréative*, ib.

Farce de Mimin, voir dans l'*Ancien théâtre français*, t. II ; *Farce du Franc Archier*, voir *ib.*

Farce du pont aux ânes, dans Fournier, *Le Théâtre français avant la Renaissance.* Paris, s. d., 4°.

Farel, Herm., *C.* = *Correspondance* de G. Farel, dans Herminjard ; voir à ce nom.

Farel, *Briefue admonition de la maniere de prier.* Paris, 1525, 8°.

Fauchet (Claude), *Orig. de la l. fr.* = *Recueil de l'origine de la langue et poésie françoise* (à la suite de la *Sec. partie du IIe volume des Antiquitez Gauloises et Françoises.* Paris, Dav. Le Clerc et J. de Heuqueville, 1610, 4°).

Favre (Jules), *Olivier de Magny.* Paris, Garnier, 1885, 8°.

Finé (Or.), *Sphere* = Oronce Finé, *La sphere du monde proprement ditte Cosmographie, composée nouuellement en François.* Paris, Mich. Vascosan, 1551, 4°.

Focard, *Paraph. de l'Astrol.* = *Paraphrase de l'Astrolabe*, revue par Jacques Bassentin. Lyon, J. de Tournes, 1555, 8°.

Fontaine, *Les ruisseaux de Fontaine.* Lyon, Thib. Payan, 1555, pet. 8° ; — *La Fontaine d'Amour.* Paris, Jeanne de Marnef, 1546, 16°.

Forcad. ou Et. Forcad. = Ét. Forcadel, *Œuvres poétiques.* Paris, G. Chaudière, 1579, pet. 8° (Bibl. Ars. B. L. 6464) ; — *Arithmetique entiere et abregee.* Paris, Ch. Perier, rue St-Jean de Beauuais, au Bellerophon, 1565, 8°.

Fouchs, *la Methode ou briefue introduction pour paruenir a la connaissance de la vraye et solide medecine*, trad. par Paradin. Lyon, 1552; — *Thresor de medecine tant theorique que pratique*, trad. anonyme (Jean Goy). Paris, Nic. Peletier, 1560, 8°.

Fougerolles (Fr. de), voy. Bodin.

Fouquelin de Chauny (Antoine), ou Foclin, *Rhetorique francoise*. Paris, André Wechel, 1555, pet. 8° (B. Nat. Res. X 2534).

Frémy, *Acad. des Val.* = *L'Académie des derniers Valois*. Paris, Leroux, 1887, 8°.

Froger (abbé), *Les premières poésies de Ronsard*. Paris, Picard, 1892, 8°.

Froissart, *Chroniques*, éd. Sim. Luce puis G. Raynaud. Paris, Renouard, 1869 sq., 8°.

Fumée (Antoine), *Les histoires... depuis la Constitution du monde*. Paris, 1574, in-f°.

Furetière, *Rom. bourg.* = *Le roman bourgeois*, éd. Fournier. Paris, Jannet, 1854. 16° (Bibl. elz.).

Fustel, *L'arithmetique abregee conioinle a l'unité des nombres*. Paris, 1588, f°.

G

G. = Godefroy, *Dictionnaire de l'ancienne langue française*.

Garasse, *Rab. réformé* = [Garasse (Père François)], *Le Rabelais réformé par les ministres et nommément par Pierre du Moulin*, Brusselle, Christophle Girard, 1620, 8°.

Gardin (Du), *Les premieres addresses du chemin de Parnasse*. Douai, 1620, in-12.

Garnier, ou Garnier (J.), *Inst.* = *Institutio linguae in usum juventutis germanicae*. Marpurgi Hessorum, Apud Jo. Crispinum, MDLVIII, 8°.

Garnier (Ph.), *Praec.* = *Praecepta gallici sermonis*. Strasbourg, 1607, 8°.

Gasté, *Jeun. de Malh.* = Gasté (Armand), *La jeunesse de Malherbe*. Caen, H. Delesques, 1890, broch., 8°.

Gaufinez (E.), *Notes sur le vocalisme de Meigret* (*Festgabe für W. Foerster*), 1902, 8°.

Gay (V.), *Gloss. arch.* = *Glossaire archéologique du Moyen Age et de la Renaissance*. Paris, 1882-1887, t. I, 4°.

Gello, *Circé* = (Giovanni Battista) Gello, *Circé*, trad. Denis Sauvage, sieur Duparc. Lyon, 1550, in-8°.

Gemma Frison, *Principes d'astronomie et Cosmographie*, trad. par Cl. de Boissière. Paris, Cavellat, 1557, 8°.

Gerson, *Serm. sur le ret. des Grecs à l'unité* = *Sermon inédit sur le retour des Grecs à l'unité*, éd. Galitzin. Paris, Duprat, 1859, in-4°.

Gessner, *Catalogus plantarum latinè, graecè, germanicè et gallicè.* Zurich, 1542, in-4°.

Girard (Philippe), *Quelque chose*, poème, 1588, réimprimé avec le *Nihil* de Passerat, auquel il répond, par P. Blanchemain. Vendôme, Lemercier, 1868, in-12.

Godard (J.), *La Fonteine de Gentilly*. Paris, Est. Prevosteau, 1595, 8°.

Godard, *Desguis.* = *Les desguisez*, comédie dans l'*Ancien théâtre français*, t. VII.

Godin (Nic.), *La pratique de Vigo avec les aphorismes et canons de chirurgie*. Lyon, 1530, 8°.

Goett. Gel. Anz. = *Goettinger Gelehrter Anzeiger.*

Gosselin (G.), *L'arithmetique de N. Tartaglia, traduicte d'Italien auec toutes les demonstrations mathematiques*. Paris, Gilles Beys, 1578, 8°.

Goujet (abbé), *Bibliothèque françoise*, 1740-56, 18 vol. in-12.

Gourmelen (Ét.), *Advertissement et conseil à MM. de Paris tant pour se preseruer de la peste comme aussi pour nettoyer la ville*. Paris, Nic. Chesneau, 1581, 12°.

Gournay (Mlle de), *O.* = *L'Ombre, œuvre composée de meslanges* Paris, Jean Libert, 1627, 8°.

Grev., *Les Esb.* = Grévin, *Les Esbahis*, comédie dans l'*Ancien Théâtre français*, t. IV.

Gring. = Gringoire, *Œuvres complètes*, éd. Ch. d'Héricault et A. de Montaiglon. Paris, 1858-1875, 16°, t. I et II (Bibl. elz.).

Grujet (Claude), *Dialogues d'honneur*, trad. de Possevin. Paris, Jan Longis, 1557, 4°.

Guil. de Dôle = *Le roman de la Rose ou de Guillaume de Dôle*, éd. Servois, Paris, F. Didot, 1895, 8°, Soc. des A. Textes.

Guillemeau (Jacq.), *Traité des maladies de l'œil*, Paris, 1585, 12°; — *La chirurgie françoise, recueillie des anciens medecins et chirurgiens avec plusieurs figures*. Paris, Nic. Gilles, 1594, f°.

H

Habert (Fr.), *Voy. de l'h. r.* = *Le voyage de l'homme riche, composé en forme et maniere de Dialogue*. Troyes, réimpr.

Haillan (Bernard de Girard, seigneur du), *Histoire de France*. Paris, L'Huillier, 1576, f°.

Ham. = abbé Hamon, *Jean Bouchet*. Paris, 1901-02, 8°.

Hardy, *Did.* = *Didon*, dans le *Théâtre*, réimprimé par Stengel. Marbourg et Paris, 1883-4, 5 vol. 8°.

Haton (Claude), *Mémoires*, éd. F. Bourquelot. Paris, I. Nat., 1857.

Hauvette (H.), *De Laurentio de Primo fato*. Parisiis, Hachette, 1903, 8°.

H. D. T., *Dictionnaire général*, par Hatzfeld et H. Darmesteter, avec le concours d'A. Thomas. Paris, Delagrave, s. d., 2 vol. 4°.

Hennebert, *Histoire des traductions françaises au XVIe et au XVIIe siècle*. Gand, 1858, gr. 8°.

Heret, voy. Alexandre d'Aphrodisée.

Herm., *C.* = *Correspondance des Réformateurs dans les pays de langue française*, p. p. A. L. Herminjard. Genève, Bâle, Lyon et Paris, 1866, sq., 8°.

Héroard, *Journal sur l'enfance et la jeunesse de Louis XIII* (1601-1628), p. p. Soulié et de Barthélemy. Paris, Didot, 1869, 2 vol. 8°.

Héroet, *Audrogyne*, dans les *Opuscules d'amour de divins poetes*. Lyon, J. de Tournes, 1547, 8°.

Herrig's Archiv = *Herrig's Archiv für das Studium der neueren Sprachen*. Brunswig, depuis 1846, 8°.

Holiband, voir Saint-Liens.

Hotman (François), *Apologie de Socrate*, trad. de Platon. Lyon, Seb. Gryphius, 1549, pet. 8°.

Houel (Nic.), *Traité de la thériaque et mithridat contenant plusieurs questions generales et particulieres..... pour le profit et utilite de ceux qui font profession de la Pharmacie, et aussi fort propre à ceux qui sont amateurs de la Medecine*. Paris, J. de Bordeaux, 1573, 8°.

Houil., *Chir.* = Houillier (J.), *Trois livres de chirurgie translatés de latin en françois*. Paris, Chrest. Wechel, 1544, 4°.

Hug., *Synt. de Rab.* = *Etude sur la syntaxe de Rabelais*. Paris, Hachette, 1894, 8°; — *Port. et réc.* ou *Pros. du XVIe s.* = E. Huguet, *Portraits et récits extraits des prosateurs du XVIe siècle*. Paris, Hachette, 1897, 12° (L'orthographe est rajeunie, et ne fait pas foi).

Huth (Georg.), *Jacques Dubois, Verfasser der ersten lateinfranzösischen Grammatik, 1531*. Progr. des koenigl. Marienstift. Gymnas. Stettin, 1899, 4°.

I

Intern. Consol. = *Le livre de l'Internelle Consolation*, voir au tome I.

Isag. voy. Dubois (Jacobus Sylvius).

J

Jahresbericht de Vollmoeller = *Kritischer Jahresbericht ueber Fortschritte der Romanischen Philologie*, sous la direction de A. Vollmoeller, Munich et Leipzig, 1890 et suiv.

Am. Jam. = Amadis Jamyn, *Œuvres poétiques*, p. p. Ch. Brunet. Paris, Willem, 1879, 2 vol. 12°.

J. B. P. = *Journal d'un Bourgeois de Paris sous le règne de François Ier* (1515-1536), p. p. L. Lalanne. Paris, 1854, 8° (Soc. Hist. Fr.).

J. de Paris = *Le roman de Jean de Paris*, éd. Mabille. Paris, Jannet, 1855, 16° (Bibl. elz.).

J. d'Aut. ou d'Auton, *Chron.* = *Chroniques de Louis XII par Jean d'Auton*, p. p. R. de Maulde La Clavière. Paris, Laurens, 1890-1895, 4 vol. 8° (Soc. Hist. Fr.).

Jean XXII (pape), *L'elixir des philosophes, autrement l'art transmutatoire des metaux*. Lyon, Macé Bonhomme, 1557, 8°.

Jod., *Eug.* = Jodelle, l'*Eugène*, comédie, dans l'*Ancien théâtre français*, t. IV.

Joinville, *Histoire de saint Louis*, voir au tome I.

Joubert (Laurent), *Traité du ris* = *Traicté du ris contenant son essence...* suivi d'un *Dialogue de la Cacographie fransaise*. Paris, Chesneau, 1579, 8°; — *Err. pop.* = *Erreurs populaires et propos vulgaire touchant la médecine et le régime de santé*. Bourdeaux, Millanges, 1578, 8°. *Suite*, Paris, Abel Langelier, 1580, 8°; — *Pharmacopee, ensemble les Annotations de J. Paul Zangmeister*. Lyon, Ant. de Harsy, 1588, 12°.

L

L. = Littré, *Dictionnaire de la langue française*.

L. Labé, *Deb.* = Louise Labé, *Débat de Folie et d'Amour*, *Œuvres*, éd. Blanchemain, Paris, Libr. des Biblioph., 1875, 16°.

La Boétie, *Serv. vol.*, Bonn. = *Traité de la servitude volontaire*, dans les *Œuvres complètes*, éd. P. Bonnefon. Bordeaux et Paris, 1892, 4°. On a souvent cité simplement par le nom, sans indication d'œuvre. — *La mesn. Xen.* = *La mesnagerie de Xenophon* dans les *Œuvres complétes*, éd. Feugère. Paris, Delalain, 1846, 12°.

La Croix du Maine, *Bibliotheque françoise*. Paris, L'Angelier, 1584, f°.

Laemmer (Hugo), *Die vortridentinisch-katholische Theologie*. Berlin, 1858, 8°.

La Fresnaye voir à Vauquelin.

Lanc. de C., *Eccl.* = Lancelot de Carles, l'*Ecclésiaste de Salomon paraphrasé*. Paris, Nic. Edoard, 1561.

Lancelot de la Popelinière, *L'Histoire de France enrichie des plus notables occurances suruenues ez prouinces de l'Europe et pays voisins, soit en Paix soit en Guerre : tant pour le fait séculier qu'Ecclesiastic : depuis l'an 1550 jusques à ces temps* (sans nom d'auteur ni de ville), [La Rochelle], 1581, 2 vol. f° (Bibl. Maz. 5916) ; — l'*Amiral de France, et par occasion, celuy des autres nations, tant vieilles que nouvelles*. Paris, Thomas Périer, 1584.

Langlois, voy. *Art de rhet.*

Lanoue = [Lanoue (Odet de)], *Le Dictionnaire des rimes françoises...* [Genève] Les héritiers d'Eustache Vignon, 1596, 8°; — *Les conjug.* = *Les conjugaisons françoises.* Voir à la suite du précédent, p. 337.

Lanteaume de Romieu, gentilhomme d'Arles, *Le Pegme de Pierre Coustau, avec les narrations philosophiques*, mis de latin en Francoys par... Lyon, Macé Bonhomme, 1560, 8°.

Lan. ou Lan., *Dial. gasc.* = Lanusse, *De l'influence du dialecte gascon sur la langue française.* Grenoble, 1893, 8°.

La Primaudaye, *Académie françoise.* Paris, Guill. Chaudière, 1577, f°. *Suite*, ib., 1580, f°. Troisième tome, Jaq. Chouet, 1594, 8°.

Lar. = P. de Larivey, *Théâtre* dans l'*Ancien théâtre français*, t. V, VI et VII ; *Esch.* = *Escholliers ; Esp.* = *Les Esprits ; Fid.* = *Le Fidelle ; Les Jal.* = *Les Jaloux ; Les Tromp.* = *Les Tromperies; Morf.* = *Le Morfondu.*

La Roche (Estienne de), dit Villefranche, *Arism.* = *Arismétique et Geometrie.* Lyon, Gilles et Jaques Huguetan, 1538, 2 part., f°.

J. de la Taille, *Blas. de la Marg.* = *Blason de la Marguerite*, dans les *Œuvres de Jean de la Taille, seigneur de Bondaroy*, p. p. R. de Maulde. Paris, Willem, 1879, 16°.

Laud. d'Aigal. ou d'Ayg. (de), *L'art poetique francois* de Pierre Delaudun Daigaliers. Paris, Anth. du Brueil, 1597, 12°.

Fevre (J. Le), *La Vieille ou les dernières amours d'Ovide.* Paris, 1861, 8° (Par une grave inadvertance, ce texte a été considéré dans le 1er vol. comme étant du xve s., alors qu'il est en réalité du xive, comme du reste le titre même l'indique.)

Le Fèvre de La Boderie, *De la nature des Dieux.* Paris, 1581, 4°.

Lef. d'Ét., *N. Test.* = *Les choses contenues en ce present liure : ... La Sainte Évangile selon S. Matthieu..., S. Marc, etc.*, traduit par Lefèvre d'Étaples. Paris, S. de Colines, 1523, 2 part., 8°. *Préface*, dans Herminjard, *o. c.*

Lefranc (Abel), *Le platonisme dans la littérature en France à l'époque de la Renaissance* (1500-1550), *R. h. l.*, III, 1 (1896) ; — *Histoire du Collège de France.* Paris, Hachette, 1892, 8°.

Lefournier (André), *La decoration d'humaine nature et aornement des Dames, ou est montree la maniere et receptes pour faire sauons, pommes, poudres et eaues delicieuses et odorantes pour lauer et nettoyer tant le corps que les habillemens.* Paris, J. Saint-Denys et Jehan Longis, 1530, pet. 8°.

Le Gaygnard, *Promptuaire d'unisons.* Poictiers, 1585, 8°.

Légende de Saint-Antoine, voir au tome Ier.

Lemaire (N.), *Le Sanctuaire fermé aux profanes, ou la Bible défendue au vulgaire.* Paris, Séb. Cramoisy, 1651, 4°.

Lem. (J.), ou bien J. Lem. de B. *Ill.*, = J. Lemaire de Belges, *Illustrations des Gaules*, Lyon, Mareschal, 1524, 4° (Mus. Péd. 12134). On cite par le livre et le chapitre, suivi de la signature de la feuille, à partir de laquelle on compte les folios; — *Œuv.*, = *Œuvres*, éd. Stecher. Louvain, 1882-1885, 3 vol. 8°; — *Temp. Ven.* = *Temple de Vénus.*

Lentulus, *Grammatica italica et gallica... a Scipione Lentulo Neapolitano. Huic nuper adiecta interpretatio Gallica... auctore Ant. Franc. Madio F. Patavino.* Ursellis, ex off. Corn. Sutorii, 1603, 8°.

Le Paulmier, *Nature et curation des playes de pistolle, harquebouse, et autres bastons à feu.* Paris, Guill. Niuerd, 1569, 8°.

Le Paulmier (Dr), *Ambroise Paré.* Paris, Charavay, 1884, 8°.

Ler. de L. ou de Linc., *Ch. hist.* = Le Roux de Lincy, *Recueil de Chants historiques français depuis le XIIe au XVIIIe siècle.* Paris, 1841, 2 vol. 12°.

Le Roy (*Louis*), voir Becker.

Le Roy (Louis), *Deux oraisons françoises prononcées auant la lecture de Demosthene.* Paris, Fed. Morel, 1576, 4°.

Lespl., *Prompt.* = Th. Lespleigney, *Promptuaire des medecines simples*, éd. Dorveaux. Paris, 1899, 8°.

Litterae obscurorum virorum = plus exactement *Epistolae obscurorum virorum.* Francfort, 1599, 8°.

L'Est., *Journ. de H. III* = P. de L'Estoile, *Mémoires et journal depuis la mort de Henri III* (*1589*) *jusqu'en 1611.* Paris, 1857 (Coll. Michaud et Poujoulat); — *Journ. de H. IV* = *Journal de Henri IV*, même collection.

Lett. miss. de H. IV = *Lettres missives* de Henri IV dans la *Collection des Documents inédits.* Paris, 1843-76, 9 vol. 4°.

Let. Briçonn., Herm., *C.*, voir Herminjard.

Let. de D. de Poit., voy. Diane de Poitiers. Pour les *Lettres* des divers auteurs se reporter de même aux noms des auteurs.

Lisset Benancio (anagr. de Séb. Colin), *Abus* = *Declaration des abuz et tromperies que font les apothicaires.* Lyon, Mich. Jove, 1557; 1re éd., Tours, 1553, réimpr. par P. Dorveaux. Paris, Welter, 1901, 8°.

Livet, *La grammaire et les grammairiens au XVIe siècle.* Paris, 1859, 8°; — *Lexique de Molière*, Paris, Welter, 1896-7, 3 vol. 8°; — *Hist. de l'Ac.* = *Histoire de l'Académie* (réimpression de Pellisson et d'Olivet). Paris, Didier, 1858, 2 vol. 8°.

Loiseau, *Étude historique et philologique sur Jean Pillot...* Paris, Thorin, 1866, 8°.

Loisel, *Dial. des avocats*, à la suite des *Lettres sur la profession d'avocat*, de Camus, éd. Dupin, Paris, Warée, 1818, 2 vol. 8°.

Lorentz, (A.), *Die erste Person Pluralis im Altfranz.*, thèse de Heidelberg, 1886, 8°.

Lortie (Jean de) (Lortega), *Œuvre tressubtile et profitable de lart et science de aristmétique : et geometrie translate nouuellement d'espaignol en francoys.* Imprime à Lyon, par Baland, 1515, 4°.

Loy. Serv. = *La tres joyeuse, plaisante et recreatiue Histoire du gentil Seigneur de Bayart*, par le Loyal Serviteur, éd. Roman. Paris, 1878, 8° (Soc. Hist. Fr.).

Luther, *Sämmtliche Werke*, éd. Irmischer. Erlangen, 1828-80, 68 vol. 8°.

Lyege (J.), *Raison de viure pour toutes fieures.* Paris, Vascosan, 1537, 8°.

M

Macer Floride, *Les fleurs du liure des vertus des herbes.* Rouen, Mallard, 1588, 8°.

Magn., *Soup.*, Fav. = O. de Magny, *Soupirs*, voy. Ol. de M. et Favre.

Maillard (Ol.), voir au tome I.

Malh. = Malherbe, *Œuvres*, éd. Lalanne. Paris, Hachette, 1862-65, 4 vol. 8° et atlas.

Maniere de tourner = *Maniere de tourner en langue francoyse les verbes Actifz, Passifz, Gerondifz, Supins et Participes; aussi les verbes Impersonnelz ayans terminations actiue ou passiue, avec le verbe substantif nomme sum.* Paris Chaudiere, 1546, 8°, d'abord sans nom d'auteur, mais due à Robert Estienne (Bibl. Maz. 20.126).

Marg. de Nav., *Let. in.* = *Nouvelles lettres*, éd. Génin (Soc. de l'hist. de France). Paris, Renouard, 1842, in-8° ; — *Dern. po.* = *Dernières poésies*, publiées par Abel Lefranc. Paris, 1896, 8° (*Société d'histoire littéraire*); — *Hept.* ou *Heptam.* = l'*Heptaméron des Nouvelles de Marguerite d'Angoulême, reyne de Navarre*, p. p. P. L. Jacob. Paris, 1858, 12° ; — *Marg. de la Marg.* = [Marguerite d'Angoulesme ou de Navarre], *Marguerites de la Marguerite des princesses*, p. p. F. Frank. Paris, 1873, 4 vol. 8°.

M.-L. = Marty-Laveaux, *La langue de la Pléiade*, Appendice à la *Pléiade françoise*. Paris, Lemerre, 1896-98, 2 vol. 8°.

Mar. = Marot, *Œuvres complètes*, éd. Jannet. Paris, Marpon et Flammarion, s. d., 4 vol. 16°.

Marot (Jean), *Sur les deux heureux voyages de Genes et de Venise.* Paris, G. Tory, 1532, 8°.

Martin (Claude), *Six principaux liures de la therapeutique de Galien*, 1554.

Massé (Jean), *Art vétérinaire.* Paris, 1563, 4° (avec *Annotations des dictions medicales plus difficiles*).

Massebieau (L.), *Les colloques scolaires.* Paris, Bonhoure, 1878, 8°.

Masset (Jean), *Ach. à la langue franç.* = *Exact et tres facile acheminement a la langue françoise.* Paris, David Douceur, 1606, à la suite du *Thrésor* de Nicot.

Martin Mathée, *Les Six liures de Pedacion Dioscoride... de la matiere médicinale translatés par...* Lyon, Macé Bonhomme, 1559, 8°.

Mathieu (A.), *Dev.* = *Deuis de la langue françoise, fort exquis et singulier*, faict et composé par A. M., sieur des Moystardieres. Paris, veuve Richard Breton, 1572, 8°. B. N., X 1182, Mazarine, 20221 ; — *Sec. Dev.* = *Second Devis*. Paris, impr. Richard Breton, 1560, 8° (Bibl. Maz. Rés. 20222).

Maulde (De), *Louise de Savoie et François Ier*. Paris, Perrin, 1895, 8°.

Maupas = C. M[aupas], Bl[oisien], *Grammaire françoise*. Blois, 1607, 16°. Les indications, sans autre référence, renvoient à cette première édition. Je cite parfois l'édition due à son fils. Rouen, 1638, 16°.

Meigr., *Off. Cic.* = *Les troys liures de M. Tulle Ciceron, touchant lęs deuoirs de bien uiure, traduits ęn François, par Loys Meigret, Lyonnois*. Paris, Wechel, 1547, pet. 8° ; *Gramm.*, ou simplement Meigret = *Le tretté de la grammęre françoęze*, fet par Louís Meigręt, Líonoęs. Paris, 1550, dans la réimpression de W. Fœrster. Heilbronn, 1888, 8° ; — *Ecriture* ou *Trait.* = *Traité touchant le commun usage de l'escriture Francoise, faict par Loys Meigret Lyonnois : auquel est debattu des faultes et abus en la vraye et ancienne puissance des letres*. Paris, 1542, 4° (Sainte-Geneviève, Rés. X. 325 ; Bib. Nat., Rés. X. 918) ; — *Ment.* = *Le męnteur, ou l'incredvle de Lucian, traduit de Gręc ęn Frãçoęs, par Louis Meigręt Lionoęs, auęq vne ecritture q'adrant à la prolaçion Françoęze : ę lęs ręzons.* A Pàris, chés Chrestian Wechel ; à la rue Sainct-Jaques, à l'escu de Basle, MDXLVIII, pet. 4° ; — *Def.* = *Defęnses de Louis Meigręt tovçhant son Ortographie Françoęze, contre lęs çęnsures ę calõnies de Glaomalis de Vezelet, ę de sęs adherans.* A Paris, chés Chrestien Wechel, à la rue Sainct Jean de Beauuais, à l'enseigne du Cheual Vollant, MDL, 4° ; — *Rep. Ap.* = *La reponse de Louis Meigręt a l'Apolojie de Jaqes Pelletier*. Ib., MDL ; — *Rep.* = *Reponse de Louis Meigręt à la dezesperée repliqe de Glaomalis de Vezelęt, transformé ęn Gyllaome dęs Aotels*. Ib., MDLI, 4°.

Mélanges Brunot. Paris, Soc. nouvelle de librairie et d'édition, 1904, 8°

Mellema, *Dictionnaire... françoys-flameng*. Anvers, 1589, 4°.

Mém. Marg. ou *Mém. de l. reine Marg.* = *Mémoires de Marguerite de Valois*, p. p. Lalanne. Paris, 1858, 16° (Bibl. Elz.).

Mén. éd. Lab. ou *Sat. Mén.* = *Satyre Menippee de la vertu du catholicon d'Espagne...*, éd. Ch. Labitte. Paris, 1880. Je cite aussi, en l'indiquant, l'édition Ch. Read, Paris, libr. des Biblioph. 1878, 16°.

Mesch., *Lun.* = J. Meschinot, *Les Lunettes des princes*, p. p. Ol. de Gourcuff. Paris, Libr. des Biblioph., 1890, 16°.

Mesmes (J. P. de), *Institutions astronomiques* = *Les Institutions astronomiques contenans les principaux fondemens et premieres causes des cours et mouuemens celestes, auec la totale reuolution du Ciel*. Paris, Mich. Vascosan, 1557, f°.

Meunier, *Composés qui contiennent un verbe à un mode personnel en latin, en français, en italien, en espagnol*. Paris, 1875, 8°.

Meurier (Gab.), *Br. inst.* = *Conjugaisons, règles et instructions...*

pour ceux qui désirent apprendre françois. italien, espagnol et flamen (Anvers, van Wæsberghe, 1558, pet. 4°. A la suite de la *Breue Instruction...* Bibl. Nat. Rés. X. 955).

Mir. de N.-Dame = *Miracles de Nostre-Dame*; voir au tome I.

Mist. V. Test. = *Le Mistere du Vieil Testament*; voir au tome I.

Monet, *Invantaire des deus langues françoise et latine*. Lyon, 1636, f°.

Montaigl., *Anc. poés. fr.* = *Recueil de poésies françaises des XVe et XVIe siècles*, éd. Montaiglon. Paris, 1855-1878, 13 vol. 16°. (Bibl. elz.).

Mont., *Ess.* ou Mont. = Montaigne, *Essais, publiés d'après l'édition de 1588 avec les variantes de 1595*, p. H. Motheau et D. Jouaust. Paris, Libr. des Biblioph. 1886-89, 7 vol., in 16°. On cite aussi, en l'indiquant, le texte vulgaire d'après l'éd. Ch. Louandre. Paris, Charpentier, 4 vol. 12°.

Montchrestien, *R. d'Esc.* = *La Reine d'Escosse* dans les *Tragédies*, éd. Petit de Julleville. Paris, Plon, 1891, 16° (Bibl. elz.).

Montl., *Com.* ou Mont. = *Commentaires et lettres de Monluc*, p. p. A. de Ruble. Paris, Renouard, 1865-72, 5 vol. 8° (Soc. hist. Fr.).

Morel-Fatio, *Études sur l'Espagne*, 1re série, 1895, 8°, 2e éd.

Ms. 403 de l'*Apocal. en français* = *Apocalypse en français au XIIIe siècle*, voir au t. I.

Myst. du Jugement = *Le jour du Jugement*; voir au t. I.

Myst. S.-Laur. = *Mystère de Saint-Laurent*, éd. W. Söderhjelm et A. Wallensköld. Helsingfors, 1890, 4°.

N

Nagel, *Die Bildung und die Einführung neuer Woerter bei Baïf*. Herrig's Archiv, LXI, 201 et sq.

N. du Fail, voir à Du Fail.

Nic. de Tr., *Par.* = Nicolas de Troyes, *Le grand Parangon des Nouvelles Nouvelles*, p. p. E. Mabille. Paris, 1879, 16° (Bib. elz.).

Nicod ou Nicot (J.), *Dictionaire françois latin... recueilli des observations de plusieurs hommes doctes, entre autres de M. Nicot*. Paris, J. Du Puys, 1573, f°; — *Thresor de la langue francoyse...* Paris, David Douceur, 1606, f°. Quand le nom de Nicod n'est suivi d'aucune indication, la référence se rapporte au *Thresor*.

Nisard, *Lang. pop. d. Par.* = Ch. Nisard, *Étude sur le langage populaire ou patois de Paris et de sa banlieue*. Paris, Franck, 1873, 8°.

De Nolhac, *Lettres de J. du Bellay*. Paris, Charavay, 1883, 8°.

Nouv. Path. = *Le Nouveau Pathelin*, dans le *Recueil de farces, soties et moralités*, p. p. P. L. Jacob. Paris, Garnier, 1876, 12°.

O

Ol. de M., *Od.* = O. de Magny, *Les Odes*, éd. Blanchemain. Lyon, 1876, 8°. Voir à Magn.

Oudin, sans autre indication = Ant. Oudin, *Grammaire rapportée au langage du temps*, Paris, 1645, in 12°. — *Cur. fr.* = *Curiositez françoises*. Paris, 1640, pet. 8° (réimprimé au t. X du *Dictionnaire historique de l'ancien langage françois* de Lacurne de Sainte-Palaye. Niort, Favre, 1875-1882, 10 vol. 4° ; — *Phrases* = *Petit Recueil des Phrases adverbiales et autres locutions*. Paris, Sommaville, 1656, in-12.

P

Pal. ou Paliss. = Palissy (Bernard), *Œuvres*, éd. Cap. Paris, 1844, in-12.

Palliot, *Le vray orthographe francois*. Paris, 1608, 4° obl.

Palsgr. = J. Palsgrave, l'*Esclarcissement de la Langue françoyse*, p. p. Génin. Paris, 1852, 4° (Coll. des Doc. Inéd.).

Paradin, voy. Fouchs.

Paré (Ambroise), *Œuvres*, Paris, Buon, 1607, in f° ; — *Adm. an.* = *Briefve collection de l'Administration anatomique*... Paris, Guill. Cavellat, 1550, pet. 8° ; — *Apol.*, *voy. de Metz*, *Generation*, *Huit livr. des tumeurs* sont cités d'après les *Œuvres complètes*. Lyon, Jean Grégoire, 1664, in-f°.

Pasq., *Rech.* = Pasquier (Estienne), *Les Recherches de la France*, dans les *Œuvres*, éd. d'Amsterdam, 1723, 2 vol. f° ; *Let.* = *Lettres*, ib.

Pass. ou Passer. = Jean Passerat, *Les poésies françaises de* — p. p. Blanchemain. Paris, Lemerre, 1880, 2 vol. in 12°.

Pel. ou Pelet. d. M. = Peletier du Mans (Jacques). Ce nom, sans autre indication, renvoie au *Dialogue de l'orthographe* indiqué plus loin. L'*Art poetique d'Horace, recognu par l'auteur depuis la première impression*. Paris, Vascosan, MDXLV, 8° ; — *Od.* = *Odes*, dans les *Œuvres poétiques*. Paris, Michel de Vascosan, 1547, 8°, *Œuv. poét.* p. p. L. Séché et P. Laumonier. Paris, 1904, 4° ; — *Dial. de l'orth.*, ou *Sec. liv. de l'orth.* = *Dialogué dé l'ortografé e prononciacion françoęse départi an deus Liurés*. Lyon, Ian dé Tournés, 1555 ; Apol. = *L'apologié à Louis Meigręt*, en tête de l'ouvrage précédent ; *Art poet.* = *L'Art poetique*. Lyon, J. de Tournes, 1555, 8° ; — *Ar.* ou *Arithm.* = *L'aritmétique departie en quatre liures*, 1563.

Périon, = *Joachimi Perionii benedictini cormoeriaceni Dialogorum de linguae gallicae origine, eiusque cum graeca cognatione, libri IV*. Parisiis, apud Sebastianum Niuellium. 1555, 8°.

Pic., *Sot.* = *Recueil de Soties*, p. p. E. Picot. Paris, 1902, 8°. Soc. des A. Textes.

Pic. et Nyr. = *Nouveau recueil de farces françaises des XVe et XVIe siècles*, p. p. E. Picot et Ch. Nyrop. Paris, Morgand, 1880, 8°.

Pierre (Anthoine), *Les XX liures de Constantin Cesar, ausquelz sont traictez les bons enseignemens d'agriculture, traduicts en Francoys par M. Anthoine Pierre, Licentié en Droict. De nouueau reueuz par le traducteur.* Lyon, Thib. Payen, 1550, 16°.

Pillot, sans autre indication, renvoie à *Gallicae linguae Institutio, latino sermone conscripta. Per Johannem Pillotum Barrensem...* Parisiis. Ex officina Steph. Groulleau, in vico nouo D. Mariae commorantis, sub intersignio S. Joannis Baptistae 1550, pet. 8° (Mus. pédagogique. Rés. 44150).

Platon, voir Dolet, Hotman.

Plutarque, voir Arnault Pasquet de la Rochefoucaud, et Amyot.

Poisson = Poisson (Rob.), *Alfabet nouveau de la vrée et pure orthografe fransoize,...* Paris, 1609, 8°.

Pont. Tyard = Pontus de Tyard, *Œuvres*, éd. Marty-Laveaux. Paris, Lemerre, 1875, 8° (Collection de la Pléiade françoise) ; — *Err.* = *Erreurs amoureuses.* Lyon, J. de Tournes, 1555, pet. 8°.

Poncet (F. M.), *Discours de l'aduis donné au R. Pere en Dieu Messire P. de Gondy, euesque de Paris, sur la proposition qu'il fit aux theologiens touchant la traduction de la Bible en langaige vulgaire*, Paris, Cauellat, 1578, 12°.

Les Principes et premiers elementz de la Langue Latine, par lesquelz tous ieunes enfants seront facillement introduictz a la congnoissance d'icelle. Parisiis, apud Mauricium de Porta, 1544.

Q

Quintil Horatian, voir à Aneau (Barth).

XV joyes = *Les quinze Joyes de mariage.* Voir au tome I.

R

Rab. = Rabelais (François), éd. Marty-Laveaux. Paris, Lemerre, 1868-1903, 6 vol, 8°. Je cite en général livre, chapitre, tome et page. Quand il n'y a que deux indications, elles signifient le tome et la page ; — Rab. J. = éd. Jannet. Paris, 1867-74, 7 vol. 12°.

Racan, *Bergeries*, dans les *Œuvres*, éd. Jannet, Paris, 1857, 2 vol. 16° (Bibl. Elz.).

Rambaud (Honorat), *La Declaration des abus que lon commet en escriuant, Et le moyen de les euiter, et representer nayuement les paroles : ce que iamais homme n'a faict.* Lyon, J. de Tournes, 1578, 8°.

Ramus, *Dialectique.* En Avignon, Barth. Bonhomme, 1556, 8°; — [Ramus], *Gramere.* Paris, André Wechel, 1562, 8° (Bibl. Mazarine. Rés. 22.331. Mus. pédag. Rés. 34.776). Ramus, sans autre indication, renvoie à *Grammaire de P. de la Ramée, Lecteur du Roy en l'Vniversité de Paris, à la Royne, mère du Roy.* A Paris, De l'imprimerie d'André Wechel, 1572, 8°. Je cite aussi, en l'indiquant, une édition de 1587. Paris, Den. Du Val, 8°.

Rec. Pic et Nyr., voir à Pic. et Nyr.

Recueil des deux examens faicts par cinq de Mess. de la faculté de Medecine contre Roc. Baillyf, surnommé la Riuiere. Bibl. Mazarine, 29121.

Registre des conclusions de la Faculté de 1505 à 1533. Ms. Bibl. Nat., fonds lat. nouv. acq., 1782.

Reg. mss. de la Fac. = Registres manuscrits de la Faculté de médecine de Paris (se trouvent à la Bib. de la Faculté).

Reg. ou Regn., *Sat.* = Math. Regnier, *Satires*, dans les *Œuvres complètes*, p. p. E., Courbet. Paris, Lemerre, 1875, 8°.

Réponse (à l'*Épistre du beau fils de Paris*), voir *Épistre du beau fils de Paris.*

Rev. de phil. fr. et prov. = *Revue de philologie française et provençale*, depuis 1887, 8° (*Anc. revue des patois*).

R. h. l. = *Revue d'histoire littéraire de la France*, depuis 1894, 8°.

Riese, *Recherches sur l'usage syntaxique de Froissart.* Voir au tome I.

Rivaud. = *Les œuvres poetiques d'A. de Rivaudeau*, p. p. C. Mourain de Sourdeval. Paris, 1859, 8°.

Rol. = *Rolandslied*, éd. Stengel. Leipzig, 1900, 8°.

Rom. = *Romania.* Paris, 1872, 8° et suiv.

Rondelet, *Histoire entiere des poissons*, trad. en fr. [par Laurent Joubert]. Lyon, Macé Bonhomme, 1558, 4°.

Rons. *Po. ch.*, éd. Becq de Fouq., = *Poésies choisies* de Ronsard, p. p. Becq de Fouquières. Paris, Fasquelle, s. d. 12°; — Rons. M. L. = *Œuvres de P. de Ronsard, gentilhomme vandomois*, éd. Marty-Laveaux. Paris, 1887-93, 6 vol. 8° (Collection de la Pléiade); Rons. Bl. ou Blanch. = Ronsard, *Œuvres complètes*, p. p. Blanchemain, 8 vol., 1857-67 (Bibl. elz.).

Rose = *Roman de la Rose.* Voir au tome I.

Rotier (Esprit), *De non vertenda Scriptura Sacra in vulgarem linguam, deque occidente litera et viuificante spiritu dissertatio.* Edita per R. P. Fr. Spiritum Roterum. Tolosae, Dembat et Chasot, MDXLVIII, in-4°.

Rou = Wace, *Roman de Rou*, voir au tome I.

Rousset (Fr.), *Traitté nouveau de l'hysterotomotokie ou enfantement cæsarien.* Paris, Denys du Val, 1581, pet. 8°.

Ruel, *In Ruellium de Stirpibus epitome, cui accesserunt volatilium, gressibilium, piscium, et placentarum, magis frequentium apud Gallias nomina*, per Leodegarium a Quercu. Parisiis, ap. Joh. Lodoicum Tiletanum, 1539, pet 8°.

S

Saintes (Cl. de), *Declaration d'aucuns atheismés de Calvin et de Bèze*... Paris, 1568, 8°.

Sainte-Marthe (Scévole de), *Œuvres*, Mam. Patisson, 1579, 4°. Sainte-Marthe, *Histoire de la Maison de Luxembourg*. Paris, 1617.

St-Gel. = *Œuvres complètes de Mellin de Sainct-Gelays*, p. p. P. Blanchemain. Paris, 1873 (Bibl. elz.), 3 vol. 16°.

Saint-Liens (Claude Holyband), *The french Littleton*... London, 1566, 16°; — *The french Schoolmaister*. London, 1573; — Saint-Liens, sans autre indication, = *Cl. a Sancto Vinculo de pronuntiatione linguae Gallicae libri duo*... Londini, 1580, 8°.

Saintré = *L'hystoire et plaisante Cronicque du petit Jehan de Saintré et de la jeune Dame des Belles cousines*, éd Guichard. Paris, 1863, 8°.

Salutifere et utile conseil auec un regimen aux tresdangereuses maladies ayant cours... Lyon, 1531.

Sat. Mén., voir à *Mén.*

Savetier (N.), *Le premier (second, tiers) volume des Grants décades de Tytus Livius*, translatees par... Paris, Jehan Petit, 1530, 3 vol. f°.

Savonne (P. de), *Arithmétique*. Paris, Nic. du Chemin, 1565, 4°.

Scaliger (Jos.), *Let.* = *Lettres françaises inédites de Joseph Scaliger*, p. p. Tamizey de Larroque. Agen et Paris, 1879, 8°.

Scarr. *Virg.*, *Œuv.* = Scarron, *Virgile travesti*, dans les *Œuvres*, éd. Mich. David, 1700, 8°.

Sève (Maurice), *Del.* = *Delie, objet de plus haute vertu*, réimpress. Lyon, Scheuring, 1862, pet. 8°; — *Microcosme*. Lyon, J. de Tournes, 1562, 8°

Schmidt = *Syntaktische Studien über die C. Nouvelles nouvelles*. Diss. Zurich, 1888, 8°.

Seb., *Art poét.* = [Sebilet] *Art poétique françois*. Paris, 1548, 8°.

Serm. cont. le men., Rec. Pic. et N., = *Nouveau et joyeux sermon contenant le menage et la charge de mariage*, dans le *Recueil* de Pic. et Nyr., p. 191.

Serm. de l'And., *A. p. fr.* = *Serm. de l'Endouille*, dans les *Anciennes poésies françoises*, IV, 87 et suiv. (Bibl. elz.).

Serm. cath. de Vigor = *Sermons catholiques du St-Sacrement... de feu Maistre Simon Vigor... mis en lumiere et reueus par M. Jean Cristi*. Paris, Guil. de la Nouë, 1585, 8°.

Seyss., *Success. d'Alex.* = *L'histoire des successeurs de Alexandre le Grand, extraicte de Diodore Sicilien, et quelque peu de vies escriptes par*

Plutharque, translatée par Messire Claude de Seyssel... Paris, I. Barbé, 1545, in 16; — *Thucydide*, trad. Seyssel. Paris, J. Bade, 1527, in-f°.

Sorel, *Loix de la Gal., Nouv. Rec.* = *Loix de la galanterie*, dans le *Nouveau recueil des pieces les plus agreables de ce temps*. Paris, Nic. de Sercy, 1643, 8°; — *Disc. sur l'Ac.*, dans Livet, *Hist. de l'Ac. fr.* Voir à Livet.

Soulatius (Petrus), *Grammatica gallica*. Poitiers, 1604 (Bibl. Maz., 20.390).

Stevin (Simon), *Arithm.* = *L'arithmetique contenant les computations des nombres arithmetiques ou vulgaires; aussi l'Algebre avec les equations de cinc quantitez*. Leyde, Plantin, 1585, 8°.

Sylv., voir Dubois (Jacques).

T

Tab., *Œuv.* = Tabarin, *Œuvres*, Paris, Jannet, 1858. 2 vol. 16° (Bibl. elz.).

Tab., *Bigarr.* = Tabourot, *Les Bigarrures du seigneur des Accords*. Rouen, Bauchu, 1595, in 16°.

Tagault, (J) *Inst. chir.* = *Institutions chirurgiques*. Lyon, Guill Rouille, 1549.

Tah. ou Tahur., Bl. = Jacques Tahureau, *Poésies*, p. p. Pr. Blanchemain. Paris, 1870, 2 vol. 8°. J'ai cité aussi les *Premières Poësies*. Poitiers, 1554 8°, et l'*Oraison au roy de la grandeur de son regne et de l'excellence de la langue francoyse*, à Paris, chez la veufue Maurice de la Porte, 1555.

Taillemont (C. de), *La Tricarite, plus quelques chants, an faveur de pluzieurs Damoézelles*, par C. de Taillemont. Lyonoes. Lyon, J. Temporal, 1556. 8°.

Talbert, *Du dialecte blaisois*... Paris, Vieweg,, 1874, 8°.

Tayssonière (La), *Compost arithmetical*. Lyon, Ben. Rigaud, 1567; — *Briefue arithmetique*, ib., 1570, in-16; — *Les vrincipaux fondemens d'arithmétique*, ib., 1571.

Texte ms. de la Ménippée = *Le premier texte manuscrit de la S. M.*, par F. Giroux. Laon, 1896, 8°.

Texte, *Note sur la vie et les œuvres de Cl. de Taillemont* (*Bulletin histor. et philol.*, 1894).

Th., *Pr. fr.* = Ch. Thurot, *De la prononciation française depuis le commencement du XVIe siècle, d'après les témoignages des grammairiens*. Paris, 1881-2. I. N., 2 vol. gr. 8°.

Thévet, *Cosmographie universelle*. Paris, Pierre l'Huillier, 1575, f°; — *Singularitez de la France antarticque, autrement nommée Amérique*. Paris, 1558, 8°; — *Cosmographie de Levant*. Lyon, J. de Tournes et Guil. Gazeau, 1554, 4°.

Thierry, *Dict. fr. lat.*, = *Dictionaire francoislatin... corrigé et augmenté par* Jehan Thierry. *Plus y a la fin un traicté d'aulcuns mots... de la venerie pris de la Philologie de M. Budé...* Paris, J. Macé, 1564, f°.

Thierry de Héry, *La methode curatoire de la maladie venerienne.* Paris, 1552.

Tobler, *Vers fr.*, = *Le vers français*, trad. Sudre. Paris, Vieweg, 1885, 8°.

Toennies (P.), *La syntaxe de Commines.* Voir au tome I.

Tolet (P.), *La Chirurgie de Paul d'Egine.* Lyon, 1540, 8°.

Tory (G.), *La Table de... Cebes*, 1529 ; — *L'economic Xenophon*, 1531 ; — *Politique de Plutarque*, 1532 ; — *La Mouche de Lucian*, 1533 ; — *L'Adolescence Clementine*, 1533 ; — *Champ Fleury, auquel est contenu l'art et science de la deue et vraye Proportion des Lettres Attiques,...* 1529, 4°.

Tourn., *Cont.* = [Odet de Tournebu], *Les Contens, comedie nouuelle en prose française*, dans l'*A. th. fr.*, t. VII.

Trenchant (Jean), *Arithmétique ; Ensemble un discours des changes...* Lyon, M. Jove, 1571, 8°.

Trevisan (Bern. de), *Philosophie des métaux*, Anuers, 1568, à la suite de l'ouvrage de Zécaire cité plus bas.

Triors (Od. de), *Les ioyeuses recherches de la langue toulousaine*, 1578, 8°.

Trippault, *Dictionnaire françois grec.* Orléans, Éloy Gibier, 1577, 8°.

U

Urfé (d'), *Ep. mor.* = *Les Epistres morales.* Priv. du 19 août 1608. Paris, Micard, 8° ;

Jacobi Usserii Armachani archiepiscopi Historia dogmatica controversiæ inter Orthodoxos et Pontificios de scripturis et sacris vernaculis, éd. par Henri Warton. Londini, Chiswell, 1689-90, 4°.

V

Vaganay, *Les adverbes terminés en* ment. *De Rabelais à Montaigne*, *Revue des Études Rabelaisiennes.* T. I et II.

Vallambert (Sim.), *De la conduite du fait de chirurgie.* Paris, Vascosan, 1557, 8° ; — *Cinq livres de la maniere de nourrir et gouverner les enfanz dez leur naissance.* Poictiers, 1565, 4°.

Van Esz (Leander), *Auszüge aus den heiligen Vätern und anderen Lehrern der Katholischen Kirche über das notwendige und nützliche Bibellesen.* Sulzb., 1808, 8°.

Vaug. = Vaugelas, *Remarques sur la la langue françoise*, éd. Chassang. Versailles et Paris, 1880, 2 vol. 8°.

Vauquel., *A. poét.* = Vauquelin de la Fresnaye, *Art poétique*, éd. Pellissier. Paris, Garnier, 1885, 12° ; — *Œuvres*, éd. J. Travers. Caen 1870, 2 vol. 8°.

Viator (J.), *De artificiali perspectiva*. Tulli, 1509, f° (Bibl. Mazarine, 4720).

Vignier (Nicolas), *Fastes des anciens Hébreux, Grecs et Romains, avec un traité de l'an et des mois, ou est amplement discouru sur la signification et diversité d'iceux entre les anciens et modernes*. Paris, Ab. l'Angelier, 1588, 4°.

Vigor, voir à *Serm. cathol.*

Villehardouin, voir au tome I.

Vill. *G. Test.* = Villon, voir au tome I.

Vintemille (Jacques des Comtes de), *L'Histoire d'Herodian* translatée par... Lyon, 1554, f°.

Voizard, *Lang. de Mont.* = *Étude sur la langue de Montaigne*. Paris, 1885, 8°.

Vray discours des interrogatoires faicts en la presence de MM. de la Cour de Parlement, par les Drs. Regents en la Faculté de Medecine... à Roc le Baillif surnommé la Riuiere, sur certains poincts de sa doctrine. Paris, l'Huillier, rue Saint-Jacques, A. l'Oliuier, s. d.

Vulteius (Jean Visagier), *Epigrammatum libri*. Lyon, 1536, 8°.

W

Watr. de Couv., = Watriquet de Couvin, voir au tome I.

Du Wez., *An Introductorie for to lerne, to rede, to pronounce and to speke french trewly*, éd. Génin, à la suite de l'*Esclarcissement* de Palsgrave, p. 891.

Z

Zacaire (Denis), *Opuscule tresexcellent de la vraye Philosophie naturelle des metaux*. Anvers, Guil. Sylvius, 1568, 8°.

Zeitsch. f. neufr. Spr. u. Litt. = *Zeitschrift für französische Sprache und Litteratur*. Berlin, depuis 1879, 8°.

Zeitsch. f. rom. Phil. = *Zeitschrift für romanische Philologie*. Halle, depuis 1877, 8°.

LIVRE PREMIER

L'ÉMANCIPATION DU FRANÇAIS

CHAPITRE PREMIER

CONSIDÉRATIONS GÉNÉRALES

Dès le XIVe, mais surtout au XVe siècle, nous l'avons vu, le français était entré dans une nouvelle voie et avait commencé à subir profondément l'influence du latin. Néanmoins, il s'en faut bien que l'évolution du français ait complètement perdu au XVe siècle son caractère populaire et spontané. Le travail instinctif des masses est accompagné, quelquefois contrarié par le travail des « savants » ; celui-ci ne domine et n'étouffe pas encore l'autre. La raison principale en est, je crois, dans la situation respective du latin et du français, qui reste la même : le premier garde encore à peu près intact le privilège d'être la langue littéraire et scientifique ; le second est toujours tenu à un rang inférieur. Le nombre de ceux qui le considèrent comme capable de devenir un instrument de haute culture est toujours restreint. Par suite les expériences d'écrivains pour perfectionner cet instrument restent encore dispersées et intermittentes.

Au contraire, au XVIe siècle, l'idée de cette hiérarchie des langues se déracine un peu partout; des hommes supérieurs paraissent qui, sans nier la suprématie du latin, dont le culte au contraire se renouvelle et se réchauffe, veulent, pour diverses raisons, politiques, sociales, religieuses, scientifiques, tirer leur « vulgaire » de l'obscurité et, comme dit l'un d'eux, le « magnifier ». Or il ne leur semble pas, au moins pendant la première période, que, tel qu'il est, le français puisse suffire à son rôle nouveau de langue littéraire et scientifique; ils tentent alors toutes sortes d'efforts, souvent divergents, pour le mettre à la hauteur de la situation à laquelle on l'appelle. Suivant moi toute l'histoire de notre idiome au xvie siècle est là : il continue bien sa vie spontanée, que rien jamais n'interrompt; mais les petits événements qui la marquent disparaissent dans les troubles que causent des tentatives systématiques et souvent violentes, pour le transformer.

De là les divisions qui suivent. J'essaierai d'abord de montrer comment le français lutte avec le latin, et pénètre à sa place dans les différentes sciences. J'étudierai ensuite les tentatives des savants pour le fixer, en lui faisant une grammaire, — pour le simplifier, en lui donnant une orthographe rationnelle — pour l'enrichir, en développant son vocabulaire. Je tâcherai enfin de démêler dans l'histoire intérieure de la langue, ce qui paraît plus proprement appartenir à son évolution spontanée.

L'idée de mettre les sciences en français était, malgré tous les préjugés, si naturelle, qu'elle devait être ancienne. Savants et souverains semble avoir senti à plusieurs reprises quels bienfaits naîtraient d'une vulgarisation plus grande des connaissances. Charles V avait favorisé de pareilles tentatives, pour l'amélioration intellectuelle et morale de ses sujets. Mais les événements avaient depuis lors si cruellement détourné vers d'autres besoins les préoccupations générales, que, malgré la bonne volonté de plusieurs autres rois, au temps où l'imprimerie se répandit, les œuvres de vraie science en français étaient encore peu nombreuses. L'instrument de vulgarisation était trouvé; les livres faisaient défaut; l'idée même qu'il y avait nécessité d'en grossir le nombre n'avait pas mûri. Ce fut aux hommes nés à la fin du xve et au commencement du xvie siècle de comprendre l'importance du travail et de le fournir.

Il semble, a priori, étrange que pareille époque ait fait pareille tâche. Comment s'est-il trouvé des hommes pour l'entreprendre, alors que la Renaissance semblait devoir détourner l'admiration vers les seuls anciens? La contradiction n'est qu'apparente : Thurot l'a très finement résolue, en montrant comment le culte le plus exclusif du latin a indirectement servi les progrès du français[1].

D'abord les efforts que firent les cicéroniens pour restituer la langue latine dans sa pureté antique, contribuèrent à l'abolir comme langue vivante. Elle n'avait pu se maintenir dans l'usage quotidien qu'à condition de se plier aux besoins quotidiens, d'accepter quelques solécismes usuels et surtout une multitude de barbarismes, que le travail de la pensée moderne et l'usage même de la

1. *Extrait des mss. français* XXII, 2e partie, p. 498 et 504.

vie faisaient naître. Les lui interdire, lui imposer la circonlocution au moyen des mots de Cicéron, même en y ajoutant ceux du Ier siècle, c'était la tuer. Il se fit bien, malgré les puristes à outrance, un composé du latin de divers auteurs, mais la direction n'en était pas moins donnée : on cherchait l'élégance, on perdit la commodité. La vraie langue des Romains, Tacite vînt-il à l'appui de Cicéron, ne pouvait pas, sans de véritables tours de force, traduire la pensée du XVIe siècle.

En second lieu, l'admiration de l'antiquité, chez beaucoup des contemporains de François Ier, ne put rester platonique, et se compliqua d'un désir de partager à tous le trésor qu'on possédait, afin de transformer le monde en l'humanisant. « Travailler au bien public, au profit et à l'utilité de tous », cette intention généreuse s'affirme dans les préfaces sous cent formes différentes. Admettons qu'elle ne fût pas tout à fait pure, elle existait, très réelle et très vraie chez beaucoup, et c'est par elle en partie que s'explique cette ardeur du mouvement de la Renaissance, qui a été, somme toute, moins une découverte qu'une diffusion de l'antiquité ; or, pour faire connaître les arts et disciplines des anciens, il n'y avait que deux moyens ; ou bien enseigner à tous les langues savantes, ou bien mettre à la portée de tous, dans une langue connue, les arts et disciplines. Quelques pédants espérèrent, je n'en doute pas, appliquer la première de ces deux méthodes. Mais l'ignorance où l'on était et où l'on demeura, en dehors du monde des clercs, même dans la noblesse et à la cour, eût rendu vains des projets même plus modestes. Il ne restait plus dès lors bon gré mal gré, qu'à employer le français. Cela avait des inconvénients sans doute, dont un des plus graves était de classer l'auteur parmi les indoctes, et de marquer sa science, si grande qu'elle fût, d'une note d'infériorité. Mais en revanche le livre français courait la chance d'aller à un public plus considérable et, pour dire le mot, d'avoir plus d'acheteurs. Et c'est peut-être la raison pourquoi des libraires comme Jean de Tournes transformèrent leur imprimerie en un véritable office de traductions. L'extension de l'imprimerie devait avoir pour conséquence nécessaire l'adoption d'une langue encore plus connue que ne l'était le latin ; il fallait faire tôt ou tard, si les ateliers ne voulaient pas chômer, des livres qui allassent à tout le public qui savait lire. Il y a là une raison d'ordre économique qui a peut-être contribué plus qu'aucune autre à assurer le triomphe du français sur le latin.

A vrai dire on devrait étudier simultanément comment une

question du genre de celle-ci fut posée et résolue dans les divers pays d'Occident, car la littérature du XVIe siècle est essentiellement cosmopolite. A considérer le problème en France seulement, on le rapetisse et on risque d'exagérer l'indépendance de la France à l'égard de la tradition. Partout les langues vulgaires ont eu des champions, même dans les pays où elles ont mis le plus de temps à s'affranchir, tel en Allemagne Jean Trithème, qui appartient autant au XVe siècle qu'au XVIe [1].

Mais c'est l'Italie surtout qui se trouvait en tête du mouvement. Une admirable production littéraire, qui avait commencé avec Dante, pour continuer par Pétrarque et Boccace, avait montré quelle variété de qualités des esprits supérieurs pouvaient donner à la langue vulgaire. La valeur de l'outil forgé par Dante s'affirmait dans des œuvres immortelles : et ce sont là des arguments qui s'imposent avec une autre autorité que les raisonnements abstraits les mieux conduits. Je ne saurais, on le comprend, suivre ici les polémiques qui s'engagèrent entre les partisans et les adversaires du latin outre monts. Je voulais marquer seulement, qu'ici comme en bien d'autres choses, l'Italie fut l'initiatrice ; c'est à son exemple que les Français durent, suivant la jolie expression de Peletier du Mans, de « sentir leur cœur plus grand que leurs peres n'auoient fait oncq ».

Dans ces conditions, les idées de ceux qui, en France, ont mené campagne en faveur du français, perdent, sans aucun doute, beaucoup de leur originalité, mais rien de leur intérêt. J'ai donc essayé, dans les pages qui suivent, de dessiner à grands traits l'histoire des victoires que notre langue a remportées sur le latin pendant cette période décisive, c'est-à-dire de marquer quand et sous quelle impulsion elle a commencé à être adoptée dans chaque branche des connaissances humaines. On verra — et c'est là ce qui complique extraordinairement cette étude — que, si à certains moments la poussée semble générale, à y regarder de près, les époques de

1. Trithème, dont, on le sait, l'érudition passait pour prodigieuse, et qui avait eu un certain nombre d'idées révolutionnaires, comme celle de moraliser et de réformer ses moines, avait exposé son jugement sur les langues à Bovelles, et le bon chanoine en était resté si scandalisé qu'il a cru devoir faire juges de cette hérésie les lecteurs de son *Liber de differentia vulgarium linguarum*, H. Est., 1533. Voir c. 50 : « Nam cum quadam die in familiari collocutione oborta casu esset vulgaribus de linguis sermocinatio : tum rem supra vires polliceri Tritemius non erubuit, qui Germanicam linguam et confictis a se characteribus exculturum, et sufficientibus regulis instructurum, nec non Latinæ tandem linguæ parem se effecturum spopondit : adeo (aiebat), ut docti quidem viri in disciplinarum et scientiarum traditionibus nihilo dedignarentur illius commoditate et adminiculo uti. »

succès varient considérablement d'une science à l'autre. A la fin du siècle, il s'en faut bien que le français ait également pris possession définitive de toutes.

J'ai conscience que dans ces recherches, où je n'avais point de guide, beaucoup de noms et de livres ont dû m'échapper. J'aurai l'air d'en avoir omis bien plus encore, quoique je les aie vus et connus. C'est que, pour faire cette histoire complète, il faudrait mentionner à leur date chacun des ouvrages français qui ont paru, et étudier leur influence. Ce n'est pas ce travail colossal, qui devra être fait un jour, que j'ai voulu entreprendre.

Dans la masse du XVIe siècle, j'ai essayé de choisir — témérairement, comme on choisit toujours — les hommes et les œuvres qui me semblaient avoir eu, dans le progrès que j'étudie, le plus d'influence. Les indications que je donne ne suffiraient pas, je le sais, pour l'histoire de chaque science ; réunies, elles expliqueront, j'espère, le mouvement général d'idées réformatrices que, dans l'histoire littéraire, certains gardent encore la gloire d'avoir seuls représentées et presque inventées.

CHAPITRE II

LES OBSTACLES

LA TRADITION LATINE DANS L'ÉCOLE

Il n'est pas tout à fait exact de dire, comme cela a été répété souvent, que le français était totalement exclu, au XVIe siècle, des collèges de l'Université. Ce n'est pas non plus, comme on l'a soutenu, Mathurin Cordier qui lui a fait la petite place qu'il occupait[1], c'est la nécessité même de l'enseignement. Quicherat a montré que Cordier avait été précédé dans cette voie. Nous avons des ouvrages pédagogiques très anciens où entre le français, ainsi la *Maniere de tourner en langue francoyse les verbes Actifz, Passifz, Gerondifz, Supins et Participes; item les verbes Impersonnelz, ayans terminations actiue ou passiue, avec le verbe substantif nomme sum*, qui parut d'abord sans nom d'auteur ni date, à divers endroits, mais qui est due à Robert Estienne. Toutefois ces livres mêmes suffisent à montrer quel était le rôle de la langue vulgaire dans les collèges : dans celui de Rob. Estienne, les formes françaises sont, il est vrai, réunies, mais pour faire sentir à l'élève la valeur et le sens des formes latines. La grammaire française est le moyen, non le but de l'enseignement nouveau. On le sent mieux encore en parcourant le livre de pédagogie élémentaire que Robert Estienne a intitulé : LES DÉCLINAISONS DES NOMS *et verbes, que doibuent scauoir entierement par cœur les enfans, ausquels on veult bailler entree a la langue Latine*[2].... La dernière partie, savoir : LA MANIERE D'EXERCER LES *enfans a decliner les Noms et les Verbes* est particulièrement significative. Si, en passant, il y est recommandé de bien prononcer et de bien écrire le français, autant que le latin; si on demande à l'écolier de pouvoir traduire sans hésiter une forme latine qu'on lui cite, pendant qu'on donne à son voisin une forme française à tourner en latin, c'est pour les mettre tous deux, une

1. Massebiau, *Les Colloques scolaires*... Paris, 1878, p. 223.

2. A Paris, de l'Imprim. de Rob. Estienne, imprimeur du Roy, 1549. A. P. (septembre). (Les conjugaisons étudiées sont celles des verbes latins : *amo, doceo, lego, audio ; des anomaux : eo, volo, nolo, fero, fio*. Cela seul suffit à éclairer sur les intentions de l'auteur.)

fois pour toutes, en possession complète de la grammaire usuelle du latin, et qu'ainsi, définitivement accoutumés et instruits, ils puissent « aller plus outre », en latin, s'entend[1]. Quand le français a rendu les services qu'on attendait de lui, et que l'enfant n'est plus « si rude ni abécédaire », on l'abandonne ; ses premières années faites, l'élève, hors la classe comme dans la classe, ne doit plus avoir d'autre langue. C'était une obligation générale dans les collèges de parler latin[2]. Les pédagogues les plus libéraux, comme Cordier, conseillaient bien aux maîtres d'user, pour l'imposer, plus de la persuasion que de la violence ; ils en arrivaient même à proposer de suspendre quelques instants par jour cette règle salutaire ; mais c'était afin que le reste du temps on s'y conformât avec plus de bonne volonté. Quant à l'abandonner, personne n'eût proposé cette folie. Il ne faut pas oublier que la possession du latin était le but principal, on pourrait presque dire unique des premières études : *Latine loqui, pie vivere*, c'était tout un programme de vie : la piété ouvrait le ciel, le latin assurait l'entrée des sciences divines et humaines; il donnait commerce avec tout ce qu'il y a de bien, de sage et de noble sur la terre.

Montaigne nous a laissé le récit de ses premières années : « L'expedient que mon pere y trouua, ce fut que, iustement au partir de la nourrice, il me donna en charge a un Alleman, qui depuis est mort fameux medecin en France, du tout ignorant de nostre langue et tresbien versé en la Latine. Cetuy-cy, qu'on auoit faict venir expres et qui estoit bien cherement gagé, m'auoit continuelement entre les bras. Il en eut aussi auec luy deux autres, moindres en sçauoir, pour m'accompagner et seruir, et soulager le premier ; ceux-cy ne m'entretenoient d'autre langue que Latine. Quant au reste de sa maison, c'estoit une regle inuiolable, que ny luy mesme, ny ma mere, ny valet, ny chambriere ne parloient en ma compagnie qu'autant de mots de Latin que chacun auoit apris pour iargonner auec moy. C'est merueille du fruict que chacun y fit :

1. Je n'ai pas à m'étendre sur cette question. Je rappelle seulement que les livres cités plus haut ne sont pas les seuls du genre. Il existe des grammaires bilingues : *Ælii Donâti de octo oratiônis pártibus libéllus. Des huict parties d'oraison ;* Parisiis, ex officina Matthaei Davîdis, via Amygdalina, 1546. Il y en a de toutes françaises : *Les Principes et premiers elementz de la langue Latine, par lesquels tous ieunes enfants seront facilement introduictz a la congnoissance d'icelle.* Parisiis, apud Mauricium de Porta, 1544.

2. Du Boulay a raconté dans son *Hist. Universitatis*, III, 126, qu'un papetier, harangué en latin par le Recteur, qui lui faisait des reproches sur ses fournitures, fut cité devant le Parlement pour avoir riposté en disant : « Parlez français, je vous répondrai » (cf. Compayré, *Hist. des doct. de l'éduc.*, I, 137).

mon pere et ma mere y apprindrent assez de Latin pour l'entendre, et en acquirent a suffisance pour s'en seruir a la necessité, comme firent aussi les autres domestiques qui estoient plus attachés a mon seruice. Somme, nous nous latinizames tant qu'il en regorgea iusques a nos uillages tout au tour, ou il y a encores, et ont pris pied par l'usage plusieurs appellations Latines d'artisans et d'utils. Quant a moy, j'auois plus de six ans auant que i'entendisse non plus de francois ou de Perigordin que d'Arabesque... Si, par essay, on me vouloit donner un theme a la mode des colleges, on le donne aux autres en François, mais a moy, il me falloit donner en mauvais latin pour le tourner en bon[1]. »

Il semble qu'on soit ici en présence d'un cas exceptionnel. Nullement. Seuls, les moyens employés par le père de Montaigne pour faire de lui un bon Latin, étaient nouveaux. Henri Estienne a été élevé à peu près dans les mêmes conditions que Montaigne[2].

Dans la maison de Robert, dont l'exemple échauffait la verve de Daurat, femmes, servantes, clients, enfants, le petit Paul et la tante Catherine, tout « l'essaim de la ruche laborieuse » s'entretenait chaque jour dans le langage de Plaute et de Térence » [3]. Et si peu de familles atteignaient à ce résultat, c'était du moins là un idéal, que les pédagogues proposaient. Seule, la mère était admise, et pour cause, à parler à ses enfants la langue maternelle[4]. Mais un écolier soucieux de ses progrès devait se borner là, et éviter de parler longuement aux domestiques, incapables de lui répondre autrement qu'en leur vulgaire[5].

1. *Essais*, I, ch. xxvi. — Dans cette citation, j'ai gardé l'*u* (: *v*) du xvie siècle dans le corps des mots, mais pour plus de clarté, au commencement des mots, j'ai écrit uniformément *u* pour *u*, et *v* pour *v*.

2. « Votre aïeule, écrit Henri Estienne à son fils Paul, entendait aussi facilement que si l'on eût parlé en français, tout ce qui se disait en latin; et votre tante Catherine, loin d'avoir besoin d'interprète pour comprendre cette langue, savait s'y énoncer de manière à être parfaitement claire pour tout le monde. Les domestiques eux-mêmes s'accoutumaient à ce langage et finissaient par en user. Mais ce qui contribuait surtout à en rendre la pratique générale, c'est que mes frères et moi, depuis que nous avions commencé à balbutier, nous n'aurions jamais osé employer un autre idiome en présence de mon père et de ses correcteurs. » H. Est. Lett. préf. de l'éd. d'A. Gille, 1585, in-8, p. 12 et 13.

3. Intaminata quam latini puritas
Sermonis et castus decor !
Nempe uxor, ancillæ, clientes, liberi,
Non segnis examen domus,
Quo Plautus ore, quo Terentius, solent
Quotidiane colloqui.

cité par Feugère, dans *la Precellence* de H. Estienne, Paris, 1850, p. xii.

4. Cordier, *De corr. sermon. emendatione*, 1533, Pref. : « (pueros) pudeat vel cum ipsis matribus uti lingua vernacula. »

5. Dans les *Colloques* de Cordier la conversation revient souvent sur ce sujet. V, iv, 10, cf. II, 44 : « Magister Gallicum nihil effert, nisi aliquid declarandi causa. —

Que nombre de familles n'aient ni pu ni même voulu, quand elles le pouvaient, se plier à cette discipline des régents, c'est chose qui se devine de soi-même. De l'aveu même de Cordier, malgré le fouet, malgré la censure publique, à laquelle on s'exposait, comme si on eût manqué la messe, les enfants savaient trouver des cachettes (*latibula*) où ils pouvaient parler d'une partie de barres ou d'un de ces mille sujets dans lesquels la majesté du latin risquait de se compromettre.

Mais en dépit de ces écarts, la règle qui imposait le latin resta debout. Les réformes de l'époque de Henri IV ne changèrent rien sur ce point aux anciens statuts [1]. Comment eût-on renoncé à la tradition, quand les champions les plus ardents du relèvement de l'instruction générale en étaient à protester contre l'abandon des langues anciennes? Ainsi P. Boulenger est un esprit des plus modernes; il eût compté, de nos jours, parmi les propagateurs de l'instruction obligatoire; le discours où il s'est plaint de l'abandon des études et de l'oubli où on laissait tomber l'édit du roi concernant l'instruction gratuite des enfants pauvres, est resté célèbre : et néanmoins Boulenger n'a pas imaginé un instant que cette instruction pût se faire sans latin; il proteste même contre l'idée qu'on puisse tenter quelque chose en ce sens, et essayer de constituer une littérature scientifique française ou une encyclopédie de traductions. Suivant lui, tout cela resterait incompréhensible aux hommes sans latin [2].

Aucune initiative ne vint non plus du côté des adversaires des

Nunquam igitur gallice loquimini? — Solum cum matre, idque certa quadam hora, quum illa nos ad se vocari jubet. — Quid agitis cum familia? — Cum familia raro est nobis sermo et quidem tantum in transitu : et tamen famuli ipsi nos latine alloquuntur. — Quid ancillæ? — Si quando usus postulat ut eas alloquamur, utimur sermone vernaculo, ut solemus cum ipsa matre. — O vos felices, qui tam diligenter docemini! »

1. « Nemo scholasticorum in Collegio lingua vernacula loquatur, sed Latinus sermo eis sit usitatus et familiaris. » (*Statut. Acad. et Univers. Parisiensis*, art. XVI, 3 sep. 1599.)

2. P. Boulenger, *De utilitate quæ ad populum Gallicum rediret, si sanctè Regis edictum servaretur, De adhibendis in singulis Galliæ oppidis preceptoribus, à quibus gratuitô egentiores adolescentuli ingenuis artibus erudirentur.* Paris, Fed. Morel, 1566. P. 9, v°, l'auteur s'élève contre ceux qui croient le français suffisant : « Satis id habentes, si vel animi cogitata sermone vernaculo utcumque scribere norint, vel quæ materna lingua ab aliis scripta fuerint, legere queant, non secus ac si supervacanea non solùm esset, sed teneris etiam mentibus exitialis et damnosa Latinarum et Græcarum literarum cognitio. » Cf. 11, v°, et 12 r° : « Quod ergo adfertur de iis quæ in nostram linguam conversa fuere, non est tanti ponderis aut momenti, ut proptcrea linguarum studium statim abiicere debeamus, cum nec artes quas circa sermonis artificium versari diximus, nec altiores disciplinæ, in Gallicam linguam traductæ adhuc fuerint : quas, etiam si vernacula lingua conscriptæ essent, nunquam tamen intellectu consequerentur, qui ab ineunte ætate aut Latinis aut Græcis literis imbuti non fuerunt. »

Universités; les collèges des jésuites étaient à peu près aussi fermés à la langue vulgaire que les autres[1].

Et il ne faudrait pas croire que les professeurs de la Faculté des arts aient été les plus entêtés de leur latin. La Faculté de décret, la Faculté de théologie, dont nous aurons suffisamment à reparler, n'y était pas moins attachées. Quant à la Faculté de médecine, elle considérait, elle aussi, que la médecine devait, à tout prix, rester fermée aux profanes. La Faculté de Paris en donna une preuve comique dans le procès qu'elle fit à un empirique, Roch Baillif de la Rivière, qui se réclamait de Paracelse[2]. Appelée à examiner les doctrines de cet imposteur, la commission des six délégués, nommée par elle, refusa de discuter des théories exprimées en français, estimant *a priori* qu'un homme qui ne savait pas le latin, et n'avait pu lire par conséquent ni Hippocrate, ni Galien, ni Avicenne, était incapable de guérir[3]. Alors, dans une scène digne de Molière, « le grand Sénat, dont toutes les écoles de France, d'Italie, d'Espagne, et d'Allemagne, au dire des plaignants, attendaient l'arrêt », dut avant tout se transformer en commission de régents, et demander à l'inculpé, d'abord un

1. « Latine loquendi usus severe in primis custodiatur, iis scholis exceptis, in quibus discipuli latine nesciunt, ita ut omnibus quæ ad scholam pertinent, nunquam liceat uti patrio sermone : eamque ob rem latine perpetuo magister loquatur. » (*Ratio studiorum*, éd. Tournon, 1603, p. 121.)

« Domi linguæ latinæ usum inter scholasticos diligenter conservandum curet Rector; ab hac autem latine loquendi lege non eximantur, nisi vacationum dies et recreationis horæ. » (*Ibid.*, 27.)

2. Le Doyen Rousselet avait obtenu l'autorisation de poursuivre cette « peste » qu'il comparait à Luther, et voulait renvoyer chez les Turcs, le 7 oct. 1578 (voir Reg. mss. de la Fac., VIII, 107 v°, Bib. de la Fac. de médecine de Paris).

3. Voir : *Vray discours des interrogatoires faicts en la presence de MM. de la Cour de Parlement, par les Drs, Regents en la Faculté de Medecine...., à Roc le Baillif, surnommé La Riuiere, sur certains poincts de sa doctrine*, Paris, l'Huillier, rue Saint-Jacques. A l'Oliuier. Auec privilège.

Interrogé le 19 juin « en la maison de Mgr le President de Morsan le 19 juin, l'autre a sa requeste en plein Parlement deuant tous MM. de la Cour. Au premier examen, la plus grand part de l'apres-disnee fut consommee en ce different, qu'iceluy proteste qu'il ne peut parler Latin. Les Medecins au contraire disent, qu'ils ne doiuent ny ne peuuent examiner de la Medecine en langue vulgaire. Luy remonstre, que les maladies ne se guerissent ny en Latin ny en Grec; que c'est assez que la chose soit entendue et les remedes cogneuz. Davantage, que luy est Medecin François, et qu'Auicenne a escrit en sa langue, Hippocrates et Galien en la leur. Au contraire les Medecins remonstrent, qu'il est impossible qu'il soit Medecin, qu'il n'ait passé par les premieres lettres et escholes. Outre que cest homme se dit docteur à Caen (qui est une falsité digne de punition, comme il a esté acertainé par les Docteurs de Caen à la requeste de Madame de Rohan), et pource qu'un Docteur examinant un qui se dit Docteur ne le peult examiner en François : principalement estant question d'introduire ou de reietter la doctrine de Paracelse par le iugement d'un si grand Senat, duquel toutes les Escholes de France, Italie, Espaigne, Allemaigne, attendent l'Arrest, Dauantage, qu'il n'est possible, que n'entendant la langue Latine, il ait leu Hippocrates, Galien, Auicenne et autres bons autheurs Grecs, Arabes et Latins, desquels la milliesme partie n'est tournee en François.. »

thème oral, puis, sur son refus, un exercice écrit de latinité [1].

La première protestation qui, à ma connaissance, se soit élevée contre cette domination exclusive du latin dans les écoles, est celle que Jean Bodin, le célèbre jurisconsulte, a placée dans son discours aux consuls de Toulouse sur l'instruction de la jeunesse, en 1559. Non seulement il estime que c'est une qualité pour un maître de bien savoir sa propre langue, mais, tout en reconnaissant les avantages du latin, qui sert de langue commune aux lettrés de toutes les nations, il ose dire qu'il y aurait une économie énorme de travail et de temps à étudier les sciences en langue maternelle, comme ont fait les Anciens, comme les Italiens commencent à le faire ; et il avance hardiment que le français peut y suffire, étant assez riche non seulement pour vêtir, mais pour orner les disciplines ; on doit donc s'exercer à écrire et à parler en français, comme en grec et en latin [2].

1. « En ce debat Messieurs de la Cour luy remonstrent, qu'il parle Latin tel qu'il voudra et pourra, qu'il sera excusé. Luy coulpable de son ignorance, de rechef dit, qu'il y a long temps qu'il n'a veu ses liures : qu'il y a quatorze mois qu'il est à Paris empesché à ses affaires. Quelqu'un des Docteurs, pour plus euidemment monstrer l'ignorance dudict La Riuiere, luy demande qu'il dise en Latin : Il y a quatorze mois que ie suis en ceste ville. Il faict du sourd. Mais estant pressé, il dit qu'il escriroit bien en latin, mais qu'il ne peut parler. Alors les Docteurs, sans preiudice du reste de l'Examen, demandent qu'il responde par escrit en Latin sur le champ a la premiere question qui luy sera faicte. Il ne peult reculer. Et pour ce la premiere question est telle. *Qui fieri possit ut Paracelsus ab Hipp. et Galeno nihil dissentiat, cum Paracelsus eos sæpe ludibrio habeat, seseque hujus tam reconditæ doctrinæ authorem esset scribat?* Alors iceluy La Riuiere prend la plume, attentif comme ces petits enfans qui font leur theme, remet en sa memoire quelque Latin de Paracelse, qu'il sçait par cœur, et escrit : *Paracelsus non differt à veteris Medicis. Nam Hippocrates in libro de veteri medicina non dicit sanguis bilis esse principia*, etc. Voila le Latin de La Riuiere, que ie pense qu'on trouueroit encore escrit de sa main »... *Recueil des deux examens faicts par cinq de Mess. de la faculté de Medicine contre Roc Baillyf, surnommé la Riuiere*, p. 17 et s., Bibl. Maz[ne] 29 121.

On peut consulter sur ce grave procès, dont les débats durèrent quatre jours, les registres mss. de la Faculté, VIII, 128 et suiv. René Chopin parla deux jours pour Hippocrate et Galien, et Roch Baillif de la Rivière fut condamné à être banni du ressort du Parlement. L'avocat du roi était Barnabé Brisson ; il fit sur l'antique médecine et son père Hippocrate une harangue si goûtée, que la Faculté enthousiasmée lui vota une reconnaissance éternelle, et s'engagea solennellement « quoi qu'il lui arrivât, à lui, à sa femme, à ses enfants, et aux enfants de ses enfants, des maux qui atteignent l'homme, quel que fût celui des docteurs qu'il appelât, quel que fût le nombre de ceux qu'il manderait, lui ou les siens, à le soigner à perpétuité avec diligence, affection, et gratuitement ».

2. Voir Bodin, *De instituenda in rep. iuventute oratio*, Tolosæ, 1559, ex. off. P. Putei, 43 v°... « Fateor equidem magnum aliquid ac præclarum futurum, si apud nos, ut iam apud Italos fieri cœptum est, artes scientie lingua vernacula doceantur; ut quemadmodum utrique, et Græci quæ ab Ægyptiis, et Latini, quæ à Græcis didicerant, sua lingua maluerunt quam peregrina profiteri, ut se tanto, ac tam graui discendarum linguarum, quæ maiorem ac meliorem ætatis nostræ partem requirunt, onere subleuarent : nos consimiliter quæ ab illis accepimus, lingua Gallica, quæ satis, auguror, diuitiarum, non modo ad vestiendas, sed etiam ad exornandas scientias, habitura est, conemur exprimere. » Cf. 44 v°.

Dans cette seconde moitié du siècle, plusieurs des professeurs du Collège royal appliquèrent cette idée hardie. Ce fut d'abord Ramus [1], puis sur son conseil, dit-on, le mathématicien Forcadel [2], au grand scandale de quelques-uns, mais visiblement avec la tolérance du roi, puisque, malgré cette rupture avec l'usage, celui-ci n'hésita pas à inscrire Forcadel au nombre de ses lecteurs.

Un des professeurs royaux, Louis Le Roy, qui a été, à un moment donné, le conseiller et le représentant de la couronne, s'aventura plus loin encore. Dans un discours solennel, sorte de leçon d'ouverture, qu'il fit imprimer et que nous avons conservé, il osa justifier son dessein d' « user du naturel et vulgaire du païs, pour y traitter les matieres d'Estat qui s'offrent en la lecture de Demosthene », et institua une comparaison des langues « appelees doctes et grammatiques », et des langues vulgaires. Il célèbre d'abord l'utilité des premières, auxquelles il fait, comme on peut s'y attendre d'après l'époque et les circonstances, une belle et large part [3]; cette dette

1. Daurat disait de lui :

.....francice docere
De regis solitum, nefas, cathedra
(Daurat, *Poemata*, Marty-Lav. III, 279-280.)

2. Dans son *Arithmétique entiere et abregee* (Paris, Ch. Perier, rue Saint-Jean de Beauuais, au Bellerophon, 1565), Forcadel a inséré en tête du IVe livre (p. 145) une préface à Aubert de Poitiers, avocat au Parlement de Paris, où il dit nettement qu'il suivit en cela le conseil de cet Aubert. Le passage est en tout cas intéressant, parce que le fait qui nous occupe s'y trouve attesté : « Vous me mistes en si bon train que par votre seule opinion i'entreprins de lire les Mathematiques publiquement en nostre langue, ce que personne n'auoit encores faict au parauant. Et combien que plusieurs en fussent mal contens, les uns par une enuie toute aperte sans autre occasion, les autres parce qu'ils trouuoyent mauuaise ma maniere de lire en vulgaire, si est-ce que vous me consolastes si bien en toutes mes incertitudes, que pour cela ie ne laissay de continuer mon entreprinse l'espace de neuf annees entieres. Et pour m'y fortifier, vous me fistes connoistre à plusieurs bons seigneurs, desquelz les connoissances peu à peu m'en auroyent apporte tant d'autres, que finablement avec leur bon secours, il auroit plu à la majesté du Roy me receuoir au nombre de ses lecteurs » (12 juill. 1565). Il était déjà lecteur en 1564. Voir le Ier livre des *Éléments d'Euclide*.

3. « Il semble donc que par grace singuliere de la Prouidence diuine se trouuent auiourd'huy, presque en tout le monde, aucunes Langues appellees Doctes et Grammatiques communes à plusieurs païs, esquelles sont traictez les affaires de la religion, et les arts : les autres propres de chacune nation, qu'on nomme Vulgaires ou Maternelles, seruantes à la conference commune des personnes, et aux commerces ordinaires. Car il est bien conuenable y en auoir de reseruées pour les mysteres sacrez, et pour les sciences de haute, difficile et subtile speculation : lesquelles ne doiuent estre indifferemment maniees par toutes personnes : autrement, rendues trop communes viendroient à mespris. Et faut soigneusement garder telles langues doctes et communes à maintes nations : afin qu'elles ne soient delaissées ou oubliées. Dont viendroit grande obscurité aux disciplines qui y sont escrites, confusion au monde, et ignorance aux hommes ».. L'auteur parle ensuite de l'arabe et du grec, comme langues religieuses, et ajoute :

« Certes ce seroit grand mechef et peché de laisser perdre ceste langue : d'autant qu'elle est diffuse en plusieurs peuples, et qu'en icelle sont traictées presque toutes disciplines; ioinct qu'elle est riche assez, et embellie de plusieurs escrits excellents, et de livres exquis, douce en prononciation, et pleine de grauité, non rude et aspre comme quelques autres. (*Deux oraisons françoises prononcées auant la lecture de Demosthene*, Paris, Fed. Morel, 1576, p. 3 et 4.)

payée, se sentant libre, il se prononce contre ceux qui veulent s'arrêter aux langues anciennes, si élégantes et utiles qu'elles puissent être, et surtout il s'élève contre les gens qui, une fois adonnés à cette étude, la poussent si loin et l'embrassent avec tant d'affection qu'ils négligent, pour une érudition superflue, les choses autrement sûres et importantes de la vie contemporaine : « N'est-ce point grand erreur, dit-il, que d'employer tant d'annees aux langues anciennes, comme lon a accoustumé de faire, et consommer le temps à apprendre les mots, qui deuroit estre donné à la cognoissance des choses, ausquelles lon n'a plus ny le moyen ni le loisir de vaquer? N'est-ce follie, à l'occasion de ces langues, s'addonner et affectionner tant à l'antiquité, recherchant si curieusement les vieilles superstitions, et actions? ou espluchant vieils exemplaires, que communement lon gaste de plus en plus en les cuidant corriger, et laisser en arriere la cognoissance de sa religion, et affaires du païs et temps où l'on est viuant? Qu'est-ce autre chose que d'abuser de l'estude et des lettres, demandans claire lumiere, où n'y a qu'obscures tenebres? et essayans entendre choses, qui prouſitent plus, ignorees que sceuës, si tant est que se puissent sçauoir, estans en si long espace de temps tant alterez, et changez tous affaires humains? Quand cesserons nous de prendre l'herbe pour le bled? la fleur pour le fruict? l'escorce pour le bois? Il y en a qui sçauent la genealogie des anciens dieux pretendus, leurs noms, cultures, oracles, pouoirs, et ne leurent jamais en la saincte escriture. Comment se gouuernoient entierement Athenes, Lacedemone, Carthage, Perse, Ægypte, Macedoine, Parthie : discourans de l'Areopage, de l'Ephorie, des Comices Romains : et n'entendent rien au conseil de France, maniement des Finances, ordre des Parlemens. Ce n'est donc assez pour se rendre parfaictement sçauant et vrayement utile à son païs et gouuernement, que de s'arrester seulement aux langues anciennes, et ès curiositez en dependantes, ains conuient aussi trauailler ès modernes, usitees auiourd'huy entre les hommes, et cognoistre les affaires du temps present. » — J'ai tenu à citer ces paroles éloquentes, qui ont été récitées, l'auteur le dit positivement, du haut d'une chaire d'État, avant février 1576, et qu'il a fallu tant d'années pour voir triompher des préjugés de la plus « grande Université de l'Europe »[1].

Cependant, même au Collège de France, il faut bien le dire, l'indépendance d'esprit de quelques-uns ne changea rien à la routine.

1. Sur Loys Le Roy, voir la thèse de H. Becker, *Un humaniste au XVIe siècle, Loys Le Roy*, Paris, Lecène et Oudin, 1898, in-8°. Cf. p. 172-176.

Il n'y a pas là-dessus de texte positif, mais on peut remarquer, avec M. Lefranc, que si l'habitude d'enseigner en français se fût généralisée dans le Collège, ses adversaires, si nombreux et si haineux, n'eussent pas manqué d'attaquer pareille nouveauté; or, personne n'en parle. Là aussi, sauf quelques exceptions, le latin continua à régner exclusivement [1].

Cet état de choses inspirait tout naturellement à la population des écoles, hautes et basses, le sentiment que le français était un idiome inférieur, non seulement inculte, mais indigne d'être cultivé, impropre à exprimer avec une précision et une abondance suffisantes, les choses qui n'étaient pas de la vie commune.

Et si l'on songe que cette manière de penser devenait, par suite de l'éducation, celle de toute l'élite intellectuelle du pays, on mesure quelle hardiesse il a fallu pour s'en dégager. De tous les obstacles que le français trouvait devant lui, le plus formidable était la tradition des universités. Se servir du langage vulgaire, c'était, aux yeux des lettrés, s'avouer en quelque sorte un homme d'un rang et d'une science inférieurs, c'était, pour dire le mot, se déclasser.

LA TRADITION LATINE DANS L'ÉGLISE

On a fait plusieurs fois à Calvin l'honneur de le considérer comme ayant eu le premier l'idée d'écrire en français un traité de théologie, et d'avoir compris que seule la langue vulgaire pouvait porter la doctrine de l'Église réformée à travers la masse des fidèles non humanistes. En effet, la traduction de l'*Institutio religionis christianæ* fut publiée cinq ans à peine après le texte, en 1541 ; il semble bien, quoique l'auteur ne s'en explique pas, qu'après avoir voulu donner aux hommes de tous les pays un corps de doctrine, avec les arguments qui servaient à le défendre — ce qui ne pouvait se faire qu'en latin, — il ait tout de suite pensé à mettre le même livre à la portée de tous, en Suisse et en France, en le traduisant de façon à populariser la propagande et à étendre la révolution. Grâce à la situation prise par Calvin, grâce aussi à sa valeur propre, l'*Institution*, écrite dans une langue si voisine de notre langue scientifique qu'elle semble avancer de cent ans sur la plupart des ouvrages contemporains, eut un immense retentissement, et il est hors de doute que la nécessité de répondre

1. Abel Lefranc, *Histoire du Collège de France*, 142. Les programmes de l'établissement ne sont faits en français que depuis 1791 (Id., *ibid.*, 364).

à Calvin et aux autres protestants dans un idiome qui fût, comme le leur, compris de tous, contribua puissamment à faire accepter le français, même des théologiens catholiques[1]. Des pamphlets raillent et injurient, et l'esprit populaire s'en contente souvent. Mais la situation grave où était l'Église imposait de discuter aussi, et en langue intelligible. Du Perron et François de Sales le firent, après d'autres moins importants. Et l'exemple suffit, venu de si haut, non pas pour que la théologie parlât désormais français en France — elle ne s'y est jamais résignée complètement — mais pour qu'il y eût au moins une littérature théologique.

L'importance de ces discussions était en raison directe du rang que la théologie occupait parmi les sciences. Or, elle en était la reine plutôt que la première, les autres, les « humaines », demeurant indistinctement basses et abjectes auprès d'elle. La conquête était donc de nature à faire gagner au français plus qu'aucune autre en élévation.

Mais, présentée ainsi, l'histoire des rapports entre le français et l'Église n'est ni assez complète ni assez longue. Le débat ne commence pas avec Calvin : il lui est antérieur. Il ne porte pas sur le seul point de savoir si le français devait être ou non la langue de la théologie, mais s'il serait, d'une manière générale, la langue de la religion, des prières, des offices et de l'Écriture elle-même.

On sait quelle place tiennent dans la littérature du moyen âge les écrits religieux en français. C'est par des Vies de saints qu'elle s'ouvre ; c'est une décision de concile qui reconnaît publiquement pour la première fois l'existence du roman. Néanmoins, la langue officielle des clercs et de l'Église de France était le latin, qui en avait pris le nom qu'il porte souvent, de *clerquois*. Si dans les sermons, les homélies, les catéchismes, en général dans toute l'œuvre de propagande, et morale et religieuse, il cédait souvent sa place au parler vulgaire, il demeurait, en revanche, seul admis dans les prières, les offices, la collation des sacrements, la liturgie tout entière.

En outre, le latin était seul en possession du privilège de traduire les Écritures. Ce n'est pas à dire qu'il n'y ait pas eu de Bible française au moyen âge[2]. Mais, malgré les traductions partielles du XIIe siècle, malgré la version complète des Écritures de l'époque de saint Louis, malgré les adaptations de Guyard Desmoulins, de

1. P. Doré a écrit en français son *Anti-Calvin*. — Cl. de Saintes s'excuse encore de se servir de la langue vulgaire dans sa *Declaration d'aucuns atheismes de Calvin et de Beze* (1563).
2. Voir S. Berger, *La Bible française au moyen âge* ; Paris, Imp. nat., 1884.

Raoul de Presles, et, au XVe siècle, de Jean de Rély, on peut dire que durant toute cette époque de foi ardente, le fondement de la doctrine chrétienne ne fut connu qu'indirectement, et dans un texte faussé.

Ce résultat surprenant s'explique par l'attitude du pouvoir ecclésiastique qui, de crainte d'hérésie, s'appliqua de bonne heure à empêcher la vulgarisation des textes sacrés. Déjà, en 1170, lorsque le chef des « pauvres de Lyon », Pierre Valdo, voulut faire traduire l'Écriture pour les ignorants, les persécutions d'Innocent III avaient arrêté cet effort ; sans doute le pape, dans une lettre à l'évêque et au chapitre de Metz, admettait que le désir de comprendre la Sainte Écriture n'avait rien que de louable ; il était facile de comprendre ce qu'il voulait dire en ajoutant qu'il avait été sagement « décrété dans la loi divine que toute bête qui toucherait à la montagne sainte devait être lapidée », et que « ceux qui ne voudraient pas obéir librement apprendraient à se soumettre malgré eux ». — Le concile de Toulouse, en 1229, fut plus net encore : il interdit aux laïques de posséder aucun livre du Nouveau comme de l'Ancien Testament et ne fit exception que pour le Psautier, le Bréviaire des offices et les Heures de la Vierge, mais à condition qu'ils fussent en latin ; tout livre de ce genre demeurait prohibé s'il était en langue vulgaire. A Tarragone (1234), cette décision fut complétée par l'ordre donné, sous peine de suspicion d'hérésie, de remettre tous les livres romans dans un délai de huit jours à l'évêque chargé de les brûler.

Ces décisions firent autorité [1] et de semblables prohibitions furent opposées non seulement aux suspects et aux hérétiques, comme Wiclef et Jean Huss, mais aux églises soumises et fidèles. En France, le pieux et savant Gerson, qui a écrit exprès pour les pauvres gens, se prononçait encore pour que le monde laïque se contentât d'extraits moraux et historiques, tant le préjugé était

1. « On voit par des exemples comme celui de Laurent de Premierfait, pourquoi un clerc comme lui préférait employer son temps à traduire Boccace : « Je congnois par moy, et aussi j'ay oy dire a hommes sages et auctorisez que entre lectrez françoyz ne advint oncques si grant abusion ne si reprouvee maniere comme d'avoir translaté en langaige vulgar la saincte Bible, escripte artificiellement par saints docteurs latins. Les translateurs, quelz qu'ilz soient, ont commis sacrilege en desrobant, ravissant et ostant la beaulté et l'atour du tresprecis langaige et la magesté des sentences, et par entremesler impertinens et malsonans paroles ; par quoy ilz comme folz cuiderent ouvrir, mais ilz cloyrent les celestielz secretz et les divins misteres a ceulx qui n'ont sciences infuses ne acquises. Et ainsi raisonnablement il loist et est permis translater seulement en vulgar celles histoires ou escriptures qui ont ung seul sens et entendement simple selon la pure lettre » (H. Hauvette, *De Laurentio de Primo fato, Parisiis*, 1903, p. 65-66).

puissant et enraciné. H. Estienne n'a donc rien exagéré pour le fond quand il a dit « qu'il se falloit autant cacher pour liré en une Bible traduite en langue vulgaire, comme on se cache pour faire de la fausse monnoye ou quelque autre meschanceté encore plus grande[1] ».

Toutefois, dès les premières années du XVIe siècle, une bonne partie de ceux qui voulaient une réforme de l'Église et qui prétendaient la tirer de l'état d'abaissement où l'avaient précipitée les mœurs indignes du clergé et le développement effrayant de la superstition, jugèrent que le salut était dans le retour à l'Écriture qui devait redevenir la base de la croyance et du culte. Ils demandèrent d'abord que, déchargée des interprétations, elle fût étudiée dans les textes authentiques, grec et hébreu. Ensuite, il leur parut de toute nécessité, pour qu'elle pût servir aux peuples de règle et d'étude, qu'elle leur fût donnée partout, traduite dans leur langue. Aussi vit-on les réformateurs, des plus hardis, comme Luther, aux plus timides, comme Briçonnet, admettre ce principe ou l'appliquer. Ce fut, je crois, Érasme qui le proclama le plus haut et qui du premier coup alla le plus loin. Dès 1515, avant Luther, dans son *Enarratio Primi psalmi*, se dégageant de ses préjugés d'humaniste, il soutenait que la doctrine de Jésus pouvait être comprise du peuple comme des théologiens, et que ceux-ci ne le privaient de cette lecture que pour se réserver le rôle d'oracles, ou empêcher qu'on ne comparât leur vie aux principes que leur maître avait posés. Dans une préface célèbre, mise en tête de la paraphrase de saint Mathieu, il revint à ce sujet : « Pourquoi paraît-il inconvenant, s'écrie-t-il, que quelqu'un prononce l'Évangile dans cette langue, où il est né et qu'il comprend : le Français en français, le Breton en breton, le Germain en germanique, l'Indien en indien? Ce qui me paraît bien plus inconvenant, ou mieux, ridicule, c'est que des gens sans instruction et des femmes, ainsi que des perroquets, marmottent leurs Psaumes et leur Oraison dominicale en latin, alors qu'ils ne comprennent pas ce qu'ils prononcent. Pour moi, d'accord avec saint Jérôme, je me féliciterais plutôt de la gloire de la croix, je considérerais le résultat comme particulièrement magnifique et triomphal, si toutes les langues, toutes les races la célébraient, si le laboureur, au manche de la charrue, chantait en sa langue quelques couplets des psaumes mystiques, si le tisserand, devant son métier, modulait quelque passage de l'Évangile, soula-

1. *Apol. pour Hérodote*, éd. Ristelhuber, II, 151 et 153, ch. 30.

geant ainsi son travail, que le patron, appuyé à son gouvernail, en fredonnât un morceau; qu'enfin, pendant que la mère de famille est assise à sa quenouille, une camarade ou une parente lui en lût à haute voix des fragments [1] ».

On sait comment en Allemagne, Luther prit en main la question. Non seulement, il profita de sa réclusion forcée dans son Pathmos pour donner de la Bible cette version allemande (sept. 1522) qui joua un si grand rôle dans l'unification de la langue ; non seulement il catéchisa et professa en allemand ses nouvelles doctrines, expliquant en langue vulgaire, dogmes, mystères et sacrements ; mais, après quelques hésitations, il instituait le culte en allemand [2].

En France, un mouvement semblable, quoique moins important, se produisit. En 1523, le 8 juin, parut, chez le libraire Simon de Colines, le Nouveau Testament traduit par Lefèvre d'Étaples, afin que « ung chascun qui a congnoissance de la langue gallicane et non point du latin », en un mot « les simples membres du corps de Jésus-Christ, ayant ce en leur langue, puissent estre aussi certains de la vérité euangelique comme ceulx qui l'ont en latin ». Dans une éloquente préface, Lefèvre justifiait son dessein : « Se aucuns vouloyent dire ou empescher que le peuple de Jésus-Christ ne leust en sa langue levangile qui est la vraye doctrine de Dieu : ilz sachent que Jésus-Christ parle contre telz disant par S. Luc (xi)....

1. *Opera omnia*, Lugd. Bat., 1706, VII. Erasmus Pio Lectori.

2. Luther n'est pas un adversaire du latin, tant s'en faut ; dans la préface de la messe allemande, il dit qu'il faut bien se garder de réduire les enfants à la connaissance d'une seule langue, et il n'excepte pas même les jeunes filles de cette règle pédagogique. En homme dont la pensée retentissait bien au delà des pays germaniques, il se rendait compte de la nécessité d'une langue internationale, et de l'isolement où l'abandon de cette langue plaçait les Vaudois et les Bohémiens (voir *Œuvres*, ed. Irmischer, XXII, p. 229 et 236). Dans les exercices des clercs, il fait la part du latin, et même dans le dimanche des laïques (p. 237 et 243), il admet pour les fêtes un régime de transition où des chants latins célébreront Noël, Pâques, Pentecôte « bis man Deutsch gesang gnug dazu habe ». Il faut relire à deux fois au lieu de les prendre à la lettre, des phrases comme celle-ci : Ich in keinem Weg will die lateinische Sprache aus dem Gottesdienst lassen gar wegkommen, denn es ist mir Alles umb die Jugend zu thun. Und wenn ichs vermöcht, und die griechische und ebräische Sprach waere uns so gemein als die lateinische, und haette so viel feiner Musica und Gesangs, als die lateinische hat; so sollte man einen Sönntag umb den anderen in allen vieren Sprachen, Deutsch, Lateinisch, Griechisch, Ebräisch Messe halten, singen und lesen » (*ib* , 229). Ce projet fantaisiste, d'alternance possible entre les langues, admis à des conditions qui ne peuvent se réaliser, n'est sans doute qu'une grosse plaisanterie — il y en a nombre d'autres dans les Œuvres de Luther — contre le monopole même qu'on prétendait revendiquer pour le latin. En tout cas, le réformateur a eu plusieurs fois l'occasion de dire qu'il était aise que l'office fût célébré en allemand, mais sans en faire une question capitale. Le jour de Noël 1524, la messe latine avait été abolie à Wittemberg, mais quatre ans après, Luther conseillait encore des concessions : « Si la messe latine n'est pas abolie, ne l'abolis pas ; mêles-y seulement des chants en allemand (16 juill. 1528). »

Malheur sur vous [115] docteurs de la loy, qui avez osté la clef de science ; vous n'y estes point entrez et avez empesché ceulx qui y entroyent..... Et comment prescheront-ilz levangile à toute creature, comment enseigneront-ilz à garder toute chose que Jésus-Christ a commandé : se ilz ne veulent point que le simple peuple voye et lise en sa langue levangile de Dieu ?... Dieu dit par Esdras, en parlant de lancienne loy. *Legent digni et indigni :* les dignes et indignes la lisent. Les chrestiens enfans de Dieu sont-ilz de pire condition a lire la loy nouvelle (la loy de vie et de grace) que les Juifs l'ancienne, lesquelz estoyent serfz..... Nous ne devrions point doncques les lire seulement et les avoir en livres materielz ; mais les tenir promptement en memoire et les avoir escriptes en noz cœurs. »

« Vous ne scauriez croire, écrit-il, un mois après, le 6 juillet, à Farel, depuis le iour où le Nouveau Testament en françois a paru, de quelle ardeur Dieu anime les esprits des simples, en diuers lieux, pour receuoir la Parole... Tous les dimanches, l'epistre et l'euangile sont lus au peuple en la langue vulgaire. » En effet, à Meaux, sur l'autorisation de l'évêque Briçonnet [1], au sermon et à l'homélie sur le texte latin était substituée une lecture, avec une interprétation que tous pouvaient suivre, des exemplaires étant gratuitement distribués aux pauvres. A Paris même, un docteur de Sorbonne, Caroli, lut de la même manière l'*Épître aux Romains* en l'église Saint-Paul [2]. Or, ni Briçonnet, ni Lefèvre d'Étaples n'ont été, comme on sait, des réformés véritables, mais seulement des réformistes. Au reste, le roi lui-même approuvait cette innovation ; c'était sur son commandement qu'on avait mis sous presse les Évangiles [3].

Dans le groupe des réformés proprement dits, la thèse de Luther et sa pratique devaient nécessairement être reprises en faveur de la langue vulgaire. En effet, le fougueux Farel, dont la vie n'a été qu'une prédication menée de ville en ville, à travers mille oppositions et mille dangers, ne pouvait se servir que du français pour entraîner ces masses populaires que sa parole ardente soulevait

1. Plus tard, il fut pris de peur et recula, au point de devenir un des persécuteurs.
2. Herminjard, *Corresp. des réformateurs*, I, *pass.*, cité par Berger, *La Bible au XVIe siècle*, p. 39.
3. Il nous est parvenu un petit livret : *Les choses contenues en ce present liure Epistres et Euangiles pour les cinquante deux semaines de l'an commenceans au premier dimanche de l'auent. — Apres chacusne Epistre et Euangile, briefue exhortation selon l'intelligence d'icelle.* Un exemplaire de cet opuscule rarissime m'a été montré à la Bibliothèque de l'histoire du protestantisme français par le savant et complaisant bibliothécaire M. Weiss. Il y en a eu quatre éditions. Aucune n'est datée. Mais l'œuvre est certainement de Lefèvre d'Étaples, et vient du groupe de Meaux.

jusqu'à les précipiter vers les églises « au sac des idoles et des images ». Il donna un traité sur l'Oraison dominicale (Bâle, août 1524), et les articles de la foi contenus au *Credo* « auec familiere exposition de tous deux pour les simples ». La préface (dont une partie seulement parut l'année suivante chez S. de Colines, sous le titre de *Briefve admonition de la maniere de prier*) développe, d'après Érasme, l'idée « que les pouvres brebis de Dieu ont esté très mal instruictes en la maniere de prier, par la grand'negligence des pasteurs, que les debvoient instruire de prier en languige qu'on entendist, et non pas ainsy seulement barboter des levres, sans rien entendre ». Si on eût observé cette règle « iamais si grandes tenebres ne fussent aduenues, car on prieroit le Pere en soy, es cieulx, en esperit et en verite ».

A cette date la cause eut ses premiers martyrs. Ce n'est pas le lieu de reprendre l'histoire du plus connu, Louis de Berquin. Il importe au moins de rappeler qu'une des accusations portées contre lui était qu'il avait traduit la phrase célèbre d'Érasme sur « les brebis de Dieu jusque là mal instruites par la négligence des pasteurs, qui les doiuent instruire de prier en langue qu'ils entendent, et non pas seulement de barboter des lèvres sans rien entendre [1] ».

Quelques années après, à l'exemple de Luther, Farel institua une véritable liturgie, avec un manuel des sacrements de baptême et de mariage, une déclaration de la cène, etc., dans sa *Maniere et fasson que l'on tient es lieux que Dieu de sa grace a visitez*, première règle du culte en langue vulgaire.

En même temps, le cousin de Calvin, Olivetan, soutenu, comme le dit un naïf distique, par les Vaudois, peuple évangélique, travaille à mettre « en publique » le trésor des saints livres et, le 4 juin 1535, il est en mesure de dédier l'œuvre entière à « sa paourette petite Eglise, a qui rien on ne presente [2] ». Faite pour « ses freres », avec une simplicité et une conscience touchantes, la version d'Olivetan devait cependant porter au delà des frontières du petit peuple qui l'avait fait exécuter. Sinon, elle n'eût pas été accompagnée d'une préface de Calvin adressée à tous les Césars,

1. Le curé de Condé-sur-Sarthe, Étienne Lecourt, avait hasardé que la Sainte Écriture avait été longtemps cachée sous le latin, et qu'il fallait que chacun eût des livres en français ; il monta à son tour sur le bûcher, à Rouen, le 11 déc. 1533. Un reproche analogue fut fait plus tard à Dolet, qui avait imprimé un « Brief discours de la republique françoyse desirant la lecture des liures de la Saincte Escripture luy estre loysible en sa langue vulgaire », et répandu les Épîtres et Évangiles de Lefèvre d'Étaples, les Psaumes et le Nouveau Testament en français.

2. Cette Bible est connue sous le nom de *Bible de Serrières*, l'imprimeur P. de Wingle (Pierrot Picard), un Français réfugié, étant installé dans cette localité.

rois, princes et nations soumises à l'autorité de Jésus-Christ; j'ajoute même qu'elle n'eût pas été en français, mais en dialecte du pays. La vérité doit être que le translateur avait visé plus loin, au delà des cantons vaudois et de la Suisse elle-même. C'est pour cela que le français avait été adopté, que le traducteur s'était appliqué, en se tenant au courant des seuls travaux parus jusque-là, ceux de Sylvius et de Bovelles, à se faire une langue régulière, qu'enfin il avait fait effort pour éviter les mots savants, inintelligibles au peuple illettré. Il s'était même demandé quelle orthographe il convenait d'adopter, et de pareilles préoccupations étaient alors peu communes. Je ne sais si on se tromperait beaucoup en y retrouvant l'influence directrice de Calvin, préoccupé de préparer au mieux l'instrument indispensable de la Réforme, et de donner à la Bible réformée ces qualités merveilleuses de clarté qu'il apportait lui-même dans ses écrits. En tous cas, il a voulu présenter au monde l'œuvre nouvelle et revendiquer le droit qu'elle supposait de faire parler Dieu en langue vulgaire. Sa préface n'est qu'un long plaidoyer en ce sens, où tantôt il démontre, tantôt il attaque, citant ici saint Jérôme et Eusèbe, là accusant ses adversaires de fuir la lumière pour éviter de découvrir leurs trafics et leurs bacchanales.

Dans ces conditions, la protestation que j'élevais au commencement de ce chapitre ne va pas à nier les services que Calvin a rendus à la langue française. Il fallait seulement marquer qu'il n'a fait que reprendre et soutenir une cause qui, avant lui, avait eu en Suisse et en France ses apôtres[1]. Mais, cette réserve faite, il est juste d'ajouter qu'il a plus fait que personne pour cette cause, soit par son œuvre propre, soit en provoquant des travaux complétant les siens. Si bien qu'on peut arrêter à lui cette histoire. Longtemps les protestants auront à reprendre ce procès; mais, à partir de 1550, la langue française est invariablement la langue de leur Église dans les pays de langue française.

Du côté des catholiques, la résistance fut rendue plus acharnée encore par les progrès de l'hérésie. L'ère des concessions qui avait semblé parfois s'ouvrir, fut close. La Sorbonne surtout, même avant qu'elle eût avec elle le roi converti à la peur, ne se lassa pas de condamner, aidée dans son œuvre de prohibition par le Parlement. Dès le 12 août 1523, la Faculté déclare, à l'unanimité, que les inconvénients des traductions étant multiples, il faut les inter-

1. Sur les raisons qui déterminèrent Marot à traduire les *Psaumes*, voir Plassard, *Rev. d. Et Rabel.*, x, 4.

dire absolument[1]. Elle y revient le 22 du même mois. Tantôt c'est le Nouveau Testament de Lefèvre d'Étaples, dont elle ordonne au Parlement de voter la disparition, tantôt les Heures d'un nommé Mère Sotte « soy disant heraut d'armes du duc de Lorraine » (sans doute Gringore). Le samedi 26 août 1525, tous les maîtres réunis, elle prononce encore à ce propos que, s'en tenant aux conclusions prises depuis longtemps sur la matière, elle considérait qu'il n'était « ni expédient ni utile à la république chrétienne, et même, étant données les circonstances, qu'il était plutôt pernicieux d'autoriser l'apparition, non seulement de ces heures, mais des traductions totales ou partielles de la Bible, et que celles qui existaient déjà devraient bien plutôt être supprimées que tolérées[2]. »

Le 3 octobre, le Parlement faisait arrêter trois des prédicateurs de Meaux, et citer à comparaître devant les commissaires du pape : un avocat, un curé, Lefèvre d'Étaples et Briçonnet. L'année suivante, c'était le tour d'Érasme d'être censuré. Le 17 décembre 1527, cinq propositions sur ce sujet, dont plusieurs prises à la préface de l'Évangile de saint Mathieu que j'ai citée plus haut et que les théologiens de Louvain avaient laissé passer, étaient condamnées par la Faculté, d'accord ici avec les inquisiteurs espagnols[3].

1. On ne possédait jusqu'ici pour suivre ces débats, de 1520 à 1524, que le relevé des censures de la Faculté fait par d'Argentré (*Collectio judiciorum*, t. II, part. 1, p. 11 et suiv.). Pour la période de 1525 à 1531, le registre authentique existe (Bibl. nat., fonds lat., 3381 B). Un document nouveau et de première importance vient de s'y ajouter. C'est le registre des procès-verbaux des délibérations, autrement dit *Registre des Conclusions* de la Faculté, de 1505 à 1533, que le duc de la Tremoille a retrouvé dans ses archives et remis à la Bibliothèque nationale (fonds lat. nouv. acq. 1782). M. Léopold Delisle en a publié des extraits importants dans les *Notices et extraits des mss. de la Bibl. nat. et autres bibliothèques*, Paris, Imp. nat., 1899.

2. Primo sententias dixerunt multi super negocio translationum sacre Biblie et aliorum Ecclesie officia concernentium, ut est symbolum Nicenum, precepta quedam et alia que quotidie et de novo fiunt, tam, ut dicunt auctores, de greco in latinum quam de latino in vulgare, utrum scilicet licite sint et Ecclesie utiles et sic tolerande, necne : qui omnes uno eodemque judicio dixerunt illas nullo modo fieri debere, et quia cedunt in multiplex incommodum, omnino reprimende nec tolerande (Reg. concl. f° 104 v°).

3. Voici ces propositions :
1° Sacras litteras cupiam in omnes linguas versari.
2° Exclamant indignum facinus si mulier, vel coriarius loquitur de sacris litteris.
3° Me auctore sacros libros leget agricola, leget faber.
4° Neque Ezechielis Prophetæ, neque Cantici Canticorum aut cujusquam librorum Veteris Testamenti lectionem ulli hominum interdico. (Sans se douter à quel point d'inconvenance elle arrive, la Faculté réserve la lecture de ces livres, même dans le latin qui brave l'honnêteté, aux lecteurs âgés de plus de trente ans.)
5° Indecorum vel ridiculum potius videtur, quod idiotæ et mulierculæ psittaci exemplo Psalmos suos et Precationem Dominicam immurmurant, cum ipsi, quod sonant, non intelligant.

Les protestants avaient beau chanter :

> Est-ce bien faict qu'un Prince ne consente
> Les faictz du Christ estre a tous relatez
> Et en commun langage translatez ?
> (E. de Beaul. contre F. Ier, 1546, *Chans. hug.*, 347.)

la Sorbonne n'était pas seule à mener campagne, De toutes parts, des décisions étaient prises et des discussions entamées à ce sujet. Les livres qui les contiennent ont pu être réunis en un véritable *Corpus*. Un des plus célèbres est celui du cardinal polonais Hosius. Mais en France, le P. Rotier [1], des Frères prêcheurs, inquisiteur de Toulouse; Ambroise Catharinus, des Frères prêcheurs de Sens [2]; Lizet, le célèbre président du Parlement [3]; Poncet, bénédictin de Melun [4], écrivirent tout spécialement sur la question. D'autres, comme le cardinal Bellarmin, s'en sont seulement expliqués à propos d'autres sujets [5].

Chez tous, la réprobation est unanime et les arguments à peu près identiques. On essaie de prouver, à grand renfort de sophismes et de contresens, que si les Écritures ont été rédigées en hébreu, en grec et en latin, ce n'était nullement pour qu'elles fussent comprises des gens parlant hébreu, grec ou latin ; que les apôtres ont bien ordonné d'enseigner aux peuples la Sainte Écriture, mais en l'interprétant, non en la lisant; une lecture pure et simple, par des hommes sans instruction qui croyaient comprendre, ayant été la source de la plupart des hérésies. La lettre tue, dit-on, trois espèces de gens : les juifs, les hérétiques et les laïques ignorants. En ce qui concerne le culte, on n'est pas embarrassé de prouver que la prière vraiment efficace est celle qu'on ne comprend pas.

Les théologiens qui veulent bien descendre de ces hauteurs philosophiques à de simples arguments grammaticaux font ressortir

1. *De non vertenda Scriptura Sacra in vulgarem linguam, deque occidente litera et viuificante spiritu dissertatio :* Edita per R. P. Fr. Spiritum Roterum, ordinis Prædicatorum, sacræ theologiæ Professorem, Hæreticæque prauitatis Inquisitorem Tolosanum, Christ. Regi Francorum Henrico dicata. — Tolosæ, ap. Ioannem Dembat et Ioannem Chasot, MDXLVIII, in-4.

2. *Quæstio an expediat Scripturas in maternas linguas transferri* dans : *Collectio quorundam grauium authorum qui ex professo, vel ex occasione sacrae scripturae... in vulgarem linguam translationes damnarunt.* Paris, Ant. Vitré, 1661.

3. *Petri Lizetii jurisconsulti de sacris utriusque instrumenti Libris in vulgare eloquium minime vertendis rudique plebi haudquaquam inuulgandis, Dialogus. Ib.*

4. *Discours de l'aduis donné au R. Pere en Dieu Messire P. de Gondy, euesque de Paris, sur la proposition qu'il fit aux theologiens touchant la traduction de la Bible en langaige vulgaire*, 1578.

5. *De Verbo Dei*, 1599, cap. xv ; cf. *Disputationes*, lib, II, c. 32, I, cap. II.

naturellement l'infériorité du français par rapport aux langues anciennes. Les défauts qu'ils lui reprochent sont l'instabilité — et ici ils se rencontrent avec beaucoup d'auteurs profanes et les protestants eux-mêmes, — la pauvreté et le manque de majesté [1]. On ne sera pas étonné qu'un de ces dédaigneux soit ce Lizet, dont les prétentions à la latinité ont été si cruellement raillées dans l'épître de Passavant. On le sera plus de trouver Montaigne dans les mêmes rangs[2]. Toutefois, ce n'est pas seulement dans ses *Essais* que ce sceptique s'est prononcé en faveur de ceux qu'effraye la profanation des chants sacrés. Au parlement où il siégeait, on décida de faire saisir les exemplaires des *Psaumes* (1556).

Cette répression impitoyable redoubla, quand à un roi réservé

1. V. Roteri *o. c.*, p. 52 : « Lingua enim vernacula et popularis ieiuna est et inops, nominum et verborum, quibus pro grauitate, dignitate, puritateque respondere valeat tribus illis nobilibus longius, non absque mysterio in triumphali crucis tropheo affixis. Quarum Hebræa sanctitate, Græca facundia, Latina grauitate pollet. His enim duntaxat vocibus et verbis prædita est lingua vulgaris, quibus res infimæ, usibus popularibus accommodatæ enuntiantur. Ad inuisibilia vero, solo fidei spiritu agnoscibilia, mutila est ineptaque.... Si enim libri ciuilis prudentiæ Galeni medici, Philosophicorum, Historicorumque (in quibus nil, nisi sensibile tritum quotidianisque usibus dicatum tractatur) a nonnullis in vulgarem sermonem traducti, habiti sunt contemptui, visique fuere obscuriores vulgariter quam latine loquentes, quomodo scripturas non humano, sed diuino spiritu afflatas, res super omnes sensus eleuatas, et vix angelorum lingua enunciabiles referentes, lingua vulgaris depressa, ac sterilis, pro dignitate et gratia proferre poterit !

2. « Ce n'est pas sans grande raison, ce me semble, que l'Eglise defend l'usage promiscue, temeraire et indiscret des sainctes et diuines chansons que le sainct-Esprit a dicté en Dauid. Il ne faut mesler Dieu en nos actions qu'auecques reuerence et attention pleine d'honneur et de respect. Cette voix est trop diuine pour n'auoir aultre usage que d'exercer les poulmons, et plaire a nos aureilles : c'est de la conscience qu'elle doibt estre produicte et non pas de la langue. Ce n'est pas raison qu'on permette qu'un garson de boutique, parmy ses vains et friuoles pensemens, s'en entretienne et s'en ioue ; n'y n'est certes raison de voir tracasser entre les mains de toutes personnes, par une salle et par une cuisine, le sainct livre des sacrez mysteres de nostre creance, c'estoient aultrefois mysteres, ce sont à present desduits et esbats. Ce n'est pas en passant et tumultuairement qu'il fault manier un estude si serieux et venerable ; ce doibt estre une action destinée et rassise, à laquelle on doibt tousjours adjouster cette preface de nostre office *Sursum corda*, et y apporter le corps mesme disposé en contenance qui tesmoigne une particuliere attention et reverence. Ce n'est pas l'estude de tout le monde ; c'est l'estude des personnes qui y sont vouées, que Dieu y appelle ; les meschants, les ignorants, s'y empirent : ce n'est pas une histoire à conter ; c'est une histoire à reverer, craindre et adorer. Plaisantes gents, qui pensent l'avoir rendue palpable au peuple, pour l'avoir mise en langage populaire !....

« Je croi aussi que la liberté à chascun de dissiper une parole si religieuse et importante à tant de sortes d'idiomes, a beaucoup plus de danger que d'utilité. Les Juifs, les Mahometans, et quasi touts aultres, ont espousé et reverent le langage auquel originellement leurs mysteres avoient esté conceus ; et en est deffenduë l'alteration et changement, non sans apparence. Sçavons-nous bien qu'en Basque et en Bretaigne, il y ayt des juges assez pour establir cette traduction faicte en leur langue ? L'Eglise universelle n'a point de jugement plus ardu à faire et plus solenne. En preschant et parlant l'interpretation est vague, libre, muable, et d'une parcelle ; ainsi ce n'est pas de mesme (*Ess.*, I, 56). »

en succéda un autre qui pria simplement la Faculté de délibérer ce que de raison. Elle durait encore à la fin du siècle, il finit pour la Sorbonne sur un procès relatif à cette question.

Entamé contre René Benoît, un de ses professeurs, qui s'était permis, malgré la défense qu'elle en avait faite à ses membres le 1er avril 1565, d'imprimer en 1568 une Bible française sans qu'elle en eût revu le texte, il fut conduit avec un tel acharnement de procédure en procédure, qu'il ne se termina que le 2 avril 1598.

Le concile de Trente donna à peu près pleinement raison aux docteurs. Parmi les règles publiées par Pie V, trois mois après la séparation du concile, et accompagnées d'un index des livres prohibés, deux touchent à cette question. D'après elles, les versions hérétiques du Nouveau Testament ne doivent être lues par personne; celles de l'Ancien peuvent être permises par l'évêque aux hommes pieux et instruits. Quant aux traductions approuvées, la lecture en étant en général plus nuisible qu'utile, elles ne peuvent être lues que sur une autorisation écrite donnée aux laïques, dont on sait de façon certaine que cet exercice ne fera qu'augmenter leur foi et leur piété. Encore ce régime parut-il trop libéral par ce temps de troubles, et Clément VIII retira la permission la même année où il donnait l'absolution à Henri IV (17 oct. 1595) [1].

Ainsi, au seuil du XVIIe siècle, la division restait très nette. L'Église catholique subissait la langue vulgaire, là où elle ne pouvait l'écarter; elle entendait même s'en servir, comme elle a toujours fait des langues vulgaires, pour des missions de propagande orale ou écrite. Mais elle l'excluait du culte proprement dit, et surtout elle ne s'était pas résolue à comprendre officiellement, parmi

1. Comme c'est là une vraie question de théologie, il y a là-dessus toute une littérature au XVIIe siècle, lorsque la querelle reprend avec les jansénistes :

1° *Collectio quorumdam gravium authorum qui ex professo, vel ex occasione, sacræ Scripturæ, aut divinorum officiorum, in vulgarem linguam translationes, damnarunt*. Jussu ac mandato ejusdem Cleri Gallicani edita; Paris, Ant. Vitré, 1661. (En tête un Hercule avec cette devise : *virtus non territa monstris*.)

2° *Le sanctuaire fermé aux profanes, ou la Bible défendue au vulgaire*, par M. Lemaire, licencié en th., conseiller, aumosnier et prédicateur du Roy; Paris, Séb. Cramoisy, 1661.

3° *Jacobi Usserii Armachani archiepiscopi Historia dogmatica controversiæ inter Orthodoxos et Pontificios de scripturis et sacris vernaculis*, éd. par Henri Warton, archevêque, Londres, Chiswell. 1689. Ce livre est un exposé méthodique de toutes les opinions sur la question depuis les origines du christianisme et même dans l'ancienne Loi.

Cf. Delitzsch, *Das Lehrsystem der röm. Kirche*, Gotha, 1875. Hugo Læmmer, *Die vortridentinisch-katholische Theologie...*, Berlin, 1858. Hegelmeyer, *Geschichte des Bibelverbotes*, 1783. Leander van Esz, *Auszüge aus den heiligen Vätern und anderen Lehrern der katholischen Kirche über das notwendige und nützliche Bibel lesen*, 1808.

les livres d'édification, la Bible elle-même. Cette interdiction de vulgariser en France ce qui est devenu ailleurs le livre par excellence a eu certainement de graves conséquences, non seulement pour le développement de notre idiome, mais pour le développement des idées morales et religieuses de la nation même.

CHAPITRE III

INFLUENCE FAVORABLE DE LA ROYAUTÉ

Si le français trouvait de si redoutables adversaires, en revanche de Louis XII à Henri III, il fut appuyé, avec plus ou moins de force, mais de façon à peu près constante, par la royauté. On ferait un livre entier avec les préfaces ou même les fragments de préfaces, dans lesquels les auteurs les plus divers, poètes et grammairiens, médecins et historiens, conteurs et philosophes, remercient François Ier, Henri II, Charles IX, Henri III du soin qu'ils prennent d'enrichir la langue française. Sebilet et Du Bellay, Des Periers et Amyot, Heroet et Henri Estienne, s'accordent dans leurs éloges.

Qu'il faille rabattre quelque chose de ces compliments entassés, quiconque connaît le ton des morceaux auxquels je fais allusion le sait par avance. On sourit à entendre un contemporain déclarer que c'est du nom du premier François que notre langue a pris le nom de françoise. Il n'en est pas moins vrai qu'il y a, sous l'enflure de ces phrases, un fait réel, que l'histoire de la littérature a depuis longtemps mis en lumière : la royauté a protégé et aidé le progrès des lettres françaises. Ni François Ier, ni aucun de ses successeurs immédiats n'a institué un professeur de français ; il y eut du moins dès 1543, un imprimeur royal de français, ce qui était aussi un progrès, le seul peut-être que l'époque comportât. On récompensait ceux qui publiaient en français, traducteurs et écrivains originaux. Il arrivait même qu'on suscitait leur initiative, et que leur travail était commandé par un ordre exprès de la royauté.

Et je ne fais pas seulement allusion à des livres comme ceux de Du Haillan, l'histoire des rois de France pouvant être considérée comme un véritable instrument de propagande politique. Bien avant cette date, des ordres analogues furent adressés à toutes sortes d'écrivains. La rédaction même de certains privilèges leur était comme une sorte d'invitation générale. Ainsi je citerai celui qui fut donné par Henri II à Guy de Bruès pour ses *Dialogues contre les nouveaux Académiciens*, le 30 août 1556[1], où la chancellerie,

1. Paris, Cavellat, 1557.

d'ordinaire plus sèche, insère la phrase suivante : « Nous, desirans singulierement ceste route ouuerte par ledict de Brues (faisant grand deuoir de rendre la philosophie domestique et familiere a noz subiects en leur langue mesmes) estre suiuie par les autres bons et excellens esperits de nostre royaume, et par iceux petit a petit estre aconduite de la Grece et du païs des Latins en ces marches.... »

Le goût personnel que plusieurs d'entre les derniers Valois, à l'imitation des princes italiens, ont professé pour la poésie, et en général pour les lettres françaises, s'accuse là très nettement. Il est certain qu'un François Ier a aimé les beaux vers, comme il aimait les jolies femmes, les beaux châteaux et les grandes œuvres des artistes. Il est vrai aussi que Henri III a pris plaisir à faire alterner avec les conversations de ses mignons des discussions académiques sur les meilleures espèces de vertus. Mais à voir toute une suite de maîtres de tempéraments très divers persévérer avec tant de fermeté dans la même conduite, on se demande si cette rare constance s'explique suffisamment par l'impulsion une fois donnée, et par l'identité des penchants et des modes qui ont régné, au XVIe siècle, à la cour de France. Il semble que les rois ont compris aussi la nécessité d'arracher à leur ignorance traditionnelle les grands qui les entouraient, soit afin d'augmenter l'éclat et l'agrément de leur cour, soit dans l'intention plus sérieuse de développer l'intelligence de ceux qui étaient les conseillers et les agents de la royauté, et même d'une manière plus générale d'élever l'esprit public.

Or, à cette époque, comme à la nôtre, l'instruction était réputée une condition essentielle de capacité. Dans les esprits comme dans la formule de la chancellerie, sens, suffisance et littérature allaient ensemble. Ceux qui n'étaient pas clercs étaient à peu près sans culture : toutes sortes de témoignages l'attestent, et surtout ils ignoraient le latin[1]. On ne pouvait dès lors songer à donner une édu-

1. En 1527, Jacques Colin, dans la préface du *Thucydide* de Seyssel, dit formellement que « le roy estime les langues estrangeres peu connues parmi la noblesse de son royaume ». En 1537, Saliat traduit la *Civilité* d'Érasme, en donnant pour raison que « les gros seigneurs » eux-mêmes ont été rebutés par le latin trop élégant de l'humaniste de Rotterdam. Flave Végèce est, pour des causes analogues, mis en français, en 1536, à l'usage des futurs chevaliers et chefs de guerre, qui n'ont pas le latin à commandement. Et on pourrait citer et citer encore. Peletier du Mans s'est ingénié dans un « entre-deux » de son *Dialogue de l'orthographe* (p. 130) à expliquer comment les gentilshommes de son temps (la grace à Djeu et au tres chrestien Roy François) s'étaient instruits au point que quelques-uns étaient l'ébahissement des gens de robe. Mais la masse continuait à croire à la contradiction nécessaire entre l'étude des sciences et l'apprentissage de la vie qui convenait à un gentilhomme. Vers la fin du siècle, nombreux étaient toujours ceux qui se montraient rebelles au latin. Blaise de Vigenère fait pour eux son *César* (1582), Guy Le Fèvre de la Boderie leur donne les traités philosophiques de Cicéron (1581), etc.

cation en cette langue à ceux d'entre eux qui avaient passé l'âge des études. On prit le seul parti possible, celui de leur faire des livres en français.

L'honneur de l'avoir conseillé revient à Claude de Seyssel, un des hommes les plus considérables de l'époque de Louis XII[1]. Mêlé activement aux événements du temps, c'était un conseiller véritable, qui traduisait Trogue Pompée au roi pour lui épargner l'ennui de n'avoir, à son retour de la guerre, à lire que de fades apologies, qui lui donnait Diodore pour le faire souvenir de l'instabilité et imperfection des choses mondaines. L'absence d'œuvres utiles en français le préoccupait visiblement. Pour donner l'exemple, et faire servir les leçons de l'histoire aux nobles et à « ces autres qui s'appliquent souuent plus aux sciences que les nobles », il se soumit lui-même pendant de longues années au dur labeur de faire passer Justin, Sénèque, Rufin, Appien, Xénophon, Diodore et Thucydide en français, s'aidant, pour comprendre les originaux grecs, du secours de « son ami Lascaris ». Cette œuvre énorme était déjà un exemple, mais Seyssel l'a éclairée en outre des conseils les plus nets et les plus fermes, et dès 1509, dans une de ces préfaces qui, mêlées de morale et de politique, font penser à Bossuet, il a posé en principe qu'il fallait que ceux qui n'ont aucune notice de la langue latine pussent entendre « plusieurs choses bonnes et hautes, soit en la Saincte Escriture, en Philosophie morale, en Medecine ou en Histoire », bref, qu'il était nécessaire — le mot est à noter, il est là pour la première fois peut-être sous cette forme savante — de constituer une « licterature[2] en françois ». Qu'ils aient obéi à ces suggestions, ou à leur propre instinct, il paraît incontestable en tout cas que les rois ont voulu par ce moyen faciliter et étendre l'instruction de leurs sujets. Ils ont voulu, suivant l'expression de Jacques Colin, qui, sur l'ordre de François Ier, publiait en 1527 le Thucydide de Seyssel, que les grandes œuvres fussent mises « comme sur ung perron, dont elles fussent veues de toutes parts ».

J'ai émis ailleurs l'hypothèse que peut-être ils avaient eu des vues encore plus profondes, et une arrière-pensée plus intéressante pour l'histoire de la formation de l'unité française[3]. En effet, le même Seyssel, instruit par l'expérience de son séjour en Italie, où

1. Voir Dufayard, *De Claudii Seisselii vita et operibus*, Paris 1892, in-8.
2. Le moyen âge disait *lettreüre*.
3. Voir F. Brunot, *Un projet d'enrichir, magnifier et publier la langue françoise en 1509*, dans la *Rev. d'hist. litt.*, I, p. 27.

il fut un des principaux agents de l'influence française, en était arrivé à deviner l'action que la diffusion de la langue pouvait avoir pour assurer nos conquêtes au delà des monts. Et en présentant à Louis XII son Justin. il y avait joint un très remarquable prologue, où par de grands exemples il s'efforçait de montrer au roi ce qu'une politique avisée pouvait tirer de ce moyen : « Qu'ont fait le peuple et les princes romains quand ils tenoient la monarchie du monde et qu'ils taschoyent a la perpetuer et rendre eternelle? Ils n'ont trouue autre moyen plus certain ne plus seur que de magnifier, enrichir et sublimer leur langue latine, qui, du commencement de leur empire, estoit bien maigre et bien rude, et après, de la communiquer aux païs et prouinces et peuples par eux conquis, ensemble leurs lois Romaines couchees en icelle. » Et après avoir exposé par quel travail le latin fut rendu à peu près aussi parfait que le grec, rappelant ensuite l'exemple de Guillaume de Normandie, il engage le roi à conformer sa politique à celle de ces « illustres conquereurs », à faire « enrichir et magnifier » sa langue française. Déjà en Astisane et dans le Piémont, où elle est usuelle, son influence a été telle, que les gens « ne sont pas grandement differens de la forme de viure de France ». Ailleurs on commence à s'entendre sans truchement, et de la sorte « s'adaptent les Italiens, aux habillemens et maniere de viure de France ». Si l'on persévère « par continuation sera quasi tout une mesme façon » ou, comme nous dirions en langage moderne, l'assimilation sera complète.

Le 15 août 1539 paraît l'ordonnance de Villers-Cotterets sur la réforme de la justice : elle stipulait, dans ses articles 110 et 111, que tous les actes et opérations de justice se feraient désormais en français[1].

Entre cette décision prise par François Ier et les conseils de Seyssel, il se peut qu'il n'y ait aucune relation, même indirecte, de cause à effet. Seyssel était mort depuis 1520, et ses propositions étaient peut-être depuis longtemps oubliées. Toutefois j'ai peine à

1. « Et afin, dit le texte, qu'il n'y ait cause de douter sur l'intelligence desdits arrests, nous voulons et ordonnons qu'ils soient faits et escrits si clairement, qu'il n'y ait ne puisse auoir aucune ambiguïté ou incertitude, ne lieu à demander interpretation.

« Et pour ce que de telles choses sont souuent aduenues sur l'intelligence des mots latins contenus esdits arrests, nous voulons d'ores en auant que tous arrests, ensemble toutes autres procedures, soient de nos cours soueraines et autres subalternes et inferieures, soient de registres, enquestes, contrats, commissions, sentences, testaments, et autres quelconques actes et exploicts de justice, ou qui en dependent. soient prononcez, enregistrez et delivrez aux parties en langaige maternel françois et non autrement. »

croire qu'aucune idée politique n'inspirait pareille mesure. Pas n'est besoin de réfuter l'interprétation vulgaire, d'après laquelle elle serait due à un caprice du roi lettré, indigné des *debotamus* et *debotavimus* du célèbre président P. Lizet. Il est difficile aussi de s'en tenir aux motifs allégués dans l'ordonnance même qui invoque le besoin de clarté dans les discussions et les jugements. Si cette raison eût été la vraie, comment ordonnait-on l'abandon des parlers dialectaux? Pour les plaideurs de toute une partie du royaume, le français n'était pas moins une langue savante que le latin, et on le leur imposait sans réserve, même au criminel, contrairement aux tolérances des ordonnances antérieures; or aucune réclamation n'y put rien changer[1]. Il est plus probable qu'on avait compris dans les conseils du roi que l'intérêt de l'État commandait l'unification de la langue qui devait faciliter l'unification de la justice, de l'administration et du royaume. L'idée était vraisemblablement depuis longtemps à l'état confus dans les esprits, puisque la chancellerie avait renoncé à toute autre langue, et que le rêve d'une loi unique en français avait déjà hanté Louis XI[2] et peut-être Philippe le Long[3]. Mais désormais elle s'était précisée assez pour qu'on voulût poser le principe dans la première des grandes ordonnances législatives, ébauche du code unique qui devait s'élaborer peu à peu. Quoi qu'il en soit, le pas décisif était fait; la langue était « hors de page », il y avait une langue d'État.

Ce n'est pas à dire que d'un coup le français devînt la langue du droit; dans les Universités on continua de l'enseigner en latin; les livres aussi restèrent longtemps en latin; des jurisconsultes persistèrent même à discuter la question. Mais ces résistances sont sans intérêt : par l'ordre du roi, le français entrait partout où était

1. « Quant a ces crieries que vous allegues, ce seroit le mesme qu'il aduint du temps du grand Roy François, quand il commanda par toute la France de plaider en langue Françoise. Il y eut alors de merueilleuses complainctes, de sorte que la Prouence enuoya ses deputes par deuers sa maieste, pour remonstrer ces grans inconueniens que vous dictes. Mais ce gentil esprit de Roy, les delayans de mois en mois, et leur faisant entendre par son Chancellier qu'il ne prenoit point plaisir douir parler en aultre langue quen la sienne, leur donna occasion daprendre songneusement le François : puis quelque temps apres ils exposerent leur charge en harangue Frāçoyse. Lors ce fut une risee de ces orateurs qui estoient venus pour combatre la langue Francoyse, et neantmoins par ce combat l'auoient aprise, et par effect auoient monstre que puisquelle estoit si aysee aux personnes daage, comme ils estoient, quelle seroit encores plus facile aux jeunes gens, et qu'il estoit bien seant, combien que le langaige demeurast a la populasse, neantmoins que les hommes plus notables estans en charge publicque eussent, comme en robbe, ainsi en parolle quelque præeminence sur leurs inferieurs. » (Ramus, *Gram.*, 49 et 50, 1572.)

2. Commines, *Mém.*, VI, 6.

3. Voir Loisel, *Dial. des avocats*, éd. Dupin, 1818, p. 231.

la vraie vie juridique ; le reste importait peu. C'était là la conclusion d'un long mouvement qui avait commencé au XIVe siècle, quand la monarchie se créa, et aussi quand le droit usuel commença à s'écrire. C'est en français que l'administration parla, délibéra, écrivit, en français que furent rédigées les Coutumes. Les résultats n'ont pas été assez mis en lumière. Cependant, la graphie, le vocabulaire, la syntaxe se ressentirent de ce travail infiniment plus que des quelques essais de traduction faits par des savants et lus seulement de quelques centaines de gens. Dans cette vie d'affaires quotidiennes, de débats, de plaidoyers, où tous étaient mêlés, s'élabora un français nouveau, un peu pédant, un peu lourd et gauche, mais solide, grave, exact. Je l'appellerais volontiers le dialecte administratif et judiciaire [1]. L'Ordonnance le rendit officiel. Il faillit devenir la langue. Désormais, en tout cas, et ce n'est pas là un des moindres effets de la réforme, acheva de se développer dans le monde judiciaire, seule portion instruite des hautes classes, un goût très vif des lettres françaises ; notre langue, pendant un certain temps au moins, profita grandement des soins qu'on eut d'elle dans le monde des Parlements, des recherches qu'on lui consacra, et même de l'usage qu'on en fit.

1. Voir A. François, *L'origine et le déclin du « bel usage » parlementaire*, p. dans la *Revue d'histoire littéraire de la France*, avril-juin 1918, p. 201 et suiv.

CHAPITRE IV

PREMIÈRES REVENDICATIONS EN FAVEUR DU FRANÇAIS

Ronsard[1] eût déjà voulu savoir quels furent « les premiers qui oserent abandonner la langue des Anciens pour honorer celle de leur païs », car il jugeait qu'ils avaient été « véritablement bons enfans, et non ingrats citoyens », qu'ils étaient « dignes d'estre couronnez sur une statue publique », et que « d'age en age » on fît « une perpetuelle memoire d'eux et de leurs vertus ». Sur l'un de ces piédestaux on met généralement le libraire Geoffroy Tory, de Bourges, l'auteur du *Champfleury*[2]. Je ne veux pas disputer à Tory une gloire à laquelle il tenait tant. Sans doute il n'est pas exact qu'il ait montré le premier le rôle des langues vulgaires, ce qui précède l'a déjà fait voir. Son livre n'est pas consacré tout entier à ce sujet; une part, et une grande part, concerne l'art typographique; mais la question de l'emploi du français dans les sciences n'y est pas moins traitée avant toute autre, en tête du livre, avec intelligence et avec chaleur.

C'est en 1529 que parut le *Champfleury;* mais l'auteur, s'il faut l'en croire, en avait, dès 1523, « en fantasiant en son lict », conçu le projet. Jugeant que les Romains « auoient eu domination sur la plus grande partie du monde, et auoient plus prospéré et obtenu de victoires par leur langue que par leur lance », il souhaitait que les François en « peussent autant faire, non pas pour estre tyrans et roys sur tous », mais qu' « en ayant leur langue bien reiglee, ils peussent rediger et mettre bonnes sciences et arts en memoire et par escript », au lieu de « mandier et prendre quasi furtiuement des Grecz et des Latins » ce qu'on veut savoir des sciences (4 v°). Ce n'est pas qu'il s'agisse de « contemner les langues hebraique,

1. Ed. Blanchemain, VII, 323.

2. Tory, né vers 1480, alla en Italie, et revint se fixer à Paris en 1505. Il reçut en 1530 le titre d'imprimeur du roi et de 25e libraire de l'Université de Paris. On lui doit la modification du caractère typographique, différentes améliorations dans l'orthographe (voir plus loin), des traductions et une édition de l'*Adolescence Clementine* (4e éd., 1533). Voir Aug. Bernard, *Geoffroy Tory*, Paris, Tross, 2e éd. 1865. M. Laurent a préparé une nouvelle édition critique du *Champfleury*, qui allait paraître, quand il est parti à la guerre.

greque et latine », mais seulement de « cheminer plus seurement en sa voye domestique, c'estadire escripre en francois, comme Francois que nous sommes (12 r°) ».

Tory est trop modeste pour se proposer lui-même en exemple. Né « de petitz et humbles parens, poure de biens caduques », il est content seulement d'être « le premier petit indice a exciter quelque noble esperit qui se euertura davantage » (1 v°). Déjà Estienne de la Roche, natif de Lyon sur le Rhosne, Ch. Bovelles[1] ont donné l'exemple, l'un dans une Arithmétique, l'autre dans une Géométrie. Et le dernier y a si bien réussi, qu'il « semble y auoir autant fructifie et acquis d'immortalite de son nom, qu'il a en tous ses autres liures et œuures latins qu'il a faicts studieusement ». Fort de ce succès, Tory appelle à l'œuvre les « deuotz amateurs de bonnes lettres » ; il demande à Dieu d'en susciter, aux nobles seigneurs de leur « proposer gages et beaux dons ». Il se rend compte qu'on peut objecter à ces grands projets que la langue vulgaire est encore trop pauvre, trop changeante et dépourvue de règles ; mais les langues anciennes aussi ont été primitivement dans cet état, avant qu'on eût « prins peine et mis diligence a les reduyre et mettre a certaine reigle » (4 v°). Il suffira de cultiver la nôtre comme ils ont fait les leurs, en écartant d'abord ceux qui « la corrompent et diffament, plaisanteurs, escumeurs de latin et jargonneurs » ; en lui donnant ensuite des règles de prononcer et bien parler. Ce sera la tâche de « quelque noble Priscian, quelque Donat ou quelque Quintilien françois, qui naistra de bref, au plaisir de Dieu, s'il n'est desia tout edifie ». En tout cas, n'en déplaise à ceux qui croient « que la langue françoise ne soit assez bonne ni assez elegante », sans attendre les réformes qu'il espère, qu'il appelle et qu'il commence, Tory affirme courageusement que la matière est ample et féconde, et que ni Ennius ni Plaute n'ont travaillé sur une plus riche : « Notre langue est une des plus belles et gracieuses de toutes les langues humaines » (24 r°).

Tory se fait évidemment illusion sur les arguments qu'il a donnés pour le démontrer. Les textes de Pomponius Mela, Juvénal, et Lucien, qu'il cite (3 r°), n'ont rien à voir aux débats. Mais il n'en a pas moins cette persuasion, et il voudrait la faire partager à ceux « qui escriroient beaucop de bonnes choses s'ilz pensoient les pouuoir bien faire en grec ou latin, et qui s'en deportent de paour de y faire incongruyte ou autre vice » (24 r°). Il espère même ame-

1. Tory se trompe ici singulièrement sur les sentiments de Bovelles.

ner à cette manière de voir ceux qui, comme lui, ont prouvé qu'ils sont capables de se servir du latin, en leur montrant qu'il faut qu' « auec les gens de bonnes lettres le peuple commun puisse user des liures » (1 r°).

Ainsi Tory comprend et indique les deux progrès essentiels qui étaient à faire : augmenter la production intellectuelle, en appelant tous ceux qui pensaient, quelle que fût leur langue, à y concourir, et répandre cette production, en la mettant à la portée de tous ceux qui savaient lire. Il est dès lors certain que son livre, malgré la forme enfantine qu'il a par endroits, mérite de rester en tête de la liste des plaidoyers écrits en faveur du français. Il n'en était point jusque-là qui eût montré si nettement la double manière de décorer ou d'enluminer — les deux mots y sont — la langue française d'abord par un travail grammatical intérieur, en la réglant et la polissant, ensuite par une production littéraire, en composant dans cette langue de bons et beaux livres.

CHAPITRE V

LE FRANÇAIS DANS LES SCIENCES MÉDICALES

La médecine était dans l'ordre des sciences humaines la plus élevée en dignité; on considérait volontiers que la philosophie, l'astronomie, l'alchimie, ou pour mieux dire tous les arts mécaniques étaient inventés pour soutenir cette « pratique de la philosophie naturelle sur le corps humain », suivant la définition de Laurent Joubert. En fait, ces prétentions se justifiaient par le rôle que jouaient les médecins dans le mouvement scientifique. On peut dire qu'en France comme ailleurs, au XVIe siècle, ils l'ont conduit. Les grands savants en histoire naturelle comme en mathématiques, en physique comme en philosophie, sont des médecins. La médecine prétend à cette époque être au sommet des sciences : elle est, plus encore, au centre. La conquête était donc de première importance. Ce qui la prépara de la manière la plus efficace, c'est que le français était en possession indiscutée de deux arts que les médecins du XVIe siècle rejetaient bien loin au-dessous du leur, mais qui n'y touchaient pas moins de très près : la chirurgie et la pharmacie.

La chirurgie. — Dès la fin du XVe siècle, on voit se créer, à Montpellier et à Paris, des cours destinés aux chirurgiens et aux barbiers; comme ceux-ci sont ignorants des langues anciennes, l'enseignement qui leur est donné doit être, au moins en grande partie, en langue vulgaire. Toutefois, à Paris au moins, l'institution de ces cours semble surtout avoir été une machine de guerre contre les chirurgiens avec lesquels la Faculté avait de sérieux démêlés. Après chaque trêve, la suppression des lectures aux barbiers est décidée, et quand enfin, en 1515, les chirurgiens sont reconnus étudiants de l'Université, quand leur confrérie de Saint-Cosme s'élève à la dignité de collège, le latin semble appelé à y prendre dans l'enseignement presque la même place qu'à la Faculté de médecine. Ce n'est pas de la Faculté de Paris que devait partir le mouvement.

A Montpellier, les choses semblent s'être passées d'autre sorte. Au premier professeur Gryphis succéda Falcon, qui publia en 1515, des Commentaires de chirurgie en français. Déjà, les presses de

Lyon avaient fait paraître plusieurs éditions françaises du grand ouvrage du moyen âge, le *Guidon* de Guy de Chauliac, et de quelques autres traités anciens. Symphorien Champier donna un nouveau *Guidon* en 1503, et bientôt il semble que les deux villes soient associées pour travailler au même progrès : Montpellier fournit les hommes, Lyon leur ouvre son collège et ses imprimeries.

Je ne dois pas passer sur le nom de ce Champier, bien qu'il fût par ses ouvrages si divers un homme tout latin, sans marquer qu'à cette première époque il osa, un des premiers, affirmer hautement « qu'il n'estoit pas inconuenient ny de merueille sy ung Francoys lequel nentend latin, suyuant Guydon, Gordon ou Salicet, ou bien de Vigo, soit plus expert en cyrurgie que ung Italien bien latin, lequel n'aura sy bien practique ny sy bien estudie les docteurs latins, que le Frãcoys qui aura tres bien estudie son Guidon, Lãphrã et Salicet, et aura praticqué plusieurs annees en cyrurgie [1] ». Sans doute Champier préfère que le chirurgien, dont il dresse l'Institution, sache la grammaire et au moins le latin. Mais il en fait si peu une condition indispensable de mérite, qu'au chapitre suivant il explique aux prix de quelles lectures le jeune chirurgien pourra se passer du latin.

Sa conviction qu'on pouvait ainsi devenir maître, voire docteur, était telle, qu'il arriva un jour à en convaincre toute une Université. C'était après la victoire du roi contre les « Elveciens dicts Soyces ». Sacré chevalier par le duc de Lorraine, Champier suivit son maître à Pavie où les docteurs l' « aggregarent en leur college ». Mgr de Guyse y était venu, accompagné d'un chirurgien picard, nommé Hyppolyte d'Aultreppe, qui pria Champier de le passer docteur en chirurgie. Celui-ci osa soumettre à ses nouveaux collègues cette demande, si exorbitante qu'elle fût, d'Aultreppe ne sachant pas le latin. Rendez-vous fut pris pour la Saint-Thomas, et comme il y avait de vives résistances, Champier demanda à ses nouveaux collègues, si au cas où Galien, Avicenne, Isaac israélitique, et Galapt de Balda reviendraient à la vie, ils ne pourraient obtenir la couronne doctorale, faute de savoir le latin [2]. De sem-

1. *Les lunectes des Cyrurgiẽs et Barbiers auquelles sont demõstrees les reigles et ordonnances et la voye par lesquelles se doybuent reigler les bons Cyrurgiens lesqueux veullent viure selon dieu et la religion crestienne.* Compose par mesire Symphorien Campese chevallier et docteur regẽt de l'uniuersite de Pauie, seigneur de la Faucrge, premier medecin de monsieur le Duc de Lorrayne, et de Bart. Lyon, P. Mareschal, à la suite du *Myrouel des appothicaires*. Bib. Mazar. Rés. 29045.

2. « Alors se leuast ung tresque scauant et docte docteur, nomme Mattheus de Curte, lequel, a ceste heure, a la premiere cheere en medecine a Padoe, et dict : Messire Campese : Nous esmerueillions tous, Messieurs de ceste uniuersite, de ce que

blables arguments l'ayant nécessairement emporté, Champier servit d'interprète et la thèse fut passée. Comme le lui dit à la fin de la séance un des docteurs, Mattheus Curtius, c'était là « chose qui

nous auez faict assembler icy en si gros nombre. Et puis nous presentes ung homme de toust sans lectre, quil ne scait ny entend latin, et semble que vous moques ou ioues des docteurs, lesqueulx vous ont fait gros honneur et donne priuilege, que ne fust oncque faict en ceste uniuersite. Alors moy bien doulât et desplaisât de tel reprouche luy respondis en latin, car en francoys ne me eust pas bien entendu : Monsieur mon frere et collegue, ie ne vous veux demander que une petite question, et me auoir respondu seray tresque contemps de vous, et est telle. Ie boute le cas que Galien et Auicenne et Isaac Israeliticque, ou bien Galapt de Balda fussent de present en vie, et Galien, pour le bruict et excellence de vostre uniuersite, vint a Pauie pour prendre la Lauree couronne, ou bien degre de docteur, et Avicenne vint auec luy de Arabie, et Isaac de Palestine ou Iudee, et Galapt de Mesopotamie, je vous demande si Messieurs de l'uniuersite les passeroyent docteurs, et deburoyent auoir la Lauree couronne ou doctoralle. Alors respondit Cursius que ouy, et que telz personnaiges n'estoyent a refuser. Alors ie replicquay : Galien estoyt Grec, et Asiatique, naprint oncque la langue latine. Auicenne estoyt Arabe et ne lentendoyt pas. Isaac estoyt Israellitique, fils adoctis du roy de Arabie nomme Salomon, et Galapt estoyt de Mesopotamie ou Perse, et tous estoyent ignares et ignorans la langue latine, mais ilz estoient tres scauans medecins. La langue nest pas cause de la doctrine, car en tous langaiges se peult science acquerre et apprendre. Et par raison semblable, cestuy Hyppolite Daultreppe et (est) Frâcoys Pycardz, lesqueulx communement sont scauans, dont sont a present Jacobus Faber, et Carolus Bouilus, par leur liuers (*sic*) renommes et fames. Se Hyppolite a estudie plusieurs ans en l'uniuersité de Montpellier, soubs tresscauans docteurs, et a practique en Cyrurgie, bien xx ans ou plus, en plusieurs prouinces, et est tres scauant et expert en cyrurgie et Cyrurgien de prince; sy doncques Auicẽne, arabe, venoit a vous avec sa langue barbare et arabique, series contrainctz, sy le voulies interroguer, que ce fust par truchement et interpreteur. Or boutes le cas que Hippolite soit Avicẽne, interroges le en Cyrurgie, tât practique que theoricque, et sy ne scait a vous aultres Messieurs, respondre en vraye cyrurgiẽ, repellez le, ne le passes docteur, mais le rẽuoyez apprendre sa cyrurgie ou bien en latin ou aultres langues.

« Alors se leuast Franciscus de Bobio, lequel auoit la premiere cheire en medecine et quatre cens ducaz de gaige, et dict en latin : Seigneur Campese, sil est ainsy come l'auez dict, et quil (*sic*) scauamment il responde a messieurs, nous sommes contemps le passer docteur, et que soyez interpreteur des deulx parties et truchemẽt. Alors ie me lieue et remerciay tous messieurs de leur bon vouloir. Et si feis une orayson en la louange de Cyrurgie, et puis ie dictz a Hyppolite : lieue toy, Hyppolite, et remercie messieurs de leur bon vouloir, et toy prepare a bien te deffendre, car oncques Hector ne se deffendist mieulx de Achilles, ne le noble Baiard a Naplez de Alonce espagnol, quil te fault a ceste heure deffendre ; car ceulx n'auoyent a soy deffendre corporellement que d'ung homme, mais a ceste foys te fault deffendre spirituellement, et par science acquise de plus de vingtz Achilles. Alors cõmãceast Rusticus, ung de mes singuliers amys, arguer contre Hyppolite tresque subtillement. Ie interpretay audict Hyppolite largument, auquel il respondit tresque bien, la ou tous les docteurs se esmerueillerent. Il replicque. Hyppolite respond encoure mieulx, dont Antonius Rusticus fust tras contẽpt. Apres disputast Franciscus Bobius tres subtillement et plus philosophallement que medicinellement, dont Hyppolite fust pour le commãcemẽt rauis et estonne, mais moy, cõme interpretateur, luy declaray largument, auquel il respondict tresque bien ; mais de Bobio qui n'entendoit pas la respõce francoyse de Hyppolite dict haultement : Il n'est possible, seigneur Cãpese, que il aye faicte la responce telle a mon argument comme le me donnez entendre, car hõme qui n'entend latin et oncque ne ouyt philosophie ne peult faire ny donner telle responce. Alors ie luy respondz : seigneur Bobius, Druydes, les anciens philosophes frãcoys, desquelx parle Cesar en son sixieme de ces cõmẽtaires, n'entendoyent point latin et sy respondoient a tous aultres, de quelque region qu'ilz fussent. Hyppocras n'estoit pas logicien et respondit a tous les argumens des Abderites, et a tous ceulx

n'auoit oncq este veheue en ceste uniuersite fameuse, ni aucune autre». On comprend que ceux qui vinrent après Champier se soient souvenus d'un pareil précédent et des doctrines hardies sur lesquelles il s'était fondé.

A partir de 1530 commencent à paraître, à Lyon, des traductions importantes, comme *la Pratique de Vigo avec les Aphorismes et Canons de Chirurgie* par Nic. Godin, et *la Chirurgie de Paul d'Egine* par Tolet. Mais l'homme qui, sans conteste, paraît avoir tenu la tête du mouvement est J. Canappe, docteur en médecine de Montpellier et professeur de chirurgie à Lyon. Dès 1538, dans l'édition qu'il a faite du *Guidon* en français, il montre déjà qu'il se soucie de ceux « qui n'ont estudié aux lettres latines » et, coup sur coup, il donne à ses étudiants les livres nécessaires : d'abord une anatomie traduite de Louis Vaise alors « qu'il n'y en avoit point en nostre langue assez ample et suffisante, ains une mutilee imparfaite et souventes fois mal consonante à verité » ; puis, en 1541, il publie l'*Anatomie des os du corps humain* de Galien, déclarant qu'il s'occupe peu « de messieurs les archiatres et des querelles que si souuent ils lui ont obiectees » ; à ce livre en succède presque immédiatement un autre sur le *Mouvement des muscles ;* Canappe donne encore le *Prologue et chapitre singulier* de Chauliac. Bref, en moins de dix ans, toute une littérature chirurgicale est née de ce fécond enseignement, et le libraire Jean de Tournes peut faire, en 1552, un véritable manuel[1].

Canappe n'est pas, au dire des spécialistes, un chirurgien de premier ordre ; il a été surtout un vulgarisateur ; toutefois, il est incontestablement un esprit hardi, dédaigneux des préjugés et des routines ; il traduit les anciens, mais sans croire à leur infaillibilité « n'y ayant ne Socrates, ne Platon, ne autres qu'on doiue approuuer

de Demochritus, philosophe tres grand. A ce fust contempt Bobius ; tous les aultres arguerent, auxqueulx respondict tres bien. Sur le dernier, Mattheus Curtius, tresque scauant docteur, se leuast et dict en latin : Seigneur Campese, tu doys moult aymer ceste uniuersite et le present colliege, car tu as obtenu d'icelluy deux choses que oncques furent faictes en ceste uniuersite, la premiere, que toy, qui es Francoys, as obtenu du colliege que tu as este aggregue du nombre des docteurs et du colliege de Pauie, comme si tu estoys ne a Pauie, laquelle chose ne fust oncque faicte en ceste uniuersite. Et monsieur de Bobio, Antonius Rusticus, ne le furent oncques du colliege, nisi tanquam forenses et extranei. Le second preuilege que ceste uniuersite vous a ouctroye, ce (c'est) que, a vostre requeste, ilz ont passe ung docteur en Cyrurgie qui n'entend ny ouyt iamais grammaire latine, laquelle chose ne fust oncque veheue en ceste uniuersite fameuse. Alors me leuay et feis une orayson latine, par laquelle ie remerciay tous messieurs les docteurs de l'uniuersite de l'honneur et plaisir qu'ilz m'auoyent faictz... Alors fust faictz Hyppolite docteur en Cyrurgie. »

1. *Opuscules de diuers autheurs medecins, redigez ensemble pour le proufit et utilite des chirurgiens.* (Tolet a été ici le collaborateur de Canappe.)

sinon que leurs doctrines soient vraies ». Ainsi, fermement attaché à l'idée de progrès, il s'emporte contre ceux qui, par « auarice ou insatiable cupidité », prétendent « cacher la science et mettre la lumiere dessoubs un muy ». Lui, « il a la clef », et il veut faire entrer les autres. Parmi les plus grands services qu'il estime pouvoir rendre, il compte celui de donner des connaissances anatomiques à ceux qui ne sont aucunement « instituez es langues ». Il déclare net, et je ne sais si personne l'a dit alors avec la même force, que « l'art de medecine et chirurgie ne gist pas du tout aux langues, car cest tout ung de lentendre en Grec ou Latin ou Arabic ou Francoys, ou (si tu veulx) en Breton Bretonant, pourueu qu'on lentende bien. Iouxte la sentence de Cornelius Celsus, lequel dict que les maladies ne sont pas gueries par eloquence, mais par remedes[1] ».

Cette idée est si chère à Canappe, que c'est par elle qu'il ferme son petit livre du *Mouvement des muscles*. En tête déjà, les « doctes » pouvaient lirė toute une profession de foi, en latin celle-là, adressée, sous forme d'épître, à Guillaume Rondelet, le professeur de Montpellier[2].

1. Du *Mouvement des muscles*. Paris, Denys Janot, 1541, 67 v° 68 r°.

2. « Joannes Canapaeus Gulielmo Rondeleto Monspessulano Medico, S. Falso queruntur nonnulli nostre etatis medici, Rondelete charis., quod libros aliquot Galleni *Gallicitate* (si ut aliis suam Latinitatem aut Patavinitatem Hispanitatemve ita nobis vocabulum hoc innovare liceat) *donaverimus*. Cujus ego laboris primus author non extiti, quando priores me viri non indocti hoc prestiterunt, neque citra successum : quorum alter secundum artis curatorie librum ad Glauconem, alter tertium methodi therapeutice ad Hieronem Gallice jam reddiderat. Nam contra reputando, neque commodius aliud, neque prestabilius invenies, quam si eo sermone utamur qui nobis notus est. Cur enim alienam ac peregrinam sectabimur linguam, ut nostram deseramus ? Si quidem per multos novi (ut ingenue fatear), qui ubi vix tria vocabula aut Grece aut Latine didicerant, Demosthenem ipsum vel Ciceronem sibi posthabendos (nescio qua temeritate) censerēt : eo demum obstrepentes, ac fastum aucupantes, quod maxime ignorant : musice artis imperitorum persimiles, qui vel peritissimos antevertere nunquam cessant, rudentes potius, quam jucundis modulis canentes. Sed quid Graculo cum fidibus ; quidve asino cum lyra ? ut est in veteri proverbio. Non sum tamen adeo hebeti, stupidove ingenio, ut Grece aut Latine doctos infamare velim : sed hortari potius, ut, quam quisque linguam exacte norit, in ea se exerceat. Quis enim credat Dioscoridem, atque Galenum Latine lingue imperitos fuisse ? quorum uterque Rome diutius egit, hic sub Antonino medicans, ille sub M. Antonio militans : neuter tamen Latine quicquam scriptum reliquit. Quis idem M. Tullium greci sermonis rudem fuisse putet ? Latine tamen omnia scripsit, ac in primis sapientie studium Latinis literis illustrandum curavit : non quod philosophia grecis et literis et doctoribus percipi non posset, sed quia eo semper judicio fuit omnia Romanos aut invenisse per se sapientius quam Grecos, aut accepta ab illis fecisse meliora.

« Doctrina Grecia nos et omni literarum genere superabat. In quo erat facile vincere non repugnantes. Iisdem argumentis pro gente Gallica contenderim complures esse ex nostris hoc seculo, qui in omni disciplinarum genere exteris non cedant (quod citra patrie affectum ac gratiam dictum existimari velim) qui, quod sentiunt, sua lingua polite eloqui possint, mandare litteris disponere, illustrare et mira

Dès les premiers mots, les termes sont si vifs qu'ils annoncent un manifeste, et cette lettre en est un. A l'expression alors courante : *latinitate donare*, Canappe ose opposer l'expression, inouïe pour l'époque : *gallicitate donare*. On lui a reproché de desservir les vieux maîtres ; il affirme dès la première phrase que, les vulgariser, c'est les servir. Toute la suite répond à ce début. « Quand on y réfléchit, dit-il, peut-on trouver quelque chose à la fois de plus commode et de plus beau que de se servir de la langue qui nous est connue ? Pourquoi aller en chercher une étrangère et quitter la nôtre. Bon pour nombre de pédants qui, sitôt qu'ils savent quelques mots de grec ou de latin, se croient plus éloquents que Démosthènes et Cicéron. Non, poursuit Canappe, que je sois assez sot pour prétendre rabaisser les vrais savants en grec et latin ; je ne veux que demander que chacun écrive en la langue qu'il connaît bien. Dioscoride, Galien ont su le latin, Cicéron le grec ; ni l'un, ni l'autre n'en ont pour cela abandonné leur propre idiome. Mais, dit-on, la Grèce nous surpasse dans tous les genres. Il lui était facile vraiment de vaincre des gens qui n'opposent aucune résistance. Je voudrais prendre la défense de la nation française et soutenir qu'il y a parmi les nôtres, dans ce siècle, une masse d'hommes qui en tout genre de science ne le cède point aux étrangers, et je prie de croire que je parle ici en dehors de tout patriotisme et en toute indépendance ; une masse qui sont capables d'énoncer leurs sentiments dans leur langue avec politesse, de les écrire, les disposer, les éclaircir et d'attirer par un charme étonnant les auditeurs et les lecteurs non moins certes que les étrangers. Il y a en abondance de ces gens, tant dans le parlement de Paris que dans les autres villes de France. Non que je veuille prétendre détourner qui que ce soit des lettres grecques et latines, moi qui depuis mon enfance jusqu'à maintenant me suis appliqué aux unes et m'occupe des autres, comment que j'y sois versé, aux heures qui me restent. J'ai voulu seulement établir une fois qu'il n'y a rien que notre langue ne puisse exprimer avec propriété, netteté et élégance. »

La conclusion de Canappe est une véritable péroraison ; il supplie Rondelet, qui y est mieux préparé que personne par la pratique de la dissection, ses connaissances philosophiques et médicales, une

delectatione vel auditores, vel lectores allicere : non minus certe quam extere nationes. Cujus generis hominum percelebris est copia cum in senatu Parisiensi, tum in aliis Gallie urbibus. Neque tamen id me contendere putes, ut a Græcis Latinisve literis quemquam dehortari studeam : ut qui in his a parvulo hactenus insudo, in illis vero utcunque institutus succisivis horis versor. Sed ut semel demonstrem nihil esse quod nostra lingua apte, distincte, et ornate enunciari non possit. »

possession complète des langues anciennes, enfin toutes sortes d'autres dons, à prendre sa part d'une si noble tâche. Tout en ne voulant pas se donner le ridicule d'entraîner un homme en pleine marche, il lui montre l'utilité et la noblesse de ce travail. Pour lui, il est résolu, quelques désapprobations qu'il rencontre, à ne se laisser rebuter par aucune peine et à donner aux chirurgiens tous les livres de Galien en français, le plus tôt qu'il le pourra.

Tout ce long morceau, où Canappe parle à la fois comme Platon et comme Calvin, est daté de Lyon, calendes de mars 1541. Il n'a pas passé inaperçu. C'est dans les traductions de Canappe que Paré a lu les Anciens. Il nous a dit lui-même toute la reconnaissance qu'il lui avait. Il trouvait là une leçon dont il allait profiter mieux encore que des théories de Galien, une leçon de hardiesse en face des préjugés séculaires[1].

Où qu'il ait pris ses idées, c'est Paré, en tout cas, qui semble avoir eu l'honneur de faire admettre à Paris qu'un homme sans lettres était capable de faire progresser la science et la pratique; car, malgré des adversaires acharnés, les créations de son génie finirent par être universellement reconnues, et aucun plaidoyer ne valait cette démonstration. Je n'ai pas à insister ici sur l'œuvre de cet homme illustre; je rappellerai seulement qu'il n'a jamais prétendu, quoi qu'on en ait dit, se donner les airs d'un Latin, par l'abondance des citations antiques ou des mots écorchés, semés dans ses ouvrages. Tout au contraire, dans un des premiers, la *Briefue collection de l'administration anatomique*[2], il a dit nettement : « Ie ne veux m'arroger que i'aye leu Galien parlant grec ou latin, car n'a pleu a Dieu tant faire de grace a ma ieunesse, qu'elle aye este en l'une et l'autre langue instituee. » S'il y eut à sa thèse (1554) une comédie instituée pour lui donner un air de latinité, ainsi que le raconte un pamphlet contemporain, elle fut organisée par les juges, et subie, non demandée par le candidat. D'un bout à l'autre de sa vie il demeura fidèle à sa langue maternelle, accusant même de manquer « d'humanité » ceux qui condamnaient les interprétations françaises, « au moyen desquelles plusieurs malades et

1. « Vous asseurant que tant s'en fault que le disciple veuille desrober l'hoñeur deu a son maistre, que maintenant, je proteste, que sommes touts a luy grãdemẽt obliges : pour ce que nous a traduit en francoys plusieurs livres exquis, et necessaires a la consommation de nostre art : c'est a dire les nous a rẽduz familiers, et privez, qui nõ sans grand dõmaige public, par deuant nous estoyent inaccessibles »(*Briefve collection de l'Administration anatomique*).

2. *La Briefue collection de l'Administration anatomique*... Composee par Ambroise Paré, maistre Barbier chirurgien, Paris, 1550, Guill. Cavellat. (Un des seuls exemplaires connus se trouve à la Mazarine. Rés. 29707.)

patients pouuoient estre mieux et plus seurement secourus. » Quand le recueil de ses œuvres dut paraître, on insista pour qu'elles fussent en latin, en alléguant fallacieusement le plaisir des étrangers. Paré, déjouant le subterfuge, déclara au roi qu'il ne s'opposait pas à ce que d'autres les fissent latines, et montrassent ainsi « qu'il n'y a espece de sçauoir sous le Ciel qui ne soit auec dexterité manié et declaré auec perfection en ce royaume ». On essaya aussi de soutenir que vulgariser l'art, c'était l'exposer à être « tenu a mespris » ; il répondit, avec son maître Canappe, qu'il y avait là bien plutôt de quoi le magnifier et honorer[1]. La Faculté, impuissante à le convaincre, le poursuivit, mêlant à d'autres griefs celui-là, que Paré avait écrit en français, contre toute tradition et tout respect de son art. Il ne céda pas non plus devant les menaces, considérant « que chaque langue est propre a traicter les arts et a les donner a entendre ». Son *Traite sur la peste* (1568) parut donc en français, comme avait paru la *Methode de traicter les playes, faictes par harquebutes* (1545).

Il est inutile, dans une revue rapide comme celle que je fais ici, de poursuivre plus loin cette histoire. Aux raisons qui avaient déterminé Paré s'ajoutait maintenant son propre exemple; aussi vit-on se multiplier les livres de chirurgie écrits en langue française. C'est en français que Le Paulmier, l'élève de Fernel et l'adversaire de Paré, traita de la *Nature et curation des playes de pistolle, harquebouse, et autres bastons a feu*[2], que Dalechamps, autre adversaire, donna sa *Chirurgie*[3], afin de servir « ceux qui seroient reboutés pour n'auoir esté nourris aux lettres anciennes ». C'est en français encore que Francon écrivit son ouvrage capital sur les hernies (1561). Et on pourrait citer une foule de noms moins considérables : Pierre Bertrand, Vallambert, Malézieux, François Martel, Siméon de Provanchères.

1. « Ie demanderois volontiers si la Philosophie d'Aristote, la Medecine du diuin Hyppocrates, et de Galien, ont esté obscurcies et amoindries, pour auoir esté traduictes de Grec en Latin, ou en langage Arrabic, ainsi que firent Auerrhoës, Æphadius et autres Arabes soigneux de leur Republique? Auicenne Prince de la Medecine Arabique, n'a-il pas traduit plusieurs liures de Galien en son iargon, au moyen de quoy la Medecine a esté decoree en son pays d'Arabie? Pourquoy semblablement ne me sera il permis d'escrire en ma langue Françoise, laquelle est autant noble que nulle autre estrangere?

« Ie n'ay voulu aussi l'escrire en autre langage, que le vulgaire d'une autre nation, ne voulant estre de ces curieux, et par trop superstitieux, qui veulent cabaliser les arts et les serrer sous les loix de quelque langue particuliere en tant que i'ay appris, que les sciences sont composees de choses, non de paroles, et que les sciences sont de l'essence, les paroles pour exprimer et signifier » (*Œuvres*, Paris, Buon, in-f°, 1607; *Au lecteur*).

2. Paris, Guil. Niuerd, 1569. Dans une épître dédicatoire, il éprouve cependant le besoin de s'en excuser.

3. Lyon, Guil. Rouille, 1569.

Deux noms se détachent parmi les autres, ceux de Rousset et de Guillemeau, tous deux élèves de Paré. Rousset croyant avoir découvert un procédé sans danger pour la pratique de l'opération césarienne, quoi qu'il eût promis un traité latin à Renée de France, duchesse de Ferrare, prétexta qu'il voulait éviter un retard peut-être dommageable à « une infinité de femmes grosses réduites à ce dernier refuge » et ne put se tenir de livrer sa découverte en français au public sous le nom d'*hystérotomotokie*[1]. — Guillemeau passait, lui, pour avoir fait ses preuves de latiniste, en mettant Paré en latin. Soit qu'il ne fût pas vraiment le traducteur, comme la Faculté le soupçonnait, soit qu'il tînt à suivre la pratique de son maître, il écrivit en français son *Traité des maladies de l'œil* (1585) et sa *Chirurgie* (1594); il en donna toutes les raisons de Paré, que son « épître au lecteur bénévole » reproduit presque mot pour mot. Elles n'étaient pas, bien entendu, acceptées de tous, mais elles étaient désormais devenues banales. On avait même déjà presque usé la comparaison de ceux qui écrivaient en langue étrangère avec « les mauvais mesnagers qui aiment mieux labourer le champ d'autruy que cultiver leur propre terre »[2].

La pharmacie. — Ce n'est pas ici le lieu de rappeler l'histoire de la pharmacie. Tout le monde sait qu'apothicaires et épiciers avaient longtemps fait partie d'une corporation unique ; ils venaient seulement d'être séparés ; et de leurs origines modestes les premiers retenaient encore ce caractère essentiel, de n'être latins à aucun degré. La chose paraît au premier abord surprenante, quand aujourd'hui les boutiques de ces mêmes apothicaires restent le dernier asile du latin vaincu. Mais, de fait, la latinité générale de la corporation ne s'est jamais beaucoup élevée au-dessus de la possibilité de lire les ordonnances, le formulaire et les étiquettes. Au XVIe siècle, c'est à peine si elle en était là, encore que Sylvius eût voulu que tout apothicaire fût bon grammairien.

Symphorien Champier, après avoir essayé de redresser les erreurs ordinaires des apothicaires en les signalant en latin, met ensuite son livre en français[3]. D'autres, moins bienveillants, s'égaient des

1. Fr. Rousset, *Traitté nouveau de l'Hysterotomotokie ou enfantement césarien*, Paris, Denys du Val, 1581.

2. Voir *La chirurgie françoise, recueillie des anciens medecins et chirurgiens, avec plusieurs figures*... par Jacques Guillemeau d'Orléans. Paris, Nic. Gilles, 1594.

3. Voir *le Myrouel des Apothicaires et Pharmacopoles par lequel est demonstré comment appothiquaires communement errent en plusieurs simples medicines contre l'intention des Grectz*. Lyon, Pierre Mareschal, 1532, réimprimé par M. Dorveaux Paris, Welter, 1895. P. 23 de la réimpression, on lit :

« A ceste cause, en mon livre des Corrections des appothiquaires et medicins Arabes, Persiens, Aphricans et Israélites, ay voulu en latin escripre les erreurs qu'

méprises qui se commettent dans les officines. Sébastien Colin, dans son célèbre pamphlet « sur les abus et tromperies des apothicaires », rapporte sur leur ignorance de cruelles anecdotes, affirmant qu'ils ne tiennent pas à recevoir des hommes bons latins, connussent-ils bien les simples, eussent-ils étudié trois ans sous Monsieur Sylvius, et qu'ils leur préfèrent ceux, fussent-ils « pastissiers, qui sauent bien batre les espices et faire des cornetz de papier », entendez des cornets médiocrement creux, et qui tiennent peu de marchandises[1].

Dans sa réplique à Lisset Benancio, Braillier n'entreprit pas de défendre les capacités grammaticales de ses confrères ; il répondit qu'on pouvait parler de tout, même de médecine et d'apothicairerie en français, et posa la règle qu'il valait mieux « estudier chacun en sa langue, que d'emprunter le langage des estrangers ». Dans sa riposte hardie, il alla même jusqu'à dire qu'il était fort dangereux de borner la médecine à l'étude des traités anciens, et de médeciner avec les drogues des Grecs et des Arabes, des hommes qui avaient une tout autre complexion, et qui n'étaient ni nés ni élevés dans le même climat[2].

communément se font en médecine par ignorance des appothiquaires à cause de la secte Arabique et Mahométiste, laquelle a rempli les Latins et Chrestiens de leurs erreurs Arabiques, et ont faict leur couuerture et platris leurs ignorances de la couverture des ditz des Grecz, comments de Hypocrates, Galien, Alexandre et Paulus Egyneta, mal entendus et très mal interprétés et commentés, pource que les barbares ne peuvent que barbariser, et les balbuciens ne peuvent droictement parler, comment est dit au proverbe commun : *Balbi non nisi balbos intelligunt.* Et pource que les chyrurgiens françoys, lesquelz sont et prennent leur chirurgie de Montpellier, communément n'entendent ny scavent parler latin, mais ont leurs livres, comme Guidon, de Vigo, Gourdon, translatés en françoys, et aussi la plupart des appothiquaires sont ignorant la grammaire et n'entendent latin, si ce n'est latin de cuysine ou bien passé par le crible et non par l'estamine, j'ay bien voulu rédiger les erreurs par eulx faictz, lesquelles j'ay escript en latin à mon livre *Castigationum*, et réduire par manière de epithomé en nostre langue gallicane, afin que les appothiquaires et chyrurgiens barbiers n'ayent cause de ignorance envers Dieu et le monde. »

Il y revient p. 52 : « Icy ay bouté seulement sommairement, à cause que ceulx qui n'entendent latin ou bien que latin de cuysine, et aussi les chyrurgiens françoys, lesquelz ne lisent leur chyrurgie que en françois. »

1. Voir la *Declaration des abuz et tromperies que font les apothicaires*, composée par maistre Lisset Benancio (anagr. de Sébastien Colin). Lyon, Mich. Jove, 1557 (1re éd., Tours, 1553.) E, V, 3.

Une bonne édition de ce pamphlet, précédée d'une notice sur Sébastien Colin, a été publiée par le Dr Dorveaux (Paris, Welter, 1901).

2. Voyez *Declaration des abus et ignorances des medecins*, composé par Pierre Braillier, marchand apothicaire de Lyon, pour reponce contre Lisset Benancio, medecin, 1er janv. 1557 (reprod. dans les Œuvres de Palissy par Cap, 389 et sv. Paris, 1844). « Encores que Lisset dise que les apoticaires ne sont aucunement grammairiens, et ne scauroyent estudier ; parquoy la medecine est en grand danger, je trouveray Apoticaires qui parleront aussi seurement de la medecine en Francois, que beaucoup de medecins ne scauroyent respondre en Latin. Il est plus facile estudier chascun en sa langue, que d'emprunter les langages des estranges pour estudier. »

On devine ce qui devait arriver en présence de résistances aussi vives; les traités latins passèrent en français. Le vieux *Jardin de Santé* avait été imprimé dès le XVe siècle. En 1555, Barthélemy Aneau avait traduit le *Tresor des remedes secrets* d'Évonime Philiastre[1]. Six ans après, Jean de Tournes, étendant à la pharmacie ce qu'il avait commencé pour la chirurgie, publiait un livre autrement important, l'édition française du *Manuel* de Dusseau[2]. C'était

« Gallien a escrit en sa langue, et n'a pas emprunté le langage d'une autre region pour faire ses liures; aussi Hyppocrates, Avicenne, chascun a escrit et estudié en sa langue. Les Apoticaires de France peuuent estudier en François et sans aller emprunter les langues Latines, ny celles des Alemans : car tout ce qui concerne la Pharmatie est traduit en François; parquoy ils se peuvent faire scavans, sans estre Latins, ni Grammariens, contre le dire de Maistre Lisset. et mieux que les Medecins : car leurs livres sont en Grec et Latin fort elegans, et la moitié des Medecins n'entendent Grec ny gueres Latin; parquoy ils ne scavent qu'ils estudient, et les pauvres malades sont en grand danger sous leurs mains : car ils nous medecinent a la mode des Grecs et des Arabes, et des drogues des Grecs des Arabes; et nous ne sommes Grecs ny Arabes, et moins de leur complection, ny nez, ny nourris en leur climat qui est tout contraire au nostre » (p. 427).

1. B. Aneau, *Tresor des remedes secretz par Evonime Philiatre. Livre Physic, Medical, Alchymic, et Dispensatif de toutes substantiales liqueurs, et appareils de vins de diverses saveurs, necessaire à toutes gens, principalement a medecins, chirurgiens et apothicaires.* Lyon, Balth. Arnoullet, 1555. Av. priv.

2. *Enchirid, ou manipul des miropoles, sommairement traduit et commenté suivant le texte Latin,* par M. Michel Dusseau, Apothicaire, jadis garde-juré de l'Apothicairerie de Paris : pour les inerudits et tyroncles dudit estat, en forme de theorique; Lion, J. de Tournes, 1561.

« Cunctis artis Apollineae professoribus necnon pharmacopolis peritioribus Michaël à Sigillo, pharmacopœus Parisiensis, S. »

Dans cette préface, Dusseau dit qu'il n'ignore pas que des traités excellents ont été rédigés soit en Grec, soit en Latin. Des illettrés, ou presque illettrés lui ont demandé un manuel par écrit : « Porro nobis considerantibus, tum per provincias, tum per urbes urbiculasve, ac fortassis per principum curias non paucos hujusce conditionis existere pharmacopolas, qui quidem Grammaticam, Latinamve linguam ignorantes, quoscumque nostræ artis commentarios (Latinos inquam, sive Græcos) negligunt, ac veluti despiciunt : quo nimirum fit, ut non nisi usu, aut assidua quadam frequentatione absque ulla rationis ductu aliquid operentur, nec intelligant : unde in eorum præscriptis ac dispensationibus illos quàm sæpius hallucinari contingit. Quapropter ut deinceps modicum quid Theoricæ consequi valeant (arbitrati siquidem vestrum neque quorumlibet proborum litteratorum propter scientiarum nobilitatem non usque adeo vanum fore studium in lingua vulgari, quicquam describere) hunc exiguum libellum vestris emendationibus ornatum, in Gallico sermone libenter sub nostri ingenii facultate traducere decrevimus : qui ipsis aliquatenus prodesse poterit, tanquam principium sive rudimentum illos ad altiore conducens. »

« Nous avons entreprins, dit le traducteur, de traduire ce traité en vulgaire, non pour nous exalter en aucune maniere, ne mepriser autruy, mais seulemẽt pour grace et en faveur des rudes et nouveaux de nostre art. Considerant que tous, ne plusieurs n'ont eu, ou peu avoir l'opportunité de la langue Latine. Aucuns pour l'indigence ou parcité de leurs parens. Les autres pour leur negligence et propre follie de jeunesse : lesquels toutefois estant ià avancez en ladite art, et quasi en aage parfait, n'est besoin renvoyer aux champs garder les brebis, ou rapprendre autre moyen de vivre. Ains ne reste que leur donner viandes propres à leurs machoires, c'est-à-dire, une certaine et familiere exposition à eux facile de comprendre. Ce que esperons faire et poursuivre, par le moyen de la presente traduction. Entendre (comme ha bien dit Campegius en son livret de Chirurgie) qu'on peult comprendre et pratiquer toutes sciences, en chacunes langues : laquelle chose il prouve et demonstre de faict, alleguant plusieurs autheurs antiques et approuvez : comme Hippocrates, Galien,

un traité élémentaire, mais néanmoins une véritable « theorique ». Une double préface l'introduisait auprès des lecteurs. La première en latin, adressée à tous les professeurs de l'art Apollinique et aux plus habiles des pharmaciens, était assez timide, mais la seconde, où l'exemple de Canappe est cité, respire l'enthousiasme de celui-ci et peut-être aussi l'ardeur de Jean de Tournes, éditeur des deux livres. En 1572, Houel, qui fut un classique, donna, il est vrai, ses deux livres de pharmacie en latin[1]; mais, à la même époque, André Caille publiait successivement le *Guidon des apothicaires* de Valerius Cordus (Lyon, Est. Michel, 1572), et le *Jardin medicinal* de Mizaud (Jean Lertout, 1578); Dariot écrivait sur la *preparation des medicaments* (1582). Bref, nous savons par Laurent Joubert que, si les formules restaient latines, si elles passèrent, sous cette forme, dans le Codex, la corporation ne s'était pas convertie, et que les écrivains qui voulaient se faire entendre de tous, devaient se résoudre « à rendre, en une langue connue, toutes les parties de leur art[2] ».

La médecine proprement dite. — Les livres français, dont je viens de parler jusqu'ici, destinés surtout aux indoctes, pharma-

Paulus, Avicenne, Constantin, Rasis, et autres, tant Grecs que Arabes, lesquels (ainsi qu'on peut conjecturer, et que tesmoignent leurs escrits) n'entendoient la langue Latine : et neanmoins ont esté tres doctes et savents, tant en Astrologie que Medecine, et autres parties de Philosophie, un chacun en leurs propres langues, qui monstre et fait assez à conceder, que ladite Apothicairerie se pourra par mesme moyen facilement comprendre en François par un apothicaire de la nation Françoise, aussi bien que la Chirurgie : qui n'est art de moindre exquisition, que ladite Apothicairie : et de laquelle (par le moyen de plusieurs bons traducteurs) et entre autres, de M. Jean Canappe residant à Lyon : (lequel en cest endroit, on ne pourroit trop louer) se trouvent aujourd'huy de grands et excellents praticiens : combien toutefois que n'entendons, par ce, mespriser ceux qui entendent le Grec, et le Latin : car quant à iceux, nous disons que peuvent plus congnoistre et savoir, d'autant qu'un homme haut monté, peult voir de plus loing, que cestuy qui est bas assis. »

1. On a aussi de lui des traités français, en particulier *Traité de la thériaque et mithridat contenant plusieurs questions generales et particulieres... pour le profit et utilite de ceux qui font profession de la Pharmacie, et aussi fort propre à ceux qui sont amateurs de la Medecine.* Paris, J. de Bordeaux, 1573.

2. Voir la *Pharmacopee de Laur. Joubert, ensemble les Annotations de J. Paul Zangmaister.* Le tout de nouveau mis en françois (Lyon, Ant. de Harsy, 1588) : « Je suis contraint de deplorer un autre mal qui n'est que trop commun, assavoir que les Apoticaires pour la pluspart se font à croire qu'ils sont dispensez de scavoir la langue Latine, et par ce moyen ne peuvent entendre les bons auteurs qui ont escrit de leur art, et qui ont en divers lieux enseigné tout ce qui est necessaire à un bon Apoticaire. De remedier à ce mal, en leur persuadant d'aprendre la langue Latine, il est impossible, car chacun allegue ses raisons, et la pluspart se contente de faire comme les autres. Il semble donc bien qu'il n'y a point d'autre remede, sinon de leur rendre toutes les parties de cest art en la propre langue qui leur est bien cogneue. » Cf. encore : *Les fleurs du livre des vertus des herbes par Macer Floride.* Rouen, 1588. Après l'épître, très curieuse, se trouve une explication en vers des termes médicaux :

Alors que l'herbe et suc dessus le mal tu mets,
Selon les medecins un *cataplasme* fais :
Mais la pure onction du suc, c'est *epitheme*, etc.

ciens et chirurgiens, ouvraient à la langue française des parties essentielles de l'art médical : la pharmacie, l'anatomie, la physiologie. Une partie de la forteresse était emportée. Quelques-uns en sacrifiaient volontiers d'autres encore : d'abord la séméiotique, ou étude des symptômes. Nous en avons la preuve dans l'apparition du livre de J. Eusèbe : *La science du poulx. Le meilleur et plus certain moyen de iuger des maladies* (Lyon, J. Saugrain, 1568). Que ce fût l'auteur lui-même, professeur à Montpellier, ou, comme il le dit, l'archevêque de Lyon, Antoine Dalbon, qui ait eu l'intelligence de s'en rendre compte, en tout cas, il est dit fort sagement dans ce livre qu'il serait utile que le public, les chirurgiens et apothicaires, pussent « auoir la connoissance des causes et signes des maladies, pour en aider le medecin, ou luy en escrire en son absence, et que nul mal ne pourroit s'ensuyure, si ces parties de medecine estoyent traictees en langue vulgaire, comme aussi la physiologie et conseruation de santé ».

A dire vrai, cette dernière science, que nous appellerions l'hygiène, n'avait pu depuis longtemps rester en possession exclusive des médecins; les maladies contagieuses avaient rendu nécessaire un peu partout la création de bureaux spéciaux, et obligé aussi le public à faire connaissance avec quelques règles essentielles, concernant la toilette, l'habitation, le *regimen*[1]. On ne pouvait lui donner utilement ces règles qu'en français. Aussi les traductions et les ouvrages originaux sont-ils, dès 1530, assez nombreux sur la matière. Un régent de la Faculté de Paris, André Lefournier, tout en s'excusant, ouvre un des premiers la voie[2]. Messire Desdier de Montpellier traduit *le Livre d'honeste volupte;* Antoine Pierre, de Narbonne, le *Regimen sanitatis* (1544); J. Goeurot, le *Traicte de l'Entretenement de sante*, par Prosper Calanius (1550); Arn. Pasquet, les *Sept Dialogues de Pictorius, traictans la maniere de contregarder la sante* (1557); Massé, le traité de Galien *Des choses nutritiues* (1552); A. Valgelas, le *Commentaire de la conseruation de sante et prolongation de vie* de Jérôme de Monteux (1559). Un ano-

1. On ne dit *regime* que dans la deuxième moitié du siècle ; ainsi Blancherose écrit un : *Salutifere et utile conseil auec un regimen aux tres dangereuses maladies ayant cours...*, Lyon, 1531. Gérard, dans ses *Trois premiers liures de la santé*, n'ose pas employer *diete*, « que les Grecs nous ont effrontement desrobé, comme assez d'autres qui nous feroient grand besoin ».

2. *La decoration d'humaine nature et aornement des Dames, ou est montree la maniere et receptes pour faire savons, pommes, poudres et eaues delicieuses et odorantes pour lauer et nettoyer tant le corps que les habillemens;* Paris, J. Saint-Denys et Jehan Longis, 1530 (Bib. Sorbonne, R. XVI, 1097). L'auteur dit dans sa dédicace : « Nec sermone metiaris quia Gallica lingua promitur opus. »

yme donne un *Regime de viure* (1561); Vallambert imprime ses inq remarquables *liures de la maniere de nourrir et gouuerner les fans dez leur naissance*[1] (1565). Bref, il y a là toute une littéra-re, dans laquelle on voit même se glisser la poésie didactique, vec Gaspard du Tronchet et des Caurres.

Il ne restait plus possible de préserver que la thérapeutique ou curatiue »; c'est là ce qu'eussent voulu même des hommes d'es-rit ouvert, comme Eusèbe; mais c'était chose extrêmement ifficile, le développement de certaines maladies au XVIe siècle écessitant une large diffusion des méthodes curatives. Et je ne fais oint seulement allusion ici au mal de Naples, mais à la lèpre, qui urait encore, et surtout à la peste, qui avait fini par devenir à peu rès endémique dans la plus grande partie de la France, et y exer-ait des ravages terribles. C'est en français que Thierry de Héry lonna son ouvrage capital sur le mal que Fracastor venait de nom-ner[2]. C'est aussi en français que Bocellin écrivit sur la lèpre[3]. Mais c'est à propos de la peste surtout que les traités se multiplièrent, prônant certaines précautions ou certains remèdes. Il y en a déjà plusieurs avant 1520[4]. A partir de 1530, on en voit éclore dans toutes les villes où on imprime[5]. Ce qui est ici à noter, c'est que, devant le besoin, des hommes comme Gourmelen, doyen de la Faculté de Paris, se rendent eux-mêmes à la nécessité de se faire comprendre, et détachent un livre en français du reste de leur œuvre toute latine[6].

1. Dans une préface très orgueilleuse, l'auteur déclare que cette œuvre est la première de ce genre en langage français, et que du reste elle tient son rang à part.

2. *La methode curatoire de la maladie venerienne;* Paris, 1552.

3. *Practique sur la matiere de la contagieuse maladie de lepre;* Lyon, Macé Bonhomme, 1540, in-4.

4. Par exemple celui de Bunel : *Œuure excellente et a chascun desirant de peste se preseruer tres utile*, Tholose, 1513, in-4.

5. Je citerai : Sim. Nerault, *Le Flagice de peste ;* Poitiers, Jaq. Bouchet, 1530, in-8; — J. Liébaut, *Le tresor et remede de la vraye guerison de la peste;* Lyon, Benoist, 1545; — Ant. d'Emery, *Antidote ou remede contre la peste;* Paris, Gal. du Pré, 1545; — Og. Ferrier, *Remedes preseruatifs et curatifs de peste;* Tholose, Guyon Boudeuille, in-16, et Lyon, J. de Tournes, 1548, in-8; — Franç. Chappuis, *Sommaire contenant certains et vrays remedes contre la peste;* Geneve, 1548, in-8; — Ben. Textor, *De la maniere de se preseruer de la pestilence et d'en guerir;* Lyon, J. de Tournes, 1551, in-8; — Mich. Nostradamus, *Le remede tres utile contre la peste;* Paris, Guil. Niuerd, 1561, in-8; — Ant. Mizaud, *Singuliers secrets et secours contre la peste;* Paris, Math. Breuille, 1562, in-8; — P. André, *Traicte de la peste;* Poitiers Nic. l'Ogerois, 1563; — Franç. Valleriolle, *Traicte de la peste;* Lyon, Ant. Gryphius, 1566, in-16; — Amb. Paré, *Traicte de la Peste*, 1568; — Cl. Fabri, *Paradoxes de la cure de la Peste;* Paris, Nic. Chesneau, 1568; — Nicolas de Nancel, *Discours tres ample de la peste*; Paris, *ibid.*, 1581, in-8; — Joubert, *Traicte de la Peste*, trad. par Guil. des Innocens; Paris, Jean Lertout, 1581, in-8; etc.

6. *Aduertissement et conseil à MM. de Paris tant pour se preseruer de la peste comme aussi pour nettoyer la ville;* Paris, Nic. Chesneau, 1581.

Mais d'abord, ces sujets n'étaient pas délimités si strictement qu'on ne pût joindre à l'étude de la peste, par exemple, celle d'autres maladies, épidémiques ou non : c'est ce qui arriva plusieurs fois. Pierre André traita *de la peste* et en même temps *de la disenterie*[1]. En outre tous ces livres montraient la voie. Si le français suffisait à exposer la cure de certaines maladies, pourquoi n'eût-il pas convenu pour d'autres ? Il devait arriver qu'on rencontrât quelques audacieux, décidés à faire le dernier pas.

Aussi, aux traductions des vieux recueils de Maître Albert, de Bernard de Gordon, d'Arnaud de Villeneuve, viennent timidement et peu à peu s'ajouter quelques traités, spéciaux ou non, en français ; Paradin traduit : *la Methode ou briefue introduction pour paruenir a la connaissance de la vraye et solide medecine* de Fouchs (Lyon, 1552) ; Claude Martin, les *Six principaux liures de la therapeutique* de Galien (1554) ; J. Lyege donne une *Raison de viure pour toutes fieures* (1557), Guillaume Chrestian commence la série de ses traductions. Un anonyme (Jean Goy) met en français le *Thresor de medicine tant theorique que pratique* de Fouchs (Paris, Nic. Peletier, 1560). Mais, à dire vrai, même en continuant l'énumération jusqu'au seuil du XVIIe siècle, la liste qu'on pourrait dresser ne serait ni bien longue, ni composée d'ouvrages bien importants. Deux surtout méritent d'être retenus, l'un de Sébastien Colin, l'autre de Laurent Joubert.

Le premier contient un véritable manifeste, tel qu'on ne devait guère l'attendre de son auteur, car Sébastien Colin n'est autre que ce Lisset Benancio qui attaquait si vivement l'ignorance grammaticale des pharmaciens, et se plaignait de voir le Poitou rempli de médecins « indoctes et Thessaliques, qui s'estoient contentez de pratiquer sous quelques resueurs Arabistes[2] ». Il démontre ici encore, à grand renfort de latin, voire de grec, que nul ne peut aspirer à la science, sans commencer par l'étude des langues. Mais il n'en pose pas moins comme légitime et nécessaire de donner au peuple des recettes éprouvées dont il a le plus grand besoin. Dans toute la longue préface, par laquelle il justifie son dessein, ce qu'il faut considérer, c'est moins les arguments — presque tous empruntés à Canappe et à Paré — que le ton sur lequel il les présente[3]. Quelque

1. Poitiers, Nic. l'Ogerois, 1563, in-8.
2. Lisset, *Abus*, feuille D, 1 v°.
3. Sébastien Colin, *L'ordre et regime qu'on doit garder et tenir en la cure des fieures ;* Poitiers, Enguilbert de Marnef, 1558. Préface du 8 nov. 1557 : « A la tresvertueuse Dame Antoinette d'Aubeterre Madame de Soubize (8 nov. 1557). — Je vous adresse ce petit liuret, escrit en langue françoise, d'autant que tous n'ont

pédant qu'il ait été, le grec dont il affecte de farcir jusqu'à ses épîtres ne l'a pas empêché de voir l'utilité qu'il y avait à vulgariser les sciences. Si la pensée est souvent empruntée, Colin l'a faite sienne par l'ardeur, l'emportement même qu'il a mis à défendre sa cause. Je ne sache personne en effet qui ait osé envoyer se purger aux Anticyres ceux qui, en voyant divulguer l'art, croyaient tout perdu, et criaient comme Judas à la trahison. Je ne sache non plus personne qui ait eu la présence d'esprit de déclarer qu'il était beaucoup plus difficile de composer en vulgaire qu'en latin, attendu qu'il y manquait les « anciens noms des plantes, des parties du corps, de la forme des remedes ». C'était un argument nouveau, et bien fait pour étonner les pédants.

pas la cognoissance de la langue latine : et que par ce moien plusieurs pourront entendre nostre intention avecques les divines sentences d'Hippocrates, Galien et autres Grecs, Latins et Arabes, sans la cognoissance desquels il n'est possible de remedier aus maladies tant petites qu'elles soient.

« ..... Pour faire bref, je scai bien qu'aucuns ne trouveront bonne nostre entreprise, disans qu'il ne falloit point traiter telle matiere en langue vulgaire, et que par ce moien la medecine en est vilipendée, et tenuë en mespris : Ce qui est le contraire, car ce que i'en ay faict est plustost pour la magnifier, decorer, et honorer. Et qui est celuy qui pourroit aneantir et denigrer une doctrine tant insigne et precieuse, aiant esté traitée des plus scavants personnages qui oncques furent vivans soubs le ciel? Et faut qu'ils entendent que les sciences, tant plus elles sont cognues de plusieurs, tant plus elles sont louées ; veu que science et vertu n'ont pas plus grand ennemi qu'ignorance. Dauantage ie leur demanderois volontiers, la philosophie d'Aristote, la medecine d'Hippocrates et Galien, ont-elles esté obscursies et amoindries pour avoir esté traduittes en Latin ou en langage Arabic, ainsi que firent Alphadius, Auerrhous et autres Arabes songneus de leur république? Avicenne, prince de la medecine Arabique, n'ha il pas traduict plusieurs livres de Galien en son langage, au moien de quoy la medecine a esté décorée en son païs d'Arabie? Le divin Galien, combien qu'il fut copieus et abondant en précepts, et règles de la medecine Grecque, ce neantmoins il n'ha desdaigné lire les œuvres de Scribonius Largus, et celles de Cornelius Celsus medecins Latins. Plato ne s'est-il pas aidé des Hébrieus, et aucuns Ægyptiens? Aristote, excellent philosophe, combien a il puisé de hautes, et célestes sentences d'un quidam Juif, ainsi que testifie Clearchus Peripateticien? Theophraste, comme a escrit Eusèbe, combien a il emprunté de choses excellentes des Hebreus? qui seront doncques ceus de bon jugement, voire omnilingues, ou cognoissans toutes langues, qui ne soubhaittent bien lire mesme science en divers langage? voire quant elles seroient escrites en Breton-Bretonnant.

« Combien voions-nous aujourd'huy d'Historiographes qui sont mis en Italien, encore que nous les aions en Grec, Latin et François? N'est-ce pas affin de recevoir plus grande recreation, et que sans ennuys nous soions plus frequents en l'estude des bonnes lettres? Parquoy je désirois prier ceux qui ont déliberé de calomnier nos petits labeurs, qu'il navigassent premierement aus Antycires, et que là ils nettoiassent leur cerveau du bon elebore qui croist audit lieu, comme faisoit Carneades voulant disputer contre les Stoïciens, et croy qu'alors ils confesseront que c'est une chose trop inhumaine et ingrate, que de vouloir touiours calomnier les labeurs d'autruy, et trop inique que de refuser d'accorder à la vérité. Je voudrais cependant qu'il se persuadassent n'estre pas moins negotieus, et difficile de composer en vulgaire, qu'en latin, mesmement en ce qui concerne l'art de medecine : car là nous y trouvons beaucoup de vocables Grecs, Arabes, lesquels n'ont esté encore faits Latins ni François, comme sont les aucuns noms des plantes, des parties du corps, de la forme des remedes : en sorte qu'on est contraint d'innover plusieurs périphrases et circonloquutions. »

Laurent Joubert est assez connu ; on recherche encore comme une curiosité bibliographique son livre de début, le *Traicté des causes du ris et tous ses accidents*[1]. Au XVIe siècle, l'homme et ses livres furent célèbres[2]. Dans une lettre à Gui du Faur de Pibrac[3], Joubert semble avoir assez bien caractérisé sa vie, partagée entre deux tâches, l'une de science pure et d'instruction — elle est résumée dans son œuvre latine, — l'autre de vulgarisation — de là son œuvre française.

Son ouvrage français le plus considérable est le livre intitulé : *Erreurs populaires et propos vulgaire touchant la médecine et le regime de santé*, qui parut pour la première fois à Bordeaux, en 1578, chez Millanges. Ce recueil eut un succès énorme ; imprimé en six mois à Paris, à Lyon et à Avignon, il devint néanmoins si rare, que bientôt l'auteur fut obligé d'en donner une nouvelle édition augmentée, qu'une suite vint encore compléter en 1580[4].

Cette seconde édition est pour nous beaucoup plus intéressante que la première, parce qu'elle nous montre comment l'ouvrage avait fait scandale, et qu'elle nous fait connaître les objections diverses qu'il avait soulevées. Les amateurs de vertu, au dire de Louis Bertravan, qui fait l'apologie de son maître, lui avaient d'abord reproché d'avoir dédié son livre, qui traitait de matières très délicates, à la reine de Navarre. Que Joubert eût été en cela maladroit, ou qu'il ait pu se croire autorisé par l'exemple d'une reine, auteur de

1. Lyon, J. de Tournes, 1560, in-8.

2. Joubert, né en 1529, fit sa médecine à Montpellier (1550), y devint docteur (1558), reçut le titre de médecin de Henri II en 1579, et fut chancelier de l'Université de Montpellier. Il mourut le 21 oct. 1583. Outre le *Traicté du riz* et *les Erreurs populaires*, Joubert a écrit en français une *Pharmacopée*, soi-disant traduite et commentée par Zangmaister, Lyon, 1581 ; un *Traicté des Arcbusades ;* plus, *Epitome de la therapeutiqve*, Lyon, J. de Tournes, 1574, etc.

3. *Erreurs populaires*, p. 18. Dans cette lettre il dit qu'il instruit la jeunesse, « l'abreuvant de bons préceptes », l'élevant aux plus secrets remèdes, l'exerçant « an dispute et an pratique », puis qu'il s'est proposé une seconde mission, savoir « d'etaindre et ancantir plusieurs fausses opinions et les erreurs (angeance d'ignorance) qui ont longuemant eu valeur et vogue en la Medecine, chirurgie, et apoticairie : je dis, antre les professeurs de ces trois parties de notre art, de quoy s'ansuit et plusieurs abus et nullités. Mais cela est fort peu, au pris des erreurs populaires au fait de la Medecine et regime de santé, où elles sont tant epaisses, groissieres et lourdes, pour la pluspart, qu'elles meritent plus risée, que reprehansion. Touttesfois, parce que il y an ha de fort prejudiciables à la vie des hommes, il me samble qu'on ne les doit mespriser ou dissimuler : ains remontrer au vulgaire ignorant, an quoy et comant il s'abuse. »

4. Cette suite a paru chez Abel Langelier, Paris, 1580. En tête une lettre de Barthélemy Cabral à Mgr de Villeroy raconte que cette suite avait été imprimée sans l'aveu de l'auteur qui, averti, avait cependant consenti à la laisser paraître (3 fév. 1579). A dire vrai, les *Erreurs* ne furent jamais complétées. Il ne s'y trouve qu'un index de l'ouvrage total, adressé aux lecteurs, pour qu'ils puissent signaler à l'auteur d'autres superstitions et collaborer avec lui.

contes, « qui ne sentoient pas moins son caresmeprenant », c'est une querelle dans laquelle nous n'avons pas à entrer, et que Joubert fit cesser en supprimant le nom de Marguerite des éditions postérieures.

Mais ce dont se plaignaient plus encore les avocats de la décence, c'était qu'on eût scandalisé le lecteur même. A ce propos se posait une question très spéciale, mais fondamentale. La nature des sujets médicaux supportait-elle qu'on les traitât en une langue intelligible à tous? Le latin seul devait-il braver l'honnêteté ? Joubert accepta que son imprimeur prît les moyens les plus enfantins pour avertir les lecteurs des passages scabreux[1], mais il se refusa à retrancher certains développements délicats : « les chasseurs ne vident pas le gibier qu'ils veulent offrir. » Puis, non content de se justifier par des exemples, et celui de la Bible elle-même, non content de faire remarquer qu'il avait évité les mots propres, il posa hardiment la thèse que les mots propres « ne puent pas », et qu'on parlait bien par mots propres en hébreu, grec et latin ; qu'au reste ce n'est pas là ce qui corrompt la jeunesse, mais « les liures d'amour (poesies ou prose), et les contes (soit histoires ou fables) des mechans tours qu'ont fait les fames a leurs maris ». Paré lui-même, attaqué sur ce même sujet, ne sut pas répondre si ferme et si bien, se contentant d'invoquer des précédents, et d'alléguer qu'il s'était adressé aux étudiants seuls[2].

Cette première question débattue, *quasi in limine litis*, une autre se posait, moins haute en apparence, mais aussi moins abstraite ; on s'était effrayé, non plus du danger que courait l'honnêteté bravée, mais la corporation des médecins eux-mêmes, si on se mettait « a diuulguer leur art au peuple, et a luy faire entendre ce dont les medecins se veulent et doiuent preualoir : qui est l'intelligence de plusieurs choses que le peuple faict et dist, sans savoir pourquoy,

1. Il marque d'un astérisque ceux que les mariés seuls doivent lire (p. 56)!

2. « Comme ainsi soit donc que tout ce qu'avez tronqué et extraict deça et delà, corrompant les sentences de mes œuvres, pour les juger deshonnestes, meschantes, detestables, et indignes d'estre escrites, recitees et leües d'un homme Chrestien, il faut de nécessité me donnant telle condamnation, que tous nos anciens médecins faits françois par vous-mesmes, soyent mis à telle amende et punition, à laquelle desirez que je sois condamné : car s'il y a aucune faulte, elle a esté premierement faicte par eux et divulguée par votre traduction.

« De ma part j'estime en mon livre n'estre rien de pernicieux pour estre en nostre langue vulgaire. Ainsi le divin Hippocrates a escrit en sa langue, laquelle estoit congnue et entendue des femmes et des filles, ne parlant autre langage qu'icelle. Quant à moy je n'ay escrit sinon que pour endoctriner le jeune chirurgien, et non à celle fin que mon livre fut manié par les idiots et mécaniques, encore qu'il fust escrit en françois » (Dr Le Paulmier, *Ambroise Paré* ; Paris, Charavay, 1884).

ny à quelle raison[1] ». Si ces propos « deviennent au peuple tant familiers et tant clairs, il en pourra abuser, sçachant plus qu'il ne luy appartient, tellement qu'il voudra désormais contester avec les médecins « presque tous les poincts de la medecine ». Cabral fit à ces craintes, au nom du maître, une longue réponse. Comme elles avaient été exprimées à Joubert sans animosité, et en manière d'avis, sans doute par des confrères, l'apologiste débute par toutes sortes de concessions. Il fait remarquer qu'on ne semble pas avoir bien vu les intentions de l'auteur, et qu'un homme dans sa situation n'a pu songer à profaner l'art, ni à violer le serment qu'il faisait prêter en qualité de chancelier, qu'il ne dévoile rien, mais corrige des doctrines fausses déjà répandues[2].

Toutefois, ces assurances sophistiques données, Cabral en arrive à soutenir le principe qu'il est légitime et louable d'apprendre au peuple, comme on a commencé à le faire, à se préserver des maladies, et même à en guérir quelques-unes. Cabral considère, et on ne peut douter ici qu'il n'interprète fidèlement la pensée de Joubert, qu'on n'a pas plus le droit d'accaparer ces secrets médicaux, qu'on ne l'eût eu de garder pour soi l'art de faire le pain et le vin[3].

1. Voir *Epistre apologetique à Ant. de Clermont, baron de Montoison*, par Barthélomy Cabral (*Err popul.*, 2e part.).

2. « Il semblet n'avoir pas bien leu son epistre, *Au lecteur d'esprit libre et studieux :* en laquelle il remonstre, qu'il ha antreprins cette besongne, pour contenir le peuple ez limites de sa vocation, et le persuader de n'attenter rien au faict de la Medecine : qu'il ne soit plus tant outrecuidé et presomptueux, que de coustume : qu'il entẽde mieux ce qu'il a retenu des anciens medecins pour en user sagement en ce qui le concerne, et est de sa capacité ; qu'il ne donne plus tant de peine aux medecins, de luy faire entẽdre son devoir quand il traicte et sert les malades et généralement que le peuple sçache bien ce qu'il sçait, ou pense sçavoir et quicte les erreurs qui l'ont tant possédé. Desquelles remontrances et exhortations l'œuvre est toute pleine, sans entrer plus avant en discours que de la portee des idiots.

« M. Joubert sçait tres bien que les misteres ou secrets de la Medecine et les principaux points de l'art (propos obscurs et d'importance) ne doiuent estre communiqués ou descouuerts aux prophanes. Ainsi nomme-il en quelque lieu, tous ceux qui ne sont iurez et assermentez en l'eschole de Medecine : suiuant le sacré serment d'Hippocras, lequel il ensuit iournellement, en faisant iurer tous les ans un grand nombre d'escholiers. qui veulent ouyr les leçons en l'Uniuersité de Montpellier, ou y prendre aucuns degrez. Luy qui en est chancelier et iuge, auquel l'estroicte obseruation des loix et statuts est en singuliere recommandation (si onques elle fust a aucun de ses predecesseurs) n'ha garde de faillir en cela. Aussi n'est-ce pas diuulguer ou enseigner la Medecine aux prophanes, q̃ de les instruire a biẽ faire ce qu'ils fõt, et leur expliquer ce qu'ils sçauent sans intelligence, par maniere de dire. »

3. « ..... Et puis? qui pourra trouver mauvais que chacun en particulier sçache entretenir sa santé, pour n'avoir tant souvent besoin du médecin? Dira on que M. Charles Estienne et après lui M. Jan Liebault son gendre, personnes tres doctes et humaines, ayent mal faict d'escrire en François leur *Maison rustique*, où il y a beaucoup de remedes familiers, et qu'on dict usuels, non seulement à conserver la santé ou se préserver de plusieurs maladies, ains aussi d'en guérir plusieurs? Ainsi

Et ce qui démontre qu'il n'éprouve, quoi qu'il en dise, aucun scrupule à répandre les connaissances, même les plus hautes, c'est qu'il rappelle, en s'y associant, les plaintes qu'on fait des théologiens, qui se réservent l'Écriture à eux seuls, et privent le commun de la pâture spirituelle[1].

Ainsi, il me paraît hors de doute que Joubert a pensé sur ce sujet avec une grande liberté d'esprit et s'est élevé bien au-dessus de ses contemporains. Il a même été plus hardi qu'il ne voulait le laisser paraître, comme le prouvent différentes autres publications de lui : son petit manuel de thérapeutique, ses paradoxes sur la révulsion, etc. Il ne s'agit plus là, en effet, simplement de chirurgie, de pharmacopée ni d'hygiène, mais des arcanes mêmes du métier. Toutefois Joubert n'a pas été immédiatement suivi. On vit bien des paracelsistes, comme Roch Baillif de la Rivière, suivre l'exemple de leur maître, et rompre avec le latin. Mais j'ai dit ailleurs quelles mesures on prit pour s'opposer à la dangereuse invasion de la médecine chimique. Baillif eut des émules, le gros de l'armée des médecins demeura fidèle aux dieux qu'un impie avait osé brûler, et aussi à leurs prophètes. Le latin barbarisque, dont parle Champier, resta en usage ; il faudra au siècle suivant le rire de Molière pour achever la déroute des docteurs. Autour de 1600, ils tenaient encore bon.

le livre intitulé *Thresor des pauvres*, est bien veu et receu de tous. Ainsi la belle œuvre de M. Simon de Valambert, touchant la nourriture et maladies des enfans : et plusieurs autres semblables, qui ne sont qu'en langage François : Au contraire, il seroit de besoin que *tout ce dont le peuple est capable, concernant sa santé fut en langue vulgaire pour son profit*, sans lui envier ce bien, qui est d'une envie totalement ennemie du genre humain. »

« Seroit-il bon, qu'on n'eust jamais divulgué et monstré au peuple, l'usage du bled et du raisin, à faire du pain et du vin, de cuire la chair et apprester les autres viandes : ains que certains hommes eussent tenu cela secret entre eux, à fin que tous les autres passassent par leurs mains, et fussent à leur discrétion pour avoir du pain, du vin et de la viande ? »

1. « Ainsi (pour monter plus hault, des vivres terrestres du corps aux célestes appartenans à l'âme) on se plaind d'aucuns Théologiens, qui ne veulent permettre qu'on traduise la sainte escripture en vulgaire, affin que le peuple ne l'ayt que par leur bouche : privans les ignorans de cette pasture spirituelle : laquelle toutesfois eux-mesmes proposent et expliquent en pleine chaire, autant profondémant, subtilemant, et distinctemant qu'ils peuvent. Et quelle différance y ha il, de lire les mêmes textes a part dans sa maison ou de les ouyr souvent reciter publiquement et en vulgaire? Je ne trouve pas grand difference de telles rigueurs, d'avec celle qui empeche le peuple de sçavoir pour sa provision, autant qu'il peut comprendre de l'art, qui enseigne à vivre sainement et se bien gouverner en maladie, sous la conduicte et l'ordonnance des médecins. Et (je vous prie) qu'escript M. Joubert, sinon ce que presque tous les jours remonstrent et inculquent les medecins aux malades, ou à leurs amis, parens, alliez, serviteurs, gardes et autres assistans? Est-il plus mal faict de l'escripre que de le dire? Ne veut-on pas qu'il soit bien retenu? Et voicy le moyen de le mectre par escript : car la voix se perd, et l'escripture demeure. Ainsi je ne vois pas, que cette repréhension ayt lieu et soit mettable, ou je ne l'ay pas bien compris. »

CHAPITRE VI

LE FRANÇAIS DANS LES SCIENCES MATHÉMATIQUES

Arithmétique et géométrie. — A lire Geoffroy Tory, qui ne trouve à citer comme livre de science en français, que l'Arithmétique d'Estienne de la Roche, dit Villefranche[1], et la Géométrie de Charles de Bovelles[2], on serait tenté de croire que c'est par la mathématique que le français a pénétré dans la science. Il n'en est rien. L'Arithmétique de Villefranche, comme presque toutes celles qui l'ont suivie, parmi lesquelles je citerai celles de Boissière[3], Peletier du Mans[4], Cathalan[5], P de Savonne[6], La Tayssonière[7], Jean Trenchant[8], Chauvet[9], Fustel[10], est avant tout un livre pra-

1. Je n'ai vu de ce livre que l'édition intitulée *Arismetique et Geometrie*, à Lyon, Gilles et Jacques Huguetan, 1538, in-f°.

2. Le livre auquel Tory fait allusion est *L'art et science de Geometrie auec les figures sur chascune reigle, par lesquelles on peut facilement comprendre ladite science;* Paris, Henri Estienne, 1514, in-4. Je ne l'ai pas rencontré, mais dans la *Geometrie pratique*, composee par le noble philosophe, maistre Ch. de Bouelles, et nouvellement par luy reueue, augmentee et grandement enrichie. Paris, Hier. de Marnef et Guill. Cavellat, 1566, Bovelles laisse voir que c'est moins de son plein gré que pour obéir au désir des praticiens, qu'il a adopté le français, qu'il n'estimait guère. Voir la préface :

Rogatus a quibusdam auturgis, manuve operariis, venerande P... ut eis vulgarem Geometriam conscriberem, pertinaci eorum petitiunculæ repulsam non dedi : quanquam dum eorum desiderio morem gerere acquievi, præter institutum meum egi, utpote qui hactenus vix quicquam materno sermone edere consuevi. Confeci igitur Gallica lingua Geometricum isagogicum... Dicatum igitur tibi vulgata lingua libellum, pro insueto nostræ officinæ xenio, ne flocci habe (Novioduni, nov. 1542. Dom Antonio Leufredo, abbati Ursicampi).

3. Dès le commencement du siècle, on avait traduit celle de Jean de Lortie (Lortega). Elle fut imprimée par Baland le 23 octobre 1515 (privilège du 11 janvier 1514) sous ce titre : *Œuvre tressubtile et profitable de l'art et science d'aristmétique : et geometrie translate nouvellement d'espaignol en françoys...*

Symon Vincent : si vous en fournira
En rue Merciere : ou il est demourant
Et bon marché.

Celle de Boissière est intitulée : *L'art d'Arythmetique contenant toute dimension singuliere et commode tant pour l'art militaire que autres calculations;* Paris, Annet Brière, 1554, 4°.

4. Peletier du Mans, *L'arithmetique departie en quatre liures;* Lyon, J. de Tournes, 1554, in-8.

5. *Arithmetique et maniere d'apprendre a chiffrer.....* Lyon, Th. Payan, 1555.

6. *Arithmetique ;* Paris, Nic. du Chemin, 1565.

7. *Compost arithmetical;* Lyon, Ben. Rigaud, 1567. *Briefue arithmetique ;* Ib., 1570, in-16. *Les principaux fondemens d'arithmetique;* Ib., 1571.

8. *Arithmetique : Ensemble un discours des changes...* Lyon M. Jore, 1571, in-8.

9. *Les Institutions d'arithmetique;* Paris, Hierosme de Marnef, 1578, in-8.

10. *L'arithmetique abregee coniointe a l'unité des nombres ;* Paris, 1588, in-f°.

tique, traitant moins « de la science du nombre que de la pratique des affaires ». On y trouve pêle-mêle des règles relatives au change des monnaies, aux réductions des mesures les unes aux autres, le régime des foires, des calculs faits ; bref, ce sont en général des livres de « marchands, financiers, tresoriers, receveurs, affineurs » plutôt que d'étudiants. C'est ce qui explique que Lyon en ait tant imprimé.

La géométrie française est également tout élémentaire. C'est pour des ouvriers et des artisans que Bovelles avait écrit la sienne, et s'était commis à employer la langue vulgaire [1]. Les rares manuels qu'on rencontre ensuite sont du même ordre.

On trouve de même des traités de perspective et d'architecture civile ou de fortification en français [2]. Il est visible que la science appliquée, s'adressant à un public qui n'est pas latin, est obligée de se faire française de bonne heure. Mais la science pure reste à peu près fidèle au latin. C'est en latin que Goupil, Budéon, Fernel, Oronce Finé, que Peletier du Mans et Ramus eux-mêmes disputent de la quadrature du cercle et de l'angle de contingence.

Toutefois, vers le milieu du siècle, quelques symptômes font pressentir que, là aussi, le règne exclusif du latin est menacé de finir. C'est d'abord une page de Peletier du Mans qui, tout en restant, comme je l'ai dit, fidèle à son latin quand il parlait des lignes et des nombres, entrevoit cependant que rien ne serait pour le français d'une utilité plus grande à conquérir que le royaume de ces sciences, où « la vérité est manifeste, infaillible et constante ». « Pansez, ajoute-t-il, quele immortalite ęles pourroęt aporter a une langue, i etans redigees en bonne et vreye metode [3]. Regardons memes les Arabes, léquez ancores qu'iz soet reculez de nous, é quasi comme en un autre monde : toutefoés iz s'an sont trouvez an nostre Europe qui ont voulu aprandre le langage, an principale consideracion pour l'astrologie, e autres choses secretes qu'iz ont tretees an leur vulguere, combien qu'assez maleureusement. Car on set quéle sophisterie iz ont mêlée parmi la medecine, e les matématiques memes. E toutefois iz ont randu leur langue requise, an contemplacion de cela. Avisons donq, a quoi il peut tenir que nous n'an facions nompas autant, més sans compareson plus de la

1. *La Practique de Geometrie avec l'usage du Quarré geométrique*. Paris, Gille Gourbin, 1575, in-4.

2. Il y en a déjà un bilingue en 1509 : J. Viatoris, *De artificiali perspectiva*. Tulli, in-f° (Bibliothèque Mazarine, 4720 f.) ; le texte est accompagné d'une traduction interlinéaire.

3. *Dial. de l'orthogr.*, 2e livre, p. 76, éd. J. de Tournes, 1555.

notre. » Combien ces vues étaient pénétrantes et hardies, on le voit assez sans qu'il soit besoin d'y insister : rêver de donner l'éternité au français, en l'attachant à une œuvre d'une vérité éternelle, était d'un homme qui pensait.

Est. Forcadel eut le courage de mettre l'idée en pratique, non seulement dans son enseignement, mais dans ses livres. J'ai déjà eu l'occasion de dire qu'il osa lire en français au Collège royal ; en outre, il donna toute une série de traductions des anciens : Archimède, Euclide, Proclus, ou des modernes, comme Oronce Finé ; ses propres traités sur l'arithmétique sont aussi en français [1]. Nul doute qu'il n'eût entraîné quelques disciples, s'il ne fût mort assez tôt, peu après Ramus. On vit bien se produire quelques essais ; Gosselin traduisit l'arithmétique de Tartaglia [2], Simon Stevin donna à la suite de son Arithmétique des éléments d'Algèbre [3] (1585) ; mais, en somme, le français avait si peu pris pied dans la haute spéculation, que l'œuvre du grand Viete, le seul homme que la France du xvie siècle puisse opposer aux Cardan et aux Tartaglia, est en latin [4].

Astronomie. Cosmographie. Géographie. — Il ne semble pas qu'il y ait de science plus éloignée de la vie pratique que l'astronomie ; il y en avait peu, au contraire, qui y fût plus intimement mêlée au xvie siècle. D'abord, elle avait, comme la chiromancie et toutes les autres méthodes de divination, le privilège de parler à l'homme de son avenir, c'est-à-dire de ce qu'il désire le plus connaître. C'était elle qui apprenait à distinguer les aspects des astres et leurs influences, qui lisait les présages contenus dans les comètes, les éclipses, et, malgré les railleries de Rabelais et de quelques autres, la foi en ces méthodes demeurait encore presque entière. Il suffit pour s'en convaincre de rappeler le succès de Nostradamus (1555). Ses prédictions sont en français, autant qu'on peut appeler français son grimoire barbouillé de mots sibyllins. Il en est ainsi de la plupart de ses rivaux [5] : qu'ils annoncent ou contremandent le « décès du monde », ils adoptent le plus souvent la langue à

1. *Arithmetique ;* Paris, Guil. Cavellat, 1556, in-4. *Second livre de l'Arithmetique, ibid.*, 1557, in-4. *Troisieme liure, ibid.*, 1558, in-4. *Arithmetique entiere et abbre ee ;* Paris, Ch. Perier, 1565, in-4. *Arithmetique par les gects.* Paris, Cavellat, 1559, in-8.

2. *L'arithmetique traduicte d'Italien auec toutes les demonstrations mathematiques.* Paris, Gilles Beys, in-8.

3. *L'arithmetique contenant les computations des nombres arithmetiques ou vulgaires : aussi l'Algebre avec les equations de cinq quantitez*, Leyde, Plantin, 1585.

4. Noter que Viete n'est mort qu'en 1603.

5. G. de Chevalier, *Le decez ou fin du monde.* Paris, Rob. le Fizelier, 1584, in-4. Cl. du Verdier, *Discours contre ceux qui par les grandes conionctions des Planetes, qui se doiuent faire, ont voulu predire la fin du monde ;* Lyon, Barth. Honorat, 1583.

l'aide de laquelle ils peuvent le mieux frapper les imaginations. Ils acceptent même de discuter en vulgaire pour ou contre les principes de la science, sur sa valeur et sa légitimité. Il y a au XVIe siècle toute une littérature astrologique en français [1].

En second lieu, l'astronomie, même ramenée à son but véritable, comportait des applications diverses aux calculs de l'horlogiographie, et surtout à la navigation. La pratique des instruments, tels que l'astrolabe, l'anneau astronomique, le compas, était nécessaire à nombre de gens ignorants des lettres anciennes. Aussi compte-t-on de nombreux ouvrages et opuscules, destinés à vulgariser ces connaissances essentielles [2].

Il en est de même pour la géographie, alors confondue dans la cosmographie : de bonne heure paraissent des guides, des itinéraires, des cartes en français [3].

Mais les études théoriques sur le monde ont elles-mêmes visiblement excité assez d'intérêt pour qu'on tentât de les répandre, et de faire qu'aucuns, suivant le mot du traducteur de Sacrobosco, ne pussent plus « s'excuser de l'étude de tant belles sciences, comme ils font, quand elles sont écrites en latin ».

1. Je citerai : Turrel, *Le Periode, c'est-a-dire la fin du monde.... Fatale preuision par les astres.* Lyon, 1531. — Ogier Ferrier, *Iugemens Astronomiques sur les natiuitez.* Lyon, J. de Tournes, 1550, in-8. — Ant. Couillard, *Les propheties, ou entre autres choses il demonstre que Dieu sans autre ayde regit et gouuerne toute la machine, et peut seul, non pas les hommes, iuger des choses futures.* Paris, Ant. le Clerc, 1556, in-8. — *Les contredicts aux faulses et abbusifues prophetics de Nostradamus...* Paris, Ch. L'Angelier, 1560, in-8. — Léger Bontemps, *Narration contre la vanité et abus d'aucuns plus que trop fondez en l'astrologie iudiciaire et deuineresse.* Lyon, Ben. Rigaud, 1558, in-16. — Cl. Dariot, *Introduction au iugement des Astres. Auec un traicte des elections propres pour le commencement des choses.* Lyon, Maur. Le Roy, 1558, in-4. — Pontus de Tyard, *Mantice ou discours de la verité de diuination par Astrologie.* Lyon, J. de Tournes, 1558. — Mizaud, *Les louanges, antiquitez et excellences d'Astrologie.* Paris. Th. Richard, 1563, in-8. *Secrets de la lune, opuscule non moins plaisant que utile sur le particulier consent et manifest accord de plusieurs choses du monde auec la Lune, comme du Soleil, du sexe feminin, de certaines bestes.....* Paris, 1571, in-8. *Harmonie des corps celestes et humains,* trad. par Jean de Montlyard. Lyon, Ben. Rigaud, 1580. — Jean de la Taille, *La Geomance abregee pour scauoir les choses passees, presentes et futures.* Paris, Luc. Breyer, 1574, in-4.

2. Focard, *Paraphrase de l'Astrolabe. La Sphere, l'Astrolabe. Le miroir du monde.....* Lyon, J. de Tournes. 1546, in-8. — Dominic Jacquinot, *L'usaige de l'Astrolabe, auec un traicté de la Sphere.* Paris, Jehan Barbé, 1545, in-8. — Bassantin, *Paraphrase et amplification de l'usaige de l'Astrolabe....* Lyon, J. de Tournes, 1555, in-8.

3. *La Guide des chemins de France*, par Charles Estienne. Paris, 1552. — *Les voyages de plusieurs endroits de la France en forme d'itineraire et les fleuues de ce royaume*, par Charles Estienne, docteur en médecine. Paris, 1553.

Lacroix du Maine nous a même conservé le titre d'un livre de cet ordre, bien antérieur : *Calculation, description et geographie verifiee du royaume de France, tant du tour, du large que du long d'iceluy, dechiffree par le menu iusques aux arpents et pas de terre en iceluy compris..... le tout calculé et sommé* par maistre Loys Boulenger, très expert geometrien et astronome; imprimé à Lyon, 1525 (l'ouvrage est perdu).

Le mouvement semble s'accuser surtout aux environs de 1550. On ne se contente plus des réimpressions du vieux livre l'*Espere du monde*. Élie Vinet traduit en 1544 la *Sphère* de Proclus ; Goupil, en 1550, celle de Piccolomini ; en 1551 paraît en édition française celle d'Oronce Finé [1] ; en 1552, celle de Münster, dont Belleforest devait tirer son célèbre ouvrage : *la Cosmographie uniuerselle* (1575). En 1556, Cl. de Boissière fait encore passer en français les *Principes d'Astronomie et Cosmographie* de Gemma Frison [2]. En même temps, on voit se multiplier des exposés géographiques proprement dits, généraux ou particuliers. Antoine du Moulin donne sous le titre de *Recueil de diuerses histoires touchant la situation de toutes regions et pays*, un livre de Jean Boem (1544). J. Temporal, sous le nom d'*Historiale description de l'Afrique*, rassemble une série de voyages (1556).

Et il est visible que si certains de ces livres n'ont d'autre objet que de satisfaire la curiosité du public, quelques-uns s'inspirent d'une idée plus haute. Je citerai particulièrement les *Institutions astronomiques* de J.-P. de Mesmes [3], Dans un proème, qui suit la dédicace, De Mesmes, visiblement inspiré par l'enthousiasme de Ronsard, traite la question de langue, presque comme Estienne et comme Montaigne, en montrant autant d'enthousiasme que l'un pour sa nation, en exprimant les idées de l'autre sur les causes de l'infériorité des modernes, obligés à perdre leur jeunesse à l'étude des mots, au lieu de s'adonner aux longues et continuelles observations « ou gisent les sciences speculatiues [4] ».

1. *La sphere du monde proprement ditte Cosmographie, composee nouuellement en François* ; Paris, Mich. Vascosan, in-4.

2. Paris, Cavellat, 1556, in-8.

3. *Les Institutions astronomiques contenans les principaux fondemens et premieres causes des cours et mouuemens celestes, avec la totale reuolution du Ciel*. Paris, Mich. Vascosan, 1557. Le livre est dédié à M. de Roissy de Mesmes, conseiller du Roy.

4. « Par quel desastre donq et malheur la nation Françoise, princesse des nations, a esté privee si long temps de ceste doctrine ? Mais elle ne veult degenerer de ses majeurs, lesquelz jusques au temps de Pline avoyent tousjours eu a desdain ceste partie. Je l'ay toutefois nommee princesse des nations : et ce, quant au faict des armes, de marchãdise, du labeur et, de manufacture, et des procez. Ou est aujourd'huy la nation, qui surmonte la nostre en ces cinq poincts, soit en l'execution d'iceux, ou abondance de leurs termes ? Puis peu de temps les langues antiques se sont apprivoisées en France. O Roy Francois, pere de toutes bonnes lettres, nous te deuons ce bien. J'espere que ton filz Henry, ores regnant, continuera le soustien des arts et sciences : car je voy desia la poësie et l'histoire Francoise hors de page : les deux philosophies, moralle et naturelle, sortãs de nourrice : et les mathematiques en leurs naissances. O bon Dieu, faictes moy la grace de les voir une fois toutes hors de tutelle et d'aage, et (ce que plus ie desire) vrayes et bonnes Francoises... Lors (comme i'espere) les bons esprits Francois ne consumeront plus la meilleure partie de leurs premiers ans à parler et escrire disertement en Grec et

Je ne serais point étonné que parmi les géographes, quelques-uns aient pensé à peu près comme De Mesmes, au moins sur le dernier point. Car si certains voyageurs avaient été partagés entre le désir de faire connaître leurs découvertes au monde entier, en les décrivant en latin, et le dégoût d'abandonner pour ce travail d'école quelques instants de vie active et utile [1], d'autres se sont montrés plus dédaigneux du soin de se faire connaître, et plus soucieux des choses que des mots. Un des plus hardis en ce genre est Thévet, qui, dans sa *Cosmographie uniuerselle*, demande ironiquement aux géographes de cabinet, occupés à ressasser les anciens, « si la nature s'est tellement astrainte et assuiettie à leurs dits, qu'il ne lui fust plus loisible de changer a l'avenir les choses dont ils auraient fait mention ». Pourquoi alors Pline ne s'est-il pas tu, puisque Strabon l'avait précédé ? On devine que l'homme qui parlait si librement de la science des modernes opposée à la tradition de l'antiquité ne devait point se croire obligé de s'en tenir à la langue latine. Mais il ne faudrait pas croire que ce fût par affection pour la sienne ; le soin « des dictions françaises » dans ses livres l'occupait peu, il s'en remettait à un ami, sauf à faire paraître l'ouvrage dans sa tenue négligée, si l'ami était mort avant la fin du travail [2].

Latin, cõme ilz font auiourd'huy : car preuoyans la vie des hommes estre de peu de duree, les arts et sciences longues, difficiles à comprendre, et plus difficiles à practiquer et mettre en usage par les lettres estrangieres, ilz les apprendront en Francois sur la verdeur de leurs aages, et les obserueront à mesure que la raison, le iugement et l'aage croistront. Par ainsi les sciences speculatiues viendront à leur poinct parfaict, et mesmement la celeste doctrine, qui gist totalement en longues et continuelles obseruations. »

1. Sans parler des récits traduits, comme ceux de Vespuce, il y en a d'originaux en français : J. Cartier, *Bref recit de la nauigation faicte es isles de Canada*, Paris, 1545 (Mazarine 51757, Réserve).

2. Voir la *Cosmographie uniuerselle*, Préface. Paris, Pierre l'Huillier, 1575, in-f°. On a de Thévet les *Singularitez de la France antarticque, autrement nommee Amerique*. Paris, 1558 ; et *Cosmographie de Leuant*. Lyon, J. de Tournes et Guil. Gazeau, 1556, in-4.

CHAPITRE VII

LE FRANÇAIS DANS LA PHILOSOPHIE

La philosophie n'était pas pour les hommes du XVIe siècle ce qu'elle est pour nous. Elle embrassait, outre ce que nous appelons proprement philosophie, l'ensemble de l'étude de la nature, ce qui fait aujourd'hui l'objet de la physique, de la chimie, de la météorologie, des sciences naturelles. En 1595 encore, paraissait une *Physique françoise*, par M. J. de Champaignac, à laquelle était joint un *Traicté de l'immortalité de l'ame*[1]. Ce rapprochement n'était pour étonner personne alors[2]. C'étaient deux morceaux, détachés d'un ensemble qui devait contenir logique, physique, éthique et métaphysique; l'auteur ne pouvant pas « se delivrer des deux dernieres parties » avait détaché des fragments. Un Palissy a été à la fois physicien, chimiste, géologue, minéralogiste. Aussi les divisions qui suivent ont-elles quelque chose de tout à fait artificiel.

La chimie. — La chimie continue encore, pendant tout le XVIe siècle, à chercher la transmutation des métaux et la réalisation du grand œuvre, et pour s'ouvrir à tous ceux qui convoitent d'y réussir, elle met ses secrets en français. Le pape Jean XXII, Augurell, Bacon ont été traduits avant 1560[3]. Et leurs imitateurs Bern. de Trevisan, Vigenère, Denis Zecaire, le plus célèbre d'entre eux, se servent également de la langue vulgaire, ou, pour mieux dire, de la langue conventionnelle qu'on s'était faite dans ce monde spécial, langue dont le français fournissait la matière, mais dont une convention allégorique permettait seule d'interpréter les mots[4]. De la sorte, les initiés pouvaient « boire à la fontaine de

1. Bordeaux, Millanges, 1595.

2. Certaines expressions restées dans la langue rappellent de quoi s'occupaient les anciens philosophes, ainsi *pierre philosophale*.

3. Jean XXII (pape), *L'elixir des philosophes, autrement l'art transmutatoire des metaux*. Lyon, Macé Bonhomme, 1557, in-8. Augurell, *Trois liures de la facture de l'or*. Lyon, Guil. Rouille, 1541, in-16. — Roger Bacon, *Le miroir d'Alquimie*, traduict par un gentilhomme du Dauphiné (Jac. Girard de Tournus); Lyon, Macé Bonhomme, 1557, in-8.

4. Bern. de Trevisan, *Philosophie des metaux*, 1568. — D. Zécaire, *Opuscule tres excellent de la vraye Philosophie naturelle des metaux*; Anvers, Guil. Sylvius 1568, in-8.

science », mais le public en restait éloigné [1]. C'était précisément ce qu'ordonnait la tradition des anciens; on communiquait sans profaner [2].

La vieille science, quoique vivement attaquée [3], poussa un nouveau et vivace rejeton, quand l'alchimiste Paracelse eut imaginé d'appliquer à la médecine les préparations chimiques, et fondé ainsi la chimie médicale. Or, Paracelse ne savait pas le latin et faisait à Bâle ses cours en allemand. Ceux qui introduisirent ses doctrines ne pouvaient, sans renier le maître qui avait brûlé Hippocrate et Galien, donner en latin l'*Antidotaire spagyrique*, et expliquer les vertus des trois principes. Mais, malgré les débats de la fin du siècle, c'est plus tard que doivent s'engager les polémiques entre l'ancienne et la nouvelle médication.

Quant à la chimie proprement dite, elle eut en France, au XVIe siècle, pour créateur et pour représentant principal, un homme qui n'était « ne grec, ne Hebrieu, ne Poëte, ne Rhetoricien, ains un simple artisan bien pouurement instruit aux lettres » : Bernard Palissy. Pendant un certain temps cette ignorance le faisait même douter de la portée et de la valeur de ses découvertes. « I'eusse este fort aise, nous dit-il lui-même, d'entendre le Latin, et lire les liures des dits philosophes, pour apprendre des uns et contredire aux autres [4]. »

On sait par quelle hardiesse il se tira de la difficulté. Étant « en ce debat d'esprit », il fit mettre des affiches dans les carrefours de Paris, afin d'assembler les plus doctes médecins et autres, « aus-

1. « En la tierce et derniere partie ie declareray la practique, de telle sorte qu'elle sera cachee aux ignorans, et monstree comme au doigt aux vrays enfans de la science.... » Zécaire, *o. c.*, 5. « Il est defendu par l'ordonnance diuine de publier notre science, en termes telz qu'ilz soient entenduz du commun. » (*ib.*, 10).

2. « Je ne doubte point que ne soye aigrement reprins et taxé, pour avoir publié mon present opuscule, disans, que je fais une grande folie, de publier ainsi mon œuvre, mesmes en langaige vulgaire, attẽdu qu'il n'y a science qui soit aujourd'huy tant haye du commun populaire que ceste-ci.

« Et quant à ce que je l'ay mise en langaige vulgaire, qu'ilz scachent que je n'ay riens faict en cecy de nouveau, mais plustost imité noz auteurs anciens, lesquelz ont tous escript en leurs langues, comme Hamech philosophe Hebrieu en langaige Hebraicque, Thebit, Haly philosophes Chaldéẽs en leur langue Chaldée, Homerus, Democritus, Theophrastus et tant d'autres philosophes Grecqz en leur langue Grecque. Abohaly, Geber, Avicenne, philosophes Arabes en leur langage Arabicque, Morienus, Raymondus Lullius, et plusieurs aultres philosophes Latins en la langue Latine, à fin que leurs successeurs cogneussent cette divine science avoir esté baillée aux gens de leurs natiõs. Si donc j'ay imité tous ces ancteurs et plusieurs aultres en leurs escriptz, il n'est pas de merveille si je les ensuis en leur façon d'escripture (*ib.*, p. 6).

3. Palissy fut un de ses principaux adversaires. Elle en eut un aussi dans du Gault : *la Palinodie chymique*. Paris, 1588. Au reste les anecdotes des conteurs montrent que le public était fort sceptique à l'endroit de ses recherches.

4. *Œuvres*, éd. Cap., p. 269.

quels il offrit de montrer en trois leçons tout ce qu'il auoit conneu des fontaines, pierres, métaux et autres natures ». Ces conférences physico-chimiques eurent lieu, et quoique le quadruple des prix d'entrée fût promis par le professeur d'un nouveau genre à ceux qui prouveraient qu'il était menteur, il ne se trouva personne pour le « rembarrer ».

La science grecque et latine resta muette. Aussi, à la suite de cette confrontation, Palissy, prenant absolue confiance, commença-t-il à parler de toute la tradition avec un dédain assez dégagé. Ayant de quoi « clore la bouche à ceux qui demandoient comme il estoit possible qu'un homme pust scauoir quelque chose et parler des effects naturels sans auoir veu les liures latins des philosophes », assuré de convaincre quiconque « voudroit prendre la peine de venir voir son cabinet », il n'hésita plus à « aduertir ses lecteurs qu'ils se donnassent de garde de enyurer leur esprit de sciences escriptes aux cabinets par une théorique imaginatiue, ou crochetee de quelques liures escrits par imagination de ceux qui n'ont rien practiqué [1] ». Toutefois ni ces paroles hardies, ni l'exemple de Palissy n'eurent le retentissement qu'ils eussent pu avoir. Les progrès qu'il a fait faire à la chimie pratique et théorique restèrent obscurs, comme l'homme lui-même. Il eut l'envergure d'un Paré, il n'en eut pas l'influence.

La physique. — La physique est presque toute latine encore. Cependant les livres des anciens, qui faisaient le fonds des connaissances, passent en français d'assez bonne heure. Le *Traité du monde* d'Aristote est traduit par Meigret en 1541 et par Saliat en 1543 ; l'*Histoire naturelle* de Pline, par Meigret en 1552, et par du Pinet en 1562. Les *Problemes* d'Alexandre d'Aphrodisée, mêlés aussi de physique et de médecine, sont faits français en 1555 par Heret qui exprima la confiance que ces propos et arguments, tout en paraissant d'abord quelque peu étranges sous ce vêtement, avec le temps, n'y auraient pas moins de grâce qu'en leur première langue [2]. Les ouvrages importants des modernes, de Cardan, de Lemnius, de Bruccioli, furent aussi mis en langue vulgaire « bien que les choses de la philosophie naturelle ne s'y peussent aisement traiter, n'ayant iamais que bien peu este escrites en ceste langue [3] ».

L'honneur d'avoir donné un des premiers livres originaux revient encore à Symphorien Champier, qui a été un des plus remar-

1. *Œuv.*, p. 132-133.
2. Paris, Guill. Guillard. Voir : Aux lecteurs, p. 105.
3. Lyon, Guil. Rouille, 1556.

quables polygraphes de son temps. Mais, en général, ces livres sont sans aucune importance. L'*Académie francoise* de La Primaudaye, avec ses *Suites*, forme un recueil volumineux, mais dépourvu d'intérêt et de nouveauté [1]. Le *Discours* de Du Perron est un mélange illisible de logomachie métaphysique et de physique proprement dite. Le *Discours* de Meigret *de la Creation du monde, et d'un seul createur par raisons naturelles*, est clairement écrit, mais sans portée [2]. Le *Traicté de la verité des causes et effects des divers cours, mouuements, flux, reflux, et saleure de la mer Oceane* de Duret appartient déjà au XVIIe siècle [3]. Bref, celui qu'il faudrait citer ici encore, comme en chimie, c'est Palissy, auquel l'hydrostatique doit ses premiers principes, qui a vu les causes de l'arc-en-ciel, la porosité des corps, deviné l'attraction.

Je dois signaler encore une tentative faite avant 1600 pour donner au public une encyclopédie des sciences physiques. Fr. de Fougerolles entreprit de traduire l'ouvrage que Bodin avait écrit en latin sous le titre de *Theatre de la nature*. Le livre parut en 1597 chez Jean Pillehotte, à Lyon. Il constituait visiblement encore une nouveauté, car le traducteur prit soin dans une longue préface, non seulement de donner en garantie les noms de ceux qui l'avaient sollicité, mais de justifier leur désir par les arguments ordinaires, et les exemples de Galien, Plutarque, Celse et Cicéron, que nous avons vus tant de fois cités.

LES SCIENCES NATURELLES. — Dans les sciences naturelles le XVIe siècle a marqué une rénovation complète de la science. Tout en commentant et en traduisant Pline, Plutarque [4] ou Dioscoride [5], tout en réimprimant les vieux livres tels que le *Secret de l'histoire naturelle*, les savants s'appliquaient à l'observation directe des choses. Par cette méthode, Palissy ouvrit encore à la géologie de nouvelles et fécondes hypothèses, par exemple celle qui expliquait les dépôts d'animaux fossiles; il donna aussi sur les terrains des études approfondies, qui commençaient à éclaircir le problème de

1. *Academie françoise*, Paris, Guil. Chaudière, 1577, in-f°. *Suite*... Ib., 1580, in-f°. Troisième tome, Jaq. Chouet, 1594, in-8.
2. Paris, André Wechel, 1594, in-4.
3. Paris, Jacq. Bezé, 1600, in-8.
4. Plutarque, *De l'industrie des animaux*, trad. par Arnault Pasquet de La Rochefoucaud, 1557.
5. *Les Six livres de Pedacion Dioscoride... de la matiere medicinale*, par Martin Malhée. Lyon, Macé Bonhomme, 1559.

la constitution des différents sols ou de la nature des pierres. Mais il resta longtemps à peu près seul à cultiver ce champ.

Au contraire, en botanique et en zoologie, plusieurs hommes considérables se firent un nom aujourd'hui encore illustre. Quelques-uns sont étrangers : Fouchs, Gessner, Du Jardin ; mais la France compte Ruel, Rondelet, et surtout le créateur de la zoologie, Pierre Belon. Il serait faux de prétendre qu'aucun de ceux-là ait témoigné nettement de son désir de voir la science parler exclusivement français ; tout au contraire, Belon a exposé l'utilité d'une langue internationale [1]. Et tous trois ont fait paraître tout ou partie de leur œuvre en latin. Toutefois, ils ne se sont montrés nullement dédaigneux de la langue vulgaire, et lui ont même fait une place plus ou moins grande.

D'abord ils se rendaient compte que toute étude botanique ou zoologique devait être précédée d'une identification des plantes et des animaux, et des noms différents qu'ils portaient dans les différentes langues. Aussi Ruel, dans son importante compilation sur les plantes, faisait-il, dès 1539, une place aux noms français [2]. Concession peu importante, je le reconnais, puisque des étrangers, comme Gessner, la feront aussi [3], et qu'elle était inspirée par les intérêts de la science, nullement par le souci de la langue même. Mais il y a d'autres faits à citer. Rondelet avait publié en latin son *Histoire des poissons :* ce fut lui-même qui poussa Laurent Joubert à la mettre en français [4]. Enfin Belon ne resta pas toujours fidèle au latin : plusieurs de ses livres parurent, presque simultanément,

1. Voir les *Portraits d'oyseaux, animaux*... Paris, Guil. Cavellat, 1557. « Une compagnie d'hommes villageois,... un Breton, Basque Escossois... ne s'entrententendroient l'un l'autre d'autant que la langue de chacun est estrangere à l'autre. Mais s'ils estoient hommes lettrez et qu'ilz parlassent le language lettre dont lon use en leur religion, alors chacun s'entrentendra parler. Combien donc est advantagé l'homme lettre sur le mechanique.

2. Voir *In Ruellium de Stirpibus epitome, cui accesserunt volatilium, gressibilium, piscium, et placentarum, magis frequentium apud Gallias nomina*, per Leodegarium a Quercu. Parisiis, ap. Joh. Lodoicum Tiletanum, 1539. Il traduit un nombre appréciable de mots : *hioscyamos = jusquiame ; halimum = blancheputain ; hesperis = giroflee ; heptaphyllon = tormentille*, etc.

3. *Catalogus plantarum latinè, græcè, germanicè et gallicè*, Zurich. Le titre même est en quatre langues. Il y a des lacunes un peu déconcertantes. Ainsi *ornus* n'a pas de correspondant français. Le nom français est parfois latinisé. Gessner renvoie souvent à Ruel. Cf. *Commentaires tres excellens de l'hystoire des plantes*, composez premierement en latin par Leonarth Fousch, medecin... Paris, Jacques Gazeau, 1549 (privilège du 7 juillet 1547). Chaque chapitre commence par une étude du nom, souvent accompagnée de considérations étymologiques.

4. Lyon, Macé Bonhomme, 1558. Tous les noms sont en français dans la traduction : *barbote, cancre, esperlan, lauaret, loup d'estang, moule, perche, plie, raine, saumon, scolopendre, silure, truite, umble cheualier, veron.*

en latin et en français[1] quelquefois en français d'abord ou en français seulement; ainsi l'*Histoire naturelle des estranges poissons marins* (Paris, 1551, in-4) ; les *Obseruations de plusieurs singularitez... trouuées en Grece, Asie, Egypte* (Paris, Cavellat, 1555), traduites plus tard par l'Écluse ; l'*Histoire de la nature des oyseaux*, 1555, in-f°, par Ben. Prevost ; les *Remonstrances sur le default du labour et culture des plantes*. Paris, Cavellat, 1558 (traduites aussi en latin par l'Écluse).

On chercherait vainement dans ces divers ouvrages une préface retentissante. L'auteur n'a visiblement aucune tendresse pour la science de ceux qui décrivent sans connaître, « semblables aux chantres de vieilles chansons, qui ne chantent que par usage, sans auoir la science de musique ». Il parle sévèrement de l'opinion vulgaire, qui tient un homme pour savant à condition « qu'il sçache un peu de Grec, de Latin ou d'Hebrieu » ; mais c'est très brièvement, et nulle part, que je sache, il ne se prononce sur la question de savoir si l'on devrait employer la langue vulgaire. Une seule fois il fait allusion à son désir de rendre service à la nation en lui donnant des livres français; c'est dans la préface du récit de son voyage en Orient. Mais ces quelques lignes, très réservées, le paraissent encore plus quand on les rapproche du début de cette même préface, employé à féliciter le cardinal de Tournon de sa connaissance des langues[2].

Toutefois, ce qui valait mieux que des épîtres, c'étaient ici les livres mêmes. Encore que l'*Histoire de la nature des oyseaux* n'eût été mise en français qu'en attendant l'édition latine, elle n'en existait pas moins, et l'apparition d'un traité français d'ornithologie, qui, deux siècles après, devait encore être consulté par Buffon, était un progrès réel pour la langue.

1. Le *De Aquatilibus* avait paru en 1553 ; il fut traduit en 1555 sous le titre d'*Histoire des poissons* et sous deux autres encore.

2. Voir les *Observations de plusieurs singularitez*. Paris, Corrozet, 1553.

« A Mgr le Cardinal de Tournon,

« Ne voulant perdre ce repos et loisir duquel je suis a present par vostre benignité jouissant, j'ay cy reduit par escript en nostre langue les choses memorables et singularitez, selon que les y ay observées et choisies ça et la, ainsi qu'elles m'ont semblé dignes de récit : afin de vous faire apparoistre que je n'ai du tout frustré votre intention. D'autre part, afin que nostre nation qui scait quelle affection vous portes à l'utilité publique, se sente aucunement du fruict de cette mienne peregrination, dont vous estes autheur : et qu'un bien est d'autant plus louable qu'il est plus commun : j'ai traicté ceste mienne observation en nostre uulgaire François, et redigé en trois livres, le plus fidelement qu'il m'ha esté possible ; n'usant d'autre artifice ou elegance d'oraison, sinon d'une forme simple narrant les choses au vray ainsi que les ay trouvées es pays estranges : rendant à chascune son appellation Françoise ou il m'ha esté possible de luy trouver un nom vulgaire. »

La philosophie morale et métaphysique. — Le Roy, le grand traducteur dont j'ai déjà eu à parler, qui a le premier osé traiter de politique en français dans une chaire royale, a revendiqué aussi l'honneur d'avoir le premier écrit dans cette même langue un ouvrage de métaphysique [1]. C'était une illusion. Depuis trente ans, un certain nombre de versions avaient commencé à faire connaître la morale, et aussi la philosophie de Lucien, Plutarque et même Platon [2]. Si, en effet, l'*Hipparchus* de ce dernier roulait sur la « conuoitise de l'homme, touchant le gain et augmentation des biens mondains », l'*Axiochus*, qu'on lui attribuait, s'élevait jusqu'à la discussion de l'immortalité de l'âme, et Dolet avait traduit en même temps les deux dialogues, à la suite de son *Second Enfer*. Simon Silvius, dit de la Haye, avait traduit à son tour le commentaire du *Banquet*, donné par Ficin (1546); Philibert du Val, le *Criton* (1547) François Hotman, l'*Apologie de Socrate* (1548). Pontus de Tyard se trompait donc aussi, quand, dans son *Second Curieux* (1557), il estimait à son tour être le premier « n'y ayant personne qui l'eust precedé en philosophie, et de ceste façon ». La longue apologie qu'il a mise en tête de son ouvrage et qui n'est qu'un résumé agréable des espérances et des propositions avancées par tant d'autres, arrivait trop tard [3].

1. *Phedon*, à Paris, Seb. Nivelle, 1553. Il estime dans sa préface que « le labeur a esté grand a traitter premierement en la langue françoise ces matieres hautes, obscures et esloignees de l'intelligence commune des hommes ».

2. Tory avait traduit la *Table de Cébès* (1529), la *Mouche* de Lucien (sans date), les *Politiques* de Plutarque (1530); Bellcforest, *la Honte vicieuse* du même (1554); Du Moulin, le *Manuel* d'Épictète (1546). Des Périers avait donné en 1541 le *Lysis;* Héroët, en 1543, l'*Androgyne;* Cicéron avait également commencé à passer en français.

Voir à ce sujet : Abel Lefranc, *Le platonisme dans la littérature en France à l'époque de la Renaissance* (1500-1550); *R. h. l.*, III, 1; et Hennebert, *Histoire de la traduction au XVIe et au XVIIe siècle.*

3. Pontus de Tyard. Extrait du *Second curieux*, 1557, édit. Marty-Laveaux, p. 234. « Sire, quand je commençay de composer ces discours, j'auois de long temps preueu, qu'ils ne pouvoyent estre que difficilement bien escrits ou agreablement receuz en nostre langue. Car voyant les escrivains François n'auoir encores traicté en prose, que des recueils d'histoires ou Romans fabuleux, en quoy ils auoyent employé la façon de parler plus vulgaire et familiere, comme leur sujet estoit vulgaire et familier : Je ne doutois point qu'il seroit mal-aisé de former un stile de plus élevée et belle façon, pour dignement representer et exprimer les hautes et belles conceptions des Philosophes, ou que celuy qui s'y essayeroit ne rencontreroit promptement le jugement vulgaire en sa faveur. J'auois bien souuenance des difficultez debatues sur semblable argument entre Varron et Ciceron, disertes lumieres de leur langue, qui, pour rapporter la philosophie Grecque en langage Latin, voulurent voire furent contraints, de s'eslever sur le stile vulgaire, en danger toutesfois point estre leuz : Pour ce (disoit l'un d'eux), que les sçauans dedaigneroient les livres Latins, puisqu'ils auoient les Grecs : et que les ignorans, ainsi qu'ainsi, ne les entendroyent pas, traitant de choses taut difficiles, et matières si hautes. Je sçay que semblables parolles se tiennent, quand on discourt de l'enrichissement du langage François, lequel ne peut être estimé de plusieurs François mesmes, digne

On peut admettre qu'il n'a pas connu le *Cymbalum mundi*, ou que, l'ayant lu, il n'a pas découvert, comme les théologiens, le

ou capable d'estre employé plus hautement qu'au froid récit de quelques plaisans contes, ou à la plainte de quelque amoureuse langueur. Je n'ay recogneu que trop grand nombre de ceux qui, desgoutez des fruicts de leur jardin, recherchent pour appetit de plus grandes delices, les plantes estrangeres : en quoy leur goust ne me semble proceder du plus sain naturel. Aussi pour la satisfaction du desir que j'ay de laisser à la posterité mémoire de la part des lettres que j'auray cultiuées : je semeray en mon propre terroir, l'estimant autant capable de porter de bons fruicts, qu'autre duquel mon voisin me puisse accommoder. Et ne veux alleguer pour exemple imitable, les premiers Grecs qui ont honoré leur langage de toutes les sciences, comme Orphee, Hesiode, Homere, Herodote, Hippocrate, Platon, Aristote, Xenophon, Demosthene, et les autres, precedens et voisins de leurs siecles, pource que l'on me respondroit qu'ils n'avoient peut-estre cognoissance d'autre langage que de leur maternel. Mais j'en nommeray d'autres pour le respect desquels cette exception ne sera point admise. Qui ne sçait que Plutarque, Ptolemee et Galen (non plus redevables aux lettres, possible que les lettres à eux) ordinaires au seruice des Empereurs Latins, et qui ont fait à Rome, en long sejour, monstre de leur gentil esprit et doctrine admirable, avoyent familiere et bonne connoissance de la langue Latine? Est-il à croire que Plutarque (surnommé par Eunapius, la Venus et la lyre de philosophie) precepteur et familier de Trajan et Galen medecin d'Antonin, Comode, Pertinax et Seuere, fussent ignorans du langage duquel leurs Princes et ceux de leurs maisons se seruoyent en discours et entretien ordinaire? Quand cela se tireroit en doute, plusieurs passages de leurs liures en seroyent tres suffisante preuue. Si donc ils auoyent l'usage en main de la langue Latine, pourquoy n'ont-ils en ceste feruente deuotion de complaire à leurs Princes Romains, escrit en langage Romain? La response est facile : qu'ils tenoient pour resolution veritable, le naturel estre touiours en l'homme, meilleur que l'artifice : et que chacun exprime en sa langue naturelle plus naïfuement les imaginations de son esprit qu'en un langage aprins, tant prompt et familier le puisse il avoir. Et de mon aduis celuy tesmoigne trop de son seruile et esclaue naturel, et combien il a la langue dure et miserablement empeschee, non sans tache de vaine ostentation, qui tasche de s'expliquer mieux en un langage estranger qu'au sien propre : mesmes entre ceux qui le sçauent entendre. Aussi ne voulurent ces doctes Grecs, faire part à leurs successeurs des belles sciences dont ils auoyent les esprits enrichis, qu'en la langue en laquelle ils se sçauoient si naturellement faire entendre, et si disertement. Chose que les Latins ne blasmerent et dont leurs concitoyens Grecs receurent honneur, leur en demeurant perpetuellement obligez. De mesme affection furent touchez les Latins de la plus belle marque : Caton (qui fort avancé d'aage apprint la langue Grecque), Varron, Ciceron, Salluste, Cesar, Vergile, Horace, Ouide, et les autres de nature elegante, auoyent et les sciences et la langue Grecque à commandement : mais qui est celuy d'entre-eux qui n'ayma mieux escrire en la sienne naturelle, qu'en celle qu'il avoit acquise par laborieux et artificiel estude?..... Si donc en traitant diuers sujets, ils ont hazardé l'entreprinse d'embellir de plusieurs et diuers changemens leur langage : et si apres tant de crainte de n'estre leuz, et receuz, ils ont rencontré un plus heureux succés à la reception de leurs livres, proffit des studieux, honneur de leur langue et loüable memoire à la posterité : doiuent les beaux esprits François desesperer, de pouvoir à la fin trouuer la France fauorable, et penser qu'il ne se rencontrera personne gracieuse et respectueuse à leurs escrits? Suyuant les beaux exemples Grecs et Latins, il faut oser, et se bien-heurer d'un espoir que nostre langue receura de l'honneur et qu'elle en est capable. Vous serez en ceci seure guide et tres belle lumiere, Sire, qui tant aggreablement et disertement y savez discourir de toutes belles et rares sciences, et qui en vers et en prose escrivez si nettement vos riches imaginations, que le doux stile duquel vous usez, emporte dignement le surnom de Royal. Et deura à l'imitation de V. M. la plus gentille et genereuse partie de la Noblesse, exercer son entendement, et se façonner l'esprit et la langue, et la plume, pour sçauoir parler et escrire ce a quoy nos devanciers n'ont possible attaint seulement du desir. Donc j'atten (et Dieu ne vueille tromper ma preuoyance) que ceux de nostre langue, ausquels les estrangeres ne seront point cogneuës, et qui

sens profond et caché de ces facéties, ou enfin qu'elles lui ont paru, même sérieusement interprétées, viser plutôt la religion que la philosophie. Mais, même en écartant Des Periers, Tyard avait eu un autre prédécesseur dans Ramus. C'est en 1556 que celui-ci avait fait paraître sa *Dialectique*, voulant, « à l'exemple et imitation des bons escholiers rendre sa leçon à la patrie, en laquelle il auoit esté engendré et esleué, et lui declairer en sa langue et intelligence vulgaire le fruict de son estude [1] ». On sait la place que tint ce livre d'un révolutionnaire devenu, malgré toutes les oppositions, une sorte de classique. C'est la première manifestation d'une pensée à laquelle Ramus resta fidèle toute sa vie, celle de « faire retourner les arts liberaux de Grece et d'Italie en Gaule ». La mort seule l'empêcha d' « apprendre à parler françois a la Rhetorique, Dialectique, Arithmetique, Geometrie, Musique, Astrologie, Physique, Ethique, Politique ».

Sa *Dialectique* à elle seule le prouverait, puisque, dès 1556, il y avait hardiment répudié la langue comme les idées des docteurs. Mais, outre sa *Dialectique*, les conseils qu'il donnait à Forcadel d'enseigner en français les mathématiques, le regret qu'il exprimait à l'Hospital et à Cujas, dans ses *Scholæ mathematicæ* (1567; livre II, fin) « que les Français n'eussent que des myriades

toutesfois auront l'esprit doüé de quelque studieuse curiosité, liront nos œuures, ne pouuans entendre les escrits des autres nations : et ne seront, croy-je, tant esblouïs d'entendement les doctes et exercez aux autheurs Grecs et Latins, qu'ils mesprisent dedaigneusement leur langage et propre, et naturel. J'en conçoy une bonne esperance, voyant nos plus sçauans aimer desia et recercher la poësie Françoise, pour ce qu'en ce genre d'escrire les François ont tant auancé au changement du stile des rymeurs qui les ont precedez de trente ans seulement, qu'ils semblent ceder bien peu aux Grecs et aux Latins : et que quelques disertes traductions sont curieusement recueillies, et embrassees de chacun. Si donc quelqu'un de nostre langue rencontre heureusement à expliquer les beaux discours de la Philosophie, plus disertement, aggreablement et mieux que quelque Amafanius ou Rabirius, les François seront-ils tant iniquement enuieux, qu'ils ne prestent aux leurs les mesmes ou semblables heures, lesquelles ils veulent bien employer à la lecture des estrangers ? Voudront-ils pas permettre, que la prose s'esleve sur le stile bas et rampant des premiers, comme ils appreuvent, honorent, et cherissent les beaux vers des poëtes de ce temps, tant eslevez dessus les rymes de leurs predecesseurs Ennies et Lucilles ? Cest espoir m'a donné courage, et m'a fait oser escrire le premier, n'y ayant autre que je sçache, qui m'ait precedé en ce sujet de Philosophie, et de ceste façon. Que si ce n'a esté assez suffisamment pour endoctriner, ny auec autant d'ornement qu'en requiert la matiere, ce deura avoir esté assez pour inciter les autres à mieux faire. »

1. En Avignon, Barth. Bonhomme, 1556. Préf., p. 10. Dans sa Grammaire, à chaque instant, il est traité des qualités de la langue française. Voir p. 39. « Ie sens mon cueur fort esiouy d'entendre que nostre France soit si elegante au pris des nations que nous estimons les plus facondes du monde, et au regard desquelles nous iugeons nostre patrie comme sauuaige et agreste. » Cf. p. 40. « Ceste prolation est ung aultre argument de la suauité de nostre langue. » Cf. p. 54. « Langue, dy-ie, louable sur toutes langues pour son excellente beaute et doulceur. »

de lois rédigées dans une langue étrangère », prouvent bien qu'il avait vu depuis longtemps, et dans toute son étendue, l'œuvre à accomplir. Et, s'il la plaçait sous le couvert de l'initiative royale, c'était surtout, j'imagine, pour rappeler aux Majestés qu'un si grand bien « n'estoit pas moins digne de leur ambition, que le bonheur d'amplifier leurs monarchies de grandes conquestes et dominations ».

On sait et on verra dans cette histoire que, peu à peu, l'exemple de cet hétérodoxe commença d'être suivi, mais avec quelles hésitions ! L'obscur traducteur de Pierre Coustau, Lanteaume de Romieu, ose à peine donner les *narrations philosophiques*, craignant les objections qu'on avait faites à Cicéron [1] ! et Montaigne redoute de confier sa pensée à un langage qu'il trouve suffisamment « gracieux, delicat et abondant, mais non pas maniant et vigoreux suffisamment, qui succombe ordinairement à une puissante conception », et qu'on sent « languir et flechir sous soi », pour peu qu'on « aille tendu [2] ». Il n'est pas impossible que d'autres aient eu un scrupule d'autre espèce, analogue à celui des théologiens, et n'aient craint de dévoiler au public des secrets dont il pourrait abuser. On en retrouve encore l'écho dans l'*Organe* de Du Fresne qui se défend d'avoir livré au vulgaire un outil dangereux.

En tout cas, le mouvement fut lent, et la philosophie française de la fin du XVIe siècle compta plus de traductions que d'œuvres originales. La disette dont parle un contemporain [3] continua, tandis que le langage latin « acheuoit de se remplir jusqu'aux bords ». Il faut arriver jusqu'au terme de la période pour y rencontrer l'œuvre magistrale de Du Vair. Le traité de *la Sagesse* de Charron commençait seulement à s'imprimer en 1600. En réalité, malgré des esprits hardis, on n'était point parvenu encore à s'affranchir de la pensée et de la forme scolastique.

1. *Le Pegme de Pierre Coustau, avec les narrations philosophiques*, mis de Latin en Francoys par Lanteaume de Romieu, gentilhomme d'Arles. Lyon, Macé Bonhomme, 1560. Au. priuilège.

« Au Lecteur Salut. Il fut un tems, ami lecteur, que je pensois auoir assez fait, t'ayant baillé en notre langue les vers Latins de l'auteur : laissant les Narrations Philosophiques en un tems de plus grand loisir. Et me métois deuant les yeux ce que plusieurs obietoient à Ciceron, quād il s'efforçoit de traitter en sa langue, et quasi donner la bourgeoisie de Romme à la philosophie, qui de l'age de ses peres auoit pris et sa naissance et son entretien en Grece : luy alleguans que ceus qui sauoient en Grec ne liroient ses liures, pource qu'ilz aymeroient trop mieux chercher les fonteines : et d'autre part qui ne seroit versé en ladite langue, ne toucheroit point à ce qu'il ne pourroit entendre sans la langue et discipline des Grecs. »

2. Montaigne, *Ess.*, l. III, c. 5. Cf. l. II, c. 17.

3. Voir P. Breslay, *L'Anthologie ou Recueil de plusieurs discours notables* ; Paris, 1574. Dédicace à M. l'abbé de Saint-Serge.

CHAPITRE VIII

LE FRANÇAIS DANS LES SCIENCES HISTORIQUES

J'ai déjà eu l'occasion de dire que le premier apologiste de notre langue au XVIe siècle était un historien. A parler vrai, cela est peu surprenant. L'histoire à cette époque était surtout considérée comme une leçon de morale et de politique. Pour aller à ceux qui pouvaient en profiter, cette leçon devait se faire française, car, on le sait, le grand nombre de ceux qui étaient mêlés aux affaires étaient incapables de l'entendre dans une autre langue. « Es cours des princes et seigneurs », comme dit N. Savetier, étaient « plus volentiers receuz et leuz livres en françoys que en latin en tant que communement plus y conversoient de gens laiz que de clercs [1] ». Dès lors, qu'ils y fussent poussés par les princes et les grands seigneurs, ou qu'ils s'y portassent d'eux-mêmes, les écrivains d'annales, de mémoires, d'histoires proprement dites, devaient être enclins à délaisser la langue latine. Ajoutons tout de suite que l'exemple n'était plus à donner, grâce à toute une longue suite de chroniqueurs, dont le dernier, Commines, était bien connu, même avant d'être imprimé.

Ces raisons expliquent à la fois comment, depuis le temps de Seyssel et de Lemaire de Belges, les livres d'histoire, originaux ou traduits, se multiplièrent, et pourquoi on trouve si rarement un auteur qui prenne la peine de justifier son dessein [2]. Il paraissait visiblement tout naturel « de françoisement escrire ce que par les

1. Le premier volume des *Grants décades de Tytus Livius*, translatees.... [par N. Savetier]. Paris, Jehan Petit, 1530.

2. L'abbé Hamon, dans sa thèse sur Jean Bouchet, Paris, 1901-1902, note cependant une éloquente apostrophe placée par Quentin, ami de Jean Bouchet, en tête des *Annales d'Aquitaine* (1531) : « Ils ont écrit en latin, ceux qui écrivaient pour des Latins ; un Français ne peut-il donc parler à des Français leur propre langue ? Il le peut, à mon avis... La nature n'a pas créé la France si débile, si dépourvue de bons esprits, qu'elle ne puisse trouver des panégyristes de sa propre excellence. »

Il appuie sur cette dernière idée, que la Pléiade laissera si complètement de côté ; il s'emporte avec éloquence contre un défaut de notre race, — folie ou ingratitude —, qui nous fait estimer jusqu'à l'ébahissement les gloires des autres peuples et railler nos propres gloires : « Dans notre sotte admiration, nous préférons un moucheron ridicule sorti de n'importe où, pourvu que ce ne soit pas de France, à l'éléphant né du sol de la patrie » (*sic*).

Par une inconséquence fréquente et qui fait mieux comprendre cette curieuse époque, ce panégyrique enthousiaste de la langue et des gloires françaises est écrit en latin.

ancestres auoit esté françoisement, c'est-à-dire courageusement entrepris, vertueusement geré, et heureusement accomply ». Et Du Haillan s'étonne d'être le premier qui ait osé ou voulu écrire en sa langue une histoire véritable de ses rois et de sa nation, tant ce dessein lui semblait devoir venir naturellement à tant « d'excellents esprits » qui savaient bien écrire et possédaient tout un trésor de documents [1].

Ce n'est pas à dire que les historiens s'abstiennent absolument de ces déclamations ou de ces plaidoyers, comme nous en avons relevé ailleurs. Amyot, en présentant au roi son Plutarque (1559), n'a-t-il pas dit son mot sur l'utilité qu'apporteraient tant de « bons et beaux livres », et félicité le roi que ses sujets reçussent en si grand nombre ces « outils de sapience », sans être obligés de se travailler pour apprendre « les nobles anciennes langues », qui coûtent beaucoup de temps et de peine [2] ? — Deux de ses successeurs ont mis en tête de leurs œuvres de véritables discours, diversement remarquables. Le premier est Antoine Fumée, qui, après avoir donné les raisons qui lui ont fait choisir son sujet, termine sa préface en essayant de contenter « ceux qui estiment le papier perdu escrit en nostre vulgaire, et qui croient dangereux de se restreindre a un païs, ou on court danger de pas trouuer de lecteurs [3] ». Il estime

1. Voir l'*Histoire de France*, par Bernard de Girard, seigneur du Haillan ; Paris, 1576, in-f°, Préface.

2. Amyot, *Les vies des hommes illustres Grecs et Romains*..... Au trespuissant et treschretien Roy de France, Henry deuxieme.

3. « Reste a contenter ceux qui estiment le papier perdu escrit en nostre vulgaire, ne reputans nostre langage capable de receuoir quelque bonne discipline, mesmes que peu de gens s'amusent à lire si peu de liures que nous auons, et qu'il est plus honorable, quand on le sçait faire, d'escrire en Grec et en Latin, pour mettre son labeur aux yeux de toutes les nations entre lesquelles n'y a faute d'hommes qui entendent ces langues, que se restraindre à un seul païs, et en danger de ne trouuer personne qui en face compte. Si ces inconueniens estoient fort à craindre, i'appelleroy au secours plusieurs gens doctes et de grande reputation, lesquels ont mieux aymé faire parler les Grecs et Latins en François, qu'eux estans François, encores qu'ils eussent toutes les parties requises pour imiter les anciens, se mettre au rang des Grecs et Latins. Ie priroy de mon costé ceux qui auec un heureux succez ont deriué en leurs vers toutes les fontaines des delices de Pindare, Anacreon, Tibulle, Catulle, Ouide : ie reprendroy ce que Ciceron disoit en mesme cause contre ceux qui ne faisoint cas que des lettres grecques. I'allegueroy Sceuola se mocquant d'Albutie, qui aymoit mieux estre appellé Grec, que Romain ou Sabin. Si ce Sceuola eust esté François, il eust trouué noz predecesseurs fort ridicules, lesquels ont faict sentir leurs armes en tant de païs, et combatu tant de nations, mais tousiours se sont reduicts à la façon, à la coustume, à la langue de ceux qu'ils auoient vaincus. Aucuns fondent vn pretexte pour le mespris de nostre vulgaire, disans que ceux qui ont peu de terre soubs leur gouuernement, ne peuvent faire que leur langage soit estimé, comme si les Hébrieux et Arabes auoint tenu grand terre, comme s'il estoit asseuré que les Chaldeans eussent subiugué beaucoup de païs et toutesfois l'Empire a esté en France, les François ont tenu la terre saincte, l'Angleterre, et eu grand pied en Italie, et neantmoins n'est demeuré aucun vestige de cette langue entre ces nations, si ce n'est possible parmy les vieilles loix d'Angleterre,

tout au contraire, que les lettres françaises ont repris tout leur honneur et qu'on ne risque plus d'être mal accompagné à une si belle poursuite. Il y a de l'esprit et de la malice dans plusieurs des arguments qu'il donne, mais ce qui met ce plaidoyer d'historien à part, c'est qu'il est historique, qu'il esquisse même, en quelques mots, le passé de notre langue.

Celui de N. Vignier est plus banal. Il est visible que c'est l'exemple d'Amyot qui l'a déterminé à mettre en français ses *Fastes des anciens Hébreux, Grecs et Romains*, et dans toute sa longue préface il n'y a rien de bien original[1]. Mais je voulais signaler tout au moins cet exemple d'un homme convaincu que non seulement l'histoire ancienne, mais l'érudition relative aux anciens se

que les Normands y establirent. Et entre nous il n'y a aucun liure en nostre langue que du tems de Philippe Auguste, et depuis, et ceux que nous auons ne contiennent que les histoires de leur siecle, dont encore le langage a esté corrigé par ceux qui, pensans bien faire, nous ont osté tout ce que nous auions d'ancien. Depuis la guerre des Anglois, nostre langue deuint plus polie, et print grand accroissement : finablement Charles cinquiesme surnommé le Sage, feit traduire, à ce que l'on dit, la plus grande partie des bons autheurs Latins, et par mesme moyen les vieux Romans furent mis en prose, que ie voudroy que l'on eust laissez en leur vieille rime, pource que les fables et mensonges seroint plus tolerables en ceste forme de Poësie, et si pourrions recognoistre quelques vieux mots, que la frequentation du Latin et vulgaire Italien nous a faict quitter. Ie croy que si les hommes lors eussent eu le sçauoir et intelligence des langues, qu'ils eussent rendu la nostre si florissante, que lon n'y eust peu rien adiouster. Mais quasi par tout le monde les tenebres d'ignorance estoient si espesses, qu'ils meritent pardon, s'ils n'ont entierement satisfaict à leur entreprise, qui a esté quasi acheuee au tems heureux de noz peres, où les lettres ont par tout repris leur honneur, et y a eu tant d'escriuains en nostre langue, qu'il ne faut craindre d'estre mal accompagné à une si belle poursuitte. S'il y en a quelques vns qui trouvent la France trop petite pour leur labeur, il leur est loisible de s'estendre ailleurs où ils voudront, pour le moins qu'ils ne soint si soigneux des autres, lesquels tant s'en faut qu'ils souhaittent vn plus grand theatre, qu'ils se contenteroint, comme disoit Lucile, d'estre receuz et leuz par ceux de leur païs, fussent Consentins, ou Tarentins. Et neantmoins ie les priray d'eux souuenir, que les choses bien dites ont esté recherchees de toutes langues, et a l'on faict parler les autheurs les langages de ceux qui les ont euz en estimation. Comme il est aduenu à Mago de Carthage, les livres duquel furent traduicts en Latin par authorité du Senat de Rome, au Roy Iuba, à Froissard, et Philippes de Commines. »

1. J'y relève cependant cette phrase remarquable par l'idée inattendue qu'elle contient : « Au reste. c'est chose tres excellente quand on entend un Ciceron, Pline, Tite Live, et autres tels Autheurs parler nostre langue : Et par cela les François sans emprunter l'estrangere, ne laissent pas d'avoir congnoissance des sciences traictées par tels bons Autheurs : si que nostre aage se peut dire plus heureux que tous autres passez, de ce que le Roy en son siege, le gendarme en la guerre, le marchant en sa boutique, et l'artizan en son ouvroir philosophent avec Aristote, Platon, Ciceron, traictent les choses naturelles avec Pline, et discourent de toutes autres sciences avec les autres bons Autheurs, au lieu qu'auparavant il n'y avoit que celuy qui avoit cognoissance des langues qui peust avoir intelligence de telles choses, et se peut dire avec raison que c'est un remede fort propre que Dieu a donné à nostre aage, lequel s'acourcissant de iour en iour, ne donne pas loisir aux hommes d'en occuper une partie à la cognoissance des langues. (Voir *les Fastes des anciens Hebreux, Grecs et Romains, avec un traicté de l'an et des mois, ou est amplement discouru sur la signification et diversité d'iceux entre les anciens et modernes*, par N. Vignier, historiographe du Roy. Paris, Ab. l'Angelier, 1588.)

pouvait exprimer en langue vulgaire. — Après Vignier, c'est Lancelot de la Popelinière, qui fait précéder son *Amiral* d'un long, mais curieux avant-discours, pour montrer que le devoir du « bon patriot » est d'enrichir et faire connaître à toutes les nations, si possible, le langage de son pays naturel. Malheureusement, l'auteur n'apporte à la défense de sa proposition que des phrases verbeuses et par endroits prétentieuses, sans ajouter ni une idée ni une image — ce qui est plus commun — à celles du maître dont il s'est inspiré [1].

Et c'était le temps cependant où tout le terrain conquis allait être reperdu, on sait comment. De Thou ne crut pas le français digne de supporter ni capable de faire connaître l'histoire monumentale dont il avait conçu le plan, et ce fut le latin qu'il adopta, ravissant ainsi à sa langue un des chefs-d'œuvre sur lesquels elle eût pu s'appuyer, et risquant de lui arracher un genre où, sans prétendre régner encore, elle avait du moins fait ses preuves [2].

Les érudits. — Évidemment ce n'est point parmi les érudits qu'il faut chercher les partisans du français. L'humanisme du XVIe siècle est tout naturellement exclusif, en France comme ailleurs. Il est inutile ici d'entasser des noms : il suffit de rappeler les opinions de ceux qui donnaient le branle, par exemple du grand Budé, la lumière du siècle, un de ceux dont les docteurs ne prononçaient le nom qu'en portant par révérence la main à leur bonnet. Il avait l'esprit trop ouvert pour se refuser à reconnaître quelques avantages que le français avait sur le latin [3], mais dans l'ensemble, il n'esti-

1. Voir *l'Amiral de France, et par occasion, de celuy des autres nations, tant vieilles que nouuelles*, par le Sr de la Popellinière. Paris, Thomas Perier, 1584.

2. Sainte-Marthe, qui partageait les idées de De Thou, ne s'explique pas que Vignier ait sacrifié au désir de servir une noblesse ignorante de son propre intérêt, et se soit résigné à n'être lu que dans son pays. Voir dans *Hist. de la maison de Luxembourg*. Paris, Thiboust, 1617, l'extrait des *Eloges* cité dans l'*Eloge de Vignier*. « Hic vir natione Barensis, professione Medicus, omnes omnium ætatum et gentium res pace belloque gestas ingenti et operoso Volumine complexus, rem herclè fecit Gallicæ Nobilitati Græcorum et Latinorum ferè ignaræ utilem simul et iucundam, sibi verò ipsi nequaquam satis pro tanti laboris merito fructuosam : quando vix ullam indè mercedem retulerit, præter nominis famam totâ latè Galliâ celebratam; sed plus adhuc celebritatis habituram, si Latino sermone, qui nullis nationum finibus circumscribitur, tam nobile et egregium opus moliri in animum induxisset. Hoc enim facile poterat homo Romana facundia præstantissimus. Atenim suis popularibus consulere, doctique viri laudem boni civis opinione cumulare non inani pietatis argumento maluit. »

3. Voir Budeus, *De philologia*, lib. poster., p. 72 c. in *Lucubr. var.* ; Basil., apud Nic. Episcopium Junior. MDLVII. « Est ita ut dicis, Here, inquam, sed non si in uniuersum lingua Romana elegantior esse et uberior nostra à me dicta est, ideo non in quibusdam nostra felicior est et Latina et Græca : ut in hac ipsa arte (venatoria) describenda et explananda, in qua certe tam beata et dives est prope nostra, quàm græca in tractanda philosophia. »

mait pas qu'on pût le comparer aux langues antiques, ni l'appliquer à aucune œuvre sérieuse. A la vérité, il semble avoir fait sur ses vieux jours une grande concession aux adversaires, en s'en servant dans le livre qu'il avait préparé sur l'*Institution du prince*, et qui parut après sa mort[1]. Mais il faudrait savoir si une nécessité plus puissante que ses partis pris ne l'a pas contraint en cette circonstance. Il travaillait pour François Ier, et la gêne où il se plaint d'être par suite de son ignorance de la diction française, fait soupçonner qu'il s'était déterminé à se mettre dans cet embarras moins par goût que sous des inspirations toutes puissantes[2]. Au reste dans le livre même, il a pris sa revanche; à vingt endroits, il revient à l'éloge des langues anciennes, seules dignes de la politique et de l'histoire[3], seules capables de développer les dons de nature et faire l'homme éloquent[4].

1. L'*Institution du Prince* à été publiée par Mre Jean de Luxembourg, abbé d'Ivry, imprimée à l'Arriuour, abbaye dudict seigneur, par Me Nicole Paris, 1547.

2. Au reste, le manuscrit primitif, qui est à l'Arsenal, ne peut être postérieur à 1520, et, comme me l'apprend M. Delaruelle dans une note qu'il me communique, c'est bien parce que le roi n'entendait pas le latin que Budé s'est décidé à se servir de la langue vulgaire. Toutefois les phrases d'excuses qu'on trouve dans l'édition ne sont pas de lui, mais de son remanieur.

Epistre lim., p. 3. « Et ne suis si presumptueux, que je veuille estimer cestuy mien œuvre pour l'industrie que j'ay emploiée... ny aussy pour avoir gardé une grande proprieté et elegance de la langue Françoise, de laquelle je me suis aydé en ce present traicté le mieulx que j'ay peu : car certes ie ne me pourroye, ni ne me vouldroye bonnement louer de toutes ces choses, et principalement de scavoir la purité de la diction françoise..... Et davantaige, vous supporterés (avec vostre accoustumée doulceur et bonté) les faultes qu'auroy commises, par ignorance tolérable : entendu mesmement que l'œuvre est faict en ce stile françois, auquel je suis bien peu exercité » (cf. 204). « En laquelle ie suis bien peu exercité, pour auoir plus donné de diligence, a apprendre les bonnes lettres, que a sçauoir curieusement parler celle, qui m'est naturelle et maternelle ».

3. « Les faictz, et dictz notables ont trop plus d'elegance, d'auctorité, de venusteté, et de maiesté, et de grace persuasiue proférés en langue Grecque, ou Latine, et se disent par plus grande signifiance et efficace, et reuerence des grandes sentences, ou notables, qu'ils ne font a nostre langue francoyse, ainsi qu'il est tout notoire entre ceulx qui ont cognoissance suffisante desdites langues. »

4. Voir p. 89 : « Laquelle faculté de bien dire, avec la liberalité de Nature (qui est aysée à estre rendue docile) procede (sans nul doubte) de multitude de science : Scauoir est, des Langues lettrées, ou excellence d'entendement instruict par Nature ingenieuse et par grande experience. Laquelle (en langue maternelle) ne pourroit en partie supplier la faculté de doctrine desdictes Lettres. » Cf. p. 94.

Le latin même ne suffit pas. Cf. encore au chap. 4, p. 25. « Or il est ainsy, que entre tant de diverses sortes de Langues, ou manieres dont les peuples usent separéement : Il n'est aulcune mention depuis deux mil ans en ça, que de deux qui sont excellentes, et en reputation entre les personnes de grande erudition. Desquelles l'une est la Langue Grecque, par laquelle ont esté traictées et instruictes de bons termes, propos, divisions ou partitions (et le tout en merveilleux ordre et grande abondance) les liberales sciences de Philosophie tant naturelle que morale, et celle qui apprend à disputer et à user de concions, sermons, et remonstrances au peuple..... elle est la plus ample, et qui s'estend le plus, la plus copieuse, et affluente en termes, vocables et inflexions de noms, de verbes, et aultres parties d'oraison, qui concernent

Toutefois il y eut des défections dans le camp des hellénistes et des latinistes. Dolet, après avoir travaillé, comme il le dit au commencement de ses *Epistres familieres*, pour acquérir « los et bruict dans la langue latine, ne se voulut efforcer moins a se faire renommer en la sienne maternelle francoyse ». Et pour cela il projetait, outre les travaux originaux, de traduire et imprimer « tous aultres bons liures, qu'il cognoistroit sortir de bonne forge, latine ou italienne, soit autheurs antiques ou modernes [1] ». Fortifié par l'exemple des Italiens et des anciens eux-mêmes, il s'était appliqué à cultiver sa langue, et à composer des traités techniques : dictionnaire, grammaire, orthographe [2], malheureusement perdus aujourd'hui. En envoyant, en 1542, l'un d'entre eux à Mgr de Langei, il s'ouvre à lui de ses projets, et, soutenu plus qu'effrayé par la grandenr de la tâche, il en parle avec l'enthousiasme d'un Du Bellay, au point qu'on ne reconnaîtrait plus dans ce transfuge le dévot des anciens, qui devait mourir pour un passage, du reste apocryphe, de Platon [3].

Muret était beaucoup moins hardi, et, dans la Préface de son édition de Térence, il s'est plaint de ceux qui préféraient les langues modernes au latin [4]. Mais néanmoins il en était venu à confesser que la nécessité d'apprendre les langues mortes était pour les modernes une cause d'infériorité [5]. Il y a plus. Lui-même avait sacrifié aux Muses françaises, et fait des vers pieux, que Goudimel mettait en musique. Enfin, il avait associé son effort à celui des novateurs, et fait aux œuvres de Ronsard l'honneur de les accompagner d'un docte commentaire [6].

artifice, et invention de sçavoir en ce, qu'il convient fournir et remplire (*sic*) en tel ouvraige de toutes les sortes de Langues, et formes de parler dont nous avons cognoissance, ou dont il soit faicte mention, » etc.

1. Cité par Christie, *Est. Dolet*, p. 346 de la trad. française.

2. Dans la Préface de *la Man. de bien traduire*, Dolet dit : « Depuis six ans, i'ay composé en nostre langage ung Œuure intitulé l'*Orateur Francoys*, duquel œuure les traictés sont telz : *La grammaire*, *L'orthographe*, *Les accents*, *La punctuation*, *La prononciation*, *L'origine d'aulcunes dictions*, *La maniere de bien traduire d'une langue en aultre*, *L'Art oratoire*, *L'art poëtique*. Mais pour ce.,. que ledict Œuure est de grande importance, et qu'il y eschet ung grand labeur, scauoir et extreme iugement, ien differeray la publication (pour ne le precipiter) iusques à deux, ou troys ans. »

3. Voir Est. Dolet (Lyon, chez Dolet, 1542) : *La maniere de bien traduire d'une langue en aultre....* A Mgr de Langei. Cf. l'*Épistre au roy* en tête du *Second Enfer*

4. Voir Dejob, *Marc-Antoine Muret*, p. 103.

5. Dejob, *ib.*, p. 327.

6. On pourrait rapprocher encore Vulteius. Celui-là est si latin que jusqu'à ces dernières années on a ignoré qu'il s'appelait Jean Visagier. Et cependant, dans ses Épigrammes, il reproche à Danès de ne pas s'intéresser au français :

« Tres linguas laudas, Graecam, Hæbream atque Latinam,
Cur non tam Gallo Gallica lingua placet? »

(I, p. 47, éd. 1536.)

Je ne citerai plus qu'un nom, mais c'est un des plus grands du XVIe siècle, — celui de Henri Estienne[1]. L'illustre auteur du *Thesaurus* professait pour l'antiquité une affection non seulement profonde, mais singulièrement active. Il montra néanmoins qu'elle ne comportait pas nécessairement comme corollaire le mépris de l'idiome maternel. Évidemment, cet idiome ne saurait être mis au rang de la langue grecque. Elle est « la reine des langues, et si la perfection se doibt cercher en aucune, c'est en ceste-la qu'elle se trouuera[2] ». Mais du moins la nôtre a, en commun avec cette souveraine, une foule de mots et de tours. Tout l'ouvrage de la *Conformité* est fait pour le montrer. Et la conclusion d'Estienne est celle-ci : « Tout ainsy que le temps passé, après que Apelles eut joinct l'image de Venus, d'autant que son tableau estoit tenu pour un parangon de toute beauté, celles qui luy pourtrayoient le mieulx, et tenoyent le plus de traits de son visage, estoyent estimees les plus belles, pareillement la langue françoise, pour approcher plus pres de celle qui a acquis la perfection, doibt estre estimee excellente par dessus les autres. » Les rapprochements d'Estienne sont parfois faux, sa manière de raisonner elle-même plus que contestable; le fait n'en reste pas moins significatif : il préfère sans ambages le français au latin, qu'il attaque souvent en détail[3], qu'il place, considéré dans son ensemble, au troisième rang, avec l'italien et l'espagnol derrière lui.

H. Estienne nous conduit, par une transition toute naturelle aux érudits qui ont fait du français même l'objet de leurs recherches. Les travaux étymologiques, qui depuis le deuxième tiers du siècle allaient se multipliant, et les études dogmatiques qui furent consacrées à notre idiome sont une preuve suffisante qu'il s'imposait de plus en plus à l'attention[4].

Chez beaucoup de ces érudits, le goût d'étudier notre langue repose sur le désir de la servir. C'est très sensible chez Meigret, quoiqu'il ne s'en explique que brièvement[5], chez Pillot, chez

1. *Conform.*, Préf., éd. Feugère, p. 18.

2. Cf. Louis Clément, *Henri Estienne et son œuvre française*. Thèse, Paris, 1898.

3. Voir *Conform.*, p. 127, 157, 159, etc.

4. Il ne faudrait pas croire toutefois que le fait d'avoir porté de ce côté son observation implique nécessairement chez un écrivain l'estime de notre idiome. Budé, dont nous venons de voir les sentiments, a fait maintes fois de l'étymologie; Bovelles en a fait aussi, et il a écrit pour démontrer l'incurable barbarie du français. Hotman semble également avoir été tout latin, quoiqu'il ait curieusement établi la part de l'allemand dans nos origines.

5. *Gram.*, p. 2 : « Or et il qe notre lang' ęt aojourdhuy si ęnrichie par la profęssion ę experięnçe dę' lãges Latin' ę Gręcqe, q'il n'ęt poĩt d'art, ne sięnçe si difficil ę subtile ne męme cete tant haote theolojie (qoę q'ęlle luy soęt deffęndúe, pourtant la peine de la coulpe d'aotruy) dõt elle ne puysse tręter amplement ę ęlegammęnt. »

Ramus, chez Abel Mathieu. Ce dernier est un homme sans valeur, et qui eût pu s'appliquer sa propre phrase : « Nous parlons tous, mais tous ne sçauons pas bien de quoy nous parlons » ; mais ses protestations emphatiques méritent pourtant d'être retenues, comme témoignage des idées qui commençaient à dominer.

Parmi les étymologistes, je dois rappeler avant tous Fauchet, dont il a été question antérieurement, et Estienne Pasquier. Non seulement celui-ci a témoigné par ses *Recherches de la France*, l'intérêt qu'il prenait à la langue à laquelle il a consacré son huitième livre, mais longtemps auparavant, il disputait à ce sujet avec Turnèbe, dans une lettre qui est tout un plaidoyer [1]. La fermeté qu'il y montre en refusant de croire « sa langue plus legere et plus faible que les anciennes, sinon de quelques grains », et de l'abandonner pour une si minime infériorité, le mettent en bon rang dans la liste de ses défenseurs.

1. C'est la 2e lettre du livre I, t. II, p. 3, des *Œuvres*, éd. d'Amsterdam, 1723.

CHAPITRE IX

LE FRANÇAIS DANS LA LITTÉRATURE PROPREMENT DITE

ARTS POÉTIQUES ET POÈTES. RHÉTORIQUES. ORATEURS.

Un curieux discours de Jacques de Beaune[1] montre déjà à quel point, avant qu'on eût parlé de Ronsard et de son école, le public, suivant une jolie expression de Des Autels, « prenoit plaisir à voir nostre poësie laisser ces plumes folles, et deuenir drue pour s'enuoler par l'Uniuers auecques la grecque et latine ». Et l'auteur, qui n'était pas un écrivain de profession, ne doute pas de la valeur de notre langue. « Mais quand à moy me plaira la langue qui ha grace à exprimer ce qu'elle veult dire encores quelle soit plus prolixe, pensant toute chose qui plaist au jugement naturel estre le plus beau et le meilleur. Et en ce la nostre vulgaire me semble bien avoir autant de grace en beaucoup de choses que la Latine ou Grecque, et ne fusse qu'en ses parolles assemblées avec la plus grand doulceur de voielles et consonnantes que la mesme latine, dont suivant ce que dit Quintilian, quand il fait comparaison de la doulceur des deux dictes langues Grecque et Latine, me seroit aisé en amener exemples auxquelz justement ne se deburoit repugner. De dire qu'en cela la Latine et la Grecque se voient passer les autres, veu qu'aux autres voions tout ce que est de bon estre prins d'icelles, qui ne cognoist cela ne deriver des langues, mais du scavoir et condition de ceulx qui les ont traictez. » Il la croit susceptible d'être réglée, fixée, la compare sans hésiter aux anciennes, auxquelles il la trouve supérieure en harmonie, et égale en grâce. Notre langue est donc capable de devenir l'organe d'une littérature « que la plus loingtaine posterité sera chere d'entendre, cognoistre et imiter, et par aduanture d'autres nations sera recherchee et requise comme les faictz desdictz Romains et Grecz ont esté par infinies autres nations estimez ».

A l'occasion de cette lettre, M. Roy a montré comment la *Deffence et Illustration*, quelque allure prophétique et révolutionnaire qu'elle affectât, ne contenait en somme sur la langue française

1. *Discours comme une langue vulgaire se peut perpetuer*. Lyon, P. de Tours, 1548, réimprimée par M. Em. Roy sous le titre de : *Lettre d'un Bourguignon, contemporaine de la Deffence et illustration de la langue francoyse. R. h. l.*, 1895, p. 233.

que des idées déjà exprimées et presque reçues. Cette manière de voir est, à mon sens, la bonne. Tout ce qui précède l'a déjà prouvé. Il est vrai qu'en ce qui concerne la poésie, peu de déclarations avaient été faites. M. Roy n'en a trouvé qu'une, de Peletier du Mans[1], et elle ne prouve pas grand'chose à elle seule, car le recueil dont elle est tirée est de 1547 (privilège du 1er septembre), et s'il y a au feuillet 82 une « ode contre un poete qui n'escriuoit qu'en latin », il y en a plus loin une de Ronsard. Peletier du Mans, tout en imprimant le premier, a dû n'être ici qu'un reflet de son ami.

On trouverait cependant mieux dans son œuvre. En effet, dès 1545[2], il a publié une déclaration très importante, très complète, où les idées chères à Du Bellay sont non seulement exprimées en général, mais appliquées à la poésie même, et cette déclaration, où l'on retrouvera bien des expressions de la *Deffence*, est en tête d'une traduction de l'*Art poétique*[3].

1. Dans les *Œuvres poétiques*, Paris, Michel de Vascosan, 1547. Il faudrait y ajouter l'éloge que Jean Bouchet avait fait du français dans *Le temple de bonne renommée*. Paris, Galliot du Pré, 1516, f° LVIII-LXIX r°.

2. Je doute que cette épître signée se trouve dans l'édition anonyme de 1544, que je n'ai toutefois pas vue. Si elle s'y trouvait, mon raisonnement n'en serait que fortifié.

3. Voir Iacques Peletier du Mans, *L'Art poetique d'Horace*, recognue par l'auteur depuis la premiere impression. Paris, Vascosan, MDXLV. « A TRES VERTUEUX ET NOBLE HOMME CRETOF (probablement Cretofle, Christophe) le Perot..... Peletier, Salut.

« Si de bien pres on veut considerer le stile des ecrivains du temps present, seigneur de renom, on voirra clairement qu'ilz n'approchent pas de celle copieuse vehemence et gracieuse proprieté qu'on voit luire es auteurs anciens. Et toutesfois on ne sauroit raisonnablement dire que ce fut faute de grand esprit : car si nous voulons mettre en conte les personnages qui ont nagueres flori, et florissent encores de présent, nous trouverons que notre siecle est en cetui égard de bien peu redevable. a l'ancienneté. Mais la principalle raison et plus apparente. a mon iugement, qui nous ote le merite du vrai hoñeur, est le mepris et contennement de notre langue natiue, laquelle nous laissons arriere pour entretenir la langue Greque et la langue Latine, consumans tout notre tēps en l'exercice d'icelles. Au moien dequoi nous en voions plusieurs, autrement tres-ingenieux et doctes, lesquelz pour telle inusitation et nonchaloir commettent erreurs lours et insupportables, nō pas en parler quotidien seulement. mais aussi en composition Françoise : si bien qu'ilz semblent prendre plaisir expres a oublier leur propre et principal langage. Je seroie a bon droit estimé impudent calomniateur, et pour vrai depourueu de sens cōmun, si ie vouloie deprimer ces deux tāt celebres et hoñorables lāgues latine et Greque, ausquelles sans controuerse, et singulierement a la Greque, nous deuons toute la congnoissance des disciplines, et la meilleure part des choses memorables du tēps passé. Et tant suis loing de telle intentiō, que ie soutiens estre impossible propremēt parler ni correctement ecrire notre langue sans aquisition de toutes deux : ou bien, affin que ne soie rigoreux estimateur des choses, de la Latine pour le moins : car sans ce que la plus grād partie de notre phrase et de noz termes vulgaires est tirée des langues susdictes, encores quant a l'invention et disposition, lesquelles vertuz ne s'acquierent que par long usage et continuation de lire, c'est chose toute receue et certaine, qu'homme ne sauroit rien escrire qui lui peut demeurer a honneur et venir en commendation vers la postérité sans l'aide et appui des livres Grecz et Latins. Mais ie veux bien dire

M. Chamard a prouvé que les relations de Ronsard et de Peletier avaient commencé dès 1543. Ce texte, pour intéressant qu'il soit, n'est donc pas probant non plus. Il est évidemment difficile d'admettre que Ronsard eût déjà, à cette date, ses projets bien arrêtés, il est fort peu probable aussi que s'il les eût eus, il eût chargé Peletier de les faire connaître ; toutefois, en bonne critique, l'existence de leurs relations suffit à interdire de considérer le manifeste de Peletier comme tout à fait indépendant du mouvement de la Pléiade [1].

En tout cas, le raisonnement qui précède fût-il inexact, y aurait-

qu'a une langue peregrine il ne faut faire si grand honneur que de la requeillir et priser, pour regetter et contenner la sienne domestique. I'ai pour mes garens les anciens Rômains, lesquelz bien qu'ilz eussent en singuliere recommandation la langue Greque, toutesfois apres i avoir emploié un etude certain, se retiroint a leur enseigne, et s'appliquoint a illustrer et enrichir leur demaine (*sic*) hereditaire, redigeans les preceptes philosophiques non en autre langage que le leur propre, et demeurans contens d'entendre la langue aquisitiue. Et tellement exploiterent en leur entreprise, que Ciceron prince d'eloquence Rômaine se vête que la Philosophie qu'ilz auoint empruntee des Grecz, est plus ornémont et copieusemẽt ecritte en Latin qu'en Grec. Et lui de sa part s'i gouverna si bien, qu'a peine sauroit-on juger lequel des deux a dõne plus de lumiere et dignité, ou le Latin a la Philosophie ou la Philosophie au Latin. A semblable Iule César qui fut monarque du monde, n'avoit moindre solicitude et affectiõ d'amplifier l'usage de sa langue, que de dilater les fins de l'empire Rommain. I'ai mesmemẽt pour mes auteurs Petrarque et Bocace, deux hommes iadis de grande erudition et sauoir, lesquelz ont voulu faire temoignage de leur doctrine en ecriuãt en leur Touscan. Autant en est des souuerains poetes Dante, Sannazar, aussi Italiens : lesquelz biẽ qu'ilz fussent parfondement appris en langue Latine, ont eu neantmoins ce iugement qu'il vaut mieux exceller en une fonction, pourueu que de soi mesme soit honneste, digne d'homme liberal, qu'en l'abandonnant estre seulement mediocre en une autre, bien que plus estimable... Il est bien vrai que ces auteurs la ont aussi voulu escrire en Latin pour la maiesté et excellence d'icelui : Ce qui ne leur doit moienner petite louãge : car comme c'est une preeminence incomparable d'avoir esprit naturel plus qu'un autre, ainsi doit-on reputer l'homme mal né et ingrat a soi-mesme, lequel se cõgnoissant capable de plusieurs louables professions, ne s'applique qu'a une. Mais quant a ceux qui totalelement se vouent et adoñent a une langue peregrine (i'entens peregrine pour le respect de la domestique) il me semble qu'il ne leur est possible d'atteindre a celle naïue perfection des anciens nõ plus qu'a l'art d'exprimer Nature : quelque ressemblance qu'il i pretende. Partant ne puis non grandement louer plusieurs nobles espriz de nostre temps, lesquelz se sont etudiez a faire valoir notre langue Françoise, laquelle n'a pas long temps cõmenca a s'anoblir par le moiẽ des Illustratiõs de Gaule et singularitez de Troie, composees par Ian le Maire de Belges, excellent historiographe François, et digne d'estre leu plus que nul qui ait ecrit ci dauant. Et maintenant elle prend un tres beau et riche accroissement sous notre tres chretiẽ roi Francois. lequel par sa liberalité roialle en faueur des Muses s'efforce de faire renaitre celui siecle tres heureux, auquel souz Auguste et Mecenas a Romme florissoint Virgile, Horace, Ovide, Tibulle, et autres Poetes Latins : tellement qu'a voir la fleur ou ell'est de present, il faut croire pour tout seur que, si on procede tousiours si bien, nous la voirrons de brief en bonne maturité, de sorte qu'elle suppeditera la langue Italienne et Espagnole, d'autant que les Francois en religion et bonnes meurs surpassent les autres nations. Et sourainement cela se pourra parfaire et mettre a chef moiennant notre Poesie Françoise, a laquelle plusieurs ont de cetui temps si courageusement aspiré, qu'il leur eut été facile d'i parvenir ne fut la persuasiõ qu'ils ont eue d'i estre desia parvenuz. »

1. Voir *Revue d'histoire littéraire de la France*, 1899, p. 21, et *Du Bellay*, p. 32-37.

il eu entente entre Ronsard et Peletier, l'originalité des revendications de Du Bellay en faveur de la langue française, n'en est pas moins à peu près nulle. En effet, si on considère son plaidoyer en général, il vient après vingt autres. Si on l'applique plus spécialement à la poésie, il manque de portée et n'était nullement nécessaire[1].

La vérité est qu'au commencement du XVIe siècle, le français n'avait plus à pénétrer en aucun des genres poétiques : il s'y était fait sa place depuis longtemps. Épopées et chansons, mystères et farces, satires et contes, conceptions pieuses ou profanes, graves ou légères, il avait tout traduit et tout exprimé. De même pour l'éloquence. Si la traduction des harangues latines se perpétuait, depuis longtemps aussi les assemblées, les tribunaux, les églises avaient retenti de paroles françaises. Il n'y avait donc point de révolution à faire. De là, sans doute, l'absence presque complète de manifestes. Héroet[2], Des Periers[3] suivent avec un intérêt visible le progrès du français dans les sciences ; le dernier essaie même de contribuer à lui acquérir une nouvelle province, en collaborant avec Olivetan[4] : nulle part cependant il n'a eu l'idée de revendiquer pour les poètes le droit de se servir d'une langue dont Marot et la reine de Navarre avaient suffisamment montré qu'on pouvait tirer parti. Scève lui-même, tout novateur qu'il fût — et on ne

1. Ce n'est pas à dire qu'il n'y ait aucune allusion chez les poètes à ce grand débat. J'ai déjà parlé de Jean Bouchet. M. Chamard a retrouvé d'autres textes, un de Sainte-Marthe, en tête du livre de Dolet sur la *Maniere de bien traduire* (1540); un de Charles Fontaine, à la suite de *la Fontaine d'Amour*, Paris, 1546. *Epigr.*, l. II. Ils sont tout à fait insignifiants. Quelques vers de Fr. Habert, de la même année que la *Deffence*, sont plus significatifs. V. l'Épître à Jean Brinon, seigneur de Villennes, pour lui dédier le *Temple de la Chasteté* :

Si des Autheurs d'estrange nation
Aux successeurs sont admiration,
N'est-il besoing que le françois language
Aux successeurs tienne le lieu et guage
D'Antiquité? ne fault-il secourir
Nostre language, et le faire florir
Autant ou plus que Grec, Latin, Hebrieu,
Que publiez nous voyons en tout lieu?
En cest advis se tient ma fantasie,
Auctorisant françoyse Poesie,
Dont les esclats sortent de maints Autheurs,
Qui sont tres bons et sages inventeurs.

2. Voir dans les *Opuscules d'amour de divins poetes*, Lyon, J. de Tournes, 1547, p. 73, l'envoi de la traduction de l'*Androgyne* à François Ier.

3. Voir éd. Lacour, I, p. 178, la pièce : *Pour Marot absent contre Sagon*.

4. M. Chennevière, dans sa thèse sur Bonaventure Des Periers, Paris, 1885, montré (p. 25) que *Eutychus Deper*, qui figure dans la célèbre Bible, et qui a dressé les tables pour « l'interprétation des propres noms et mots ebrieux, chaldeens, grecs et latins », n'est autre que l'illustre auteur du *Cymbalum mundi*, à cette époque huguenot. Il a célébré cette translation de l'Écriture dans une pièce de vers latins

peut nier que celui-là n'ait eu connaissance qu'il fallait élever la Muse française au-dessus des sujets et des phrases vulgaires, — a imité le silence de ses contemporains.

Cette unanimité est significative. Si la démonstration n'est nulle part, c'est, à mon sens, parce que personne n'estimait plus guère qu'elle dût être faite. Je reconnais que, sur ce terrain, un pas restait à franchir ; l'idée qu'une œuvre poétique ou oratoire écrite en latin était supérieure n'était point morte. Le préjugé que la poésie française était un simple passe-temps subsistait. Il y avait à l'élever au-dessus d'elle-même et à lui gagner, après l'affection, la considération publique ; mais depuis Marot, depuis Scève, et même depuis Jean de Meun, quelle que fût la platitude prétentieuse où les Molinet et les Bouchet l'avaient fait tomber, la restauration de la poésie pouvait coûter un grand effort : elle n'exigeait plus le moindre coup d'audace. On ne hasarde rien quand on a devant soi des *classiques*, et le mot avait déjà été dit en 1548 [1]. Comme le remarque très bien le Quintil Censeur « qui dit deffence implique attaque », et personne n'attaquait.

Mais Du Bellay et les siens, en particulier Ronsard, qui fut probablement son collaborateur, eurent l'habileté de se poser, comme le font si souvent poètes et artistes, en prophètes d'un art non encore vu, et, allant jusqu'au bout de l'audace, de prétendre non seulement qu'ils renouvelaient, mais qu'ils créaient de toutes pièces. Quoiqu'ils n'osassent au fond qu'une demi-émancipation, substituant à l'esclavage de la traduction le servage de l'imitation [2], ils présentèrent si bien leurs emprunts comme des conquêtes, cachèrent la simplicité de leur dessein sous des phrases si enthousiastes et si sonores, que les contemporains s'y trompèrent, que la postérité même s'y est méprise et qu'aujourd'hui encore leur réclame rencontre l'indulgence et même la faveur de juges cependant bien informés.

1. « Le poete doit lire les bons et *classiques* poetes francois, comme sont entre les vieux Alain Chartier et Jean de Meun » (*Art. poet.*, Paris, Corrozet, 1548, f° 47, r°).

2. Comparer les théories très hardies de Des Autels, qui repousse cette imitation des anciens (*Replique contre Meigret*, p. 58) : « En premier lieu ie ne suis pas de l'auis de ceux qui ne pensent point que le François puisse faire chose digne de l'immortalité de son inuention, sans l'imitation d'autrui : si c'est imiter desrober un sonnet tout entier d'Arioste, ou de Petrarque, ou une Ode d'Horace, ou ilz n'ont point de proprieté, mais comme miserables emphyteotaires reconnoissent tout tenir auecques redeuance des seigneurs directz, et ne different en rien des translateurs qu'ilz mesprisent tant, sinon en ce qu'ilz laissent ou changent ce qu'il leur plait : quelque immodeste plus librement diroit ce qu'ilz ne peuuent traduire... Qui l'empeschera (nostre poete françois) de faire sortir de la France chose que ny l'arrogante Grece, ny la curieuse Romme, ny la studieuse Italie n'auoient encores veu ? » Suit tout une réfutation de la *Deffence*.

Je n'ai pas à exposer les idées littéraires de cet Art poétique déguisé qui s'appelle la *Deffence et Illustration;* elles ont çà et là leur valeur. Mais je ne dois considérer l'œuvre que comme une œuvre d'apologétique en faveur de la langue ; il faut bien le reconnaître, au risque de passer pour trop sévère, elle est à peu près dénuée d'intérêt [1]. La position prise par les réformateurs est en partie cause de ce résultat. En feignant qu'aucune œuvre ou presque n'avait paru avant eux, ils se condamnaient à présenter la langue seulement comme riche en espérances, à affirmer qu'elle pourrait, entre bonnes mains, à l'avenir, acquérir telles ou telles qualités, sans pouvoir prouver par des exemples qu'elle les avait déjà [2].

Quoi qu'il en soit, voici à peu près, sommairement résumée, l'argumentation de Du Bellay, telle qu'on peut l'extraire de ses chapitres incohérents. Ce qu'il veut démontrer « c'est qu'il se deuroit faire, à l'auenir, qu'on peust parler de toute chose, par tout le monde, et en toute langue [3] ». A voir le soin jaloux avec lequel certains doctes gardent le divin trésor des sciences, il lui souvient « des reliques qu'on voit par une petite vitre », et qu'il n'est pas permis de toucher avec la main. Or, parmi les langues vulgaires, la française est telle qu'aucun sujet ne doit lui être interdit : les philosophes, historiens, médecins, poètes, orateurs grecs et latins, ont appris à parler français. Les Saintes Lettres également. C'est donc sotte arrogance et témérité de croire que la philosophie est un faix d'autres épaules (p. 81), et que notre vulgaire est incapable de toutes bonnes lettres et éruditions (p. 51). Tout au contraire « la bonne destinee Françoyse » amènera un temps où le Royaume « obtiendra à son tour les resnes de la Monarchie », et où « nostre Langue, qui commence encor'à ieter ses racines, sortira de terre et

1. Tel est aussi à peu près sur la partie linguistique de la *Deffence*, l'avis de M. Chamard : « Cette partie du manifeste est de beaucoup la moins heureuse. Du Bellay n'est pas un linguiste, on s'en aperçoit en lisant son œuvre. Ses intentions sont généreuses, mais sa science est en défaut, son argumentation laisse à désirer. Il raisonne faiblement, affirmant plus qu'il ne démontre, — circonstance aggravante — il n'a pas le moindre souci de mettre de l'ordre dans ses déductions. Essayons de nous reconnaître à travers cette incohérence (*Du Bell.*, p. 110).

2. Le *Quintil* a déjà bien vu ce défaut (voir à la suite de la *Def.*, éd. Person, 194) : « Tu ne faitz autre chose par tout l'œuure : mesme au second liure que nous induire à Greciser, et Latiniser, en Francoys vituperant tousiours nostre forme de poësie comme vile, et populaire, attribuant à iceux toutes les vertus, et louanges de bien dire et bien escrire, et par comparaison d'iceux monstres la pauureté de nostre langue, sans y remedier nullement et saus l'enrichir d'un seul mot, d'une seule vertu, ne bref de rien, sinon que de promesse et d'espoir, disant qu'elle pourra estre, qu'elle viendra, qu'elle sera : etc. Mais quoy ? quand et comment ? Est-ce la defense, et illustration, ou plutôt offence et denigration ? »

3. I, 10, p. 85, P. Cf. p. 81. « Je croy qu'à un chacun sa langue puysse competemment communiquer toute doctrine. »

s'eleuera en telle hauteur, et grosseur, qu'elle se pourra egaler aux mesmes Grecz et Romains » (p. 59). Ce qui légitime ces grandes espérances, c'est que Dieu « a donné pour Loy inuiolable à toute chose cré[é]e de ne durer perpetuellement, mais passer sans fin d'un Etat en l'autre » (p. 78). Il n'est donc pas douteux que, par longue et diligente imitation, on ne puisse succéder aux anciens dans les arts, comme en politique. Cela ne veut pas dire qu'il faille abandonner l'étude de leurs langues, qui sont « necessaires à celui qui veut faire œuure excellent, au moins la latine ». Mais parce qu'on les a apprises, il faut se garder de dépriser la sienne (p. 89).

Il est temps que les Français écrivent dans la leur : ils le doivent. C'est d'abord leur intérêt propre (153 et passim). En vain un auteur espère, en se servant du latin, être entendu en plus de lieux ; « comme la fumée qui, sort grosse au commencement, peu à peu s'euanouist parmy le grand espace de l'Air, il se perd, ou pour estre opprimé de l'infinie multitude des autres plus renommez, il demeure quasi en silence, et obscurité » (p. 157). On ne saurait, en effet, espérer égaler les anciens en leur langue, illusion fatale dont il faudrait se guérir ! A peine a-t-on appris leurs mots que le meilleur de l'âge est passé. Et que pense-t-on faire ensuite, en se rompant la tête à transcrire un Virgile ou un Cicéron, bâtissant des poèmes avec les hémistiches de l'un et des proses avec les sentences de l'autre (90 et 91)? Le plus souvent, au lieu de s'être illustré parmi les siens, on est l'objet de leur mépris, les indoctes ne vous comprenant pas, les doctes mesurant toute votre impuissance (p. 90) [1]. — Ensuite il y a là une obligation envers la patrie (p. 99). C'est en illustrant leur langage que les Romains ont défendu leur république de l'injure du temps. Et « celuy qui fait renaître Aristophane et faint si bien le nez de Lucian », lisez Rabelais, a donné en les imitant un bel exemple (p. 159).

La seconde partie du raisonnement de Du Bellay consiste à montrer que ce qu'il demande est possible. La raison la plus générale qu'il en donne, en vérité assez philosophique, est que toutes les langues sont égales en valeur et ne diffèrent que par la culture dont elles sont l'objet. Les anciennes ont été primitivement dans le cas de la nôtre : personne ne saurait soutenir le contraire et c'est l'industrie des Homère, des Démosthène, des Virgile et des Cicéron, qui les a élevées au point de perfection où nous les con-

1. Du Bellay a l'air de rétracter quelque chose de ces doctrines si absolues, dans la préface de la deuxième édition de l'*Olive*.

naissons. La nôtre ne souffre que de la négligence de nos majeurs, qui ayant en plus grande recommandation le bien faire que le bien dire, nous l'ont laissée « si pauure et nue, qu'elle a besoing des plumes d'autruy » (p. 56).

C'est ici qu'on attendrait du panégyriste quelques vues nettes sur les qualités précises de la langue qu'il prétend « illustrer » ; mais, chaque fois qu'il arrive à ce point, il se dérobe : au lieu de prouver qu'elle peut fructifier après avoir fleuri, car elle ne souffre point de défaut de nature, et est aussi apte qu'une autre à engendrer, il abandonne son idée pour cette image et s'en tire par une comparaison avec une plante sauvage, qu'on a laissée enveillir sous les ronces qui lui faisaient ombre (p. 57). Il affirme que, malgré le nom de barbares qu'on nous a donné, notre langue ne l'est pas (p. 55). Elle n'est pas non plus vile et abjecte (p. 60). Mais, on le sait, amas d'épithètes, mauvaises louanges.

La seule qualité positive que ce poète trouve à vanter dans le français, c'est une naturelle douceur, égale à celle des langues étrangères (p. 77) ; car je ne veux pas compter comme un éloge le compliment qu'il lui fait, qu'elle serait aussi difficile à écrire qu'une autre langue, si on ne pouvait plus l'apprendre que d'après les œuvres écrites (p. 94). Faut-il donc citer l'étrange passage où est appréciée la structure grammaticale de la langue française ? « Elle se decline si non par les Noms, Pronoms et Participes, pour le moins par les Verbes en tous leurs Tens, Modes et Personnes. Et si elle n'est si curieusement reiglee, ou plus tost liee et gehinnee en ses autres parties, aussi n'ha elle point tant d'Heteroclites et Anomaux, monstres etranges de la Greque et de la Latine » (p. 75).

En vérité, Du Bellay était peu préparé à faire un panégyrique de détail ; il n'a rien trouvé de précis ni de juste pour assurer la base même sur laquelle il argumentait.

M. Villey, en découvrant l'original italien de la *Deffence*, a achevé ma démonstration. Le pamphlet de Du Bellay n'est qu'une adaptation, et il est dès lors compréhensible qu'il ne renferme pas [1], sur les vertus si fort vantées de notre langage, dix lignes judicieuses, telles, je ne dis pas qu'un grammairien, mais qu'un homme de bon sens et de goût eût pu les écrire.

Le *Quintil Horatian* [2], très pédant, mais beaucoup moins sot qu'on

1. Voir *Les Sources italiennes de la Def. de Du Bellay*, Paris, Champion, 1908.

2. J'avais été obligé, faute de place, de supprimer dans l'*Hist. de la l. et de la litt. fr.* la note suivante : *Le Quintil Horatian sur la defense et illustration de la langue fran-*

ne l'a dit quelquefois, a fort bien vu le vide de cette prétendue argumentation. « En tout ton liure, dit-il à Du Bellay, n'y a un seul chapitre, non pas une seule sentence, monstrant quelque vertu, lustre, ornement, ou louange de nostre langue Françoise, combien qu'elle n'en soit degarnie non plus que les autres, à qui le sçait bien cognoistre » (p. 195). « Soubz couleur, et promesse de la defendre, tu la despoilles, et destruytz, sans l'enrichir d'une seule syllabe, qui soit à elle propre et conuenante » (p. 197) ; tu ressembles à « celuy qui cerche son asne et est monté dessus » (p. 194). Au lieu de voir ses qualités propres, tu extravagues « en la ciuilité des mœurs, loix, equité, et magnanimité des courages françoys, et commemoration de leurs gestes. Desquelles choses n'est icy question », car « elles ne font rien a la langue estre dicte barbare ou non barbare » (p. 193).

Quant à lui, Quintil, non seulement il n'a pas attendu la *Deffence* pour penser qu'il pouvait y avoir de bons poètes français, mais il estime même que la condition qu'on leur y impose d'être à moitié grecs et latins n'est qu'une entrave, car sans ces langues « n'ont pas laissé aucuns d'estre tres bons Poëtes et par aduenture plus naïfz que les Græcaniseurs, Latiniseurs, Italianiseurs en francoys, lesquelz a bon droict on appelle Peregrineurs » (p. 202). On voit par ces paroles sur quel terrain se plaçaient les adversaires de la Pléiade. Ce n'était pas la hardiesse qu'ils reprochaient à ses prétendues revendications, mais l'excès de leur timidité.

Dans ces conditions, il devient superflu de relever longuement les déclarations analogues dont l'école de Ronsard a un peu abusé. On connaît la préface de la *Franciade*, et la prière du poète aux Français, où il s'indigne de les voir abandonner le langage de leur pays pour vouloir déterrer « ie ne scay quelle cendre des anciens ».

coyse. Lyon, 1551, 8°, anonyme. Tel serait, d'après Brunet, le titre de la première édition, mais Brunet n'a pas vu cette édition, qui semble perdue. A partir de 1555, le pamphlet fut joint à toutes les éditions de l'Art poétique de Sebilet. L'auteur a pris le nom du Quintilius dont parle Horace dans l'Épître aux Pisons. La Croix du Maine, se faisant l'écho de ce qui s'était dit à Paris, a attribué le *Quintil* à Ch. Fontaine, poète parisien, établi à Lyon. Et cette tradition n'avait jamais été contestée jusqu'à ce que M. de Nolhac publiât dans les *Lettres de J. du Bellay* (Paris, Charavay, 1890) une lettre de Fontaine à J. de Morel, dans laquelle Fontaine se défend énergiquement d'être l'auteur du libelle. Il en nomme l'auteur véritable, Barthélemy Aneau, le principal du collège de la Trinité de Lyon, ami et collaborateur de Marot. Je dois dire que les affirmations de cette lettre, pour formelles qu'elles soient, n'ont pas convaincu M. de Nolhac. Ce n'est pas ici le lieu de lever ces doutes. — La question, depuis cette date, a été résolue par M. Chamard : *Revue d'Hist. litt. de la France*, 15 janvier 1898, p. 54. L'auteur du Quintil est Barthélemy Aneau. — Il serait à souhaiter qu'on nous donne une étude un peu plus complète que celle qui existe sur ce personnage curieux. Les archives municipales de Lyon fournissent en abondance des documents de toute sorte.

Il qualifie cette erreur de crime de lèse-majesté, et les supplie « de prendre pitié comme bons enfants de leur mere naturelle ». Plutôt, dit-il, que de « recoudre et rabobiner de vieilles rapetasseries de Virgile et de Ciceron », plutôt que d'amasser des fleurs qu'on flaire un instant, puis dont on ne tient pas plus compte que d'un bouquet fané, mieux vaudrait à tout prendre « comme un bon bourgeois ou citoyen, rechercher et faire un lexicon des vieils mots d'*Artus*, *Lancelot* et *Gauvain*, ou commenter le Romant de *la Rose* » ! Il y a dans tout ce morceau de l'éloquence, de la verve, de l'esprit, pas un argument ou une idée que nous n'ayons vus dans Du Bellay [1].

Pontus de Tyard n'est pas plus original. Du passage du *Solitaire premier*, où le dialogue porte sur le sujet de la poésie française, il n'y a rien à citer, sinon que l'auteur, dans son langage précieux, mêle bien imprudemment cette cause à une autre : celle du développement de « l'esprit logé en delicat corps feminin ». Comme Pasithée, plus prudente, en avertit son interlocuteur, « se faire fort à la fois pour la suffisance de l'esprit feminin et du langage françois, tous deux tant peu estimez d'un grand nombre de ceux qui se font nommer sages, qu'ils r'enuoyent le premier à la contemplation du contour d'un fuseau et l'autre à la narration d'un conte, qu'ils appellent des quenouilles », c'était s'exposer à « auoir la guerre à ces frons armez de sourcils mal piteux ». Mais l'auteur continue ailleurs son « erreur amoureuse » et n'insiste pas sur cette matière délicate [2].

Après les maîtres, toute la foule des disciples reprend en chœur leur chanson [3], jusqu'à Fontaine, qui se fait le défenseur de la poésie française [4].

Les prosateurs sont beaucoup plus sobres; je signalerai cependant parmi eux Antoine Fouquelin de Chauny, dont la *Rhetorique* est précédée d'une remarquable préface « a tres illustre princesse,

1. Voir Préf. de la *Franciade*, dans Ronsard, *Œuvres*, Blanchemain, III, 34. Comp. l'ode de Du Bellay à Marguerite, *Œuvres*, éd. Marty-Laveaux, I, 241.

2. *Solitaire premier* (1552), dans les *Œuvres poetiques*, éd. Marty-Laveaux, p. 227.

3. Je ne reparle plus de Peletier du Mans, qui a cependant repris la question dans son *Art poetique*. Lyon, J. de Tournes, 1555, p. 36. Bien entendu, Vauquelin, le théoricien attardé de l'école, y revient aussi dans son *Art poetique* (voir livre I, éd. Travers, p. 61). Le Gaygnard (ou le Gaynard), dans la préface de son *Promptuaire d'unissons* (1585), estime aussi qu'il n'est nullement besoin d'être formé à l'école antique, depuis qu'on a des maîtres comme Ronsard, et que sans latin on peut faire des vers beaux et riches.

4. *Les Ruisseaux de Fontaine*, Lyon, Thib. Payan, 1555, p. 98 et 101. Cf. Cl. de Buttet, *Œuvres poetiques*, Lyon, Scheuring, 1877; l'Auteur au Lecteur, xxxv; Gerard-Marie Imbert, *Premiere partie des sonets exoteriques*, Bordeaux, Millanges, 1578, son. xxxvi; J. Godard, *La Fontaine de Gentilly*, Paris, Est. Prevosteau, 1595, in-8, p. 31, etc.

madame Marie, Royne d'Ecosse[1] ». Dégagé de la sotte superstition et commune ignorance du temps passé, et « voyant plusieurs nobles esprits s'estre adonnez d'un commun accord et (par maniere de dire) auoir prété le serment », il a volontiers suivi leur enseigne « en si honéte et loüable entreprinse, » et sous l'inspiration, avec l'aide aussi d'Omer Talon, il a accommodé au français les préceptes de rhétorique, en laissant ceux qui « sembloient repugner » à sa langue, en « adioutant ce qu'elle auoit de propre et particulier[2] ». Lui aussi veut pour sa part dégager la France du joug des langues étrangères.

De tout ce fatras de redites, il importe de distinguer seulement une ou deux pages, parce qu'elles montrent non seulement comment l'idée gagnait de proche en proche, mais à quel point les esprits s'enhardissaient. Ainsi Jacques Tahureau, le poète mort jeune, a laissé une *Oraison au roy de la grandeur de son regne et de l'excellence de la langue francoyse*[3], où, après avoir suivi d'abord les erres de ses maîtres, il s'aventure bien au delà d'eux : la sonorité et la richesse du français lui paraissent incomparables, bien supérieures à celles du latin, et même du grec[4].

Il est visible qu'à ce moment tout le monde se sent plus ou moins entraîné. J'ai pris des exemples parmi les hardis ; on en trouverait de moins probants chez les timides. Scévole de Sainte-Marthe gardait encore les préjugés du début du siècle. Il ne croyait guère qu'on pût écrire en français, « sans y mesler des choses des gentiles et vertueuses Dames, auxquelles conuient principalement la

1. Paris, André Wechel, 1557. Il y a une édition de 1555.

2. Comparer dans la *Rhetorique* de P. de Courcelles, Paris, Seb. Nivelle, 1557, une Epigramme latine liminaire :

Quicquid habet Latium, Graii, propriique leporis.
Hoc quoque jure suum, Gallica lingua facit,
Sic illam videas linguis præstare duobus,
Quæ vim linguarum continet una trium.

3. A Paris, chez la veufue Maurice de la Porte, 1555. Voir p. 5 v° et suiv.

4. « Quoy que telz importuns degorgeurs de latin en veillent iaper, au contraire allegans pour fortifier leur opinion ie ne scay combien de manieres de parler Latines que nous ne sçaurions rendre mot pour mot en nôtre langue, pour vn trait de cette sorte qu'ilz métront en ieu, il est aisé de leur en alleguer vne infinité d'autres en Françoys qu'il est impossible de rendre en la langue Latine aueques la mesme grace qu'ilz ont en la nôtre : Ce que ie di de la langue Latine, ie l'entēs aussi bien dire de la langue Grecque et toute autre telle que ces opiniatres langars voudrōt haut-louer par dessus la Francoyse : Iamais langue n'exprima mieux les conceptions de l'esprit que fait la nôtre : Iamais langue ne fut plus douce à l'oreille et plus coulante que la Francoyse : Iamais langue n'eut les termes plus propres que nous auons en Francoys, et diray dauantage que iamais la langue Grecque ni Latine ne furent si riches ni tant abondantes en mots qu'est la nôtre, ce qui se pourroyt aisement prouuer par dix mille choses inuentees que nous avons au-iourd'hui, châcune aueques ses mots et termes propres, dont les Grecz ni les Latins n'ouirent iamais seulement parler » (f° 6 r°).

lecture de tels escrits »[1], et toutefois, pris de la contagion, il publie ses vers français au milieu des latins. Il ne sait même plus se défendre de donner en passant l'éloge obligé à ceux « dont l'industrie est dediee a l'embellissement et illustration de leur langue »[2].

En somme, dans les œuvres d'imagination, à la fin du siècle, la victoire du français est complète. Qu'on consulte le facétieux Tabourot[3] ou le grave Du Vair[4], l'opinion est la même : le sentiment s'est répandu qu'on ne pouvait se créer un style propre qu'en français. Le latin n'est pas éliminé ; comment l'eût-il été quand Du Bellay lui-même se jouait à s'en servir encore[5] ? mais l'ancienne proportion est renversée dans les œuvres ; ce n'est plus à lui qu'on s'adresse le plus souvent.

L'honneur de ce succès revient en grande partie à la Pléiade pour laquelle je ne voudrais pas paraître injuste. Ses apologies manquaient de précision, mais ses vers ont provoqué dans toute la France un élan d'enthousiasme. Or, c'était là le meilleur appui que des poètes pussent donner à la cause qu'ils défendaient. Pour faire triompher une idée, en poésie comme en art, mieux vaut un exemple qu'une théorie. Celui que donna Ronsard ne fut pas complet : mais il était néanmoins assez beau pour que le concert d'éloges empêchât d'entendre les critiques. Et dès lors on se précipita dans la voie, derrière lui. Si bien que, quand l'heure du retour en arrière eut sonné et qu'on vit les défauts du système, un résultat considérable était acquis ; on blâma les auteurs, on ne s'en prit pas à l'instrument qu'ils avaient manié. Malherbe eut beau trouver tout mauvais dans Ronsard, il ne fit pas porter la responsabilité de ses fautes à la langue. Il y songeait même si peu que, copiant presque Du Bellay, il déclarait que si Virgile et Horace revenaient au monde et voyaient la pauvreté des poètes latins modernes, des Bourbon et des Sirmond, ils leur « bailleroient le fouet ».

1. Voir *Discours* à la suite des *Œuvres*.
2. Voir *Œuvres*, Mam. Patisson, 1579. Aux lecteurs.
3. Dans la préface des *Bigarrures*, Tabourot parle des gens qui « veulent acquerir reputation d'estre bien sages en Grec et Latin, et grands sots en François : pour aller comme coquins, emprunter des bribes estrangeres, et ne sçauoir dequoy trouuer à viure dans le pays ».
4. Voir le *Traicté de l'Eloquence* dans Du Vair, *Œuvres*, Paris, Ab. l'Angelier, 1606, in-8, II, 47.
5. Voir *Ioach. Bellaii Andini poematum lib. IV, quibus continentur elegiæ*... Paris, ap. Fed. Morel, 1558. En tête : « Cur intermissis gallicis latine scribat. »

LIVRE DEUXIÈME

TENTATIVES DES SAVANTS POUR CULTIVER LA LANGUE

CHAPITRE I

ESSAIS DE SIMPLIFICATION ET D'UNIFICATION DE L'ORTHOGRAPHE[1]

Premiers essais de réforme[2]. — Geoffroy Tory avait, dans son *Champfleury*, réclamé l'emploi des accents[3], de la cédille[4], de l'apostrophe[5].

Il mit ces réformes en pratique dans l'*Adolescence Clementine*, imprimée par lui le 7 juin 1533. Il y annonce « certains accens notez, cest assauoir sur le *é* masculin different du feminim, sur les dictions ioinctes ensemble par sinalephes, et soubz le *ç* quant il tient de la prononciation de le *s*, ce qui par cy deuant par faulte d'aduis n'a este faict au langaige françoys, combien qu'il y fust et soyt tres necessaire ». C'est la première tentative faite pour améliorer l'impression.

Dans le cours de cette même année 1533, ces signes nouveaux furent admis dans la *Briefue doctrine pour deuement escripre selon la propriete du langaige francoys*[6].

1. Sur la façon dont la graphie du moyen âge était devenue une affreuse cacographie, puis s'était peu à peu régularisée, et sur le rôle que les gens de loi ont eu dans ces changements, consulter la Thèse de M. Beaulieux (non encore soutenue).

2. Dans ce chapitre, en raison de la nature du sujet, je ne me suis pas permis de changer quoi que ce soit à l'orthographe des textes.

3. « En nostre langage francois, n'auons point d'accent figuré en escripture, et ce pour le default que nostre langue n'est encore mise ne ordonnee a certaines regles comme les hebraique, grecque et latine (52 r°). »

4. « C devant O, en pronunciation et langage francois, aucunesfois est solide comme en disant coquin, coq, coquillard. Aucunesfois est exile, comme en disant garcon, macon, francois et aultres semblables (37 v°). »

5. « Je dis et allegue ces choses icy afin que sil auenoit quon deust escrire en lettre attique telz metres ou le S doiburoit euanoyr, on les porroit escripre honnestement et scientement sans y mettre la dicte lettre..... et escripre vn point crochu au dessus du lieu ou elle deburoit estre (56 v°). »

6. Voyez Bernard, *Geoffroy Tory*, 2e éd., p. 176. La priorité de *Champfleury*, dont le privilège est du 5 sept. 1526, et qui a été commencé en 1523, est incontestable. Tory n'a pas eu le mérite d'inventer ces signes, mais l'idée de les introduire dans les imprimés. Il est peu vraisemblable que Jean Salomon, dont parle M. Bernard d'après

Dubois, après Tory, demanda quelques simplifications[1]. Il était en particulier l'adversaire de cette multiplication des *y* grecs, que la calligraphie, peut-être aussi, dit-on, l'intérêt qu'avaient les scribes à gâter beaucoup de papier, avait développée. Le *g* après les nasales, particulièrement dans *ung*, lui paraissait déplacé, malgré la prétendue nécessité d'éviter la confusion entre *vn* et *vii* (sept). On sait qu'il est allé beaucoup plus loin, et qu'il a proposé un véritable système de graphie. Certaines inventions en sont visiblement inspirées du désir de distinguer dans l'écriture des sons distincts dans la prononciation. Mais d'autres proviennent d'une superstition étymologique excessive. Écrire *poisser* par un c̈ pour rappeler *picare*, *lisons* par *g̊*, à cause de *legimus*, c'eût été, pour peu que le système s'étendît un peu, créer au français une écriture à deux lignes, française en bas, latine en haut.

Dolet n'est pas un révolutionnaire comme Sylvius. Néanmoins, il était, lui aussi, comme il le dit dans son *Traicté de l'accentuation françoise*, désireux de « reformer la maulvaise coustume d'escrire peu a peu » (p. 29). La mort ne lui laissa pas le temps de nous donner dans son *Orateur* sa pensée définitive. Du moins nous avons gardé les indications les plus importantes[2]. Nous n'usons pas tout à fait comme Dolet de tous les signes qu'il a proposés, nous les avons en partie conservés. Il faut ajouter qu'il a contribué à régulariser l'emploi de l'apostrophe, qu'il connaît et approuve, et que, d'autre part il s'est opposé à l'introduction d'un accent enclitique, que nous marquons, nous, par un trait d'union, qu'au XVIe siècle on voulait figurer par ' : *fairas'tu cela*[3] ?

le ms. de Bourges, soit autre chose que le rédacteur de la *Briefve doctrine*. M. Kattein, dans une thèse présentée oralement à la Faculté de Paris (1902), a attribué l'opuscule à Bonav. Des Périers. La difficulté gît en ce que le petit livret renferme sûrement des pièces de plusieurs mains. Il émane en tous cas de l'entourage de la reine de Navarre.

1. Il existe un petit livre intitulé : « *Tresutile et cõpendieulx traicte de l'art et science dorthographie Gallicane.....* » (A la fin Imprime a Paris pour Jehan Saĩt Denis, libraire..... En tête une épître à Jacques d'Aoust, bailly d'Abbeville, 22 sept. 1529). On en connaît deux exemplaires. L'un figure dans la Bibl. James de Rothschild. L'autre est à la Bibl. nat. M. Beaulieux en a donné une reproduction fac-sim. dans le t. II des *Mélanges Picot*, Paris, Morgand, 1913.

2. *La maniere de bien traduire d'une langue en aultre D'advantage De la punctuation de la langue francoise plus Des accents d'ycelle*. Le tout faict par Estienne Dolet natif d'Orleans. A Lyon, chés Dolet mesme. MDXL. Avec priuileige pour dix ans. Entre autres choses il propose de « signer *à* pour l'opposer à a (*habet*); de marquer e masculin d'un accent aigu : *volupté*, et au pluriel *voluptés* au lieu de *voluptez*. Il demande un signe de conjonction ̂ et un signe de séparation ̈ (*pâira*, *poëte*).

3. Cf. Cauchie, *Gram. Gallica*, 1576, p. 57. « Adhibent oblongam lineam ad compositionis partes uniendas, et maxime cùm verbo tertiæ personæ singulari nomen adjicitur, ut : un *mouche-nez*... un *boute-feu*, le *porte-panier*... Nec usquam aptius usurpatur, quàm ubi duo nomina pro simplici termino et re una accepta copulat,

De bonne heure la question orthographique avait donc été posée, et elle préoccupait déjà plus ou moins, en dehors même des imprimeurs et des grammairiens, tous ceux qui avaient souci de faire du français une langue cultivée. On le voit bien aux hésitations d'Olivetan, qui cherche en vain une règle, balancé entre la prononciation, l'usage et l'étymologie[1], et qui suit les tentatives de J. Sylvius, espérant qu'on « prononcera en ceste matiere quelque arrest qui soit de tenue » (1535). J. de Beaune (V. *Revue d'hist. littér.*, 15 avril 1895, p. 242) fait aussi allusion à l'infériorité qui résulte pour notre langue des contradictions de l'orthographe, « certains mots s'escriuant d'vne sorte et se prononçant d'vne autre, comme *escolle*, *escripre* ». Ailleurs il s'étonne que « nous vsons en l'orthographe de lettres grecques ».

Meigret. — C'est Louis Meigret qui a eu le mérite de voir l'importance du problème et de le poser dans son ensemble. Les livres ou opuscules qu'il a consacrés soit à la critique du système usuel et à l'exposition du sien propre, soit à la défense de ses idées, quand elles furent attaquées, sont nombreux[2].

Si on en croit une phrase de sa réponse à la réplique de des Autels (p. 48), il avait songé à constituer la nouvelle écriture dès 1530

veluti, *Gentil-homme*, pro eo quem nobilem nominamus. Verùm hæc et similia satius esset compositorum aliorum more scribi, quandoquidem pluralis formatio sit in posterioris partis terminatione, ut *un boutefeu*, *deux boutefeux*.

1. Il s'est « accomode au vulgaire le plus qu'il a peu : toutesfoys que icelle soit bien mal reiglee, desordonnee et sans arrest... Aucuns es motz qu'ilz voyent naistre du Latin, ou auoir aucune conuenance, y tiennent le plus de lettre de lorthographe Latine quils peuuent pour monstrer la noblesse et ancestre de la diction. Toutesfoys que a la prolation plusieurs de telles lettres ne se proferent point. Dautres ont escoute la prolation vulgaire et ont la reigle leur orthographe, non ayant esgard a la source Latine. Ie me suis attempere aux vngs et aux autres le plus que ie l'ay peu, en ostant souuentesfoys d'aucunes lettres que ie veoye estre trop en la diction, et laornant d'aucunes que ie cognoissoye faire besoing : affin de monstrer parce l'origine de telle diction, laquelle autrement sembloit estre incogneue. »

2. *Traité touchant le commvn vsage de l'escriture Francoise, faict par Loys Meigret Lyonnois : auquel est debattu des faultes et abus en la vraye et ancienne puissance des letres.* Paris, 1542, in-4 (Sainte-Geneviève, Rés. X, 325 ; Bib. nat. Res. x, 918). Abréviation. *Trait.* Le même, 1545.

Le menteur, ou l'incredvle de Lucian traduit de *Gręc en Frãçoęs par Louis Meigręt Lionoęs, auęq vne ecritture q'adrant à la prolaçion Françoęze : ę lęs ręzons.* A Paris chés Chrestian Wechel ; à la rue sainct Jaques, à l'escu de Basle. MDXLVIII. Abréviation : *Ment.*

Defęnses de Louis Meigręt tovchant son Orthographie Françoęze, contre lęs çęnsures ę calõnies de Glaumalis du Vezelet, ę de sęs adherans. A Paris, chés Chrestien Wechel, à la rue sainct Jean de Beauuais, à l'enseigne du Cheual vollant. M D L. Abréviation : *Def.*

La reponse de Louis Meigręt a l'Apolojie de Jáqes Pelletier. Ib., M D L. Abréviation : *Rep. Ap.*

Reponse de Louis Meigręt a la dezesperée repliqe de Glaomalis de Vezelet, transformé ęn Gyllaome dęs Aotels. A Paris chés Chrestien Wechel, à la rue Sainct Jean de Beauuais, à l'enseigne du Cheual volant. M D LI. Abrévation : *Rep.*

environ, c'est-à-dire en même temps que Sylvius, dont on s'étonne moins dès lors qu'il n'ait pas cité le nom[1]. Préoccupé du dommage que le désordre causait à la langue française aux yeux des étrangers (*Ment.*, p. 3), désireux aussi d'augmenter la facilité de la lecture, de procurer aux écrivains épargne de papier, de plume et de temps, il ne s'arrête point à des demi-mesures, que son tempérament semble du reste avoir peu comportées. A son gré, « nous escriuons ung langage qui n'est point en usage, et usons d'une langue qui n'a point d'usage d'escriture en France » (*Trait.*, 52)[2]. Au contraire l'écriture n'a qu'un rôle dans une langue bien faite : celui de traduire le langage parlé.

Dès le début de son traité (3), il pose avec une extrême netteté ce principe qui renferme toute la suite : « La letre est la note de l'element, et comme quasi une façon d'image d'une voix formee... Et que tout ainsi que tous corps composez des elemens sont resolubles en eux, et non en plus ny moins : Qu'aussi tous vocables sont resolubles es voix dont ilz sont composez. Parquoy il fault confesser que puis que les letres ne sont qu'images de voix, que l'escriture deura estre d'autant de letres que la prononciation requiert de voix : Et que si elle se treuue autre, elle est faulse, abusiue, et damnable. » Quintilien l'a dit déjà et c'est la raison même, « l'uzaje de l'ecritture branle soubs çeluy de la prononçiaçíon ; les lęttres ont ęté inuęntees pour rapporter lęs voęs[3] ». Il ne s'agit d'être ni hébreu ni grec, ni latin, « il ne vous fault que la prononciation françoise, et sauoir la puissance des letres, sans vous amuser à l'orthographie des autres langues » (*Trait.*, 26).

On comprend que, partant de cette doctrine toute rationnelle, Meigret découvre du coup tous les vices de l'orthographe de son temps, qui ont du reste subsisté, au moins en partie, dans la nôtre. Ces vices sont au nombre de trois : « diminution, superfluité, vsurpation d'une letre pour autre ».

Diminution. C'est quand l'écriture « default d'vne, ou de plusieurs letres, ex : *chef*, *cher*, esquelz indubitablement nous prononçons

1. « Il n'y a qu'environ vint, ou vint ę un an, qe premieremęnt je fis le trętte de l'ecritture Françoęze : come pourroęt bien temoñer qelqes imprimeurs, qi n'ęn ozeret ęntreprędre l'impression : parçe qu'il touçhęt tou' lę etas de la plume, ę qe la nouveaoté de l'ecritture lęs etonoęt. Puis dis ans a, ou envirō, qe Janot l'imprima selō l'ançienne coutume d'ecrire, creñant q'aotrement il ne fút trouvé trop etrãje. »

2. Je compte les pages qui ne sont pas numérotées, à partir du proème, où je marque 1, et je suis strictement l'orthographe des différents textes.

3. *Ment.*, p. 6. Cf. : « Quant a moę je suis d'auis, qe tout deura ętr' ecrit, selon qe par la continue il sone, car l'uzaje dęs lęttres ęt de garder la voęs, ę qe com' un depós ęlles la ręndet aos lecteurs. » *Ibid.*, p. 5.

la diphtongue *ie*... » Mais « ce vice n'a pas tāt ancré en notre escriture, qu'ont faict les deux ensuyuans[1] ».

Superfluité. « L'escriture secondement peut estre mauuaise quant elle est composée de plus de letres que ne requiert la prononciacion : par ce que telle escriture donne occasion de faire faulse lecture, et de prononcer voix qui n'est point au vocable. C'est vng vice si grand en nostre langue françoise qu'il n'y a letre quasi en l'alphabeth dōt nous n'abusions quelquefois par superfluité [2]. » A, b, c, d, e, f, g, i, l, o, p, s, t, v, x, se rencontrent à chaque instant où on les pourrait supprimer. La clairvoyance du critique va ici plus loin qu'à la constatation même des faits ; il entrevoit que ces lettres superflues finiront par s'imposer à la prononciation et la dénaturer[3].

Usurpation d'une lettre pour une autre. « C'est, quant vne letre ou plusieurs vsurpent la puissance d'vne autre, veu que c'est occasion de faire lecture d'vne voix pour autre, et par consequence mauuaise et faulse prononciation... » Nous corrompons ainsi « celle du *c*, qui ne deut estre employé qu'en semblable puissance que le *k*, duquel toutesfois nous vsons en son d'*s*, comme en *façon*, *françois* » (*Trait.*, p. 7).

Il suffirait déjà des observations que je viens de résumer, pour montrer quelle est la sagacité de Meigret ; elle ressort bien plus vivement encore, si on en rapproche les théories contraires, telles par exemple qu'on les trouve résumées par la bouche de Th. de Bèze, dans le Dialogue de Peletier du Mans. Aux yeux de celui-ci, toute réforme, bonne tout au plus à ébahir et dérouter les Français par le changement d'usage[4], sera gênante pour les étrangers, à qui elle ôtera le moyen de saisir le rapport des simples et des dérivés[5].

1. *Trait.*, p. 5. Un des exemples le plus souvent allégués est celui de *ayme il* pour *ayme-t-il*. De Bèze, dans son *Traité de la prononciation*, trouve encore qu'il serait ridicule d'écrire le *t*. Peletier du Mans n'ose pas faire soutenir à Dauron que cela serait nécessaire (*Dial. de l'orth.*, p. 126. Cf. plus loin *Morphologie*, *Flexion du verbe*).

2. « Il y a superfluité de l'*a*, en *aorné*, du *b*, en *debuoir*, du *c* en infiniz vocables, comme *faict*, *parfaict*, *dict*. Du *d*, comme *aduis*, *aduerse*, de l'*e* en *battera*, *mettera*, de l'*f* en *briefuemēt*, du *g* comme *vng*, *besoing*, de l'*i* comme à *meilleur*, de l'*l* comme *default*, et autres infinis... de l'*o* comme en *œuure*, du *p* comme *escripre*, *escript*, et autres infinis, de l'*s* comme en *estre*, *honneste*, et autres presque innombrables, du *t* comme en *et* copulatiue, en *faicts*, *dicts*, *vents*, et en tous les pluriers du participe present, du *v* comme en la diphtongue *ou* qui n'est point françoise. Au regard d'*x* final, comme en *cheuaulx*, *loyaulx*, il n'est point françois. »

3. Voir ce qu'il dit d'*obvier*. *Trait.*, 34.

4. « Au lieu de leur gratifier, vous les mɇtrę̀z an peinɇ dɇ desaprandrɇ unɇ chosɇ qu'iz trouuɇt bonnɇ e ęscɇ, pour an aprendrɇ unɇ fascheusɇ, longuɇ e dificilɇ, e qui nɇ leur pourra aporter quɇ confusion, ęrreur, e obscurite. » Ils ne reconnaîtront plus *estre*, *tempeste*, ecrits *etre*, *tempete*, ni *veux* devenu *veus* et liront *vens* (p. 46).

5. Commɇ cɇ mot *temps*, an i mɇtant un *p*, on antand tout soudein qu'il vient dɇ *tempus*, e par cɇ moyen, on voęt cɇ qu'il sinifiɇ (p. 47). »

L'écriture ne peut représenter de la parole que « l'ombre » et non le naturel ; c'est donc chimère de prétendre faciliter aux studieux des autres nations l'étude d'une langue qui demande la fréquentation des gens qui la parlent[1]. Simplifier la graphie, c'est en outre lui ôter beaucoup de sa grâce[2], détruire les relations apparentes entre les mots de même famille, confondre ceux qui ne sont distincts que par là, manquer à la révérence qu'on doit à la langue où on a puisé[3]. C'est aussi se ravaler au niveau du vulgaire, et supprimer la différence qui doit exister entre l'écriture des doctes, et celle des gens mécaniques[4]. Enfin la prononciation changeant, l'écriture serait perpétuellement à recommencer[5]. Au reste la tentative vient trop tard, elle ne peut aboutir et ne convertira personne[6].

On peut dire que du premier coup, Meigret a vu toutes les objections, et a réfuté par avance celles qui devaient lui être faites dans la suite, et qui sont encore répétées à ses successeurs.

La première, celle-là un peu passée de mode, mais que les habitudes calligraphiques du XVIe et du XVIIe siècle expliquent suffisamment, est que les vocables rehaussés de lettres qui montent ou descendent en dehors de la ligne ont plus belle apparence. « Où est, dit avec raison Meigret (*Trait.*, p. 11), celuy qui ne blasmast le peinctre qui, entreprenant de pourtraire la face de quelqu'vng : feit en son pourtraict des cicatrices, ou autres marques notables qui ne fussent point au vif[7] ? » (*ibid.*).

Cette première défense n'est pas sérieuse. Mais ceux « auxquelz l'amendement des choses est ennuyeux et deplaisant » en ont

1. Il est étrange qu'avec ces idées, De Bèze ait écrit un bon traité de prononciation.

2. « An toutés langués vulguerés, plusieurs lętrés n'i sont apliqueés pour i sęruir, ni pour cé qu'ęlés i soęt necesserés : męs seulémant pour i donner gracé (p. 50). » Cf. p. 59.

3. Page 50-51.

4. « Il faut qu'il i ęt quelqué diferancé antré la manieré d'ecriré des g'ans doctés, e des g'ans mecaniqués : car séroęt cé ręson qu'un Artisan qui né saura qué liré e ęcriré, ancorés assez maladroęt, e qui n'an antant ni les resons ni la congruite, soęt estimé aussi bien ecriré, commé nous qui l'auons par etudé, par reglé e par excercicé » (p. 52). Ce singulier argument n'a rien perdu de sa valeur, malgré les progrès de l'esprit d'égalité. L'orthographe est toujours considérée comme la marque d'une supériorité sociale, et le désir de ne pas écrire comme sa cuisinière a encore été allégué récemment par des hommes qu'on aurait cru moins aristocrates.

5. Page 61.

6. Page 63.

7. Cf. *ibid.*, 49. « Si nous voulons rechercher les choses au vray, nous trouuerons que la plus part de nous françois vsent de ceste superfluité de letres, et mesmement de *l*, *s*, *x*, plus pour parer leur escriture, que pour opinion qu'ilz ayent qu'elles y soiēt necesseres. Car les *ll* avecq les *ff* ouuées comme carpes seruēt de grand remplage en vne escriture, et donnent grand contentement aux yeux de celuy qui se paist de la seule figure des letres, sans auoir egard si la lecture pour laquelle elle est principalement inuētée en sera facile et aisée. »

d'autres ; ils « ont de coustume de se remparer et fortifier, premierement de l'vsage comme d'vng Bellouard imprenable, et hors de toutes batteries. Secondemēt ils ont pour renfort, que pour marquer la differēce des vocables, il n'y a point de danger d'abuser d'aucunes letres. Tiercement ilz s'efforcent de defendre la superfluité des letres pour monstrer la deriuaison, et source d'vng vocable tyré d'vne autre langue : craignans à mon aduis d'estre blasmez d'ingratitude, si autrement ils le faisoient ».

En vérité, aucune de ces raisons n'a de poids. On invoque l'usage, mais l'usage qui a puissance « qazi tęlle q'une loę » c'est celui qui est « joint a la ręzon » (*Ment.*, p. 6). Celui qui est « sans ordre et sans ręzon » n'est pas l'usage, c'est l'abus. Or, cet abus ne peut être mis en balance avec la raison, souveraine maîtresse en toutes choses ; quand nous lui obéissons, nous ne devons avoir « egard, ny a nous vsages, ny à ceux que nous tenons de tout temps, et qui semblent auoir esté de tout iamais : car la vertu et la rayson doyuent tout dompter[1] ».

On invoque d'une manière aussi vaine le besoin de marquer les « deriuaisons ». On dit que « nous sommes tenuz d'escrire quelque marque de deriuaisons quant nous tyrons quelque vocable d'une autre langue, comme par vne maniere de reuerence et recognoissance du bien que nous auons receu en faisant tel emprunt (*Trait.*, 15-16) ». Mais il n'y a aucun crime à ces emprunts, qui ressemblent à celui « qu'vng peuple fait des bonnes loix, et coustumes d'vne autre nation. Parquoy il n'y a point de dommages : mais au contraire vng merueilleux gain de gloire, et honneur pour la langue de qui on fait l'emprunt (16) ». Aucun peuple ne s'en est privé et n'a songé pour cela à déformer son écriture. Il est juste de reconnaître ce qu'on doit au latin, quand l'occasion s'en présente, comme quand on fait une grammaire, mais non quand on écrit[2]. Au surplus, quand même nous nous y serions obligés, la convention « se pourroit maintenir nulle, comme qui est faicte contre les loix et ordonnances de bien escrire ». Or « il n'est point de bienfaict si grand qui puisse obliger à mal faire, ny faire chose sotte (17) ». Enfin si tant est que des lettres superflues doivent rester dans les mots français, pour témoigner de leur origine ancienne, il semble qu'alors « la loy deut estre generalle. Comment doncques nous

1. *Trait.*, p. 9. — Dauron, dans les *Dial.* de Peletier du Mans, attaque de même l'usage comme contraire à la raison, inconstant, et formé par des gens sans autorité (p. 82 et suiv.).

2. Cf. Peletier du Mans, *Dial.*, 93.

excuserons nous en infiniz vocables, esquelz nous n'auons point mis de letre superflue ? comme, *dire*, *ame*, *home*, *forme*, *figure* » ? Pourquoi *dict*, *faict*, avec un *c* superflu, et *dy*, *dis*, *dit*, *dire*, *fait*, *faire*, qui viennent de *dico*, *dicis*, *dicere*, *facit*, *facere* ? « Que dirons nous de ceux qui mettent des letres qui ne sont point à la sourse ? comme qui escriuent *escripre*. Ie ne puis bonnement entendre, s'écrie Meigret, à quelle intention ilz mettent ce *p* (17-18) [1] ».

Il restait à faire une dernière objection aux tenants de l'étymologie : c'est que les lettres, auxquelles ils tiennent si fort, n'ont jamais rien appris à personne. Meigret l'avait omise dans son *Traité*, mais il n'a pas manqué de la faire ailleurs [2].

On dit aussi pour justifier les vices d'écriture — et ceci se répète couramment de notre temps — qu'il faut éviter les ambiguïtés, et mettre des différences entre des mots semblables. Mais alors « il faudroit vser de voix superflues en la prononciation ; d'autant que les escotans peuuent tumber par la semblance de plusieurs vocables au mesme inconuenient que fait le lecteur (*Trait.*, 13) ». En effet, dans la prononciation, et Meigret fait ici une remarque que la science contemporaine confirme, les mots sont en général immédiatement reconnus, avec leur sens véritable, quoiqu'ils aient des homophones. Dans cette phrase « *tu dis*, *tu fais en sorte*, *que tes dicts et tes faicts nous sont dix fois plus griefs*, *qu'vng fes*, où est la différence en la prolation *dis*, *dicts*, *dix*, entre *fais*, *faicts*, *fes* ? » il n'y en a aucune, et l'intelligence est parfaite. Pourquoi ne distinguerions-nous pas en lisant ce que nous distinguons si facilement dans la conversation ? Au reste, s'il est besoin de notes spéciales à certains mots, qu'on invente des signes diacritiques, des points, des lignes sur les mots, ou au-dessous, ainsi que bon semblera ; en tous cas, il n'y a pas là de raison suffisante de troubler l'écriture (*Ment.*, p. 10).

Meigret ne recule même pas devant la perspective de changements ultérieurs à prévoir dans l'orthographe, quand la prononciation qui en est la base aura changé. « L'escriture deura changer

1. Cf. Peletier. *Dial.*, p. 116. Il cite *esgal*, *desduire*.

2. Une *s* superflue en *monstrer* avertira-t-elle qu'il vient de *monstrare* ? Si c'est cela, les « curieux de deriuaisons » feraient mieux d'imiter les rois qui donnent un insigne commun à tous leurs soldats. Une même marque générale suffirait pour tous les mots venus du latin. « Qant ao proufit, je l'estime aotant que de tailler a çhacune piçe de çharpenterie la premiere lętre du nom de la forę̂s dôt ęll' aora eté prinze » (Meig., *Ment.*, 7).

Dauron donne des arguments analogues dans Peletier du Mans, *Dial.*, 89 et suiv. On trouvera p. 95 et suiv. quelques exemples piquants des excès des étymologistes.

de letres, ainsi que l'usage de la langue changera de voix, comme celle qui luy sert à representer son Image[1] » (*Trait.*, 19).

Il a répondu ici au nom de la seule raison. Nous qui sommes à trois cents ans de distance, nous pourrions ajouter que l'adoption de son système, loin de nécessiter de fréquents changements d'orthographe, en eût au contraire entraîné fort peu, la prononciation ayant relativement peu varié. Au reste, les changements dus à ces variations n'ont pas pu tous, malgré le maintien du système traditionnel, être évités, et il s'y en est ajouté une foule d'autres, d'âge en âge, nécessités par le besoin, bon gré mal gré ressenti, de mettre plus d'harmonie entre la langue écrite et la langue parlée, de sorte que la fixité dans le système de Meigret eût été certainement plus grande que dans celui de ses contradicteurs.

Il est incontestable que la partie critique de ce Traité d'écriture, si curieusement observée, si logiquement déduite, si sobrement appuyée, posait la question tellement bien, que nul depuis n'a trouvé grand'chose à ajouter à l'argumentation de Meigret. Il est regrettable que la partie constructive de son système n'ait pas été, un peu par la faute de la langue, un peu par sa faute à lui, aussi rigoureuse et aussi facile à défendre.

Les modifications proposées par Meigret peuvent se classer en trois catégories ; ce sont :

A. — Des suppressions de lettres inutiles[2].

1. Supprimer : *p*, *b*, *v*, qui ne se « rencontrent iames en la prononciation françoise auant *v* consonante ». Écrire *recevoęr*, *doiuent* (*Trait.*, 33).

2. *g* « en tous vocables, esquelz nous le faisons final, comme *vng*, *chacung*, *besoing* » (*ibid.*, p. 43). Écrire *un*, *chacun*, *besoin*.

3. *t* « dans *et*, où nous ne nous oserions auanturer de le prononcer, sans seruir de moquerie aux auditeurs » (*ibid.*, 45).

t et *d* au pluriel des mots comme *renard*, *content*. Écrire *renars*, *contans* (*ibid.*, 45 et 46).

4. *l*, que « nous escriuõs sans auoir egard qu'elle donne grãde occasion de faire vne lecture rude et de mauuaise grace : mais quelle pronõciation frãçoise seroit ce, si nous voulions proferer *l*, en *aultre*, *peult*, *eulx*,... *l* se change en *aos* au plurier quant elle

1. Peletier du Mans fait dire de même à Dauron « s'il auient quɇ la languɇ sɇ changɇ an mieus : iz acõmodɇront leur modɇ d'ecrirɇ a leur modɇ dɇ parler, commɇ nous aurons fę̀t a la notrɇ » (*Dial.*, 87).

2. Des Autels est ici d'accord avec Meigret ; c'est un des seuls points. Il accorde que « la superfluité desraisonnable ne lui plait point » (*Rep. contre Meigret*, 55). Il reproche même à son adversaire de n'estre pas logique, en ne retranchant pas l'*h* inutile.

est letre finale des noms, de sorte que *cheual*, *royal*, *loyal*, et autres leurs semblables font *cheuaos*, *royaos*, *loyaos*. Et si croy bien qu'anciẽnement on disoit *cheuals*, *royals*, *loyals :* mais depuis la prononciation a esté autre ; il fault aussi que l'usage d'escriture soit autre » (*ibid.*, 48-49).

5. *n*, dont nous abusons dans *ayment*, qu'il suffirait d'écrire *aymet*[1] (*ibid.*, 51).

6. *s*, que l'on emploie pour traduire l'*e* ouvert : *estre*, *beste*, ou pour marquer les voyelles longues : *fist*, *allast*. Écrire *ętre*, etc. (*ibid.*, 22-23).

7. *c*, dans *dict*, *faict*. Écrire *dit*, *fait* (*ibid.*, 18).

8. *p*, dans *escripre*. Écrire *ęcrire* (*ibid.*, 34).

9. *u* après *q*. Écrire *qe*, *qi* (*ibid.*, 38).

Enfin une des économies les plus nécessaires à faire est celle des finales qui ne s'entendent pas, savoir de l *e* final, quand le mot qui suit commence par une voyelle, du *s*, quand le mot commence par une consonne[2].

B. — Des substitutions d'une lettre à une autre :

1. Substitution d'une voyelle à une voyelle. — Meigret adopte ainsi *o* au lieu de *u* étymologique : *ombre*, *onde*, pour *vmbre*, *vnde* (*Trait.*, 25).

2. Substitution d'une voyelle simple à une diphtongue : *a*) Au lieu de *ai*, qui s'entend dans *aymant*, *hair*, mais non dans *mais*, *maistre*, ou il n'y « aucunes nouuelles de la diphtongue » (*Trait.*, 28) écrire *e : mes*, *parfet*[3].

1. Des Autels défend *ent* d'abord parce que *n* s'y entend « aussi bien que dans les adverbes » (?), en second lieu parce qu'il est nécessaire comme signe de pluralité (*Rep. c. Meigret*, p. 29).

2. « Quelques sauãs homes ont si bien introduit l'apostrophe, qu'elle est ia receue en l'imprimerie, comme qui est biẽ necessere pour euiter superfluité de letres. » Mais Meigret se plaint de la voir restreinte aux seuls monosyllabes : « toutes les fois qu'en la pronõciation aucune letre finalle se pert, l'Apostrophe est necessere en l'escriture pour denoter la collision, ou perte de la voyelle ou consonante. Et la ou nous ne voudrions receuoir l'Apostrophe, ie dy qu'encores la letre ne doit point estre escrite. Cõme quant nous disons : *vne amye entiere ayme d'une perfecte amour*, nous deuõs escrire *vn' amy' entier' ayme d'une perfet' amour*. Cela semble estrange, mais la faulte de bõne lecture ne viẽdra que de l'imperfectiõ du lisant, et nõ pas de l'escriture. Quant aux cõsonantes, ie treuve que *lęs*, *dęs*, *ęs*, perdent *s*, quant le vocable ensuyuãt commence par consonante : nous deuons donc escrire : *lę compaignons de guerre ę'quelz lę capitaines ont faict de* (sic) *dons sont lę mieux agguerris* » (*Trait.*, p. 53 et suiv.).

Des Autels estime qu'avec ce système on fera des mots aussi longs que de Paris à Orléans : *mademoysel'amoureus'honest'encommenc'or'vn'estrang'entrepris'admirablement* (*Rep. c. Meigret.*, p. 34).

Cauchie a pour l'apostrophe une admiration telle qu'elle le porte aux pires injures contre ceux qui refusent d'en voir les beautés : « rerum ignari lutulentique sues, qui cum solis sordibus gaudeant » (*Gram.*, p. 62).

3. « Diphtongue, en comprenant les triphtongues, est vng amas de plusieurs

b) Au lieu de *ou*, « dont nous nous passerions bien » (*ibid.*, p. 23), écrire *o* : *pouoir*, *corir*.

c) Au lieu de *ea*, *eo*, « qui sont de fausses diphtongues » (*ibid.*, p. 32), écrire simplement *a*, *o* : *gaja*, *gajons*. (V. plus loin au *j*. Cette proposition est une de celles qui ont été le plus attaquées.)

3. Substitution d'une diphtongue à une diphtongue : *a*) Dans *sainct*, *main*, où nous prononçons la diphtongue *ei*, tout ainsi qu'en *ceint*, *ceinture*, *peint*, écrire *ei* : *meintenant*, *demein* (*ibid.*, 28).

b) Dans *autant*, *cault*, *chauld*, « nous oyons distinctement *ao* » : « onques langue de François ne prononça en son langage *au* ». Écrire *ao* : *aotant*, *caot*, *chaod* (*ibid.*, 29)[1].

c) *oy* doit être réservé pour les cas où *y* est entre deux voyelles et y demeure voyelle (*ibid.*, 27). Ailleurs, il sonne comme *oé*. Il faudrait écrire *roę* et *royal*. De même *Pierre aymoęt ceux qui l'aymoęt* (*ibid.*, 29 et s.). « Il n'y a difference entre ces deux verbes, sinon que le premier a ę ouuert femenin, et le dernier a l'ę masculin qui demande vne prononciation lente, estant celle de l'autre fort soudaine. »

4. Substitution de consonne à consonne : *a*) *g*, toutes les fois qu'il a la valeur de *i* consonante devrait être remplacé par *i* long, *g* gardant le son dur. Écrire *anje*, *linje*, *manjer*, et non *ange*, *linge*, *manger* (*ibid.*, 41). Cet *i* consonante devroit estre tenu un peu plus long.

b) *t* est corrompu, étant employé pour *s*, dans *manifestation*, *diction*. Écrire dans le premier cas par un *ç*, *manifestaçion*, dans le second par une *x*, *dixion* (*ibid.*, 44).

c) *s* tient abusivement la place de *z*, dans *disons*, *faisons*. Écrire *persuazion*, *dizons* (*ibid.*, 46-47).

d) *z* est sans raison dans *aimez*, puisqu'on écrit *bontés* ; *aymés* est aussi bon (*ibid.*).

5. Substitution d'une consonne à un groupe de consonnes :

a) *x* final ne sert que de remplage ; c'est un simple ornement. Nous devons écrire *cheuaos*, *royaos* (*ibid.*, 49 et 52).

voyelles retenans leur son en vne seule syllabe, comme *ay*, en *aydant*, *eao*, en *beao*, *oy* en *moins*, etc... En nostre ecriture nous en abusons en deux sortes, l'vne, en ce que nous ecriuons vne diphtongue au lieu d'vne simple voyelle, et l'autre en ecriuant vne diphtongue pour autre » (*Trait.*, 27-28).

Des Autels accorde que *ai* fait double emploi avec *e*, mais qu'on n'en usera que raisonnablement, suivant l'étymologie et la conjugaison (*Rep.*, p. 41-42).

1. Des Autels repousse également *ao* et *ei*, le premier, parce qu'on n'entend pas *a*, le second parce qu'on n'entend pas *i* (p. 37 et s.).

b) Emprunter des Espagnols ɳ molle avec un trait plus long et une ligne couchée. Écrire *Espaɳol* (*Gramm.*, 13 v°).

C. — Distinctions nouvelles des lettres :

1. Il y a deux sortes d'*e*, *e* ouvert, *e* clos; *e* ouvert s'entend dans *mes*, *tes*, *mais*, *faicts*, *estre*. Meigret accepte d'abord, non sans réserves, de l'écrire par *é* (*Trait.*, p. 22), ensuite à partir du *Menteur*, il adopte ę qu'il appelle crochu [1] et réserve l'accent pour marquer *e* long : *męmemęnt*.

2. *o* ouvert est rare; on pourroit donner un point au-dessus : *cȯr*, *mȯrt*. Cette idée, exprimée dans le *Trait.*, p. 25, n'a pas été reprise par Meigret.

3. *a* long est noté *á*, dans le *Menteur*, de même *ę́*, *é*, *í*, *ó*, *ú* [2] : *avizé*, *plutót*, *víe*, *mę́me*, *contrę́re*, *fantazíe*.

4. *c* sonne tantôt *k*, tantôt *s*. Pour ôter cette confusion, Meigret adopte après Tory le « ç crochu des Hespaignols » dont on pourra user devant toutes les voyelles (*Trait.*, p. 36) : *annonçiaçion*.

5. *ch*, dans *cholere*, sonne comme *k*. Il ne devrait servir que pour *s* molle. L'inconvénient disparaîtrait, si un signe permettait de reconnaître le son chuintant. Meigret écrit donc *çh* (*ibid.*, 39) : *çhieure*, *çhaleur*.

6. *ill* est mauvais pour écrire *meilleur*. Les « Hespaignols » en usent aussi, mais c'est faute de meilleur moyen ». Pourquoi pas *l* avec un point? Écrire *ville*, *villageois*, mais *tilľac*, *bilľer* (*ibid.*, 49).

En somme, voici l'alphabet de Meigret, tel, sauf la disposition, qu'il l'a donné lui-même dans la Préface du *Menteur* (p. 25).

a	a	t	te
ę	e ouuert	th	the aspiré
e	e clous	ç	se ou es
i	i latin	s	es
y	y grec	çh	es molle ou çhe mol
o	o	z	zed
ou	ou clous	b	be
u	u	p	pe
j	je ou ji cõsonante	ph	pe aspiré ou phe
d	de	f	ef

1. Cet ę n'était pas une nouveauté et se trouvait pour *ae*.
Peletier approuve *e* crochu. Mais Des Autels le trouve mal inventé; il aimerait mieux un *e* à point dessous (p. 28). Tous deux sont d'accord pour protester contre l'absence de distinction pour l'*e* muet, que Des Autels appelle *imparfait*, et Peletier *sourd*.

2. Dauron, dans les Dialogues de Peletier du Mans, p. 106, discute la question des accents aigus sur les longues, auxquels il voudrait ajouter quelques accents graves sur les brèves. Cf. Peletier lui-même (*Apologie à L. Meigr.*, 18).

me bien incõsideré si je viens a dire (come la ręzon de la pronõçiaçion me forçeroęt) q'ęn notre lange, s, ne doęt pas ętre pronõçée ęn beste,
feste, trayſtre : la ou ęlle la doęt ętr' ęn pęste,
ręste, triste, ę qe, i, n, ne doęuet pas ętre proferées ęn formoient la ou nou' lęs deuons prononçer ęn moient: ne semblablement l ęn veult,
qe deult reqiert ętre prononçée? ę einsi d'aotres infiniz vocables? Qęlle rezon sarions nous
mętr' ęn auant pour couurir cęte grande bę-
tize, & sott' opiniatreté? sinon qe nous recou-
rions soudein a la franchize comune des ánes,
allegans qe ç'ęt l'uzaje, qi ęt vne vraye couuęr-
ture d'vn sac mouillé. Car come l'ecriture ne soęt
qe la vray' imaje de la parolle, a bone rezon on
l'estimera faos' ę abuziue, si elle ne luy ęt conforme par vn assęmblemęnt de lęttres conue-
nantes ao batimęnt de voęs. je croę q'il n'y a çeluy de nous, qi n'estime lę Peintres pour insęn-
sez si pour fęre le vrey pourtręt de l'home, il
luy peñoęt au my lieu du front vne cúe de veao
ę dę tettasses aoz epaoles: ou luy ęntassęt dę
cornes de beuf aos jenouęls: qi sont toutes cho-
zes q'on ne voęt poęnt ao vif. Come quoę donq,
nous sauueron' nous de moqerie en l'ecritture
d'estoient, vu q'onqes Françoęs bien aprins n'y
prononça s, ne i, ne n: ę ao qe l'ecrittur' ęt de
huyt lęttres, la ou la prononçiaçion n'ęt qe de
A iij cinq

MEIGRET. — REPONSE A LA DEZESPERÉE REPLIQUE
DE GLAOMALIS DE VEZELET. MDLI.
(page 3)

çinq voęs:car nou' dizons etoęt. Qęlle cõuenan ç' y trouué vous donc du vif a son imaje ? qęlle ręzon saoriõs nou' mettr' ęn auãt q'ęlle ne soęt aosi monstrueuze, q'ęt çet aotre, de l'home? Suyuãt dõqes le deuoęr qe doęt l'ecrittur' a la pnõçiaçíon: ę preferant la verité ao' faoses opiníõs, ę mecõtęntemęns dęs homes inueterezęn leur abus, je m'efforçerey de fęre qadrer lę' lettres, ę l'ecrittur' ao' voęs, ę a la pronõçiaçíon sans auoęr egart ao' loęs sophistiqes dę' deriuęzons, ę differęnçes: aoqęlles se sommęttet pl' qe jamęs aocũs dę' notres, come beufs ao jou, sans auoęr ao demourant aocune cõsideraçíon de la lęcture. Tęllemẽt qe tout einsi qe je m'efforçe de decharjer notr' ecritture dę' lęttres superflúes, ę la ręndre lizable suiuant l'uzaje de la prolaçíon: çeus la ao contrére ne luy pęnsent pas fęre peu d'honeur ęn la parãt de plumes d'aotruy pour la degyzer: de sorte qe vous ęn trouuerez qi ne sont pas ęn moindr' altęrcaçíon si b, ęt plus cõuenant ao mot ecrire, qe p: ę si escribre, ęt point melleur qe escripre, q' seroęt deu' medeçíns iŋorans, si la sigú' ęt plus nourrissante pour l'home qe le Sublimé: car tout eĩsi q'il' luy sont mortęls, aosi sont çęs aotres lęttres a la vraye pronõçiaçíon du mot, ecrire. Il est vrey qe çete maniere d'ecriueins espere bien mõtrer par la q'il' ont fort proufitté ę' lãges Latin' ~ Grecqe: hors q'ils se

MEIGRET. — REPONSE A LA DEZESPEREE REPLIQUE DE GLAOMALIS DE VEZELET. MDLI.

(page 4)

Librairie Armand Colin, Paris.

u	u cõsonante ou u	n	en
c	ca latin	r	er
k	k grec	x, cs, cç	ix
g	gamma		
q	qu	Il faut y ajouter :	
ch	cha aspiré	á, ę́, é, í, ó, ú voyelles longues	
l	el	ao	au
m	em	oę	oi[1].

Il est certain que sur bien des points, même là où l'évolution de l'écriture ne lui a pas encore donné raison, Meigret avait vu juste. Substituer le *ç* au *t* dans *nation*, le *j* au *g* dans *manger;* distinguer le groupe *ll* dans *village* du même groupe dans *cheville*, employer l'*x*, là où elle s'entend comme *diction*, non là où elle ne repose que sur une erreur graphique, c'étaient des idées justes et neuves, quoique nous en soyons encore, après environ trois siècles et demi, à en réclamer l'application. Sur d'autres questions, les propositions de Meigret ont fini, après bien des retards, par se faire adopter. Les consonnes étymologiques, ou en général superflues, s'en sont allées une à une : *ung*, *recepvoir, aultre*, *beste*, *haste* ont pris l'orthographe qu'il leur souhaitait.

Le défaut le plus grave de son système a été, je n'hésite pas à le dire, quelque paradoxal que cela puisse paraître, de ne pas innover assez. Dans les révolutions de l'a, b, c, comme dans les autres, la timidité n'est pas de mise, et Meigret, malgré son caractère entier, a fait des réserves Il est certain qu'il a eu tort de ne pas aborder la grosse question de la graphie des nasales, mais il n'a fait que l'entrevoir. Au contraire, il a vu d'autres améliorations, même peu difficiles à tenter, et il a reculé. Il n'a pas osé proposer *u* avec « un point ventral », pour distinguer *u* de *v*[2]. Il a éliminé des consonnes superflues, il n'a pas touché à l'*h* initiale ; il a adopté un *ç*, au lieu de prendre simplement *s ;* il y a plus, il n'a pas même osé supprimer le *k* et le *q* devenus inutiles par l'attribution d'une valeur unique au *c*. Ses inventions d'*ł l* et de *çh* ne sont que des demi-mesures. En somme, il s'effraie trop tôt de sa propre audace, et, quoiqu'on puisse noter certains progrès d'un de ses livres à l'autre, il n'ose pousser jusqu'au bout, ajouter et couper dans l'alphabet même, comme il eût fallu le faire dans cette tentative

1. Cet alphabet est incomplet. Dans sa *Grammaire*, f° 15 v°, Meigret s'enhardit à écrire *lł* pour *ll*, et ŋ pour *gn*.

2. *Ment.*, p. 12. Peletier est plus timide encore (v. *Dial.*, p. 118). Cependant, en Espagne, Nebrixa et en Italie le Trissin avaient le 1er en 1522, le second en 1524, soutenu la nécessité de distinguer l'*u* du *v*.

héroïque[1]. Il s'embarrasse même d'une formule mauvaise, qui contredit son système, en prétendant rendre aux lettres leur valeur ancienne, ce qui devait nécessairement amener ses contradicteurs à sophistiquer sur la prononciation de l'*e* ou du *c* chez les Romains. Au contraire, dégagé de cet obstacle, s'il avait pris pour but, sans s'occuper du passé, de donner aux lettres, soit par des signes diacritiques, soit par l'adjonction de nouveaux caractères, une valeur une et fixe, son système ne risquait pas plus pour cela d'aboutir à un échec, peut-être même eût-il tenté quelques hardis esprits — c'était le temps où ils s'élevaient en foule — par sa logique et par sa simplicité.

Les adversaires du système. — Meigret trouva deux adversaires principaux, l'un dans un jeune homme, Guillaume des Autels[2], l'autre dans un médecin que j'ai souvent nommé, Peletier du Mans. Le premier libelle de Des Autels, publié sous l'anagramme de Glaumalis du Vezelet, était, d'après ce que l'auteur déclare lui-même dans le second, une simple lettre à Philippe Lebrun, qui aurait été imprimée contre son aveu. L'excuse est trop banale au XVIe siècle pour être reçue sans preuves. Quoi qu'il en soit, la réplique qu'il a signée n'est guère supérieure à l'écrit soi-disant échappé de sa plume. Il est incontestable que Des Autels avait l'intelligence vive et pénétrante; il le fait voir dans cet opuscule même où plusieurs pages qu'on ne cite jamais, je ne sais pourquoi, expriment sur l'avenir de l'art nouveau et la nécessité de le dégager de l'imitation, comme la Pléiade prétendait le dégager de la traduction, des idées très hardies et peu communes. Ailleurs, Des Autels a osé se poser en adversaire de Maurice Scève et de l'école de l'obscurité; Du Bellay lui-même ne l'osait pas; mais ici, quoiqu'il annonce d'autres ouvrages du même genre, dont la perspective excite la verve railleuse de Meigret, il ne me paraît pas avoir mérité les éloges que M. Livet, un peu partial à l'égard du système, lui a accordés. Sur quelques points de détail et de faits il a raison, du moins en partie. Mais sur les principes, il témoigne vraiment d'un réel défaut de maturité. Quoiqu'il ait essayé, dans son second

1. « Plusieurs se plenet de l'ecritture qe j'ey obsęrué (combien q'ęlle ne soęt pas du tout selon qe reqeroęt la rigeur de la prononçiaçion) » (*Gramm.*, f° 10 v°). Cf. : « pour aotant qe je sey qe toutes nouucaotés sont deplęzantes, qi ont qelqe çhanjement de qelqe façon de vie, tant soęt ellęs ręzõnables, ę qe le tęmps meurit toutes çhoze, je m'en suis deporté pour çęt' heure » (*Ment.*, 15).

2. Sur Guill. des Autelz. Cf. Goujet, t. XII, p. 343-357 et Chamard. *Thèse*, p. 147 et suiv.

factum, de se reprendre et de rejeter son erreur sur une faute de typographie, il a réellement, Meigret le lui démontre sans peine, laissé échapper cette théorie inexcusable que, contrairement à ceux qui « veulẽt reigler l'escripture selon la prononciation, il sembleroit plus conuenant reigler la prononciation selõ l'escripture : pource que la prononciation uzurpée de tout le peuple auquel le plus grand nombre est des idiots et indoctes, est plus facile a corrompre que l'escripture propre aux gens scavants ». Il vaut mieux, dit-il, « prononcer tout ce qui est escript[1] ».

Ainsi, pour faire l'application du système, si on écrit *teste*, *beste*, pendant que l'on prononce *tete*, *bete*, c'est la prononciation qui est à blâmer ; il n'y a nulle superfluité en l'écriture, « veu mesmement que les autres langues vulgaires, Italienne et Espaignole prononcent l'*s* ». A ce compte, comme l'observe fort bien Meigret, on devra aussi prononcer : *escripre*, *recepueur*, *doibvent*, *estoient*, et infinis autres vocables, aussi étranges[2].

Au reste, Des Autels lui-même, avec des idées aussi enfantines que celles dont je viens de parler, ne laisse pas, par une inconséquence singulière, de reconnaître qu'il y a bien à reprendre dans l'abus de la commune écriture (*Rep. c. Meigr* , 56). Malheureusement, il n'a dit ni à Meigret, ni à nous, sur quels points il croyait que la réforme dût porter. Ses opuscules sont donc plus intéressants par les renseignements qu'ils apportent sur l'histoire de la prononciation, que pour la réforme de l'orthographe.

Le petit livre de Peletier du Mans n'a aucun titre belliqueux, tout au contraire[3]. Le ton de l'auteur est tout à fait autre que celui de Des Autels, et tel vraiment que le méritait l'œuvre sérieuse

1. Ce non-sens linguistique, inexcusable, même à l'époque, est vertement relevé par Meigret : « Q'ęlle reponse pourroę' tu fęr'a vn peintre, qi... ne s'estimant pas moins sauant ęn son art, qe toę ęn ton ecritture Françoęze », voudrait « corrijer nature com' ayant defal'ly ęs oręl'les de Gyl'laome pour lęs auoęr fęt trop courtes, ę etroęttes : ę qe finablemęnt il lęs te fit ęn son pourtręt d'vne tęll' auenú' ę poel, qe lę' port' vn áne rouje? Qęlle defęnse pourras tu amener, que suiuant la męme loę dont tu nou' veu' tous forcer à prononçer tę' lęttres superflues (q'onqes lange de bon Françoęs ne prononça) qe tu ne doęues aosi charjer ę ęnter ęn ta tęte çes bęlles ę ámples oręl'les d'Ane? » *Def.*, B. II, v°.

H. Estienne, tout étymologiste qu'il est, signale au contraire le danger de cette prononciation des pindariseurs, qui fait rentrer dans la prononciation des lettre devenues muettes (*Hypomn. de l. Gall.*, p. 2).

Dans sa réplique, Des Autels dit que l'imprimeur a passé *ne* avant *prononcer*, p. 24 ; c'est une excuse d'écolier que tout le passage dément.

2. Meigret lui demande encore à ce propos (*Def.*, B. III, r°) si « lę' Françoęs sont tenuz de parlęr Gręc, Latin, Hespañol, ne Italien ?... Je m'emeruęl'le que tu n'as dit *testa :* a celle fin qe tu gardasses du tout la prononçíaçíon Italiene ».

3. *Apologie a Louis Meigręt Lionnoęs* (suivie du *Dialogue de l'ortografe e prononciacion françoęse departi en deus Liures*, Lyon, Jan de Tournes, 1555). — Dédicace du 29 janvier 1550.

de Meigret. Il a pris grand plaisir à voir « restituer » notre écriture, et tout en proposant son système à lui, il s'accommode autant qu'il peut à celui de Meigret, ne voulant dédaigner de « tɇnir avec lui un chɇmin qui dɇ soę n'etoęt que bon ». Mais il ne faudrait se tromper ni au titre, ni à l'exorde. La condescendance de Peletier ne va pas très loin, et les critiques sont beaucoup plus nombreuses, dans ses quelques pages, que les éloges.

Sur le fond de la question, comme Peletier le dit lui-même, il est d'accord avec Meigret, et il juge notre écriture avec la même sévérité, comme un vêtement dépenaillé, ou un déguisement qu'on croirait donné à la langue par dérision [1]. Le principe à garder dans la réforme semble aussi le même aux yeux de Peletier ; tous deux visent « a un blanc, qui ęt dɇ raporter l'Ecriturɇ à la prolacion : c'ęt, dit-il avec raison à Meigret (9), notrɇ but, c'ęt notrɇ point, c'ęt notrɇ fin : sommɇ, c'ęt notrɇ uniuęrsęl acord [2]. »

Toutefois, malgré ces prémisses, ce censeur bienveillant trouve presque autant à reprendre soit dans les détails, soit dans les principes qu'un ennemi y eût trouvé. En fait, d'abord, il conteste sur bien des points que la prononciation figurée par Meigret soit la bonne, et on voit la portée de la critique, tombant sur un système dont l'observation rigoureuse de la prononciation était la seule base [3]. C'est une condamnation. Peletier en arrive à dire au desti-

1. « I'è, antrɇ autrɇs chosɇs, pris grand plęsir a voęr la peinɇ quɇ tu prans a restituer notrɇ Ecriturɇ : laquelɇ, dɇ fęt, ęt si corrompuɇ, e representɇ si peu cɇ qu'ęlɇ doęt represanter, qu'on la peùt ręsonnablɇmant comparer a unɇ robɇ dɇ plusieurs piecɇs mal raportɇɇs, eyant l'unɇ manchɇ longuɇ e largɇ, l'autrɇ courtɇ e etroętɇ : e les cartiers çan dɇuant dęrrierɇ, laquelɇ un perɇ balhɇ a son anfant, autrɇmant dɇ bęlɇ talhɇ e bien proporcionne dɇ tous ses mambrɇs, ou par nonchaloęr, ou par chichɇte, ou par contannɇmant, ou an sommɇ, par pôurɇte (p. 6). Cęrteinɇmant il i à fort long tans, e a peinɇ mɇ souuient il auoęr ù le jugɇmant si jeunɇ, quɇ jɇ n'ęɇ ù bien grand hontɇ, voęrɇ depit, dɇ voęr unɇ telɇ Languɇ commɇ la Françoęsɇ, ętrɇ vetuɇ, męs plus tót masquɇɇ d'un habit si diformɇ (*ib.*). » Dans le *Dialogne* il montre d'une manière intéressante la supériorité de l'écriture espagnole, déjà marquée de ce temps-là, aujourd'hui éclatante (p. 112 et 113).

2. Sur certains points aussi, ils tombent d'accord. Peletier trouve aussi mauvaise que Meigret l'écriture de *maistre*, *paistre*, et « l'ę a keuɇ » du moyen âge, dont Geoffroy Tory s'était déjà servi en latin, que Meigret propose, lui paraît très bien convenir pour ce son. Dans son Dialogue, Dauron, qui parle au nom de Peletier. condamne, comme Meigret le *t* de *et*, le *d* de *aduenir*, l'*s* de *blasme*, *trosne* (p. 114), le *ch* de charactère (p. 112), l'*n* des verbes au pluriel (p. 128), le *t* final suivi de l'*s* de flexion (p. 129), l'*u* étymologique de *umbre* pour *ombre* et le *x* de *gracieux* (p. 132) ; il accepte l'*y* grec, mais non avec l'abus qu'on en fait à la fin des mots (132) ; il écrit *ei*, *ey* dans *einsi*, *efreyant ;* à *ph* il substitue souvent *f : filosofie;* à *t + i*, *ç : descripçion.*

3. Il ne croit pas que l'*i* de *nacion* soit long, les voyelles françaises étant toujours brèves les unes devant les autres, sauf devant e muet (p. 19). De même pour l'*u* de *puant* (p. 20) ; *alè*, *donnè*, ont la dernière syllabe brève (p. 21) ; *violęt* n'est pas de deux syllabes ; *veramant* ne peut être qu'une faute pour *vręmant* (p. 22) ; *cuɇ* ne peut pas se proférer par *u* tout nu, mais par la diphtongue *eu ; naguęrɇ*, *protręrɇ*, n'ont

nataire de cette singulière apologie que, si ses opinions étaient reçues, il aurait abouti à un résultat contraire à celui qu'il cherchait, et trouverait même le langage déguisé, en l'entendant prononcer tel qu'il l'avait écrit.

Sur les propositions proprement relatives à l'écriture, mêmes observations : on ne peut utilement noter les longues d'un accent, ou plutôt d'une apicule que certains mots auraient alors sur chaque syllabe (p. 19). *Ou* est inséparable de notre vulgaire. *Au*, qu'il vaudrait mieux remplacer par *o*, que par *ao*, s'entend dans *cause*, aussi bien que dans *causa*, ou du moins il y sonne d'une manière si analogue que cela ne saurait causer une erreur, etc. L'introduction de l'apostrophe au lieu de l'*e* feminin à la fin des dictions, n'est pas bonne, puisqu'il peut arriver qu'on s'arrête sur ces finales. Il n'y a pas d'intérêt à rendre unique la valeur de *c*, *g*, en les écrivant toujours avec la même valeur dure, devant *e* et *i* comme devant *a* et *o*. C'est bien là la vraie puissance de *c*, mais la nouveauté en serait odieuse. Malgré *aguiser*, où *gu* a sa valeur propre, mieux vaut laisser l'*u* dans *longueur*, *longue*, *guise*. *Qu* est reçu dans toutes les langues ; on pourrait le remplacer par *k* ; mieux vaut qu'on n'y touche pas pour cette heure. Bref, la résistance porte sur la plupart des points qui tenaient à cœur à Meigret[1].

Il y a plus. Malgré les affirmations du début, les principes des deux réformateurs diffèrent radicalement. Ramener les lettres à leur naïve puissance est une utopie aux yeux de Peletier. Il y a en notre langue, qui malheureusement a pris, par nonchalance de nos aïeux, les lettres des Romains, « unɇ manierɇ dɇ sons, qui nɇ sɇ sauroęt exprimer par aucun assamblɇmant ni eidɇ de lętrɇs Latinɇs ou Grequɇs » (p. 9), par exemple la dernière syllabe de *hommɇ*, *fammɇ*, la première de *Iaquɇs*, *iamɇs*, la dernière de *batalhɇ*. Pour les écrire il faut abuser de *e*, *i*, *l*. De même du *c* aspiré pour écrire *charité*, du *v* pour écrire *valet*, de *gn* pour écrire *gagner*[2].

pas d'e ouvert, ni long (p. 22) ; *bonɇ*, *comodɇ* ne se prononce pas par o simple, mais *bonnɇ*, *commodɇ* (p. 22) ; *troup*, *clous*, *nous*, pour *trop*, *clos*, *noz* et inversement *bot*, *ouert* pour *bout*, *ouuert*, sont des prononciations « dɇ la Gaulɇ Narbonnoęsɇ, Lionnoęsɇ, e dɇ quelquɇs androęz dɇ l'Aquiteinɇ ». Meigret ne reconnaît que deux sortes d'e, l'e à queue, qui est ouvert, l'autre sans queue, qu'il fait servir à deux offices. Or, il y a trois e, comme le montre le mot *defęrɇ*. Écrire *deduirɇ*, *perɇ*, avec le même *e*, c'est défaillir, car l'un des deux est un *e* sourd. Peletier note *e* sourd par *ɇ*, empruntant cette lettre à quelques impressions. Voy. *Dial.*, p. 108-109.

1. Sur d'autres points, Peletier d'accord avec Meigret pour critiquer, propose des solutions à lui : il emprunte *lh* aux Provençaux, Toulousains et Gascons, pour remplacer *ill* (v. *Dial.*, 111), il laisse tomber le *t* devant *s* du pluriel, mais lui substitue un *z* : *moz*.

2 Peletier avait un moment pensé écrire *nh* comme *lh* ; il ne l'a pas osé.

Pour parvenir au but que l'on propose, il faudrait avoir des lettres nouvelles, et ce ne serait jamais fait. Notre Langue aurait perdu son usage, avant que nous puissions mettre telles nouveautés en la bonne grace des Français[1]. Meigret lui-même convient qu'une lettre peut avoir deux offices, comme le *s*, qui, final, sonne visiblement comme un *z*, quand il se lie à des mots commençant par une voyelle : *Tous hommɇs e fammɇs ont a mourir* (p. 12-13). Dès lors, il faut se borner à réformer seulement les abus qui causent erreur. Des mots comme *outil*, *sutil*, *ville*, *cheville*, *espris* (du verbe *éprendre*) et *espriz*(pluriel de *esprit*) s'écrivent de même sorte, bien qu'il y ait des différences manifestes entre leur prononciation : « Cɇ sont les moz, qui meritɇt reformacion, non pas ceus qui s'ecriuɇt d'unɇ sortɇ qui ęt tousjours samblablɇ a soę, et qui jamęs nɇ sɇ demant. Cɇ sont ceus quɇ nous dɇuõs tascher a restituer » (13-14).

Peletier, tout en visant aussi à une refonte, s'en défend ; c'est un révolutionnaire honteux et timoré[2]. Il l'avoue du reste très longuement à propos d'un détail (p. 18)[3]. Ainsi les principes qu'il affiche au début de son livre ne doivent pas faire illusion. Évidemment, il n'en est pas comme Des Autels à attendre la réforme d'une « authorité » quelconque, il veut « s'entremettre de la faire », mais il apporte là, comme partout ailleurs, son tempérament hésitant.

Il en a même donné une preuve curieuse, en publiant, au lieu d'un livre de doctrine, un dialogue, où différents personnages,

1. Voy. *Dial.*, p. 118. Meigret dit lui-même : « Il ęt vrey qe c'ęt bien le me'lleur d'approçher le plus q'il sera possibl' ao' plus ęzés ę comuns caracteres : affin de releuer le lęcteur de peine : çe qe je pęns' auoęr fęt. » Toutefois, ajoute-t-il, « il ny a point de loę qi me forçe, ne toę ny aotre, a vne çęrteine figure » (Meigr., *Rep.* à *G. des Aotels*, 30).

2. Les plus frappantes innovations de Peletier du Mans, dans l'orthographe proprement dite, sont la substitution de a à *e* dans la nasale *en*, de *ei* à *ai* dans des mots comme *ainsi*, de *k* à *c* dans *keur*, etc., enfin la suppression d'un grand nombre de lettres étymologiques.

Quant à son alphabet, il présente des nouveautés importantes. Les voyelles longues sont marquées d'un accent aigu, les brèves d'un grave : *mátin*, *ęt*, *grés*, *óter*, *út*; *pouuoę̀r*, *assièt*, *sù*. — L'*e* ouvert est à queue ę, l'*e* muet barré ɇ, la diphtongue *oi* s'écrit oę, le *c* est cédillé, *ll* mouillé est noté par *lh* ; il est fait usage du tréma ¨ *poësie*, et de l'apostrophe, *contr'opinion*.

Mais presque tous les anciens défauts subsistent : *j* et *g* concourent à rendre le *j*; *s*, *ss*, *ç* ont la même valeur ; *k* alterne avec *c*, et *qu*; *g* avec *gu* (*figure*, *guerre*), *x* avec *cc* (*ficcion*, *contraccion*) ; d'autre part un même signe garde deux valeurs : *gn* sonne comme *g* + *n*, ou comme *ñ*; *s* est tantôt dure, tantôt sonore, avec le son de *z* (*joyeuse*, *occision*).

3. Il raconte dans son *Traité* même (p. 6) qu'étant sujet au vouloir et plaisir de l'évêque du Mans, René du Bellay, il n'avait pu lui faire trouver bonne sa mode d'écrire, et que pour cela il n'avait osé en publier sa fantaisie. Page 26, il ajoute qu'il n'a pas osé employer son système dans son *Arithmétique*, et ne l'appliquera que dans la réimpression de ses poésies.

mais surtout de Bèze et Dauron défendent l un l'usage, l'autre la réforme. La doctrine de ce dernier est celle de l'auteur. Mais on n'en sait rien positivement ; l'opuscule est sans conclusion. De Bèze est parti après la première journée, les autres interlocuteurs se séparent, malgré une véhémente péroraison de Dauron, et rien ne se décide[1].

Meigret répondit à Peletier, comme à Des Autels, avec un peu d'âpreté peut-être, plus poliment toutefois. Du détail, il n'y a rien à dire ; il avait si bien donné ses raisons qu'il ne lui restait qu'à les répéter dans la polémique. Quant à ces atermoiements qu'on lui proposait, il les repoussa avec vigueur[2], laissant à Peletier du Mans sa timidité, et lui jetant en dérision ce proverbe qui résume assez justement l'impression causée par ce réformateur trop prudent : « Pour te satisfęre en tę' remontrançes pleines de creinte, je suys d'avis qe qi a peur de' feulles ne voeze poĩt ao boes » (3 v°).

Destinée de la réforme. — Considérée comme décisive[3] pour le développement et la diffusion de la langue, cette querelle, pour futile qu'elle paraisse à quelques-uns, eut un retentissement considérable dans tout le monde qui lisait ou qui écrivait. A dire vrai, c'est de ce monde que la solution dépendait, bien plus que des spécialistes. Il ne faut pas oublier que les polémiques coïncident avec l'apparition du manifeste de Du Bellay, et précèdent la magnifique éclosion de la Pléïade. Si elle eût été adoptée par ceux qui allaient devenir des demi-dieux, et portée dans toute la France par leurs œuvres, la réforme avait les plus grandes chances de succès ; l'important, en effet, en ces matières, n'est pas seulement

1. Un des interlocuteurs est Sauvage. — Denis Sauvage promet « qu'il traitera de l'orthographie et autres parties de grammaire françoise. En attendant (dans ses « *Histoires de Paolo Jovio, Comois*... traduictes de Latin en François et reveües pour la seconde édition par Denis Sauvage Signeur de Parc-Champenois... Lion, Rouille, MDLVIII), il introduit deux signes : la parenthesine ˜( )˜ et l'entrejet ; ;

Mais il n'a pas été très rigoureux dans leur emploi, « n'ayant encores voulu ; nom plus qu'en l'orthographie ; tenir ce qu'il m'en semble : jusques à ce que i'en aye mis mes raisons en auant : apres celles de tant de doctes personnages, qui en ont escrit. A l'exemple desquels ie ne dedaigneray d'entrelaisser choses ; qui pourroyent sembler de plus grande importance ; pour m'employer à tel fondement, necessaire au bastiment de nostre langage François : si nous voulons qu'il soyt de marque si belle que les estrangers le choisissent de loing, s'approchent d'iceluy, et le contemplent à merueilles. »

2. « Quant a ton moyen pour gañer petit a petit, et finablemènt fęre le sot tout de gre, si tu le trouue' bon, fę le : car qant a moę je ne pretęn' par mon ecritture qe pourtręre le plus exactemęnt q'il me sera possible la prononçíaçion Françoeze, ęn bal'lant a çhacune voęs son propre charactęre pour ęn uzer ę ęn bátir un' écritture suyuant le bátimęnt de la parolle : sans ao demourant fęr' état si je serey suyui, ou non » (4 r°).

3. Pasquier, Aneau, Sebilet, etc., y font allusion.

qu'une théorie soit énoncée, mais que des modèles se répandent et qu'un usage s'établisse.

Ronsard paraît avoir été très favorable à Meigret. Il ne faut pas oublier que Sebilet s'était prononcé contre les lettres superflues[1], et qu'en toutes choses il importait de faire mieux que lui. Ronsard répète la même condamnation dans son *Art poétique*. En outre, il adopte le *z* de Meigret, dans *choze*, *espouze*. Il déplore comme lui, la confusion du *k* et du *s* dans *c*; il trouve mauvais que *g* occupe « misérablement » la place de *i* consonne ; il souhaite qu'on invente des lettres doubles à l'imitation des Espagnols, pour *ill* et *gn*. Bref il semble lui-même ne faire que remettre de « reformer la plus grand' part de nostre *a*, *b*, *c* ». Ces idées, qu'il exprimait en 1565, il les avait plus vives encore en 1550. Nous savons par Meigret que le grand poète lui a fait l'honneur de le consulter[2], après l'apparition de sa *Grammaire*. Son avertissement au lecteur des *Odes* nous montre à quel point l'impression faite par le réformateur avait été profonde. Ronsard le dépasse. Il supprime l'*y*, que Meigret n'avait « totalement raclé, comme il devoit » ; le *ph*, pour lequel il ne faut autre note que notre *f*. S'il a laissé les autres diphtongues comme *yeux*, « en leur vieille corruption, avecques insupportables entassements de lettres, signe de nostre ignorance et de peu de jugement », c'est qu'il est satisfait d'avoir « deschargé son livre d'une partie de tel faix, attendant que nouveaux characteres seront forgez pour les syllabes *ll*, *gn*, *ch*, et autres. » Au reste il avait « deliberé suivre la plus grand' part des raisons de Louys Maigret, homme de sain et parfait jugement (qui a osé desiller les yeux pour voir l'abus de nostre escriture) ». Il en a été déconseillé, mais il ne s'est résigné que provisoirement, et il fait cette déclaration tout anarchique : « Et si tu m'accuses d'estre trop inconstant en l'orthographe de ce livre, escriuant maintenant espée, épée, accorder, acorder, vestu, vétu, espandre, épandre, blasmer, blâmer. tu t'en dois colerer contre toy mesmes, qui me fais estre ainsi, cherchant tous les moyens que je puis de seruir aux oreilles du scauant, et aussi pour accoustumer le vulgaire à ne regimber contre l'eguillon

1. *Art. poet.*, édit. 1548, 37 r° et v° : « Je t'auiseroie voluntiers... que desormais escriuant le François, tu ne sois tant superstitieus et superflu que de suiure l'origine des vocables pris des Grecz ou Latins, pour retenir d'eus quelques lettres, lesquelles ne seruent que d'emplir papier, sans ce qu'elles se prononcent... escriuant le Francois, tu n'y dois mettre lettre aucune qui ne se prononce. » Cf. *Rons.*, VII, 334. « Tu euiteras toute orthographie superflue et ne mettras aucunes lettres en tels mots si tu ne les proferes ; au moins tu en vseras le plus sobrement que tu pourras en attendant meilleure reformation. »

2. *Reponse a dęs Aolels*, p 66.

lorsqu'on le piquera plus rudement, monstrant par cette inconstance que, si i'estois receu en toutes les saines opinions de l'orthographe, tu ne trouuerois en mon liure presque vne seule forme de l'escriture que sans raison tu admires tant, t'asseurant qu'à la seconde impression ie ne feray si grand tort a ma langue que de laisser estrangler vne telle verité sous couleur de vain abus[1] ».

Il n'est pas téméraire de supposer que, pour agir sur un homme aussi convaincu, il avait fallu des raisons puissantes, quelque chose comme le danger de compromettre le succès de la nouvelle école. Dans ces conditions on devine facilement de qui parle Ronsard, quand il attribue cette concession à « l'insistance de ses amis, plus soucieux de son bon renom que de la verité, lui peignant au devant des yeux le vulgaire, l'antiquité et l'opiniastre aduis des plus celebres ignorans de son temps ». Cet ami est probablement Du Bellay. Il s'est excusé lui-même dans la *Deffence*, et aussi dans la Préface de la seconde édition de l'*Olive*, par des raisons qui rappellent celles qu'on a données à Ronsard[2].

Si cette hypothèse est exacte, Du Bellay a vraiment rendu ce jour-là un mauvais service à la langue française. L'occasion était inespérée ; c'était d'abord vraiment merveille que l'école qui professait de n'écrire que pour les doctes se rangeât à une manière d'écrire fondée sur la prononciation vulgaire, et qui abandonnait les traditions savantes. Ensuite il était peu vraisemblable qu'il se rencontrât désormais un Ronsard et un Meigret réunis dans une œuvre commune; enfin j'ajoute que, cette collaboration eût-elle été possible plus tard, les résultats en eussent été moins certains. En 1550, les livres qu'un changement d'écriture eût fait paraître archaïques étaient en si petit nombre que le sacrifice en était encore possible. Au fur et à mesure que la littérature française s'est développée, ce qui a rendu de plus en plus difficile une réforme radicale, c'est l'impossibilité croissante de nous éloigner ainsi d'un coup de tout

1. II, 15-17, Bl.

2. « Quant à l'Orthographe, i'ay plus suyuy le commun et antiq'vsaige, que la Raison, d'autant que cete nouuelle (mais legitime à mon iugement) facon d'ecrire est si mal receue en beaucoup de lieux que la nouueauté d'icelle eust peu rendre l'Œuure, non gueres de soy recommendable, mal plaisant, voyre contemptible aux Lecteurs » (*Deffence*, Au lecteur, 164, P.).

« J'ay peu curieusement regardé à l'orthographe, la voyant aujourd'huy aussi diuerse qu'il y a de sortes d'escriuains. J'approuue et loue grandement les raisons de ceux qui l'ont voulu reformer; mais voyant que telle nouueauté desplaist autant aux doctes comme aux indoctes, j'ayme beaucoup mieux louer leur intention que la suyure, pource que je ne fay pas imprimer mes œuures en intention qu'ils seruent de cornets aux apothicaires, ou qu'on les employe à quelque autre plus vil mestier » (Du B., *Olive*, 2e édit., Préf.).

un trésor d'écrits qui composent encore la lecture non seulement des érudits, mais des hommes cultivés. Après la défection de Ronsard, Meigret était vaincu, et ses successeurs avec lui. Il abandonna lui-même sinon ses convictions, du moins son écriture [1].

Les successeurs de Meigret. — Il ne faudrait pas croire qu'une fois Meigret rangé à la commune opinion, la querelle orthographique se soit trouvée apaisée. La discussion une fois ouverte se continue après lui, ou sans lui, quand, découragé il a renoncé à la lutte. Sans doute, en 1555, la cacographie usuelle avait la victoire, mais cette victoire ne cessa plus jamais d'être disputée.

Je n'ai pas l'intention de suivre en détail l'histoire de ces discussions. Nous y reviendrons à d'autres moments décisifs. J'indiquerai seulement brièvement que, malgré la confusion apparente, il y a dans la suite du XVIe siècle, trois grands partis en matière d'orthographe, entre lesquels des indécis ou des conciliants établissent des rapports, mais qui n'en sont pas moins nettement divisés. Ce sont, si l'on veut me permettre — ce qui a déjà été fait — d'emprunter les noms à la politique : les révolutionnaires, les progressistes et les conservateurs.

Si on consulte les livres imprimés, ce dernier groupe est évidemment le plus nombreux; il a pour lui, comme en toute chose, non seulement les indifférents, les timides, tous ceux qui ont la superstition ou le respect du passé ou du présent, mais tous les auteurs qui ont peur de ne pas être lus, et — puissance bien plus considérable encore — tous les imprimeurs qui placent au-dessus de tout le souci de ne pas rebuter le lecteur et de conserver quelque valeur à leur stock. Ces derniers vont jusqu'à résister à la volonté formelle des écrivains, et on voit des hommes de l'autorité de Laurent Joubert, quasi obligés de contraindre les libraires à s'écarter des coutumes reçues [2].

Toutefois, je ne voudrais pas présenter l'armée des fidèles de la vieille orthographe comme plus mal composée qu'elle ne l'était, ni comme inspirée seulement par des idées mesquines ou étroites. Il

1. Dans son *Discours touchant la creation du monde*, Paris, André Wechel, 1554, il dit : « Si le bastiment de l'escripture vous semble autre et different de la doctrine qu'autrefois ie mis en auant, blamez en l'imprimeur qui a preferé son gain a la raison, esperant le faire beaucoup plus grant et auoir plus prompte depesche de sa cacographie que de mon orthographie. » Dans sa traduction du traité de 1557 des *Proportions du corps humain* d'Albert Dürer, il n'y revient pas.

2. Peletier du Mans raconte des choses analogues à propos de l'impression de ses Poésies, dans son premier livre de l'orthographe (*Dial.*, p. 36-37). Des Autels lui-même déclare ne recevoir certaines superfluités que par force, en laissant faire aux imprimeurs à leur plaisir (*Rep. à Meigret* 55).

est certain que, tout à l'aile droite se trouvaient quelques sots, de ceux qui eussent volontiers écrit du français en grec ou en latin. De ce nombre était Périon[1]. Hanté d'hellénisme, le pauvre moine, comme l'appelle H. Estienne, eût volontiers obligé ses contemporains à écrire *tuer*, *oignon*, *jambe* sous la forme *thuer*, *onnyon*, *gambe* qu'il adoptait lui-même, parce qu'il croyait ces mots venus de θύειν, κρόμμυον, καμπή. Mais au centre, à côté de ces exaltés qui demandent une révolution en arrière, se trouvaient des hommes dont la science et le jugement sont hors de conteste, comme Robert et Henri Estienne adversaires de la « maigre orthographe[2] ». Parmi les théoriciens qui ont soutenu la nécessité de maintenir la tradition, il faut citer d'abord A. Mathieu : toutefois sa pensée, souvent entortillée et obscure, est en outre très changeante[3], et il ne mérite guère qu'on s'arrête à lui. Au contraire, il est impossible de ne pas signaler là la présence de Théodore de Bèze, opposé presque à tout progrès, si du moins Peletier du Mans ne l'a pas trop calomnié, en le chargeant dans son dialogue de défendre la cause des étymologistes, et en lui faisant dire plutôt « plus que moins[4] ». A citer encore dans les mêmes rangs Estienne Pasquier[5], et le jurisconsulte Papon.

1. *Joachimi Perionii benedictini cormœriaceni Dialogorum de linguæ gallicæ origine, ejusque cum græca cognatione, libri IV*. Parisiis, apud Sebastianum Niuellium, 1555.

2. Dans la préface de sa *Grammaire*, Robert Estienne se prononce contre les novateurs en fait d'orthographe.

« Nous n'en voulons debatre avec eulx, ains les prions qu'en paix ils mettent peine de mieulx faire sans changer la plus comune et receue escripture, prononitiation et maniere de parler conforme au langage de nos plus anciens bien exercez en nostre dicte langue » (p. 4).

Voir pour H. Estienne, *Hypomneses de l. gall.*, 79 et suiv.

3. « Mais pour telle consequence de letres, je ne veulx pas reprandre l'vsage d'escripture en francoys de superfluité ou redondance et la changer au plaisir d'aucuns nouueaux, qui en cela n'escripuent à d'autres qu'a eulx mesmes, et tant s'en faut qu'ils soyent receuz et ensuyuiz qui ne sont leuz ny entendus du commun » (Mathieu, *Sec. Dev.*, 1560, 11 v°). Les raisons de Mathieu ne sont pas toutes théoriques, il craint surtout l'insuccès : « Les gens qui proposent vne nouuelle maniere d'ecrire, ne iugent pas qu'ils entreprennent combat alencontre de la necessité. Telle necessité, c'est la Chancellerie de France ; sont les cours du Parlement ; sont les iustices souueraines et ordinaires. En ces lieux l'escripture telle qu'elle est tient la force, tient le hault et la maiesté. Parquoy c'est mocquerie à vn petit compaignon, quelque suport qu'il ait, et quelques aliez qui le suyuent, de soy preparer à l'encontre de telles forces » (*Devis.*, 2 v° ; cf. 3 r°).

4. De Bèze, dans son *Traité de la prononciation*, admet quelques réformes. Il blâme des lettres étymologiques : le *g* de *cognoistre*, le *c* de *auecques* ; il est pour la distinction de l'*u* et du *v*, pour celle des différents *e*, etc. Toutefois dans la préface d'*Abraham sacrifiant*, paru en 1550, il avait attaqué violemment Meigret.

5. Sa lettre à *Monsieur Ramus* est célèbre :

« Or sus, je vous veux denoncer une forte guerre, et ne m'y veux pas presenter que bien empoint. Car je sçay combien il y a de braves Capitaines qui sont de vostre party. Je sçay que vostre proposition est trés-précieuse, de prime rencontre ; car si l escri-

A l'autre extrémité, parmi les réformateurs, de nouvelles et intéressantes tentatives se produisent successivement. Ramus apporte à juger les choses grammaticales la même liberté d'esprit qu'à examiner Aristote, et on devine, dans ces conditions ce qu'est sa conclusion[1]. Je parle ailleurs de sa « Gramere ». L'orthographe qu'il y propose « en toute submission », marque encore un progrès réel sur celle de Meigret. Toute lettre non prononcée disparaît, les signes inutiles sont supprimés, les groupes de lettres destinés à exprimer un son unique écartés et remplacés par un signe simple,

ture est la vraye image du parler, à quoy nous pouvons nous plus estudier que de representer par icelle en son naïf, ce pourquoy elle est inventee : Belles paroles vrayement. Mais je vous dy que quelque diligence que vous y apportiez, il vous est impossible à tous de parvenir au dessus de vostre intention. Je le cognois par vos escrits : car combien que decochiez toutes vos fleches à un mesme blanc, toutesfois nul de vous n'y a sçeu attaindre : ayant chacun son orthographe particuliere, au lieu de celle qui est commune à la France. Qui me faict dire que pensant y apporter quelque ordre, vous y apportez le desordre : parce que chacun se donnant la mesme liberté que vous, se forgera une orthographe particuliere. Ceux qui mettent la main à la plume, prennent leur origine de divers païs de la France, et est mal-aisé qu'en nostre prononciation il ne demeure tousjours en nous je ne sçay quoy du ramage de nostre païs. A tant puis que nos prononciations sont diverses, chacun de nous sera partial en son escriture. La volubilité de la langue, est telle, qu'elle s'estudie d'addoucir, ou pour mieux dire, racourcir ce que la plume se donne loy de coucher tout au long par escrit. Car quant à ce que vous vantez faire beaucoup par vostre opinion, pour l'estranger, qui voudra apprendre nostre langue, pour autant qu'il apprendra en la lisant, de la prononcer, si vous le pensez, vous vous mesprenez grandement. Estimez-vous que pour estre le Latin escrit tout de son long, nous le prononçions à son naïf ? De ma part, je croy que si Ciceron, Cesar, Salluste et tous ces grands Autheurs de la langue Latine revenoient en leur premier estre, et qu'ils nous ouyssent parler leur langage, ils ne nous entendroient pas, ains trouveroient nos prononciations agencées, les unes à la Françoise, autres à l'Espagnole, autres à l'Alemande, selon la diversité des nations. Aussi faut-il que vous me confessiez qu'il y a quelque naïfveté en la prononciation de toutes langues, que l'on ne sçauroit representer dessus le papier. A quel propos donc tout cela ? Non certes pour autre raison, sinon pour vous monstrer qu'il ne faut pas estimer que nos ancestres ayent temerairement ortographié, de la façon qu'ils ont faict, ny par consequent qu'il falle aisément rien remuer de l'ancienneté, laquelle nous devons estimer l'un des plus beaux simulachres qui se puisse presenter devant nous, et qu'avant que de rien attenter au prejudice d'icelle, il nous faut presenter la corde au col, comme en la republique des Locriens ; et à peu dire que tout ainsi qu'anciennement en la ville de Marseille ils executoyent leur haute justice avec un vieux glaive enroüillié, aymans mieux user de celuy-là, que d'en rechercher un autre qui fust franchement esmoulu, aussi que nous devons demeurer en nostre vieille plume : je ne dy pas que s'il se trouve quelques choses aigres, l'on n'y puisse apporter quelque douceur et attrempance, mais de bouleverser en tout et par tout sens dessus dessous notre orthographe, c'est, à mon jugement, gaster tout. Les longues et anciennes coustumes se doivent petit à petit desnoüer, et suis de l'opinion de ceux qui estiment, qu'il vaut mieux conserver une loy en laquelle on est de longue main habitué et nourry, ores qu'il y ait quelque defaut, que sous un pretexte de vouloir pourchasser un plus grand bien, en introduire une nouvelle, pour les inconveniens qui en adviennent auparavant qu'elle ait pris son ply entre les hommes. Chose que je vous prie prendre de bonne part, comme de celuy, lequel, combien qu'il ne condescende à vostre opinion, si vous respecte-il-et honore pour le bon vouloir qu'il voit que vous portez aux bonnes lettres. A Dieu » (*Lettres* d'Estienne Pasquier, liv. III, let. IV, p. 55-62).

1. Il a des pages entières qui pourraient être de Meigret ; voir 29-34, éd. 1562.

les doubles significations des lettres réduites à une seule. Ramus arrive à ce résultat en créant pas mal de lettres nouvelles. Il admet *ę* pour *e* muet, *e'* pour *e* ouvert, *ļ* pour *l* mouillée, *ç* pour *ch*, *ɳ* pour *n* mouillée, *8* pour *ou*, *a/* pour *au*, *e/* pour *eu*, *j* pour *i* consonne, *v* pour *u* consonne[1].

C'était trop pour réussir, trop peu pour réaliser le type de l'écriture phonétique. Les voyelles nasales sont encore représentées par des groupes ; des diphtongues comme *ei*, des finales inutiles sont maintenues[2], etc. On ne s'explique pas non plus que Ramus, ayant à choisir des formes nouvelles, ne songe point à conformer ses inventions à celles de ses prédécesseurs, qui cadraient avec son système. Puisqu'il admettait l'*e* à queue, pourquoi lui attribuer une fonction différente de celle que Meigret avait proposée?

Baïf fut plus sage et s'écarta peu du système de Ramus, sauf dans la notation des *e*[3]. Mais, quoique Ramus loue ses « viues et pregnantes persuasions », le poète des vers mesurés n'était pas capable de lui fournir l'appui que Ronsard eût fourni à Meigret. L'homme n'était point assez grand, ni l'occasion assez bonne. Il faut ajouter que Baïf acheva de la gâter, en appliquant précisément son orthographe à ces vers mesurés à l'antique, où Ramus lui-même estimait que la quantité variait suivant les opinions de chacun. C'était beaucoup de nouveautés à la fois, et les moqueurs, malgré le sonnet liminaire, ne durent pas manquer[4].

Pourtant quelqu'un alla plus loin encore dans l'audace que Ramus[5]

1. Dans la première édition, Ramus n'imprime pas avec tous ses caractères. Dans la seconde, il commence par un chapitre en orthographe usuelle. Puis à partir de la page 57, il imprime à deux colonnes jusqu'à la fin.

En somme, voici l'alphabet de Ramus dans sa seconde édition (p. 36) :

a, a/ (= au), ę (= e), e (= é), e' (= è), e/ (= eu), i, o ; 8 (= ou), u, s, ç (= ch), z, r, l, ļ (= ll), m, n, ɳ (= gn), j, v, f, h, t, d, k, g (= g dur), b, p, x (= ks, cs, gs). On remarquera que les voyelles n'ont pas d'accent, ce qui, sous le rapport de la rapidité de l'écriture, est un très grand avantage.

2. Dans *ręnove'lęmẽt d'am8r*, p. 161, éd. 1572, on en voit un exemple. Cf. p. 165 *portęront tęmoɳaję*.

3. Baïf distingue un *e* (*e* bref), *é* (e commun), *ę* (e long) : Ex. : *onęteté*. Mais il adme la nouvelle notation de ç, g, j, ļ, ɳ, 8, a/, s, v, e/.

Voir le fac-similé du titre et de l'a, *b*, *c*, dans *Evvres en rime* de Baïf publiées par M. Marty-Laveaux dans la collection de la Pléiade, V, 296, et ici, p. 112, pl. V. *Les Etrenes de poezie an vęrs mezures* sont de 1574. Aussi ne sait-on pas bien à quelles publications Ramus peut faire allusion dans sa Préface. Peut-être avait-il vu l'avertissement sur la prononciation française que le poète annonce dans la Préface de ses vers et qu'on n'a pas retrouvé.

4. Ramus souhaitait, en 1562, *Gram.*, p. 36, que les poètes français s'adonnassent à faire leurs vers par mesure de syllabes longues et brèves, ce qui règlerait la quantité.

5. Antoine Cauchie est aussi un partisan des réformes, qu'il défend même avec violence. Voir *Gram. gall.*, 1576, p. 62 : « Nos autem Græcorum Latinorúmque exemplo accensi, literas scripturæ graues sine dubitatione repudiemus et e medio

et les siens, et quatre ans après les vers mesurés de Baïf, on vit paraître un livre, écrit celui-là, suivant un système vraiment phonétique. L'auteur était un maître d'école de Marseille, Honorat Rambaud qui, las sans doute « pour auoir fessé les enfants trente huict ans » à cause des difficultés de l'écriture, se décida à en proposer une refonte totale. Son livre a été publié à Lyon, par Jean de Tournes, sous le titre suivant : *La Declara* || *tion des abus* || *que lon commet* || *en escriuant,* || *Et le moyen de les euiter, et representer* || *nayuement les paroles : ce que iamais* || *homme n'a faict* (1578. Avec Privilège). Mal composé, plein de redites et de lieux communs, ce livre n'en était pas moins très intéressant, d'abord par la pensée même qui l'a dicté. Au contraire de tous les doctes du temps et de ceux qui ne se peuvent tenir de dire qu' « il y a trop de gents qui scauent lire et escrire », Rambaud pense vraiment à l'utilité générale : « Etant de si basse et infime qualité, si foible et si debile, ie n'ay peu, dit-il, allumer que ceste bien petite chandelle, et auec bien grande difficulté, laquelle ne peut pas rendre grand' clarté : vray est que pour petite qu'elle soit, plusieurs, s'il leur plait, y allumeront de grandes torches : ce que ie desire bien fort, à fin que tous, iusques aux laboureurs, bergiers et porchiers puissent clairement voir escrire, puis que tous en ont besoing » (p. 346). C'est jusqu'à l'alphabet que Rambaud fait remonter la cause du mal : suivant lui, alors qu'il renferme des signes superflus *k*, *q*, *s*, *x*, *y*, il manque d'éléments nécessaires, tandis qu'un bon alphabet ne doit avoir ni superfluité, ni défaut (124). En réalité, le français fait entendre 52 sons, 44 consonnes [1] et 8 voyelles. Il y a donc 34 lettres qui font défaut. On trouvera page 148 et suivantes la liste des nouveaux signes, et le fac-similé que nous donnons montrera sans plus d'explications de quelle nature est l'alphabet de Rambaud, où presque tout est renouvelé [2].

Entre Rambaud et ceux qui demandaient à continuer d'aller

tollamus omnem in pingendo superstitionem. » Il n'adopte aucun des systèmes proposés, mais supprime radicalement la superfluité, écrit *maus* pour *maux*, en motivant cette orthographe (p. 79 *bis*).

1. Rambaud compte les groupes : *ble*, *bre*, *gle*, etc. Joubert « connaissoit familierement et aimoit extremement Rambaud ». Dans la seconde partie des *Erreurs populaires au fait de la medecine*, il déclare qu'on ne saurait « assez estimer, tant est de bonne grace et preignant de raison le discours de ce bon homme » (Cf. *Annotacions sur l'orthographie*, à la suite du' *Traité du ris*, p. 391).

2. Il a eu le mérite en particulier de chercher un signe graphique de la nasalisation; il emploie ƅ « pour commander de resonner comme vn tonneau vuide apres qu'on l'a frappé, ou vne cloche ou bassin, ou vne mouche à miel » (p. 170). C'est lui aussi qui le premier a recommandé, pour la commodité de la première instruction, d'appeler les lettres *fe*, *me*, etc., et non plus *effe*, *emme*, etc.

AU LECTEUR.

Apres avoer rę̨conu (ami lecteur) ſę cę j'avoe publie dę la Gramerę tan' grecę cę latinę, j'e prin' plezir a conſiderer ſelę dę ma patrię : dę lacelę (comę ję puis eſtimer par le' livrę' publies environ dępui' trent' ans enſa) lę premier auteur a ete Jacę' du Boes exelen' profeſeur dę medęſinę, ci entr' autre' çozęs a taçe a reformer notr' ecriturę e la ferę cadrer a la parolę (com' apert e' caracterę' lors fi-

RAMUS. — GRAMERE. 1562.
(page 3)

gure' par Robert Etienę. Etienę Dolet a fet celcę trete, comę de' poins e apostrofę: Mes lę batimēt dę set' euvrę plu' haut e plu' maŋificę, e dę plu' riçę e divers' etofę, e' proprę a Loui' Megret: Toutęfoes il n'a pas persuade a un çacun sę c'il pretendoet touçan' l'ortografę: Jacę Pelętier a dębatu sę point en deu' dialogęs subtilęmēt e doctęment: Giłaumę des Autes l'a fort cōbatu pour defendrę e meintęnir l'ansien' ecriturę. Le' plu' nouveaus ont evite setę cōtroversę, e on' fet, celcę formę dę doctrinę çacun a sa fantazię, Jan Pilot en latin, com' avoe' fet Jace' du Boes au paravant,

L'ABÇ, DU LANGAJE FRANSOĘS.

Aa. Bb. Çç. Dd. Ee. Ėė. Ęę. Ff. Gg. Jj. Hh. Ii. Kk. Ll. Ļļ. Mm. Nn. Ɲɲ. Oo. Ꞷꞷ. Pp. Ȣȣ. Rr. Ss. Tt. Uu. Vv. Zz. Ꝿꝿ.

S'anſuivet lęs noms e valꞷrs dęs lętres nȣvęles.

Ç ç pȣr ch. che. E e brief. Ė ė komun. Ę ę. long. lęs troęs ſont ꞷ mꞷt ONĘTETE. G g. pȣr gu. J j je. pȣr i kōſone. Ļ ļ. ęļe pȣr ill. męrveļe. ꞷļ. Ɲ ɲ. ęɲe. pȣr gn. diɲe. O o brief hote. troter. Ꞷ ꞷ. long. Kꞷze. ꞷt. Ȣ ȣ. pȣr ou kȣrir. nȣrrir. S s. ne chanjera de ſon. V ve. pȣr u konſone. Vivre. Ꝿ ꝿ. pȣr eu. bꝿf. ꝿf. nꝿf. ꝿļ.

Ami Lektꝿr, ſans l'egzakte ekriture konform' ꞷ parler an tȣs lęz elemans d'iſelui, letre pȣr ſon, ȣ voėiel ȣ konſonant, l'art dęs vęrs mezurės ne ſe pꝿt regler ni bien treter. e pȣr ſe ne t'ebaï ni rejęte, męs ſuporte la nȣveꞷte.

BRIĖVE RĘZON DĘS MĖTRES DE SE LIVRE.

Lęs vęrs ꞷ Roę, d'Eziode, Pitagoras, Fꞷkilidęs, e Nꞷmaçe ſont Daktilikes Erꞷïkes Egzametres.

An l'ꞷde à la Reine Męre, la Strofe repond vęrs pȣr vęrs a l'Antiſtrofe. Lęs Epꞷdes ſont de paręļs vęrs a'ſi par antr'ęles De la Strofe le I. vęrs ęt Trimetre kadanſė d'un diianbe, un korianbe, un anapęſte. Le II. janbelėje, d'une pentemimere ïanbike, e d'une pentemimere Daktilike. Le III. Epiꞷnike dimetre non kadanſė d'un korianbe e d'un iꞷnike minꝿr. Le IIII. Trokaike Dimetre nonkad. de dꝿs Epitrites ſegōs. Le V. Pentemimere Daktilike. Le VI. Tęl ke le II. Le VII. janbike dimetre nonkad. Le VIII. a'ſi. Le IX. ïanbike Dimetre ſurkadanſė.

ã ij

BAÏF. — ETRENES DE POEZIE. 1594.
(page 6)

ꝏS SEGRETĘRES D'ETAT.

ΩS ꝏVE jantil (Diɷ te ſaɷ' an tȣt bon ɷr)
Bénin de parlér, pront d'éfęt, de kɷr ȣvęrt :
Toę l'aɷte dęs Bons, VILLEROĘ, l'apui d'onɷr,
L'ami de vęrtu, dęs letrés l'umein ſuport :
BRVLART, ki ſans fart, non de mɷs d'un kȣrtizan
M'as véinemant puymęs de bienfęt ɷblijé :
PINART le kȣrtoęs, an ki rankontrę ſekȣrs
Ke poéint n'ȣblîrę kant tu m'ȣblîroęs dutȣt :
Je n'antreprinz onk ékrivant męs vęrs nȣveaɷs
Dé fęre çanjér l'ékritur' à vaɷs komis,
Dans lęs depęçes k'anvoiés ɷ nom du ROĘ
Pȣr lęs afęres ſurvenans deſa dela :
Jamęs ne panſę vȣs donér la loę, Siɲɷrs,
Męs ſ'ęt à moé ſɷl k'ę vȣlu donér la loę :
Sans kī ne pȣroę rien de ſęrtein ordonér,
Pȣr randre Franſoęs l'art Męṭrik, dez ansïéns
Latins e vieɷ Grés çans e vęrs retabliſant,
(ꝏ Diɷ!) par un tans bién divęrs à fęre vęrs.
Siɲɷrs, ſuportés mon lȣabl' e bon dezir:
Kar onk ne ſonję, Męs Siɲɷrs, la vȣs donér,
Męs ſ'ęt à moę ſɷl k'ę vȣlu donér la loę :
La loę, ki ſanplus ęt propazé' non doné'
A ſɷs ki vȣdront ſuivre mon gaḻart deſeiɲ.
Si nul ne m'anſuit, Moę tȣſɷl je garderę
La loę, ki n'ęt pas kontre lęs loęs nī l'état :
Ki nul ne kondann', e propaze pȣr loiér,
A kī la ſuivra ſɷlemant un vant d'onɷr:
Un vant ki n'ęt pręt, męs poſible ſȣflera
Kant nȣs ſerons mɷrs: lɷrs ke plus ne ſȣflerons.
Si ɷtre la prand ſoęt à ſon dam. S'il ne vɷt
La prandre pȣr lui, k'il la lęſſe : ſ'ęt tȣt un.
Kar ſ'ęt à moę ſɷl k'ę vȣlu donér la loę.

FIN.

BAÏF. — ETRENES DE POEZIE. 1594.
(page 7)

Librairie Armand Colin. Paris.

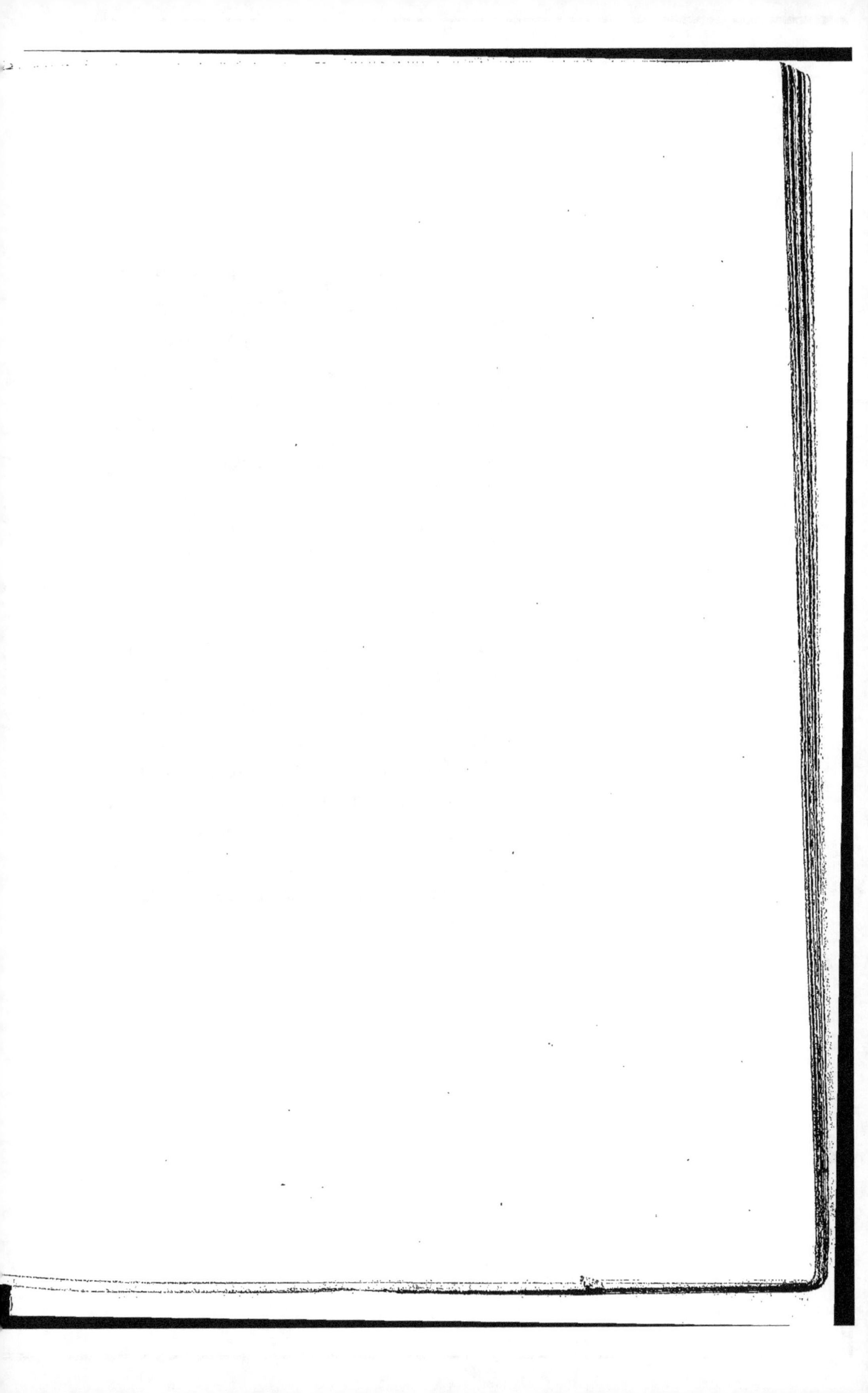

PVIS que pour bien & nayuement repreſenter les paroles, faut auoir cinquante deux lettres, & que n'en auons que dixhuict, il en faut adiouſter trentequatre, ſçauoir trois voyelles, & trentevne conſonantes. Or cinq voyelles que auons, & trois qu'en adiouſtons, ſont huict: Treize conſonantes qu'auons, & trenteyne qu'en adiouſtons, ſont quarante quatre. Les huict voyelles ont huict ſons : car chacune a le ſien, & ſont tous differents l'un de l'autre. Et s'en faut bien aduiſer, & auoir bonne oreille, pour ſçauoir bien iuger deſdits ſons. Et de quarantequatre conſonantes y en a quarante vne, leſquelles n'ont entre toutes qu'une ſeule termination ou ſon : car toutes quarantevne ſe terminent comme ces

Nous n'auõs que 18. lectres, & en fautauoir 52.

Entre tous les maſles n'ontqu'une ſeule termination.

HONORAT RAMBAUD. — DECLARATION DES ABUS. 1578.
(page 126)

Brunot. — Hist. de la Langue fr., t. II, pl. VII et VIII.

127

HONORAT RAMBAUD. — DÉCLARATION DES ABUS. 1578.
(page 127)

Librairie Armand Colin, Paris.

« comme moutons accoustumés de porter la sonnaille », se trouvait, je l'ai dit, un tiers parti, de réformateurs progressifs, où les timorés touchent presque à Pasquier et à Bèze, dont les hardis seraient presque à mettre parmi les grands novateurs.

Garnier[1] se plaint amèrement à plusieurs endroits de son *Institution de la langue française* des lettres inutiles et se réjouit de leur suppression. Le poète Cl. de Taillemont est presque avec son compatriote Meigret, dont il admet du reste un certain nombre de propositions[2].

Laurent Joubert « ne change pas de lettres, ne les charge d'acsans, ne les marque de crocs, autremant que fait le commun ». Il retranche plus qu'il n'ajoute, et simplifie, mais sa méthode est peu rigoureuse ; ainsi il conservera l'*y* grec à la fin des mots (*moy*), n'osant faire « des retranchements tout à un coup afin qu'ils ne soient trouvés si estranges »[3].

Dans cet entrecroisement de projets, rien de définitif ne parvint à prévaloir. Le XVIe siècle n'arrive nulle part à édifier un bâtiment durable. Il est vrai qu'aucun des siècles qui ont suivi n'a mieux réussi en cette matière. D'Aubigné avait déjà vu qu'il fallait un coup d'État : « Les raisons n'ont point manqué à ceux qui ont voulu et qui veulent encor establir ce changement en leur langue naturelle. Le seul default qu'il y a, c'est d'autorité : il y faloit celle

1. *Institutio gallicæ linguæ...* Marpugi Hessorum, ap. J. Crispinum, 1558, in-8. Cf. Livet, *La Gram. et les grammairiens au XVIe siècle*, 272.

2. *La Tricarite, plus quelques chants, an faveur de pluzieurs Damoézelles*, par C. de Taillemont, Lyonoes, L. J. Temporal, 1556, in-8. Avertissement. Taillemont admet des accents, graves pour les brèves, aigus ou circonflexes pour les longues. Il laisse au *g* le son dur et le fait suivre d'une apostrophe pour lui donner la valeur de *j*. Il adopte l'ɇ barré de Peletier pour les *e* muets ou atténués, supprime *u* après *q*, mais garde le *c* dur au lieu de *q* dans *cœur*. Cf. Texte, *Note sur la vie et les œuvres de Cl. de T.* (*Bulletin histor. et philol.*, 1894).

3. Il écrit *e* ouvert par ę et æ : *parfęt, laequels* ; *o* long par *ô*, au lieu de *os* : *tôt*, admet la distinction du *j* et de l'*i*, de l'*u* et du *v*, note le *g* doux par *j* : *jans* ; recommande le trait d'union ; substitue le *c* au *t* dans *narracion*, rejette le ç, mais le transcrit par *s*, réduit *eu* à *u* (*sur*, *emu*). Les lettres étymologiques sont en partie supprimées (*pront*, *colere*, *sutil*) (Joubert, *Traité du ris*, Paris, Chesneau, 1579, p. 390, *Annotacions sur l'orthographie* de M. Joubert, par Christophle de Beau-Chatel [Ce dernier est le neveu de l'auteur]).

L'imprimeur s'excuse de ne pas être habitué à cette orthographe qu'il expose ainsi :

« Il retranche tant qu'il peut les lettres superflues, celles qui ne sont pas prononcées dans la langue courtisane : *e* dans lieuë, eauë (pron. en poitevin), l'*s* superflu en dix mille mots français et prononcé en Gascon, Languedogeois, Provençal.

« Là où *g* doit sonner comme *j* consonante devant un *a* ou un *o*, il entremet un *e* ou écrit le mot par un *j* longuet, signifiant consonne : *jans* (gens). Il écrit *mangeoit* comme *Georges* pour que *manjoit* ne permette pas d'équivoquer avec *manioit*. Il écrit *l* liquide par *lh* ex. : *filhe, galharde* ; il écrit *fou*, *cou*, *mou*, ainsi qu'on les prononce. Il retranche les *n* des tierces personnes plurielles, *tiennent*, *dirent*, *firent*. Et il renvoie à l'apologie de son orthographe par ses enfants, et à la déclaration des abus de maistre Honorat Rambaud » (Lyon, J. de Tournes).

d'un Roy savant, ou au moins d'un eccellent Chancelier secondé des meilleurs des Parlements, pour faire escrire les actes publics en ceste forme, et après quelque temps, deffendre toute impression qui ne fust reglée à cela » (Let. sans date ni adresse, *Œuvr.*, I, 456).

Resterait à examiner quels progrès l'orthographe a faits dans les impressions. C'est une étude qui devra être entreprise, mais qui ne pourra guère être complète que quand l'histoire de l'imprimerie, telle qu'elle a été commencée pour le xve siècle par la magnifique publication de M. Claudin, aura été poussée jusqu'au bout. En effet, les écrivains ont été, de bon gré ou non, mis dans l'orthographe de leur imprimeur. On sait comment les recommandations que pouvait faire un Montaigne se heurtaient au parti pris ou à la négligence des compositeurs et des protes (cf. p. 114, n. 2, et 119, n. 3). Ce sont ces derniers qui ont fait l'usage.

Or dans un même atelier, malgré la tradition, l'usage change. En 1557, l'*y* est beaucoup moins en honneur chez Arnoul l'Angelier qu'il ne l'était en 1549, comme on peut le voir par les deux éditions données à ces dates de la *Deffence et Illustration*[1]. Le tréma est méprisé. L'*é* qui se trouvait de temps en temps en 1549 est souvent abandonné, tandis qu'on fait une toute petite place à la cédille.

Et en 1561, nouveaux changements, il semble qu'on ait alors dans la maison un usage arrêté. Bref, on peut suivre là une histoire qui est à peu près celle de tous les ateliers, et y apercevoir combien l'histoire de l'usage sera longue et compliquée à faire.

Je traiterai ailleurs, en parlant des formes des diverses parties du discours de ce qu'on a appelé plus tard l'orthographe de règles. Je me bornerai ici à quelques indications sur l'orthographe dite d'usage.

La fureur étymologique continue à sévir, et de façon intermittente, capricieuse, comme toujours. L'*s*, le *z*, l'*y*, l'*h*, l'*x*, continuent particulièrement à « rappeler nos origines ». Les Estienne en particulier sont chauds partisans de cette funeste doctrine, et leur imprimerie, si active, si importante par les lexiques qu'elle a donnés et qui ont été la base de la Lexicographie française, contribue plus que toute autre à maintenir et à propager l'erreur[2].

1. Cf. éd. Chamard, XII-XIII.

2. E.-E. Brandon, dans sa thèse sur *Robert Estienne et le Dictionnaire français au XVIe siècle* (Baltimore, 1904, p. 94-96) a donné un bref aperçu de la question. Il enregistre avec soin les cas où Estienne accepte ou mentionne les façons d'écrire phonétiques, pour démontrer qu'il n'est pas « strictement étymologique au sens dans lequel le mot s'employait dans la dernière moitié du xvie siècle ». Cela prouve seulement, suivant moi, qu'il n'a pas pu, plus qu'un autre, mettre de la cohérence dans son système. Mais ses tendances n'en demeurent pas moins nettes.

C'est à peine si dans la 2e moitié du siècle, il semble qu'on se lasse du *p* de *escripre*, de l'*l* de *oultre* et de *aultre*. Or en ces matières, peu importe que la simplicité et la vérité reparaissent isolément dans certains mots, cela n'aboutit qu'à créer des disparates et des exceptions.

Il est sans intérêt que le dictionnaire de Robert Estienne admette *orfelin* et *tesme*, quand il restitue *phiole*, et que, au mot *falot*, il déclare qu'il est pour *phanot*, de φανὸς.

Le *ch* reste très répandu. Lanoue, lui, imaginait de noter le χ grec par *k*. C'est une invention qui semble avoir eu peu de succès : *charactere* était généralement préféré.

Aucune amélioration sensible ne peut donc vraiment être signalée dans l'emploi des lettres grecques. On peut dire même que l'*y* jouit d'une faveur plus grande que jamais, étant dans certains cas lettre étymologique, ailleurs présentant une forme ornementale, spécialement appropriée à une écriture où les ligatures sont plus importantes que le corps de la lettre. Aussi trouve-t-on *y* aussi bien dans *aymer* que dans *byblyothèque*. Mais c'est surtout à la fin des mots qu'il fait un joli paraphe. Aussi, dit Lanoue, « la coustume luy a acquis ceste prerogative d'entrer plustost que l'*i* en la composition des diphtongues qui finissent les mots. Ainsi s'escrit-il *Foy* non *Foi*, *Delay*, *Ennuy* et non pas *Delai*, *Ennui* ».

On voit aussi se répandre cette idée, si justement combattue par Meigret, qu'il y a lieu de distinguer par leur écriture les mots différents : *a* nous en offre un curieux exemple. Pour marquer le verbe, on lui ajoute une *h* : il *ha*. Robert Estienne et Henri écrivent ainsi ; toutefois, sous prétexte qu'il ne peut pas y avoir d'équivoque dans la formule il *y a*, on se contente ici de *a* tout seul ! On sait quelles jolies inventions le système a produites. La distinction de *compter* et de *conter* commence à paraître, mais inverse de celle que nous faisons.

Enfin des lettres sont employées, sans aucun rapport avec leur fonction propre, pour marquer non plus la fonction ou le sens du mot, mais pour servir de signes diacritiques. Ainsi *s* joue le rôle qu'on donnera plus tard à l'accent circonflexe, il allonge la voyelle et prend place dans des mots où oncques n'y eut trace de sifflante, *aisle*, *fresle*, *throsne*.

Mais on a vu tous ces vices étudiés par Meigret, il ne servirait de rien de s'y arrêter ici.

Je n'ajouterai que quelques mots sur l'adoption des nouveaux signes. L'orthographe usuelle souffrait, on l'a vu, d'un défaut de l'alphabet, savoir de la coexistence de plusieurs lettres pour un phonème. Ainsi on avait deux *s*: *ſ* et *s*.

En général *ſ* est placée au début ou au milieu des mots, *s* à la fin ou dans l'intérieur à la suite d'une première *s* (personne ne propose, comme Corneille le fera, d'utiliser le double signe en vue d'un double objet). Mais, comme si ce n'était pas assez, le siècle ne se décide pas à renoncer aux autres signes de *s*. Au contraire, il ajoute le *ç*, déjà usité dans les manuscrits. Tory avait employé la cédille sous le *c* dans l'édition qu'il donna de l'*Adolescence clémentine* (1533) et elle se répandit peu à peu. Les Estienne lui étaient peu favorables. Robert écrivait encore *commencea* (cf. *mangea*). Et Henri, tout en l'employant, préférait la graphie par *ce*. Mais à la fin du siècle, ce signe est très généralement reçu, devant *a*, *o*, *u*. On écrit même *sçeu* d'après je *sçay*, *sçavoir*. Les participes présents gardent souvent l'ancienne forme.

On a donc pour *s* : *ſ*, *s*, *ç*, *ce* et *t*(ion) !

Là où au contraire il y avait de véritables lacunes de l'alphabet, il semble qu'on ait une peine extrême à se décider à les combler.

Dubois, Meigret, Ramus, Laurent Joubert demandaient que *i* voyelle fût distingué de *i* consonne. C'était d'autant plus facile que le signe existait. Lanoue joindra sa plainte à celle de ses devanciers, mais lui-même n'emploie le signe demandé que dans le titre de son dictionnaire de rimes, au mot *ajoutez*. Ce *j* est vraiment rare encore. On le trouve dans quelques impressions, telles que la *Bibliothèque française* de Lacroix du Maine (L'Angelier, 1584, f°) : *Sa Majesté*, *jaloux*, *subjects*. Mais même là, il ne remplace pas régulièrement *i* consonne (cf. p. 119, n. 3).

U et *V*. A l'initiale on écrivait toujours *v* (= u et v) ; à l'intérieur des mots, toujours *u* (= u et v). Cet usage traditionnel résista longtemps. L'habitude de distinguer un signe consonne *v* et un signe voyelle *u* ne se généralisa qu'au XVIIe siècle. Ainsi s'explique la règle de Lanoue : « Le karactere de l'*u* consonne est affecté au commencement des motz où il est tousiours employé quoy que il y soit comme voyelle... Au contraire le karactere de l'*u* voyelle est pour la fin et le milieu du motz, quoy qu'il y soit en qualité de consonante ». L'*u* et le *v* avaient donc le nom de *u* voyelle et de *u* consonne, mais ils ne parvenaient pas à en prendre la valeur[1].

1. Pillot eût voulu un tréma sur *u* consonne : *naüra* = vulneravit, *naura* = non habebit.

Les accents. — Le seul vrai progrès est ici. J'ai dit plus haut comment les accents furent proposés par Geoffroy Tory, et la *Briefve Doctrine*. L'e fermé fut marqué d'un accent. Mais, tandis que certains textes, comme la *Briefve doctrine*, usaient systématiquement de ces accents, en les imposant sur tout *e*, qu'il fût ou non suivi de consonne, on fut assez généralement d'accord pour n'en pas mettre sur *e* suivi de *z*, ni sur *er*. On l'omettait même fréquemment sur *e* suivi de *e* féminin : *fermees*.

A l'intérieur des mots, on le trouve assez souvent sur les adverbes *aisément*, *privément*. Mais en général l'accent est rare à l'intérieur des mots, et des tentatives comme celles de Sebilet pour introduire *é* à l'intérieur des mots sont en réalité de vrais essais de réforme, non des symptômes de l'usage.

L'accent grave apparaît dans la *Briefve Doctrine* sur *à* préposition, où on le retrouve souvent par la suite. Mais ce mot est le seul qui porte ce signe nouveau.

L'accent circonflexe n'est plus inconnu non plus. Lanoue propose — mais il ne pratique pas ce qu'il propose — d'écrire *mâle*, *frêle*, *bêste* (*sic*) au lieu de *masle*, *fresle*, *beste*. En vérité, on ne rencontre guère ^ que sur *ô* exclamatif.

L'apostrophe préconisée dans la *Briefve Doctrine*, qui en fait même un emploi plus étendu que nous, et dans le traité de Dolet, pénétra très lentement dans les textes. Cependant, dès le milieu du siècle, on commence à la rencontrer fréquemment, et, dès 1549, Robert Estienne s'en sert communément.

Le tréma est commun : *naïf*, *cogneuë*.

Le trait d'union se rencontre souvent dans la 2e moitié du siècle, en particulier dans les superlatifs d'adjectifs, tandis que jusque-là *tres* se joignait directement au positif. Il unit aussi des mots comme *mal-heur*, *bon-heur*, *bien-veillant*, *satis-faire*.

On le trouve dans les interrogatifs : *où me pers-ie*. Cauchie, nous l'avons vu, le mentionne.

C'était bien peu de chose que tout cela, auprès de ce qu'il eût fallu. Et la création d'une orthographe rationnelle était à peu près définitivement compromise. Celle d'une orthographe unique, même erronée, n'était nullement assurée. A la fin du siècle, on pouvait toujours compter, comme au temps du Quintil Censeur, des gens « suyvans le son, les autres l'vsage, les autres l'abus, autres leur opinion et volunté ».

CHAPITRE II

EFFORTS POUR CONSTITUER UNE GRAMMAIRE[1]

A L'ÉTRANGER

Nous avons vu la littérature grammaticale naître en Angleterre au XIVe siècle : pendant longtemps, si le nombre des livres de ce genre s'accrut un peu, le niveau ne s'en éleva guère, et on peut dire qu'au commencement du XVIe siècle, il n'y avait pas encore, à

1. *BIBLIOGRAPHIE.* — Les grammairiens du XVIe siècle ont commencé d'être étudiés par Livet, *La grammaire française et les grammairiens du XVIe siècle* (Paris, 1859). Une liste critique des principaux travaux des grammairiens se trouve dans Thurot (*Pron. fr.*, I, XXII et suivants). Comparez le recueil très complet et excellent de E. Stengel, *Chronologisches Verzeichniss franzoesischer Grammatiken... bis zum Ausgange des XVIII[ten] Iahrhunderts.* Oppeln, 1890.

Je ne vois guère pour la période qui nous occupe qu'une erreur positive à signaler dans ce recueil, le n° 15 : de Trou, *Linguae gallicae janua*, est de 1656, non de 1556.

On notera toutefois que l'ouvrage n'indique que les grammaires proprement dites. Il existe un très grand nombre de livres relatifs à la langue, dictionnaires, traités, ou même des grammaires fragmentaires qui n'ont pu y trouver place. D'après le plan de l'auteur, un traité de prononciation, comme celui de De Bèze, devait se trouver éliminé. Il y a en outre quelques ouvrages qui n'ont pas été signalés.

Voici les principaux ouvrages à consulter :

Barcley, *Introductory to wryte and to pronounce frenche...* Londres, 1521 (réimprimé en grande partie dans Ellis, *On Early Engl. Pronunc.* 804, et Stengel, *Zeitsch. f. neufr. Spr. u. Litt.*, I, 23).

Palsgrave, *L'esclarcissement de la Langue françoyse...* 1530 (réimprimé avec du Wez (1533) par Génin en 1852, Coll. des *Doc. inéd.*).

[Ant. Augereau ?] *Briefue doctrine pour deuement escrire selon la proprieté du langage françois* (1533, B. Nat., Y 4525, Comp. ms. de la Bibl. de Bourges).

Rob. Estienne, *La maniere de tourner en langue françoise les verbes actifs, passifs, gerondifs, infinis et participes...* (1535, B. N., X 1327).

Pillot, *Gallicae linguae institutio* (Paris, Estienne Groulleau, 1550) souvent réimprimé (voir Stengel, n° 11).

Meigret (Louis), *Le tretté de la grammęre francoęze* (Paris, Wechel, 1550) réimprimé par Foerster, Heilbronn, 1888, dans Volmoeller, *Sammlung fr. Neudrücke*, n° 7).

Rob. Estienne, *Traicté de la grammaire françoise.* (Genève) 1557.

Garnier (Jean) *Institutio gallicae linguae* (Genève, chez Jean Crispin, 1558. Souvent réimprimé; voir Stengel, o. c. n° 18) *.

Meurier (Gab.), *Conjugaisons, regles et instructions...* pour ceux qui desirent apprendre fr., it., esp. et flam. (Anvers, van Waesberghe, 1558).

[Ramus] *Gramere* Paris, André Wechel, 1562 (B. N., X 1200), réimprimé 1572, 1586, 1587.

Du Vivier (Gérard), Gantois, m. d'escole à Cologne, *Grammaire françoise.* Cologne, Maternus Cholinus, 1566.

Holyband (de Saint-Liens Claude), *The french Littleton...* Londres, 1566, Steng., n° 22.

Sotemayor (Baltazar de), *Gramatica cũ reglas muy provechosas y necesarias para*

proprement parler, de grammaire française. A la fin, au contraire, il en était né un assez grand nombre, en latin, en français et en langues étrangères.

C'est en Angleterre, en Allemagne et en Hollande surtout, qu'on les vit se multiplier. Pendant que les Wynken de Worde, les Pinson, les Meurier, les Estienne Colas, les Du Vivier, continuaient, à l'usage de leurs nationaux, la tradition des manuels pratiques et sommaires, des étrangers ou des Français établis au dehors composaient des recueils importants, et qui soutiennent la comparaison avec les meilleurs livres publiés en France, quand ils ne les dépassent pas.

L'ouvrage le plus connu est celui de Palsgrave, « Angloys natif de Londres et gradué de Paris », qui a été réimprimé dans les *Documents inédits de l'histoire de France* (1852), en même temps que celui de son rival Du Wez, un Français, celui-ci, devenu précepteur du prince Arthur et de Madame Marie. Leur date même, à défaut d'autre mérite, signalerait de pareils ouvrages à l'attention, puisque Palsgrave écrivait en 1530, que Du Wez, s'il n'a publié son *Introduction* qu'en 1532, avait, auparavant, publié d'autres travaux grammaticaux, aujourd'hui perdus. Ces deux auteurs sont donc les devanciers de notre premier grammairien, Dubois. — L'*Esclarcissement* de Palsgrave a le grave défaut d'être mal composé : le troisième livre, surajouté, reprend le second, chapitre par chapitre, pour le compléter. Mais si, passant condamnation sur ce point, on

aprender a leir y escrivir la lengua francesa... (Alcala de Henares, 1565 ; Bibl. nat. de Mad., R 9599, non signalé par Stengel).

Caucius (Antoine Cauchie), *Grammatica Gallica*... Paris, 1570, Antoine Lithostracus (2e éd. en 1576, fort différente, après la critique de H. Estienne).

Hollybande (Claude), *The french schoolmaister*. London, 1573 (Stengel, n° 26).

H. Estienne, *Hypomneses de Gallica lingua*. Paris, 1582.

Morletus (Petrus), *Janitrix sive institutio ad perfectam linguae gallicae cognitionem acquirendam Oxonii*, 1596-8, Jos. Barnesius ; Bibl. Bodl. Oxford, Tanner, O. 71, non ind. par Stengel).

Serreius Joannes (de Badonvillers), *Grammatica gallica*... Strasbourg, 1598 (nomb réimpress. v. Stengel, n° 39).

Soulatius (Petrus), *Grammatica gallica*. Poitiers, 1604, à la Maz. 20390.

Sanford (John), *Le guichet françois, sive janicula et brevis introductio ad linguam gallicam*. Oxonii, 1604 (Oxf., Bodl. 4, D. 48 Th., non ind. par Stengel).

Jean Masset, *Exact et tres facile acheminement a la langue françoise*. Paris, David, Douceur, 1606, à la suite du *Thresor* de Nicod.

C. M. Bl. (Maupas Charles, Bloisien), *Grammaire françoise*... Blois, 1607 ; réimpr. 1618, Orléans ; 1623, Lyon ; trad. en latin à Genève, 1623, 1625 ; revue par son fils, Bloys, 1632 ; Rouen, 1638.

Garnier (Phil. d'Orléans), *Praecepta gallici sermonis*, Strasbourg, 1607.

* Voir K. Froehlich, *Garnier's Institutio gallicae linguae*, 1558, und ihre Bearbeitung von Morlet (1593) mit Berücksichtichung gleichzeitiger Grammatiker. Progr. Eisenach, 1895, 18 p.

prend la peine de réunir les matériaux qui sont épars dans toute l'œuvre, on s'aperçoit sans peine qu'elle est celle d'un homme qui connaît à fond notre idiome, qui a du jugement, et une observation très étendue — malheureusement un peu trop fondée sur des livres dont quelques-uns déjà vieillis [1]. De longues tables, parmi lesquelles il faut signaler surtout celle des verbes avec leurs principales formes, qui comprend 372 pages de la réimpression de Génin, fournissent des répertoires de formes qui devaient être très précieux pour les contemporains, et qui sont encore pour nous d'un haut intérêt.

Derrière Palsgrave, il est difficile de citer quelqu'un qui le vaille. Je rappellerai cependant Jean Garnier, dont l'*Institutio gallicæ linguæ*, écrite pour la jeunesse allemande et dédiée aux jeunes princes de Hesse, parut à Genève en 1558. Quarante ans plus tard, Serreius de Badonviller publiait en latin, à Strasbourg, un manuel très important, si souvent réédité qu'il fallut l'apparition des *Remarques* de Vaugelas, à partir de laquelle la conception de la grammaire française fut profondément modifiée, pour qu'on cessât de le réimprimer périodiquement.

M. Stengel, l'auteur du catalogue que je citais plus haut, a annoncé une histoire de la grammaire française, qui replacera tous ces livres à leur rang, et établira les rapports entre eux. Je ne saurais m'y attarder ici sans sortir de mon sujet. On constate en effet que les meilleurs n'ont eu presque aucune influence sur l'histoire intérieure de la langue même. Ramus est si peu familier avec eux, qu'il appelle Garnier, le seul qu'il nomme, Jean *Grenier*, et Palsgrave semble ne lui avoir pas été connu. Or il était un des théoriciens français les mieux informés. La vérité est que, dans l'état où était la science grammaticale, et avec l'incertitude de l'usage, Garnier, Palsgrave et leurs pareils avaient à apprendre du public lettré français : ils n'avaient pas qualité pour lui enseigner [2].

De toute cette floraison d'une littérature grammaticale, il importe cependant de retenir une indication précieuse pour l'histoire extérieure du français : c'est qu'elle suppose une diffusion très grande de notre idiome dans les pays étrangers. On est tout étonné

1. Voir, par exemple, p. 355, quand on doit employer *ce* ou *il* neutre : *c'est à moi* ou *il est bon*; p. 367, où Palsgrave note que *septante*, *octante*, *nonante* sont populaires ; p. 406, où il dit que la négation se sous-entend dans l'interrogation : *t'ai-je point vu ?*

2. On verra, dans les *Hypomneses de gallica lingua* de H. Estienne, les critiques adressées à trois des principaux de ces ouvrages étrangers, p. 198 et suiv. Du Wez contestait déjà à ceux qui n'étaient pas natifs de France la compétence nécessaire pour composer des règles infaillibles (*Prol.*, p. 894, éd. Génin).

parfois d'entendre les auteurs, autour de 1550, Peletier du Mans[1], Pasquier[2], Pillot[3], d'autres encore, parler du français comme d'une langue généralement apprise et connue, non seulement en Angleterre, où, nous l'avons dit, la tradition ne s'était jamais interrompue, mais dans le nord, en pays germanique. Quand plus tard Ramus[4] confesse nettement son espérance de voir le français passer au nombre des langues doctes qu'on étudiera en Europe, comme le grec et le latin, ces visées paraissent au prime abord prétentieuses et injustifiées. En réalité elles se justifiaient par des faits : le développement des grammaires à l'usage des étrangers en fournit une des meilleures preuves[5]. Il ne faudrait pas en tirer ce qu'elle ne

1. *Dialogues de l'orth.*, p. 60 : « E outrɇ cɇla ancorɇs, lɇ rɇnom, la conuęrsacion, l'aliancɇ e qui n'ęt à omętrɇ, la trafiquɇ qu'ont les Françoęs auęq toutɇs nacions, randɇt la Languɇ non seulemant dɇsirablɇ, męs aussi neccesserɇ a tous peuplɇs. On set qu'au païs d'Artoęs e dɇ Flandrɇs, iz tienɇt tousjours l'usancɇ dɇ la Languɇ e i pledɇt leurs causɇs, e i font leurs ecriturɇs e procedurɇs an Françoęs. An Angletęrrɇ, aumoins antrɇ les Princɇs e an leurs Cours, iz parlɇt Françoęs an tous leurs propos. An Espagnɇ, on i parlɇ ordinerɇmant Françoęs es lieus les plus celebrɇs, einsi quɇ peùt bien sauoęr lɇ signeur Ian Martin qui à eté an tous les deux païs. An la Court dɇ l'Ampereur, einsi quɇ sauɇt ceus qui s'i sont trouuèz priuémant e longuɇmant, on n'usɇ, pour lɇ plus, d'autrɇ langage que Françoęs. Quɇ diré jɇ dɇ l'Italie ? ou la Languɇ Françoęse ęt toutɇ communɇ, non seulɇmant pour la frequantacion des Françoęs, męs ancorɇs pour la gracɇ, beaute et facilite ? »

2. *Œuvres*, tome II, let. II, 5 c. (lettre de 1552) : « Nous voyons nostre langue aujourd'huy en telle reputation et honneur, que presque en toute l'Allemagne (que-dy-je l'Allemagne, si l'Angleterre et l'Escosse y sont comprises) il ne se trouve maison noble qui n'ait precepteur pour instruire les enfans en nostre langue françoise...... ? »

3. Sermonem gallicum non ignoratis omnium vulgarium elegantissimum esse, et qui Germanũ, præsertim Principem, summopere deceat, non solum ob antiquam utriusque gentis necessitudinem et quotidiana commercia : verum etiã quia nullus ferè est nostro seculo in Germania nobiliore loco natus, aut re familiari paulo majore, qui suos liberos patiatur esse hujus linguæ rudes. Immo ipsemet Cœsar, atque etiam (ut audio) rex Ferdinandus, magis hac delectâtur quam ulla alia (Pillot, 1550, Préf.).

4. Ramus. *Grammaire*, éd. 1572. Préface.

5. Le texte le plus important que je connaisse sur la matière est celui de Mellema, dans l'épître dédicatoire aux magistrats de Harlem, qui précède son Dictionnaire flamand-français (1591), et qui a déjà été citée par Thurot (*Hist. de la Pron. fr.*, I, xiv-xv) : « Il y a esté tousiours trois langues souveraines, la Iuifve ou Hebrieue, puis la Grecque et la Romaine ou Latine, dont nous ne disons rien à present fors que d'icelles sont derivez toutes les autres, et mesmement la tresnoble et tresparfaite langue Françoise, laquelle di-je, apres les trois susdictes (maugré que m'en sçaura l'Italienne), regne et s'use pour la plus communne, la plus facile, voir la plus accomplie de toutes autres en la chrestienté, laquelle a grande affinité avec la Grecque, mais surtout avec la Latine. Que si nous en voulons juger sans passion, il nous faudra confesser que tous les Flamengs, avec leurs seize provinces nommées le Pays bas, s'en servent quasi comme les Valons et les François mesmes, és marchez, és foires, és cours, les paysans en assez grand nombre, les citoyens et les marchands pour la plus part, les gentils-hommes : brief les parlements et secretairies, le clergé avec les estudiens. Quelqu'uns en Canarie, aucuns en Peru, et en Afrique comme à Tripoli, Alger et à Faiz l'usurpent par ouy dire. Puis grande partie d'Alemaigne, du pays de Levant, de Moscovie, de Pologne, d'Angleterre et d'Écosse usent de la dite langue. Le mesme se fait en Italie en maints endroits, mesmement en Insubria, Piedmont et Lombardia, sans que je di de la Turquie et d'Egypte, comme à Caffa, à Pera, à

contient pas, et croire qu'on peut mesurer le succès de notre langue dans un pays au nombre des manuels qui y ont été faits pour l'enseigner, ce qui serait absurde[1] : l'apparition en Allemagne et dans les Pays-Bas d'une série d'ouvrages de ce genre n'en est pas moins très significative : elle éclaire les boutades sur la valeur comparée des idiomes, qu'on prête à Charles-Quint.

EN FRANCE

En France le développement de la littérature grammaticale fut également rapide, et c'est là un fait très important, qui intéresse au plus haut point l'histoire de notre langue.

Diverses idées animaient ceux qui y ont travaillé. On pensait d'abord à « soulager les étrangers » : c'est une raison souvent alléguée, même par nos compatriotes qui n'ont jamais enseigné au dehors, comme Peletier du Mans. Cette préoccupation naissait tout naturellement de la conscience qui commençait à se faire du rôle auquel notre langue était appelée et qu'elle allait commencer à jouer[2]. Il arrive aussi — chose plus singulière — que l'on songe à combien de difficultés seront exposés ceux qui plus tard auront à

Tripoli Asiatique, à Aleppo et à Alcaire ou Alexandrie. Combien des auteurs et gents doctes sont en France qui illustrent leur langue en composant choses de diverses sciences et de grande importance ! Combien y en a il qui transferent plusieurs autheurs grecs et latins de jour à autre ! De sorte que Thucidide, Demosthene, Platon, Aristote, Ciceron, Plutarque, Live, Pline, Xenophon, et mille autres parlent Françoys par l'ayde des interpretes Françoys : combien des histoires y a il dont on ne void rien qu'en François ? Si les Alemans et autres nations ont quelque chose des langues, ils en ont grande partie des Italiens, ains plus grande des François, mesmement de leurs chroniques et histoires. »

1. Ainsi nous savons qu'en Italie le français était assez communément entendu, et on ne signale pas de grammaire avant celle du Napolitain Scipio Lentulus (1589). Il est vrai que des recherches approfondies en feraient découvrir probablement d'autres.

Étonné qu'il n'existât aucune grammaire française à l'usage des Espagnols avant celle que signale Stengel au XVIIe siècle, j'ai voulu vérifier le fait dans les bibliothèques espagnoles, et j'en ai trouvé une dès 1565.

2. « E quand nous lui aurons donné (à la Langue) un habit lé plus justé qué nous lui pourrons talher : nous n'aurons pas pęrdù notré tans, męmés pour lé presant : Car par céla nous donnérons a connoę́tré aus etrangers qui la goûtéront qué c'ę́t une Langué qui sé peùt regler et qu'ęlé n'ę́t point barbaré : Car lé plus qu'an puisse sęrvir lé reglémant pour lé tans presant, c'ę́t pour les etrangers : auquez il faut aprandré a la prononcer. léquez combien qu'iz viegnét lé plus souuant sur les lieus, toutéfoęs si n'i démeurét iz pas si longuémant qu'iz puissét avoę́r loęsir d'an réteni[r] la naïue prolacion. Męs cé peu dé tans qu'iz sont hors dé leur païs, ç'ę́t, comme M. Débezé męmé disoę́t pour voęr, e aprandré les meurs e façons dé vivré qui sęruét a l'antrég'ant. Dauantagé il né faut point douter, qu'il né sé trouué dé bons espriz, qui antandét bien un langagé sans aler sur les lieus ; męs ilz né lé sauét parler : an quoę l'Ecrituré les soulagéroę́t singuliérémant si ęlé etoę́t conformé a la prolation » (Peletier du Mans, *Dial. de l'orth.*, p. 80).

se rendre compte de l'état de la langue sous Henri II. Pour leur épargner une peine semblable à celle que donnent les reconstitutions de tel caractère des langues grecque et latine, des prévoyants estiment qu'il y a lieu de fournir par des traités aux chercheurs de l'avenir des données exactes [1].

Mais la grammaire ne dut pas seulement son développement à cette sollicitude pour les voisins ou les successeurs. Elle le dut aussi et surtout au sentiment profond que la langue avait besoin d'une règle, si elle devait s'élever à de nouvelles destinées. Ramus dit nettement que « ce qui manquoit aux François c'etoit ce pourquoi nous magnifions la langue grecque et latine, c'est-à-dire la loi de bien parler » (*Gram.*, Préf., p. 5, 1562).

Ce désir de règle s'explique d'abord par le caractère pédantesque de l'époque, qui n'attribuait de valeur aux choses qu'autant qu'elles avaient mérité d'être l'objet d'un art et d'une discipline. (Or c'était un préjugé encore très répandu que le français en était incapable [2].) Ainsi Geoffroy Tory s'efforce de démontrer que « nostre langue est aussi facile à régler et à mettre en bon ordre, que fut jadis la langue grecque [3]. Dolet a la même conviction [4]. J. de Beaune soutient à son tour qu'on peut la rédiger par règles, et « que le bien parler se peult congnoistre et separer du faulx », que par conséquent le français ne « se peut dire ou estimer barbare [5] ». Et Du Bellay, avec de mauvaises raisons, appuie la même idée « qu'elle n'est tant irreguliere qu'on veut dire », si des gens ingénieux entreprennent de la réduire en art [6]. Rien d'étonnant dès lors que « les Varrons », qui s'en sentaient capables, se soient appliqués à lui donner cette règle

1. « C'ęt donq principalɇmant pour lɇ tans a vɇnir qu'il faut policer notrɇ Languɇ. Nous pouuons antandrɇ qu'ęlɇ n'ęt pas pour durer tousjours an vulguerɇ nomplus quɇ lɇ Greq e Latin. Toutɇs chosɇs pericɇt sous lɇ Ciel, tant s'an faut quɇ la gracɇ des moz puissɇ tousjours viurɇ. Et partant, il nous faut eforcer dɇ la reduirɇ an art : non point pour nous du tout, męs pour ceus qui viuront lors qu'ęlɇ nɇ sɇ trouuɇra plus telɇ qu'ęle ęt dɇ presant, sinon dɇdans les Livrɇs. Prɇnons examplɇ a nous męmɇs. Nous nous dɇbatons tous les jours a qui prononcɇra mieus la languɇ Grecquɇ e Latinɇ : l'un dit quɇ telɇ lętrɇ sɇ prononcɇ einsi, l'autrɇ d'une autrɇ sortɇ, e l'autrɇ d'unɇ autrɇ. E si n'auons quɇ l'Ecriturɇ sur quoę nous puissions assoęr jugɇment : Car le vulguerɇ ęt peri » (Peletier du Mans, p. 79).

2. V. du Wez, réimpr. Génin, 895. Meigret, s'élève encore contre cette opinion et affirme (p. 2) « q'il faot confesser q'ęll' a ęn soę qelq' ordre, par leqel nou' pouuons distinger lę' parties dont sont cōposez tou' langajes, ę la reduir' a qelqes regles ».

3. *Champfleury*, fol. v, et III, v°.

4. Voyez la *Maniere de bien traduire*. A Mgr de Langei (1542).

5. Roy, art. cité p. 242.

6. « Nostre Langue n'est tant irreguliere, qu'on voudroit bien dire... Qui eust gardé notz Ancestres de varier toutes les parties declinables, d'allonger vne syllabe et accoursir l'autre : et en faire des piedz, ou des mains ? Et qui gardera notz successeurs d'obseruer telles choses, si quelques scauans, et non moins ingenieux de cest aage n'entreprennent de les reduyre en Art. » *Def.*, I, 9, p. 75, P.

qui manquait à sa dignité, et devait la relever aux yeux des doctes, en montrant que la matière ne manquait point, et que seul l'ouvrier avait tardé jusque-là.

Mais plusieurs passages d'auteurs accusent un autre souci. On connaît et on a souvent cité le mot de Montaigne : « I'escris mon liure à peu d'hommes et à peu d'annees. Si c'eust esté vne matiere de duree, il l'eust fallu commettre à vn langage plus ferme. Selon la variation continuelle qui a suiuy le nostre iusques à cette heure, qui peult esperer que sa forme presente soit en vsage d'icy à cinquante ans ? il escoule touts les iours de nos mains ; et depuis que ie vis, s'est alteré de moitié. Nous disons qu'il est asture parfaict : autant en dict du sien chasque siecle. Ie n'ay garde de l'en tenir là, tant qu'il fuyra et s'ira difformant comme il faict » (*Essais*, III, 9). D'autres écrivains avaient éprouvé avant lui les mêmes craintes, et les partisans du latin ne manquaient pas de s'en servir, comme d'un argument et d'une menace envers ceux qui voulaient passer à la langue vulgaire. Geoffroy Tory déplore que la langue ne soit pas assurée sur des règles[1] Des Autels se plaint des changements de la langue : « Tu donnes licence à nostre langue, de changer de iour en iour sa prononciation auec son escriture : et ce temps me semble oportun, pour obuier à cette peste, laquelle infecte les plus saines parties de nostre parole : car pource que nous laissons sans reigle,.... a bride aualee courir nostre vsage de parler : les plus ignorans ont l'authorité de la gaster. — Voulons nous endurer ceste tant desmesuree licence, et ensemble esperer non pas immortalité, mais seulement longue duree de noz oeuvres, tant soient elles bonnes ? hastons, hastons-nous d'y mettre ordre[2]. »

Il faut dire que les faits justifiaient ces prévisions. Nombre de gens au XVIe siècle connaissaient les vieux « exemplaires des romans écrits à la main », et se rendaient compte des bouleversements subis depuis le temps où « l'*s* se mettait à tort et à travers devant les mots ». Ils voyaient qu'on était non seulement obligé de rajeunir Joinville, Villehardouin ou Guy de Chauliac, pour les publier, mais que des auteurs beaucoup plus récents, Antoine de la Salle, Villon, avaient dû être remis en nouveau langage.

Un des seuls moyens de remédier à ce grave défaut paraissait être de fixer une règle. Sans doute des esprits aiguisés comme Meigret ne se faisaient pas illusion sur la valeur de ce moyen ; ils savaient, autrement que pour avoir répété des vers d'Horace, que la

1. *Champfleury*, xxv.
2. *Rép. à Meigret*, 20-21.

grammaire a un principe muable, puisqu'elle repose sur l'usage, lequel change ainsi que le veulent les inventions et fantaisies de hommes[1]. Il n'en est pas moins vrai qu'on espérait, en général, ralentir au moins le mouvement par cet obstacle. Et la tentative, qui eût semblé prématurée auparavant, paraissait au contraire devoir réussir désormais, la langue étant sinon venue au point de son excellence, du moins approchant fort de son but[2].

En fait, du reste, le principe était juste. Une fois la notion de la correction éveillée dans les esprits, une fois nés des livres qui devaient la représenter, la distribuer en formules et l'appliquer à des exemples, il était vraisemblable que la valeur de la règle s'augmenterait peu à peu. Par là l'écoulement dont se plaignait Montaigne devait être ralenti, et, dans la mesure où cela est possible, arrêté. Ronsard, en encourageant Meigret, soumettait d'avance ses successeurs à Malherbe.

Lui-même a accepté cette subordination. Sans doute on relèverait dans ses œuvres beaucoup de hardiesses grammaticales, dans ses manifestes des emportements attendus contre les entraves des règles. Il a dit formellement que le poète doit être « porté de fureur et d'art, sans toutesfois se soucier beaucoup des reigles de grammaire ». Mais, même là, il n'ose affirmer qu'il ne doit point s'en soucier du tout[3]. Pourquoi ? Est-ce parce que Sebilet avait promis une grammaire française ? La Pléiade voulut-elle se montrer aussi grammaticale que l'école adverse[4] ? Je crois plutôt ici à des raisons générales. Il semble que Ronsard avait aperçu à quels excès menait le dédain complet de la syntaxe. Malgré les commodités et la grâce qu'il trouvait à l'inversion, il était résolu à dire : *Le roy alla coucher de Paris à Orléans*, et non pas : *à Orléans de Paris le roy coucher alla*[5], comme Scève le fait si souvent. Il « tient aussi pour certain que rien ne défigure tant les vers que les articles delaissez », ou « l'oubli des pronoms primitifz, comme *je*, *tu*[6] ». Tout en taisant le nom d'un devancier qu'il respectait, il met ses disciples en garde

1. *Repl. contre G. des Autels*, 25.
2. Peletier du Mans, *Dial. de l'orth.*, 87.
3. Préf. de la *Franc.*, III, 8. Ronsard y recommande de faire servir l'adjectif d'adverbe, comme *ilz combattent obstinez* (Cf. Du Bellay, *Def.*, p. 140). Ce latinisme se trouve déjà fréquemment chez Lemaire de Belges; il recommande d'employer l'infinitif substantivement (Cf. Du Bellay, *Def.*, p. 140). Mais des expressions comme son *bel aller*, *mon larmoyer*, eussent été très naturelles dans la vieille langue. Les véritables licences sont donc à chercher ailleurs.
4. Il ne faut pas oublier que Marot a donné une règle des participes, classique au XVIe siècle.
5. III, 26.
6. VII, 329.

contre ces fautes, que notre langue « ne peut porter, non plus que le latin un solecisme ».

C'est ce dernier mot qu'il importe surtout de retenir. Ronsard dans la Préface que je citais plus haut en a employé un autre, qui caractérise bien aussi sa pensée : « Je suis d'auis, dit-il, de permettre quelque licence à nos poetes françois, pourueu qu'elle soit rarement prise. » Ce terme de *licence* montre bien le progrès déjà fait; pour qu'il y ait des *licences*, il faut qu'il y ait une règle.

La grammaire française écrite, considérée comme code du langage, s'annonçait donc avec un bel avenir. L'idée de la rédiger n'était pas éclose dans le cerveau de quelque pédant. On peut dire que des écrivains, les uns l'acceptaient tout au moins comme un besoin, tandis que les autres la désiraient comme un appui, et comme une sauvegarde[1].

1. Le seul des latineurs qui, à ma connaissance, ait essayé à cette époque de démontrer que le beau projet de régulariser le français n'était qu'un rêve, est Ch. Bovelles, chanoine de Noyon. Il publia, chez Robert Estienne, en 1533, trois petits traités intitulés : *Liber de differentia vulgarium linguarum, et Gallici sermonis varietate. Quæ voces apud Gallos sint factitiæ et arbitrariæ, vel barbaræ : quæ item ab origine Latina manarint. De hallucinatione Gallicanorum nominum.* Je n'ai pas à m'occuper ici des deux derniers : le troisième est un recueil d'observations d'onomastique topographique; le second un petit dictionnaire étymologique du français, le premier, semble-t-il, qui ait paru. Quant au traité qui ouvre le livre, c'est bien, comme le titre l'indique, une étude sur les différences des parlers vulgaires et la variété de la langue française. Après en avoir déterminé à peu près les limites, l'auteur essaie de mettre en évidence son instabilité et les inconséquences de l'usage, sitôt qu'on se déplace, si peu que ce soit, même d'un village à un autre. Prenant chacune des lettres latines, Bovelles en observe de son mieux les déformations contradictoires, ébauchant ainsi sans le savoir les premiers éléments de la dialectologie française, mais, en revanche, très conscient de son but, qui est de montrer qu'on ne peut rien fonder sur une terre meuble. Un jour viendra sans doute, où, suivant la prédiction des prophètes, Dieu, purgeant les vices de toutes les langues de la terre, leur rendra la pureté de l'idiome primitif du paradis terrestre (p. 47). En attendant, le français est profondément corrompu. La prononciation latine elle-même ne semble pas être à l'abri de certaines contradictions. Mais auprès d'elle la prononciation française n'est que confusion et erreur. Et toute tentative pour remédier à cet état de choses est vaine et condamnée d'avance à échouer (p. 42). Il n'y a aucun idéal à chercher pour les langues vulgaires, en particulier pour la nôtre. Cette idée est si chère au cœur de Bovelles qu'il l'a mise en titre de deux de ses chapitres, le quarante-septième et le quarante-huitième, qui donnent vraiment la clef de son livre. « Negaverit itaque nemo superfluā fore et cassam disquisitionem ideæ in omni sermone vulgi. Quis enim in aliqua Galliæ portione peculiarē scrutabitur linguā quam rite cōstituat, et asseueret totius fore Gallicæ linguæ ideā, quæ sic perpēdiculū et amussim sui nitoris suæve rectitudinis attingat, ut nulli prorsus sit cæli horoscopo, nulli labiorū vitio obnoxia ? Si quis enim Aquitanos culpaverit, uti in Gallica lingua solœcismū et scribliginem facientes, cur eodem iure non et Celtas increpuerit et Belgas, quorum suam quisque linguam, in perpendiculum rectitudinis attollet : intérque Gallos eam esse linguarum pręcipuam et potissimā defendet ? Ubinam igitur, et in qua Galliæ regione locabimus totius Gallici sermonis archetypum ? Ubi verā illius scrutabimur ideam ? Nusquam sanè, nisi quis forte labia linquens vulgi, neglecto etiam quouis Galliæ solo, Latinā linguam in doctorum virorum ore, in suo splendore sedentem, et velut Gallici sermonis fontem inspectet : utpote a locorū, temporum et horoscoporum casibus immunem. Et hanc ideo instituat,

Jacques Dubois. — Jacques Dubois, plus connu sous son nom latin de Sylvius Ambianus (1478-1555), était médecin, comme presque tous les grands savants de son époque ; comme eux aussi, il avait approfondi les langues anciennes, latin, grec, hébreu, et fait le tour de toutes les sciences [1]. Ainsi que Fernel, dont il fut le rival souvent heureux, il a toujours écrit comme il enseignait, en latin. Il est donc surprenant, à première vue, bien qu'il ait été à Montpellier et ait pu y subir l'influence des idées nouvelles sur le rôle de la langue française dans l'enseignement scientifique, qu'il ait été le premier à tenter la grammaire d'un idiome dont il n'a jamais voulu se servir dans la lutte qu'il soutenait pour Galien. Quoi qu'il en soit, son ouvrage parut en 1531 (nouv. style, 1532), chez Rob. Estienne, sous le titre suivant : *Iacobi Syluii Ambia || ni in linguàm gallicam || Isagωge, vnà cum eiusdem Grammatica Latino- || gallica, ex Hebraeis, Graecis et Latinis authoribus || Cum priuilegio || Parisiis, ex officina Roberti Stephani.* (Achevé d'imprimer le 7 des ides de janvier [2].)

Il nous dit lui-même qu'il pensa d'abord en faire un délassement [3], et se reposer ainsi d'un travail acharné, que lui avait causé une révision, ou mieux une refonte du livre de son maître, « *De usu partium corporis humani* ». Mais, comme il avoue tout de suite y avoir rencontré de très grandes difficultés, il est à croire qu'il eût abandonné son entreprise, si d'autres pensées ne l'eussent soutenu. Il est certain qu'il sentit, — et c'était, dans le milieu où il vivait, un mérite, — qu'il y avait des lecteurs « studieux de la langue française [4] » et qu'il s'en trouvait même parmi les savants [5] ; se mettant

Gallici cuiusque sermonis ideam, quam excogitatæ a doctis regulæ a labiorum vitijs, violari non sinant. Imo ad custotiendam uniformitatem illius, nulla on ora severe castigant, nullum non detergunt et expoliunt labium » (p. 43). Il est piquant de constater que dans le temps même où ces questions imprudentes étaient posées, et pendant que le livre de Bovelles achevait de s'élaborer, le premier grammairien français : Jacques Dubois, presque un compatriote de Bovelles, mettait son livre sous la presse.

1. Le catalogue de ses ouvrages est dans les *Mémoires* de Nicéron, XXIX, p. 96. Ils ont été réunis sous le titre de *Jac. Sylvii Ambiani, Opera medica... Adjuncta est ejusdem Vita et Icon, opera et studio Renati Moræi, Doctoris Medici Parisiensis.* Geneva, 1630, f°. On trouvera dans cette Vie des renseignements très détaillés sur la naissance, la jeunesse et la carrière de Dubois, qui eut une autre célébrité que celle que lui fit son avarice, quoi qu'en dise Goujet.

2. Cf. Livet, *La grammaire française et les grammairiens du XVIe siècle*, Paris, 1859 (Dubois, p. 1-48). Cf. Georg Huth, *Jacques Dubois, Verfasser der ersten lateinfranzösischen Grammatik*, 1531). Programm des Königl. Marienstift. Gymnasiums, Stettin, 1899.

3. « Cui otio nulla mihi aptior seges visa est hac ipsa sermonis Gallici inventione simul ac traditione. Quas res duas dum anxie parturio, animi contentione non minori, opus mihi esse experior, tantæ molis erat linguæ Gallicæ rationem invenire et in canones conjicere... »

4. « Ad lectorem linguæ gallicæ studiosum. »

5. « Mei laboris fructum non mediocrem fore video, ex magna etiam doctorum expectatione... operæ pretium me facturum putavi » (*Ad Lector.*, p. 1).

« ...Non injuria sermonem Gallicum excolere aggressus sum : ut posteris velut

de ce nombre, il osa proclamer qu'on ne pouvait pas toujours répéter des mots sans les avoir étudiés, comme des perroquets, et paraître étranger dans sa langue maternelle.

D'autre part, il crut reconnaître que le désordre de la langue vulgaire venait en grande partie de l'absence de règles. Nul ne sait, dit-il, s'il en existe, ou du moins ce qu'elles sont, n'y ayant rien d'écrit là-dessus : la confusion est extrême jusque dans la conjugaison. Mais cet état comporte un remède facile : la langue française, en apparence gâtée et incohérente, est simple et pure ; elle peut se lire et se comprendre presque avec la même exactitude, la même précision, la même brièveté et la même facilité que les écrits les plus corrects, les plus purs et les mieux ordonnés de la latinité[1].

Cette conviction de Dubois suffirait à la rigueur pour faire comprendre comment il a songé à traiter de grammaire française ; elle n'explique pas pourquoi il en a traité comme il l'a fait, ni les étrangetés de sa méthode et de son plan.

Son livre est composé de deux parties. Dans la première, l'*Isagωge* (1-90), l'auteur étudie la nature des lettres, leur parenté mutuelle, qui leur permet d'être changées les unes pour les autres, les dix figures : prothèse, épenthèse, paragoge, aphérèse, etc., qui, en introduisant dans les mots des sons nouveaux, en en faisant disparaître d'autres, servent à les constituer. Ces principes posés, il essaie de fixer des règles de transmutation des mots, tout en se rendant compte que ces règles ne font en somme que répéter en partie les théories et les exemples donnés à propos de la parenté des lettres. Quoi qu'il en soit de ce désordre, le caractère de tout ce

præluceam, ista limatius, copiosius et fœlicius tractaturis : ac nostræ ætatis hominibus animos excitem, ut horis saltem succisiuis, intermissa paululũ linguarum exoticarũ disquisitione tam solicita, sui sermonis rationem cõdiscant, ne picarum aut sturnorum more à parentibus audita, sed numquam animadversa, nunquam perpẽsa nunquã intellecta, semper effundant : quũ sit fœdum hominem in ea lingua videri hospitẽ, in qua natus est. »

1. « Ut Latini tertias plurales præteriti perfecti personas duplices sortiti sunt, et Graeci suas prope omnes secundum varia idiωmata varias habent : eodem modo Galli quorundam temporum, maxime præteriti imperfecti indicativi, optativi et conjunctivi, apud gentis suæ varios populos, personas easdem varie et sonant et scribunt, tam sunt vulgo corrupta confusaque omnia sermonis Gallici vestigia : ob id, opinor, quod et artem suæ linguæ aliquam esse nesciunt : aut si esse sciant, quæ tamen sit, penitus ignorant. Neque mirum, nulla enim : quod sciam de sermonis Gallici proprietate scripta in hũc usque diẽ aut vidi, aut a quoquam visa audivi. Nos tamen, Deo opt. max. nostra incepta secundante, operã daturi sumus diligentẽ, ut lingua Gallica quâm maxime simplex sit et pura. Latini sermonis imitatione, ex quo maxima ex parte Gallicus defluxit : possitque et legi et intelligi non multo minori integritate, fide, compendio, facilitate, quam Latinorum musæ omnino castissimæ, purissimæ, constantissimæ » (*Isagωge*, 119).

traité initial est très net : c'est ce que nous appellerions une phonétique.

La deuxième partie est une grammaire, très incomplète, qui traite successivement des huit parties du discours : nom, pronom, verbe, adverbe, participe, conjonction, préposition et interjection, en en donnant les définitions et les formes. C'est ce que nous appellerions une morphologie (90-159).

Mais il faut y regarder de plus près pour comprendre exactement l'agencement de l'ouvrage.

La grammaire de Dubois n'est pas une grammaire française : c'est une grammaire latino-française, ce qui ne veut dire ni grammaire du français rédigée en latin, ni grammaire simultanée du latin et du français, mais, si je comprends bien, grammaire du français rapporté au latin. C'est trop peu de dire que l'auteur compare sans cesse l'un à l'autre : il cherche dans le latin le type d'où le français est sorti et dont il doit toujours se rapprocher. On comprend dès lors ce que signifie cette phonétique qui précède. Elle suit exactement la même méthode que la grammaire, non seulement cherchant à montrer les mutations que les Français ont imposées aux lettres, mais les justifiant aussi souvent que cela est possible par des changements analogues que les Latins eux-mêmes leur avaient fait subir[1]. Et dans l'ensemble de l'ouvrage, elle joue un rôle essentiel; pour bien dire, elle en est la base indispensable, puisqu'elle sert à établir par le détail la parenté des deux langues. Somme toute, la grammaire de Sylvius ainsi constituée est une grammaire — je n'ose pas dire historique — puisque l'auteur fait à peine une ou deux fois allusion au passé de la langue, — mais une grammaire étymologique. C'est de ce point de vue, il me semble, qu'il faut la comprendre et la juger.

Il est certain que, appréciées d'après les règles que nous suivons et les résultats où nous sommes arrivés, les étymologies et les canons phonétiques de Sylvius nous paraissent téméraires et parfois enfantins. Si l'on admet que *a* peut se changer non seulement en *e*, *ai*, *au*, comme cela arrive réellement dans *tel* (talis), *grain* (granum), *faux* (falsum), mais en *i* dans *vider* (vacuare), en *o* dans

1. Ainsi les Latins changent :
b en *c* : *subcedo* = *succedo*. De même *cubare* = *cou*$\overset{h}{c}$*er*.
b en *g* : *subgero* = *suggero*. — *jubilare* = *jou*$\overset{u}{g}$*ler*.
c en *g* : *seco* = *segmentum*. — *rodere* = *röger'* ou *ronger*
d en *c* : *adcedit* = *accidit*. — *impedire* = *empes*$\overset{h}{c}$*er*.
r en *s* : *valerius* = *valesius*. — *pere* = *pese*.

toucher (tangere), en *ou*, dans *ouvert* (apertum), toutes les dérivations, même les plus absurdes, sont possibles [1]. Et en effet Dubois, ouvrant la série des étymologistes qui ont fait à la science une réputation ridicule, en reçoit de tout à fait comiques [2]. Encore faut-il dire à sa décharge que l'exemple des grammairiens anciens l'a induit dans cette voie fausse, qu'il a même eu parfois des doutes et des scrupules [3]. D'autre part, l'idée qu'il avait eue d'appeler en témoignage les parlers de toute la France est une idée juste et féconde, une de celles dont sont sorties la grammaire comparée et la philologie moderne [4]. Il entrevoit aussi la distinction des mots savants récents et des vieux mots populaires [5]. Enfin parfois, assez souvent même, au hasard, je le veux bien, il rencontre juste, et les étymologies qu'il a données pour un très grand nombre de mots, dont quelques-uns assez difficiles, se sont trouvées exactes [6].

Le grand défaut de cette grammaire historique, c'est d'avoir été en même temps pratique et théorique. Tous ces développements étymologiques nuisent à l'exposé de l'état de la langue, qui se trouve écourté et manque par bien des endroits. — En outre, ce qui est plus grave, ils le faussent parfois complètement. En effet, pour Dubois, la conviction que le français est du latin déformé, est non seulement une opinion sur ses origines, mais une règle pour la manière de le restituer. Nombre d'expressions dans son livre trahissent cet état d'esprit : les formes françaises identiques aux

1. On regrette peu, dans ces conditions, le grand *Etymologicum*, que Dubois se proposait de donner, dont il parle même, à quelques endroits, comme d'un travail presque accompli. Si ce traité a été terminé, il est resté inédit, et semble perdu. Celui de Bovelles n'est pas supérieur. Tous deux furent suivis, à peu de distance, par Guil. Postel, qui a fait un recueil des mots dérivés du grec dans son livre : *De originibus seu de hebraicæ linguæ et gentis antiquitate*, Paris, Denys Lescuier, 1538, G [1] à G [5].

2. *Marcher* a *mercari* forte quia « impiger extremos currit mercator ad Indos ». Cf. p. 91 : « Nos ab horarum bonarum multitudine felicem *horosum heureus* vocamus » ; p. 51 : « *insula*, *isle*. hinc *islandre* forte et à viris » ; 37 : « *cælebs* à *cælestium* vita ».

3. « Ne te mirari oportet quod etyma quædam absurdiuscula (qualia tibi forte videbuntur nonnulla) tradidimus, quum multo absurdiora apud Probum, Marcellum, Varronem, Perottum, Calepinum, et alios Latinorum etymographos inuenias : ut interim Suidam, Hesychium, Etymologicum, cæterósque taceam » (Ad lectorem, p. 4. Cf. p. 53).

4. Il cite à chaque page le parler picard (p. 22, 88, 110, etc.), et parfois le bourguignon (p. 48, 135), le lorrain (p. 7), le normand (p. 21, 31, 121, 127, etc.), le lyonnais (p. 104), le wallon (p. 88). Il parle même, à plusieurs endroits, de l'usage en pays narbonnais et provençal (p. 135, 109, 132, 7, 64, 78).

5. Voir p. 7 : « Forte quod hæc haud ita pridem à doctis in usum Gallorum ex fonte vel Græco vel Latino inuecta sunt » (Cf. p. 16, 58).

6. L'origine des substantifs en *ee*, p. 78, est bien indiquée, de même pour la prothèse de *e* (p. 57), l'épenthèse dans *pouldre*, *gendre*, *epingle*. L'analyse des composés avec l'impératif est juste (p. 81 et 117). Enfin parmi les étymologies exactes et difficiles, on peut citer celles de *tante*, *jour*.

latines sont les vraies (*vera*) ; les autres sont des inventions des Français (p. 129) ; ailleurs il dira qu'il ne reste que des « vestiges de la langue française », expressions étranges qui montrent quelle idée il se fait du langage contemporain, corruption qu'il s'agit de purifier. Au reste une phrase de sa préface, qui paraît vague, mais s'éclaire singulièrement par les vices mêmes de son livre, nous donne toute sa pensée : « J'aurai, dit-il, réalisé mon désir, si l'éclat naïf de la langue française, depuis longtemps presque détruit et terni par la rouille, se trouve quelque peu ravivé, et si, faisant une sorte de retour à son point de départ, elle recouvre une partie de sa pureté primitive, par le moyen des recherches que j'aurai faites de l'origine de ses mots dans l'hébreu, le grec et le latin, sources d'où notre parler est venu presque tout entier [1]. »

Ce n'est pas à dire, bien entendu, que, d'un bout à l'autre, Sylvius rejette les formes françaises, pour adopter celles des Anciens ; sous peine de renoncer à faire une grammaire française, il était contraint de s'arrêter en chemin, et il le fait avec bon sens sur une foule de points [2]. Il n'en reste pas moins vrai qu'il faut se souvenir toujours, si on veut comprendre sa grammaire, que l'idéal était pour lui dans un français qui aurait été le moins irrégulier possible par rapport au latin.

A-t-il à choisir entre plusieurs formes dialectales? ce n'est pas sur l'usage français qu'il se fonde, mais sur l'usage latin. On pourrait croire que c'est parce qu'il est Picard qu'il préfère *mi* à *moi* (p. 107); c'est seulement parce qu'à ses yeux, comme à ceux d'Érasme, les Picards ont retenu plus fidèlement la prononciation latine. Que *é*, pour *oi*, vienne de Normandie ou d'ailleurs, peu lui chaut, du moment que *estelle* rappelle mieux *stella* que *estoille*. Ce criterium là est le vrai. Les Parisiens ont beau s'égayer aux dépens de la prononciation des provinces ; on parle bien quand on parle avec les Latins, *perfecte cum Latinis* [3] (p. 7).

1. « Mihi vero ipse interim voti cōpos esse videbor, si natiuum linguæ Gallicæ nitorē iamdiu propē exoletū et situ obsitū, nōnihil detersero, ac velut postliminio in puritatis pristinæ partē restituero : corrogata scilicet ex Hebræis, Græcis, Latinis vocum Gallicarû origine : à quibus ceu fontibus nostra propè uniuersa elocutio manauit. » Ad Lectorem.

2. Tout d'un coup même, page 113, il interrompt une discussion avec de Nebrissa et Aldus en s'écriant : « Sed quo feror? grammatica Latina scribo, non Gallica. « A la page suivante, il signale comme des latinismes ceux qui disent *capesser*, *facesser*, *accerser*, de *capessere*, *facessere*, *accersere*.

3. Voir sur cette prononciation de e pour *oi* : *estelle*, *estoille*, prononciation normande, p. 21 et 130. Cf. : Les gens de Flandre disent très bien *bosc*, mieux que les Français qui en ont fait *bois* (p. 31); *end*, qui s'entend à Tournai pour *inde*, est meilleur que *en* (p. 84).

Ailleurs la tendance est plus nette encore. Avec l'appui d'une forme parlée, Dubois se laisse aller à la tentation de faire rejoindre au français le type de la langue originelle, en faisant directement violence à l'usage reçu. Tantôt c'est le verbe *aimer*, dont il voudrait refaire toutes les personnes en *a*, *j'ame*, *tu ames*[1] ; tantôt l'indéfini *quelque*, qu'il transformerait volontiers en *quesque*, à cause de *quisquis*[2]. Ailleurs c'est la règle d'accord des participes construits avec *avoir*, qu'il voudrait voir bouleverser suivant la syntaxe latine, espérant qu'avec un peu d'accoutumance on s'habituerait à dire *g'ha^i receuptes tes lettres*, d'après *habeo receptas tuas literas*[3].

Bref Dubois a donné là un mauvais exemple, qui n'a été que trop suivi. Mais à vrai dire, s'il n'eût pas ainsi conçu son livre, il est très douteux qu'il l'eût fait. Seul, ce rattachement intime du français au latin pouvait ennoblir la tâche aux yeux de ce latiniste.

Nous avons perdu malheureusement l'œuvre de Dolet, qu'il appelait, à l'imitation d'un livre étranger, l'*Orateur françoys*, dans lequel se trouvait une grammaire en même temps qu'un traité d'orthographe.

Drosai. — Drosai[4], dont je tiens à marquer ici le nom à sa date, n'est pour ainsi dire jamais cité parmi les grammairiens français, sans doute à cause du caractère de son livre, où il est traité successivement de grammaire latine, grecque, hébraïque et française. Le court abrégé qu'il a donné mérite cependant au moins d'être signalé. Pour tout ce qui est de la dérivation « des dictions hebraiques, greques et latines en dictions françoises », il renvoie à Sylvius (p. 154) ; il lui emprunte aussi sa classification des verbes (p. 138) ; pour le reste, il s'en remet trop souvent à ce qu'enseignera la pratique des auteurs. Mais, dans sa forme concise, le tableau de Drosai contient beaucoup de choses, et

1. « Mihi magis placet sine diphtongo g-amé, tu amés, il amét, et sic totam facere coniugationem, ut ab eo amicus ami, amica amié, amabilis, amiable, amor amo'ur, amo'ure'us ab amorosus, in quorum nullo diphthongum illam a^i invenies » (p. 133, 134).

2. « *Quesc'un* à quisquam unus. g-é n'en ha^i quesque, à, nò inde habeo quenquam, vel quidquam. Il n'i entrat homè quesquë, qu'il so^it : ab, ibi, id est eo nõ intrabit homo quisquis sit » (p. 113).

3. P. 123-124. Thurot, *Hist. de la pron. franç.*, I, xxv, fait à Sylvius des reproches semblables à ceux que j'ai à lui faire ici.

4. *Grammaticæ quadrilinguis partitiones, in grâtiam puerôrum : autôre Ioânne Drosæo, in utrôq ; iûre doctôre illustrissimo*, Parisiis, *Ex officina Christiani Wecheli sub Scuto Basiliensi, in vico Iacobæo. Anno* M. D. XLIIII *C. Pr. Reg. ad quadr.* La Préface, adressée aux professeurs de la jeunesse, est datée de Caen, ides de sept. 1542. Il est traité des lettres françaises, p. 13-16 ; des syllabes françaises et latines, 25-30. La grammaire proprement dite commence à la page 133, sous ce titre « Les Dictions de la langue françoise », et va jusqu'à la page 155. L'existence de ce livre avait été signalée à mon insu en 1896 par Stengel, dans les *Mélanges de philologie romane* dédiés à Carl Wahlund, p. 195.

des observations bien choisies et intéressantes. En outre, ce qui est remarquable, le voisinage des langues anciennes, s'il incite l'auteur à quelques rapprochements, ne l'embarrasse pas dans des théories fausses, mais lui fait souvent, au contraire, marquer avec beaucoup de netteté les caractères distinctifs de notre langue [1]. En somme, on regrette qu'avec ces qualités de méthode il n'ait pas donné la grammaire dont il parle [2].

MEIGRET. — Meigret avait depuis plusieurs années déjà exposé son système de réforme orthographique, lorsqu'il publia sa grammaire [3]. Il y reprend ses propositions, les complète et les justifie ; mais ce n'est pas là son but principal : il voyait, en effet, très nettement le rôle et l'utilité d'une grammaire, appelée à fixer l'usage et à résoudre les difficultés, comme la loi doit vider les différents entre les hommes (p. 86 r°). La base sur laquelle il prétend l'appuyer n'est plus la règle des anciens ; sous ce rapport, il est en opposition directe avec son prédécesseur [4].

D'abord, à vrai dire, il est très mauvais étymologiste. Le phénomène de l'épenthèse d'un *d* dans *pondre* le trouve hésitant, et la dérivation de *aller* rapportée à l'hébreu *hallac* n'éveille, au contraire, en sa pensée aucun scrupule. Ailleurs, il ne doute aucunement que le complément de la négation *pas* ne soit emprunté au grec *pas* (f° 129 r°). D'autre part, dans son système orthographique, il avait proclamé que, les origines des mots fussent-elles avouées, elles ne devaient en rien commander leur forme : pour être logique, et Meigret l'était, il fallait admettre aussi que la grammaire ancienne était sans autorité sur la grammaire moderne.

1. Drosai voit et note l'absence d'adjectifs français correspondant aux adjectifs latins en *ens* (133) *lapideus, de pierre* ; l'absence de neutres, de cas ; l'existence de l'article défini ; la substitution des infinitifs aux gérondifs (138) ; il distingue assez bien le passé simple, « temps de l'action jà piéça passée » du passé composé (139), etc.

2. P. 154 « Ie les hay toutesfois (les dictions consignificatiues, præpositions, aduerbes),.... mises en tables, tât les Latines que Françoises en ma grammaire Françoise. »

3. *Le tretté de la grammęre françoęze*, fet par Louis Meigret, Lionoes. Paris, 1550. Réimprimé par W. Foerster, Heilbronn, 1888. J'ai traduit dans ce chapitre l'orthographe de Meigret en orthographe moderne, pour ne pas trop dérouter mes lecteurs. Je garde l'orthographe authentique en note dans les citations textuelles.

4. Le silence qu'il garde au sujet de l'*Isagωge* a pu faire supposer qu'il ne la connaissait pas. Je croirais plus volontiers qu'il a évité, lui qui changeait tant de choses, d'attaquer la grammaire étymologique, comme il attaquait l'orthographe étymologique. Mais dans plusieurs passages, particulièrement p. 103 v°, où il parle de ceux qui veulent refaire les formes du verbe *amer* au nom de je ne sais quelle « raçioçinaçion », c'est bien, il me semble, la théorie de Dubois qu'il réfute et sa méthode qu'il rejette, en choisissant un des exemples où son devancier l'avait appliquée de la manière la plus fâcheuse.

Meigret montre à plusieurs reprises cette indépendance, qu'on était en droit d'attendre de lui. Ses maîtres sont bien Donat et Priscien : mais il ne leur emprunte que les notions générales, ou, parmi les autres, celles qui s'appliquent et conviennent à la grammaire française[1]. Quoique le latin ait un neutre, Meigret n'en reconnaît pas au français (f. 34 r°). Le verbe latin possède un gérondif et un supin ; le français point, il y supplée par l'infinitif (f. 73 v°). Les adjectifs en *bundus* sont fréquents en latin, ils ne sont pas encore reçus en français (f. 33 v°). On disait en latin *litteras*, écrire d'après cela en français : *j'ey reçu vnes lettres*, chose que d'aucuns croient élégant, est au contraire rude et sans propos (37 v°).

Bref, Meigret est partout l'adversaire des grammairiens qui d'un lien de filiation voudraient faire un lien de dépendance; dans un passage caractéristique, il a attaqué ces gens qui, « d'une telle inconsidération du pouvoir et de l'autorité de l'usage veulent asservir une langue à une autre », en montrant l'absurdité de leur « superstition » (104 r°)[2].

Il n'y a point d'autre règle du langage que l'usage. Meigret lui est tout à fait soumis. Au lieu que les règles qu'on fait de grammaire commandent à l'usage, au contraire les règles sont dressées sur l'usage et façon de parler, lesquels ont toute puissance, autorité et liberté (103 v°).

Meigret a même déjà la notion d'un bon et d'un mauvais usage; il n'ira pas chercher la langue chez le populaire, qui confond des mots comme *monition* et *amonition* (105 r°), ni chez les paysans, qui ont des tours rustiques (121). Il note que des poètes emploient parfois une syntaxe à eux (59 v°), que la mode déforme des conjugaisons régulières (86 r°). En un mot il a l'idée très arrêtée que tout le monde ne parle pas bien, même à Paris, mais qu'au milieu

1. 26° « sans toutefoęs se prescrir' aocune loę contre l'vzaje de la prononçiaçion Frãçoęzę : come font pluzieurs, qi dizet nou' dussions dir' einsi suyuant lę regles Latines, ę Grecques : aóqels pour toute satisfacçion il faot repõdre, qe nou' deuons dire, come nou' dizons, puis qe jenerałlemęnt l'uzaje de parler la reçu einsi : car ç'ęt çeluy qi don' aothorité ao' vocables : De vrey il s'ęn ęt trouué, qi ont voulu dire q'il falloęt dire Aristotele, comme s'il n'étoęt ęn la puissancę de l'uzaje d'ęmprunter çe qe bon luy a sęmblé du vocable Aristoteles, ę lęsser le demourant. »

2. « Ie m'emęruelle bien qu'il ne s'ęn treuue qelcun qi debatte *ey*, *as*, *a* : *auons*, *auez*, *ont* : vu qe nou' l'auõs trop etranjé de *habeo*, duqel on dit qe nou' l'auons tiré. Suyuant la supęrstiçion dę'qels nou' dussions dire je habe, tu habes, il habe, habons, habez, il' habet » (104 v°). Cf. Mathieu, *Deuis*, 1560, 4 v°. « Ce seroit aussi grande audace de vouloir faire parler le peuple de France en sa langue patriote selon les règles des Latins, et d'applicquer la proprieté de l'une à l'autre en graces et manierés de dire par necessité, et qu'autrement ne se feroit que de trancher les montagnes. »

de toutes ces contradictions, on peut démêler un langage courtisan, celui des gens « bien appris ». Aussi proclame-t-il à la face des latiniseurs, ou, comme il dit, des « François-Latins », qu'il y a une « congruité » (26 v°), et que, tout de même qu'ils ont scrupule de recevoir un vocable qui n'est pas dans Cicéron, le courtisan français n'a pas moins l'oreille malaisée à contenter, qu'une façon de parler propre est aussi désirée et aussi bien accueillie en langue française qu'en n'importe quelle autre (54 v°).

On le voit, ce respect de l'usage annonce déjà celui que témoigneront les gens du XVIIe siècle. Aussi l'attitude que Meigret prend vis-à-vis de cet usage semble-t-elle souvent plutôt celle d'un contemporain de Vaugelas que de Sylvius. N'étant point un pédant de l'antiquité, Meigret hésite plusieurs fois à trancher et à résoudre, de crainte de « forcer l'usage » (121 r°). Il mentionne souvent qu'il accepte deux manières de dire : *j'ai passé* et *je suis passé*, — *je laisserai* et *je lairrai* (93 v°). *Par-ci* sonne mieux à son oreille que *par-ici*, mais il ne veut pas condamner ce dernier (128 r°). Cette prudence dans la décision n'est pas timidité — Meigret avait montré qu'il savait être théoricien, — c'est sagesse et observation réfléchie des rapports de la grammaire et de l'usage. En orthographe on peut détruire et construire, en grammaire proprement dite on ne peut qu'observer, accepter et mettre en ordre[1].

Je ne prétends pas pour cela que la grammaire de Meigret soit un chef-d'œuvre. Il se sert avec bonheur des divisions des anciens, mais dans ces cadres tout faits il ne sait pas introduire la clarté. En outre, des défauts graves de composition éclatent à plusieurs endroits ; il y a des chapitres relativement peu importants, comme celui des noms de nombre, qui se prolongent démesurément ; d'autres, comme celui de la formation des noms (46 v°), qui sont complètement sacrifiés. A ces défauts de proportion s'ajoutent des confusions, des redites. Il a fait avec grande raison un chapitre de l'article (19 v°), mais il n'y traite que *le*, *la*, et la plupart des observations qui se rapportent à *de*, *du*, *à*, *aux* sont rejetées dans le chapitre de la préposition, ou y sont reprises (119 v°).

Sur la doctrine, il serait facile de prendre Meigret en défaut ; il ignorait tout de l'histoire de notre langue, même ce que plusieurs de ses contemporains savaient. Aussi se borne-t-il parfois à

1. Il est juste d'ajouter que sur quelques points Meigret n'a pas été aussi prudent ; il a essayé par exemple de supprimer par raisonnement la tournure : *c'est moi*, *c'est toi* (75 v°).

observer, quand il devrait expliquer[1], ou, ce qui est beaucoup plus grave, se fourvoie-t-il souvent quand il explique.

Enfin, il y a dans son livre une très grave lacune ; la syntaxe manque, ou du moins, comme il le dit lui-même, il ne « la poursuit que par rencontres », c'est-à-dire qu'il y a çà et là, en très grand nombre, j'en conviens, des remarques et des règles, la plupart justes, mais aucun corps de doctrine.

Néanmoins, dans le livre de Meigret on rencontre déjà les éléments essentiels d'une grammaire française sérieuse, solide et complète. L'usage est observé en général non seulement avec fidélité, mais avec sagacité, par un esprit délicat, qui ne confond pas les faits, mais au contraire les analyse avec finesse. Le chapitre sur l'article est faible, mais les caractères du défini, de l'indéfini et des partitifs sont étudiés plus loin et assez bien démêlés (120 r° et s.) ; les adjectifs possessifs sont distingués, suivant qu'ils « s'adjoignent ou non leur possédant » (60 r°), le déterminatif *ce* est mis à part des démonstratifs proprement dits, qui empiètent si souvent sur lui (54 r° et s.), le rôle de *y* pronom est esquissé, et même réglé avec pénétration pour certains cas difficiles (58 v°) ; les deux constructions du régime des verbes passifs avec *de* et *par* sont relevées et comparées sommairement (121 r°) ; la valeur différente des expressions formées avec *en* et un substantif, suivant qu'on y introduit ou non l'article, est marquée avec une grande exactitude (123 v°) ; l'importance des locutions adverbiales, telles que *à l'italienne*, *de vitesse*, si considérable en français, est soulignée (126 v°). Bref, sur tous ces points et d'autres encore, où l'auteur n'était guidé par personne, il a fait preuve d'une netteté et d'une justesse d'esprit remarquables.

On s'est plusieurs fois égayé des essais qu'il a faits pour déterminer et noter les accents dans les phrases françaises, et écrire la musique des syllabes sur une portée ; admettons qu'il a eu tort de recourir à l'invention de mots bizarres et démesurés, et qu'il eût fait sagement d'attendre pour en décrire les modulations, qu'il eût entendu : *la Constantineopoliteine megalopolitanizera*. Le désir de bâtir un système complet et cohérent l'a égaré ici comme souvent ailleurs[2]. Aussi bien était-il presque impossible qu'il arrivât à résoudre le problème, en se le posant dans cette complexité. Voir

1. 118 v° : Il note les tours comme « la rue Saint Anthoine », « l'église Saint Paul », mais sans deviner la raison pourquoi on tait la préposition *de*.

2. On verra par exemple au chapitre des noms de nombre comment il reconstitue les séries incomplètes d'adjectifs en *uple* (42-43).

où s'élève la voix dans toutes sortes de combinaisons de monosyllabes, de nombre et de nature variable, était au-dessus des forces de n'importe quel observateur dépourvu d'instruments. La nature même de l'accent d'acuité, tel qu'il était dans les langues anciennes, devait l'empêcher de s'attacher d'abord à l'accent d'intensité, le plus sensible en français, le seul qu'il eût quelque chance de distinguer. Il n'en est pas moins vrai que cet effort est le plus curieux et le plus pénétrant qu'on ait fait jusqu'à notre siècle, pour éclaircir cette matière obscure, et que la tentative de Meigret, tout infructueuse qu'elle ait été, pour « défricher cette doctrine », était digne de sa hardiesse.

Aussi bien, il est temps de le dire, Meigret voit souvent loin, parce qu'il ne se contente pas de noter et d'enregistrer : il désire pénétrer et expliquer les faits. Cet esprit de recherche est présent partout dans son livre. Nulle part cependant il n'a donné de résultats plus remarquables que dans le chapitre du verbe, où il n'y a presque aucune définition qui ne soit commentée, et accompagnée de théories, parfois erronées, mais souvent justes et profondes. Assurément les efforts de Meigret sont souvent restés vains. Toute la logique qu'il déploie pour démontrer que la forme *aimé* dans *je me suis aimé*, *j'ai aimé les dames*, est un infinitif et non un participe passif (64 r° et s., 68 r° et s.) ne peut changer la nature de *aimé*. Or c'est là la clef de voûte de son système. Toutefois cet effort a conduit au moins l'auteur à des réflexions très justes, à la vue confuse mais assurée que dans : *j'ai aimé les dames*, *j'ai écrit unes lettres*, il y a autre chose que la réunion du verbe *avoir* et du participe passif, telle qu'elle est dans : *j'ai maison faite*, qu'il s'y trouve une forme verbale complexe, où *avoir* a perdu de son sens, où *aimé* de son côté a perdu sa construction passive, et que l'ensemble formé par ces deux mots a pris une nouvelle valeur temporelle.

Ailleurs cette étude l'a mené plus loin encore, jusqu'à la solution d'une des questions les plus obscures de la grammaire française. On cherche encore aujourd'hui une formule nette qui rende compte de la double valeur des temps du passif français, et il y a quelques années seulement, MM. Clédat et Koschwitz échangeaient à ce sujet des observations. Il est certain que *l'homme est tué* et *la France est mal gouvernée* ne sont pas au même temps, quoique la forme verbale soit la même ; l'un marque l'état présent résultant de l'action passée, si bien qu'on traduirait le premier à l'actif par : *on a tué l'homme, et il est mort*, le second par : *on gouverne mal la France*. Meigret a très bien vu cette différence essentielle. Il y a plus, il a vu même la seule manière dont elle s'expliquait, je veux dire par la signification des verbes. Disons en gros que les temps passifs de ceux qui marquent une action à terme fixe, comme *tuer*, *payer*, ont le sens accompli, et se rendraient à l'actif par des passés. Les autres verbes qui marquent une action susceptible de se continuer ou de se répéter indéfiniment, ont un présent passif, qui exprime vraiment le présent : *je suis aimé de Dieu*. D'autres sont capables de marquer une action à terme fixe, ou, au contraire, une action qui se continue indéfiniment, suivant le contexte : par exemple *battre*. Il suffit d'y ajouter un adverbe pour changer le sens. Comparez *je suis battu* et *je suis battu tous les jours*. Le temps est tout autre [1].

1. Cf. sur ce point de grammaire, H. Yvon, dans les *Mélanges Brunot*, p. 351 et suiv. Cet article fait allusion à ma théorie. Je croyais, en effet, avoir trouvé par des observations toutes semblables la solution de cette difficulté, non encore entièrement vidée, et je me proposais même de l'exposer, lorsque, en relisant Meigret, j'ai trouvé mes idées principales indiquées assez nettement dans un des passages les plus originaux de son livre. La découverte ne m'eût pas fait grand honneur. Au contraire, elle lui en fait, à mon sens, un très grand, à lui, en montrant jusqu'où, sans guides, sans tradition, il a su s'élever par la seule puissance de l'observation et du raisonnement. Voici sa doctrine :

101 r°. « Ao regard du passif, il ne sinifie non plus aocun tęms, qe l'actif : exçepté toutefoęs q'il faot ęntęndre, qe qant sa significaçion ęt tęlle q'ęlle denote pęrfęççion, ę fin d'acçion ; allors il sinifie l'effęt ę la passion prezęnte de l'acçion passée : come si je dy, vn home blessé ęt mal de soę : nou' n'expozerons pas, vn home q'on blęsse, qoę q'il soęt conjoint a vn vęrbe de tęms prezęnt : ny ne pourra cęte maniere de partiçipe, etablir le prezęnt de l'indicatif : tęllemęnt qe combien que je díe, je suys blessé, il ne se pourra rezoudre par l'actif prezęnt, on me blesse : d'aotant q'etant l'acçion reçúe, ęlle çęsse : męs ęn cę signifi' il tęms prezęnt : q'il denote la passion, ę l'effęt prezęnt. Car tout ajant, ę paçięnt sont ęn męme ręzon q'ęt le lieu duqel, ę le lieu aoqel. Nous appęllons ęn philozophie le lieu duqel, qe lę' Latins appęllet *terminus a quo* : ç'ęt a dire, duqel part ę comęnçe le mouuemęnt : ę le lieu aoqel, qe lę Latins appęllet *terminus ad quem*, çeluy aoqel finit le mouuemęnt : come donqes la passion ę l'effęt de l'acçion seront reçúes sans aocune continuaçion, nou' pourrons dire l'effęt, ę la passion prezęns, etant l'acçion çessée : ęxęmple, je direy bien par l'actif, je payé Pięrre, ęn luy contant lę' deniers duz pour lę' reçeuoęr ; męs il ne sera pas si niçe de dire q'il ęt payé de moę, qe premieremęnt je n'aye çessé de conter jusqes a fin de payemęnt : come donqes je l'aorey payé, il pourra dire, je suys payé de vous : laqęlle façon de parler ne se pourra rezoudre par son actif : de sorte qe (come la ręzon de la rezoluçion dę' passifs le reqiert) il díe, vou' me payez : attęndu qe l'acçion çęssée son seul effęt demeure : de sorte q'il la nou' faodra rezoudre par le preterit de l'actif : come, vou' m'aué payé. Ę̧n sęmblabl' aosi qant je dy, je suys ęnjęndré de mon pere, nou' ne l'expozęron' pas, mon pere m'ęnjęndre : par çe qe l'acçion de la jeneraçion ęt cessée, qi a eté le comęncęmęnt du mouuement partant de l'ajant, ę finissant ao lieu aoqel tęnt l'acçion qi ęt la jeneraçion de moę sans subseqęnte continuité. Męs si çet' acçion a continuité, allors çe partiçipe passif peut sęruir à tou' tęms : ę si peut sans vęrbe etant conjoint ao nom sinifier passion prezęnte : come ęn çę tręt, l'hom' ęymé du monde n'ęt pas tousiours ęymé de Dieu : nous ęxpozerons, l'hom' ęymé du monde, qe le mond' ęyme : ę non pas q'il a ęymé. Ę̧ si nou' dizons, je suys ęymé de Dieu, nou' l'ęxpozerons, Dieu m'ęyme : par çe qe çęt vn' acçion sans sinificaçion de fin. Il ęt vrey qe combien q'aocuns vęrbes signifiet effęt, ę fin d'acçion, aocuns auęrbes ajoins leur donet toutefoęs continuaçion : de sorte qe nou' lę' pouuons rezoudr' ęn leur actif prezent : come, vn home battu tou' lęs iours, par vn home qu'on bat, ę non pas q'on a battu, si le vęrb' aoqel il ęt conjoint ne le forç' a qelq'aotre tęms : come,

Livet, frappé de la valeur de Meigret, l'a déjà appelé le fondateur de la grammaire française. Il mérite en effet doublement ce titre, si l'on veut entendre par là qu'il a fondé non seulement la grammaire de la langue française, mais la grammaire à la française. Presque au terme de son livre, il invoque la nature en faveur de la construction de la phrase française, et se félicite de ce qu'on met en tête de la proposition les choses « qui tombent d'abord sous les sens de l'homme » (143 v°). Ce mélange de l'observation avec la logique qui la rehausse, la soutient et souvent aussi la fausse, annonce la *Grammaire générale*.

PILLOT. — Pillot paraît devoir être laissé en dehors de la liste des grammairiens que je dresse ici. En effet, bien qu'il soit Français, étant né sans doute à Bar-sur-Seine, et qu'il ait fait imprimer son livre à Paris [1], il travaille surtout pour les étrangers ; c'est même pour cette raison et afin que l'ignorance du français n'empêchât point de se servir de son livre, qu'il l'a rédigé en latin et non en français [2]. Toutefois, Pillot espère aussi rendre service à ses compatriotes [3] : son *Institutio* s'est répandue en France, comme le

vn home battu tou' lęs jours, a voulęntiers çhęrçhé vęnjançe : car lors nou' dirons vn home q'on a battu aosi bien q'on bat. Męs si nou' dizons, je suys tou' lęs jours battu, nou' lę' rezoudrons par le prezęnt indicatif, on me bat tou' lęs jours. Or faot il ęntęndre q'aocuns de çę' partiçipes passifs n'ont pas sinificaçion passive : ę n'ont qe l'actiue : come, venu, allé, mort : ęntęndez qe ie compręns sous la sinificaçion actiue, çęlle qe lę' Latins appęllet neutre : combien qe propremęnt la sinificaçion se doęt dir actiue, la ou l'ajant reçiproqe l'acçion a soę, ou l'ęmploy' a vn aotre : come, ie me plęs, je vou' plęs : je m'ęyme, je t'ęyme : çe qe de męmes il faot jujer du passif : combien qe lę' reçiprocaçions se font par vne męme locuçion actiue : car aotant sinifie, je me suys eymé, qe qi diroęt, j'ey eté ęymé de moę. Nous dizons çeuz la propremęnt neutres, qi n'ont ne reçiprocaçion, ny ne sont tranzitifs ęn aotre pęrsone : come je dors. Męs il faot ęntęndre qe tou' lę' partiçipes qi ont terminęzon du passif, ę ont sinificaçion actiue, sont aosi de tęms p̄terit : come venu, allé.

1. *Gallicæ lin || guæ Institutio, || latino sermone con || scripta.* Per Iohannem Pillotum || Barrensem... Parisiis. || Ex officina Steph. Groulleau, in vico nouo D. Mariæ commorantis, sub intersignio || S. Joannis Baptistæ || 1550. (Musée pédagogique, Réserve, 44150).

On trouvera dans Stengel (*o. c.* n° 11 ; cf. p. 8) la liste des nombreuses réimpressions du traité de Pillot (1551, 1555, 1558, 1560, 1561, 1563, 1572, 1575, 1581, 1586, 1620, 1621, 1622, 1631, etc.), faites tant en France qu'à l'étranger. Je ne les ai pas vues toutes : mais une collation attentive de l'édition originale avec celle de 1581 (la dernière qu'ait revue l'auteur) m'a montré que le progrès de l'une à l'autre est absolument insignifiant (L'éd. de 1581 est au Mus. péd., Rés., 42793).

2. « Gallicis isti verbis (grammatici) vtũtur, vt à suis tantúm videri possint, cùm (meo judicio) scribentem de aliqua re institutionem, oporteat exterorum et imperitorum præcipuam habere rationem. Neque enim qui Hebræas, Græcas, aut Latinas Grammaticas componunt, Hebraicè, Græcè aut Latinè scientibus, sed potiùs scire cupientibus componunt » (Préface).

3. « Spero non modò exteris huius linguæ candidatis, sed et ipsis quoque Gallis laborem meum profuturum, hac saltem in parte, quōd hîc possunt omnes breuissimis canonibus de ijs certiores fieri : de quibus plerique omnes dubitant, et altercātur » (Préface).

grand nombre des éditions françaises l'atteste ; elle y a été lue, consultée, et peut-être apprise ; l'écarter serait donc illogique et injuste.

La notoriété qu'ont faite à cette œuvre d'abord Loiseau, et ensuite Stengel[1], ne doit pas égarer sur les mérites réels de Pillot qui ne saurait en aucune façon se comparer à Meigret. Son livre est un résumé très sec où, à chaque instant, des formules de prétérition remplacent l'exposé qu'on attend, renvoyant soit aux grammaires anciennes, soit à l'usage[2]. Encore faut-il en retrancher toute la dernière partie, très considérable, celle qui traite des mots invariables ; les exemples en sont, de l'aveu même de l'auteur, pris au Dictionnaire de Rob. Estienne[3]. Le reste se compose d'un très bref exposé de la prononciation (1 à 7 r°), de courts chapitres sur les articles (7 v°-8 v°), le nom substantif et adjectif (8 v°-14 r°), les pronoms (14 r°-20 r°), et enfin le verbe (20 r°-55 v°). Ce dernier est vraiment le cœur de l'ouvrage de Pillot. L'auteur avait promis de le donner très complet (p. 21 r°) ; il a tenu sa promesse. Les paradigmes des auxiliaires, puis des verbes en *er*, *ir*, *oir*, *re*, réguliers ou non ; ceux des neutres et des anomaux y sont donnés en détail, sous une forme claire et lisible. Mais il ne faudrait chercher là ni des explications ni aucune de ces théories pénétrantes que l'ouvrage de Meigret présente en si grand nombre. Les formes des temps et des modes sont énumérées et classées, mais l'auteur se borne là ; il n'est et ne veut être qu'un praticien[4]. Encore faut-il entendre que la pratique ne semble pas comprendre pour Pillot l'emploi correct des formes grammaticales. Il n'a pas eu l'idée, sauf quelques remarques isolées, de traiter de la syntaxe.

Toutefois, renfermé dans les limites que je viens de dire, son livre est un témoin sérieux à consulter sur l'état de la prononciation et de la morphologie à cette époque. Pillot latinise moins que

1. Voir Loiseau, *Étude historique et philologique sur Jean Pillot*... Paris, Thorin, 1866. Pillot n'est que le centre de cette étude, qui porte sur toute l'histoire de la grammaire au XVIe siècle, et même sur l'histoire antérieure ou postérieure de la langue. Cf. Stengel dans la *Zeitschrift für französische Sprache und Litteratur*, XII, 257.

2. « Sed hæc omnia obiter attingere satis sit, frequens lectio et usus loquendi perfectius ista docebunt » (1550, 18 r°).

3. « In altera (parte) de cæteris particulis indeclinabilibus multa exempla subiunximus, quæ potuissent omitti, si omnes haberent illud dictionarium mediocre, à Roberto Stephano excusum, è quo ista exempla huc fere ad verbum transtuli vt omnibus satisfacerem, et ne quid desiderare posset, in nostro libello, studiosus gallicæ linguæ » (108 r°).

4. « Multa velut definitiones vocabulorum artis prætermisi, tum quòd à reliquis grămaticis peti possunt, tum quòd ad institutum nostrum (qui gallice loqui non definire docemus) nihil facere videbantur » (Préface).

d'autres [1]. Le grave défaut de son observation, mais c'est une qualité sous certains rapports, c'est qu'il a pour l'usage de la cour un culte exclusif; il estime que mieux vaut s'égarer avec elle que bien parler avec les autres [2]. Il y a donc lieu de se défier par endroits d'une prédilection si aveugle. Loiseau a déjà noté quelques oublis relatifs à la formation des participes passés, au passé antérieur, totalement négligé comme s'il n'eût pas existé ; des erreurs aussi, la confusion de *le* relatif et de *le* article, la distinction à peu près imaginaire d'un optatif et d'un subjonctif français, qu'on retrouve également dans Meigret. Mais ces fautes sont, en somme, en petit nombre. Guidé par les Latins et par ses devanciers [3], Pillot, dans la courte carrière qu'il voulait parcourir, risquait peu de se perdre. Il est arrivé en effet à son but, mais en donnant l'impression très nette qu'il n'eût pas pu aller beaucoup plus loin. C'est un esprit judicieux, sans profondeur. Le succès de son livre s'explique par la facilité, la netteté, la brièveté de l'exposition. Il n'avait ni la lourdeur de celui de Meigret, ni l'aspect rébarbatif d'une nouvelle orthographe ; en outre, il était écrit dans une langue internationale.

ROBERT ESTIENNE. — La grammaire de Robert Estienne [4] est très connue. Et le seul érudit qui ait eu la patience de suivre l'histoire de la philologie française à ses débuts ne lui a point, malgré quelques réserves, marchandé les éloges [5]. Livet était évidemment prévenu par la grande réputation du célèbre imprimeur, mais il a été trompé par les rapprochements qu'il a multipliés d'un bout à l'autre de son chapitre entre le traité de Robert et ceux de Henri. Il y a chez le dernier tant de science, d'idées originales, souvent profondes, que l'ouvrage de son père gagnait singulièrement à être soutenu par les siens.

1. On relèverait cependant des latinismes, comme *causa habendi* = *à cause d'avoir!* (23 v°).

2. « Hic tanta pollet authoritate ut præstet cum ea errare quam cum cæteris bene loqui, et satis sit allegare ipsa dixit » (13 v°). C'est la raison pour laquelle il n'hésite pas à enregistrer les superlatifs en *issime*, qu'il y a entendus, sans les reprendre, comme l'avaient fait Dubois et Meigret (*Ibid.*); les formes de subjonctifs en *issions*, que d'autres jugeaient efféminées, obtiennent pour la même raison sa préférence, et ceux en *assions* (aymassions) sont qualifiées par lui de poitevins (28 r°).

3. L'auteur connaît Bovelles, Dolet, les opuscules de Robert Estienne et les ouvrages de Meigret antérieurs à sa grammaire.

4. *Traicte de la grammaire françoise* (s. l.) Robert Estienne, in-f° et in-8, 1557. Elle parut l'année suivante en latin, fut réimprimée en 1569 dans les deux langues, et encore en 1582, par son fils Henri qui la joignit à ses *Hypomneses de Gallica lingua*. Dans cette édition, elle a subi des changements sérieux.

5. Livet, *La grammaire française au XVIe siècle*, 335.

En fait, la principale qualité qu'il faille reconnaître à cet ouvrage est une qualité tout extérieure et matérielle : il est bien imprimé, j'entends par là non seulement correct, mais clair, d'une disposition habile, qui contraste heureusement avec la lourdeur compacte et indigeste des pages de Meigret. Mais c'est là mérite d'imprimeur plus que de grammairien.

Quant à la doctrine, elle est des plus médiocres ; non seulement le traité de Robert Estienne est un simple manuel, mais ce manuel est incomplet, et si les exemples sont justes et bien allégués en général, la science véritable est absente ; les définitions, qui seules à peu près y représentent la pensée théorique, quand elles sont neuves, manquent de précision et de justesse.

En outre, il n'y a dans tout cela que bien peu de chose qui appartienne à Robert Estienne. Non seulement on retrouve dans tout l'ouvrage les souvenirs très précis des grammaires latines, ce qui ne serait pas un reproche, puisque l'auteur annonce lui-même qu'il a travaillé sur ces modèles : mais une très grande partie du traité n'est qu'un plagiat des deux prédécesseurs qu'il juge insuffisants dans sa Préface : Dubois et Meigret. Livet a déjà vu que Robert Estienne a copié sa seconde partie dans Sylvius, dont il ne fait que traduire les règles de la mutation des lettres [1]. La partie non étymologique n'est pas plus originale. Presque partout il suit Meigret, et en nombre d'endroits il le démarque, en changeant l'orthographe, parfois en résumant, souvent aussi en transcrivant mot pour mot des alinéas entiers. Plusieurs chapitres en fourniraient la preuve, mais l'ouvrage de Robert Estienne étant peu commun, je renverrai plus particulièrement au chapitre du verbe, que Livet a reproduit comme un échantillon de la manière de l'auteur, sans se douter de son origine suspecte, et qu'il sera facile de rapprocher du chapitre correspondant dans la réimpression de Meigret. Définition des modes, des temps, distinctions des différentes formes, personnes et nombres, mots ou phrases cités en exemples, rapprochements avec le latin, classification des conjugaisons, ordre des paradigmes, tout à peu près dans cette étude des accidents du verbe est emprunté textuellement [2] — Estienne ne donne pas tout ce qu'il y a dans Meigret ; il ne donne quasi rien qui n'y soit pas. Sa transcription a sur l'original l'avantage d'une simplicité plus grande,

1. H. Estienne, dans les *Hypomneses* qui précèdent la *Grammaire* de Robert (p. 111), excuse la médiocrité du travail sur le peu de temps dont l'auteur a pu disposer.

2. *La grammaire au XVIe siècle*, 427 et suiv.

ses extraits sont plus nets, appropriés à un livre pratique, mais ce ne sont tout de même que des extraits [1].

1. Je donne ci-dessous deux passages comparés ; ils fourniront un spécimen suffisant de la méthode :

Rob. Est., 38 : « La seconde mode ou maniere du Verbe, s'appelle Imperatiue, quand par iceluy on comande de faire quelque chose : coñe Aime. Elle n'ha point de preterit : car on ne peult commander pour le passé, qui est temps irreuocable. Elle n'ha dõc que le present, qui toutesfois n'est point si present qu'il ne tienne quelque chose du futur temps ; aussi de vray ce seroit commander sans propos à celuy qui ia feroit ce qu'on luy a commandé. Auec ce, on ha de coustume quand bon semble, de luy adiouster aucuns Noms et Aduerbes signifians temps : comme *Fay cela demain*, *a ceste heure*, *presentement* : dont la plus-part emporte le futur. Quelque fois on se sert du futur de l'Indicatif pour l'Imperatif : comme, *Vous ferez cela*, *Tu iras la*. Combien que par l'Imperatif, aussi proprement se puisse dire : car autant vault *Faites cela*, et *Va la*, que, *Vous ferez cela*, et *Tu iras la*, prononcez en façon de commandemẽt, ou remonstrance auec les plus grans : car les soubiects ou moindres ne peuuent pas commander à plus grãds qu'eulx : veu qu'entre les esgaux mesmes le commandement n'ha point de lieu. Parquoy il est euident que cest Imperatif est plus futur que present : ou que pour le moins nous le pouions appeler aussi bien futur que present. »

Meigret, 69 v° : Ao regar de l'imperatiue mode, ou comendante, ęlle n'a point de preterit : car on ne peut comander pour le passé : vu qe le tęms passé ęt irreuocable. Il a donqes le prezęnt, qi toutefoęs n'ęt pas si prezęnt, q'il ne tiene de qelqe çhoze du futur. De vrey aosi seroęt çe comander san' propos, a çeluy qi ja feroęt çe qu'on luy çomande (sic). Aosi voyon' nous q'a tout' commandemęns, la reponse se fęt par le futur, si nou' ne lęs auons preuenu. Si donq qelq'un me comande qelqe çhoze qe je veulle bien fęre pour luy, je repondrey je le ferey, ou non ferey : plutôt qe je le fęs, ou je ne le fęs. Outre plus nous auons de coutume de leur ajouter qant bon nous sęmble, aoçuns noms, ę auęrbes tęmporęlz : come fęs çela demein, a çet heure, prezęntemęnt : dont la plupart ęmporte le futur. Finablement qelq'auęrbe de tęms prezęnt qe

Rob. Est., 41 : « Le temps preterit et passé est diuisé en trois tẽps : le premier se nomme Temps preterit imparfaict, pourtant qu'il ne nous denote pas vn accomplissement ne perfection d'vne action ou passion passee mais tant seulement auoir esté commencee · comme, *I'aimoye*.

« Le second s'appelle Preterit parfaict, lequel est de deux sortes : l'vne est simple, qui denote l'action ou passion parfaicte : duquel toutesfois le tẽps n'est pas bien determiné, de sorte qu'il depẽd de quelque autre : comme, *Ie vei le Roy lorsqu'il fut couronné*, *Ie fei ce que tu m'auois cõmandé*, *soudain que ie receu tes lettres*... L'autre est composee du verbe *auoir* et d'vn participe du temps passé : et signifie le temps du tout passé, ne requerant aucune suite qui luy soit necessaire pour donner perfection du sens : cõme, *I ay veu le Roy*, *I ai faict ce que tu m'as commandé*, *I ai leu tes lettres*, *etc...* »

Meigret, 66-67 : « Nous auons donq premieremęnt fęt vn preterit impęrfęt, tout einsi q'on fęt lę Grecz, ę Latins : come j'ęymoę, leqel nous auons einsi appęllé, pour aotant q'il ne nous denote pas vn accomplimęnt, ne pęrfęcçion d'un' acçion ou passion passée : męs tant seulemęnt avoęr eté ęncomęnçée. Nous ęn auons vn aotre qi denote l'acçion, ou passion, vn peu plus pęrfętte : duqel toutefoęs le tęms n'ęt pas bien detęrminé : de sorte q'il depęnt de qelq'aotre : come, je vis le Roę, je denote bien la pęrfęcçion de mon acte, męs çete façon de parler me tient suspęndu, come n'etant satisfęt, si je n'ey aotre detęrminaçion de tęms, d'aotant qe lę' Françoęs l'ont introduitte pour ętre detęrminée, par qelq'aotre moyen çęrtein : come, je fis ce qe tu m'auoęs mandé, soudein qe je reçu tę' lęttres (sic). Męs com' il soęt qelqefoęs neçes-

Peut-être Estienne dépasse-t-il ici la mesure de la liberté que les gens du xvie siècle, peu scrupuleux sur ce chapitre, s'arrogeaient en matière de propriété littéraire. Quelque jugement qu'on porte sur de pareils procédés d'appropriation, la constatation suffit à remettre le traité à sa vraie place. On peut estimer qu'il a été un résumé commode et utile ; il demeure acquis en tout cas qu'il n'est qu'une compilation, à peu près sans intérêt, dans l'histoire des recherches et de la science grammaticales.

Ramus. — La première édition de la grammaire de Ramus parut à Paris, chez André Wechel, 1562, sans nom d'auteur, avec ce seul mot pour titre : *Gramerę*[1]. Bien que la matière, au dire de l'auteur lui-même, fût de riche et diverse étoffe, cent vingt-six pages de petit format et de gros caractères lui avaient suffi.

Les chapitres de ce petit volume sont nombreux, mais peu remplis, et l'ordre n'y est rigoureux qu'en apparence. En effet, en le feuilletant superficiellement, on pourrait se laisser prendre à cette belle ordonnance, qui, pour la première fois, met à part « l'étymologie » (nous dirions la morphologie) et la syntaxe, et s'illusionner en voyant défiler ces titres : convenance des articles,

nous luy ajoutions, l'accompliment toutefoęs ęt tousjours subsecutif. Parqoę le comandemęnt ne s'i peut vuyder si soudein q'il ne tiene du futur. Ę pourtant je n'estime pas notre lange pouure pouraotant q'ęlle n'a point de tęms futur propre, vu qe le prezęnt y pęut fournir, Ę combien qe nous vzurpions le futur de l'indicatif, come vou' ferez çela, tu iras la : nou' le pouuons toutefoęs aosi bien dire par l'imperatif : car aotant vaot fęttes çela, ę va la, qe vou' ferez çela, ę tu iras la, prononçez ęn façon de comandemęnt ou remontranç' auęq lę' plu' grans ; car lęs sujęs ou moindres ne peuuet pas comander a plu' grans q'eus : vu q'ęntre lęs egaos męmes, le comandemęnt n'a point de lieu. Porqoę il ęt euidęnt qe çet imperatif ęt plus futur, qe prezęnt : ou qe pour le moins nou' le pouuons appeller aosi bien futur, qe prezent. »

sęre de parler dęs çhozes passées pęrfęttemęnt, e sans suyte, lę' Françoęs ont forjé vn aotre preterit pęrlęt, par le moyen du vęrbe, *ey*, *as*, *a*, gouuęrnant l'infinitif sinifiant le tęms passé du vęrb' actif neçessér' a la locuçion : come, j'ey ęymé Dieu ? la ou eymé, ęt l'infinitif passé du vęrb' actif ęymer, ny ne reqiert aocune suyte qi luy soęt nęcessęre pour doner pęrfęcçion de sęns.

1. Cette édition est extrêmement rare. Livet ne l'avait pas connue. Le catalogue de Stengel n'en cite que deux exemplaires, appartenant l'un à la Bibliothèque nationale, l'autre à la Mazarine. Le second fait suite à un recueil de pièces, dont la plupart sont de Ramus ; c'est la 7e pièce de l'ouvrage coté 22331 (Réserve). Le premier porte la cote X 1200 dans le catalogue imprimé de la Bib. du Roi. J'ajoute que le Musée pédagogique a récemment acquis l'exemplaire qui a appartenu à Yéméniz, et qui y porte le n° 34776 Rés.

convenance du comparatif, syntaxe de la défaillance des verbes[1] : mais un simple coup d'œil suffit à montrer qu'on a là une esquisse hâtive et non un travail mûri. Infatigable producteur, qui semait les livres comme d'autres les articles de journaux, Ramus a fait un pendant à ses autres grammaires, avec une hâte évidente. Il s'agissait d'en compléter la série ; il a rédigé celle qui manquait, dit-il, en quelques heures, mettons en quelques jours.

D'abord, en ce qui concerne l'invention et le choix des observations, le mérite de Ramus est assez modeste. Plusieurs d'entre elles en effet sont empruntées. Personne, que je sache, ne l'a signalé jusqu'ici : il n'en est pas moins vrai que Ramus a puisé, lui aussi, sans plus chercher, à pleines mains, dans Meigret. Ramus transcrit moins franchement que Robert Estienne, mais il s'approprie sans plus de scrupule ; exemples, remarques, théories même, il prend son bien où il le trouve, se bornant à ajouter, surtout à retrancher deci delà, suivant qu'il le juge à propos. En voici la preuve :

Ramus, 87 : isęlui e iselę son celcęfoes uzurpe par le pratisiēs, pour Lę, La, Les, ręlatifz : comę, J'e açęte un çęval pour isęlui t'envoier : Mes nou' dizon' mieus, Pour tę l'envoier.	Meigret, 58 v° : Içęluy, ę içęlle, sont de męme sinificaçion qe il, luy, ę ęlle : dę'qels toutefoes le courtizant n'uze pas comunemęnt : çe sont plutôt relatifs vsurpez par lę́' pratiçięns, pour lęqels nou' vzons de le, la, lęs, relatifs : la ou il, ou luy, ou ęlle, ne peuuet satisfęre : come pour, j'ey açhepté vn çheual, pour içeluy t'ęnuoyer, nou' dirons mieus pour te l'ęnuoyer : combien qe içeluy, ę içęlle, ręmplisset mieus vn papier.
88. Cę toutęfoes e souvent prin' pour Lecęl : comę, J'eimę lę çęval cę vou m'ave done, Ję prizę la męzon cę vou' m'ave vendue.	57 v°. Nous vzons toutefoęs plus souuęnt de qe, ę de meilleur graçe..... de sorte qe nou' dizons aosi bien, je prize bien la mézon qe vou' m'auez vęndu, ę mieus, qe laqęlle vou' m'auez vęndu....
97. Toutęfoes se posesifz avec lę verbę sustantif n'on' point d'articlę : comę, Sę livrę e mien, tiē, sien, Sętuisi e mien, tien, sien. Faut excepter Sę et ā' supos : Car nou' nę dizon' point, S'e mien, eins S'e lę mien. Cant Mien, Tien,	59 r°. Ao regard de mien, tien, sien, possęssifs, il' ne sont gyeres sans lęs articles le, la, lęs, ao nominatif : si çe n'ęt apręs le vęrbe substantif, ayant pour surpozé le nom du possedé : come çe çheual ęt mien : ę ęn sęmblabl' apręs

1. Voici la division exacte de l'ouvrage : 1° de letręs ; dę la form' e cantite d'unę silabę ; 3 du ton e apostrofę ; 4 dę la notasion en espesę e figurę e dę la divizion du mot ; 5 du nom ; 6 du pronom ; 7 du verbę e dę se personęs ; 8 de partisipęs ; 9 dę la premierę conjugezon ; (ici cesse la numérotation) ; (10) Anomalię ; (11) la sęcondę conjugezon ; (12) Averbę ; (13) Conjonxion ; (14) Sintaxe ; (15) Convęnansę du nom avec lę nom ; (16) Convęnansę des articlęs ; (17) Convęnansę du comparatif ; (18) Convęnansę de pronoms ; (19) la convęnansę du nom avec lę verbę ; (20) la sintaxę dę la dęfalansę de verbęs ; (21) La sintaxę du verb' impersonel ; (22) Figurę' comunęs au' noms e verbęs ; (23) La sintaxę des averbęs prinsipalęment de prepozisions ; (24) Sintaxę de prepozisions avec le pronoms ; (25) La sintaxę de posesif femęnins e autręs ; (26) La sintaxę de conjonxions ; (27) De formę' de l'orezon.

Sien, Notrę, Votrę, leur son' supos, ilz ont articlę : comę, s'il æ cestion dę nos enfans ję dire, le mien dort, lę tien somelę, lę sien court, lę notr' æ beau, lę votre' e let. Cant ilz son' gouverne par lę verbę, ilz n'on' poin' d'articlę : comę, J'æ de biens çe tu dis etrę tiens, cę Jan fet siens, cę nou' meintenon' notręs, cę vou' fetes' votres...

lę' relatifs, il, qi, leqel : come il ęt mięn, c'ęt çeluy qi ęt tien, leqel ęt tien. Lę' demonstratifs aosi (fors çe auęq le vęrbe substantif, leur ottet lęs artięles : come çetuy çy ęt tien, ę çetuy la sien : męs nou' ne dizo' pas, ç'ęt tien, pour ç'ęt le tien. Finablement (59 v°) toutes lę' foęs qe çęs possessifs gouuęrnet les vęrbes, il' reqieret lęs articles : come s'il ęt qestion de mon filz, je direy le mien dort, le tien somelle, le sien court. Męs qant ils sont gouuęrnez par lę vęrbes actifs, si le substantif ęt exprimé par aocun dęs relatifs, il' n'aoront point d'articles : come j'ey dę' biens qe tu attęns ętre tiens : aosi ne lę garderey je pas longemęnt miens : lę'qęls toutefoęs Pięrr' espere fęre siens...

On pourrait mener la comparaison d'un bout à l'autre de ce chapitre [1], et les rapports que je signale seraient mis hors de doute par toute une suite de rapprochements. La réapparition des erreurs commises par Meigret, relativement à certaines questions, suffirait à faire une complète certitude [2].

Il est visible que Ramus s'est peu soucié d'apporter des matériaux nouveaux à l'étude de la langue française. C'est la méthode et non la matière qui le préoccupait. En effet, par un contraste au premier aspect étrange, mais en réalité très facilement explicable, ce livre qui d'un côté manque d'originalité, pèche au contraire de l'autre par excès de nouveauté et de hardiesse.

Ainsi, au lieu d'admettre la division ordinaire des conjugaisons, il invente une division des verbes en deux classes : ceux qui ont la racine en *e*, et ceux qui l'ont en *i* ; il se trouve ainsi amené à mettre dans la première, à côté de *aimer*, une multitude d'anomaux : *heir*, *seioer* (seoir), *netrę* ou *nacir* (naître), *terę;* dans la seconde, à côté de *batir* (inchoatif), *dormir*, *dirę*, *sęmondrę*, *tęnir* [3]. En outre, jugeant comme il l'a dit dans ses *Scholæ grammaticæ*, que la divi-

1. Comparer sur les possessifs, Ramus, 83 ; Meigret, 59 r° ; — sur *même*, Ramus, 89 ; Meigret, 60 v° ; — sur *il* indéterminé, Ram., 98 ; Meigret, 56 r° ; sur la première personne des verbes, Ramus, 92 ; Meigret, 53 v°, etc.

2. C'est ainsi que Ramus (94) condamne, après Meigret (75 v°), les tours *c'est moi*, *c'est nous*, pour *ce suis-je*, *ce sommes-nous*.

3. Ramus reconnaît un premier présent (aime), un second (aime subj.) ; un premier prétérit (aimois), un second (aimerois), un troisième (aimasse) ; un premier futur (aimerai), un second (aime) ; voilà pour les formes personnelles. En outre le « perpetuel prezent » ajoute *r* à la racine (aimer), le « perpetuel préterit » est semblable à la première personne du « preteri' finit » (aimé = aimai). L'« infini, jérondif » est formé de la première personne du premier prétérit imparfait, en changeant la dernière syllabe en ant (aimant). Le participe actif est pris du gérondif, le participe passif du prétérit infini.

sion du verbe par modes est chose superflue et sans fondement, il l'a supprimée dans sa Grammaire, en la remplaçant par une nouvelle et inacceptable classification des temps, où l'impératif *aime* n'est plus qu'un second futur, le subjonctif présent qu'un second présent, ainsi de suite. Si j'ajoute que, sous prétexte de faire un livre à part de la syntaxe, Ramus y rejette la formation des temps composés, qui est pour lui, en français comme en latin, un fait de syntaxe, on devine ce que devient chez lui la théorie des formes verbales, une des plus essentielles cependant. Ailleurs, aux confusions qu'on reprochait à ses prédécesseurs, il en ajoute, par ses doctrines, de nouvelles. C'est ainsi que partant d'une définition fausse de l'adverbe, qu'il qualifie simplement de « mot sans nombre adjoint à un autre », il réunit sous ce chef l'adverbe, la préposition et l'interjection.

Ramus, comme on voit, n'a pas toujours réussi; il a du moins cherché à répandre des définitions et des classifications sinon nouvelles, au moins inusitées. De là sa division des mots en deux classes : suivant qu'ils sont, ou non, sujets au nombre ; de là encore sa répartition des mots avec nombre en deux grandes catégories : les noms, qui sont des mots de nombre avec genre ; les verbes, qui sont des mots de nombre avec temps [1]. Assurément, il y aurait beaucoup à dire sur ces définitions. Il n'en est pas moins vrai que c'est dans ces tentatives, bonnes ou mauvaises, qu'il faut chercher l'intérêt de l'œuvre de Ramus, en se gardant toutefois de croire que les doctrines ont été inventées tout exprès.

En fait, dans ce modeste essai, Ramus n'a fait que suivre des théories discutées par lui ailleurs, et à propos d'autres langues. Sa petite Grammaire française est surtout un travail d'application : l'auteur a pris hâtivement à autrui les matériaux qu'il n'avait pas tout prêts dans l'esprit, en même temps qu'il s'empruntait à lui-même la doctrine antérieurement établie.

La seconde édition de cette Grammaire [2] est très supérieure à la première. D'abord la doctrine y semble plus mûrie, ou tout au moins plus fermement et plus nettement présentée sur bien des points. Ainsi dans l'édition de 1562, l'auteur s'était borné à dire qu'en syntaxe des enseignements étaient jusque-là profitables, qu'ils expliquaient l'usage du langage reçu et approuvé, non qu'ils en pussent bâtir aucun par soi et par nouveaux exemples (p. 77).

1. Cf. *Scholæ gr.*, 110-111. Cette division est du reste prise aux Anciens.
2. Paris, André Wechel, 1572.

En 1572 il précise très utilement à quel endroit il faut prendre cet usage, qu'on n'a pas le droit de changer. « Selon le iugement de Platon, Aristote, Varron, Ciceron, le peuple est souuerain seigneur de sa langue, et la tient comme vn fief de franc aleu, et nen doit recognoissance a aulcun seigneur. Lescolle de ceste doctrine n'est point es auditoires des professeurs Hebreus, Grecs et Latins en luniuersite de Paris comme pensent ces beaux etymologiseurs, elle est au Louure, au Palais, aux Halles, en Greue, a la place Maubert (30). » Dans la première édition, les pronoms personnels étaient énumérés sans aucune distinction des formes *je* et *moi*, *tu*, *te* et *toi* (p. 47) ; dans la seconde, la répartition en cas est faite, et même de manière beaucoup trop rigoureuse (p. 71). Le texte primitif donnait à peine deux pages d'une extrême confusion aux adverbes, prépositions et interjections réunies (p. 72). Si pour des raisons théoriques, la même confusion est maintenue, du moins les adverbes sont classés, et soigneusement, dans les anciens cadres (p. 116 et s.)[1].

D'autre part, des questions auparavant totalement laissées de côté sont cette fois étudiées : ainsi au chapitre 9 l'auteur a introduit une longue classification des noms dans les deux genres d'après leurs finales. Il n'y en avait pas trace dans son premier travail[2].

Enfin des corrections notables, portant ou sur des détails ou même sur des théories importantes, ont été faites. Parmi les premières, je citerai la substitution de la forme *aimerent* à *aimarent*, seule indiquée dans la première édition ; parmi les secondes, on peut remarquer un changement complet de doctrine au sujet des tours *c'est moi*, *c'est toi*, que Ramus, entraîné d'abord par Meigret, avait commencé par condamner[3]. Presque tous les chapitres ont gagné à ces modifications de tout ordre ; il en est, comme celui de l'article, qui s'en sont trouvés transformés.

Il faut bien le dire, plusieurs de ces améliorations, Livet l'a déjà noté pour l'une d'elles, ont peu coûté à Ramus. Il était fort

1. *Grammaire* de P. de la Ramée, Lecteur du Roy en l'Vniuersite de Paris, A la Royne, mere du Roy. A Paris. De l'imprimerie d'André Wechel, 1572. C'est de cette édition que M. Livet a rendu compte dans son livre *la Grammaire française*, p. 177 et suiv. Je renvoie, pour les détails, à sa fidèle analyse.

2. Cf. au chapitre I une longue dissertation, malheureusement assez faible, sur les origines de la langue ; p. 134, de remarques intéressantes sur *le*, *les* relatifs, etc.

3. P. 168, cf. 1re édit., p. 94, Ramus ajoute : « Et si quelque Grammairiē vouloit despouiller nostre langue de tels ornemens, *Est-ce moy? Est-ce toy? C'est moy c'est toy?* ce seroit cōme desgainer lespee luy tout seul a l'encontre de toute la France. » L'allusion au maître qu'il abandonne est évidente. Toutefois en général il garde ce qu'il avait emprunté.

au courant des travaux grammaticaux de son temps. En particulier la *Conformité du langaige françois auec le grec* a été mise par lui largement à profit. Le plus souvent Ramus résume en quelques lignes ce que H. Estienne développe en longs chapitres[1]; il se borne à signaler des rapprochements avec le grec qu'Estienne établit et discute; mais cette assimilation n'empêche pas de reconnaître l'origine de plusieurs des observations nouvelles, qui sont parmi les plus intéressantes[2].

Mais, quoi qu'il en soit de ces emprunts, tous les changements extérieurs ou intérieurs apportés par Ramus à son œuvre n'en dénaturent pas le caractère. Elle est étendue, refondue sur certains points, la figure même en est modifiée[3]. Ce n'en est pas moins le même livre, si on le regarde d'un peu haut. Car ni la division générale ni la distribution des matières par chapitres, telle que l'entraînaient les définitions fondamentales, ni ces définitions elles-mêmes ne sont changées. Dans ces dix ans le grammairien s'est perfectionné, mais le théoricien de la grammaire ne s'est pas démenti.

Et de cela il résulte que la grammaire de Ramus, même revue et complétée[4], intéresse moins l'histoire de la langue française que l'histoire de la grammaire elle-même, par l'effort que l'auteur a fait pour sortir des vieux cadres et des théories où l'art de Priscien et de Donat semblait s'être immobilisé.

Antoine Cauchie. — Entre la première et la deuxième édition de Ramus avait paru la grammaire d'Antoine Cauchie (1570)[5]. Cette première édition fut complètement remaniée dans une seconde qui

1. Voir en particulier la théorie des pronoms personnels explétifs dans la *Conformité*, édit. Feugère, p. 80, et cf. Ramus, p. 139.

2. Voir en particulier sur les comparatifs *meilleur* et *plus meilleur*, la *Conformité*, p. 78; Ramus, p. 137; — sur la construction *luy troisiesme*, la *Conformité*, p. 97 et 99; Ramus, p. 143; — sur les articles, la *Conformité*, p. 124; Ramus, p. 130; — sur la locution populaire *les ceux*, la *Conformité*, p. 129; Ramus, p. 141, etc.

3. L'auteur ayant fait à la coutume la concession d'imprimer la préface et toute la première partie en écriture ordinaire, le reste (à partir de la page 57) sur deux colonnes, dont l'une est la traduction graphique de l'autre.

4. Ramus est loin d'être complet. Sa syntaxe ne touche pas à la syntaxe des propositions, elle ne donne pas une règle relative à l'emploi des modes. On ne peut pas même l'appeler une ébauche.

Il s'en faut aussi que la doctrine soit toujours sûre. Ainsi Ramus se montre favorable à l'affreux solécisme *je ferons, je dirons*, assez répandu de son temps, parce qu'il voit dans cette discordance des nombres un francisme à opposer à un atticisme (p. 164).

5. *Grammatica Gallica, suis partibus absolutior quam vllus ante hunc diem ediderit*, Parisiis, Impensis Anthoni Lithostratei, in-8.

parut six ans plus tard[1]. Cauchie, on le voit par le premier titre de son travail et aussi par différents passages de la seconde édition[2], était extrêmement satisfait de lui-même. Et cependant il y aurait bien à dire sur son livre. Il blâme ceux qui appliquent à la grammaire française la méthode des anciens (p. 9), et tombe lui-même dans ce défaut, en imaginant un optatif (144), ou en conservant un véritable paradigme complet de déclinaison (84 *bis*)[3]. Il met avec raison ses élèves en garde contre des fautes qu'on fait dans les différentes provinces[4], et lui-même laisse passer des formes de Picardie, où il était né, ou même de vrais barbarismes[5]. Il commet aussi des erreurs inexplicables, comme lorsqu'il condamne le tour très français *celui-ci vous l'a dit*, en forçant la règle qui veut que *celui* n'entre pas en composition devant *qui*, et qu'on dise *celui qui se contente est riche* (99, cf. 107).

Toutefois son livre n'est pas sans intérêt, tant s'en faut. Malgré des fautes de disposition[6], il est clair et facile, avec sa répartition en trois livres : prononciation, étymologie, syntaxe. Il est aussi assez complet, malgré des lacunes[7] ; et par la variété des remarques qu'il présente, d'un véritable intérêt pour nous. L'auteur descend à des détails que l'on n'est guère habitué à voir observer à cette

1. *Grammatica Gallica*, in III lib. distributa : ad Nicolaum à Buckwolden, et Franciscum Ranzouium, nobiles Holsatos. Cum Auctoris Epistola ad Martium Baræorium nobilem Danum, de sua Grammatica, et prosodia Gallicana. Antuerpiæ, Ap. Lucam Bellerum, MDLXXVI (Bib. Maz., 20389).

En comparant la première édition, que je possède maintenant, à la seconde, je me suis aperçu, comme M. Clément (H. Estienne, 422-423) que les critiques adressées par H. Estienne à Cauchie et qui sont fondées sur la première édition, n'ont plus de lieu, le texte ou les exemples blâmés ayant disparu dans la nouvelle.

2. Voir p. 67 : « Quod superest, spero tyrones, aut etiam eruditos Gallos hic vel nihil, vel certe pauca esse desideraturos. » Cf. p. 238 : « Ordinem autem, quem tenui, nolo temerè a quolibet reprehendi, aut ab vllo indicta caussa damnari : scio enim quanto mihi labori fuerit nec existimo commodiorem viam facile tradi posse. » P. 140, il réfute Garnier ; p. 133, il semble condamner Ramus et triomphe d'être parvenu à établir un parallélisme complet des formes du possessif de la pluralité et du possessif de l'unité.

3. A partir de la page 96, par suite d'une erreur typographique, les pages sont numérotées 77, 78, etc., jusqu'à ce qu'on en revienne au chiffre 96. Je cite par 77 *bis*, 78 *bis* la seconde série de ces pages en double.

4. « *Cremir* vsurpatur a rusticis, et iis quidem qui suum sermonem Romanum nominant » (174). Cf. : « Quod moneo ne cum Burgundionibus et aliis Galliæ populis erres : Illi enim sic loquuntur : *Si j'avoi d'argent j'acheteroi d'habitz* pro *si j'avoi de l'argent.....* »

5. Je ne parle même pas de *nani* pour *non* (p. 232), qu'on trouve encore dans les grammaires, mais il donne comme exemple, p. 101 : J'ai beaucoup a *detouiller*. Il cite comme féminin normal, de *loup loupe* (77 *bis*). P. 239 il écrit *fronc* pour *front*.

6. On peut citer comme exemple le chapitre de la préposition, dont la syntaxe, quoique l'auteur y mêle celle des articles *au*, *de*, est réduite presque à rien, tout ayant été traité dans le chapitre correspondant de l'étymologie.

7. La question des temps du passif, si nettement posée par Meigret, est complètement laissée de côté. Il n'y a non plus aucune syntaxe des modes.

époque. Quand l'ellipse du pronom sujet est-elle tolérable ou non[1] ? De quelles prépositions les divers adjectifs veulent-ils être suivis ? Il démêle assez finement quand un verbe est ou n'est pas auxiliaire, et donne sur ce que nous appelons aujourd'hui des semi-auxiliaires *rendre*, *devoir*, *aller*, *être*, construits avec des participes présents, des remarques peu banales. Malgré les taches que j'ai signalées, il est assez rare que Cauchie se trompe sur le bon usage[2] ; il corrige même parfois heureusement ses prédécesseurs. Il y a plus ; quoique très mauvais étymologiste[3], il témoigne d'une certaine connaissance de la langue antérieure[4] et cite, quelquefois, en parvenant à les expliquer, un certain nombre d'archaïsmes[5]. Par un mérite contraire, il n'est point fermé aux nouveautés de son temps ; il essaie par exemple de donner un classement normal de ces composés si chers à Du Bellay et à Ronsard, qu'il loue discrètement ailleurs[6]. Bref, la Grammaire de Cauchie mérite une place honorable en tête de cette série, où les Maupas et les Oudin trouveront plus tard leur place ; elle n'a ni portée philosophique ni valeur dogmatique ; mais aux étrangers, pour qui elle est surtout faite, elle a pu rendre des services très appréciables.

H. Estienne. — On s'étonnerait à bon droit de ne pas trouver dans cette courte revue de ceux qui se sont efforcés de réduire le français en art, le nom illustre de Henri Estienne. En fait, sa contribution est très importante, et on constituerait presque un traité avec les observations, les discussions, les théories qu'il a

1. P. 263 et suiv. Le cas le plus intéressant de ceux que Cauchie examine est celui de deux propositions coordonnées. Qu'elles soient unies par une particule conjonctive ou disjonctive, il admet que le pronom sujet ne soit exprimé qu'une fois.

2. Ainsi, malgré Ramus, il écarte le solécisme *je ferons*, la forme *ils aimarent* (p. 160) ; il refuse de suivre le vulgaire, qui ne fait pas les accords de participes passés (145).

3. « *Mon* vel *mont* (a *savoir mon*) pro *mout*, latine maxime, quanquam duci videtur ex Græco μὲν, quod *certe* et *quidem* significat » (232).

4. Il connaît les vieux infinitifs en *ier* (p. 164), la forme *l'hom* pour *on* (190), *main* pour *le matin*, *preut* pour *premier* (238), *tenpres* (241), il parle du datif « dissimulé » *si Dieu plaist* (p. 284).

5. Il devine ainsi après bien des tâtonnements d'où peut venir *medius* : « Conjectura est ex latinorum *medius fidius* promanasse. Aut tam a Græcorum μὰ δία, unde et neganter dicimus : *medius non*, *medius nani* aut *nanin* et *media nani*, etc. Quanquam fortasse haud absurde dixeris compositam vocem ex *m'aist Dieu* ; etenim dicere solemus ce *m'aist Dieu* pro *ainsi m'aide Dieu*, vel *a ce m'aide Dieu* » (233-234).

6. P. 95 *bis* il distingue six catégories : 1° les mots du type de *désobéissance* ; 2° ceux du type de *bienveillance* ; 3° ceux du type de *sauvegarde* ; 4° les adjectifs qu'on rencontre chez les poètes, tels que *doux amer*, *fière douce* ; 5° les noms comme *gardemaison, boutefeu* ; 6° enfin les noms tels que *embonpoint vapartout*. On remarquera combien cette division est judicieuse. Cf. p. 205 sur les verbes composés avec *entre*.

exposées un peu partout, mais surtout dans la *Conformite du langage françois avec le grec*, les *Dialogues du nouueau langage françois italianizé*, la *Precellence*, les *Hypomneses de gallica lingua*[1]. Prononciation, orthographe, étymologie, vocabulaire, morphologie, syntaxe, il a touché à tout, et malgré la hâte avec laquelle il composait, il a marqué à plusieurs endroits la finesse de son esprit et l'étendue de son savoir. On peut même dire que, si la passion d'hellénisme qui le hantait a égaré l'étymologiste, en revanche elle a quelquefois servi le grammairien, en appelant son attention sur des particularités de langue que personne jusque-là n'avait étudiées.

Plusieurs chapitres des *Hypomneses*, celui qui concerne l'article (p. 185 et s.), celui qui est relatif à la place de l'adjectif épithète et aux changements de signification qu'entraîne le déplacement d'un des termes (p. 154), mais surtout celui où sont réunies douze observations sur l'usage et la syntaxe des pronoms, sont incontestablement les plus pénétrants qui aient été composés à cette époque sur la grammaire française.

Il est extrêmement regrettable qu'au lieu de réimprimer une version latine de la grammaire de son père, et de l'accompagner de ce recueil hétérogène d'observations de toutes sortes[2] qu'il a intitulées *Hypomneses de lingua gallica*, Estienne n'ait pas jugé à propos de reprendre ce qui était épars dans ses livres[3], pour le

1. *Traicté de la conformité du langage françois avec le grec*, par Henri Estienne, sans lieu ni date [Paris, 1565]. Réimpression moderne par Léon Feugère. Paris, J. Delalain, 1853.

Deux Dialogues du nouueau langage François italianizé, sans nom d'auteur, lieu ni date [H. Estienne, Genève, 1578], pet. in-8. Réimpression moderne. Paris, Isidore Liseux, 1883.

Proiect du livre intitulé : *De la precellence du langage François*, par Henri Estienne. Paris, Mamert Patisson, 1579. Réimpressions modernes par Léon Feugère, Paris, J. Delalain, 1850, et Edmond Huguet, Paris, Armand Colin, 1896.

Hypomneses de Gallica lingua, peregrinis eam discentibus necessariæ, quaedam vero ipsis etiam Gallis multum profuturæ... Auctore Henr. Stephano : qui et Gallicam patris sui Grammaticen adjunxit... MDLXXXII.

On trouvera dans la thèse de Louis Clément, *Henri Estienne et son œuvre française*, Paris, Alph. Picard, 1898, deuxième partie : *Henri Estienne, grammairien français*, une étude très détaillée du travail grammatical de H. Estienne.

2. Le livre commence par un traité important mi de phonétique, p. 1-75. L'auteur étudie ensuite la quantité des syllabes, les lettres muettes, les syncopes et apocopes ; puis les règles de transformation des mots latins en français ; alors, après quelques pages sur les raisons qui empêchent de voir les dérivations des mots, il saute brusquement à la place de l'adjectif, rassemble toutes sortes de règles concernant les pronoms, ensuite l'article, examine quelques fautes qu'on fait à propos des verbes ; enfin il termine par la critique de plusieurs œuvres, dont il ne nomme pas les auteurs.

3. Livet a fait à peu près ce travail, en rapprochant les livres de Robert et d'H. Estienne (*o. c.*, 335). Les index des éditions données par Feugère et Huguet de

coordonner, le compléter, et donner « à la langue de sa patrie » qu'il aimait tant et qu'il a si ardemment défendue, la grammaire qui lui manquait. Il se rendait compte de la nécessité de cette publication. Toutefois il a cru avoir fait assez en donnant cette revision du livre de son père, dans une langue accessible à tous les lettrés, ou peut-être n'a-t-il pas eu le temps de faire mieux.

Conclusion. — Considéré dans son ensemble, le travail grammatical du XVIe siècle est donc incomplet : il n'aboutit à aucune œuvre. Il y a plus : en synthétisant toutes les règles et les remarques disséminées chez tant d'auteurs, on ne ferait pas la grammaire entière de la langue; si nous ne la connaissions que par ses théoriciens, nous la connaîtrions mal sur certains points, nous ignorerions complètement ses usages sur d'autres; nous reconstruirions à peu près le détail des propositions, nous serions incapables de rebâtir des phrases. Enfin le résultat principal qu'on s'était promis de cet effort était manqué : la fantaisie individuelle continuait à troubler le langage, et l'époque de Du Bartas et de Du Monin n'était pas, sous ce rapport, mieux rangée à des lois que celle de Scève et de Ronsard.

Mais si l'on n'était pas au but, il est visible que, sans que les contemporains peut-être en aient eu conscience, on s'en était rapproché. On n'avait pas encore le sentiment d'une règle inviolable, dominant l'écrivain, mais on avait déjà le sentiment d'une règle, existant en dehors de lui, à laquelle il pouvait se dérober par moments, à laquelle en général il devait obéir. Sans s'être codifiée dans un livre, cette règle s'était déjà déterminée et précisée dans son ensemble; la notion d'un bon usage, fondée sur l'usage des gens instruits de Paris, se dégageait. Des œuvres considérables, surtout celles des grands prosateurs, certains des ouvrages grammaticaux dont je viens de parler, l'influence d'une cour où le roi lui-même était grammairien, avaient marqué assez fortement la direction pour que les troubles de la fin du siècle ne pussent plus la changer, mais rendissent au contraire plus vif le désir d'y revenir, et l'arrivée à Paris des Gascons d'Henri IV ne pouvait plus que contrarier passagèrement ces tendances vers l'ordre. Les barbares étaient destinés à réformer leur langage, non à corrompre celui de leurs interlocuteurs.

la *Precellence* permettent d'y retrouver les observations grammaticales, fort peu nombreuses du reste. Il est regrettable que pareil index n'ait pas été fait pour la *Conformité*, qui en renferme beaucoup plus, ou, pour mieux dire, qui en est faite presque entièrement (sur le genre neutre, liv. I, 8; sur les cas, 33; sur l'emploi adverbial de l'adjectif, 85 ; sur la préposition, 98 ; sur les prétérits, 107, etc....).

LIVRE TROISIÈME[1]

MOUVEMENT DE LA LANGUE[2]

SECTION I. — LE VOCABULAIRE

CHAPITRE I

NÉCESSITÉ D'UN DÉVELOPPEMENT NOUVEAU DU VOCABULAIRE[3]

Horace avait dit : *Licuit semperque licebit Signatum praesente nota producere verbum.* Cet oracle, cent fois cité, eût suffi, en tout état de cause, avec les idées du XVIe siècle, pour que le droit au néologisme fût établi. Mais les circonstances devaient le rendre

1. On remarquera sans doute que l'étude qui commence ici sur le vocabulaire, et qui forme la section I, aurait pu aussi bien et mieux former la fin du livre précédent. Toutefois il y a malgré tout dans ce développement du vocabulaire une part d'inconscient. En outre, il m'a semblé utile de présenter le *Mouvement de la langue* dans son ensemble.

2. *BIBLIOGRAPHIE GÉNÉRALE.*— La seule bonne étude d'ensemble sur la langue du siècle est toujours celle que Darmesteter a mise en tête du recueil de morceaux choisis intitulé : HATZFELD et DARMESTETER, *Le XVIe siècle en France*, Paris, 1878.

Mais il y a beaucoup d'ouvrages spéciaux à consulter. Au premier rang, il faut mettre les études spéciales à des auteurs ou à des écoles. Voir Stange, *Beiträge zur Kenntniss der französischen Umgangsprache des XVI^ten Jahrhunderts* (Diss. Kiel, 1900, 77 p.).

Eckardt, *Ueber Sprache und Grammatik Clement Marot's mit Berücksichtigung einiger anderer Schriftsteller des XVI^ten Jahrhunderts* (Herrig's Archiv, XXIX).

Hamon (Auguste), *Jean Bouchet*, Paris, Oudin, 1901, Étude grammaticale, p. 337 et suiv.

Brunot, *De Philiberti Bugnonii vita et eroticis versibus* (Lyon, 1891).

Marty-Laveaux, *La langue de la Pléiade*, Appendice à la *Pléiade françoise*, Paris, Lemerre, 1896-1898, 2 vol.

Clément (J.-L.), *Henri Estienne et son œuvre française* (Paris, Picard, 1898).

Voizard, *Étude sur la langue de Montaigne* (Paris, 1885).

Wendell, *Étude sur la langue des Essais de Montaigne* (Lund. Diss.).

Mucha, *Ueber Stil und Sprache von Ph. Desportes* (Diss. de Rostock, Hambourg, 1895).

Pietro Toldo, *La lingua nel Teatro di Pietro Larivey*. Imola, 1896 (Jahresb., VI-I, 252).

Gehring (P.), *Ueber die Sprache Brantômes* (Leipz. Diss., 1902).

Gohin (F.), *De Lud. Charondae vita*, Paris, 1902, chap. 3, p. 60 et suiv.

Heinr. Schüth, *Studien zur Sprache d'Aubigné's* (Diss. de Iena, Altona, 1883).

3. Pour ce qui est du Lexique, je ne reviens pas sur ce que j'ai dit des ouvrages généraux tels que Littré et Godefroy. J'ajoute seulement, à propos de celui-ci, que les

presque incontesté. On appelait le français à exprimer une foule d'idées et de notions nouvelles; il fallait qu'il en eût les moyens. Et il ne vint pour ainsi dire à l'esprit de personne de croire qu'il les possédât déjà. En fait, du reste, cela n'était pas : un très grand nombre de termes lui manquaient

derniers volumes de son recueil renferment beaucoup plus de mots du XVIe siècle que les premiers. Le Complément surtout est utile. M. Huguet a en préparation un *Lexique du XVIe siècle*. En attendant, on consultera :

Ed. Dor., *Ronsardus quam habuerit vim ad Linguam franco-gallicam excolendam* (Diss. de Bonn., 1863). Nagel, *Die Bildung und die Einführung neuer Wœrter bei Baïf*. Herrig's *Archiv*, LXI, 201 et suiv. — G. Kohlmann, *Die italienischen Lehnworte in der neufranzösischen Schriftsprache*, seit dem XVIten Jarhundert. (Diss. de Kiel, 1901). — Lanusse, *De l'influence du dialecte gascon sur la l. fr.*, Paris, 1893. — Vaganay, *De Rabelais à Montaigne. Les adverbes terminés en* ment (Revue des Ét. Rabelaisiennes, tome I).

On ajoutera les renseignements fournis par les lexiques du temps. Mais ces ouvrages doivent être maniés avec critique. Surtout, de ce qu'ils ne contiennent pas un mot, il n'y a rien à conclure

Quelques indications avaient déjà été fournies par Roderic Schwartze : *Die Wörterbücher der französischen Sprache vor dem Erscheinen des Dict. de l'Académie...*, Iena, 1875. Diss. Mais on trouvera une liste très complète par ordre alphabétique des Dictionnaires du temps dressée par Beaulieux, dans les *Mélanges Brunot*, p. 371. Voici l'indication des ouvrages principaux :

[R. Estienne], *Dictionaire francoislatin...* 1539; — [Id.], *Dictionaire françois latin... corrigé et augmenté*, 1549; — *Dictionaire françois latin... corrigé et augmenté par* Jehan Thierry. *Plus y a a la fin un traicté d'aulcuns mots... de la venerie pris de la Philologie de M. Budé...* Paris, J. Macé, 1564; — J. Nicod, *Dictionnaire françois latin...* recueilli des observations de plusieurs hommes doctes, entre autres de M. Nicot. Paris, J. Du Puys, 1573; — [J. Nicod], *Thresor de la langue françoise*, Paris, David Douceur, 1606. Tous ces dictionnaires sont des éditions transformées du *Dictionaire* de R. Estienne.

Levinus Hulsius, *Dictionnaire françois alemand et alemand françois...*, Nuremberg, 1596; — Mellema, *Dictionnaire ou promptuaire francoys-flameng*, Anvers, 1589; — Victor (Hierosme), *Tesoro de las tres lenguas francesa, italiana y española...*, Genève, Sam. Crespin, 1606; — Cotgrave, *An english-french dictionary*, Londres, 1611.

J. Lefevre, *Dictionnaire des rymes francoises*, par le sieur des Accords, Paris, Galiot du Pré, 1572; — Lanoue (Odet de), *Le dictionnaire des rimes francoises...*, Genève, Les héritiers d'Eustache Vignon, 1596, 8°.

Outre que, dans les études sur divers auteurs, des chapitres plus ou moins étendus ont été consacrés à leur lexique, on a dressé un certain nombre de lexiques spéciaux :

Ancien Théâtre français (Bibl. Elz., Glossaire au tome X. Quelques-unes des pièces sont du XVIe siècle).

D'Aubigné (éd. de Réaume et de Caussade). (Lex. dans le tome V, Paris, Lemerre).

Bertaut, *Œuvres poét.*, éd. Chennevière, Paris, 1891.

Guil. Bouchet (Sr. de Brocourt), Lexique à la suite des *Serées*, éd. C.-E. Roybet, tome V, Paris, Lemerre, 1875.

Brantôme, Lexique à la suite de l'édition Lalanne, tome X.

Franck (Félix) et Chénevière (Adolphe), *Lexique de la langue de Bonaventure des Périers*, Paris, L. Cerf, 1888.

Du Bellay, *Deffense et Illustration*, éd. Chamard, Paris, 1904, Lexique.

Favre (Jules), *Olivier de Magny*, Paris, Garnier, 1885, p. 381.

L. Labé, *Œuvres*, éd. Charles Boy, Paris, Lemerre, 1887, petit Glossaire.

Becker, *Louis Leroy, Ludovicus Regius*, Paris, 1896, Lexique.

Marot, éd. Jannet, Paris, Marpon et Flam., tome IV, Lexique.

Palissy, Index-Lexique à la suite de l'étude d'Ernest Dupuy, Paris, 1894.

La langue de la Pléiade, éd. Marty-Laveaux, Paris, Lemerre, 1896.

Mellerio (L.), *Lexique de Ronsard*, Paris, Plon, 1895.

Rabelais, éd. Jannet, tome VII, Lexique, éd. Marty-Laveaux, Lexique-index (Paris, Lemerre, 1902).

Le néologisme dans la langue technique. — Il était d'abord impossible que les hommes de science n'excédassent pas la mesure. En effet, la nouveauté des mots donne, au moins au premier abord, une idée avantageuse de la nouveauté du fond. Déclarer qu'on pouvait s'en tenir, en général, au vocabulaire des prédécesseurs, quand on affirmait n'en avoir pas, eût été d'une modestie dont peu d'écrivains, en aucun temps, sont capables. Les savants du XVIe siècle couraient déjà le risque de passer pour des indoctes, en se servant du français ; n'y rien ajouter eût semblé impuissance plutôt que réserve. Enfin, comment des hommes qui ne faisaient pas de la langue leur étude particulière eussent-ils éprouvé des scrupules, alors que les théoriciens ne leur en donnaient point [1], mais tout au contraire semblaient considérer ce travail d'invention comme un bienfait pour la langue qu'il illustrait et amplifiait ?

Quoi qu'il en soit de ces raisons, on pourrait citer toute une liste d'écrivains scientifiques, qui déclarent s'être fait un vocabulaire technique. Mais, chose significative, la plupart ne prennent pas la peine de s'en justifier ; ou s'ils le font, c'est d'un mot très bref, qui affirme leur droit. On sent à cette brièveté même qu'ils le jugent hors de discussion. « Si le lecteur trouue mon maternel un peu rude, dit simplement de Mesme, en 1557, dans ses *Institutions astronomiques*, nouuelle explication d'une science demande nouueaux termes [2]. » L'année suivante, le chirurgien Vallambert, à propos du mot *indication*, pose toute la doctrine, du même ton d'affirmation nette et sèche, qui convient aux questions définitive-

1. Voir du Bellay, *Deff. et ill.*, éd. Person. p. 125. Un des seuls qui aient parlé, d'une manière générale, de la question, Peletier du Mans, faisant la revue des richesses du français, estime qu'en termes de politique, de guerre, de mondanités, le français est la langue la plus copieuse du monde, mais que si les termes de palais, d'habillement, de cuisine y abondent, cette surabondance est compensée par une pauvreté très grande en termes techniques : ...« Si c'etoit ici le lieu, et s'il n'etoit plus qu'assez notoire, ie pourroie produire vne infinité de noms d'Officiers de France tant Laiz qu'Ecclesiastiques : tant souuerains que subalternes : et plus encores de motz de Palais, qu'ilz appellent termes de prattique. De l'autre part, tant de noms de batons a feu, de longs bois, de couteaux : et en somme de toutes sortes d'armes. Pour le tiers, tant de sortes de draps de laine et de soye, d'habillemens longs et courtz a vsage d'hommes et de femmes, avec leurs affiquets, et les aminicules pour les border et enrichir, puis, tant de sortes de patisseries, de confitures et d'irritemens de gueulle : ausquelz tous auons donné expresse imposition. Que plust à Dieu que nous eussions aussi bien et aussi tost trouué goust es lettres et disciplines. Nous ne serions maintenant en peine de forger nouueaux mots, ni d'emprunter les vocables purs Grecz et purs Latins, pour exprimer non seulement ce qui appartient aux sciences, mais encores a maintes autres matieres... Nous auons si grand'poureté de mots artisans que si nous en voulons parler, il nous faut vser de circonlocution pour dire ce que la langue Greque ou Latine dit en vn mot : ou bien nous sommes contrains d'vsurper termes tous nouueaux deguisez (*Aritmetique*, 1563, p. 48 : Proesme du tiers liure).

2. Paris, Mich. Vascosan, 1557, f°. A la fin, excuse au lecteur.

ment résolues : « Les médecins, dit-il (8 v°), vsent de ce mot qui est propre a eux, et hors de l'vsage commun du vulgaire. Car il faut conceder a chacun estat et mestier certaine façon de parler, qui n'est pas commune aux autres. Les fauconniers ont certain langage, qui leur est propre : aussi ont les mariniers, les laboureurs, les soudats, les artisans, pareillement les philosophes et gens de lettres parlent de leurs sciences en autres termes que le commun peuple[1]. »

Et ce n'est pas seulement dans ce qu'on appelle aujourd'hui communément les sciences que règne cette persuasion. Antoine Foclin, qui traite de rhétorique[2], Claude Grujet, qui traduit les *Dialogues d'honneur* de Possevin[3] tiennent à peu près le langage des médecins. Lancelot de la Popelinière, qui est historien, et qui n'a pas, tant s'en faut, fait de l'histoire une science, n'en revendique pas moins à son tour les mêmes droits, quoique avec plus de diffusion, en homme moins sûr de son fait[4].

1. Sim. Vallambert, *De la conduite du fait de chirurgie*, Paris, Vascosan, 1557, in-8. Cf. encore Galien, *Des choses nutritiues*, trad. Massé ; J. de Monteux, *Commentaire de la conseruation de santé*, trad. par Cl. Valgelas, Lyon, 1559.

2. Voir la préface de ce livre déjà cité, 1557, f° 3 v° : « Nous auons si grande indigence de noms et apellations propres, que non seulement toutes les especes, et parties de cet art, mais aussi l'art vniuersel n'a encores peu rencontrer en sa langue vn nom general, comprenant les actions et effetz de toutes ses parties : Ains est contraint d'vsurper céte apellation Grecque de Rhetorique, comme aussi préque tous les noms Grecz et Latins des Tropes et Figures. »

3. Paris, Jan Longis, 1557. Voir l'avertissement au lecteur : « Au regard de quelques mots, que lon pourra trouuer encores rudes pour ce temps en nostre language (comme *spontanement* pour *voulontairement*, *agible* pour *faisable*, et autres de telle façon) les bien considerans apperceueront assez que ie les ay laissez telz, pour ne peruertir l'intencion de mon Auteur... »

4. *L'Histoire de France enrichie des plus notables occurances suruenues ez prouinces de l'Europe et pays voisins, soit en Paix soit en Guerre : tant pour le fait Seculier qu'Eclesiastic : depuis l'an 1550 iusques a ces temps* (sans nom d'auteur, ni de ville), 1581, 2 vol. in-f° (Bib. Maz., 5916). Au tome I, se trouvent des *Advertissements necessaires, esquels outre plusieurs auis les desseins de l'Auteur sont au vray representez* par I. D. F. B. R. C. F. Escuier. La théorie qui y est soutenue, relativement à la pauvreté du français en termes de guerre est curieuse à opposer aux doctrines de Henri Estienne :

« Ne vous esbahissez au reste de veoir icy plusieurs hardys termes et nouuelles formes de parler, lesquelles ne sentans rien du vulgaire, vont prier vostre courtoisie, leur moyenner en faueur de tant de peines et fatigues, qu'une œuure de si longue aleine luy a donné, vnes lettres de naturalité Françoise, pour estre receuës auec les autres, aux fins d'embellir et rendre peu a peu nostre langue aussi riche d'inuentions, que nous voyons les estrangeres par la hardiesse de ceux qui ont leué la teste sur le vieil et commun parler de leurs ancestres. Que si quelque Mignon et trop douillet ne peut digerer la nouuaute de ces mots : il vous prie luy dire pour toute excuse, s'il ne prend les raisons que dessus en payement : que les lieux dangereux ou plusieurs Guerriers l'ont veu : lui reueilloient assez souuent et le cœur et l'esprit pour auoir la hardiesse de subtiliser des mots encore plus eslongnez que ceux-là. Par ainsi vous pouuez estimer que si le Gentilhomme, pour ne reculer de son deuoir, ne craint la mort qu'il voit assez souuent voleter deuant ses yeux : qu'il auoit lors encore moindre occasion de craindre que le populaire fist discretion des termes guerriers, qu'il a

D'autres auteurs accompagnent leurs livres d'un glossaire ou de commentaires explicatifs. Et parmi ceux-là aussi, on rencontre non seulement des médecins, comme Colin, Joubert, le traducteur de Vésale, mais jusqu'à des philosophes : il y a un vocabulaire technique derrière la traduction de la *Philosophie d'Amour* de Léon Hebrieu, donnée par le sieur du Parc (1551).

Encore la masse des doctes ne prend-elle point de semblables

receuz : neantmoins d'aussi bonne volonté qu'il luy presentoit. Se trouuera peutestre quelque delicat qui fermera les yeux a ces termes d'Assaut volontaire, Assaut de recognoissance, Assaut colonel et peu de tels autres. Auquel il veut faire entendre qu'a ses despens il a apprins les termes de la Guerre. Mais que pour veoir nostre langue pauure en cest endroit, comme en mil autres sujets : il la voulu enrichir de ces mots : estimant que c'estoit vne honte aux François, de ne pouuoir par termes propres et differens, exprimer la diuersité des Assauts. S'il se donne auec l'armée par les bresches et eschelles, l'on l'appelle Assaut General. Comme donc nommerez vous l'Assaut par la bresche seulle, ou par eschelles, ou qui se donne a la breche seule auec partie des Troupes ? De quel nom exprimerez vous l'Assaut de dix ou douze compagnies seulement et telles autres attaques de villes ? Il a donc voulu par ces termes propres distinguer l'Assaut General du particulier, par vn seul mot Colonel, de l'enseigne Colonelle qui marche d'ordinaire pour la conduite de son Regiment. Encore qu'il se donne souuent pour mieux recognoistre la breche. Comme l'Amiral de Chastillon feit au faux-bourg de Rochereuil a Poitiers. Pareillement faut-il appeler d'vn nom propre l'essay et reueuë d'vne breche qui se fait par fois auec charge, et souuent par nombre des plus gaillards sans commandement du General. (Or que le bon Guerrier ne la doiue approuuer). Et me semble que ces deux Assauts meritent bien le titre d'Assauts volontaires et de recognoissance. Ainsi iugeront-ils de Dueil, Escarmouche, Ataque, Rencontre, Bataille, Iournée, Combat General, Vedete, Escorte, Sentinelle, Descouureurs, Auant-coureurs, Enfans premiers, Enfans perdus, Ronde, Patrouille, Regarde, Reueuë, Montre, Recerche et tels autres mil termes Guerriers. De la plus part desquels noz François n'ont sçeu tant vser, qu'abuzer iusques icy. Surquoy ie me suis fort esmerueillé, que veu l'animeuse : voire continuë pratique des Guerres Françoises et Gauloises : vaccation plus naturelle et ordinaire a ces peuples qu'a autres qui ayent iamais esté : ils n'ont sceu toutes-fois declarer le naturel de chacune action Guerriere, par vn nom vrayment significatif. Car puis que la plus certaine preuue d'une science ou autre profession bien cognuë et louablement ou mal exercée, se prend des termes naïfs et particuliers : ausquels ceste nation a bien ou mal sceu representer le naturel de chacune chose, (comme on voit les Romains n'auoir moins dextrement exprimé toutes actions Guerrieres et politiques par noms propres : que mal et fort grossierement les considerations celestes, Philosophales, naturelles, medicales et telles autres estudes speculatiues, pour ce qu'ils les ont autant ignoré que bien sceu comprendre et fort heureusement pratiquer voire sur tous autres de leur temps, les conditions des armes et de la Police) : aucuns pourroient iuger auec grande apparence que les François ont ignoré la profession militaire : Veu qu'ils en ont si froidement exprimé les effects. Mais puisque le naturel Guerrier de ceste nation et le discours des choses anciennes nous asseurent du contraire : il faudra sans doute attribuer ceste faute a la nonchalance et fort indiscrette ou du tout ignorante paresse de noz Peres : lesquels (comme encore la plus-part de nostre Noblesse) curieux de seullement viure et couler l'aage present sans aucun soin de l'aduenir ne sont iamais adonnez qu'a simplement executer leur charge : mesprisans toutes circonstances et accidens d'icelle auec lesquelles le deuoir de l'homme n'est seulement mieux cognu de tous, mais aussi plus honoré et rendu beaucoup plus aisé à l'effet et du profit d'un chacun. Mais de cela vne autre fois. Asseurez vous cependant que l'Autheur n'a rien inuenté qui ne soit pourueu de bonnes raisons si l'on a discrétion de parler a luy deuant le juger. Et sur tout s'est estudié a bien exprimer le naturel de chacune chose : par les noms et termes qu'il a inuenté ou mieux accomodé. Puis de les rendre les plus doux a l'ouye et a la langue qu'il luy a esté possible » (Bibl. Maz., 5916, I).

précautions. Elle invente, naturalise et barbarise sans rien dire. Il n'est pour ainsi dire pas de livres traitant des sciences [1], — et on sait tout ce qu'il faut entendre sous ce nom, de l'anatomie à la politique. de la civilité aux mathématiques, — qui n'apporte son néologisme, ou, à défaut d'une création propre, n'en recueille au moins un certain nombre trouvés chez autrui.

Rapports de la langue technique et de la langue littéraire. — Il serait excessif de prétendre que la langue des hommes de science, dont nous venons de parler, n'était pas considérée, au xvie siècle, comme une langue à part. Les savants eux-mêmes se réclament dans leurs innovations, nous venons de le voir, des droits que leur créent les matières spéciales dont ils traitent. Les lettrés proprement dits leur reconnaissent aussi une liberté exceptionnelle dans le barbarisme. A dire vrai, la distinction fondamentale qui existe entre la langue technique et la langue courante avait donc commencé à être aperçue dès cette époque. L'une n'en devait pas moins pénétrer l'autre.

Quand du Bellay déclare que les termes techniques seront comme hôtes et étrangers dans la cité, on se méprendrait en s'imaginant que le précepte a été suivi, même dans son école. Comment eût-il pu l'être d'un Tyard, d'un Peletier du Mans, d'un Grévin, qui étaient bien plus savants que poètes ? Or combien d'hommes, dans cet heureux siècle, où « le rond des sciences » pouvait encore se parcourir, se sont trouvés dans le même cas ! Par son œuvre, Rabelais est un conteur, mais par ses origines, par sa vie, où le classer, sinon parmi les hommes d'érudition, de science, et, pour reprendre l'ancienne expression, de philosophie ? Aussi, dans le pêle-mêle de son prodigieux vocabulaire, le plus riche peut-être que jamais Français ait manié, quel est l'art dont sa fantaisie n'a pas semé les termes à profusion ? Ainsi la confusion se fût faite d'elle-même par la quasi-impossibilité où se trouvaient les hommes de faire deux parts en eux, et d'avoir, sans qu'aucune règle les

1. Je dois cependant citer la belle protestation de Jacques des Comtes de Vintemille, dont le respect pour l'usage est d'autant plus remarquable que l'auteur était d'origine étrangère. Voir dans l'*Histoire d'Herodian*, éd. de 1560, Advertissements et remonstrance aux censeurs de la langue françoise :

« ...Aucuns d'eux vsent de termes, phrases, epithetes, et orthographes si estranges, qu'ils font comme une fricassee de mots de diuers pays, et gastent et corrompent la grace et naïfueté de la langue françoise. En quoy ie ne suis pas d'accord avec eulx... C'est ce que i'estime deuoir estre gardé principalement es traductions, et trouue bon d'escrire ainsi que ie parle, esperant que la France me recognoistra non pour hoste, mais pour enfant, et m'entendra sans truchement. »

y contraignît, un langage pour leurs écrits scientifiques, un autre pour leurs vers ou leurs discours ordinaires.

Mais les progrès même de la littérature, en particulier de la poésie, menaçaient encore cette division, déjà si peu établie. Au fur et à mesure qu'elle s'élevait au dessus des « bagatelles », la poésie devait s'élever au-dessus du langage vulgaire. Et elle le fit, même avant les gens à système, sous l'effort des Tyard et des Scève. Sans parler du *Microcosme*[1] qui a paru assez tard pour qu'on puisse y retrouver les influences de la Pléiade, il est facile de signaler dans la *Délie* même, de la pure science. Quand on entend ce métaphysicien d'amour s'enivrer « de la delectation du concent de la diuine harmonie » de sa maîtresse, se plaindre de ne pas trouver de soulagement « dans la nuit refrigere a toute apre tristesse », on se rend compte que l'art poétique est pénétré par d'autres. C'est de la physique incompréhensible, mais de la physique pourtant, que ce début du 331e dizain :

L'humidité, hydraule de mes yeulx,
Vuyde tousiours par l'impie en l'oblique,
L'y attrayant, pour air des vuydes lieux,
Ces miens souspirs, qu'a suyure elle s'applique.

La Pléiade, ici comme ailleurs, condensa les idées ambiantes. Il

1. On dirait par moments un poème didactique, une géométrie en vers français. Ainsi dans ce passage (Lyon, J. de Tournes, 1562, liv. II, p. 63) :

...Lɇ trait seulement du poinct seul participɇ,
Et comme part de lui tirɇ, et prent son principɇ,
Car le poinct limité poussɇ la ligne droittɇ
Sans largeur la filant en diametrɇ estroittɇ
Iusqu'a l'autrɇ arrestɇɇ, et lors icellɇ mesmɇ
Se pert en maintɇ formɇ, et diuers theoremɇ.
De diametrɇ axeɇ en cordɇ ellɇ sɇ tend,
Dɇ basɇ auec son flanc l'hypothenusɇ attend :
Mais dessus corausquɇ, et au cathetɇ ioint,
La perpendiculairɇ, et paruenant au poinct
Pour esquarrer le plan sɇ fait orthogonalɇ,
Ainsi qu'aux poligons ellɇ est diagonalɇ.
Deslors flechiblement dɇ son droit desrobeɇ
Des deux costés en arc, ou cernɇ s'est courbeɇ
Tournoyant lymaceusɇ, et spiralɇ deuient
Non sur son poinct mourantɇ, et qui nɇ luy conuient,
Son gironneux circuit montant par tracɇ obliquɇ
A l'enui du rond clos, mais par corroyɇ Eliquɇ,
Laissant lɇ perimetrɇ, et les bisuediaux.
Binomɇs, et maieurs : puissans rationaux
Pour former au rebours. La perpendiculairɇ
Ioingnant la basɇ au bout sɇ parfait angulairɇ
S'aguisant droitɇ, ou non, en maints anglɇs pointus
Par contingencɇ plainɇ, et plus, ou moins obtus.

faut reconnaître que le manifeste de l'école ne s'en explique que peu nettement. Mais Ronsard et les siens ont assez montré qu'il y avait parti à tirer non seulement des arts mécaniques, mais encore des arts libéraux. Ils ont voulu que le poète fréquentât ceux qui s'y adonnaient, afin que sa pensée se fortifiât et s'élargît au contact de toutes les belles et hautes connaissances. Ils ont voulu aussi que son langage s'enrichît à cette communication. Leur usage même, à défaut de textes, le démontrerait [1].

Le néologisme dans la langue littéraire. — J'ai dit plus haut que les hommes de lettres proprement dits, loin de détourner les techniciens d'inventer les mots, les y encourageaient plutôt par leurs doctrines et par leur exemple. Eux-mêmes, en effet, en partie pour d'autres raisons, prétendaient marcher dans cette voie On connaît le mot de Ronsard (VI, 460, éd. M.-L.). « Plus nous aurons de mots en nostre langue, plus elle sera parfaitte. » Presque tous les écrivains du XVIe siècle, avant et après lui, ont partagé cette dangereuse illusion, qui transformait le droit de s'aventurer soi-même dans des nouveautés en un pieux devoir à remplir envers la langue elle-même. Leur erreur a été acceptée comme un dogme, aveuglément par les uns, intentionnellement peut-être par d'autres, dont la paresse d'esprit et la vanité s'accommodaient fort bien de néologismes faciles à trouver et très utiles pour masquer le vide et la banalité de la pensée.

Des divergences de vues s'accusèrent, nous le verrons, en ce qui concernait les meilleurs moyens d'acquérir les richesses qui faisaient défaut. Sur la mesure à garder, on ne fut pas non plus d'accord : pendant que les uns poussaient l'audace à outrance, d'autres, plus prudents, affectaient la modération ; ainsi, dès avant la Pléiade, l'exemple de Scève avait averti Sebilet que « l'asprete

1. Voir dans la *Deffense*, édit. Person, p. 126, ce passage trop peu clair : « Nul, s'il n'est vrayment du tout ignare, voire priué de Sens commun, ne doute point que les choses n'ayent premierement eté : puis après les motz auoir eté inuentez pour les signifier : et par consequent aux nouuelles choses estre necessaire imposer nouueaux motz, principalement és Ars, dont l'vsaige n'est point encore commun, et vulgaire, ce qui peut arriuer souuent a nostre Poëte, au quel sera necessaire emprunter beaucoup de choses non encor' traitées en nostre Langue. »

Il est singulièrement fortifié par la Préface de la *Franciade*, édit. Marty-Laveaux, III, 529 : « Si tu veux faire mourir sur le champ quelque Capitaine ou Soldat, il le faut naurer au plus mortel lieu du corps... et en cela tu dois estre bon Anatomiste. » Du reste il est dit ailleurs dans la *Deffense*, p. 119 : « O toi qui doué d'une excellente felicité de nature, instruict de tous bons Arts et Sciences, principalement Naturelles et Mathematiques... » Cf. p. 122 : « Que si quelqu'un n'a du tout cete grande vigueur d'Esprit, cete parfaite intelligence des Disciplines... tienne pourtant le cours tel qu'il poura... »

des mots nouueaux egratignoit les oreilles rondes »[1], et il conseille à son poète de la modestie et du tact. Nous trouverons chez du Bellay et chez d'autres[2] de semblables réserves. Elles ne vont pas à ébranler le principe.

Le péril était personnel, l'intérêt paraissait général. On se consolait de l'échec possible avec le vieil axiome : *in magnis voluisse sat est.*

Il importe d'ajouter que parmi les écrivains qui se trouvèrent à la tête du mouvement littéraire, plusieurs, et des plus grands, loin de réagir contre les tendances communes, contribuèrent à les affermir. Dans le genre de prose le plus libre, semblait-il, de toute préoccupation technique, Rabelais entassa la plus extraordinaire collection de mots nouveaux qu'homme ait jamais jetée dans un livre. Latin, grec, hébreu même, langues étrangères, argot, patois, il emprunte partout, à toutes mains ; et en même temps il forge noms et mots, dérive, compose, pour plaisanter ou sérieusement ; tous les procédés, populaires ou savants, lui sont bons. On se figure quelle influence a pu avoir pareil exemple, effrayant par certains côtés, séduisant par d'autres, sur tous ceux qui écrivaient.

En poésie les écoles se succédaient, bien dissemblables, mais sans qu'aucune renonçât au grand œuvre de l'élaboration du vocabulaire. C'est à peine si entre le pédantisme des grands rhétoriqueurs et la métaphysique de Scève, Marot avait marqué un arrêt. Comme on sait, Ronsard proclama hautement qu'il « prendra stile a part, sens a part, euure a part[3] ». On trouvera exposé ailleurs le sens de ces paroles hautaines. Elles avaient, en ce qui concerne le langage, leur portée directe. Il n'était pas possible, en effet, que dans ce style à part on ne comprît pas : langage à part. Dans le choix des paroles aussi, et avant tout même, il fallait fuir « la prochaineté du vulgaire ».

Une seule objection eût pu arrêter Ronsard, c'est qu'il risquait, par tant de nouveautés, de rebuter le lecteur. Mais loin de s'effrayer des résistances, dans la première témérité, on affecta de les braver, et de déclarer qu'on n'écrivait que pour les doctes, non pour les « idiots », « à l'exemple de celuy qui pour tous auditeurs ne demandoit que Platon[4] ».

1. Page 8 v°.
2. Voir la théorie dans Meigret, édit. orig., 104 r°, : « Car ç'ęt ao sauant, ou aotre, de propozer a un peuple, lę' vocables tęls qe bon luy sęmblera ao bon plezir dęs orelles dęs homes, ę ao danjer d'ętre rebuttez, come dezaggreables, ou bien reçuz, come dines d'ętre miz en vzaje. » (Cf. *Repl. a Guil. des Aotels*, p. 23).
3. *Œuvres*, Marty-Laveaux, II, 475.
4. Du Bellay, *Deff.*, édit. P., II, 10, p. 152.

L'idée, jusqu'alors entrevue seulement, d'une langue poétique, distincte de celle de la prose, s'affermit et s'afficha. Il ne s'agissait pas seulement, comme pourraient le faire croire quelques passages de l'*Art poétique*, « de trier dans le thresor commun », en y cherchant les mots les plus expressifs ou les plus sonores. Cela était bien sans doute, mais le poète devait avoir aussi ses mots à lui, différents de ceux de « l'orateur ». Pour y arriver, choisir ne suffisait pas, il fallait aussi créer.

Presque tout un chapitre de la *Défense* est consacré à cette théorie du néologisme (II, 6). Il a pour titre : *D'inuenter des Motz.* Les affirmations et les encouragements s'y succèdent : seuls les procureurs et les avocats, enfermés dans leurs formules, sont contraints d'user des termes propres à leur profession, sans rien innover. Mais « vouloir oter la liberté a vn scauant homme, qui voudra enrichir sa langue, d'vsurper quelques fois des vocables non vulgaires, ce seroit retraindre notre langaige, non encor' assez riche, soubz une trop plus rigoreuse loy, que celle que les Grecz et Romains se sont donnée... Ne crains donques, Poëte futur, d'innouer quelques termes, en vn long poëme principalement, auecques modestie toutesfois, analogie, et iugement de l'oreille, et ne te soucie qui le treuue bon ou mauuais : esperant que la posterité l'approuuera, comme celle qui donne foy aux choses douteuses, lumiere aux obscures, nouueauté aux antiques, vsaige aux non accoutumées, et douceur aux apres, et rudes. » Il y a assurément dans cette page des conseils de sagesse, les réserves essentielles y sont faites, si l'on veut ; du Bellay ne recommande que d'user du néologisme, il engage même formellement à n'en pas abuser, mais d'un mot ; et c'était, il faut en convenir, peu de ce mot, même net, pour balancer de longues tirades enthousiastes sur l'enrichissement de notre langue[1]. Ronsard a cru fermement à la nécessité de développer l'idiome, il a eu, au moins au début, entière et complète la foi au néologisme :

Ie vy que des François le langage trop bas
A terre se trainoit sans ordre ny compas :
Adonques pour hausser ma langue maternelle,
Indonté du labeur, ie trauaillay pour elle,
Ie fis des mots nouueaux, ie r'appelay les vieux,
Si bien que son renom ie poussay iusqu'aux Cieux.

1. Cf. H. Chamard, *Du Bel.*, p. 133-135.

Ie fys d'autre façon que n'auoyent les antiques
Vocables composez et phrases poëtiques,
Et mis la Poësie en tel ordre qu'apres
Le François fut egal aux Romains et aux Grecs[1].

L'effet de paroles tombées de si haut fut immense. Il n'y eut poète en sa province — et tout le monde alors était poète — qui n'apportât « sa gentille invention ».

Toutefois, une assez vive opposition se manifesta, et, soit que Ronsard eût dépassé la mesure, soit que ses mots fussent mal choisis, plusieurs trouvèrent, comme dit la Pasithée de Ponthus de Tyard, qu'ils ne pouvaient « recognoistre leur langue ainsi masquée et deguisée sous des accoustrements estranges » ; si on ne voulait pas estre entendu, mieux valait « ne rien escrire du tout[2] ». M. Marty-Laveaux a très curieusement rassemblé les allusions à ces plaintes[3], et très bien montré qu'elles avaient amené Ronsard lui-même, malgré des affectations d'intransigeance, à abandonner ensuite sa première manière, du moins à beaucoup en rabattre. Nous n'avons pas les noms de tous ces opposants, des gens de cour sans doute, des dames peut-être en partie. Mais il est certain qu'il y eut aussi parmi eux plusieurs hommes de lettres ; le Quintil d'abord oppose à cette affectation prétentieuse de faire des vers comme les chants des Saliens, incompréhensibles aux prêtres même, l'exemple de Marot et les préceptes des anciens[4]; après lui, Tahureau du Mans proteste contre ceux « qui ne penseroyent pas auoyr rien faict de bon, si a tous propoz ilz ne farcissoyent leurs liures d'une infinité de termes nouueaux, rudes et du tout eslongnez du vulgaire : se faisans par ce moyen et par autres telles quint'essences estimer grandz, seulement de ceux qui n'admirent rien plus, que ce qu'ilz entendent le moins[5] ». Ce blâme

1. (V. 425). Cf. Pelletier, *Art poét.*, 1555, p. 37. Du Bellay, *Epistre au seigneur I. de Morel*. Œuv. chois., B. de Fouquières, 155.

2. Tyard, *Poésies*, éd. Marty-Laveaux, p. 227 (*Solit. prem.*).

3. Voir *La langue de la Pléiade*, Introduction, p. 9 et sv. et p. 45. M. Marty-Laveaux cite Du Perron, *Or. funèbre de Ronsard*, rappelle la querelle avec Saint-Gelais, les aveux de Ronsard lui-même dans le *Discours contre Fortune* (V, 147), le témoignage de Muret dans son commentaire des *Amours* (I, 374) en 1553, celui de Remy Belleau dans le commentaire du second livre (1584).

4. Voir l'éd. citée, p. 200 et 204. Cf. 204 : « Ceste caution est contre le precept d'Horace : qui veult le Poëme estre tel, que l'honneur d'iceluy soit acquis des choses et parolles prinses au mylieu de la communauté des hommes, tellement que tout lecteur et auditeur en pense bien pouuoir autant faire, et toutesfois n'y puisse aduenir. Tel (a la verité) qu'a esté Marot. Et toy au contraire, commandes d'estranger la Poësie : disant que n'escris sinon aux doctes. Qui neantmoins sans ta singerie et deuisée Poesie entendent la Grecque, et les vertus d'icelle. »

5. *Premières Poësies*, Poitiers, 1554, av.-dernière page.

d'un disciple visait peut-être directement des camarades imprudents et maladroits; il n'en atteignait pas moins plus haut, jusqu'aux maîtres eux-mêmes.

Les coups portèrent et Ronsard, assagi, se contenta bientôt de chanter son ancienne audace, mais sans y persister. Le second livre des *Amours* fut écrit avec une simplicité si différente du « beau style grave du premier » que le désir de montrer la souplesse de son talent n'explique pas suffisamment pareil changement. Ronsard a beau alléguer ce prétexte. Les aveux qu'il fait ailleurs à Simon Nicolas, les corrections apportées à son texte, les regrets de Belleau montrent qu'en réalité il avait reculé, éclairé sur lui-même ou effrayé par les imitateurs [1].

Mais une partie au moins de ceux-ci continua à obéir à l'impulsion donnée. Et si, dans le groupe de Desportes, on se montra plus réservé, en revanche le néologisme trouva dans Du Bartas un nouveau et ardent théoricien . « Ie ne suis point, dit-il, de l'opinion de ceus qui estiment que nostre langue soit, il y a desia vingt ans, paruenue au comble de sa perfection ; ains au contraire, ie croi qu'elle ne fait que sortir presque de son enfance. De sorte qu'on ne doit trouuer mal seant, qu'elle soit suiuant le conseil d'Horace enrichie, ou par l'adoption de certains termes estrangers, ou par l'heureuse inuention des nouueaus. » Et il défend un à un ses divers procédés, ses archaïsmes, ses dérivés, ses composés, s'appuyant non seulement sur la réserve dont il a fait preuve « en les epargnant », mais sur le principe même que toute cette richesse est nécessaire à la langue, si elle veut le disputer à ses rivales anciennes et modernes [2].

Je terminerai cette revue générale sur ce nom, qui est celui du dernier grand poète du siècle. La nécessité où il a été, lui aussi, de se défendre, prouve que le public résistait de plus en plus aux inventeurs de mots, quels qu'ils fussent. Mais il n'en est pas moins

1. M. Marty-Laveaux, qui a très bien déterminé ce mouvement, a cité les textes (p. 12), en particulier le dernier (Ronsard, VI, 233) :

Fay nouueaux mots, r'appelle les antiques...
I'ay fait ainsi, toutesfois ce vulgaire,
A qui iamais ie n'ay pu satisfaire,
Ny n'ay voulu, me fascha tellement
De son iapper en mon aduenement,
Quand ie hantay les eaux de Castalie,
Que nostre langue en est moins embellie,
Car elle est manque, et faut de l'action
Pour la conduire a sa perfection.

2. *Brief aduertissement de G. de Saluste, Sr du Bartas, sur quelques points de sa Premiere et Seconde Semaine*, Paris, P. L'Huillier, 1584, 13 r° et s.

vrai que les idées de Ronsard, quoique en décadence à Paris, n'étaient pas mortes[1].

Montaigne avait tracé le vrai rôle des écrivains dans le développement de la langue, en disant[2] : « Le maniement et emploite des beaux espris donne pris a la langue; non pas l'innouant tant, comme la remplissant de plus vigoreux et diuers seruices, l'estirant et ployant : ils n'y aportent point des mots, mais ils enrichissent les leurs, appesantissent et enfoncent leur signification et leur usage, luy apprenent des mouuements inaccoustumés, mais prudemment et ingenieusement. Et combien peu cela soit donné a tous, il se voit par tant d'escriuains françois de ce siecle : ils sont assez hardis et desdaigneux, pour ne suyure la route commune; mais faute d'inuention et de discretion les pert; il ne s'y voit qu'une miserable affectation d'estrangeté, des desguisements froids et absurdes, qui, au lieu d'esleuuer, abbattent la matiere : pourueu qu'ils se gorgiasent en la nouuelleté, il ne leur chaut de l'efficace : pour saisir vn nouueau mot, ils quittent l'ordinaire, souuent plus fort et plus nerueux. »

Mais cette critique si juste, si pénétrante, venait trop tard. Au reste, la fille adoptive de Montaigne elle-même ne la comprit pas, et, pendant tout le début du siècle suivant, elle a lutté pour défendre — au nom même de ce père qu'elle aimait tant — la grosse méprise des écrivains du XVIe siècle, qui a consisté jusqu'au bout à chercher l'originalité surtout dans *la langue* au lieu de la chercher dans le style.

1. Voici un spécimen des épithètes que propose un *Gradus* pour Bacche ou Bacchus : Ioieux, amiable, efféminé, vineus, porte-lance, thebain, martial, lenean, cuissené, nysean, enfançon de Silene, recreatif, ïvrongne, pere de verité, Roi de naxe, aonien, double-corne, vigneron, œil-toreau, furieus, porte-lyerre, omadien, dieu du vin, triete, romp-souci, archete, bromien, alme, hymenean, deuis, bassare, eubolien, rustique, double, gay, hospitalier, rouge, nictolien, trigone, solitaire, vangeur, manique, nomien, germe des dieux, premier, dernier, beaucoup-forme. meonien, noble, dissolu, enfant, doux, gradime, euchien, domteur des Indes, porte-sceptre, philonien, nourri-vigne, balleur, lyssien, bonime, tendret, lyean, maistre des Satyres, ayme-pampre, lychnite, mol, potelé, mystic, baladin, lesbien, fils de semele, insensé, ogygien, cornu, belliqueus, silenien, inuenteur, thyonean, jeune, eldean, fol, dieu nouricier, thracien, vieillard, pœan, esraphio, indien, phanete, libre, valeureus, iouſflu, deux-fois-né, agnien, guerrier, semelien, eshonté, hardy, triumphateur indien, sacré, genereus, dircean, roi des Pions, vieil, iouuenceau, dieu des indes, satyre, linean, prince des vins, dieu cheurier, nourrisson de Silene, vainqueur indien, empampré (Epithetes de M. de la Porte, 29 v°).

2. *Essais*, liv. III, 5. Édit. Motheau et Jouaust.

CHAPITRE II

DÉVELOPPEMENT DU FONDS FRANÇAIS

I. — MOTS DIALECTAUX[1]

Depuis plusieurs siècles, il était de règle et de bon ton chez les écrivains en langue vulgaire de s'appliquer à suivre l'usage de Paris ; Rabelais ouvre la série des écrivains qui, tout en conservant comme fonds de langue le français, vont chercher, loin d'éviter cela comme une faute, à y mêler quelques mots de terroir, dont ils croient pouvoir tirer un effet. Né en Touraine, ayant eu dans sa vie errante l'occasion d'entendre parler divers patois, et peut-être, avec son extraordinaire faculté linguistique, de les apprendre, il a trouvé là son bien, et l'a pris, comme partout ailleurs, sans nous rien dire de son intention, non toutefois sans nous avertir qu'il s'agissait d'emprunts conscients et voulus[2].

Que Ronsard ait ou non profité de l'exemple, en tout cas, dans ses *Odes* (1550), il n'hésita pas à employer des mots dialectaux, et, comme on le lui reprochait, il déclara sa manière de voir dans un *Surauertissement*, ajouté au volume[3]. « Depuis l'acheuement de mon liure, Lecteur, dit-il, i'ai entendu que nos consciencieus poëtes ont trouué mauuais de quoi ie parle (comme ils disent) mon Vandomois... Tant s'en faut que ie refuze les vocables Picards, Angeuins, Tourangeaus, Mansseaus, lorsqu'ils expriment vn mot qui defaut en nostre François, que si i'auoi parlé le naïf dialecte de Vandomois, ie ne m'estimeroi bani pour cela d'eloquence des Muses, imitateur de tous les poëtes Grecs, qui ont ordinairement ecrit en leurs liures le propre langage de leurs nations, mais par sur tous Theocrit qui se vante n'auoir iamais attiré vne Muse etrangere en son païs. »

Cette doctrine ne pouvait manquer, en dehors de l'autorité qu'elle empruntait à l'exemple des Grecs, de rencontrer facilement

1. Voir Lanusse, *De l'influence du dialecte gascon sur la langue française...* Grenoble, 1893.

2. En effet, Rabelais explique plusieurs de ces mots dans la *Briefue declaration d'aucunes dictions plus obscures contenues au quatriesme livre* (édit. Marty-Laveaux, III, 195, 197, 198, 199).

3. Voir Marty-Laveaux, *Lang. de la Pl.*, I, Introd. 29, et Rons., éd. M.-L., I, CXVI.

des adhésions. A cette époque, il ne faut pas l'oublier, la littérature avait encore, en dehors de Paris, des représentants et des foyers. Or il n'est aucun écrivain, né dans une province, et familier avec son parler, qui n'ait, aujourd'hui encore, malgré l'ascendant de la langue d'école, éprouvé le désir de jeter, au milieu d'un morceau qui s'y prête, un de ces mots régionaux, qui se présentent à son imagination en même temps que l'idée même, et comme sa première traduction naturelle. La doctrine de Ronsard laissait croire que les mots, ainsi déplantés de leur sol et présentés à des étrangers, ne perdraient rien de leur charme, alors que tout au contraire ils risquaient de n'être même pas compris. Pareille erreur flattait trop bien l'instinct des « Gascons, Poicteuins, Normans, Manceaux, Lionnois », la plupart établis dans leur province, pour qu'ils ne s'y trompassent pas de grand cœur.

Il est bien vrai que, devant l'opposition, plus forte encore sur ce point que contre ses latinismes, Ronsard en rabattit bien vite[1]. Froger et Marty-Laveaux après lui ont eu raison de le marquer. Mais on ne s'aperçut guère de cette évolution, car, en théorie du moins, rien ne fut changé à la doctrine, qu'on retrouve tout entière dans la Préface de la *Franciade* et dans l'*Abrégé de l'Art poétique*[2]. Il y a plus, les années semblaient y confirmer le maître davantage, à mesure qu'il s'éloignait plus de ses tentatives gréco-latines; « chacun iardin » continuait d'avoir à ses yeux sa « particuliere fleur »

Aussi retrouvons-nous les mêmes idées, souvent amplifiées, chez tous ses disciples. Je n'en citerai que deux : un illustre, c'est Baïf, qui « de divers langage

> *Picard*, *Parisien*, *Touranjau*, *Poiteuin*,
> *Normand*, *et Champenois* mella son *Angeuin* »[3];

un obscur, Filbert Bretin, qui supplie qu'on ne croie pas les mots bourguignons épars dans ses *Poésies amoureuses*, « laissez la par ignorance ou oubliance, alors qu'il les a mis a son escient, pour faire comme les autres poëtes de ce temps, et exalter sa langue maternelle[4] ». Le théoricien, souvent indiscipliné, de l'école, Peletier

1. *Les premières poésies de Ronsard*, Mamers, G. Fleury et Dangin, 1892, p. 103. Cf. Marty-Laveaux, o. c., p. 46.
2. Voir éd. Blanch., VII, 321 : « Ne se faut soucier si les vocables sont Gascons, Poicteuins, Normans, Manceaux, Lionnois ou d'autres païs, pourueu qu'ils soient bons et que proprement ils signifient ce que tu veux dire... » Cf. préf. *Franc.*, III, 34.
3. Édit. Marty-Laveaux, I, VI. Au Roy.
4. Lyon, Ben. Rigaud, 1576. Aux lecteurs.

du Mans, est ici tout à fait d'accord avec Ronsard, et, partant du même principe que tous les dialectes sont Français puisqu'ils sont du pays du Roi, il trouve bon que les « mots païsans sɇ męttɇt au poɇmę ». Faisant une revue rapide des patois, il propose même quelques exemples. Au manceau il voudrait prendre *arrocher*, pour dire viser avec une pierre ou un bâton, comme *arrocher des noix ou des pommes*, *ancrucher*, qui signifie engager quelque chose entre les branches d'un arbre ; au poitevin *auier* pour *alumer*, *uces* pour *sourcils*; au lyonnais *vifplant* pour *aubepin* ; allant plus loin, il n'hésiterait même pas à emprunter au provençal et au gascon tels vocables auxquels on donnerait la marque française : *estruguer*, qui est « cɇ quɇ les Latins disɇt *gratuler* », *cloquɇ* qui signifie une poule qui a des poussins, *companagɇ*, qui équivaut à l'*opsonium* des Latins, c'est-à-dire tout ce qu'on met sur la table, hors le pain et le vin, sont sans équivalents en français propre. Et il termine en louant Desperiers d'avoir « amassé an ses *vandangɇs* » force mots provençaux [1].

Henri Estienne appuya à son tour cette théorie, jugeant que le français avait là un avantage sur l'italien, dont les dialectes sont moins riches, et ne peuvent « se mesler au toscan non plus que le fer auec l'or » ; incapable d'autre part de trouver mauvaise en français une fusion dont le grec avait donné l'exemple, il en vint à regretter presque la timidité de ses compatriotes (*Precel.*, éd. Hug., p. 168). Il admet qu'on aille chercher dans les provinces non seulement des proverbes (*Ib.*, p. 249), mais tous les mots et façons de parler qui s'y trouvent, sauf, pour ne pas bigarrer le langage, à les cuisiner à notre mode, « pour y trouuer goust » (*Conf.*, éd. Feug., p. 32-33). Aucune limite ne doit être marquée, les seuls confins où il faille se tenir sont ceux du royaume (*Precel.*, p. 170).

Nôtre langue, dit-il, est comme un homme riche, qui « n'ha pas seulement une belle maison et bien meublee en la ville, mais en ha aussi es champs, en diuers endroits, desquelles il fait cas, encore que le bastiment en soit moindre et moins exquis... pour s'y aller esbattre, quand bon luy semble de changer d'air » (*Ibid.*, p. 167). Et Estienne s'engage à ce sujet dans un long exposé, battant à son ordinaire les buissons, mêlant les observations justes aux erreurs, citant des termes de partout, le picard *cabochard*, l'orléanais *brode*, le savoyard *arer*, appelant non seulement le poète, mais celui qui écrit en prose, à profiter de tant de ressources, où il trouvera le

1. *Art poët.*, 1er livre, p. 39.

nécessaire et le superflu, c'est-à-dire non seulement les mots qui manquent, mais des synonymes, la possibilité de marquer des nuances de sens, d'obtenir des variétés de consonance. Comme Estienne reprit cette doctrine jusque dans ses *Hypomneses* en 1582 [1], il n'est pas étonnant d'en trouver l'idée essentielle reproduite par des disciples attardés jusqu'au seuil du XVIIe siècle [2].

A voir pareille entente, on pourrait croire que le nombre des mots patois introduits dans les écrits du XVIe siècle a été très considérable. L'influence gasconne seule, jusqu'à ce jour, a été étudiée dans son ensemble : de cette première enquête, menée avec une grande conscience par M. Lanusse, il résulte que ce dialecte, quelque favorables que lui fussent les circonstances, répandu dans les armées et à la cour, n'a pas pénétré très avant. Ceux qui ont gasconisé véritablement sont la plupart du temps des grands seigneurs, des soldats, qui ne savaient pas parler ou écrire correctement.

Or les provincialismes ainsi échappés aux auteurs ne peuvent entrer dans le calcul qui nous occupe, mais seulement ceux qui ont été mêlés de parti pris aux phrases françaises ; et c'est un départ presque impossible à faire chez les écrivains qui n'ont pas de doctrine connue à ce sujet, très difficile encore chez les autres [3].

Un autre embarras se présente quand il s'agit d'établir des listes. Il est bien évident qu'il faut en exclure des phrases tout entières, quelquefois des passages complets, que des conteurs comme Rabelais et Des Periers mettent en patois pour laisser à leur récit la saveur que lui donne le « courtisan du pays ». En français, les gasconnades de Gratianauld, « natif de Saint-Sever [4] », la conversation de la bonne femme du Mans avec le cardinal de Luxembourg [5], les réponses des picqueboeufs poitevins [6], la lettre au filz Micha [7], l'ébahissement des paysans rouergats devant leur faux

1. Voir la Préface.
2. Voir J. Godard, *La Fontaine de Gentilly*, Paris, Est. Prevosteau, 1595, in-8, p. 31.

> De mots Parisiens n'use pas seulement,
> Mais de chasque François prend generalement
> Les plus beaux et meilleurs : tu ne feras que sage
> De les prendre et trier pour mettre à ton vsage.
> Tout pré n'est peinturé de toutes les couleurs :
> Les mouches font le miel auecques toutes fleurs.

Cf. Vauquelin, *Art poétique*, I, 361, et II, 903 et suiv.

3. Comment savoir si l'auteur de la harangue d'Aubray, qui était de Troyes, a pris ou non à son parler, où elle est très fréquente, l'exclamation : *mais de belle !* très usuelle encore dans l'Est, mais qui se trouve aussi ailleurs au XVIe siècle ?
4. Rab., *Pantagr.*, III, chap. XLII.
5. Des Periers, *Nouv.*, XV, II, 247.
6. *Ibid.*, LXIX, II, 244 et LXX, II, 247.
7. *Ibid.*, LXXI, II, 248.

médecin [1] perdraient grande part de leur grâce. Les auteurs nous le disent eux-mêmes : ils voudraient raconter parfois en patois. Faute de le pouvoir, ils gardent au moins des phrases du crû, comme d'autres citent du latin, mais il n'y a chez eux aucune intention d'en faire entrer quoi que ce soit en français.

J'ajoute qu'il en est de même de certains mots isolés placés dans la bouche de personnages campagnards, ou employés en parlant des gens d'un pays, qui servent à donner la couleur « de Tours en Berry et de Bourges en Touraine ». Si Des Periers et Rabelais eussent pensé jeter dans le trésor commun des mots comme *caudelée*, *esclos*, ils ne les auraient pas présentés comme ils l'ont fait : « C'est vne façon de bouillie, et l'ay ouy nommer (en Beausse) de la caudelee ». « Ie veis qu'elle deschaussa vn de ses esclos (nous les nommons sabotz) » [2]. Ailleurs l'excès même des provincialismes avertit qu'on a affaire à une pièce de genre spécial. Ainsi la débauche de provençalismes, à laquelle se livre Des Periers dans son petit poème des *Vendanges* [3] (I, 92), a été prise trop au sérieux par Peletier. Si Des Periers eût voulu transplanter, il eût dispersé habilement ses emprunts, au lieu de les entasser en quelques vers :

Ça, trincaires,
Sommadaires,
Trulaires et banastons,
Carrageaires,
Et prainssaires,
Approchez vous et chantons,
Dansons, saultons,
Et gringottons.

Voilà déjà bien des réserves, et cependant elles ne suffiront pas encore à éviter les erreurs. Un chapitre voisin nous l'indiquera : au XVIe siècle on a cherché les mots archaïques, en même temps que les mots dialectaux. Or les dialectes conservent tous, à toutes les époques, des mots disparus du français propre. Dès lors on se demande souvent à laquelle des deux sources l'écrivain a puisé. Pour prendre un exemple, d'Aubigné dit que Ronsard recommandait *dougé* comme vieux mot [4], mais Belleau note à propos d'un

1. Des Periers, *Nouv.*, LIX, II, 208.
2. *Ibid.*, LXXII, II, 250. Rab., liv. III, 17.
3. La pièce est adressée à Alexis Jure, de Quiers en Piémont, dont le langage est sévèrement apprécié par Marot, I, 208. Il y a donc lieu d'être en grande défiance.
4. Voir Ronsard, édit. Marty-Laveaux, II, 142. Cf. le passage cité de d'Aubigné, *Avertiss.* des *Tragiques*.

passage qu'il commente, que ce même mot est d'Anjou et de Vendômois. Lequel croire des deux disciples ? et comment décider laquelle des deux qualités avait amené Ronsard à se servir de *dougé* ? De même Baïf, Belleau, Ronsard ont employé *erner* (esrener = éreinter). Ils ont pu aussi bien le trouver dans les dialectes que dans les anciens romans.

Ceci posé, voici quelques exemples [1]:

Astelle = éclats de bois (Vendom.) [2], Rons., V, 28, Bl. ; *besson* = jumeau (Centre), Bell., I, 205, M.-L. ; *bauasser* = bavarder (Gasc.), Mont., l. III, ch. 2, Lan. ; *crier bihore* = crier au secours (Gasc.), Id., II, 37, *ibid.* ; *bournail* = ruche (Limousin et Languedoc), La Boet., 100, 26 ; *bragard* = piaffeur, fastueux (Prov.), Coll. 103, Grev., *Les Esb.*, I, *A. th. fr.*, IV, 234 ; *caleil* = lampe (mot appartenant à la langue d'oc, peut-être au gascon), Rab., II, 126, J. ; *capelane* = prêtre besogneux, Mar., H. D. T. ; *chapoter* = frapper, battre (Lyon.), Rab., III, 12, J. ; *couree* = entrailles (Lyon. ?), Des Per., *Nouv.*, XXXIV ; *courget*, fouet (Vendôm.), Baïf, II, 126, M.-L. ; *desconsoler* [3] (Gasc.), Mont., *Ess.*, III, 4, Lan. ; *dronos* = coup (Anjou ou Languedoc),

1. Les exemples marqués *H. D. T.* sont pris au *Dictionnaire général* de MM. Hatzfeld, Darmesteter et Thomas, auquel MM. Delboulle et Godefroy ont fourni l'exemple le plus ancien qu'ils eussent relevé de chaque mot. *M.-L.* renvoie à la *Langue de la Pléiade* de M. Marty-Laveaux, t. I. *G.* signifie *Dictionnaire de l'ancienne langue française* de M. Godefroy. *L.* signifie Littré. *Lan.* signifie : Lanusse, *Dialecte gascon. Nagel* renvoie à un article de cet auteur dans l'*Archiv* de Herrig, LXI, 201, et suiv. On trouvera dans ces différents recueils les renvois précis et complets, lorsque j'ai été forcé de les abréger. Voir en tête de ce volume l'explication des autres abréviations, qui pourraient être obscures.

2. La désignation du nom du pays que je mets ici entre parenthèses ne signifie nullement qu'un mot appartient exclusivement à une province. Rares sont les cas où la forme du mot permet cette interprétation stricte. En fait, *astelles*, par exemple, est un vieux mot, encore commun à une grande partie de la France. Sans parler des dialectes de l'Est et du Nord, qui donnent les formes *estelle*, *ételle* ou *étale*, distinctes de celle que nous avons ici, *atelle* se dit en Normandie aussi bien que dans le Centre (V. God., v. *astelle*). Je le cote comme vendômois, parce qu'il existe dans cette partie de la France, et que c'est vraisemblablement là que Ronsard l'a pris. Chez Vauquelin, il pourrait être normand. De même *versene* est signalé chez Baïf, III, 104 et 379, par M. Marty-Laveaux avec cette mention : *saintongeais*. Mais il demeure que *versene* a passé du vieux français dans tous les parlers du S.-O., de l'Aunis, du Poitou, de la Vendée, comme de la Saintonge, et qu'on le trouve en outre en Normandie. Il est saintongeois chez Baïf. Pour une raison analogue, *esclop* est toulousain chez Rabelais et des Periers, qui le désignent expressément comme étant de ce pays-là (*Pantagr.*, III, 17, et Des Per., II, 272).

Mais on sent combien les attributions, à défaut de déclarations précises des auteurs, deviennent périlleuses et arbitraires. Où Rabelais a-t-il pris *jau* (coq, II, 93, J.) ? Certaines provinces, où le *g* est resté dur, sont exclues, mais il reste encore à choisir dans toute une partie de la France, qui va des Vosges au Poitou, en passant par la Champagne, le Bourbonnais et le Berry. Dans des cas analogues, je me suis tenu sur une très grande réserve.

3. Ronsard a effacé ce mot qu'il avait employé, II, 181.

Rab., I, 100, J.; Des Per., II, 215; *enouler* = ôter le noyau (Centre), Baïf, II, 41, M.-L.; *escarbilhat* = éveillé, enjoué (Gasc., Languedoc), Noël du Fail, I, 49; Des Per., II, 195[1]; *fenabregue* = alisier (Languedoc), Rab., III, 234, J.; *godot* = petit verre, godet (Dial. de l'Est), Nic. de Tr., *Par.*, 71; *ma figue* = ma foi (Prov.), Rab. III, 239, J.; Des Per., II, 49; *fougon* = foyer (Prov.), Rab., III, 242, J.; *hillot* = fils (Gasc.), Marot, I, 195; Des Per., II, 273[2]; *lancis* = la foudre (Languedoc, Gascogne), Rab., III, 139, J.; Des Per., II, 236; *martinet* = élève externe de collège (Lyon. ?), Des Per., II, 224[3]; *matefaim* (Lyon.), Rab., III, 142, J.; *maulubec* = peste, ulcère (Gasc.), Rab., I, 6, J.; II, 9; III, 139; *mercadan* (Prov.), Grev., *Les Esb.*, a. I, *A. th. fr.*, IV, 248 (cf. *mercadin*, Jod., *Eug.*, II, *ib.*, IV, 35); *moucher* = se défendre des mouches (dial. du Centre), Rons., III, 105, M.-L.; *nettir* = nettoyer (Centre), Rab., III, 68, J.; *nuaux* = nuages (Vendôm.), Rons., I, 179, M.-L.; *oribus* = résine (Maine ?), Rab., II, 8, J.; *oulle* = marmite (Gasc., Forez, Lyonnais ?), Des Per., II, 148; *a passades* = par intermittence (Gasc.), Du Bartas, *1re sem. 3e jour*, 109; *pomade* = cidre (Gasc.), Montl., *Com.*, l. I, G.; *quitte* = même (gasc.), Brant., II, 193, Lan.; *reuirade* = riposte (Gasc. ?), Mont., III, 8, Lan.; *serrer* = fermer (Prov. ?), Desportes, *El.*, II, 5; *stropiat* = estropié (Gasc.), Montl., I, 26; *tupin* = pot de terre (Lyon.), Des Per., I, 151; *veguade* = fois, coup (Gasc., Langued.), Rab. I, 22, J.; *veze* = cornemuse (Poitevin), N. du Fail, II, 18; *viedaze* (Prov.), Grev., *Les Esb.*, a. III, *A. th. fr.*, IV, 273.

On pourrait citer beaucoup d'autres exemples[4]. Palissy, à lui tout seul, fournirait une moisson[5]. Et dans le *Dictionnaire général* on peut relever, rien que pour le provençal, une liste considérable de mots entrés au XVIe siècle dans la langue[6].

1. Ce mot eut une grande fortune. Pasquier le trouvait à son gré, et il se répandit assez pour qu'on le retrouvât dans Scarron et dans divers Lexiques du XVIIe siècle.
2. *Hillot* a été très répandu.
3. Ce mot se disait ailleurs. Voir Noël du Fail, II, 14, et Pasquier, *Rech.*, liv. IX.
4. Il existe un dépouillement des mots dialectaux cités comme tels par les lexicographes. Voir W. Heymann, *Französische Dialektwörter des XVIten bis XVIIIten Jahrh.* Dissert. Giessen. 1903. Cf. *Romania*, XXXIV, 126.
5. M. E. Dupuy (*Bernard Palissy*, p. 231 et suiv.) cite toute une liste de mots que l'artiste a pris à sa province; *bassis* (chaussée du marais salant), *chauchet* (raisin noir), *coye* (courge), *gemble* (coquillage), *pible* (peuplier), *vismes* (osier), etc. Nombre d'autres sont vraiment saintongeais.
6. *accolade ?*, *aiguade*, *aiguillat*, *aillade*, *aspic* (plante), *auberge*, *bâcler*, *badaud*, *badin*, *bagasse* (femme), *bague*, *baladin*, *balandran*, *barricade*, *barrique*, *bastonnade*,

Toutefois il ne faudrait pas croire, comme on l'a dit avec exagération, qu'il se soit jamais agi de « rétablir la féodalité dans le langage, alors qu'elle disparaissait dans l'État ». H. Estienne lui-même a marqué qu'on ne devait pas aller trop loin, si on ne voulait troubler la pureté du français, et qu'il y avait des mesures à garder [1]. Pasquier reprochait déjà des abus à Montaigne [2], et dans sa lettre à M. de Querquifinien, ce qui est bien significatif aussi, il ne reproduisait les idées de Ronsard sur les autres langues de notre France ; il ne proposait d'emprunter au gascon le mot d'*escarbilhat*, qu'après avoir discuté sur l'endroit « ou il falloit puyser la vraye nayueté de nostre langue », et montré toutes sortes de scrupules sur la corruption du parler de la cour [3]. Chez les écrivains qui gasconisent le plus, la proportion des mots patois est infime. Même en admettant sans réserve tous ceux que signale M. Lanusse, il y en aurait une trentaine dans Montaigne.

Il y a plus. Pour que l'unité du français courût des risques, il eût fallu tout au moins — sans parler des circonstances historiques — que la licence qu'on prenait d'enrichir le vocabulaire au moyen des dialectes provinciaux se compliquât d'une semblable audace en ce qui concernait la grammaire. Or il y a bien dans les textes des formes et des tours dialectaux, picards dans Dubois, gascons dans Montluc, mais en fort petit nombre, et on n'oserait soutenir que dans la plupart des cas les auteurs aient eu la pensée de les naturaliser en français. Je vois bien que Des Autels affirme « suiure l'usage de son païs, contre la coutume des autres François qu'il n'ignore pas [4] » ; mais il s'agit là d'une question de prononciation de l'*h* muette, et, en matière de prononciation, l'accord sur le meilleur usage était loin d'être complet. On a eu raison de rappeler que Montaigne a, de parti pris, malgré les observations de

baudroie, *bistortier*, *bogue*, *bordel?*, *bouquet*, *bourriquet*, *boutade*, *boutargue*, *boute*, *brague*, *brancard*, *brindille*, *brousse*, *brugnon*, *cabestan*, *cadastre*, *cade*, *cadenas*, *cagot* (béarnais), *cagoule*, *cairon*, *cannelas*, *cardon*, *carnassier*, *caserne*, *civadière*, *cocon*, *coquillade*, *coquiole*, *cossat*, *daurade*, *déjuc*, *dot*, *églantine*, *émissole*, *enclotir*, *ers*, *escalier*, *escarbillat*, *espalmer*, *esparcet*, *fadaise*, *faguenas*, *fat*, *filadière*, *fillasse*, *flamant*, *fougon*, *gabie*, *gamache*, *garigue*, *gimblette*, *girole*, *luzerne*, *margouillet*, *martingale*, *mascaret*, *micocoulier*, *milan*, *mistral*, *muge*, *muscadelle*, *naulage*, *panade*, *panicaut*, *parpaillot*, *pastel* (guède), *pétarade*, *poncire* (citron), *presse* (pêche), *rabiole* (rave), *rapetasser*, *savantasse*, *touselle*, *triolet*, *troubadour*, *truc* (coup).

Le même ouvrage donne comme venus à la même époque d'autres dialectes : *marron*, *benêt*, *freluquet*, *pouliche*, *houille*, *gaspiller*.

1. *Precell.*, p. 181.
2. Lettres, XVIII, 1 ; II, p. 517.
3. Voir Pasquier, *Œuvres*, II, p. 45 *b*, lettr. XII du livre II.
4. *Repl. cont. Meigret*, 43.

Pasquier, maintenu des incorrections dans son texte. Quand il en donne pour motif que « les imperfections qui sont en luy ordinaires et constantes, ce seroit trahison de les oster [1] », nul doute qu'il n'ait une arrière-pensée. M. Lanusse a raison de croire qu'il trouvait bonnes ses phrases, avec leur forme gasconne, et tenait à les conserver. Il ne croyait pas en ceux qui voulaient combattre l'usage par la grammaire, il l'a dit à plusieurs reprises et son fameux mot « que le gascon y arriue, si le françois n'y peut aller », n'est accompagné d'aucune réserve. C'est donc par simple déférence qu'il qualifie ses hardiesses d'imperfections. Mais en somme, ses provincialismes de syntaxe se réduisent, à l'analyse, à si peu de chose, qu'il n'est guère d'écrivains moins hardis en théorie, où l'on n'en puisse relever autant. En fait, chez presque tous ses contemporains, les gasconismes ou les normanismes qu'on cite sont des fautes, qui n'inquiétaient guère ceux qui les commettaient, je le veux bien, mais qui n'étaient pas non plus intentionnelles.

II. — MOTS ARCHAIQUES

Horace avait dit : *Multa renascentur quæ jam cecidere....* Tout le monde a vu par la *Deffence*, que la Pléiade a fait son profit de cet adage. A la fin du chapitre VI de la seconde partie, capital pour les questions de vocabulaire qui nous occupent, Du Bellay renvoie aux vieux Romans et Poètes francoys « ou tu trouverras un *aiourner* (faire jour), *anuyter* (faire nuyt), *assener* (frapper), *isnel* (leger) et mil autres bons motz que nous auons perduz par nostre negligence ». Il faut les enchâsser ainsi qu'une pierre précieuse et rare et ne point douter que « le moderé vsaige de telz vocables » ne donne « grande maiesté tant au vers comme a la prose : ainsi que font les reliques des sainctz aux croix, et autres sacrez ioyaux dediez aux temples [2] ».

Ronsard pensait de même, et a engagé à son tour ses disciples à « ne se faire conscience d'en vser [3] ».

Mais, outre que l'idée première appartient à Horace, Ronsard ici encore avait été devancé. Geoffroy Tory avait extrait des vieux livres de « son bon frère » René Massé, toute une liste de termes

1. *Essais*, liv. III, chap. v. Cf. liv. I, 25.
2. Du Bell., *Deff.*, éd. P, p. 129.
3. Préf. *Franc.*, III, 32, édit. Blanch. ; cf. l'epistre au seigneur J. de Morel, Ambrunois, en tête de *Deux liures de l'Eneide de Virgile*... trad. par Du Bellay, 1561.

et d'expressions, en indiquant qu'il y en avait mille autres encore « qu'on porroit bien dire [1] ». Des Essarts, dans sa traduction de l'*Amadis*, avait emprunté aux romans ; il y avait même été par endroits assez hardi pour qu'Estienne déclarât ne pas pouvoir le suivre [2].

Quoi qu'il en soit, la Pléiade eut le mérite de recueillir la théorie, de l'appliquer, et, par son ascendant, de la faire accepter d'un très grand nombre [3]. Mathieu l'a développée avec sa prolixité ordinaire, surtout dans son dernier Devis [4]. Les paroles « patrimoniales, fussent-elles moisies ou iaulnes comme lard vieil » ont pour lui un charme particulier, il ne doute pas que les plus anciennes, une fois passées par « l'escouleure de l'vsage, ne soient bien receues du peuple a qui on en feroit monstre ». Il louerait celui « qui prendroit la peine de chercher les plus doulces de l'ancienne langue et de les bailler a l'vsage, vinssent-elles des Romans ou de quelques vieux registres ».

Henri Estienne vint à son tour montrer aux italianiseurs quelle richesse la langue possédait dans cet ancien fonds [5]. Il savait là-dessus les idées de Du Bellay, qu'il cite [6], et les approuvait. Lui-même se dépeint, ayant une vieille table chargée de vieux livres francois, Rommans et autres, « dont la plus grande part estoit escrite a la main » et il dit « que par la lecture de ces vieux Rom-

1. *Au lecteur*.
2. *Precell.*, édit. Feugère, p. 207.
3. On la retrouve dans Claude de Buttet (*L'auteur au lecteur*, p. XXXVII). « En outre, i'ai bien voulu interpreter certains mots, que i'ai enchassez dans mes poëmes comme precieuses reliques de l'antiquité, sans l'exposition desquelz quelques lieux [ne] pourroient estre clerement entendus. En l'ode seconde du premier liure tu trouueras ce mot *Naroues*, duquel vsoient les anciens Gaulois, qui signifie les Parques, mot qui (encores qu'il ne soit plus des long tens en usage) toutefois doit estre r'appellé tant pour la reuerence que nous deuons a l'antiquité, que pour la maiesté d'icellui que ie pense être sorti du grec ναρο et de βιω signifiant cõme diroit le Latin, *mulgentes vitam*. Ie l'ai tiré d'un vieil romant rymé, en ces vers :

Les naroues ce malencontre
Qui auoient fillé, si m'aist Dieux.

« I'ai encore treuué *Naondes* (que nous disons en ecorchant le latin Naiades), quasi voulant dire Nauigant aux ondes, duquel i'ai vsé en *L'amalthée* et l'ode troisiesme du secon liure : et encores de quelques-vns anciens, combien qu'ils se soient chãgés, comme nauieres pour nauires, non sans l'imitation des plus doctes, qui descriuant vne chose antique, pour la faire mieux sentir son tens prenoient le vocable vsité d'allors, cõme en quelques endroits se voit en Virgile. *Fauon*, vent soufflant de l'Occident, ou Leuant, mot venu du latin *Fauonius* qui autrement s'appelle Zephyre. » Cf. Godard, *La Fontaine de Gentilly*, p. 31, Paris, 1595.
4. Voir *Denis*, 1572, 6 v°, 15 v°, 16 r°, 17 r°.
5. *Precell.*, éd. Hug., 184 et suiv.
6. « Quant a *cerue* pour vne bische, Du Bellay en a vsé (priant toutesfois ne trouuer mauuais ce mot; ne *endementiers* aussi pour *cependant*, pris semblablement du vieil langage). » *Precell.*, édit. Huguet, p. 188.

mans on descouvroit de grans secrets quant a la cognoissance de l'ancien langage François ». Le vieux langage lui paraissait, comme le sien paraîtra, un siècle et demi plus tard, à Fénelon, avoir quelque chose de hardi et de vif. Quoiqu'il y admire un peu tout, même des mots très peu remarquables, mais qui avaient l'avantage d'être proches du latin, tels que *moult*, *cerue*, *selue*, *ancelle*, il est facile de démêler, dans cette confuse dissertation, que son attention a été surtout éveillée par de jolis dérivés ou composés. Il note les adjectifs en *in*, *ain*, qui permettent de traduire les épithètes latines en *eus : pourprin*, *marbrin*, les verbes en *oyer : borgnoyer*, *paumoyer*, *ombroyer*, *fabloyer*, *archoyer*, et les autres plus commodes encore, qu'on tirait du simple par l'addition simultanée d'un préfixe et d'un suffixe : *enflescher*, *enioncher*, *enherber*, *enuermer*, *esboueler* ; il regrette les particules superlatives *par* et *outre* qui permettaient de dire *parlire*, et de rendre l'ὑπέρθυμος d'Homère par *outrepreux*. Il rappelle aussi avec raison que de jolis composés, tels que *feruestu*, *entroeil*, *addenter*, *passeuent*, permettent seuls de lutter avec les passages des anciens, qui ont dit χαλκοχίτωνες, μεσόφρυον, *terram ore momordit*, θέειν ἀνέμοισιν ὅμοιοι. Aussi estime-t-il que si les dialectes sont comme les maisons des champs d'un homme riche, le vieux langage est pour lui comme le château de ses ancêtres, où, « encore que le bastiment en soit a la façon ancienne », il y trouve « quelques beaux membres », et pour cela « il ne le voudroit laisser du tout deshabité [1] » (p. 184 et s.).

L'effort ici a porté sur trois points : 1° conserver les mots qui vieillissaient ; 2° en faire rentrer d'anciens dans l'usage ; 3° les provigner.

1° Sur le premier point j'insisterai peu. On trouvera dans le livre de Marty-Laveaux, parmi les mots cités sous le titre *Archaïsmes*, un certain nombre d'anciens mots dont il devenait de plus en plus rare qu'on fît usage, ainsi que le montre le Dictionnaire de Godefroy, et que les poètes de la Pléiade ont voulu conserver. De ce nombre sont par exemple : *afonder* (aller au fond) ; *auoutre* (enfant adultérin) ; *amordre ; auier* (donner, prolonger la vie) ; *bienueigner* (accueillir avec bienveillance) ; *brehaing* (stérile) ; *coué* (qui a une queue) ; *deceuance ; s'esbanoyer ; escheuer* (esquiver) ; *esme* (estimation) ; *esmaïer*, *esmoyer* (émouvoir) ; *erre* (course, équipage, conduite, propos) ; *faitis ; forbannir ; gaber ; iré* (irrité) ; *issir ; meschance*

1. Cf. encore Claude Fauchet, *Recueil de l'origine de la langue et poesie françoise*, 1581. Pasquier, *Lett.*, Œuvr., II, 47, et Noël du Fail, II, 144.

(méchanceté, infortune); *nuisance; orendroit* (présentement); *paroir; raim* (rameau); *rancœur* (rancune); *refraindre* (réfréner); *souef; souloir* (avoir coutume); *vergogner*. Dans leur école et au dehors, les mêmes mots et d'autres, qui étaient dans le même cas, se rencontrent. J'en ai dressé ailleurs toute une liste que Malherbe a barrés dans Desportes, les jugeant hors d'usage[1].

2° Les mots qui étaient véritablement obsolètes au XVIe siècle sont assez difficiles à séparer des précédents, les langues renfermant à toutes les époques des termes bien vivants qui, on ne sait pourquoi, ne se rencontrent pas dans les textes, ou n'y sont signalés que très rarement; et inversement les textes, les recueils surtout, présentant des mots qui, en réalité, sont à peu près tombés en désuétude. Il est très délicat d'affirmer en certains cas qu'un mot est ou n'est plus aujourd'hui dans la langue; à plus forte raison quand on veut porter le même jugement sur un mot du XVIe siècle.

De la liste de vieux mots que M. Marty-Laveaux a extraits des écrivains de la Pléiade on peut cependant, je crois, considérer comme ayant vraiment été recherchés dans « les romans » — mais on sait qu'il faut entendre sous ce mot des écrits du XVe siècle aussi bien que des textes du moyen âge — ceux qui suivent :

adeulé = triste[2], endolori, Rons., I, 210, M.-L.; *adiré* = égaré, Id., III, 427. Cf. Lar., *Esch.*, a. IV, *A. th. fr.*, VI, 148; *aherdre* = s'attacher à, Rons., V, 125; *alenter* = retarder, alentir, Id., I, 86, *ibid.*; *antan*, Baïf, III, 21; cf. *Chans. de 1587*, Ler. de L., II, 415; *aparager* = comparer, Baïf, III, 188, M.-L.; *asproyer* = être âpre, piquant, Rons., IV, 412, *ibid.*; *celestiel*, Rons., III, 316. Marcassus y voit un néologisme; *compaing*, Rons., V, 213, *ibid.*; Rab., I, 21, J.; *dehetter* = égayer, Baïf, II, 213 (cf. Marot dans God.); *deparager* = mésallier, Baïf, III, 101 et 378, note, M.-L.; *desor* = désormais, Tahur., G., Baïf, I, 35, M.-L; *ditier* = poème, Baïf, *Égl.*, XIV, G.; *se doulouser* = se désoler, Baïf, II, 459, M.-L.; *effaceure*, Am. Jamyn, II, 280; *emmy* = parmi, Baïf, I, 33, M.-L.; *endementiers* = cependant, Du Bel., I, 337, *ibid.*[3];

1. Voir F. Brunot, *La doctrine de Malherbe*, Paris, 1891, 254 et suiv. Je citerai seulement ici : *benin*, *clameur*, *cuissot*, *gel*, *oppresse*, *prim*, *si que* qui n'étaient pas dans Ronsard et *ains*, *bienheurer*, *chef*, *confort*, *duire*, *esmoy*, *greuer*, *guerdonner*, *liesse*, *or* (maintenant), *prouesse*, *virer*, qui se trouvent chez les écrivains de la Pléiade.

2. La forme régulière est *adoulé*, en raison de la règle : *douloir*, il *deult*. Ronsard avait la bonne volonté d'archaïser, mais pas plus que ses contemporains, il ne savait le vieux français.

3. « *Endementiers* auoit eu vogue iusques au temps de Iean Le Maire de Belges,

epamer, Baïf, I, 111, M.-L. ; *esme*, Id., I, 52. Cf. Lex. de M.-L.; *essoine*, Rons., VI, 462 ; *gel*, Desportes, *Im. de l'Ar.*, mort de Rodomont; *gallées* = galères, Du Bel., I, 337, M.-L.[1] ; *gestes* = actions, Du Bel., I, 8, *ibid.*; *isnel* = léger, Du Bel., I, 46[2]; Baïf, II, 68, *ibid.* ; *maudisson* (Du Bel., I, 315, encore donné toutefois comme équivalent de *malédiction* par Cordier, *Corr. serm. em.*, 192 A.) ; *mehaigne* = perclus[3], Rons., III, 90, M.-L.; *mire* = médecin, Rons., II, 411, *ibid.* ; *miste*, Baïf, IV, 115, et Rab., I, 13, M.-L.; *nouer* = nager, Id., II, 424. Cf. Mar., III, 37 ; *o*[4] = avec, Rons., II, 302, M.-L. ; *pers* = bleu de diverses nuances, Rons., I, 337, Desp., *El.*, XIX ; *plaier* = blesser[5], Rons., I, 34, M.-L. ; *pute*, Jod., *Eug.*, a. III, *A. th. fr.*, IV, 44 ; *tabourder* = faire du bruit, battre le tambour, Noël du Fail, I, 50, Baïf, III, 344, M.-L. ; *touiller* = salir, Baïf, III, 102 et 379, note 30, *ibid.*; *traitis* = joli, bien fait, Rons., I, 121, *ibid.*; *tretous*, Baïf, IV, 138, *ibid.*; Rab., I, 311, J.

Je crois inutile d'ajouter à cette liste. En fait, la tentative des archaïsants a complètement avorté. Des mots dont on a voulu prolonger la vie, presque aucun n'a vécu. Nous avons encore *affoler*, *anuiter*, *émoi*, *guigner*, *hideur*, *hocher*, *rancœur* et quelques autres ; mais, ou bien ils ont vécu obscurément dans la langue, jusqu'à ce que notre siècle ait de nouveau essayé de les « dérouiller », ou bien ils se sont maintenus avec une partie seulement de leur sens, quelquefois hors du style noble, en un mot amoindris ou déchus.

3° C'est dans la Préface de la *Franciade* que Ronsard a, pour la première fois, appliqué aux mots le terme pittoresque de provignement. En donnant à ses disciples ce conseil : « Si les vieux mots abolis par l'usage ont laissé quelque reietton, comme les branches des arbres couppez se raieunissent de nouueaux drageons, tu le pourras prouigner, amender et cultiuer, afin qu'il se repeuple de

car il en vse fort souuent, pour ce que nous disons par une periphrase, *en ce pendant*. I. du Bellay, dans sa traduction du quart et sixiesme liures de Virgile le voulut remettre sus, mais il n'y peut iamais paruenir » Pasq., *Rech.*, VIII, 3).

1. « I'ai vsé de *galees* pour *galleres* », Du B., I, 337. Marty-Laveaux.

2. « I'ay vsé de *isnel* pour *leger* », *Ibid.*

3. « Nos critiques se moqueront de ce vieil mot François, mais il les faut laisser caqueter. Au contraire, ie suis d'opinion que nous deuons retenir les vieux vocables significatifs, iusques a tant que l'vsage en aura forgé d'autres nouueaux en leur place » (Note de Ronsard). Le poète a cependant enlevé le mot dans son édition de 1584.

4. « *ô* pour *auec*, vieil mot françois. » Rons., II, 302. Cf. VI, 457. « Ie te conseille d'vser de la lettre *ô*, marquée de ceste marque, pour signifier à la façon des anciens, comme *ô luy* pour auecques luy. » Cf. Noël du Fail, II, 156.

5. « Ie vois Ronsard au 71e sonnet de sa *Cassandre* auoir introduit le mot de *player*... et ie ne voy point qu'il y ait grandement profité. » Pasq., *Let.*, XXII, 2.

nouueau ». Mais l'idée exprimée ici était ancienne dans l'école ; non seulement elle est dans l'*Art poétique* (éd. M.-Lav., VI, 462) ; mais déjà dans la *Breve exposition de quelques passages du premier liure des Odes* (1550).

Si on la prend telle qu'elle est présentée dans l'*Art poétique*, le seul endroit où elle soit exposée sans périphrase ni image, c'est, en somme, à peu près la théorie de la dérivation. « De tous vocables, quels qu'ils soient, en vsage ou hors d'vsage, s'il reste encores quelque partie d'eux, soit en nom, verbe, aduerbe, ou participe, tu le pourras par bonne et certaine analogie faire croistre et multiplier [1]. » On aurait tort de chercher là grand secret ; l'exemple même que donne Ronsard est très clair : « Puis que le nom de *verue* nous reste, tu pourras faire sur le nom le verbe *veruer*, et l'adverbe *veruement* ; sur le nom d'*essoine*, *essoiner*, *essoinement*, et mille autre tels ; et quand il n'y auroit que l'aduerbe, tu pourras faire le verbe et le participe librement et hardiment [2]. » Il s'agissait donc de trouver dans l'ancien vocabulaire ce qui avait encore vie ou semblant de vie, et de lui appliquer les procédés ordinaires.

On pourrait relever un grand nombre d'essais tentés suivant cette méthode, surtout par Baïf : ainsi *forsenaison*, de *forsener* (Baïf, V, 54, M.-L.) ; *sacoutement* = communication à l'oreille, de *sacouter* (Id., *Passetemps*, 1573, l. III, f° 77, v° G.) ; *engeance*, du vieux verbe *enger* (Id., IV, 159), et qui donne à son tour *engeancer* [3]. Tous ces exemples confirment mon observation. On s'est donc, il me semble, fait quelque illusion sur la méthode préconisée ici par Ronsard ; appliquée aux mots hors d'usage, elle ne pouvait en général rien donner de viable, le suffixe ne pouvant être utilement enté sur un radical désormais vide de sens ; appliquée aux mots vivants, c'était la méthode toute banale, que les ignorants comme les savants mettent d'instinct quotidiennement en usage.

Il serait piquant, et ce serait le sujet d'une jolie étude, de dresser une liste des mots qui, malgré les velléités des archaïsants, sont morts ou ont si bien continué de vieillir que leur disparition ne devait pas tarder. Cette liste montrerait avec évidence combien la mode était superficielle ; on ignorait en réalité la plupart de ces vieux mots dont on affectait de se parer. Je donnerai quelques

1. Édit. Blanchemain. VII, 335.
2. *Ibid.*, 336 ; Cf. III, 33.
3. C'est un des seuls rejetons qui aient vécu, se substituant à *enge*, qu'on trouvait encore dans Calvin, mais il est permis de supposer que c'est parce qu'il était déjà populaire ; on trouve en effet *engeance* enregistré par Rob. Estienne, dès 1539.

exemples de termes qui existaient encore au xve, et que la Pléiade n'a point employés, les laissant mourir obscurément[1].

assauourer (encore dans l'*Intern. Consol.*, I, 10, p. 30); *auefy* (Baude, p. 29); *cuideur** (Gring., I, 193; Rab., I, 97); *debateur** (Gring., I, 129); *deffault** (Marg. de Nav., *Dern. po.*, 205); *desjuc** (Coll., 59); *desolatif** (Id., 227); *deffaçon* (Vill., *G. Test.*, Bal. à s'amye); *enhort* (Id., *ibid*, XIV), *famys** (anc^t *fameis*, Mar., I, 52); *gab*, *gabe* (*Faits merv. de Virg.*, 25); *greuance** (*Intern. Consol.*, 64); *guermenter* (Coq., II, 49, G.); *hardelle** (Cyre Fouc., *Ep. d'Arist.*, 62); *laidanger* (Vill., *G. Test.*, XLVIII, 3); *merir** (Id., *Ball. à sa mère*); *ordoyer** (*Int. consol.*, 237, enc. d. Rob. Est.); (il) *papie* (Gring., II, 298); *ramage** adj. (Corroz., *Hecat.*, Nature, 161, O.); *remanant* (Ant. le Maç., *Decam.*, G.); *targer* (Cyre Fouc., *Ep. d'Arist.*, 65); *transnouer** (Mar., I, 40); *tresallé** (Gring., II, 17).

Remarquons aussi que beaucoup de mots perdent des sens anciens : *armée* (encore dans J. Chart. *Chron.*, I, 39, ch. 10, au sens de flotte, comme l'esp. armada); *biberon* = buveur (encore dans Cyre Fouc., *Ep. d'Arist.*, 76); *il conuint* = il fallut (encore commun au commencement du siècle, particulièrement dans le *Loyal serviteur*, p. 322); *diffamer* = battre, meurtrir (Nic. de Tr., *Par.*, 194; Rons., VI, 344 et ailleurs); *iournée* (= voyage, cf. angl. *journey*, encore dans Baude, *Vers*, 22); *noise* = bruit (encore dans Pasquier, *Let.*, IV, 15, G.); *repaire* = domicile (enc. dans les *Faits merv. de Virgile*, 18; le *Nouv. Path.*, 135; Dolet, II, *Enf.*, p. 16, 19); *quelquefois* = un jour, tout à fait fréquent encore chez Du Bell., *Def.*, éd. Ch., p. 100, note 7.

III. — FORMATION DE MOTS NOUVEAUX

Malgré les bigarrures que les habitudes des écorcheurs de grec et de latin mettent dans les textes les plus purs, beaucoup d'entre eux présentent, même si on n'y considère que les néologismes, une proportion bien plus forte de mots français que de mots étrangers; c'est en particulier le cas pour Ronsard. L'importance qu'il me faut donner dans cette étude aux diverses méthodes d'emprunt ne doit tromper personne sur ce point; les latinismes dont nous parlerons tiennent une grande place au xvie siècle, mais le reste

1. Je note d'un astérisque les mots dont on a des exemples au xvie; s'il n'y a pas de renvoi, les exemples sont dans Godefroy.

est, somme toute, peu de chose, et italianismes, hispanismes, hellénismes même se perdent dans la masse drue et puissante des mots du terroir.

Je ne tenterai aucune énumération; je me bornerai à exposer les procédés, en donnant chaque fois un ou deux spécimens des mots nouveaux.

1° Dérivation impropre : Elle donne presque exclusivement des substantifs :

A) *TIRÉS D'INFINITIFS*[1] : *le songer infesta mon dormir*,(Lem. de B., *Temp. Ven.*, III, 103); *le departir* (Rab., I, 175, J.); *ton croire* (Scève, *Del.*, XXXIV, p. 19) ; *le poursuyure du cy* (Id. *ib.*, LXXVI, p. 38); *mon taire ou oublier* (St-Gel., II, 117); *quel dire a Dieu ! quel estrange laisser Ce qui deuoit iusques au trespasser Tousiours durer !* (*Marg. de la Marg.*, IV, 92).

B) *DE PARTICIPES : commis* (Rob. Est., 1539, H. D. T.); *dementi* (Mont., I, 22, *ibid.*); *ung bien parlant* (Dolet, *Gest. de Fr. de Val.*, p. 7); *au bien entendant* (Id., *Man. de trad.*, 1542, p. 9); *le iugeant* (Et. Forcadel, 1579, p. 29, v. 3); *les mieux escriuans* (Pasq., I, 699 c); *restaurant* (chose qui restaure, définition donnée dans Palissy, 55);

C) *D'ADJECTIFS : l'humide, le chaud* (Pal., 302); *le vif* (*Heptam.*, 515); *pour ce que sa racine A quelque amer* (Forcad., p. 27, v. 27-28);

Il faut noter, en particulier, l'emploi d'un procédé cher à Pétrarque, repris par Scève, chez qui il est d'application constante[2], et que la Pléiade adopte après lui[3] : *l'aigu de tes esclairs* (Scève, *Del.*, LXXX, p. 40); *le resolu de mon intention* (Id., *ib.*, CCCLXXI, p. 169); *l'obstiné de ma loyauté* (Pont. Tyard, *Err.*, 20); *le brun de ce teint* (Rons., I, 28, Bl.); *le parfait de leur mieux* (Id., 4, *ibid.*); *L'armonieux de sa voix fit silence* (Forcad., p. 48, v. 23-24);

1. Voir t. I, 277 et 503. L'usage d'employer l'infinitif comme substantif est ancien comme la langue. Il semble à M. Huguet que depuis le commencement du XVIe siècle, il tende à se restreindre chez les prosateurs (*Synt. de Rab.*, 208); mais l'école de Scève le reprend, sans doute d'après Lemaire de Belges. Saint-Gelais l'emploie aussi ; Du Bellay le recommande formellement (*Def.*, éd. P., p. 140). Les Grammairiens l'enregistrent sans restriction. Tout le monde est donc d'accord pour le conserver, et il est partout.

2. Cf. ces deux vers de la *Delie*, CXLVI :

En admirant le graue de l'honneur,
Qui en l'ouuert de ton front seigneurie.

3. « Uses donque hardiment de l'adiectif substantiué, comme *le liquide des eaux*, *le vuide de l'air*, *le fraiz des umbres*, *l'epes des forestz*, *l'enroué des cimballes*, pourueu que telle maniere de parler adioute quelque grace et vehemence, et non pas, *le chault du feu*, *le froid de la glace*, *le dur du fer*, et leurs semblables » (Du Bel., *Def.*, l. II, ch. 9, éd. Ch. p. 284 et n. 3).

D) *DU THÈME VERBAL : apprest*, Charriere, *Negoc. de la Fr. dans le Leuant*, I, 195, H. D. T. ; *clame*, Farel, Herm., *C.*, II, 374-375; *debauche*, Calv., *Inst . chr.*, L. ; *empesche*, Coll., 209; *entretien*, Amyot, *Eum.*, 6, H. D. T.; *dispute*, Id., *Nicias*, 42, *ib.* ; *piaffe*, Brant., III, 286.

Tous ces mots sont probablement plus anciens, quoiqu'on ne les ait notés jusqu'ici qu'au XVIe siècle

2° DÉRIVATION PROPRE [1].

A) *SUBSTANTIFS :* en *age* : *bigotage*, Gring., I, 76 ; *esclauage*, Vigenere, H. D. T.; *fleurage*, Baïf, *Po.*, 87, Nagel ; *larcinage*, Gring., I, 257 ; *nauigage*, J. Lem., G. ; *ondage*, Baïf, *Œuvres*, 87 r°, 1573, G. ; — en *aille : creuailles*, Rab., V, 69, J. ; *garsaille*, Meschinot, *Lunettes*, 35 v°, G. ; *marmaille*, H. Est., *Nouv. lang. ital.*, 375, L.; *menusaille*, Brant., II, 250 ; *prestraille*, *Chans. hug.*, I, 123; *repaissaille*, Rab., IV, 148, J. ; *soudardaille*, Brant., IX, 433 [2] ; — en *ois* (*ais*) : *beguois*, Des Per., *Nouv.*, XLV ; *Iargonnoys*, Rab., III, 93, J. ; *pensaroys* (penser en), Id., IV, 122, *ibid.* ; — en *aison* [3] *: enragézon*, Baïf, II, 136, Bl. ; *trenchaison*, Bel., *La Recon.*, a. 1, *A. th. fr.*, IV, 342; — en *ance* [4] *: suruiuance*, Carl., V, 29, L. ; *clairuoyance*, Mont., II, 12, H. D. T. ; — en *ard : brauard*, Coll., *Sat.*, *Œuv.*, 13 ; *cafard*, Thénaud, H. D. T. ; *caignard*, Pass., *Œuv.*, I, 8 ; *rithmart*, N. du Fail, I, 122; *poignard* (au lieu de *poignal*), Brant., III, 328 ; — en *aud : Dindenault*, Rab., IV, 46, J. ; *Grippeminaud*, Id., V, 44, *ibid.* ; *mauricaud*, Brant., *Cap. fr.*, II, 59, L. ; *pataud*, Cord., *Corr. serm. em.*, 433 B. : *iste grossus patodus* ; — en *ée : iouée* = giffle, Cord., *Corr. serm. em.*, 212 B. ; *veillée*, Mont., l. II, ch. 12, t. IV, p. 100, 1595 ; — en *elle : sautelle*, Gring., I, 162 ; — en *ement : assommement*, Rons., IV, 300, Bl. ; *coulement*, Rab., V, 163, J. ; *desgoutement*, Mont., *Ess.*, l. I, 54, G. ; *embarrassement*, Lett. miss. de H. IV, t. III, 545 ; *hanicrochement* (de l'argot *hanicroche*), Rab., II, 68, J. ; — en *esse : brutesse*, Rons., II, 180, Bl. ; *delicatesse*, Pasquier, H. D. T. ;

1. L'ordre est l'ordre alphabétique des suffixes.

2. Je trouve dans Montaigne (l. III, ch. 9, t. VI, p. 149), *alongeail*. Mais ces sortes de dérivations sont désormais bien rares.

3. Ce suffixe,, à cette époque s'ajoute surtout à des radicaux savants. Au reste, quoique Meigret (*Gram.*. 31 v°), juge les mots en *aison* « veritablement de terminaison françoise », le suffixe savant *ation* prévaut déjà sur son concurrent.

4. Le suffixe savant *ence* fait de plus en plus obstacle au développement de celui-ci ; la masse des mots en *ance* greffés sur des thèmes populaires est antérieure.

prestesse, Brant., VIII, 70; — en *eur : voleur*, J. B. P., 36[1]; *drogueur*, Rab., I, 89, J.; *muguetteur*, Baïf, *le Braue*, III, 3, 1573, G.; *rempareur*, Rab., III, 14, J.; — en *eté : huileuseté*, Du Perron, *Prem. disc.*, 253; *sereinité*, Brant., VIII, 37; — en *ie*, *erie : baguenauderie*, Calv., H. D. T.; Jos. Scaliger, *Let.*, 86; *bigoterie*, Gring., II, 19; *foresterie*, Vauquel., II, 45, 1555; *salauderie*, Brant., VII, 317; *sommellerie*, Bouch., *Ser.*, I, 1, t. I, 10[2]; *trichoterie*, Mont., l. I, ch. 14, t. I, p. 83, n. 3; *escriuaillerie*, Id., III, 9, t. VI, p. 120; — en *eron : laideron*, Mar., *Ep.*, H. D. T.; cf. L. Labé, *Deb.*, Disc. 2, p. 22; — en *eté : braueté*, St-Gel., III, 199; — en *eur : aspreur*, Philieul, *Œuv. vulg. de Pétrarque*, 179, 1555, G.; *basseur*, St-Gel., II, 9; — en *ier*, *iere : lanternier*, Cord., *Corr. serm. em.*, 205 C.; *moutonnier*, Rab., IV, 55, J.; *pastenostrier*, Id., IV, 241, *ib.*; *aduocatiere*, Id., VI, 14, *ib.*; *chascuniere*, Id., II, 81, *ib.*; *tapinaudiere*, Id., V, 44, *ib.*; *conillieres* (faux-fuyants), Mont., l. III, ch. 10, t. VI, p. 241; — en *ien : simplicien*, *Serm. cath. de Vigor*, 209; — en *ille : poinctille*, Brant., IV. 267; Mont., l. II, 10, G.; — en *in : bouquin* se déduit d'un passage de Cordier, *Corr. serm. em.*, 121 C. : *sentit boquinum*; *mitouin*, Rons., III, 365, Bl., Bel., *La Reconn.*, a. III, v, *A. th. fr.*, IV, 393; *obseruantin*, N. du Fail, I, 131; *tintin*[3], Lem. de B., III, 109; — en *isson : eblouisson*, Baïf, *Am.* 77, Nagel; *fleurisson*, Id., *P.*, 38, *ib.*; — en *oire*, *oir : balançoire*, Palsgrave, p. 282, H. D. T.; *decrotoire*, Rab., IV, 134, J.; — en *ure : enrichissure*, Baïf, *Am.*, 183, Nagel; *pisseure*, Paliss., 59;

B) ADJECTIFS : en *able : attrayable*, Baïf, *Poés. ch.*, 28, G., *deplorable*[4], Malh., *Poés.*, 29, H. D. T.; *mourable*, Rons., V, 232, Bl.; — en *al*[5] : *geantal*, Amyot, *Diod.*, XI, 15, G.; *nuital*, Rons., II, 274, Bl.; — en *ard*, *art : leschar*, Rab., I, 182, J.; *playdoyart*, Id., III, 196, *ib.*; — en *asse : chaudasse*, Brant., IX, 156; — en *astre : sourdastre*, Bouchet, *Ser.*, XXI, 269, G.; — en *aut : sourdaut*, R. Est., 1549, G.; — en *en*, *ien*, *ian*, *ean : Dodoneen*, Rons., IV, 348, Bl.; *Asien*, Id., II, 21, *ib.*; *titanien*, Mont., l. I, ch. IV, t. I, p. 27; *palladian*, Mar., II, 139; *hymenean*, Brant., IX, 92; — en *er*, *ier*, *ere*, *iere : bocager*, Rons., IV, 357 Bl.;

1. Cet exemple est curieux : *plusieurs mauluais garçons appelez voleurs*.
2. Dans Cyre Foucault, des dérivés curieux, avec le sens péjoratif moderne : *quelque fillerie, ou brief quelque autre trafiquerie de femmes* (*Ep. d'Arist.*, 120).
3. *Or fait il bruire en maint lieu terrien Son tintinnable, et mener grand tintin.*
4. *Deplorer*, qui sert de thème, est en réalité un mot savant, mais vieux dans la langue.
5. *Al* est un suffixe ancien, mais phonétiquement irrégulier, la vraie forme est *el*.

ramager, Id., I, 14, *ib.*; *maillotinier*, Rab., IV, 150, J.; *semencier*, Baïf, *Mimes*, f° 3, 1581, G.; *serpentier*, Rons., II, 347, Bl.; *voyager*, Am. Jam., 214; *arondeliere*, Id., 212; *bletiere* (Ceres), Rons., I, 154, Bl.; *soupiere* (*troupe*), Noël du Fail, II, 81; — en *eux* [1] : *affaireux*, Mont., l. I, ch. XIV, t. I, p. 85; *arbreux*, Rons., VI, 126, Bl.; *blasphemeuse*, Mont., l. II, ch. 12, t. IV, 34, suite de la note 5 de p. 33; *coquelineux*, Des Pér., *Devis*, IV, 25, t. II; *embuscheux*, Baïf, *Am.*, 1572, f° 28 v°, G.; *fascheux*, Marot, *Epigr.* 58, H. D. T.; *fameux*, Ch. Est., 1552, H. D. T.; *frayeux*, Forcad., *Op.*, p. 5, v. 19: *funebreux*, J. d'Aut., G.; Lespl., *Prompt.*, 50; *gemmeux*, Rons., *Am.*, I, 107, Bl.; *precipiteux*, Mont., III, 5, t. VI, p. 15; *tetineux*, Rons., IV, 344, Bl.; — en *ien* : *biblienne*, Gring., I, 80; — en *if* : *amortif*, St-Gel., I, 96; *pressif*, Dolet, II Enf., p. 31; — en *ile* : *brutile*, Coll., 51; — en *in* [2] : *aimantin*, Rons., *Am.*, I, 14, Bl.; *ardoisin*, N. du Fail, I, 186; *estoillin*, Tahur., II, 92, son. 78; *geantin*, Rons., V, 57, Bl.; *laurierin*, Baïf, *Po.* 41, Nagel; *pandorin*, Bugn., *Er.*, 73; *sandalin*, Id., *ib.*, 19; — en *u* : *crespelu*, Rab., IV, 221, J.; *fosselu* (marqué de fossettes), Rons., I, 28, Bl.; *lippu*, Rob. Est., 1539, H. D. T.; *pommelu*, Rons., I, 135, Bl. [3];

c) VERBES : en *er* : *balliuerner*, Noël du Fail, H. D. T.; Bel., *La Reconn.*, a. II, IV, *A. th. fr.*, IV, 371; *bouleuarder*, Briçonnet, *Let. de 1524*, Herminj., *C.*, I, 199; *charruer*, N. du Fail, II, 363; *cherer* (faire bonne chère), Mar., III, 44; *chifrer*, Texte de 1515, H. D. T. [4]; *deluger*, Scève, *Del.*, L, p. 26; *escarquiller*, Palsgr., H. D. T., Cyre Fouc., *Ep. d'Arist.*, 70; *esclauer*, N. du F., I, 235; II, 34; *girouetter*, Scève, *Del.*, I, p. 5; *gruer*, Id., *ib.*, XCIX, p. 48; *hailloner*, Rivaud., 127; *se harper*, Baïf, II, 316, M.-L.; *larronner*, Rab., I, 80, J.; *montagner* (lever ou s'élever en montagne), Rons., I, 80, Bl.; *outrancer*, Marg. de Nav., *Dern. po.*, 393; *pesle-mesler*, Cyre Fouc., *Ep. d'Arist.*, 14; *piailler*, Id., *ib.*, 80; *se prelasser*, Rab., II, 24, H. D. T.; *prosaiquer*,

1. Ce suffixe a été très employé dans l'école de Ronsard, mais parce qu'il était partout ailleurs un des plus répandus : une seule phrase de Joubert le montrera : Diverses espèces de teigne : *teigne bournaliere*, *figueuse*, *amedose*, *tertineuse*, *lupineuse*, *braneuse*, et *achoreuse*, *Err. pop.*, p. 335.

2. Il faut ajouter que la Pléiade a fait revivre tous ceux de ces adjectifs en *in* qui étaient anciens dans la langue : *argentin*, *iuoirin*, *marbrin*, *orin*; tout ceci sans doute à l'imitation de Lemaire de Belges et de l'école de Lyon, qui les affectionnaient déjà. Cf. Meigret, *Gram.*, 33 r°.

3. Dans certains cas *eux* et *us* ont pu être confondus. V. à la Phonétique.

4. « Quid est ineptius, quid absurdius, sive barbarè dicas *chifrare* : sive Gallice *chifrer* ? Extirpâte igitur o pùeri non solum barbáricas ejus modi naenias, et absurdas voces, verum etiam Gallicas ». Cord., *Corr. serm. em.*, 304 C.

Coll., 219; *rossignoler*, Cyre Fouc., *Ep. d'Arist.*, 18; *sourcer*, Rons., III, 260, Bl.; *taluer*, Rab., II, 84, J.; *tauerner*, G. Bouch., *Ser.*, I, 3, I, 90; — en *ailler : criailler*, Rons., III, 72, Bl. (Le poète, dans une note, le disait vendômois); *rimailler*, Dict. des rimes, 1596; *tirailler*, *Ib.*; — en *iller : petiller*, Du Bel., IV, 45 v°, L.; — en *oyer : poudroyer*, Rons., *Od.*, III, 10, éd. 1584; *rosoyer*, Baïf, *Mimes*, II, f° 107 v°, G.; *vanoyer*, Rons., I, 389, Bl.; — en *ir*[1] : *aboutir*, Rob. Est., *Dict. fr. l.*, 1539; *asprir*, A. Jam., II, 215; *corallir*, E. Forcad., p. 18, v. 28, v. 29; *fruitir*, Baïf, *Poes. ch.*, p. 1, G.;

D) *ADVERBES*[2]. — *Alterement*, Pont. de T., *Er.*, III, 32; *artistement*, Castelnau, *Mem.*, 169, H. D. T.; *celestement*, Bugn., *Er.*, XII, 16; *desgoutement*, Scève, *Del.*, CCXXI; *feinctiuement*, Bugn., *Er.*, LX, 47; *inaduertemment*, Mont., l. III, ch. 5, t. VI, p. 6; *reposamment*, Du Perr., *1er disc.*, 21; *respondamment*, Id., *ib.*, 68; *tacitement*, Pont de T., *Er.*, II, 27; *tenacement*, Bugn., *Er.*, 34[3].

E) *SUBSTANTIFS, ADJECTIFS, VERBES DIMINUTIFS.* — Le XVIe siècle n'a inventé ni l'usage, ni même l'abus des termes diminutifs; toutefois certains poètes, comme il a été dit ailleurs, se sont laissés aller à de ridicules excès. L'exemple de Lemaire de Belges les avait encore une fois mal servis. Les théoriciens de la langue, loin de les retenir sur cette pente, ont donné sans observations la théorie de la formation de ces sortes de mots. Dubois avait commencé, Meigret (*Gram.*, p. 29 r°), puis ses imitateurs suivirent, et Henri Estienne renchérit encore. Convaincu, lui aussi, que les diminutifs tiennent le premier lieu en mignardises[4], il s'efforça de prouver que nous « y pouuions faire tout ce que nous voulions, adioustans souuent diminution sur diminution ». *Les brebis camusettes*, *les arondelettes*, *les ruisselets argentelets*, ce qui est gracieux ou ce qui est mièvre, il cite tout pêle-mêle, si bien qu'il me suffira, sans donner d'exemples, de renvoyer à son plaidoyer. Au reste, il n'est que d'ouvrir Baïf ou Belleau pour trouver à satiété de ces « faultettes mignardelettes[5] ».

1. Il y a un certain nombre de verbes en *ir* nouveaux au XVIe siècle, mais presque tous sont des composés, comme *aboutir*, ainsi : *apoltronnir*, *ensalaudir*, Brant., IX, 420 (Voir plus loin).

2. Voir les listes très complètes de Vaganay : *Deux mille adverbes en* ment (*Rev. des Et. Rab.*, 1904-5).

3. Les adverbes servent déjà chez les précieux du XVIe siècle à des expressions curieuses : *ceste vie heureusement maudicte* (*Del.*, 69). *Sa gueule estoit de sang haue ment alterée* (Am. am., II, 173); *Ses cheueux Sont plus iaunement blonds que bassinets dorez* (Pass., I, 26). Nous verrons ailleurs que Ronsard à l'adverbe substitue souvent l'adjectif.

4. Voir *Precellence*, éd. Huguet, p. 96; Pillot les trouve très élégants (13 v°).

5. Ronsard lui-même en a abusé (II, 271) :

> Vne auette sommeillant
> Dans le fond d'vne fleurette
> Luy piqua la main tendrette...

Les plus nombreux sont en *et*, *ette*, *elet*, *elette* : *amette*, Mont., l. III, ch. 10, t. VI, p. 246 : *amouret*, Jod., *Eug.*, a. 1, *A. th. fr.*, IV, 21 ; *attifet*, Bel., *La Reconn.*, a. 1, *A. th. fr.*, IV, 346 ; *faultette*, Des Per., *Deuis*, XLIV, t. II, p. 182 ; *ourselet*, Rons., IV, 113, Bl. ; *vignolette*, Mar., II, 191.

Mais on en forme aussi en *eau*, *elle* : *cappitayneau*, Brant., IV, 324 ; *enfanteau*, Mar., II, 74 ; *fringuereaulx*, Gring., I, 97 ; *trapelle*, Mont., l. II, ch. 12, t. IV, p. 58, n. 4 ; — en *on* : *bestion*, Phil. de l'Orme, H. D. T. ; N. du F., II, 100 ; *mandillon*, Am. Jam., II, 166 ; — en *ot* : *chasserot*, Rons., II, 388, Bl.

Les verbes sont la plupart en *oter* : *boursicoter*, N. du Fail, *Eutr.*, H. D. T. ; *souspiroter*, Baïf, *Am.*, 68 ; *suçoter*, Rons., 498, L.

3° Composition par particules. — Avec *a* : *s'amastiner*, Cyre Fouc., *Ep.d'Arist.*, 136 ; *ameuter*, A. Jam., II, 167 ; *aparessir*, Du Bel., *Mem.*, l. VII, f° 234 r°, G. ; *apoltronnir*, Mont., III, 13, H. D. T. ; — avec *arriere* : *arriere-main*, Thierry, *Dict. fr. lat.*, 1564, H. D. T. ; *arriere-neueu*, Mont., I, 19, H. D. T. ; — avec *auant* : *auant-chien*, Rons., I, 70, Bl. ; *auant-fany*, Tahur., II, p. 6, son. 22, Bl. ; *auant-ieu*, Rons., II, 127, Bl. ; avec *bien* : *bien-chery*, Rons., VI, 135, Bl. ; *bien-germeux*, Id., V, 231, *ib.* ; *bienseance*, Rob. Est., 1539, H. D. T. ; — avec *con* : *comparoistre*, Id., *ib.* ; — avec *contre*[1] : *contraccorder*, Du Bel., II, 10, Nagel ; *contr'huiller*, Tahur., II, p. 7, son. 3 ; *contre-respondre*, Rons., III, 299, Bl. ; — avec *de*, *des* : *decomposer*, Calv., *Inst. chr.*, 213, L. ; *desgouster*, Rob. Est., 1539, H. D. T. ; *desetaller*, Jod., *Eug.*, *A. th. fr.*, IV, 47 ; *desordre*, R. Est., 1539, H. D. T. ; *deparesser*, Rons., VI, 48, Bl. ; *deproportion*, Du Vair, 388, 31 ; *dereter*, Rons., I, 123, Bl ; — avec *e*, *es* : *ebranler*, Rob. Est., 1539, H. D. T. ; *euentail*, Amyot, *Ant.*, 31, *ib.* ; — avec *en* : *emparfumer*, Rons., I, 61, Bl. ; *embabiller*, N. du Fail, II, 36 ; *encauer*, Rons., I, 206, Bl. ; *enreter*, Id., *Am.*, I, 82, *ib.* ; — avec *entre* : *s'entrentendre*, Mont., *Ess.*, l. II, ch. 12, G. ; *entrecourager*, Vigen., *Com. de Cesar*, 214, éd. 1576, G. ; *entregloser*, Mont., l. III, ch. 13, t. VII, p. 9 ; *entremonde*, Pass., I, 112 ; *entreprisonnement*, *J. B. P.*, 88[2] ; *entreuoir*, Marg. de Val., *Heptam.*, 76, H. D. T. ; — avec *mal* : *malrassis*, Rons., VI, 170, Bl. ; — avec *non* : *non-dit*, Id., V, 240, *ib.* ; *nonsont* (eunuque, N. du F., *Eutr.*, G.[3] ; — avec *re* : *reblesser*,

1. Cette particule est, avec *entre*, une des plus employées au xvie siècle.
2. Confusion curieuse d'après *entreprise* au lieu de *emprise*.
3. Dès cette époque la particule *in* se développe aux dépens de *non* : on fait *ingardable* (Rons., V, 271, Bl.), au lieu de *non-gardable*. *Outre* semble mort. Cf. Est., *Prec.*, éd. Hug., 187. Cependant encore *outrepercer* (Gring., I, 17) et quelques autres.

Rons., VII, 22, Bl. ; *restangner*, Scève, *Del.*, LVIII, p. 30 ; — avec *sous : soussigner*, Saint-Gelais, 15, L. ; *sous-seruir*, La Bod., *Liv. de la vie*, 1581, III, 12, G. ; *sous-dame*, Brant., IX, 549 ; — avec *sur : suraugmenter*, Bugn., *Er.*, 85 ; *surestimer*, d'Aubigné, *Hist.*, III, 354, L. ; *surnaistre*, Pont. de T., *Solit. prem.*, 34, G. ; *surpayer*, Mont., II, 105, L. ; — avec *tres : tresluire*, J. de la Taille, *Blas. de la Marg.*, G.[1].

4° Composition proprement dite. — A) Deux adjectifs ou deux substantifs sont apposés : *diuin-humain*, Bugn., *Er.*, 99 ; *humble-fier*, Rons., I, 68, Bl. ; *doux-grief*, Scève, *Del.*, LXXXVII, p. 43 ; *chaude-seche*, *froide-humide*, Du Bart., 2e j., 51 v° ; *large-viste*, *Ch. hug.*, II, 301, 1572 ; *triple-vn*, Du Bart., 1re journ., p. 6 ; *l'heureuse-honnorable-conqueste*, Id., I, 294 ; — *mere-cité*, Du Bart., *Jud.*, f° 347 ; *homme-chien*, Id., 1re journ., p. 11 ; *Dieu-messager*, Rons., V, 360, Bl.

B) Un substantif qualifié par un adjectif forme un adjectif composé : *pied-vite* (Achille), Rons., V, 65, Bl. ; *front-cornus*, Id., VI, 372, *ib.*[2] ; *claire-voix* (hérauts), Id., III, 65, Bl. ; *laqs-courant*, Gell., *Circé*, 116 ; *morte-paye*, J. d'Aut., IV, 133 ; *papier-iournal*, Amyot, L.

C) Un adjectif pris adverbialement est joint à un verbe pour donner un adjectif : *doux-souflantes* (flûtes), Rons., II, 305, Bl. ; — *aigu-tournoyant ;* Id., II, 79, *ib.*

D) A un adjectif, un participe, un nom, est joint un substantif qui en dépend de telle façon que le rapport serait marqué, dans une langue à déclinaisons, par un cas oblique : *cuisse-né*, Rons., V, 235, Bl. ; *terre-nez* (géants), Id., V, 237, *ib.* ; *nuit-volant*, Baïf, *Po.*, 43 ; *cheure-nourri*, Id., *Vers mes.*, 2, Nagel[3].

E) Un verbe à l'impératif est suivi d'un régime, comme dans *chasse-peine* (l'or), Rons., V, 222, Bl. ; *desrobe-fleur* (auette), Id., II, 146, *ib.* ; *donne-vin* (été), Id., V, 187, *ib.* ; *mange-suiet* (Childéric), Id., III, 235, *ib.* ; *oste-soif* (échanson , Id., VI, 343, *ib.* ;

1. *Farfouiller*, Rab., *Pant.*, II, 395, M.-L. ; Lespl., *Prompt.*, 57, est fait d'une particule obscure.

2. Ce procédé, tel qu'il est appliqué dans les premiers exemples, où l'on est obligé de construire *front* comme un accusatif grec se rapportant à *cornus : cornus par le front*, n'est pas français. Je mets des traits d'union qui ne sont pas dans les originaux.

3. Ces composés traduisent des mots grecs comme γαιηγενής, νυκτιπόλος, etc. Ils appartiennent presque exclusivement à Ronsard et à son école. Le vieux français connaissait quelques types comme *feruestu* que cite H. Estienne (*Precel.*, 158) ; mais ce procédé de composition n'a jamais été répandu dans la langue. L'emploi qui en est fait ici est tout antique.

porte-couronnes (rois), Id., VI, 158, *ib.*; *rase-terre* vent), Id., VII, 119, *ib.*; *brise-grain* (moulin), Bart., 2e j., 75 v°; *donne-iour* (le char), Id., 2e j., f° 84 v°; *porte-laine* (mouton), Id., 2e j., f° 47; *tire-traits* (fils), Id., 1re j., 11 v°; *tirasse-coutre* (le bœuf), Id., 3e s., f° 102 [1].

J'ai déjà eu l'occasion de parler de ce procédé (I, 283-4) : il a donné au français un grand nombre de substantifs. Une des principales innovations linguistiques de Ronsard a été de chercher à faire de la sorte des adjectifs [2]. Je ne sache pas que Scève se soit avisé de ce moyen. Au contraire, les adjectifs nouveaux se rencontrent en foule chez Ronsard, employés souvent avec un art véritable.

Du Bellay [3], Baïf, en ont fait grand usage et pendant quelque temps ce fut à qui chercherait là l'équivalent de ces épithètes imagées qu'on enviait si fort à la poésie ancienne. Henri Estienne lui-même les a acceptés sans répugnance : il recommande seulement d'en faire un emploi judicieux [4] et d'éviter d'y mettre au pluriel le substantif, s'il n'est pas monosyllabique. Toutefois les adjectifs ainsi composés étaient trop inusités pour ne pas choquer; Du Bartas, qui les avait mis « vn peu espes », il en convient lui-même, se vit contraint de les défendre. En 1596, on faisait un choix des plus beaux de son œuvre [5]; en 1610 ils étaient à peu près complètement condamnés [6], comme n'étant nullement propres à notre langue.

5° Formation irrégulière. — Je ne pourrais, sans chercher à déterminer des procédés là où il n'y a le plus souvent que fantaisie, essayer de réduire les mots qui en sont issus à des catégories; je

1. Du Bartas entasse souvent ces mots en litanie :

> Le feu donne-clarté, porte-chaud, iette-flamme,
> Source de mouuement, chasse-ordure, donne-ame.
>
> 2e *Sem.*, f° 89.

2. Bien entendu on trouve des substantifs aussi : *voicy a mon costé le chastie-fols*. Lar., *Les Jal.*, a. I., *A. th. fr.*, VI, 20; *Mon amour en rigueur est vne passe-rage, Et vne passe-fleur en beauté de visage*, Passer., I, 26; H. Estienne en fait la théorie, *Prec.*, 163-165. Cf. Clément, *o. c.*, 376-377.

3. Voir éd. Marty-Laveaux, I, 337, *Pref. de deux livres de l'Æneide*. Il cite pêle-mêle trois exemples fort différents : *pié-sonnant*, *porte loin*, *porte ciel*.

4. Voir *Précel.*, édit. Huguet, 158 et suiv. On en trouve jusque dans la prose de Fauchet : *le temps mange tout*, *Or. l. fr.*, 534 r°.

5. Voir à la suite du *Dictionnaire des rimes* de 1596.

6. Deimier, *Acad. de l'art poétique*, 432. Cf. Balzac, II, 702. Un des ridicules de son Barbon est de croire que l'enthousiasme de la poésie française a cessé depuis qu'on ne dit plus : *la terre porte-moisson*, *le ciel porte-flambeaux*. Cf. à ce sujet Meunier, *Composés qui contiennent un verbe à un mode personnel en latin, en français, en italien et en espagnol*, Paris, 1875. On y trouvera des listes très complètes. Ajoutez Clément, *H. Est.*, 375-376.

dois cependant signaler en passant le développement considérable de mots excentriques qu'on remarque au xvie siècle. Rabelais n'a pas inventé ces sortes de jeux, puisque avant le *Pantagruel*, Tory se plaint avec vivacité des « plaisanteurs » dont les calembours déchiquètent le langage, autant que l'argot des jargonneurs le corrompt [1]. Mais les exemples si nombreux où sa gaieté contorsionne les mots ont séduit tous ceux qui, après lui, ont cultivé un genre analogue au sien. Ses *ianspill'hommes* ont été après lui imités par d'autres rieurs. De même ses *incornifistibuler* et *emburelucocquer*. Le danger n'était point grand : *esperruquancluzelubelouzerilelu*, *morderegrippipictabirofreluchamburelurecoquelurintimpanement* et leurs semblables avaient peu de chance d'entrer dans le lexique courant.

Il en est tout autrement des composés anomaux faits par redoublement de la première syllabe. On les croit généralement propres à Du Bartas. En fait, cette idée de répéter l'initiale « pour augmenter la signification, ou representer plus au vif la chose » n'est pas de lui, il l'a prise aux maîtres de la Pléiade ; *ba-battre* est dans l'ode de Ronsard à Michel de l'Hospital ; *flo-flotter* se lit ailleurs dans son œuvre (II, 429, M.-L.). Cet usage barbare, malgré d'illustres parrains, ne s'est néanmoins pas répandu.

1. *Champfleury*, Avis au lecteur. Les mots de circonstance abondent : le curé s'en va *minuyter* (Nic. de Tr., *Par.*, 14) ; *les missotiers* (Calv., liv. IV, ch. 18, sect. 4) ; *bestial et non pas fortial* (Gello, *Circé*, 179), etc. Henri Estienne en fournit à lui seul une bonne moisson dans l'*Apologie*. La plupart disparurent avec les luttes religieuses. Il serait du reste intéressant de recueillir les éléments de cette satire verbale dans les polémistes.

CHAPITRE III

EMPRUNTS AUX AUTRES LANGUES

I. — ITALIANISME ET HISPANISME

L'ITALIANISME[1]. — On sait ce que les écrivains, depuis Crétin et Lemaire de Belges jusqu'à Régnier, les grands et les petits, Marot, Marguerite de Navarre, Rabelais, Des Périers, Bouchet, Magny, Scève, Ronsard, Baïf, Du Bellay, Jodelle, Peletier, Ch. Fontaine, Pontus de Tyard, Desportes, Montaigne, Amyot, Brantôme, Carloix, Du Bartas, doivent aux modèles d'outre-monts. Mais ce serait singulièrement restreindre l'influence italienne que de la considérer comme purement littéraire : les savants français n'ont pas moins d'obligation envers les Cardan et les Tartaglia que les poètes envers Pétrarque, ou les conteurs envers Boccace. A dire vrai, tous ceux qui ont pensé, tous ceux qui ont écrit se sont mis, pendant ces cent cinquante ans — qui plus, qui moins, suivant les périodes, — à l'école de nos voisins.

Or, la plupart des modèles qu'on imitait s'étaient servis, non du latin, mais de leur vulgaire italien. Pétrarque humaniste avait sans doute une école, Pétrarque poète des *Rime* en avait une aussi nombreuse. On apprenait la langue italienne pour avoir « la communication des bons auteurs italiques » ; mais après un contact un peu long avec les étrangers, il est bien difficile de se retirer complètement, comme le voulait Ronsard, « sous son enseigne ». Sans doute l'italien n'eut jamais sur les hommes de lettres un ascendant égal à celui du latin. C'était un parler vivant, qu'on ne pouvait donc mettre au rang des langues vénérables de l'antiquité. En outre, une jalousie nationale, qui parut de bonne heure, empêcha de reconnaître sa supériorité ; c'était la proclamer que de sembler lui devoir trop : la tendance à l'emprunt fut très

1. Voir : Giovanni Tracconaglia, *Henri Estienne e gli italianismi*. Lodi, tipolitogr. C. dell' Avo, 1907, et *Une page de l'italianisme à Lyon à travers le « canzoniere » de Louise Labé*. Lodi, 1917, 8°.

sérieusement contrariée par le désir de ne pas avoir l'air trop barbares et trop pauvres.

Mais si ces pudeurs étaient de nature à arrêter des gens instruits, d'autres causes amenèrent un développement de l'italianisme auquel les écrivains ne pouvaient rien, car il eut lieu en dehors d'eux. On sait quel long séjour, souvent pacifique, les Français avaient fait en Italie ; le contact entre les armées qu'ils y ont conduites et les populations a souvent été fort intime ; et si nombre d'Italiens, dans ces circonstances, ont appris le français, de leur côté les Français — dont quantité étaient du Midi, et parlaient un idiome assez voisin de celui du Milanais — se teintèrent au moins d'italien. Le très grand nombre de mots relatifs à la guerre qui ont alors pris place dans notre vocabulaire fait voir assez que l'influence exercée sur nous de ce côté a été très considérable.

Ensuite, comme si tout conspirait à ce moment à multiplier les contacts, à Lyon, dont l'imprimerie avait fait, sinon le centre intellectuel du royaume, du moins un second Paris, des colonies italiennes riches, prospères, lettrées, établies à demeure, une foule de marchands venus grâce au privilège des foires franches, répandaient, dès le commencement du siècle, la culture et la langue italiennes. Enfin, quand la politique eut amené à Paris une reine de la famille des Médicis, et à sa suite toute une « petite Italie », ce fut au cœur même de la France que le mal — si c'était un mal — fut porté : le langage, comme les habits, ne manqua pas de s'en ressentir.

On a pu essayer de marquer des phases dans cette pénétration de l'italianisme. M. Rathery en compte deux au XVIe siècle, l'une qui va de 1500 environ à la fin du règne de François Ier, l'autre qui commence aux environs de 1550 et se prolonge pendant une trentaine d'années. A vrai dire, on remarque en effet des périodes où l'influence italienne s'accentue davantage, par exemple celle qui dure de la régence de Catherine de Médicis (1560) à 1580 ; mais je ne crois pas qu'on puisse mettre à part cette vingtaine d'années : Catherine était en France depuis 1533, et quoiqu'elle y ait longtemps joué un rôle effacé, son influence n'avait pas laissé, dès l'origine, de se faire sentir [1]. — En outre, si l'on arrivait à fixer des dates précises à ces influences politiques, ces dates ne coïncideraient plus avec celles des influences littéraires. Souvent les unes s'accroissent quand les autres décroissent, de

1. Voyez là-dessus d'excellentes pages de Bourciez, *Les mœurs polies et la littérature de cour*, Paris, 1886, p. 269 et suiv.

sorte que, finalement, quelle que soit l'époque que l'on considère, des diverses sources qui nous ont versé l'italianisme, on en trouve toujours une au moins en activité à ce moment. Et il faut bien prendre garde que ce ne sont pas celles qui ont semblé couler torrentiellement qui ont seules fécondé notre sol. A entendre les plaintes qui s'élèvent autour de 1570, on croirait que tout le monde italianise ; c'est la mode en effet, mais dans un certain monde seulement, à la cour ; l'engouement des courtisans dépasse toute mesure, excite de violentes réclamations ; la trace que leurs affectations ont laissée dans le langage est considérable sans doute, et néanmoins l'époque antérieure, où la mode était moins bruyante et moins excessive, nous a laissé des italianismes en quantité très notable aussi.

Au XVIe siècle, pour les raisons d'amour-propre que j'ai dites, et pour d'autres encore, dont plusieurs étaient politiques et même religieuses [1], l'italianisme a eu beaucoup plus d'adversaires que de défenseurs.

L'opposition commença de bonne heure ; on la trouve marquée chez Bouchet, dans les *Epistolæ obscurorum virorum* ; chez Budé même, qui prononça, un jour, que l'engouement pour les choses d'outre-monts devenait superstitieux : « *Gallia transalpinarum ipsa rerum plus quam et par et utile cupida.* »

Toutefois le débat ne fit naître à cette époque ni un livre ni un pamphlet de quelque importance. En effet, l'opuscule de Lemaire de Belges qu'on cite souvent, la *Concorde des deux langages*, est tout autre chose qu'un exposé littéraire et philologique. L'auteur a simplement pour but de faire cesser des querelles irritantes, et d'amener les deux langues « deriuees et descendues d'vng mesme tronc et racine a viure et perseuerer ensemble en amoureuse concordance ». Son rêve serait de voir s'augmenter le nombre des hommes de France « qui frequentent les Itales et s'exercitent au langage toscan », d'autre part celui « des bons esperits italicques qui prisent et honorent la langue francoise ». Ces tentatives de conciliation ont été inspirées par tout autre chose que des soucis d'ordre littéraire : c'est de la pure politique.

Au contraire, à l'époque de la Pléiade, les attaques se multiplient et se précisent. Marty-Laveaux [2] a cité les vers où, longtemps avant que Ronsard, dans le testament littéraire dont j'ai déjà parlé, rapprochât les écorcheurs d'italien des écorcheurs de latin, Du

1. Voir de Maulde, *Louise de Savoie*, 266.
2. *Langue de la Pléiade*, p. 178.

Bellay d'abord, Jodelle ensuite (en 1552) ont raillé les termes alors nouveaux de *brauade*, *soldat*, *cargue*, *camisade*.

Dans l'école adverse, on n'était pas moins sévère. Le Quintil n'aimait guère « la singerie de la singerie italiane », et avant même d'aborder le premier chapitre du premier livre de la *Deffence*, il a trouvé occasion d'attaquer les corruptions italiques [1], et de marquer tout net son sentiment. Peletier du Mans, à propos de tout autre chose, se prononce à son tour contre les mendiants du bien des autres, qui font paraître la langue souffreteuse, en prétendant la revêtir toujours des plumes d'autrui [2]. Grévin, dans sa comédie des *Esbahis*, composée sur l'ordre de Henri II, mais qui ne fut jouée que le 16 février 1560, inséra une satire mordante d'un bravache italien ; et si le valet qui le nargue y raille son allure de capitan, il ne s'y moque pas moins de son baragouin, qu'il contrefait [3].

Quelques années après, en 1565, la vraie bataille s'annonçait dans la préface de la *Conformité du langage francois auec le grec* de Henri Estienne [4]. Ce livre paraît destiné par son titre, et il est en effet consacré, à démontrer tout autre chose que la possibilité pour le français de se passer d'emprunts italiens. Toutefois la conclusion dernière qu'Estienne tirait de la parenté de notre idiome et du grec aboutissait encore à la condamnation de la langue rivale. Car son raisonnement complet était le suivant : Le français est la langue la plus voisine du grec ; or le grec est la reine de toutes les langues : donc la française est la seconde. Si le syllogisme n'est pas posé ici en bonne et due forme, il le sera ailleurs. Estienne établira qu'il se déduit invinciblement de la majeure une fois démontrée [5].

Au reste, s'il ne tire pas de l'ensemble de son livre des conclusions immédiates sur la hiérarchie des langues, il nous expose nettement ce qu'il pense, dès ce moment, des « mauuais mesnagers, qui, pour auoir plustost faict, empruntent de leurs voisins ce qu'ils

1. Édit. Pers., 192. Cf. p. 202, 203, 204, 206, 212.
2. *Dial. de l'Orthogr.*, p. 104, 1555.
3. Voir *Anc. Th. franç.*, Jannet, 1855, IV, 314.
4. Sur toute cette campagne, voir Clément, *H. Est.*, 323 et suiv.
5. « Car tout-ainsi que quand vne dame auroit acquis la reputation d'estre perfaicte et accomplie en tout ce qu'on appelle bonne grace, celle qui approcheroit le plus pres de ses façons auroit le second lieu : ainsi, ayant tenu pour confessé que la langue grecque est la plus gentile et de meilleure grace qu'aucune autre, et puis ayant monstré que le langage François ensuit les iolies, gentiles et gaillardes façons Grecques de plus pres qu'aucun autre : il me sembloit que ie pouuois faire seurement ma conclusion qu'il meritoit de tenir le second lieu entre tous les langages qui ont iamais esté, et le premier entre ceux qui sont auiourd'huy » (*Precel.*, édit. Huguet, 34).

trouueroyent chez eux, s'ils vouloyent prendre la peine de le cercher[1] ».

La sortie est très vive, et l'indignation d'Estienne bien grande : car, mêlant une question de patriotisme au débat, il met déjà en avant ce mauvais argument, qu'à voir les courtisans « emprunter d'Italie leurs termes de guerre, laissans leurs propres et anciens », on en viendra à penser « que la France ait appris l'art de la guerre en l'eschole de l'Italie[2] ». Dès ce moment, on sent à l'âpreté de son ironie, à la violence de ses reproches, que si « personne de meilleur loisir » ne s'y applique, il reviendra à ce propos.

Et en effet, après une période de douze ans, il lança coup sur coup les *Deux dialogues du nouueau langage françois italianizé et autrement desguizé* (1578), et la *Precellence du langage françois* 1579)[3]. Le premier de ces livres s'attaque aux courtisans écorcheurs d'italien. Mélange hétérogène de doctrine et de satire, de pédantisme et d'esprit, comme presque tous les livres français d'Estienne, coupant la dispute philologique d'une anecdote, et appuyant la moquerie de considérations grammaticales, il peint, conte, caricature, invective, discute, et argumente tour à tour. On cite toujours l'amusante parodie du langage italianisé dans laquelle Jean Franchet, dit Philausone, gentilhomme Courtisanopolitois, expose aux lecteurs *tutti quanti* la rencontre dont le récit fait l'objet du livre. Il y a, au début, nombre d'autres morceaux de ce style[4]. Mais bientôt le ton change. Estienne, une fois le langage

1. « Encores, s'écrie-t-il, faisons-nous souuent bien pis, quand nous laissons, sans sçauoir pourquoy, les mots qui sont de nostre creu, et que nous auons en main, pour nous seruir de ceux que nous auons ramassez d'ailleurs. Ie m'en rapporte a *manquer* et a son fils *manquement*, a *baster* et a sa fille *bastance*, et a ces autres beaux mots, a *l'improuiste*, *la premiere volte*, *grosse intrade*, *vn grand escorne*. Car qui nous meut a dire *manquer* et *manquement*, plustost que *defaillir* et *default ? baster* et *bastance*, plustost que *suffire* et *suffisance ?* Pourquoi trouuons-nous plus beau a *l'improuiste*, que *au despourueu ? la premiere volte*, que *la premiere fois ? grosse intrade*, que *gros reuenu ?* Qui fait que nous prenons plus de plaisir a dire : *il a receu vn grand escorne*, qu'a dire *il a receu vne grande honte* ou *diffame* ou *ignominie* ou *vitupere*, ou *opprobre ?* » (*Conf.*, 22).

2. Voir *Conformité*, Préf., p. 28 et suiv.

3. Le titre exact des *Dialogues* est : *Deux dialogues du nouueau langage François, italianizé, et autrement desguizé, principalement entre les courtisans de ce temps : De plusieurs nouueautez, qi ont accompagné ceste nouueauté de langage : De quelques courtisanismes modernes, et de quelques singularitez courtisanesques.*

4. « I'ay bonnes iambes (de quoy Dieu soit ringratié), mais i'ay batu la strade desia tout ce matin, et n'estoit cela il me basteret l'anime d'accompagner vostre seigneurie partout ou elle voudret... Sa maison est fort discoste, principalement pour vn homme qui est desia vn peu straque, comme ie vous ay dict que i'estes. Toutesfois ie ne crain pas tant la fatigue du chemin, comme i'ay peur que nous ne le trouuions pas in case. Mais (pour iouer au plus seur) i'enuoiray mon ragasch, pour en sçauoir des nouuelles... Prenons vn autre chemin, de grace. Car ce seret vne discortesie de passer par la contrade ou est la case des dames que sçauez, sans y faire vne petite stanse, et toutesfois, ie ne suis pas maintenant bien acconche pour comparoir deuant elles » (*Dial.*, t. I, p. 44, édit. Liseux).

de Philausone connu, quitte cette manière de railler, renouvelée de l'écolier limousin; il prend un à un les mots, les prononciations, les expressions de la cour, tous les barbarismes des « Romipètes », les analyse, et les examine avec une infatigable sévérité.

La verve ne manque pas dans les ripostes, ni l'esprit dans la discussion, mais celle-ci eût certainement gagné à être plus serrée. Le XVIe siècle ne craignait pas les gros livres. Estienne a abusé ici de cette indulgence; à chaque instant, il s'égare volontairement dans des digressions et des redites; il semble moins que jamais se douter qu'il ferait plus piquant en faisant plus court. Singulier défaut chez un homme que des travaux écrasants laissaient à peine respirer : il écrit comme on flâne !

Sa science se trompe aussi parfois. On pourrait discuter avec lui si certains mots, qu'il considère comme des italianismes, *bal*, *coyon*, ne sont pas anciens dans le français, ou ne lui viennent pas de ses dialectes; si *vocable* est italien ou latin; il est certain que *liste* est allemand, et que seule la réapparition de *s* peut être imputée à l'italien *lista*, que *corporal* n'est qu'une corruption de *caporal*, et non une forme antérieure, etc. Mais, en général, Estienne, qui possédait à fond l'italien [1], voit juste et clair [2] : son livre — quoiqu'il faille se défier de l'imagination créatrice de l'auteur — demeure aujourd'hui encore le relevé le meilleur des farcissures dont la mode de ce temps avait bigarré le langage.

La *Precellence* n'est que le projet d'une œuvre plus vaste, que le roi Henri III avait demandée à Henri Estienne, revenu en France, et qui ne parut jamais [3]. Ce livre ne répète nullement le précédent; il le continue, encore bien différemment. Considérant en effet que l'engouement des « gaste-françois » venait en dernière analyse d'une admiration plus ou moins consciente professée pour la langue italienne elle-même, Henri Estienne voulut ruiner cette superstition. Jusque-là les Italiens l'avaient entretenue; les Français, sans la subir tous, n'avaient guère osé revendiquer que l'égalité avec eux. C'est encore le point où se tient Mathieu [4].

1. *Conform.*, p. 45.

2. Il est curieux cependant qu'on puisse lui-même le prendre en flagrant délit d'italianisme. Ne donne-t-il pas dans la *Precellence*, parmi les synonymes d'*auare* qu'il entasse pour prouver la richesse du français, le mot de *racledenare; racler* est français, mais *denare* n'a-t-il pas été influencé par l'italien *denaro?*

3. Le titre exact porte : *Proiect du liure intitulé De la precellence du langage françois;* Paris, Mamert Patisson, imprimeur du Roy, 1579. Cf. l'épistre au Roy, début.

4. « La langue italienne a deux souueraines graces. L'vne, de quoy son vsage est assigné en vn certain quartier du pays : ou les femmes et les enfans, les gens de ville et de village, les scauans et les ignorans parlent egalement, et de rondeur de bouche :

Mais Henri Estienne va plus loin : il ne se défend plus, il attaque, et prétend démontrer à l'honneur et au « proufit de sa nation, que la langue françoise surmonte toutes les vulgaires, et pourtant merite le titre de precellence ». Je renvoie le lecteur curieux de connaître son argumentation à son livre même, devenu, grâce à deux éditions modernes, tout à fait commun [1].

Dans l'ensemble, elle est telle qu'on pouvait l'attendre, c'est-à-dire vaine au fond, les langues ne pouvant être estimées d'après une mesure commune. Elle est aussi telle qu'Estienne pouvait la faire, riche en observations justes, mais en même temps semée d'erreurs, qui proviennent des défauts de la méthode philologique du XVIe siècle, et en outre de la passion et du parti pris de l'auteur.

Dès le début, après s'être appuyé (16) [2] sur le témoignage de Brunetto Latino, que j'ai cité moi-même, il allègue en faveur de sa thèse ces deux raisons singulières que « nous auons nos langues plus a deliure que les Italiens pour prononcer les mots grecs et latins que nous empruntons, sans les deprauer », puis que « nous auons vn langage qui n'est point subiect a tels changemens qu'on voit auenir au leur, et a vne telle incertitude » (18 et s.). On ne saurait guère aller plus loin dans le paradoxe. Et cependant l'auteur se surpasse aussitôt, quand il aborde les points essentiels du débat. Il veut examiner successivement lequel des deux langages est le plus grave, lequel est le plus gentil et de meilleure grâce, lequel est le plus riche (37). Et, comme il prétend ne rien céder sur aucun point, il conteste à l'italien des avantages incontestables. Pour trouver l'équivalent de l'accent mobile, il va chercher les différences de quantité, qui sont entre des mots comme *race* et *grâce*, *matin* et *mâtin*. Le français, affirme-t-il, se prête aux vers mesurés ; du reste, les atones qui suivent l'accent dans les mots italiens sont une gêne, une cause d'irrégularité et de pesanteur, non un élément de gravité (38-46). Sur le chapitre de la gentillesse, mêmes prétentions (65-104). Les finales sonores en

sans difference. L'autre grace est, dequoy les mieux aprins du pays, et les plus grands personnages en scauoir luy ont fait l'honneur de la coucher sur le papier... de sorte que si elle se veult contenter de l'egalité, nous luy accorderons tresvolötiers : si elle veut passer oultre, et auoir le pardessus, il faut aduiser a ses raisons. Et si elle nous presentoit pour ses tenans Machiauel, messire P. Bembe, cardinal, Balthasard de Chastillon, l'Arioste, Iean Boccace, François Petrarque, et le Dantes, il seroit besoing d'auoir la voix bonne et forte, et les reins fermes pour soustenir contre eux » (*Deuis* (1572) 1 v°, 2 r°).

1. Voir l'édition de Feugère, Paris, 1850, et celle de E. Huguet, Paris, 1896.
2. Les chiffres se rapportent à l'édition Huguet.

o et en *a*, loin d'être, suivant lui, la délectation de l'oreille délicate, lui semblent ennuyeuses par leur fastidieuse répétition; il n'est pas jusqu'aux diminutifs qu'il ne juge chez nous plus agréables et plus nombreux que chez nos rivaux. A propos de la richesse (p. 104-253) Estienne s'illusionne bien encore, par exemple dans la comparaison qu'il fait des mots, des expressions et des phrases, qui peuvent traduire le grec ἔμπειρος, ou des façons de parler concernant les devoirs des citoyens envers la chose publique. Du moins, il connaît à merveille les ressources du français; il met en belle lumière tout le trésor des expressions imagées que notre langue doit à la chasse, aux métiers, à certains arts comme la politique ; il sait en outre où elle peut puiser ce qui lui manque, quelle réserve elle possède dans ses procédés de composition, dans ses dialectes et dans son passé. Tout cela ne prouve rien contre l'italien, mais jamais du moins, avant Estienne, on n'avait si bien ni si copieusement décrit les richesses de notre langue.

Malheureusement, quittant ce terrain solide, l'auteur s'égare dans d'absurdes revendications. Il prétend retrouver nos dépouilles dans une foule de mots italiens, *testa*, *gamba*, *marauiglia*, qui, comme leurs correspondants français, remontent au fonds commun du latin populaire. Cette partie, où Estienne se trompe presque partout, est la plus mauvaise de son livre. La fin ne le relève guère ; ce n'est qu'un retour à son éternel plaintif au sujet des mots de guerre écorchés de l'italien.

Malgré toutes les réserves que j'ai dû faire, l'ensemble de la polémique d'Estienne a été redoutable. L'adversaire de l'italianisme était bien armé et frappait ferme, quelquefois à tort et à travers, mais même les coups qui ne portent pas ont leur effet dans la bataille. Depuis le « crime italien » de la Saint-Barthélemy, une réaction très nette se manifestait contre les choses d'outre-monts. En ce qui concerne le langage, Estienne a eu l'honneur d'être un des chefs ; et derrière lui on vit bientôt se produire d'autres protestations. L'année même où paraissait la *Precellence*, Laurent Joubert se plaignait à son tour de ce « barragouin, contrefait et composé des mots corrompus d'vne part et d'autre, qui ne sont ia purs Français, ne Espagnols, ne Italiens[1] ». Un peu plus tard, Noël du Fail se faisait l'écho des mêmes plaintes dans ses *Contes et Discours d'Eutrapel*. Toutefois l'accalmie vint bientôt. Les circonstances politiques ayant changé, la mode italienne fut abandonnée, pour

1. *Dial. de la cacographie françoise*, à la suite du *Traité du ris*, p. 383.

reprendre seulement plus tard, et sous une forme qui devait beaucoup moins atteindre la langue. Celle-ci était sortie, comme dit H. Estienne, du mauvais passage.

L'HISPANISME — Il s'en faut de beaucoup que l'influence de l'Espagne égale au XVIe siècle celle de l'Italie. Ni en science, ni en littérature, les auteurs espagnols n'avaient été assez éminents pour trouver en France la foule d'imitateurs qu'y trouvèrent les Italiens, et pour assurer à leur langue un prestige semblable. D'autre part, les relations entre les deux pays, tout en étant nombreuses, ne sauraient se comparer au commerce ininterrompu qui s'entretenait par-dessus les Alpes. L'une de nos voisines nous pénétrait seulement, l'autre nous envahissait [1].

L'Espagne prendra sa revanche plus tard, à la fin du XVIe siècle, et au commencement du XVIIe. Mais à partir de 1605 la langue a été mise à une discipline très sévère, dont la règle principale est qu'il faut se contenter des mots indigènes : la mode espagnole sévira donc, quand la langue sera à peu près hors de ses atteintes. Pendant les deux premiers tiers du XVIe siècle, il est visible qu'on éprouve à peine le besoin de se défendre de son ascendant.

On le voit bien à l'attitude que prennent vis-à-vis de la langue castillane les champions les plus ardents de la pureté du français. Mathieu en parle assez dédaigneusement ; « il lui semble, sous correction, qu'elle sent encore le vieux ramage du pays [2] ». Il ne la trouve pas « de grande estendue, pour discourir a tous propos et de toutes matieres », mais pauvre et stérile, « contente des façons du pays ». Estienne ne paraît pas plus alarmé : il escarmouche bien çà et là contre l'espagnol, prétend exercer sur lui quelques reprises, lui redemander *manera*, *merced*, qu'il nous croit dérobés, avec quelques autres mots ; mais en réalité les prétentions à la prééminence qu'il l'accuse d'afficher ne lui ont jamais paru, je crois, très sérieuses [3]. Chaque fois qu'il parle de « renger les Espaignols », c'est d'un mot bref, comme on parle d'une chose facile. Si l'engouement eût été comparable à celui qu'on montrait pour l'italien, ce « vrai François » eût parlé d'un autre ton, et partagé un peu mieux ses coups.

En fait, ni les imitateurs, ni les traducteurs même en général, ne s'étaient laissés aller beaucoup à entrelarder leur français d'espa-

1. Voir sur *l'Espagne en France* l'excellent article de M. Morel-Fatio, *Ét. sur l'Espagne*, 1re série, 1-108, 2e éd., 1895. Cf. Lanson, *Revue d'histoire littéraire de la France*, 1896, 45 et s.
2. *Devis*, 1572, 2 r°.
3. *Conform.*, p. 253 et s.

gnol[1]. Le livre le plus répandu de toute la littérature de nos voisins avait été le roman d'*Amadis*, et des Essars, qui a commencé à le traduire, est un écrivain relativement très pur, qui archaïse plus volontiers qu'il n'emprunte : il cherche à adapter son langage à l'original, au lieu de transcrire celui-ci. Ce n'est pas à dire que tous les écrivains aient observé pareille réserve. Brantôme avait voyagé en Espagne, il avait accompagné les troupes de Philippe II, et il étalait volontiers, à côté des termes italiens, « le gentil parler espagnol », qu'il possédait aussi bien que son « franciman ». D'autres, sans y mettre cette jactance, se sont laissés aller ; la guerre a mis en contact les deux peuples, et le résultat a été qu'un certain nombre d'hispanismes se sont glissés dans le français, quelques-uns même y sont demeurés[2].

Je classerai ici, comme plus loin pour le latin, les emprunts en diverses catégories[3] :

1. Ronsard, dans la Préf. de la *Franciade*, veut qu'on apprenne l'espagnol comme l'italien ; Du Bellay ne les sépare pas non plus.

2. Je ferai, avant de donner aucune liste, des réserves analogues à celles que j'ai faites en parlant des mots dialectaux. Il est d'abord souvent très difficile de savoir si un mot est français, ou provençal, ou espagnol, ou italien. C'est le cas de certains mots en *ade*, une fois ce suffixe entré dans le français ; de certains verbes même, comme *parangonner*, qui peut être aussi bien dérivé de *parangon*, déjà entré dans la langue, que de l'it. *parangonare*. L'esp. *paragon* semble la forme primitive ; *parangon* entre en français au xve siècle (V. *Chansons*, éd. G. Paris, p. 104) ; *parangonner* est seulement du xvie siècle (Rons., I, 5 et 380, M.-L.). Le fr. hésite entre *paragon* (esp. *paragon*) et *parangon* (it. *parangone*, à côté de *paragone*). On a le choix souvent entre plusieurs origines : rien dans la forme de *escamper* (v. fr. *eschamper*) n'indique s'il est pris du provençal *escampar* ou de l'espagnol *escampar*. Et souvent il est d'autant plus téméraire d'écarter les influences des dialectes de langue d'oc que, dans bien des cas, les intermédiaires qui nous ont apporté les mots nouveaux parlaient un dialecte de cette langue. En italianisant, ils gasconisaient encore.

Dans d'autres cas plus simples on n'est pas moins embarrassé. Brantôme italianise et espagnolise. D'où lui vient son *escaller*, VI, 142 (= *escalader*, v. fr. *escheler*) ? de l'espagnol *escalar* ou de l'italien *scalare* ? *Bancade* est passé chez Belleau (II, 22, M.-L.). Faut-il le rapporter à l'italien *bancata*, où à l'espagnol *bancada* ? La première hypothèse est la plus vraisemblable ; mais il est dangereux en pareille matière de prononcer d'après des considérations générales.

Enfin on se trouve même quelquefois très empêché de décider si un mot est pris aux langues néo-latines ou au latin lui-même. *Case* était italien dans la bouche des courtisans, au dire d'Henri Estienne (*Dial.*, I, 45) ainsi que *cauer*, *fastide*, *stomacher* (se), (*ib.*, I, 3, 44, 49). Mais Rabelais (I, 241, M.-L.) a pu emprunter *alme* et *campane* d'*almus* et de *campana*, aussi bien que de l'italien *almo* et *campana* ; *predicant* est dans Ronsard, V, 338, M.-L. et dans une foule d'autres textes. Faut-il y reconnaître l'italien *predicante*, ou le latin d'église *prædicans*, si usuel au xvie siècle ? On pourrait citer pas mal de mots qui prêtent à semblables divergences de vues : *se iacter*, *lentitude*, *hortolan*.

3. Tout en reconnaissant que des italianismes sont entrés tout crus dans le français : *opera*, *piano*, etc., j'écarte tout ce qui est de l'italien ou de l'espagnol pur, non francisé : *Aïme* (H. Est., *Dial.*, I, 54) ; *andar vie* (N. du Fail, I, 175) ; *il me baste l'anime* (H. Est., *Dial.*, I, 44, 112, 139) ; *madesi* (Id., *ibid.*, I, 45) ; *in fruttola* (Id., *ibid.*, I, 23) ; *in gambe* (N. du Fail, II, 50) ; *martel in teste* (H. Est., *Dial.*, I, 3, 44, 61, 112, 113) ; *mezze partie* (Brant., V, 214) ; *prime del monde* (Noël du Fail, I, 74) ; *en despetto de ce vieil pere* (Grev., *Les Esb.*, a. II, *A. th. fr.*, IV, 259), *son pere hayssoit tous ces Indalgos Bourrachous* (Rab., I, 33).

1° *EXPRESSIONS FAITES DE MOTS FRANÇAIS, MAIS RAPPROCHÉS SUIVANT UN MODÈLE ITALIEN OU ESPAGNOL.* — Brantôme dit de la sorte *voir dire* pour *ouïr dire*, et nous savons par H. Estienne que plusieurs Italiens disaient *veder la messa* (*Dial.*, II, 160). Comparez *estre en ceruelle*, Brant., IV, 221 (= ital. *stare in ceruello*). H. Estienne a poursuivi de ses moqueries un très grand nombre de ces phrases, imagées ou non : *Cela sera pour me faire entrer au paradis de mes desirs, il parle diuinement bien, il a le diable au dos*, etc. [1].

Se mettre en mire est de la même façon construit sur l'espagnol *estar a la mira* (Brant., VII, 65) [2].

2° *MOTS INFLUENCÉS DANS LEUR FORME.* — *a.* Par l'italien : *balzan* (refait sur *balzano*), v. fr. *baucent*, Ol. de Serres, IV, 10, H. D. T. ; *canaille* (*canaglia*), v. fr. *chiennaille*, Rob. Est., 1539 ; l'*Amad.*, f° XX v° ; le prend peut-être à l'esp. *canalla, cattif* (*cattiuo*), fr. pop. *chetif*, H. E., *Dial.*, I, 39 ; Brant., I, 69 ; *caualerie* (*caualleria*), v. fr. *cheualerie*, H. Est., *Dial.*, I, 26, 110, 292 ; La Boëtie, 172, L. ; *courtesie* (*cortesia*), fr. *courtoisie*, H. Est., I, 43 [3] ; *escars* (*scarso*), fr. *eschars*, Brant., VIII, 23 ; *fauoregger* (*fauoreggiare*), fr. *fauoriser*, H. Est., *Dial.*, I, 4 ; *ghirlande* (*ghirlanda*), v. fr. *garlande*, Rons., I, 54, M.-L. ; *inamouré* (*innamorato*), fr. *enamouré*, H. Est., *Dial.*, I, 45 ; *misser* (*messere*), fr. *messire*, Des Per., *J. Deuis*, XXIV, II, 110 ; *past* (*pasto*), fr. *past* prononcé *pât* [4], Est., *Dial.*, I, 3 ; Brant., VI, 338 ; *ragioner* (*ragionare*), fr. *raisonner*, H. Est., *Dial.*, I, 3, 47 ; *tramontane* (*tramontana*), v. fr. *tremontane*, Du Bel., I, 235, M.-L.

b. Par l'espagnol : *conquister* (refait sur *conquistar*), fr. *conquester*, Brant., I, 202 ; *galardon* (*galardon*), fr. *guerdon, guerredon*, Brant., *Dam. gal.*, 1er Disc., G. ; *guiterre* (*guitarra*) « qu'on souloit nommer *guiterne* », N. du Fail, I, 128.

3° *MOTS INFLUENCÉS DANS LEUR SENS.* — *a.* Par l'italien : *creature* (d'après *creatura*) = homme soutenu, « auancé en bien » par un autre, H. Est., *Dial.*, II, 103 ; *creé* (*creato*) = discipliné, élevé, Brant., III, 145 ; *se demander* (*domandarsi*) = se nommer, Des Per., *J. Deuis*, XXII, II, 99 ; *degouster* (*digustare*) = goûter, Brant., IX, 492 ; *fermer* (*fermare*) = s'arrester, H. Est., *Dial.*,

1. A relever celle-ci : « Ie me pris a fantasier en mon lict et mouuoir la roue de ma memoire » (H. Est., *Dial.*, II, 116). Elle est textuellement au début du *Champfleury* de Tory. Voir les *Dialogues*, II, *passim*.

2. Dans le même ordre d'idées, il faut ajouter que l'influence italienne ou espagnole rend l'emploi de certains mots plus fréquents ; témoin : *seigneurie*, *baiser la main*, qui se retrouvent à chaque instant dans les compliments des courtisans.

3. A vrai dire, il ne s'agit ici que d'une prononciation « courtoise » de *oi*. V. à la Phonétique.

4. Rabelais emploie *past* (I, 81). Est-ce la forme italienne ou la française ?

I, 45. cf. God.; *forestier* (*forestiere*) = étranger, Id., *ib.*, I, 67, 96; cf. God.; *liurer* (*liurare*) = delivrer, Brant., II, 176; *manche* (*mancia*) = pourboire, Rabel., III, 38, J.; *passager* (*passagiere*) = passeur, Du Bel., III, 48 L.; Brant., VI, 118.

b. Par l'espagnol : *brauesse* (d'après *braueza*, furie, témérité[1], Brant., II, 380; *muscle* (*muslo*) = cuisse, Id., I, 236; *romance* (*romance*) = chanson populaire, Id., VII, 162[2].

4° *MOTS EMPRUNTÉS DIRECTEMENT*[3].— *a*) Italiens[4] : *accort* = *accorto* (avisé), Baïf, IV, 96, M.-L.; cf. Pasq., *Rech.*, VIII, 3; H. Est., *Dial.*, I, 36, 110; *accortesse* = *accortezza*, Jod., 78, M.-L.; *adoulorer* (s') = *addolorare*, Brant., IX, 573; *altesse* = *altezza*, Rons., VII, 322, H. D. T.; *arcade* = *arcata*, Dorat, 23, M.-L.; (*h*)*arquebuzade* = *archibusata*, Belleau, II, 428, M.-L.; *artisan* = *artigiano*, Rab., III, 1, H. D. T.; *assacin* = *assassino*, H. Est., *Apol.*, I, 353; *bagatelle* = *bagatella*, Cotgr., *Dict.*; *baguette* = *bacchetta*, Mont., III, 284, L.; *balcon* = *balcone*, Ph. Delorme, *Arch.*, VIII, 20, H. D. T.; *baldachin* (baldaquin) = *baldacchino*, Rab., IV, 31, H. D. T.; *bancque* = *banca*, Rab., VI, 23, J.; *bancqueroupte* = *banca rotta*, Cord., *Corr. serm. em.*, 193 A.; *barizel* = *barigello* (offic. de police), Brant., III, 43; *barque* = *barca*, J. Le Maire, H. D. T.; *baster* = *bastare* (suffire), Rab., III, 17, H. D. T.; Noël du Fail, I, 105 (cf. Est., *Dial.*, I, 3, 23, 49, 52); *batifoler*, de *battifolle*, Baïf, *Mimes*, H. D. T.; *becarre* = *bequadro*, Rab., III, 38, H. D. T.; *beluedere* = *beluedere*, J. Le Maire, H. D. T.; *bidet* = *bidetto* (pistolet de poche), Paré, IX, préf., H. D. T.; *blanque* = *bianca*, Montaiglon, *Anc. poés. fr.*, III, 274, H. D. T.; Brant., IX, 222; *bosquet* = *boschetto*, R. Est., 1549, H. D. T.; *boucon* = *boccone* (morceau), Marot, V, 70; Brant., III, 245; *bouffon* = *buffone*, Marot, IV, 165, L.; H. Est., *Dial.*, I, 71, 81; Jod., II, 210, M.-L.; *bourrache*

1. L'espagnol et l'italien concourent à donner au mot *braue* deux sens différents : joli, vaillant.

2. Le latin agit de son côté sur certains mots romans; ainsi *cameriste*, venu de l'espagnol *camarista*, qui signifie ordinairement *camarade*, subit l'influence de *camera* = *chambre*.

3. Voir un catalogue des mots italiens empruntés, dressé d'après les Dictionnaires modernes, Littré, Darmesteter-Hatzfeld-Thomas, etc., sous le titre de *Die italienischen Lehnworte in der neufranzoesischen Schriftsprache* (*seit dem 16ten Jahrhundert*), Diss. de Kiel, 1901, par G. Kohlmann. Elle ajoute peu de chose à la liste de mots donnée dans le Traité qui suit H. D. T., p. 22 et suiv.

4. Le XIVe siècle avait déjà quelques mots italiens : *bandiere*, *brigade*, etc. Le XVe en a sensiblement plus : *qualibre*, 1478, Delboulle, H. D. T.; cf. Est., *Dial.*, I, 56; *concet* = *concetto*, *Ev. des Quen.*, H. D. T.; *citadin* = *cittadino*, Perceforest, IV, 3, L.; *estrade*, Monstrel. *Chron.*, 270, H. D. T.; cf. Est., *Dial.*, I, 63, 64; *poste* = *posta* (guise), 1417, *Ordon.*, X, 427, G.; cf. Est., *Dial.*, I, 66; *vsance* = *usanza*, Comm., II, 7, L.; cf. Est., *Dial.*, I, 24, 44; Noël du Fail, I, 135.

(*bourrasque*) = *burrasca*, Rem. Bel., II, 252, H. D. T.; *brauade* = *brauata*, Noël du Fail, I, 81; *braue* = *brauo* (joli), Des Per., *Poés.*, 58; *brauigant* = *braueggiante*, Brant., VII, 213; *brusq* = *brusco*, Rab., V, 116, J.; *buffe* = *buffa* (haut de la visière), Brant., III, 137; *bulletin* = *bullettino*, Marg. de Val., *Heptam.*, 12, H. D. T; *burler* (se) = *burlarsi*, H. Est., *Dial.*, I, 4, 206; *burlesque* = *burlesco*, *Ménippée*, I, 256, H. D. T.; *busc* = *busco*, Montaigl., *Anc. poés. fr.*, XIII, 50, H. D. T., Noël du Fail, I, 62; *cabinet* = *cabinetto*, texte de 1528 dans Gay, *Gloss. arch.*, H. D. T.; *cabriole* = *capriola*, Mont., I, 25, H. D. T.; *cabron* = *cabrone* (ou espagnol *cabron?* peau de bouc), Brant., VI, 156; *cadence* = *cadentia*, Guill. Michel, 1549, H. D. T.; Dorat, 54, M.-L.; *cadene* = *catena* (ou espagnol *cadena?*), Jodel., II, 48, M.-L.; *cadre* = *quadro*, Rab., *Sciomach.*, H. D. T.; *caisson* = *cassone*, M. du Bellay, *Mem.*, 9, *ibid.*; *calçons* = *calzoni*, Est., *Dial.*, I, 184; *calepin* = *calepino*, Mont., l. III, ch. 13, t. VII, p. 10; *camisade* = *camiciata*, Rab., IV, 32, H. D. T.; *camisole* = *camiciola*, texte de 1547 dans Gay, *Gloss. arch.*, *ibid.*; *camp* = *campo*, Marot, *Epitr.*, *ibid.*; *caporal* = *caporale*, Rab., IV, 64, *ibid.*; *caprice* = *cappriccio*, H. Est., *Dial.*, I, 50, 139, Brant., IX, 186; *carcasse* = *carcassa*, Rons., *Odes*, II, 17, H. D. T.; *caresse* = *carezza*, Rob. Est., 1549, *ibid.*; *carnaual* = *carneuale*, Mel. de Saint-Gelais, II, 221, H. D. T.; *carolle* = *carola*, Rab., 202, J.; *carriere* = *carriera*, Amyot, *Philop.*, 21, H. D. T.; *carrosse* = *carrozza*, texte de 1574, Gay, *Gloss.*, *ibid.*; *cartel* = *cartello*, Carloix, VIII, 20, *ibid.*; *cartiger* = *carteggiare* (manier des cartes, des livres), Brant., V, 155; *cartouche* = *cartoccio*, Id., VI, 15, *ibid.*; *casemate* = *casamatta*, Rab., III, Prol., *ibid.*; *charlatan* = *ciarlatano*, Jodelle, II, 196, M.-L.; H. Est., *Dial.*, I, 71, 78, 81; *circonder* = *circondare*, Montluc, II, 450; *concert* = *concerto*, Pasq., *Rech.*, VIII, 3, H. D. T.; *concet* = *concetto* (s'il est licite d'vser de ce mot), H. Est., *Dial.*, I, 56; *contraste* = *contrasto*, Mont., II, 3, p. 28; *courtisane* = *cortigiana*, H. Est., *Dial.*, I, 91, 230; Du Bel., II, 374, M.-L.; *cuyrassine* = *corazzina*, Brant., VI, 327; *debolezze* = *debolezza*, Id., IX, 22; *descalse* = *discalzo* (déchaussé), Id., X, 91; *disgrace* = *disgratia*, 1564, Thierry, *Dict.*, H. D. T.; cf. Est., *Dial.*, I, 151; *disgracier* = *disgratiare*, Guéroult, *Chron. d. emp.*, H. D. T; cf. Est. *Dial.*, I, 150; *done* = *donna*, Marot, I, 183; Noël du Fail, I, 50; *douche* = *doccia*, Mont., *Voyage*, G. Suppl[t], H. D. T.; *duellant* = *duellante*, Brant., VI, 303; *embarrasser* = *imbarazzare*, Mont., I, 9, *ibid.*; *embuscade* = *imboscata*, Rob. Est., 1549, *ibid.*; *s'enamouracher* = *innamoracciarsi*, Brant., IX, 577; *s'encapricer* = *incappricciarsi*, Id., III, 12; *esbarbat* = *sbarbato* (imberbe), Id., I, 241; *escadron* = *squadrone*, J. Marot, *Voy. de Gênes*, H. D. T.; *escalade* = *scalata*, Haton, *Mém.* 1569, *ibid.* (en v. fr. *eschiele*, J. Chart., I, 80); *escapade* = *scappata*, Mont., III, 9, H. D. T.; *escarcelle* = *scarsella*, H. Est., *Apol.*, II, 230, *ibid.*; *escarpe* = *scarpa*, Le Plessis, *Eth. d'Arist.*, *ibid.*; *escorne* = *scorno*, Brant., I, 283; cf. H. Est., *Dial.*, I, 48, 136; II, 169; *escorte* = *scorta*, M. Scève, God. Complt, H. D. T.; cf. Est., *Dial.*, I, 60; *espalier* = *spalliere*, O. de Serres, VI, 20, H. D. T.; *estacade* = *steccata*, Mont., III, 4, *ibid.*; *estafier* = *staffiere*, Baïf, V, 114, M.-L. (ce mot est blâmé par Mathieu en 1572, *Deuis*, 29 r°; cf. Est., *Dial.*, I, 23); *estaphilade* = *staffilata*, Jod., I, 72, M.-L.; H. Est., *Dial.*, II, 262; *estocade* = *stoccata*, Noël du Fail, I, 116; *estrette* = *stretta*, Brant., II, 259; Mont., l. I, ch. 42; *extrapontin* = *strapontino*, Brant., V, 234; *façade* = *facciata*, Ph. Delorme, G. Complt., H. D. T.; *faïence* = *faënza*, *Journal* de l'Estoile, G. Complt, *ibid.*; *fantassin* = *fantaccino*, H. Est., *Nouv. lang.*, I, 344, *ibid.*; *fantesque* = *fantesca* (servante), Brant., IX, 261; *festin* = *festino*, Rab., I, LI, et Rob. Est., *Dictionaire*, 1549, H. D. T.; *filtre* = *filtro*, Paré, XXVI, 10, *ibid.*; *forçat* = *forzato*, 1548, *Ordon.* L.; *forfanterie* = *furfanteria*, Paré, XIX, 32, H. D. T.; cf. Livet, *Dict. de Molière*; *fougue* = *foga*, Mont., I, 48, H. D. T.; *fregate* = *fregata*, Rab., V, 53, J.; *fruste* = *frusto*, Rons., VI, 411, M.-L.; *gabion* = *gabbione*, Montaigl., *Anc. poés. fr.*, IV, 62, H. D. T.; *gallere* = *galera*, Seyssel, H. D. T.; *garbe* = *garbo*, Rons., III, 227, M.-L.; cf. Est., *Dial.*, I, 3, 34, 49; Brant., VI, 212; *gazette* = *gazzetta*, d'Aub., *Epigr.*, *ibid.*; *goffe* = *goffo* (balourd), H. Est., *Dial.*, I, 36; *gondole* = *gondola*, Rab., *Sciomach.*, H. D. T.; *grabuge*, *garbuge* = *garbuglio*, Chol., *Ap. din.*, 74, *ibid.*; *hostiere* = *osteria*? Rab., I, 8, J.; Brant., IX, 82; *imperier* = *imperiare* (emperler), Brant., II, 39; *improuiste* (à l') = *all' improuuista*, Rab., V, 20, H. D. T.; cf. Est., II, 259; *infanterie* = *infanteria*, Rons., VI, 340, M.-L., Noël du Fail, II, 100; cf. Est., *Dial.*, I, 292; J. d'Auton le francisait en *enfenterye*, IV, 99; *inganné* = *ingannato*, Brant., II, 228; *intrade* = *intrata*, Id., V, 161; *iouanotte* = *giouanetta*, Id., IX, 262; *leggiadre* = *leggiadro*, Bugn., *Er.*, 55; cf. Est., I, 49; *leste* = *lesto*, H. Est., *Dial.*, I, 49, 99; *madrigale*, St-Gel., I, 238; *mat* = *matto* (fou), Rab., III, 126, J.; *matacin* = *mattacino*, Bouchet, *Serées*, I. L.; *menestre* = *menestra*, Belon, *Singular.*, I, 52, G.; cf. Est., *Dial.*,

I, 61, 101 ; *mercadant* = *mercatante*, Du Bel., II, 254, M.-L. ; cf. Est., *Dial.*, I, 46 ; *mercadence* = *mercatantia*, Mont., l. III, ch. 6, t. VI, p. 63 ; *modele* = *modello*, Rons., 287, L. ; *mouchulz* = *moschetti*, *J. B. P.*, 359 ; *mousquette* = *moschetto* (mousquet), Rons., V, 32, 270, M.-L. ; *nunce* = *nuntio*, Brant., IV, 294 ; *palemaille* = *palamaglio* (jeu), Rab., IV, 30, éd. 1553 ; *parapet* = *parapetto*, *Nouv. coutum. gén.*, I, 1114, L. ; H. Est., *Prec.*, 351 ; *pardonnance* = *perdonanza?* Du Bel., II, 223, M.-L. ; *parte* = *parte*, Brant., I, 347 ; *passager* = *passeggiare*, Du Bel., II, 391, M.-L. ; *pauzade* = *posata*, Rons., V, 74, *ibid.* ; *pedante* = *pedante*, Du Bel., II, 199, *ibid.* ; cf. Scal., *Let.*, p. 82, et H. Est., *Dial.*, I, 47, 58, 101 ; *pedanterie* = *pedantèria*, Id., *ibid.*, I, 10 ; Jod., II, 319, M.-L. ; *pedantesque* = *pedantesco*, Jod., II, 139, *ibid.* ; *pennache* = *pennacchio*, Rab., VI, 32, 35, J. ; *pianelle* = *pianella* (mule, pantoufle), Baïf, IV, 193, M.-L. ; *piller* = *pigliare* (prendre), Rons., I, 101, *ibid.* ; *pilot* = *piloto*, B. Aneau, *Lyon march.*, A. VIII, v° ; *poltron* = *poltrone*, Du Bel., VI, 18 v° ; cf. H. Est., *Dial.*, I, 93, 101 ; *procache* = *procaccio* (messager), Brant., VII, 187 ; *recamé* = *riccamato* (brodé), Rab., VI, 32, J. ; *reussir* = *riuscire*, H. Est., *Dial.*, I, 144 ; *risque* = *rischio*, Id., *ibid.*, I, 145 ; *salsifis* = *sassefrica*, O. de Serres, 531, L. ; *sbire* = *sbirro*, Rab., III, 102, J. ; Du Bel., II, 389 et 562, M.-L. ; *soldat* = *soldato*, St-Gel., I, 216 ; Du Bel., II, 40, M.-L. [1] ; *sonnet* = *sonnetto*, Id., *ibid.*, I, 145 ; *spadassin* = *spadaccino*, Rab., I, 115, J. (nom propre) ; H. Est., *Dial.*, I, 46 ; *stanse* = *stanza*, H. Est., *Dial.*, I, 3, 45 ; *strambot* = *strambotto*, La Tayssonnière [2] ; *tortycolly* = *torcicolli*, Rab., II, 157, J. ; *tradiment* = *tradimento*, Du Bel., II, 93, M.-L ; *traditeur* = *traditore*, Du Bel., I, 14 et 478, note 11, *ibid.* ; *valise* = *valigia* (esp. *balija*), Du Bell., *Regrets*, son. CXXII ; cf. Mathieu, *Deuis*, 1572, 29 r° ; *vicinance* = *vicinanza*, Brant., IV, 69 ; *volte* = *volta*, H. Est., *Dial.*, I, 38 (déjà dans Brun. Lat.) [3].

1. Il est à noter qu'on trouve une forme *souldat* qui pourrait être *soudart*, dont *r* serait tombée (*Amad.*, l. I, f° XX v°, cf. plus loin, au chapitre de la Phonétique).

2. La Tayssonière écrit de ces sortes de poèmes, en « laissant au lecteur de les nommer autrement s'il lui plaist ».

3. Henri Estienne en cite beaucoup d'autres : *acconche* (= *acconcio*), *Dial.*, I, 45 ; *amoreuolesse* (= *amoreuolezza*), *ibid.*, II, 1 ; *balorderie* (= *balordia*) ; *ibid.*, I, 3, 332 ; II, 245 ; *bugie* (= *bugia*), *ibid.*, II, 277 ; *callizelles* (= *caleselle*), *ibid.*, I, 46 ; *capité* (= *capitato*), *ibid.*, I, 4, 113 ; *contrade* (= *contrada*), *ibid.*, I, 45 ; *discoste* (= *discosto*), *ibid.*, I, 45 ; Cf. Brant., IV, 134 ; *dismentiguer* (= *dismenticare*), *ibid.*, I, 100, 118 ; *disturbe* (= *disturbo*), *ibid.*, I, 47 ; *domestichesse* (= *domestichezza*), *ibid.*, I, 4 ; *ferité* (= *ferità*), *ibid.*, I, 35 ; *fogge* (= *foggia*), *ibid.*, I, 54, 108 ; II, 245 ; *forfant* (= *furfante*), *ibid.*, I, 101 ; *gofferie* (= *gofferia*), *ibid.*, I, 3 ; II, 245 ; *s'imbater* (= *imbattersi*), *ibid.*, I, 34, 47, 112 ; *imbratter* (= *imbrattare*), *ibid.*, I, 51 ; *imparer*

b) Espagnols : *algarade* = *algarada*, Bon. des Per., *Nouv.*, 127 ; Grev., *Les Esb.*, a. III, *A. th. fr.*, IV, 270 ; *bandolier* = *bandolero*, Bon. des Pér. *Nouv.*, 84, H. D. T. ; *bandouliere* = *bandolera*, 1586, Delb. dans H. D. T. ; *bastonnade* = *bastonada*, 1512, Thénaud, H. D. T. ; *berne* = *bernia*, Rab., I, 188, J. ; *bisongne* = *bisoño* (recrue), Brant., II, 385 ; *Sat. Men.*, Har. de d'Aubray ; *bizarre* = *bizarro*, H. Est., *Dial.*, I, 145 ; Brant., I, 179 (qui a triomphé de *bigearre*, St-Gel., I, 139 ; Des Per., *Contes*, XXXV) ; *brac* = *braco* (camus), Brant., V, 136 ; *camarade* = *camarada*, Carl., VI, 46 ; *casque* = *casco*, Gay, *Gloss.* ; *cassolette* = *cazoleta*, 1529, Id., *ibid.* ; *caualcadour* = *caualgador* ? Rons., IV, 293, M.-L. ; *centille* = *centella* (flammèche), Brant., VIII, 175 ; *depositer* = *depositar*, Brant., VII, 233 ; *desaffit* = *desafio*, Id., VII, 47 ; *diane* = *diana*, Rons., *El.*, 28, H. D. T. ; *enfrasquer* = *enfrascar*, Mont., l. III, ch. 13, t. VII, p. 5 ; *escamoter* = *escamotar*, Boaystuau, *Th. du Monde*, *ibid.* ; *escoutille* = *escotilla*, Rab., IV, 63, H. D. T. ; *fanfaron* = *fanfarron*, Reg., *Sat.* 8 ; *habler* = *hablar*, De Changy, H. D. T. ; Brant., IX, 717 ; *indalgo* = *hidalgo*, Rab., I, 8, H. D. T. ; *manople* = *manopla*, *Myst. de S. Did.*, 104, G. ; Vigen., *Com. de César*, *ibid.* ; *mascarade* = *mascarada*, Jod. II, 299, M.-L. ; *mascharé* = *mascarado*, Pont. de Ty., 203, *ibid.* ; *mochache* = *muchacho*, Brant., I, 32 ; *monine* = *monina* (guenon), Brant., VI, 197 ; *morrion* = *morrion*, *Ordce du 12 déc. 1553*, L. ; Baïf, IV, 155, M.-L. ; *mousse* = *mozo*, Rab., IV, 46, H. D. T. ; *nombrer* = *nombrar* (nommer), Brant., IV, 6 ; *picoree* = *pecorea*, Scaliger, *Let.*, 118 ; Cayet, *Chron. sept.*, 69, 1 ; *retirade* = *retirada* (retraite), Brant., III, 62 ; *soldade* (à la) = *a la soldada*, Brant., I, 208 ; *terze* = *tercio* (régiment), Id., I, 21 ; *torion* = *torreon* (grosse tour), Id., III, 261 ; *vasquine* = *basquina* (jupe), Rab., I, 56, H. D. T. ; Rons., III, 357, M.-L. ; *veillaquerie* = *vellaqueria*

(= *imparare*), *ibid.*, I, 35 ; (*il m'*) *incresce* (= *increscere*), *ibid.*, I, 46 ; *indugier* (= *indugiare*), *ibid.*, I, 4 ; *s'inganner* (= *ingannarsi*), *ibid.*, I, 4, 35 ; II, 258 ; *leggiadresse* (= *leggiadria*), *ibid.*, II, 245 ; *mariol* (= *marinolo*), *ibid.*, I, 101 ; *mescoler* (= *mescolare*), *ibid.*, I, 34 ; *noye* (= *noia*), *ibid.*, I, 112 ; *poignelade* (= *pugnalata*), *ibid.*, I, 35 ; *pugnade* est gascon ; *ragionner* (= *ragionare*), *ibid.*, I, 3, 47 ; *rinfresquer* (= *rinfrescare*), *ibid.*, I, 4 ; *ringratier* = (*ringratiare*), *ibid.*, I, 44 ; *riposte* (= *riposta*), *ibid.*, I, 44 ; *saluatichesse* (= *saluatichezza*), *ibid.*, I, 4 ; *sbigottit* (= *sbigottito*), *ibid.*, I, 3, 4, 100, 118 ; *sgarbatement* (= *sgarbatamente*), *ibid.*, I, 3 ; *signalé* (= *segnalato*), *ibid.*, I, 101. Cf. Lanoue, dans Littré ; *spaceger* (= *spasseggiare*), *ibid.*, I, 3, 44 ; *spurquesse* (= *sporchezza*), *ibid.*, I, 51 ; *stenter* (= *stentare*), *ibid.*, I, 147 ; II, 1, 277, 279 ; *strane* (= *s ano*), *ibid.*, I, 3 ; II, 2 ; *straque* (= *stracco*), *ibid.*, I, 44, 45, 112 ; *soglie* (= *voglia*), *ibid.*, I, 4.

(coquinerie), Brant., VII, 16 ; *verdugade* = *verdugado*, Rons., I, 30; Baïf, I, 169; Bell., II, 366, M.-L.[1].

5° *MOTS FORMÉS A L'AIDE DE SUFFIXES ÉTRANGERS.* — Il est difficile de savoir dans quelle mesure l'italien, l'espagnol et le provençal ont contribué à répandre en français le suffixe *ade*, qui leur appartient sous les formes *ata* et *ada*, et qui correspond au suffixe français *ée*. Il avait fait son entrée dans la langue d'oui dès le XIVe siècle, dans des mots comme *ambassade;* depuis lors on n'avait cessé d'en emprunter de ce type; au XVIe siècle encore: *egarade* (*a l'*), Jod., *Eug.*, V, sc. 1, *A. th. fr.*, IV, 66; *feuillade*, Mar., II, 90 ; *harpade* (gascon *harpada*), Mont., l. II, ch. 37, *onglade* (ital. : *unghiata*), Bel., I, 70. M.-L., viennent, en compagnie de beaucoup d'autres, des trois sources indiquées. Rendu ainsi familier aux oreilles françaises, ce suffixe devient français dans le cours du XVIe siècle et s'ajoute à des radicaux français, d'où *flechade* (Brant., IV, 153) ; *œillade* (Tyard, 179, M.-L.) ; *secouade* (Noël du Fail, II, 22), et une foule d'autres[2]. Roger de Collerye s'est amusé à accumuler ces mots en *ade* (p. 75) :

Sans faire aucuns tours ni virades,
Mais le mien, sans le reclamer,
Hucher, appeler ou clamer,
Se rend prompt et pres aux estrades,
Œillades, guignades, voustades,
Aubades, fringades, bringades,
Passades, poussades, gambades,
Se font pour acquerir ma grace.

Marot avait déjà donné l'exemple dans une de ses *Épitaphes* (II, 218).

Esque commence à ce moment la même histoire : il s'introduit d'Italie en France à la suite de mots comme *arabesque*, Bart. An., 1555, *Thresor d'Euonime Philiastre*, H. D. T.; *barbaresque*, Mont., l. I, ch. 15, t. I, p. 94; *bateleresque*, Id., l. II, ch. 12, t. IV, p. 113 ; *grotesque*, texte dans Gay, *Gloss. arch.*, H. D. T. ; *romanesque*, Du Bel., *Œuv. chois.*, p. 231; *turquesque*, Noël du Fail,

1. L'espagnol avait fourni antérieurement un certain nombre de mots : *caban* = *gaban*, 1448, Gay, *Gloss. arch.*, H. D. T. ; *caparaçon* = *caparaçon*, 1498, God. Suppl. ; *mantelline* = *mantellina*. Commynes, *Mém.*, I, 8, G. ; *meschite* = *mezquita* (mosquée, J. Lelong, J. Le Fevre, *La Vieille*, G. ; *salade* = *celada* (casque), Commynes, II, 12, L. ; *soubresaut* = *sobresalto*, Bouciq., I, 6, L.

2. Il est à noter que Ronsard croit encore utile de supprimer de ses premiers vers *tirade*, qu'il avait pris à l'italien *tirata* (*Am.*, I, 53, M.-L.). Il ne considère donc pas semble-t-il, *ade* comme apte à faire un substantif du mot français *tirer*.

II, 34. Mais ce n'est que plus tard que le suffixe se détachera de ces mots pour en former de tout français.

6° *L'INFLUENCE SUR LA GRAMMAIRE.* — Elle a été, quoi qu'on en ait dit, extrêmement faible. En ce qui concerne la prononciation, Thurot doute avec grande raison que de petits groupes de courtisans aient eu un rôle sérieux dans la transformation du son *oe* (*oi*) en *e*. Il est incontestable, Estienne le montre assez, qu'ils le faisaient entendre de la sorte, mais quelle action ont-ils pu exercer sur le développement phonétique général ? Ils ont dit aussi *piasir* et *piume*, l'*l* du groupe *pl* ne s'est pas pour cela réduite à l'*i* italien.

Je ne crois pas non plus à certaines transformations de la syntaxe. Que le développement du réfléchi pour le passif ait été accéléré par l'influence de langues comme l'espagnol et l'italien, qui en font si grand usage, cela se peut : mais il avait commencé longtemps auparavant, sans aucune influence étrangère [1].

Pour les formes, c'est surtout dans l'introduction des superlatifs italiens en *issime* que je reconnaîtrais l'influence de la grammaire italienne [2].

II. — LE FONDS SAVANT : LE GREC ET LE LATIN DANS LA LANGUE SCIENTIFIQUE

Quoique les écrivains scientifiques se soient fort exagéré l'indigence du français en termes techniques, il est certain qu'ils se sont trouvés en présence de difficultés réelles d'expression. Or le moyen le plus simple de satisfaire à leurs besoins, c'était de prendre les mots tout faits, là où ils étaient, c'est-à-dire dans les langues anciennes ; Du Bellay [3] leur donnait formellement le conseil de ne

1. Estienne signale d'autres tours italiens : le singulier pour le pluriel : *lauer la main*, II, 156, etc.

2. Je n'ai rien à ajouter aux listes données par le Dictionnaire général pour les mots empruntés aux autres langues : anglais, allemand, etc. (Voir *Traité de la form.*, 16 et suiv.). On y verra que seul l'allemand a fourni vraiment quelque chose, une trentaine de mots. Il en est du reste, parmi eux, qui ont fait fortune : *biere*, *cauchemar*, *espiegle*, *halte*, *huguenot*, *hutte*, *reitre*, *rosse*, *trinquer*, *troler*.

3. « Et ne les doit retarder (les fidèles traducteurs), s'ilz rencontrent quelquefois des motz, qui ne peuuent estre receus en la famille Françoyse : veu que les Latins ne se sont point eforcez de traduyre tous les vocables Grecz, comme *rhetorique*, *musique*, *arithmetique*, *geometrie*, *phylosophie*, et quasi tous les noms des sciences, les noms des figures, des herbes, des maladies, la sphere, et ses parties, et generallement la plus grand'part des termes vsitez aux sciences naturelles, et mathematiques. Ces mots la doncques seront en nostre Langue comme etrangers en vne Cité : auxquelz toutesfois les Periphrazes seruiront de truchementz » (*Def.*, p. 80, Pers.). Voyez Peletier du Mans, *Arithmetique*, Lyon, J. de Tournes, 1570, p. 142, Proëme du 3ᵉ livre.

pas se contraindre et d'user d'une pleine liberté, comme avaient fait les Latins.

Il y avait cependant une autre méthode, et la langue actuelle des mathématiques, où se rencontrent des mots à la fois aussi précis et aussi français que *masse* et *pesanteur*, montre qu'elle pouvait être féconde : c'était celle qui consistait à recueillir les termes de la langue usuelle, à leur donner par définition, quand il en était besoin, un sens déterminé, puis, quand il fallait créer, à s'adresser aux radicaux français et aux procédés français de formation. Pour donner un seul exemple : *estance*, qui serait aujourd'hui *étance*, et qui a été essayé au XVIe siècle, valait mieux que *entité*.

Cette méthode a trouvé son théoricien, malheureusement dans la personne d'un homme tout à fait inférieur, d'esprit changeant, d'intelligence médiocre, de style diffus : Abel Mathieu, de Chartres. Mathieu est l'Henri Estienne du latinisme. Je passe sur ses colères, je dois dire un mot de son système [1].

« Aucuns, dit-il en substance (f° 9), ont opinion... que le dommaine de la langue Françoise prend accroissement, authorité et grandeur, quād on y ioinct plusieurs parolles de langues estrangieres... de sorte, qu'ils s'efforcent de iour en iour de produire, et monstrer a la multitude sans lettres, les mots purement Grecs, et purement Latins. Ils iugent que pour tel moyen et effort leur composition est prisee, qu'elle est la bienvenuë suffisante pour leur acquerir loz de scauoir et loyer d'immortalité... Mais en premier lieu : l'augmentation de patrimoine ne doibt pas estre faite par rapine, autrement il faudroit remettre et restituer. Et de telle augmentation, auant qu'elle fust iuste et valable, il conuiendroit aduertir le peuple, et prendre la forme du temps et d'vsage. D'auantage l'augmentation ou adionction d'vne chose a l'autre doit estre de mesme parure, de mesme forme et nature. Car le bigarrement et la contrarieté des choses engendrent laydure... L'escriture [2] semble layde et desnouee : quant elle consiste de purs mots François en partie, et de mots purs Grecs, Latins, ou d'autres estrangers en partie... Secondement la richesse ne peut venir vn iour : Au moins l'homme qui est iuste, n'est pas incontinent deuenu riche,

1. Voir *Deuis de la langue francoise, fort exquis, et singulier*, faict et composé par A. M. sieur des Moystardieres ; Paris, Vve Richard Breton, 1572. A. P. Dans mes citations, les numéros sans autre renvoi se réfèrent à cet ouvrage.

2. On notera ce mot *écriture*, que plusieurs, de nos jours, emploient dans ce sens, croyant y trouver un néologisme élégant. Il est très fréquent dans Mathieu. M. Marty-Laveaux le signale dans Ronsard (VI, 312 de son édition).

disoit Menander. Vn mot pareillement esclos d'vn jour, ne prend pas force du temps, ne d'vsage, pour voler bien loing. Semblablement on ne peult amasser des mots... Que si les seigneurs des mots venoient a demander iceulx, outre la honte qu'on auroit a les rendre, la langue Françoise demouroit pauure, chetifue et toute nuë... Parmy ceste trouppe, il y en a des fins et rusés : lesquels defigurent les mots, ou les mutilent, et decouppent, ou les retournent, pour les faire entrer en leurs liaysons et clostures. Iceulx ressemblent aux mal prenans du bien d'autruy : lesquels ont accoustumé d'oster ou de changer la marque de la chose mal prise. Mais pour cela le meffaict n'est pas moindre...

« L'escriture Françoise doibt estre populaire, et facile a lire... Que si la multitude trouue les liaisons, et les clostures de l'escriture obscures, et les mots nouueaux, et estrangers... elle faschee reboutte le liure... et le iette derriere vn coffre ou dessus vn vieil aiz... Au regard des gens doctes..... encore que la memoire des mots Grecs et Latins les chatouille aucunement..... toutes fois, ils ne s'amusent pas a lire telles escritures. Ilz ayment beaucoup myeulx puyser aux fontaines qu'aux ruisseaux... Ce n'est pas parler auecques Homere, quand on parle auecques Hessus, ou auecques Salel, ses truchemens es deux langues » (12 r°).

Dans sa jeunesse, quelque offusqué qu'il fût par des discours comme ceux de Nic. de Herberay des Essarts, et par ses mots estranges « dont le son estoit plus desplaisant a ses oreilles, que n'eust esté le son d'vne cloche cassée » (14 r°), Mathieu avait, à l'exemple de Du Bellay, fait quelques concessions; il admettait qu'on appropriât ces mots en les soumettant au goût du peuple, qui les ferait ensuite passer [1]. Mais le désordre jeté dans la langue par « ce million de termes » savants que chaque jour voyait introduire, en particulier par l'indiscrétion des médecins (8 r°), l'avait conduit à poser pour les diverses disciplines des règles aussi strictes que pour le langage commun. Il faut, a-t-il dit, qu'elles deviennent françaises des pieds à la tête (8 v°). Et, pour donner l'exemple, il commence par abolir leurs noms savants : il demande que « l'autheur escriue en François de la maniere de mesurer la terre : de la cognoissance des estoilles : des figures : du poinct : de la ligne : du cercle : du coing : de la figure a trois, a quatre, ou a cinq coings : et d'autres semblables. En ce faisant : il parlera François : il amplifiera l'honneur de sa langue, et de son pays : et maintiendra les sentences et les grandeurs des disciplines en leur entier » (8 v°-9). Le sage

1. *Deuis*, 1560, p. 33 r°.

(lisez le philosophe) doit faire de Platon et d'Aristote des bourgeois de nos villes, qui n'aient plus « aucun traict de la Grece, sinon la face, c'est a dire la maiesté de sagesse » (8 r°) ; celui qui écrit de la divinité, entendez le théologien, doit se garder d'offrir les mots de ses écoles et de ses docteurs à la multitude, « sinon il perd la fin de son instruction et de son enseignement » (*ib.*). De grands exemples ont déjà montré comment on pouvait réussir « en espressurant les sentences de sa matiere » ; il suffit de rappeler Commines, Seyssel, Amyot surtout, dont la vertu singulière et désirable par dessus tout sait joindre « le langage du commun et la liaison du docte » (17 r°).

Et Mathieu, faisant un retour sur lui-même, se reproche d'avoir usé des mots d'*elegie*, d'*hymne*, qu'il remplace respectivement par *complainte*, *chant a Dieu ou aux choses sainctes* (33 v°). Ailleurs il raye *antichambre*, « ineptement composé quand on peut faire *auant chambre* et *contre chambre*, et vn million de semblables noms » (30 r°). Ce n'est donc pas, on le voit à ce dernier exemple, par la périphrase seule, vraiment trop insuffisante, que Mathieu entend remplacer les mots écorchés, mais par d'autres mots « purs françois », anciens et nouveaux. Il condamne à tort et à travers, il ne dégage pas la doctrine, mais, somme toute, il l'entrevoit, et c'est déjà un mérite.

Entre l'emprunt aux langues savantes, et l'utilisation des ressources propres du français, quelques-uns, pour divers motifs, choisirent avec Mathieu. En tête de la liste, il faudrait citer les traducteurs protestants de l'Écriture, Olivetan et Castellion. C'était pour eux une nécessité de faire tout comprendre, puisque là était la raison d'être de leurs versions. Olivetan a fait un effort véritable pour écarter ce latin « dont le françois est meslé », et il s'applique, sans y parvenir toujours, à user des mots du commun peuple, « encore qu'ils ne soyent gueres propres » [1].

Castellion est allé plus loin encore, traduisant tout, inventant, quand les mots vulgaires lui manquaient, des termes nouveaux, mais français ceux-là, dont il est obligé de donner la liste en appendice, ne craignant pas de parler de *rogner* les cœurs et d'appeler la *cène* du Seigneur un *souper* [2].

1. Voir *Apologie du translateur* : « Au surplus ay estudie tant qu'il ma este possible de madonner a vng commun patoys et plat langaige, fuyant toute affecterie de termes sauuaiges et emmasquez et non accoutumez, lesquelz sont escorchez du Latin. » D'après Garasse, *Rab. réformé*, 46-47, il en aurait été repris par les ministres eux-mêmes. Ce seraient des textes à retrouver.

2. Voyez la « Declaracion » de certains mots : « E pour cête cause, au lieu d'vser de mots grecs ou latins qui ne sont pas entendus du simple peuple, i'ai quelque fois

L'effort le plus remarquable que je puisse signaler en ce genre est celui de Du Perron dans son *Premier discours tenu a la table du Roy*, sorte de traité de philosophie mi-naturelle, mi-spéculative. Dans ce livre, presque illisible par endroits à force de barbarie dans la phrase [1], l'auteur a cependant peiné pour éviter d'écorcher les langues anciennes ; il emprunte bien quelquefois, et je trouve chez lui ces mots d'*objectif* et de *subjectif*, que la philosophie contemporaine a repris à l'Allemagne [2]. Mais en général il traduit les vocables latins de l'école par des équivalents français ou à peu près tels, qu'il cherche ou qu'il invente, si besoin est, autant que possible d'après l'analogie de la langue, en en définissant le sens en manchette. Il dira ainsi *accord de naturel* pour éviter *sympathie*, *differences auenantes* pour ne pas dire *accidentelles* (p. 139). Et il n'y a point de doute sur les motifs de sa réserve ; en rendant *alteritas* par *diuersité*, il ajoute : « ie ne l'ose autrement tourner, craignant la rudesse » (p. 21). Dans ce vocabulaire très curieux, je relève : *auenamment* = accidentaliter, p. 301 (*auenamment* dans la vieille langue signifie convenablement, gracieusement) ; des * *chacuns* [3] = individua, p. 83 ; * *aiance* = habitus, p. 9 ; * *contrassiegement* =

vsé des mots françois, quand i'en ai peu trouuer ; sinon, i'en ai forgé sur les François par necessité, e les ai forgés tels qu'on les pourra aisement entendre, quand on aura une fois oui que c'ét : comme seroit, es sacrifices, ce mot *brulage*, lequel mot i'ai mis au lieu de *holocauste*, sachant qu'vn idiot n'entend, ni ne peut de long tems entendre que veut dire *holocauste* : mais si on lui dit que *brulage* ét vn sacrifice, auquel on brusle ce qu'on sacrifie, il retiendra bientost ce mot, par la vertu du mot *brusler*, lequel il entend deia. Autant en dirai-ie de *flammage*, *deforfaire*, *volageur* e autres, dêquels vous trouuerés vn petit recueil a la fin de la Bible » (F. Buisson, *Seb. Castellion*, I, 323).

« ...Ceci (pense-ie bien) ne plaira pas a tous, principalement a gens de letres. Mais il faut supporter e soulager les idiots, principalement en ce qui ét écrit pour eux en leur langage. »

1. Voyez par exemple, p. 332 : « De maniere que logeant a la pointe de ceste lumiere vne chose coulouree, estante aucunement obiet de la lumiere, si qualité reale, agissante en elle auec quelque changement, de voyable seulement en puissance, la rendante voyable en effet, au gré d'Auempace, d'Auicenne et d'Alpharabe, sera toute ceste lumiere vnie suiettiuement au parauant en l'air, obiettiuement dans elle receuë qui par elle voyable en effet, et non l'outreparoissant (diaphanum) : a quel aueu pourrat-on nier estre la lumiere accomplissement de l'outreparoissant, tenu l'outreparoissant en effet de l'heure qu'a trauers son espesseur actuellement on pourra voir, ou qui neantmoins en tenebres void des choses lointaines par vne obscure entremise d'air, en la lumiere, sans que la lumiere droite, ny reflechie doñe a luy, non veu de son œil le lumineux, son œil egaré mesme du renuoy, tenebreux suiuamment tel air, en sorte que rouant a bas ses yeux, il ne verra chose du monde : la veuë donques se faisante par vn air obscur et tenebreux actuellement, tel air obscur et non enluminé sera diaphane actuellement : ny sera donques la lumiere accomplissement de l'outreparoissant, a mesme tiltre seulement des couleurs, ou mesme non en ce que telles, ne les rendante couleurs en effet de couleurs en puissance coñe elles autrement diuisable en contraires especes : mais selon que de voyables seulement en puissance les rendante voyables en effet, ou les occasionnante produire actuellement des especes. »

2. Voir p. 254, 332 et suiv.

3. Je marque d'un astérisque ceux de ces mots que je crois inventés, et que je n'ai pas trouvés ailleurs.

ἀντιπερίστασις, p. 423 ; **contrenaturel* = ἀντιπάθεια, p. 406 ; **defautifs* = privativa, p. 9 ; *dixtantieme* = decupla, p. 234 ; *enuironnance* = ambitus superficierum, p. 67 ; **estance* = entitas (qui « ne valant rien en latin, ecorché, deuiendroit a peine bon en françois), p. 14 ; **horscentrin* = excentricus, p. 306 ; *humectaison* = humectacionem, p. 284 ; *ioignance* = adjacentia, p. 108 ; *massiueté* = mensura densitatis et raritatis, p. 92 ; *mesmeté* = identitas, p. 39 ; *nombreux* = calculator, p. 438 ; **partelettes* cendreuses = particulae, p. 396 ; **rarefaites* = rarefactas, p. 265 ; *puissanciel* = potentialis, p. 164 ; *receueuse* = receptiva, p. 393 ; **souslunier* = sublunaris, p. 272 ; **sou-brulement* = ὑπέκκαυμα, p. 278 ; *relatifs de surmise et de soumise* = relativa superpositionis et suppositionis, p. 145 ; (mouvement) * *tremblotif* = oscillatio, p. 254.

Il faut bien le dire cependant, les savants aussi scrupuleux furent rares. Ce système des équivalents exigeait d'abord une trop grosse somme de travail et d'effort. Il faut déjà savoir gré à ceux qui ont bien voulu n'abandonner le français qu'au moment où celui-ci leur faisait défaut ; ainsi à ce simple vétérinaire Jean Massé, qui, avant de recourir aux dictions grecques, qu'il se déclarait disposé à changer, si on lui fournissait une meilleure invention, avait réuni « les plus doctes de l'art » afin de pouvoir nommer les maladies ainsi que le vulgaire des maréchaux les nommait [1] ; au traducteur des « XX livres de Constantin Cœsar » qui, malgré « sa diligence [2] « à chercher comment rendre les dictions Grecques, Latines et

1. Voir Jean Massé, *Art veterinaire*, 1563. Il a ajouté à son livre des *Annotations des dictions medicales plus difficiles*.

2. *Les XX liures de Constantin Cesar, ausquelz sont traictez les bons enseignemens d'agriculture* : traduicts en Francoys par M. Anthoine Pierre, icentié en droict. De nouueau reueuz par le traducteur ; Lyon, Thib. Payen, 1550. P. 599 : « Aujourd'huy on veoit plusieurs liures traduicts en Francoys, qui sont subiects a correction en plusieurs endroicts : en maniere que les vngs ressemblent estre escumeurs du latin, ou pelerins : les aultres en voulant traduyre de mot a mot l'œuure, ont delaissé a explicquer le vouloir de l'aucteur...

« Et en ma traduction, ie n'ay esté desplaisant que d'vne chose, c'est que iusques a present nous auons demouré en si grand' deffaulte des noms propres Francoys de plusieurs choses qui nous sont en vsage tous les iours, mesmement de celles qui sont en Agriculture, et en Medecine, dont s'ensuyt que nous sommes contraincts d'vser des noms Grecs, Latins et Arabicques, en deffault des termes Francoys. Ce que i'ay voulu dire en passant, pour respondre a ceulx qui vouldroyent dire que i'ay delaissé plusieurs dictions Grecques et Latines en ce Liure* ; sans leur auoyr baillé nom Francoys : car cela n'est aduenu, que ie n'ay point trouué que la langue Francoyse leur ayt donné encore aucun propre nom Francoys. Et si te promets que i'ay grandement trauaillé a le vouloir faire : mais ma diligence n'a pu si bien assaillir, que la negligence du temps passé n'ayt eu plus de resistance. Et d'aultre part, il m'a semblé plus conuenable de les laisser ainsi en Grec, ou en Latin, que de leur donner vn nom tout nouueau, qui ne soit entendu que de moy seul » (601).

*Types de noms grecs : *oporus*, *acrodion*, *lentiscus*, *ilex narcissus*, *melanchoryphus*, la pierre *gagates*, *aminantos*, etc.

Arabiques de l'agriculture et de la médecine, ne s'est résigné à leur laisser leur forme ancienne que par peur de leur donner un nom nouveau, qui ne fût compris que de lui seul. Beaucoup y ont, comme eux, « grandement trauaillé », sans cependant pouvoir se garder de latiniser ou de gréciser. La tentation était trop forte, et l'occasion trop fréquente. Un Meigret, un Du Pinet y succombent. Mathieu lui-même, et cela dans son réquisitoire contre les écorcheurs, emploie *salubre*, *suader*, *communicatiue*, *patriote*, d'autres encore.

Toutefois ce n'est ni inconsciemment [1] ni à contre-cœur que la masse des savants « despume la verbocination des anciens ». Par un dernier préjugé, ces écrivains qui abandonnent le latin croient encore honorer leur vulgaire, en la barbouillant d'un vernis latin et grec. J'ajoute que beaucoup ne sont pas fâchés par là de marquer, ce qu'ils prennent soin de rappeler dans leurs préfaces, qu'ils eussent pu aussi écrire dans la langue des doctes. On ne nie pas d'un coup sa noblesse. Quant à ceux qui ne savaient que le latin de leurs mères, comme dit Des Periers, on peut croire qu'ils n'étaient pas les derniers à adopter ce langage bigarré qui sentait son docteur. Un Palissy avouait être sans lettres, mais Roch Baillif de la Rivière prétendait avoir ses degrés. J'ajoute que quelques-uns avaient gardé la préoccupation, tout en écrivant en français, de cacher l'art au vulgaire.

Ces raisons expliquent comment le latin et le grec ont été de toutes parts écorchés sans pitié. C'est en vain que quelques sages, comme Dolet, ont conseillé d'y apporter une certaine mesure [2] : « N'entends pas, dit-il au traducteur, — mais l'avis s'adressait aussi à d'autres, — que ie dye, que le traducteur s'abstiene totalement de mots, qui sont hors de l'vsage commun : car on sçait bien que la langue Grecque, ou Latine est trop plus riche en dictions, que la Françoyse. Qui nous contraint souuent d'vser de mots peu fréquentés. Mais cela se doibt faire a l'extreme necessité. Ie sçay bien, en oultre, que aulcuns pourroient dire, que la plus part des dictions de la langue Françoyse est deriuee de la Latine, et que si noz Predecesseurs ont eu l'authorité de les mettre en vsage, les modernes, et posterieurs en peuuent aultant faire. Tout cela se peult debattre entre babil-

1. On trouverait beaucoup de passages, où les savants eux-mêmes qualifient leur angage. Ainsi je citerai Sébast. Colin, *Ur*., p. 11 : « I'ai cogneu des fieures... estre gueries sans qu'il apparust aucune subsidence, ou hypostase (si tu aimes mieux excorier le Grec, que le Latin). »

2. *Maniere de bien traduire*, p. 14.

larts : mais le meilleur est de suyure le commun langage. » Dolet eût eu beau « traiter ce poinct plus amplement et auec plus grand'demonstration », comme il l'avait fait dans son « Orateur », ni lui ni personne ne pouvait arrêter le torrent.

Je dois ici mettre mon lecteur en garde contre une assertion hasardée de Darmesteter, qui ferait croire à la possibilité d'établir sinon une chronologie, du moins certaines dates fixes dans l'histoire de la terminologie savante. D'après lui, les mots grecs auraient fait d'abord une sorte de stage sous la forme latine. « Les dictionnaires de médecine du XVIe et du XVIIe siècle, dit-il, sont rédigés en latin et présentent une terminologie mi-partie latine, mi-partie grecque ; Ambroise Paré, au XVIe siècle, fait seul exception ; ses œuvres, écrites en français, contiennent un grand nombre de mots grecs ; mais encore quelques-uns sont-ils reproduits sous la forme purement latine, donnés comme mots latins [1]. »

En réalité, d'abord les mots latins font souvent un stage comme les grecs avant de prendre la forme française. En second lieu, la médecine ne fait pas en ceci exception parmi les sciences, ni Paré parmi les médecins. Des exemples mettront en lumière le premier point. Sur le second, M. Marty-Laveaux [2] a montré que dans toutes sortes d'écrits, des hésitations s'étaient produites, et que des mots grecs avaient été introduits dans des textes français sous forme latine ou même grecque, ce qui était une manière de les signaler comme étrangers. Budé s'est servi avec ces précautions d'*encyclopædia*, Rabelais de *misanthrôpos*, *demiourgon*, etc., Scève de *dictamnum*, Ronsard de *lexicon*, Du Bellay, dans la *Deffense* même, de *genius* [3].

Ensuite et surtout, il ne faut pas croire que cette réserve soit générale chez les médecins antérieurs à Paré. Il est vrai qu'on trouve quelques auteurs très scrupuleux sur ce point, comme Tagault. Dans son livre posthume des *Institutions chirurgiques* [4], les mots techniques sont en général sous forme latine, et entre crochets. Ce sont bien là les étrangers dans la cité, dont Du Bellay parlera la même année. Mais bien avant Paré on mélange formes

1. *Création des mots nouveaux*, p. 231.
2. *Langue de la Pléiade*, p. 17 de l'Introduction.
3. Le Quintil (éd. P. 200) dit : « l'vniuerselle armature francoyse, qui est dite en Grec Panoplia ». Cf. Tyard, 115, Marty-Laveaux :

> Tes beaux yeux, et ta douce parole
> Du fol venin sont le *dorichnion* !

4. Lyon, Guill. Rouille, 1549.

françaises et anciennes; Champier [1] en use déjà ainsi, et, pour ne pas citer d'autre exemple, le propre maître de Paré, Canappe, dont il a fort bien pu s'inspirer [2]. Paré n'innove donc rien. Et dès cette époque, dans la grave querelle que fit naître entre pharmaciens et médecins le pamphlet de Sébastien Collin sur les abus et tromperies des apothicaires, l'un des adversaires reproche plusieurs fois à l'autre de « bigarrer sa parole d'entretaillures latines » et de « commettre de coup a quille toutes sortes de barbarie et de ridicules compositions de latin et de françois, comme en disant : apres levi ebullitione de oleum absynthii ». On voit que cette méthode de farcissure était déjà ridiculisée aux environs de 1550 [3].

Il importe toutefois de retenir le fait : il explique que *sphincter*, *thorax*, *cubitus*, *index*, *radius*, *humerus*, *tetanos*, *duodenum*, *ilion*, *miserere*, *sternum*, *rectum*, *sacrum*, *scrotum*, *gluten*, etc., nous soient parvenus sous une forme non francisée.

LES MOTS SAVANTS DANS LA LANGUE LITTÉRAIRE. — 1° *LE LATIN*. — Les déclarations et les doctrines perdent ici à peu près toute importance, car il y a une contradiction perpétuelle entre la pratique des auteurs et leurs théories. En fait, tout le monde ou presque tout le monde latinise. En principe, chacun s'élève contre les latiniseurs. Il faut bien chercher pour rencontrer un auteur qui professe que les mots empruntés à la source latine sont utiles ou ont bonne grâce. Peletier du Mans est presque seul à avoir eu ce courage et cette imprudence [4].

1. Chez Champier les mots latins dominent encore. On lit *allium* (32), *ambra* (45), *apium* (32), *bdellium* (29), *cantharides* (40), *dictamnon* (31), *eleborus* (47), *folium* (41), *hedera* (51), *lactuca* (42), *malabatrum* (41), *mandragora* (51), *petroselinum* (27, 32), *spica nardi* (42), *xylobalsamum* (28), *zuccarum.* (46). Cependant on trouve *baulme* (27, 28, 29), *cynabre* (35), *gomme* (28), *mithridat* (25, 38), *therebentine* (28), *trochiques* (32), *vesces* (43), etc. Quelques-uns se lisent en deux langues : *rheubarbarum*, *rheubarbe* (29, 30); *iusquiamus*, *iusquiame*; *moschus*, *musc* (42). (*Myrouel*).

2. Canappe cite, sous leur forme antique, souvent en les expliquant : *catalepsis* (c'est a dire retention) (*Muscles*, 50 r°), *condylus* (*Ibid.*, 30), *cubitus* (*Ibid.*, 14 r°), *diarthrosis* (*Os*, 5 v°), *enarthrosis* (*Ibid.*, 6), *epiphysis* (*Ibid.*, 55 r°), *parencephalis* (*Muscles*, 8), *phrenes* (*Ibid.*, 56 v°), *radius* (*Ibid.*, 21 v°), *sphincter* (*Ibid.*, 14 r°), *symphisis* (*Os*, 4), *synarthrosis* (*Ibid.*, 5 v°), *synneurosis*, *syssarcosis* (*Ibid.*, 7 v°), *ulna* (*Muscles*, 40 r°), etc.

3. Voir les *Articulations* de P. Brailler, *sur l'Apologie de J. Surreth*, medecin a Saint-Galmier, Lyon, 1558, p. 23.

4. « Un mot bien deduit du Latin aura bonnę gracę, an lui donnant la teinturę Françoęsę, E ici ie n'osę nommémant dirę cetę manierę dę deriuacion, ni cetęla : creignant dę trop decouurir l'Art. Ię dirè bien quę les Infinitiz an *ire* Latin, sę peuuęt męintefoęs impunęmant conuęrtir an *ir* Françoęs : Commę dę *vagire*, *vagir* : *ambire*, *ambir* : e les samblablęs, quę l'hommę d'esprit saura bien iuger. Ię nę fęrè difficulte d'vser dę Regnicolęs, apręs Claudę de Seissęl an sa Prefacę au Roę Louïs, sus sa Traduccion des guęrręs Rommeinęs d'Apian ; ni ancorę dę repulsę, dont il a vsè an quelquę androęt du Liurę męme : combien quę nous puissions dirę la repoussę, plus Françoęsęmant » (*Art poétique*, p. 37). Cf. p. 31 ce qu'il dit du cas spécial du traducteur.

Dès le commencement du siècle, — et les protestations remontent plus haut encore, — les vieux *arts de rhétorique* prononcent de sévères condamnations contre les excès des écorcheurs. Fabri répète contre eux la sentence. Geoffroy Tory, Rabelais, Des Periers les ont raillés [1]. Dolet les a qualifiés de « sottelets glorieux [2] ». Marot et Sagon se sont mutuellement reproché dans leur longue querelle de s'en prendre à la peau du latin [3]. Collerye faisait des parodies de leur langage [4]. Meigret a refusé de les suivre et d'asservir la grammaire française à la latine [5]. Ronsard a affirmé qu'il fallait rompre avec les devanciers, qui avaient sottement tiré des Romains une infinité de vocables étrangers, quand il y en a d'aussi bons dans leur langage [6]. Pasquier a fait de cette habitude et de la paresse d'esprit qu'elle suppose une critique très pénétrante [7]. Henri

1. « Quant escumeurs de latin disent : « Despumon la verbocination latiale et transfreton la Sequane au dilucule et crepuscule, puis deambulon par les quadriuies et platees de Lutece, et comme verisimiles amorabundes captiuon la beniuolence de lomnigene et omniforme sexe feminin », me semble qu'ilz ne se moucquent seulement de leurs semblables, mais de leur mesme personne » (*Champfleury*, Cf. Pantagruel, II, 6). Si Rabelais n'a pas pris à Tory cette phrase, qu'il reproduit presque sans y rien changer, dans l'histoire de l'écolier limousin, c'est qu'elle était déjà connue comme parodie du langage à la mode, et que tous deux l'ont empruntée aux historiettes orales courantes. Cf. Des Periers, *Nouv.*, XIV : De l'aduocat qui parloit latin a sa chambriere.

2. *Accents de la l. fr.*, f° 1.

3.
> ...Vieux resueur Normand
> Si goulu, friand et gourmand
> De la peau du poure Latin
> Qu'il l'escorche comme un mastin.
> (*Le val. de Mar. à Sag.*, éd. Jan. I, 241.)
>
> Demande a Marot tant habile
> Si *humile*
> Doibt estre pour *humble* en francoys.
> Ly bien en Maistre Alain Chartier,
> *Expellé* n'est en son psautier,
> *Imitable* est hors du sentier,
> *Fulgente*, *Pharetre* et mille
> Que en son stile
> Marot vsurpe cent foys.
> (*Le rabais du caquet de Mar.*, par le page de Sagon, *R. h. l.* I, 134.)

4.
> En emulant leurs esmes impistiques
> Improperant n'espargnent droit ne tort
> I'entens assez leurs moyens drachoniques (*Œuv.*, 170).

5. *Grammaire*, 144 r°. Cf. 25 r° où il refuse d'accueillir les adjectifs en *ée*, tels que *ferrée*, *plombée*, avec le sens des latins en *eus*.

6. Œuvres, Blanchemain, VII, 334.

7. Voir Pasquier, *Œuvres*, II, let. XII, p. 48 B. « Et n'y a rien qui nous perde tant en cela, sinon que la plus part de nous, nourris dés nostre ieunesse au Grec et Latin, ayans quelque asseurance de nostre suffisance, si nous ne trouuons mot apoinct, faisons d'vne parole bonne, Latine, vne tres-mauuaise en François : Ne nous aduisans pas que ceste pauureté ne prouient de la disette de nostre langage, ains de nous mesmes et de nostre paresse. » Dans la même lettre, Pasquier oppose à cet abus l'usage, tel qu'il devrait être, modéré et judicieux.

Estienne s'en est plaint à son tour, effrayé de voir les femmes elles-mêmes se mêler d'égratigner ce pauvre latin, « faulte de luy scauoir pis faire [1] ». Bref, il n'est pas de thème plus rebattu.

Mais les phrases les plus indignées n'ont gardé personne ou presque personne de la faute qu'elles condamnaient. Rabelais le montre bien. N'a-t-il pas des pages entières que Pantagruel eût été fort embarrassé de comprendre s'il n'avait eu que son français?

Lemaire de Belges, qui est leur maître, est un latiniseur sans vergogne:

> Dame Venus employe son possible
> A tout conioindre en amour melliflue
> Leur propinant vertu concupiscible (III, 116).

La Pléiade aussi, et Ronsard lui-même, furent loin d'échapper à cette contradiction. Sous prétexte de réagir contre le jugement de Boileau, assurément excessif, on est allé trop loin depuis Egger. Malgré les fortes paroles par lesquelles Ronsard a condamné *collauder* et *contemner*, le premier de ces verbes a été employé dans son école, et, on peut le dire, sur ses incitations. C'est sur le tard en effet, M. Marty-Laveaux l'a très bien vu, que la sagesse lui était venue. Il y a du latin, et en quantité notable, dans ses premières œuvres. On le constatera plus loin aux exemples : *ancelle*, *argutie*, *exceller*, *libertin*, *tabide*, *varie* et nombre d'autres latinismes ont été probablement inventés par lui ; une foule d'autres, encore peu répandus, ont été acceptés dans ses œuvres et vulgarisés ainsi [2]. Au reste le Quintil Censeur a déjà démêlé les vraies tendances de l'école, et pris Du Bellay en faute; il lui a signalé, avec raison dans nombre de cas, qu'il écorchait le latin sans aucune pitié [3]. Si du reste on eût, dès ce moment, dans le groupe des

1. *Conformité*, éd. Feugère, p. 43.

2. Voir d'Aubigné, Avertissement des *Tragiques* : « Mes enfans (disait Ronsard) deffendez vostre mere de ceux qui veulent faire seruante vne Damoyselle de bonne maison. Il y a des vocables qui sont francois naturels, qui sentent le vieux, mais le libre françois, comme *dougé*, *tenuë*, *empour*, *dorne*, *bauger*, *bouger*, et autres de telle sorte. Ie vous recommande par testament que vous ne laissiez point perdre ces vieux termes, que vous les employiez et deffendiez hardiment contre des maraux qui ne tiennent pas elegant ce qui n'est point escorché du latin et de l'italien, et qui aiment mieux dire *collauder*, *contemner*, *blasonner*, que *loüer*, *mespriser*, *blasmer* : tout cela c'est pour l'escholier de Limosin. » Il est à remarquer que ces trois mots « écorchés » sont dans Marot. Ronsard n'avait pas cependant, j'imagine, la prétention d'être plus pur Français que lui ; c'est une simple coïncidence.

3. Edit. Ch., p. 256. J'ai dit ailleurs que Darmesteter s'est trompé (*Le XVIe siècle en France*, p. 122) en interprétant comme une condamnation des latiniseurs la phrase célèbre : « C'est vn crime de leze-maiesté d'abandonner le langage de son pays viuant et fleurissant pour vouloir deterrer ie ne scay quelle cendre des anciens » (Rons., III, 35, Bl.). Il s'agit ici de ceux qui écrivent en latin, comme le prouve

nouveaux poètes, conçu le projet de réagir nettement contre les latiniseurs, comment, dans le manifeste où l'on exhortait en des pages brûlantes au pillage des anciens, ne se trouve-t-il pas une phrase pour avertir qu'il ne s'agissait que des genres, des légendes, des images, des idées, non du langage? Il n'y a que ce conseil : « Vse de motz purement françoys. » On est en droit de le trouver bien vague et bien sec dans un chapitre consacré tout entier à vanter le néologisme. Au reste, si quelqu'un était tenté d'en forcer l'interprétation, il serait arrêté net par cet axiome posé ailleurs : « Ce n'est point chose vicieuse, mais grandement louable, emprunter d'une langue etrangere les sentences et les motz, et les approprier a la sienne » (I, éd. P., p. 72[1]).

Il me paraît donc, comme à M. Marty-Laveaux, incontestable que, dans le premier enthousiasme tout au moins, Ronsard et les siens, tout en répudiant dès ce moment, je le veux bien, les excès ridicules de quelques grands rhétoriqueurs, se sont gardés d'enchaîner leur liberté, et de se priver d'une ressource aussi importante que le latinisme. Leur reprocher d'avoir donné l'exemple était évidemment injuste; il ne paraît pas exact de se refuser à reconnaître qu'ils l'ont suivi[1]

le contexte. En vérité, il est curieux de voir, dans la *Deffence* même, Du Bellay, quand il attaque, rester tout français, mais, aussitôt qu'il prêche l'imitation, s'enfoncer dans le latinisme. Étudier par exemple à ce point de vue le ch. 4 du livre II.

1. « Vray est que le nom *ode* a esté incogneu, dit le Quintil, comme peregrin et Grec escorché, et nouuellement inuenté entre ceux qui en changeant les noms cuydent deguyser les choses » (II, 4, p. 203, P.). Comparez : « *Patrie*... est obliquement entré et venu en France nouuellement auec les autres corruptions Italiques : duquel mot n'ont voulu vser les anciens, craignans l'escorcherie du Latin, et se contentant de leur propre, et bon » (192, *ibid.*). Il ajoute encore : « Ce commandement (vse de motz purement Francoys) est tresbon, mais tresmal obserué par toy, Precepteur, qui dit *Vigiles* pour *veilles; dirige* pour *adresse... pardonner* pour *espargner; adopter* pour *receuoir; liquide* pour *clair; hiulque* pour *mal ioinct; religion* pour *obseruance thermes* pour *estuues; fertile* en larmes pour *abondant; recuse* pour *refuse;... rasserener* pour *rendre serain; buccinateur* pour *publieur; ... intellect* pour *entendement; aliene* pour *estrange; molestie* pour *ennuy; obliuieux* pour *oblieux; sinueux* pour *courbe*, et *contourné*, et infiniz semblables que trop longs erois a les nombrer (P. 209, *ib.*).

Bien entendu, si Du Bellay eût riposté à Aneau, il eût pu le reprendre à son tour dans les mêmes termes. Sa critique est bourrée de mots savants d'école, comme une seule page, prise au hasard, peut le faire voir : « Entendu aussi, que ton œuure est de genre doctrinal, et principalement iustice pour enseigner. Si est ce que ie n'y voy aucune methode didascalicque, ne les lieux d'icelle gardez, comme vn certain theme, simple ou composé, Definition, Diuision ou Partition, Causes, Effectz, Affins, Contraires, ains me semble vne commentation de diuerses pieces assemblees sans ordre, et point ne se suyuantes... Et apres auoir proposé de la langue, ratiociner des mœurs et coutumes, ou gestes, et de sermocinal deuenir moral, et historial. Ou il falloit raisonner selon le tiltre prefix sur la declaration etymologique de Strabon, etc. (p. 192-3). Le Quintil ne s'est pas souvenu du vers qu'il cite à son adversaire :

Turpe est doctori, cum culpa redarguit ipsum.

La vérité est que d'un bout à l'autre du siècle, pendant tout le temps que dura, relativement au néologisme, l'état d'esprit que j'ai décrit plus haut, le latin fut le grand réservoir où chacun vint puiser. Avec ses mots voisins des nôtres, su et possédé comme il l'était dès l'enfance par ceux qui écrivaient, il ne pouvait faillir à s'insinuer dans leurs écrits, sitôt que le mot indigène manquait ou se faisait un peu attendre.

2° *LE GREC.* — Bien souvent, dans les discussions des hommes du temps, grec et latin sont associés, comme on l'a pu voir. Toutefois il s'en faut de beaucoup que les grécaniseurs soient l'objet des mêmes invectives que les latiniseurs, et la raison en est toute simple : le danger, sur ce point, était beaucoup moins menaçant. Darmesteter l'a dit avec beaucoup de justesse : « C'est par la science plus que par la littérature que la terminologie grecque s'introduisit chez nous au XVIe siècle. »

Parmi les littérateurs proprement dits, ceux même qui ont possédé le grec — et les plaintes des hellénistes font assez voir qu'ils n'étaient pas très nombreux — se sont montrés assez réservés. Quel que pût être en effet l'ascendant des œuvres et de la langue, les esprits n'en étaient pas en général obsédés comme du latin. En outre, il faut bien en tenir compte, malgré les sophismes d'Estienne, la conformité entre les deux idiomes était beaucoup moins grande : cela augmentait d'autant la difficulté quand il s'agissait d'adopter un mot dont la forme se prêtait mal, et dont le sens était impossible à deviner. Seule la tendresse de Délie pouvait comprendre que son amant était victime de réactions trop vives, en l'entendant se plaindre de

Souffrir heureux doulce antiperistase [1].

Le péril grec n'a donc jamais été très considérable. Il faut avouer pourtant que l'influence de Ronsard ne fut pas sans l'accroître. Je ne répéterai point ici ce que j'ai dit plus haut de la distinction qu'il faut faire nécessairement entre les doctrines rassises qu'il préconisait en 1575 et les aspirations du début. Ce n'est pas sans doute avec l'espérance de naturaliser à la fois *ocymore*, *dispotme*, *oligochronien*, qu'il lançait la plainte célèbre [2] :

Ah ! que ie suis marry que la Muse Françoise
Ne peut dire ces mots comme fait la Gregeoise

1. Sceve, *Delie*, CCXCIII.
2. *Épitaphe de Marguerite de France*, V, 248, édit. Marty-Laveaux.

Ocymore, dispotme, oligochronien :
Certes ie le dirois du sang Valesien.

Toutefois, comme le pense très justement Marty-Laveaux[1], ce n'était pas non plus pour marquer que semblables transplantations étaient impossibles; la note dont le poète accompagne ces vers dans l'édition de 1575 ne permet pas une telle interprétation : « Ces motz grecs, dit-il, seront trouuez fort nouueaux; mais d'autant que nostre langue ne pouuoit exprimer ma conception, i'ay esté forcé d'en vser qui signifient vne vie de petite durée. *Filosofie* et *mathematique* ont esté aussy estranges au commencement; mais l'vsage les a par traict de temps adoulcis et rendus nostres. » Cette dernière phrase et le rapprochement qu'elle contient montrent avec certitude que Ronsard ne renonçait nullement à l'assimilation possible de certains mots soit grecs, soit constitués d'éléments grecs.

Ce ne sont point cependant les noms, mais, parce qu'il était poète, les épithètes qui lui faisaient envie, et c'est pour les trouver qu'il a grécanisé : ses *Carpime*, *Euaste*, etc., viennent de là. Or, accolés à des noms de Dieux, c'étaient presque des noms propres, qui n'entraient pas dans la langue. Il reste donc acquis qu'il n'a pas vraiment, comme Boileau l'a prétendu, parlé grec en français. En ce qui concerne les mots, il a, en somme, fort peu hellénisé lui-même, et surtout il n'a pas été le maître de barbarismes que l'on s'est longtemps imaginé.

Je ne suis point arrivé, je l'avoue, à diviser en des phases bien nettes la décadence ou le progrès de la création savante. Il est certain cependant que, si l'on considère la langue littéraire seule, le mal a plutôt été en décroissant; les pires barbares sont ceux du commencement du siècle, toute cette école des grands rhétoriqueurs dont le nom seul éveille justement des idées de futilité et de pédantisme[2]. A l'époque d'Henri Estienne, le pédantisme gréco-

1. *La langue de la Pléiade*, I, Intr., p. 22.

2. J'ai déjà cité un exemple du commencement du XVIe siècle (I, 529). J'ajouterai celui-ci pris au père de Clément Marot : Jean Marot de Caen (*Sur les deux heureux voyages de Genes et de Venise*. Paris, à l'enseigne du Faucheur, chez P. Roufet).

II. Prologue : « L'experience certaine de pardurable renommee, laquelle par les frequentables Records de vertueux et memorables Actes, dont refulcit et magnifie les humains du hault don d'immortalité, les faisans viure de vie seconde apres leur temporel trespas, a prouoqué, Royne incomparable, deux fois diuinement sacrée, Anne Duchesse de Bretaigne, le foible sens de moy, le treshumble de vos treshumbles subiectz ou seruiteurs a rediger en tel quel mon rural et Maternel langaige deux treshaults, tresprompts, et quasi inestimables conquestz, obtenuz premierement par l'assentiment de l'immense et indiuisible eternité, apres par la prouidence, personnelle conduicte, heureuse felicité et magnanime hardiesse du vostre Treschretien tresinuin-

latin est en baisse, et la mode néologique s'est tournée ailleurs. Toutefois, à chaque instant, l'intervention personnelle d'un écrivain vient troubler la marche de la langue. En poésie surtout, le va-et-vient est tel que le mot de marche ne convient plus : c'est une série de soubresauts.

Diverses classes d'emprunts savants. — Il y a diverses manières d'emprunter à une langue étrangère, différemment dangereuses pour le langage.

1° La première consiste à créer des expressions, en rapprochant des termes que le latin unissait, mais que le français n'avait pas encore joints. Quand Desportes parle de *larges pleurs*, il imite incontestablement le *largos fletus* des Latins. Autant en fait Ronsard, quand il qualifie la vieillesse de *crue* à l'exemple de Virgile, qui a dit : *cruda deo viridisque senectus*. Le Quintil censeur reprend chez Du Bellay l'expression *d'vn sourcil stoïque* (p. 193) ; c'est la même hardiesse. Il lui reproche aussi (p. 209), l'« impropriété » vins *libres*, pour *ioyeux :* voilà encore du latin[1]. On trouve dans les auteurs du xvie siècle une foule d'exemples analogues. Mais ce latinisme-là, tout littéraire, est affaire de style plutôt que de langue.

2° Il arrive en second lieu que des éléments tout français sont combinés pour former des mots à l'antique.

De cette catégorie sont un certain nombre d'épithètes créées par les poètes de la Pléiade à l'imitation d'Homère: le dieu *cheure pied* (Rons., IV, 58, Bl.), Roy *tout oyant*, *tout voyant* (Id., V, 143). On pourrait retenir ici les mots de ce genre, qui par un côté sont anciens; j'ai préféré les classer d'après les éléments qui les forment, et les rejeter aux mots purement français (p. 195).

3° Il se trouve qu'un mot français est détourné de sa forme normale pour être rapproché du mot ancien, dont le jeu plus ou moins régulier des lois phonétiques l'avait éloigné. J'en donnerai pour exemples : *interrompre*, refait sur *interrumpere*, et substitué à *entrerompre* ; *intentif*, que Scève (*Delie*, CCCXIV) écrit d'après *intentus*, au lieu de dire *ententif*; *auare* pour *auer* (Du Bel., II, 15, M.-L.), *incarner* pour *encharner* (Paré, VI, 16, Malgaigne).

cible iusticier et belliqueux Espoux; la description desquelz la premiere est non enrichie ne decoree de Rhetoricalle sentence, ou faconde oratoire, mais remplie de squalide et barbare squabrosité. »

Et l'auteur, au dire même de ceux qui font son éloge, ne sait pas le latin !

1. De même dans Montaigne : *les termes de viure*, en lat. *terminos vivendi* (*Ess.*, t. III, ch. 9, t. VI, p. 122); *vne chose publique de femmes* = *res publica feminarum* (*ib.*, l. I, ch. 23, t. I, p. 160).

Comparez : *caballin* pour *cheualin*, Mar., I, 184 ; *computer* pour *compter*, Mont., l. III, ch. 9, t. VII, p. 200 ; *disputateur* pour *desputeur*, Id., l. II, ch. 11, t. III, p. 145 ; l. II, ch. 12, t. III, p. 279 ; *infirme* pour *enferme*, encore dans Vil., *G. T.*, CLV, 1 ; *hyoscyame* pour *iusquiame* (ὑοσκύαμος), Houil., *Chir.*, 25 ; *rarité* pour *rareté*, Mont. l. II, ch. 19, t. IV, p. 278 ; *sphere* pour *espere* (sphæra), Focard, *Paraph. de l'Astrol.*, titre ; *thesor* pour *tresor*, Du Bel., *Def.*, II. 5, éd. Ch., 234 ; *transpercent* pour *trespercent*, encore dans Villon, *P. T.*, IV ; *verecundie* pour *vergogne* (verecundia), Brant., IV, 11 ; *vigiles* au lieu de *veilles* (Du Bel., *Def.*, II, 3, éd. Ch., 198). H. Estienne, *Hypomn.*, 214, blâme *fondament* pour *fondement*. On a vu au chapitre de l'orthographe un certain nombre de ces reformations.

4° Par un retour en arrière tout à fait semblable au précédent, un mot français, sans être modifié dans sa forme, prend ou reprend, sous l'influence du mot ancien correspondant, tout ou partie des significations de ce dernier. C'est de la sorte que Du Bellay dit *pardonner aux noms* (*Def.*, II, 4, éd. Ch., 221) dans le sens d'*épargner* (parcere), que Bugnyon emploie *immerité*, comme en latin *immeritus*, pour dire : *qui n'a pas mérité* ; que Du Bellay écrit : *les arguments de Plaute* (*Def.*, II, 8, éd. Ch., 280) ; que Montaigne parle de l'*indemnité* d'un innocent (l. III, ch. 13, t. VII, p. 13).

Comparez : *gauche* = sinister (défavorable), Rons., I, 323, Bl. ; *estre veu* = videri, Du Bel., *Def.*, I, 10, éd. Ch., 134 ; *benefice* = beneficium (bienfait), Desp., *Diane*, *Œuv.*, p. 57, Mich. ; *durer* = durare (supporter), Id., *Masc. des chev. agités ; mal oyr* = male audire (avoir mauvaise réputation), Joub., *Err.*, 12 ; *elargir* = elargiri (donner largement), Rons., II, 423.

5° On crée des mots tenant en partie du latin ou du grec ; et ceci peut se faire de deux sortes.

En effet, dans certains cas, c'est le thème qui est français, et le procédé de dérivation ou de composition qui est latin. Les adjectifs *viergeal* (Baïf, *Po.*, 254), *nuital* (Id., *ibid.*, 20) donnent l'exemple de cette manière de procéder.

De ce type sont les mots : *diabliculer*, Rab., II, 178, J. ; *miraclificque*, Id., III, 36 ; *assassinat*, Pasq., *Rech.*, VIII, 20 ; *billion* = bis + million, Est. de la Roch., *Arism.*, f° 7, H. D. T. ; *blanchiment*, O. de Serres, V, 8, *ibid.* ; *archicoupeur*, N. du Fail, II, 176.

Ou bien, et c'est là de beaucoup le système le plus employé, le thème est savant, on le dérive ou on le compose à la mode française. *Iuncturable* (Lisset Benancio, *Abus*, 36 v°), *sonoreux* (Du Perron,

Prem. disc., 257), faits de *junctur(a)*, *sonor(us)*, + les suffixes *able*, *eux*, sont des types de ce genre. Les exemples qu'on pourrait citer ici sont en très grand nombre. En voici quelques-uns[1] :

Adjectifs : en *able* : *inhospitable*, J. Du Bel., *Odes*, VII, G. ; — en *ant* : *odoriferant*, Houil., *Chir.*, 45 ; — en *aire* : *preambulaire*, Mont., l. III, ch. 3, t. V, p. 226 ; — en *é* : *apollinée*, Sceve, *Del.*, CII ; *sceleré*, Du Vair, 376, 43 ; — en *el* : *complexionnel*, Baillif, *Conf.*, 79 v° ; *elementel*, Id., *ibid.* ; *perennel*, Rons., V, 282, Bl. ; — en *eux* : *aereux*, Du Per., *1er disc.*, 257 ; *butyreux*, Houil., *Chir.*, 17 ; *contumelieux*, Mont., l. I, ch. 1, t. I, p. 7 ; *erugineux*, Col., *Ur.*, 50 ; *lacticineux*, Lisset, *Ab.*, 38 r° ; *nubileux*, Paré, XXI, 12, G, et Mont., l. II, ch. 12, t. IV, p. 135 ; l. III, ch. 5, t. V, p. 248 ; *precipiteux*, Belon, *Singularitez*, II, LXXX, éd. 1553, G, et Mont., l. I, ch. 47, t. II, p. 240 ; l. II, ch. 3, t. III, p. 36 ; *vertigineux*, Paré, XXIII, 36, H. D. T., et Mont., l. III, ch. 9, t. VI, p. 150 ; — en *if* : *perspectif*, Rab., I, 39, J. ; *suppuratif*, Houil., *Chir.*, 142 ; — en *in* : *aquilin*, Rab., II, 16, H. D. T.

Substantifs : en *eur* : *depraueur*, Bugn., *Er.*, p. 51 ; — en *on* : *prurison*, Sceve, *Del.*, XCIX ; — en *ie* : *antipelargie*, Joub., *Err.*, 561 ; *cephalie*, Baill., *Conf.*, 92 v° ; *doctorie*, Mar., I, 280.

Verbes : en *er* : *arbuster*, Belon, *Def. de labour*, 60 ; *desoppiler*, Rab., III, 2, H. D. T. ; *faciliter*, Sceve, *Del.*, LXXIII ; *horribler*, Rons., II, 27, Bl. ; *infecter*, Marot, *Metam.*, I, H. D. T. ; Sceve, *Del.*, XV ; *necessiter*, Bugn., *Er.*, 39 ; *violenter*, Id., *ibid.*, 12 ; *se vulguer*, Id., *ibid.*, p. 36 ; *zephirer*, Id., *ibid.*, p. 120 ; — en *fier* : *lubrifier*, Paré, *Adm. an.*, 10 r° ; *sanguifier*, Id., *ibid.*, 16 r° ; *chylifier*, Lisset, *Ab.*, 30 v° ; — avec préfixes : *enthyrser*, Baïf, *Po.*, 124 ; *regurgiter*, Paré, *Adm. an.*, 17 r° ; *postpouser*, Rab., IV, 176, J. ; Du Fail, I, 12 ; *symmetrier*, Marot, *Pref.*, éd. Lyon, 1544.

Adverbes : *celestement*, Pont. Ty., II, 24 ; *indubitablement*, Bail., *De l'hom.*, 32 ; *mammallement*, Rab., I, 26, J. ; *perpendiculairement*, Bovelles, *Geo.*, 7 v° ; *prodigalement*, Bugn., *Er.*, 12 ; *tacitement*, Pont. Ty., II, 27.

6° On emprunte des mots tout faits[2].

1. L'ordre suivi est celui des suffixes. J'ai essayé de varier plus que de multiplier les exemples. Je donne des mots disparus aussi bien que des mots conservés. Le lecteur saura facilement distinguer les uns des autres.

2. Je me suis astreint dans ce qui suit à ne citer que des mots qui d'après les dépouillements des grands lexicographes contemporains : Littré, Godefroy, Delboulle (auxquels j'ai ajouté les résultats de mes propres lectures) sont considérés comme datant du XVIe siècle. Mais il faut bien se souvenir d'abord que, dans l'état actuel des dépouillements, ces classements chronologiques sont absolument provisoires, et qu'on retrouvera plus tard beaucoup de ces mots dans des textes antérieurs

A) Emprunts au *latin*.

abhorrir, Rob. Est. 1539; Sceve, *Del.*, XXVIII; *astrus*, J. Le Maire, III, 171, H. D. T; *acrimonie*, Paré, *Adm. an.*, 20 v°; *adminicule*, Mont., l. III, ch. 13, t. VII, p. 79; *admixtion*, Bac., *Adm. p.*, 42; *adombrer*, Dorat, 27, M.-L.; *adstringent*, Houil., *Chir.*, p. 4; *agriculteur*, P. Belon, *Def. de labour*, p. 5; *amaritude*, Coll., *Œuv.*, 247; *amene*, J. Le Maire, *Ill. de G.*, H. D. T.; *angustie*, Paré, *Adm. an.*, 13 r°; *animant*, Du Bel., II, 221, M.-L.; *animeux*, Bail., *Tr. de l'h.*, 12 r°; *apes* (*mousches a miel*), Lespl., *Prompt.*, 69; *apostolat*, Calvin, *Inst. chr.*, IV, III, 4, H. D. T.; *apparat*, Noël du Fail, I, 96; *applaude*, Lespl., *Prompt.*, 7; *are* (autel), Marot, I, 208; *argutie*, Rons., III, 525, H. D. T. (Amyot dit *arguee*, *Prop. de table*, II, 276 v°); *asserer* (= attri buer), Rons., VI, 262, M.-L.; *asseuerant*, Mont., l. II, ch. 12, t. IV, p. 4; *assimiler*, Paré, *Intr.*, 8, H. D. T.; *attedier*, Coller., *Œuv.*, 47; *balbucie*, Mont., l. III, ch. 6, t. VI, p. 65; *beneficence*, Meigr., *Off. Cic.*, 15, et Mont., l. III, ch. 9, t. VI, p. 160; *cadauer*, J. Thier., *Dict. fr. latin*, H. D. T.; *captif*, Du Bel., *Ol.*, 13, *ibid.*; *carie*, Paré, XIV, 58, *ibid.*; *carnifique*, Paré, *Adm. an.*, 26 r°; *caruncules*, Joub., *Err.*, I, 59; *cartilages*, Paré, *Adm. an.*, 26 v°; *cesure*, Rons., *A. poét.*, H. D. T.; *cerue*, Du Bel, I, 337, M.-L.; *circonduction*, Canape, *Muscl.*, 1541, 40 v°; *circuition*, Mont., l. II, ch. 12, t. IV, p. 9; *classique*, Sebilet, *A., poét.*, 7 r°; *clauiculaire*, Paré, *Adm. an.*, 38 r°; *coarcté*, Lisset, *Ab.*, 44 r°; *collauder*, Baïf, III, 304; *colligence*, Mont., l. III, ch. 5, t. V, p. 252; *collution*, Lisset, *Ab.*, 5 r°; *colombe*, Marot, *Ep.*, 13, H. D. T.; *colostre*, Joub., *Err.*, 473; *comminution*, Lespl., *Prompt.*, 81; *commuer*, Rob. Est., *Dict.* 1549, H. D. T.; *compatir*, Id., *ibid.*;

à ceux où ils sont signalés. Inversement, il serait d'une mauvaise méthode de croire qu'un Ronsard ou un Scève n'ont réellement innové que les mots qu'on ne trouve pas avant eux. J'ai déjà eu l'occasion de le dire, un latinisme signalé dans Oresme, et qu'on retrouve au XVIe siècle, a été la plupart du temps réimporté, même quand il s'en trouve quelques exemples entre les deux époques, si ces exemples ne sont pas très nombreux. Évidemment dans les vocabulaires techniques, des mots techniques se sont transmis obscurément comme *concentrique*, *irrationnel*, *incommensurable*, *intersection*, *quadrangle*, *equidistant*, *penultieme* en mathématiques; *ablution*, *artificiel*, *calciner*, *congeler*, *putrefaction*, *sublimer*, *transmutation* en alchimie; *aperitif*, *dysurie*, *excarnifier*, *extirpé*, *lenitif*, *pustule*, *therebentine*, *thorax*, *vlceration*, en médecine. Mais en revanche on pourrait citer une masse de cas où les auteurs du XVIe siècle ont pris ailleurs qu'à la tradition. Ce n'est pas dans Bersuire que Rabelais va chercher *pretorial* (III, 183, Jannet). *Culture* est cité en 1521 par le *Dictionnaire général*, et cependant Belon hésite à le prendre au latin, et le rend par le français *labour* (*Le deffaut du labour*, Préface). La conclusion de ces observations est qu'en dehors des mots que le XVIe siècle a inventés, il faudrait, si l'on voulait mesurer exactement sa fécondité, tenir compte de tous ceux qu'il a ressuscités : la vraie vie d'un mot commence seulement du jour où il entre dans l'usage général.

concilier, Id., *ibid.*; *concours*, Amyot, *Œuv. mor.*, *Cur.*, 22, *ibid.*; *concret*, Paré, XVIII, 4, *ibid.*; *confuter*, Mar., III, 199; *conglobe*, Canape, *Muscl.*, 20 r°; *contempner*, Let. Briçonn. 1524, Herm., *C.*, I, 190; *contexture*, Canape, *Muscl.*, 12 r°; *conuulsion*, Rob. Est., 1549, H. D. T., Joub., *Err.*, 66, Houel, 13 r°; *crassitude*, Col., *Ur.*, 41; *delation*, Canape, *Muscl.*, 23 v°; *deliber*, Rons., III, 523, M.-L.; *depoulper*, Id., VI, 300, *ibid.*; *deprauation*, Am., *Œuv. mor.*, préf., H. D. T.; *desuetude*, Le Caron, 1596, H. D. T.; *deuouer*, Am. dans G., Suppl[t], *ibid.*; *dexterité*, Macault, *Trad. Apoph. Er.*, *ibid.*; *dirriger*, Du Bel., I, 484, M.-L.; *disconuenir*, Rob. Est., 1549, H. D. T.; *disgreger*, Amyot, *Prop. tab.*, 415 r°; *dissident*, Tagault, G., Sup[t], dans H. D. T.; *diuaguer*, Postel, *Rep. des Turcs*, *ibid.*; *diuidende*, Pelet, *Arithm.*, 43, *ibid.*; *diuulsion*, Tagault, *Inst. chir.*, p. 295, G., et Mont., l. III, ch. 9, t. VI, p. 146; *docile*, Rob. Est., 1549, H. D. T.; *docte*, Du Bel., I, 55, M.-L.; *domification*, Mont., l. II, ch. 12, t. IV, p. 85; *dubitateur*, Id., l. II, ch. 12, t. III, p. 294; *dulcorer*, Lisset, *Ab.*, 7 v°; *education*, Dassy, *Peregrin.*, H. D. T.; *effectif*, *Ep. de Henri VII a Henri VIII*, 1512, *ibid.*; *elabourer*, Rab., I, *Prol.*, *ibid.*; *elider*, Rob. Est., 1549, *ibid.*; *elocution*, Fabri, *Rhet.*, *ibid.*; *elogue*, Pasq., *Let.*, I, 558, *ibid.*; *emanation*, Vigenère, 1587, *ibid.*; *enumeration*, Fabri, *Rhet.*, *ibid.*; *epistolaire*, Dolet, *Ep. fam. de Cicer.*, *ibid.*; *equanimité*, Mont., l. III. ch. 10, t. VI, p. 229; *erosion*, Canape, *Table anat.*, H. D. T.; Lisset, *Ab.*, 11 r°; *ere*, Grujet, *Div. leçons*, H. D. T.; *euoluant*, Lespl., *Prompt.*, 4; *euomer*, Id., *ibid.*, 27; *exagiter*, R. Est., 1564, et Mont., l. III, ch. 12, t. VI, p. 300; *exanimé*, Lespl., *Prompt.*, 12; *excauation*, Du Pinet, H. D. T.; *exceller*, Rons., *Am.*, I, 163, *ibid.*; *excorier*, Rabel., I, 243; *exinanition*, Mont., l. III, ch. 8, t. VI, p. 91; *exolution*, Houil., *Chir.*, 57; *exorable*, Calv., *Inst. chr.*, III, xx, 124, H. D. T.; *exorde*, Fabri, *Rhet.*, *ibid.*, et Joub., *Err.*, 150; *explication*, Vigenere, *Philostr.*, H. D. T.; *explicite*, Du Perron, *Euchar.*, *ibid.*; *expurger*, Chrest., *Philaleth.*, 15 r°, *ibid.*; *exquisite*, Colin, *Ur.*, 42; *exsangue*, Canape, H. D. T.; *extoller*, Cretin, *Ch. roy.*, 5 r°, G.; *exulceration*, Baillif, *Conf.*, 26; *exulcerer*, Rab., I, 13. H. D. T.; *exulter*, J. Le Maire, III, 113; *faciende*, Rab., IV, 21, H. D. T.; *facilité*, R. Est., 1549, *ibid.*; *factotum*, Jod., *Eug.*, a. 1, *A. th. fr.*, IV, 25; Lar., *Les Escol.*, a. 1, *A. th. fr.*, VI, 100; *fanatique*, Mont., II, 12, H. D. T.; *fane*, Bugn., *Er.*, 36; *fastidier*, Coll., *Œuv.*, 47; *fatidique*, Oct. de Saint-Gel., H. D. T.; *febrile*, Paré, V, 19, *ibid.*; *fidele*, Rob. Est., 1539, H. D. T.;

flexion, Canape, *Muscl.*, 18 v°; *floride*, Rons., III, 520, M.-L., et Rab., V, 9, H. D. T.; *fortuit*, Rob. Est., 1549, *ibid.*; *frequentatif*, Meigret, *Gram.*, *ibid.*, et Rons., VII, 336, Bl.; *fuligineux*, Paré, *Adm. anat.*, 36 v°; *funebre*, J. Le Maire, H. D. T.; Sceve, *Del.*, VII; *glandule*, Paré, I, 17; *gradation*, Fabri, *Rhetor.*, H. D. T.; *grandipotent*, Lem. de Belg., III, 130; *gratifier*, Des Periers, *Nouu.*, 123, H. D. T.; *gratuit*, Amyot, *Œuu. mor.*, *Mauu. honte*, 9, *ibid.*; *hesiter*, de Selve, *Vies de Plut.*, *ibid.*; *hiatus*, Fabri, *Rhet.*, *ibid.*; *honorifique*, Nic. de la Chesn., *ibid.*; *hortense*, Lespl., *Prompt.*, 51; *hyulque*, Du Bel., I, 52, M.-L.; *imiter*, Rob. Est., 1539; *impetigine*, Baillif, *Conf.*, 89 v°; *impollu*, *La paix faicte a Cambray*, G.; *improspere*, Jod., I, 187, M.-L.; *inaudite*, Lespl., *Prompt.*, 14; *incomprehensibilité*, Mont., l. II, ch. 12, t. III, p. 295; *incruente*, *Serm. cath. de Vigor*, 121; *inculcation*, Mont., l. III, ch. 9, t. VI, p. 146; *indefatigable*, Belon, *Singular.*, 1559, G.; *indelebile*, Calv., *Inst. chr.*, IV, 19, H. D. T., et Mont., l. III, ch. 5, t. V, p. 294; *inguinal*, Houiller, *Chir.*, 7; *intermedie*, St-Gel., III, 162 [1]; *inualide*, Rob. Est., 1549, H. D. T.; *inuersion*, Du Bel., *Def.*, II, 8, éd. Ch., 276; *irremittent*, Mont., l. I, ch. 21, t. I, p. 142; *iube*, Rab., III, 177, J.; *iuiube*, Lisset, *Ab.*, 32 v°; *languide*, Houil., 4; *lanificque*, Rab., III, 235, J.; *lascif*, J. Le Maire, H. D. T.; *laudateur* Rab., III, 15, J.; *lenité*, Farel, *Let.*, 1532, Herminj. *C.*, II, 440; *lesure*, Lespl., *Prompt.*, 100; *ligament*, Rab., IV, 30, H. D. T. et Paré, *Adm. an.*, 26 v°; *lineamens*, Rab., II, 51, J., Baillif, *De l'homme*, 22 v°; *liture*, Mont., l. I, ch. 40, t. II, p. 201; *lucifique*, Rab., II, 19, J.; *macter*, Baïf, V, 56, M.-L.; *macule*, Calv., *Inst.*, 30, L., et Des Periers, *Poes.*, 155, Chen.; *malaxer*, Houil., *Chir.*, 68; *malesuade*, Rab., V, 24, J.; *maliuole*, J. Le Maire, *Illust.*, III, f° 4 v°, G.; *manes*, Rons., I, 86, M.-L.; *membrane*, Paré, *Adm. an.*, 19 v°; *mirande*, Noël du Fail, I, 261; *molestie*, Du Bel., I, 485. M.-L.; *muliebre*, Molinet, *Chron.*, VI, G.; *munitions*, Rab., IV, 20, J.; *nodosité*, Paré, XIV, 17, L.; Baillif, *Conf.*, 94 v°; *nouenaire*, Est. de la Roche, *Arism.*, 150 v°; *nubileux*, Rab., III, 227, J.; *numeral*, Id., I, 81, *ibid.*; *obliuieux*, Jod., *Eug.*, *A. th. fr.*, IV, 7; *obsidier*, *J. B. P.*, 116; *obturber*, Rab., III, 104, J.; *obtus*, Paré, X, 21, L.; Bou., *Geom.*, 7 v°; *occiput*, Houill., *Chir.*, 3; *olide*, Lespl., *Prompt.*, 16; *opination*, Mont., l. II, ch. 12, t. III, p. 288; *oppugner*, Rab., III, 221, J.; *orifice*,

1. « Signifie *pause*, a la maniere de France, ou *scene*, selon les Latins. »

Paré, *Adm. an.*, 25 r°; *orque*, Du Bel., I, 140, M.-L.; *oscitation*, Baillif, *De l'hom.*, 24; *s'ostenter*, Bugn., *Er.*, 43; *pacifique*, Jod., II, 148, M.-L.; *pellucide*, Belleau, II, 158, *ibid.*; *perenne*, Mont., l. III, ch. 6, t. VI, p. 71; *perflable*, Id., l. II, ch. 12, t. IV, p. 10; *pericliter*, Rab., V, 21, J.; *permeable* (« pardonnez-moy ce mot »), Pont. Ty., 35, M.-L.; *pernicie*, Ant. du Moul., *Chirom.*, 1549, p. 3; *peroration*, La Ramee, *Dial.*, II, 16, G.; Mont., *Ess.*, l. I, ch. 51, t. II, p. 273; *pestilent*, Houil., *Chir.*, 8; *petreux* (os), Rab., I, 153, J.; *ponction*, Paré, VI, 12, L.; *potential*, Houil., *Chir.*, 13; *prepostere*, Mont., l. I, ch. 23, t. I, p. 164; *prescript*, Du Bel., I, 20, M.-L.; *pristin*, Houel, 11 r°; *profluuion*, Mont., l. III, ch. 13, t. VII, p. 47; *profus*, Id., l. III, ch. 5, t. V, p. 269; *progression*, Est. de la Roch., *Arism.*, f° 6; *promiscue*, Mont., l. I, ch. 56, t. II, p. 294; *promptuaire*, Des Per., *Deuis*, LXIII, 227, Chen.; *propage*, Bugn., *Er.*, 112; *propinacle*, Lem. de B., III, 130; *propitier*, Mont., l. II, ch. 12, t. IV, p. 21; *prospectiue*, Sceve, *Del.*, LXXIII; *prostration*, Colin, *Ur.*, 24; *pudique*, Sceve, *Del.*, CCCXIII; *pulueriser*, Paré, *Intr.*, 27, L., et Bail., *De l'hom.*, 32; *quadrature*, Rab., IV, 160, J.; *quiet*, Mont., l. III, ch. 9, t. VI, p. 175; *quotient*, De la Roch., *Arism.*, 13 v°; *rancide*, Houiller, *Chir.*, 16; *ratiociner*, Paré, *Œuv.*, Instr., XXIV, G., et Mont., l. II, ch. 12, t. IV, p. 62; *recurrent*, Paré, *Adm. an.*, 41 r°; *reiteration*, Rab., III, 102, J.; *relucent*, Lem. de Belg., III, 120; *resequer*, Id., *ibid.*; *retenter*, Du Bel., I, 341, M.-L.; *retrogradation*, Bail., *Conf.*, 38; *reuolu*, Du Bel., I, 156, M.-L.; *rorant*, B. Aneau, *Lyon march.*, A. III v°; *rusticité*, Rab., V, 75, J.; *sacre* (= sacré), Sceve, *Del.*, XXI; Rab., II, 121, J.; *sacrosancte*, Bugn., *Er.*, 54; *sanie*, Houiller, *Chir.*, 30; *sceleste*, Bugn., *Er.*, 20; *scintille*, Lar., *Fid.*, a. I., *A. th. fr.*, VI, 321 (p. e. ital.); *scope* (= scopa), Lisset, *Ab.*, 19 r°; *scripteur*, Rab., III, 94, J.; *secteur*, Bou., *Geo.*, 51; *semestre*, Rons., III, 217, M.-L.; *serener*, Sceve, *Del.*, XLV; *sesquialtere*, De la Roch., *Ar.*, f° 3[1]; *siccité*, Paré, XIII, 3, L., et Bacon, *Mir. d'Alq.*, 81; *syderal*, Rab., I, 38, J.; *silent*, Sceve, *Del.*, LXXV; *simulté*, Rab., IV, 20, J.; *social*, Lem. de Belg., III, 114; *statuer*, Bugn., *Er.*, 116; *spinal*, Houil., *Chir.*, 3; *stillicide*, Lisset, *Ab.*, 48 r°; *structure*, Canape, *Muscl.*, 29; Du Bel., I, 336, M.-L.; *subiicer*, Bugn., *Er.*, 10; *subsecutif*, *Lett. de Fr. Ier*, 1516, G., et Mont., l. II, ch. 12, t. III, p. 293; *suffocation*, Bail., *Conf.*, 28; *sulphureux*, Bail., *Conf.*, 37; *superceleste*, Mont.,

1. Cf. *sesquiquarte*, *sesquitierce*, *sesquisexte*, Id., *ibid.*

l. III, ch. 13, t. VII, p. 90; *supernaturel*, Id., l. II, ch. 12, t. III, p. 175, 253; l. III, ch. 11, t. VI, p. 261; *supernumeraire*, Id. l. II, ch. 12, t. III, p. 293; l. III, ch. 9, t. VI, p. 149; *suture*, Canape, *Os*, 9 r°; *tabide*, Houil., *Chir.*, p. 30; Rons., VI, 475, M.-L.; *temulent*, Bugn., *Er.*, 60; *tenuité*, Col., *Ur.*, 30, Paré, I, 11. L.; *testicule*, Canape, *Muscl.*, 13; Paré, *Adm. an.*, 19 r°; *testifier*, Cl. Marot, 1731, I, 254, G.; *tetricité*, Des Per., *Deu.*, I, 12, Chen.; *titilacion*, Joub., *Err.*, 524; *torrefié*, Lisset, *Ab.*, 42 v°; *tremefaction*, Lespl., *Prompt.*, 46; *trituration*, Houel, p. 6; *triturer*, Bacon, *Mir. d'Alq.*, 71; *uberté*, Dolet, *Gest. F. de Val.*, 15; Mont., l. II, ch. 37, t. V, p. 125; *urger*, Lespl., *Prompt.*, 77; *valetudinaire*, Joub., *Err.*, 122; *valuule*, Paré, *Adm. an.*, 37 r°; *vastité*, Amyot, *Œuvres mêl.*, V, 245, G., et Mont., l. II, ch. 12, t. IV, p. 146; *vate*, Rons., IV, 359, M.-L.; *vehicule*, Bail., *Conf.*, 39 v°, Paré, *Intr.*, 6, L.; *vellication*, Rab., III, 213, J.; *vendiquer*, Le Baud, *Hist. de Bret.*, ch. III, G., et Mont., l. III, ch. 10, t. VI, p. 227; *verisimilitude*, Id., l. II, ch. 12, t. IV, p. 25; *vertigine*, Bail., *De l'hom.*, 44 r°; *vigilance*, Dorat, 35, M.-L.; *viscere*, Canape, *Muscl.*, 59 v°; *vitré*, Bugn., *Er.*, 19; *vulgue*, Rab., III, 179, J.; *vulve*, Paré, *Adm. an.*, 24 v°.

B) Emprunts au *grec*.

1° Mots qui sont empruntés par l'intermédiaire du latin classique : *Academie* (Academia = Ἀκαδημία), Marot, I, 214; *cadmie* (cadmia = καδμεία), Houil., *Chir.*, 42; *condyle* = κόνδυλος, Canape, *Muscl.*, 39 v°; *disque* (discus = δίσκος), Guill. du Choul, 1556, H. D. T.; *egide* (aegis = αἰγίς), J. Le Maire, *Ill.*, *ibid.*; *embleme* (emblema = ἔμβλημα), Sceve, *Del.*, Privil.; *encyclie* (encyclius = ἐγκύκλιος), Bou., *Geo.*, 13 v°; *epiderme* (epidermis = ἐπιδερμίς), Paré, I, 2, H. D. T.; *epigramme* (epigramma = ἐπίγραμμα), Laz. de Baïf, M.-L.; *epilepsie* (epilepsia = ἐπιληψία), J. Meignan, *Hist. d. plantes*, H. D. T., Joub., *Err.*, 122; *epithalame* (epithalamium = ἐπιθαλάμιον), Cl. de Buttet, H. D. T.; *epithete* (epithetum = ἐπίθετον), Bouchet, *Chap. des princes*, *ibid.*; *glosseme* = γλώσσημα, Scal., *Let.*, 66; *hemistiche* (hemistichium = ἡμιστίχιον), Du Bel., *Def. et ill.*, H. D. T.; *hendecasyllabe* (hendecasyllabus = ἑνδεκασύλλαβος), Id., *ibid.*, I, 40, M.-L.; *heptagone* (heptagonus = ἑπτάγωνος), Bou., *Geo.*, 28 v°; *hexagone* (hexagonus = ἑξάγωνος), Id., *ibid.*, 9 v°; cf. Rab., I, 53, H. D. T.; *hydraulique* (hydraulicus = ὑδραυλικός), Bouchard dans Godef. Compl[t], *ibid.*; *hydragogue* (hydragogus = ὑδραγωγός), Paré, XVI, 12, *ibid.*; *hystericque* (hystericus = ὑστερικός), J. Grevin, *ibid.*; *hypothese* (hypothesis = ὑπόθεσις),

Canape, *Muscl.*, f° 33 r°; *isocele* (isosceles = ἰσοσκελής), Bou. *Geo.*, 16; *lyrique* (lyricus = λυρικός), Du Bel., I, 175, M.-L.; *lytharge* (lethargus = λήθαργος), Houil., *Chir.*, 22; *magnes* (Magnes = Μάγνης), Id., *ibid.*; *malagme* (malagma = μάλαγμα), Id., *ibid.*, 63; *metamorphose* (metamorphosis = μεταμόρφωσις), Rab., *Briefue declar.*, H. D. T.; *monosyllabe* = μονοσύλλαβος, Fabri, *Rhet.*, H. D. T.; *Musagete* (musagetes = μουσαγέτης), Bugn., *Er.*, 18; *naumachie* (naumachia = ναυμαχία), Rab., VI, 26, J.; *neoteric* (neotericus = νεωτερικός), Col., *Ur.*, 24; *ode* (ode = ᾠδή), Lem. de Belg., III, 112, cf. Du Bel., *Def.*, éd. Ch. p. 208, n. 3; *orgie* (orgia = ὄργια), Rons., L.; *oxymel* (oxymeli = ὀξύμελι), Houil., *Chir.*, 67; *parallelogramme* (parallelogrammus = παραλληλόγραμμος), Bov., *Geo.*, 38 v°; *parotide* (parotis = παρωτίς), Houil., *Chir.*, 47; *peritoine* (peritonæum = περιτόναιον), Canape, *Muscl.*, 14 r°; *periphraze* (periphrasis = περίφρασις), Du Bel., *Def.*, I, 22, M.-L; *philologe* (philologus = φιλόλογος), Rab., I, 6, J.; *phlebotomie* (phlebotomia = φλεβοτομία), Houil., *Chir.*, 1; *pithyocampe* (qui sont chenilles de pin, pityocampa = πιτυοκάμπη), Houil., *Chir.*, 22; *proboscide* (proboscis = προβοσκίς), Jod., II, 272, M.-L.; *rhombe* (rhombus = ῥόμβος), Bov., *Geo.*, 20 v°; *rhomboïde* (rhomboides = ῥομβοειδής), Paré, I, 8, L.; Rab., III, 226, J.; *sandaraque* (sandaraca = σανδαράκη), Lisset, *Ab.*, 39 r°; *sciatic* (sciaticus = ἰσχιαδικός), Houil., *Chir.*, 8; *spondyle* (spondyle = σπονδύλη), Paré, *Adm. an.*, 45 v°; *stratageme* (par l'italien = στρατήγημα), Rons., III, 524, M.-L.; *sympathie* (sympathia = συμπάθεια), Rab., III, ch. 4; Rons., I, 112, Bl.; Joub., *Err.*, 522; *symmyste* (symmystes = συμμύστης), Joub., *Err.*, 55; *tetragone* (tetragonus = τετράγωνος), Est. de la Roch., *Arism.*, f° 154; *trachée* (trachia = τραχεῖα), Paré, *Adm. an.*, 42 v°; *trope* (tropus = τρόπος), Rons., III, 520, M.-L.; *tropicque* (tropicus = τροπικός), Rab., III, 236, J. [1].

2° Mots qui sont empruntés au grec, soit directement, soit par l'intermédiaire du bas-latin moderne :

acromion (ἀκρώμιον), Rab., I, 150, J.; *acroamatic* (ἀκροαματικός), Bouchet, *Serees*, Préf., H. D. T., et Bail., *Conf.*, 10; *agathe* (ἀγαθός), Bugn., *Er.*, XI, 15; *anagramme* (ἀνάγραμμα), Dorat, 66,

1. A ces mots on pourrait en ajouter une foule d'autres : *Aconite*, *aegilop*, *amblygone*, *androgyne*, *antipathie*, *apocope*, *apologie*, *apothéose*, *apostrophe*, *archimandrite*, *astronome*, *axiome*, *balane*, *clinique*, *dogme*, *empyreme*, *epinicie*, *ethnique*, *exotique*, *ganglion*, *gelasin*, *geographie*, *gnomon*, *hectic*, *hermaphrodite*, *hymenee*, *isopleure*, *oxycrat*, *oxygone*, *phtiriase*, *scheme*, *thalame*, *tragique*, qui apparaissent dans les textes français du XVI° siècle, et qui étaient déjà passés en latin dans l'antiquité.

M.-L. ; *anodyn* (ἀνώδυνος), Houil., *Chir.*, 7 ; *anthrope* (ἄνθρωπος), Bugn., *Er.*, 84 ; *apathie* (ἀπάθεια), Rab., III, *Ded.*, H. D. T., Bugn., *Er.*, 50 ; *apocroustic* (ἀποκρουστικός = répulsif), Houil., *Chir.*, 1 ; *aponeurose* (ἀπονεύρωσις), Paré, I, 7, H. D. T. ; *apophyse* (ἀπόφυσις), Id., I, 11, *ibid.* ; *apophtegme* (ἀπόφθεγμα), Rab., I, 27, *ibid.* ; *archipel* (ἀρχιπέλαγος), Rob. Est., 1539, *ibid.* ; *athée* (ἄθεος), Rons., V, 341, M.-L., H. Est., *Dial. franç. ital.*, II, 214, H. D. T; *cacochyme* (κακόχυμος), Houil., *Chir.*, 1 ; *charite* = grâce (χάρις), Rons., I, 9, M.-L. ; *chiliandre* (χιλίανδρος), Rab., III, 236, J. ; *cotiledon* (κοτυληδών), Paré, *Adm. an.*, 25 r° ; Rab., I, 6, H. D. T. ; *diarthrose* (διάρθρωσις), Paré, IV, 43, *ibid.* ; *diathese* (διάθεσις), Id., III, 728, *ibid.* ; *engastrimythe* (ἐγγαστρίμυθος), Rab., III, 128, J. ; *enthousiasme* (ἐνθουσιασμός), P. de Ty., H. D. T. ; *epænon* (ἔπαινος), Rab., IV, 224, J. ; *epigastre* (ἐπιγάστριος), Canape, H. D. T. ; *episemasie* (ἐπισημασία), Rab., V, 102, J. ; *estiomene* (de ἐστιάω), Lisset, *Ab.*, 11 r° ; *gynecocratie* (γυναικοκρατία), J. Bod., *Rep.*, VI, 5, H. D. T. ; *homogene* (ὁμογενής), Piccol., *Sphere*, *ibid.* ; *homologue* (ὁμόλογος), Stevin, *Arithm.*, 66, *ibid.* ; *hygiène* (ὑγιεινά), Paré, *Intr.*, 3, *ibid.* ; *ichtyocolle* (ἰχθυόκολλα), Houil., *Chir.*, 9 ; *lambdoïde* (λαμβδοειδής), Canape, *Os*, 9 r° ; *larynx* (λάρυγξ), Rab., II, 32, H. D. T. ; *leuce* (λευκή), Rab., I, 43, J. ; *lipothymie* (λιποθυμία), Rab., III, 161, J. ; cf. L. ; *lobbe* (λοβός), Paré, *Adm. an.*, 17 r° ; *mesentere* (μεσεντέριον), 1546, Ch. Est., *Dissect.*, H. D. T. ; *metaphrene* (μετάφρενον), Rab., III, 176, J. ; Paré, *Adm. an.*, 45 v° ; *nosocome* (νοσοκόμος), Rab., I, 175, J. ; *œdeme* (οἴδημα), Houil., *Chir.*, 58 ; *omiomere* (ὁμοιομερής), Col., *Ur.*, 267 ; *opiate* (ὄπιον), Rab., *Prol.*, V, L. ; Lisset, *Ab.*, 62 v° ; *palingenesie* (παλιγγενεσία), Rab., III, 93, J. ; *pericarde* (περικάρδιος), Paré, *Adm an.*, 41 r° ; *philostorgie* (φιλοστοργία) « comme les Grecs l'appellent », Est., *Dial.*, II, 27, Rist. ; *phrene* (φρήν), Rab., III, 176, J. ; *philaftie* (φιλαυτία), Marg. de Val. dans Brantôme, VIII, 210 ; *prosphonematique* (προσφωνηματικός), Du Bel., I, 222, M.-L. ; *sphacele* (σφάκελος), Paré, XVIII, 31, L. ; *sphagitides* (σφαγῖτις), *Adm. an.*, 38 r° ; *strobiline* (στροβίλινος), Houil., *Chir.*, 43 ; *symptôme* (σύμπτωμα), Brailler, *Art.*, p. 37 [1] ; *synoche* (συνοχή), Lisset, *Ab.*, 19 v° ; *tetragramme* (τετράγραμμος), Pont. Ty., 54, M.-L. ; *thée* (θεά), Bugn., *Er.*, 20 ; *trapèze* (τραπέζιον), Bou., *Geo.*, 21 ; *ypothenuse* (ὑποτείνουσα), Est. de la Roch., *Arism.*, 152 ; *zoophyte* (ζωόφυτον), Paré, *Anim.*, 21, L. ; Rab., III, 49, J. [2].

1. Le mot se trouve en latin, mais il est accompagné de cette phrase : « comme ils grecisent en françois ».

2. Je ne puis pas ne pas rappeler qu'Estienne, dans le livre III de la *Conformité*, et

7° Avec des éléments entièrement savants, on fait des mots que les langues anciennes n'ont pas connus. Ainsi du thème *gigant*, et du suffixe francisé, mais non français, *al* [1], Rabelais forme *gigantal*, qui serait en latin *gigantalis*, mais qui n'existe pas dans cette langue (Rab., I, 362, M.-L.). De même de *super* et *purgation* la médecine du XVIe siècle avait tiré *superpurgation* [2].

Ces mots commencent, au XVIe siècle, à se rencontrer en nombre très considérable. En voici quelques-uns dans la masse :

1. DÉRIVÉS. A). ADJECTIFS : en *aire* : *iugulaire*, Paré, *Adm. an.*, 38 r°, et Canape dans H. D. T. ; *uretaire*, Paré, *Adm. an.*, 18 v° ; — en *al* : *fecal*, Paré, *Adm. an.*, 15 r° ; *humeral*, Canape, *Tab. an.*, H. D. T. ; *humoral*, Paré, *Adm. an.*, 16 r° ; Des Per., *Deuis*, XC, II, 297, Chen. ; *lactal*, Paré, *Adm. an.*, 31 r° ; *saliual*, Id., *ibid.*, 20 r° ; — en *ande* : *honorande*, Id., *ibid.*, 11 ; *licentiande*, *Reglem. de la Fac.*, 1534, G. ; — en *atoire*, *masticatoire*, Paré, *Adm. an.*. 47 v° ; — en *ee* : *athanatee*, Bugn., *Er.*, 67 ; — en *ian*, *ien* : *Palladian*, Marot, II, 139 ; *Academicien*, Mont.. I. II, ch. 12, t. IV, p. 88 ; *Apollonien*, Bugn., *Er.*, p. 115 ; *venerien*, Paré, *Adm. an.*, 20 r° ; — en *fique* : *neruifique*, Paré, *Adm. an.*, 26 r° ; — en *ique : pleonasmique*, Rab., III, 184, J. ; *symptomatique*, Paré, XX, 35, L. ; et Col., *Ur.*, 179 ; — en *if*, *atif* : *carminatif*, Lisset, *Ab.*, 12 r° ; *detersif*, Houil., *Chir.*, 76 ; *initiatif*, Bou., *Geo.*, 1566, p. 6 ; *oppilatif*, Houil., *Chir.*, 8 ; *repulsif*, Id., *ibid.*, 1, etc.

B) SUBSTANTIFS : formés par dérivation impropre : *hydrographe* (de hydrographie), Or. Finé, *Sphere*, H. D. T. ; *hieroglyphe*, Chappuis, *Comm. hierogl.*, *ibid.*

Formés par adjonction de suffixes : en *ament : filament*, Rob. Est., 1539, H. D. T. ; Paré, *Adm. an.*, 14 r° ; — en *asmes : erotasmes* (sur ἔρως), Bugn., *Er.*, 118 ; — en *ateur* : *preconizateur*, Briç., *Let.*, 1524, Herm., *C.*, I, 186 ; — en *ation* : *albification*, Bacon, *Mir. d'Alq.*, 67 ; *cubication*, Bov., *Geo.*, 49 v° ; *elucidation*, Palsgr., 1530, H. D. T. ; *mondification*, Bacon, *Mir. d'Alq.*, 17 ; *patrocination*, Rab., III, 147, J. ; *ramification*, Paré, *Adm. an.*, 25 r° ; *rubification*, Bacon, *Mir. d'Alq.*, 67 ; *symbolisation*, Rab.,

Trippault, dans son *Dictionnaire François-Grec*, Orléans, Eloy Gibier, 1577, ont donné beaucoup de mots savants tirés du grec. Là ils se sont beaucoup moins fourvoyés que dans les étymologies des mots courants.

1. Le suffixe populaire venu de *alem* est *el*. Ex. : *mortel* (*mortalem*), *noe* (*natalem*).

2. Il importe de remarquer que beaucoup de ces mots ont été inventés pour le latin scientifique, et que c'est de là qu'ils ont passé en français. En ce cas, les mots de cette catégorie ne sont pas essentiellement distincts de ceux du n° 6.

III, 33, J. ; — en *ature* : *deligature*, Houil., *Chir.*, 15 ; *lineature*, Heroet, *Parf. amye*, 1543, G. ; — en *isme* : *gallicisme*, H. Est., *Nouu. lang. fr. ital.*, II, 177, H. D. T. ; *gasconisme*, Scal., *Let.*, 165 ; *huguenotisme*, Id., 227 ; — en *iste* : *clisteriziste*[1], Lisset, *Ab.*, 24 r° ; *humaniste*, Gruget, *Lec. de P. Messie*, 1539, H. D. T. ; *fabuliste*, Guterry, *ibid.* ; — en *ique* : *theatrique*, Cayet, *Chron. sept.*, 29, 2 ; — en *ité* : *anfractuosité*, Paré, *Adm. an.*, 10 r° ; *caducité*, Tabourot, *Bigar.*, H. D. T. ; *fauorité*, Bugn., *Er.*, p. 21 ; *labilité*, Mar., IV, 183 ; *oleagineité*, Bacon, *Adm. pouv.*, 67 ; *terrestreité*, Id., *Mir. d'Alq.*, 11 ; — en *itude* : *esclauitude*, Brant., *G. cap.*, V, 108, 109 ; — en *eme* : *prolongeme*, Bov., *Geo.*, 1566.

C) *VERBES* : formés avec *culer* : *torticuler*, Rab., II, 178, J. ; — avec *izer* : *cabalizer*, Tory, pl. 60, p. 4 ; Des Per., *J. Deuis*, XIII, II, 64, Chen. ; *castillanisé*, St-Gel., I, 314 ; *catholisé*, Chans. vers 1590, Ler. de L., II, 501 ; *chimeriser*, Lar., *Jal.*, a. II, *A. th. fr.*, VI, 21 ; *ciuiliser*, Mont., I, 24, H. D. T. ; *diaspermatiser*, Rab., III, 133, J. ; *eterniser*, Du Bel., *Def.*, II, 2, éd. Ch., 180 ; Rons., *Am.*, I, 167, H. D. T. ; *familiariser*, Cholières, *Ap. din.*, 127, *ibid.* ; *formaliser*, Amyot, *Flam.*, 31, *ibid.* ; *franciser*, Des Per., *Nouu.*, 16, *ibid.* ; *mondaniser*, Lem. de Belges, III, 122 ; *naturaliser*, J. Thierry, *Dict.*, H. D. T., et Mont., l. III, ch. 5, t. VI, p. 5 ; *pyrrhoniser*, Mont., l. II, ch. 12, t. IV, p. 108.

2. Composés[2]. A) *LATINS* : *incomprenable*, *Ch. hug.*, II, 295 ; *intercostal*, Paré, *Adm. an.*, 31 r° ; Chrestian, *Philalethes*, 31 r°, H. D. T. ; *ferrementiporte*, Rab., V, 41, J. ; *frontispice*, G. Tory, *Champfl.*, H. D. T. ; *manutenence*, J. Le Maire, *Leg. des Ven.*, I, G.

B) *GRECS* : *anemophylace*, Rab., VI, 7, J. ; *nephrocatharticon*, Id., II, 147, *ibid.* ; *pantheologie*, Id., III, 95, *ibid.* ; *proterote*, Bugn., *Er.*, 3 ; *hysterotomotokie*, Guillemeau[3], titre.

Le caprice individuel entrant pour bonne part dans cette naturalisation à outrance des mots latins et grecs, il n'y a pas lieu de s'étonner qu'un grand nombre de ceux qui avaient plu aux gens du xive ou du xve soient abandonnés de leurs successeurs. La liste n'est point faite, mais elle serait à faire. Voici quelques exemples :

confin, adj. encore dans J. d'Auton, *Chron.*, IV, 151, et A. Mathieu, G. ; *fatigacion*, encore dans Nic. de Tr., *Par.*, 232 ;

1. Dans ce même livre, les apothicaires sont traités de *saphranistes* (p. 10), *quiproquoquistes* (16 r°), *reubarbaristes* (27 r°).

2. Des Periers s'est égayé de quelques mots tels que *nugigerulle* dont l'avocat abreuvait sa malheureuse servante Pedisseque (*Ioyeux Deuis*, XIV, II, 66-69).

3. Une fois les mots savants grecs ou latins entrés dans la langue, ils se combinent avec des éléments hétérogènes, de façon à faire des mots hybrides, ni grecs, ni latins, ni français. Ex. : de *patriot*, grec πατριώτης, on tire *compatriote* (Du Pinet, *Pline*, H. D. T.) ; de *cholera* = χολέρα, *cholera morbus !* (Houel, p. 12).

lacrymable, encore dans le *Loyal Serv.*, 367 ; *magistre* encore dans Coll., *Œuv.*, 47, cf. G., et dans Rabelais, I, 68, J. ; *mancipe*, encore dans Corrozet, *Hecat.*, *Contre les magiciens*, 107 ; *monde* (pur), encore dans Bugn., LXIII, p. 54 ; *primogenite*, encore dans Lespl., *Prompt.*, p. 12 ; *rapteur*, encore dans B. Aneau, *Lyon march.*, B. IV v°, cf. G. ; *remot*, encore dans St-Gel., I, 224 ; *supernel*, encore dans Corroz., *Hecat.*, 185 ; *viscerallement*, encore dans Briçonn., *Let.*, Herm., *C.*, I, 188.

8° On emprunte aux langues anciennes, non plus des mots, mais des formes, ou des tours grammaticaux.

Pour les formes il était impossible d'aller très loin, sous peine de renoncer totalement à être compris ; il pouvait être question de rapprocher du latin les formes françaises qui s'y prêtaient, rien de plus. Ce sont ici les grammairiens, comme on l'a vu, qui semblent s'y être le mieux appliqués. Il faudrait signaler cependant quelques autres essais dont je parlerai plus loin.

En ce qui concerne la syntaxe, le latinisme a eu une action très considérable, et il faudrait faire une revue de presque toute la grammaire pour réunir ici, soit les tours qui ont été empruntés, soit ceux qui étaient déjà de l'ancien français, mais que l'imitation de Latins a contribué à développer et à répandre. Toutefois, cette action commence bien avant le XVIe siècle, et les pires latiniseurs ici n'innovent presque rien, ils appliquent, quelquefois en les élargissant, les méthodes de leurs prédécesseurs. J'étudierai au chapitre de la syntaxe chacun de ces tours à caractère latin.

Je n'ai pas à examiner ici quel emploi les écrivains ont fait des ressources nouvelles qu'ils acquéraient et qui s'ajoutaient aux anciennes ; semblable étude ressortit à l'histoire littéraire plutôt qu'à l'histoire grammaticale. Il y a peu à s'étonner qu'ils en aient abusé ; toutefois il faut convenir que la langue écrite est sortie de leurs mains riche de tout ce qui pouvait être nécessaire pour tenter n'importe quel style[1].

1. J'ai dû, dans ce court exposé, laisser systématiquement de côté une partie — et non une des moins intéressantes — des mots qui apparaissent alors, ou dont l'existence se révèle alors par les textes ; il s'agit de ceux au sujet desquels l'étymologie en est encore aux conjectures.

De ce nombre sont *bigle* (Rob. Est., 1539, H. D.,T.) ; *brette* (épée à la mode de Bretagne, *Chron. bordel.*, *ib.*) ; *cafard* (Texte de 1512, *ib.*) ; *fanfare* (*Let. du Sen. de Berne*, 22 fév. 1529, Herm., *C.*, II, 14) ; *faribole* (Rab., I, 216) ; *friquenelle* (coquette, Lar., *Les Tromp.*, a. II, sc. II, *A. th. fr.*, VII, 33) ; *frimousse* (Cotgr.) ; *goinfre* (d'Aub., *Faen.*, IV, 4, H. D. T.), etc.

Il y aurait également à découvrir l'origine de certaines transformations curieuses de sens : *esclairer*=donner de l'argent (Cyre Fouc., *Ep. d'Arist.*, 63) ; *faire le sabat* (*Farce de II ieun. f.*, v. 192, Pic. et Nyr., 107).

SECTION II — PHONÉTIQUE

CHAPITRE I

GÉNÉRALITÉS

Le mouvement spontané de la prononciation au XVIe siecle, — comme du reste celui de toute la langue — est plus difficile à préciser encore que celui des siècles précédents. Cela peut paraître étrange, puisque à partir de cette date nous avons des témoignages de contemporains qui ont observé l'usage. Mais ces témoignages sont peu sûrs, émanant de gens tout farcis de latin, souvent tentés d'imposer aux mots une forme calquée sur la forme latine, et, ce qui est plus déconcertant encore, de le faire sans méthode, en appliquant le système ici et en l'abandonnant là, sans considération aucune de la communauté d'origine d'un même son dans des mots différents. Ajoutez que, dans d'autres cas, l'observation même de ces grammairiens s'est trouvée faussée, parce qu'elle a porté sur des habitudes de prononciation qui n'étaient pas purement françaises, mais dialectales. Par là s'expliquent de graves contradictions entre les dires des contemporains.

Du reste, la critique de ces témoignages faite, et l'on arrive parfois à la faire, l'usage qu'on observe derrière eux apparaît lui-même avec des caractères nouveaux. Jusque là, pour la presque totalité des gens qui s'en servaient, la langue n'avait qu'une forme : la forme orale, le mot n'était qu'un groupe de sons qui se transmettait de bouche en bouche. Avec l'imprimerie, tout change : la langue se transmet aussi par la vue : le mot a deux formes, l'une pour les yeux, l'autre pour les oreilles.

BIBLIOGRAPHIE. — Thurot, *De la prononciation française depuis le commencement du XVIe siècle d'après les témoignages des grammairiens.* Paris, I. N., 1881. Ce livre est une incomparable collection de matériaux, quoique trop souvent l'observation des grammairiens n'ait porté que sur des mots isolés et des points de détail.

E. Gaufinez, *Notes sur le vocalisme de Meigret.* (*Festgabe für W. Foerster*), 1902.

Fr. Harteim, *Beiträge zum Vokalismus mit besonderer Berücksichtigung der nebentonigen und unbetonten Vortonsilben im fr.* (vom XVIten Jahrh. aus), Hambourg, 1898.

Or, par la faute de la graphie traditionnelle, telle que nous l'avons décrite, ces deux formes ne sont pas identiques, l'une n'est pas, comme elle devrait l'être, la figuration de l'autre, et dès lors, elles vont entrer en concurrence. La phonétique du français n'évoluera plus librement, elle sera contenue, quelquefois ramenée en arrière par l'influence orthographique; mais comme, malgré tout, elle ne saurait être complètement contrainte, il résultera de la lutte entre ses mouvements propres et les poussées artificielles qui s'y opposent toutes sortes d'inconséquences et d'exceptions.

En outre, la masse des mots savants introduits dans l'usage avec leurs consonances toutes latines exerce des effets analogiques qui dérangent l'évolution des mots populaires : des modes même, déterminées par l'influence de certains groupes, telle la mode italienne, concourent au même effet. Enfin les prescriptions doctrinales, quoique moins importantes qu'au siècle suivant, viennent à la traverse de l'évolution spontanée. Pour toutes ces raisons, le mot de phonétique, qui éveille l'idée de règles constantes et inconscientes, convient assez mal aux transformations qui vont survenir ; et le titre d'*Histoire de la prononciation* me paraît, malgré l'avis de Gaston Paris, aussi bien approprié à un temps où la phonétique n'a plus qu'une part dans le développement des sons, et où se mêlent, comme dans l'histoire, l'effet des grandes causes générales et le produit de la volonté consciente des hommes.

CHAPITRE II

VOYELLES

E[1]. — Le premier fait considérable à observer est la transformation ou la réduction croissante de *e* (œ).

A LA TONIQUE. — Au début du siècle, à la tonique, il était encore doué d'une sonorité assez forte pour porter l'accent tonique : *empese* (de *empeser*) ; néanmoins, placé ainsi devant une autre syllabe contenant également un *e* sourd, il tendait, depuis assez longtemps, à passer à *é* : *cachete* > *cachéte*, *acheve* > *achéve*. De même *aimé-je*. La vieille prononciation était considérée comme provinciale (Th., *o. c.*, I, 45).

Il est douteux que ce changement soit aussi souvent attesté par la graphie que le laisserait croire l'orthographe des éditions modernes. Ainsi on trouve dans St-Gelais : *bien vous prié-ie* (III, 229) ; *O fussé-ie morte au berceau* (*ib.*, 173) ; cf. *si ne resvé-ie pas* (Grev., *Esbah.*, a. IV, sc. IV, *A. th. fr.*, IV, 299). Faut-il lire ainsi ?

Mais *é* est probable dans l'exemple suivant : *Quelle superbe et magnifique chose iugé-ie estre ?* (Lar., *Jal.*, a. III, sc. V, *A. th. fr.*, VI, 49). Et il est tout à fait certain, quand pour le traduire on écrit *ai* : *Encore ne trouuay-ie* (Nic. de Tr., *Par.*, 24) ; *heureux eussai-ie esté* (Cyre Fouc., *Ep. d'Arist.*, 5).

Maupas dit expressément : « En certaines phrases ésquelles le pronom *je* de premiere personne vient immediatement apres le verbe terminé en *e* feminin, iceluy *e* feminin requiert vne prolation plus expresse et comme masculine pour donner poids ausdites phrases qui sont interogatives, optatives, et aduersatiues. Exemple : *Cherche-ie vostre dommage ? Puisse-ie mourir si...* » (9)[2].

A LA PROTONIQUE. — A la protonique initiale, une évolution analogue se produit, sans doute favorisée par une influence latine ou dialectale ; souvent *e* > *é* ; *é* est attesté pour *présent*, *prévost*, *désir*, *férir*, *guéret*, *péril*, *séjour*, *séton*, *léton*, *séduire*, *bénin*, *véneur*, *sémondre*.

Mais il reste *e* dans *brebis*, *fredon*, *chemin*, *chenu*, *menu*, *venin*, *mesure*, *tetin*, *crevasse*, *cheveu*[3].

1. Voir Rydberg, *Uebersicht der geschichtlichen Entwickelung des* ə *in alt- und neufranzösischer Zeit bis Ende des XVII*ten *Jahrh.*, Upsala, 1897.
2. Cf. Th. Rosset, *L'e muet au XVII*e *s.*, Mél. Brunot, 441.
3. Je rappelle que « la mauvaise prononciation » *eu* pour *e* est déjà connue, et se

E sourd. — Entre une consonne initiale labiale et *l*, *e* tend de plus en plus à disparaître : *p'lotte*, *p'lotton*, *b'listre*.

Dans la langue parlée, le même fait se produisait-il déjà entre d'autres consonnes? Disait-on *p'tite*? Les chansons les plus populaires ne le marquent pas : *Que par un(e) petit(e) fenestr(e) Qu'estoit au chevet du lit* (Chanson de 1525, Tobler, *V. fr.*, 34). Mais l'*e* appartenant à un proclitique disparaît assez souvent à l'initiale d'un mot phonétique : *Pour conquester l(e) pays* (*Ch. hist.*, Pic., *R. h. l.*, I, 300).

A la protonique non initiale, la réduction de *e* continue.

Entre consonnes, on trouve surtout des exemples analogues au suivant : *Et maudirez l'obscur(e)té tenebreuse* (J. Lem., III, 118); Marot compte également *seurté* et *seureté* (III, 75); de même *durté* (III, 9). *Legerté* vient-il de *legereté?* (Scal., *Let.*, 55.) Mais la réduction porte ailleurs que sur le suffixe *eté*. On trouve : *souvrain* (Rons., V, 77, M.-L.); *taftas* (Id., V, 415, ib.); *devlopee* (Baïf, IV, 85); *anvlopér* (Id., *Psaut.*, p. 14, 299); *hocton* (Cord., *Corr.*, *Serm. em.*, 131 A); *chicnaude* (Id., *ib.*, et 330 C); *carfour* (Vauq., *A. poét.*, I, 650, éd. Pélissier). Les futurs s'en trouvèrent modifiés, comme on le verra à la Morphologie (p. 360).

Derrière *ay*, *oy*, dès 1525, il y a hésitation ; on compte *e* ou non dans les vers : *Hoste de l'homme est vrayement Lyon* (B. An., *Lyon m.*, B. VII r°). Au contraire : *Qui fourniroit a un si gros pay(e)ment?* (Mar., III, 102.)

A la fin du siècle le témoignage de Lanoue est formel : les mots *remuëment*, *cruëment* sont prononcés sans l'*e*, avec un *e* apostrophé (Thur., *o. c.*, I, 145). Les futurs s'en ressentent, *e* y compte ou non, suivant les besoins du vers. Déjà dans Marot : *criray* (II, 67); *estudira* (II, 120); *s'humiliera* (4 syllabes, I, 82). De même dans Baïf : *rékréront* (*Psaut.*, 1991); *s'étudira* (*ib.*, 463). Exemples inverses : *oublieray* (Mar., I, 105); *essuyera* (Id., I, 92), etc. (Voir aux futurs, p. 360).

Les adverbes sont également modifiés. Tantôt *e* ne compte pas, écrit ou non écrit : *hardiment* (Mar., I, 142, 136; III, 254, etc.); *aysément* (Id., I, 121); tantôt *e* fait syllabe : *aiséement* (Mar., III, 154); *dissimuléement* (St-Gel., I, 315)[1] (Voir aux adverbes, p. 370).

trouve attestée par les textes : *cheux* est fréquent dans les *Ep. d'Arist.*, 70, 77, et souv.; Diane de Poitiers écrit *queuque chose*, p. 146 et aill. (Cf. Thur., *o. c.*, I, 468).

1. Dans *vraiment* le problème se complique d'une prononciation variable de *i*. Quand *i* sonne en *y*, *e* se prononce : *vrai-y-e-ment* (Mar., I, 88, I, 94, 149). Quand il sonne en *i*, pas de *e* : *vray(e)ment* (Id., I, 273, I, 26, 226).

A LA FINALE. — A la finale, *e* s'achemine vers son rôle moderne d'*e* muet. Il disparaît des mots comme *eau*, *soucy*, *cauchemar*, *chevrefeuil*, qui prennent la place de *eaue*, *soucie*, *cauchemare*[1], etc. D'autres hésitent entre la forme féminine et l'autre, par exemple les séries d'adjectifs en *ique* et en *ile* (Voir à la Morphologie).

Mais ce qui témoigne mieux que quelques exemples de l'affaiblissement de *e* final, c'est la rythmique.

1° *APRÈS VOYELLE.* — Le vieil usage de compter *e* après voyelle était encore très suivi au commencement du siècle. Lemaire de Belges le compte à peu près toujours, Marot aussi : *on leur a estably deux statues marbrines* (Mar., III, 9) ; *Puis des citez les cheminées fument* (Id., III, 126). De même en général Marguerite de Navarre : *Ie vous confesse, Amye tant aymée... Estre enfermé entre ferrées portes* (*Dern. po.*, 121); *Sans dire rien, ne partie, ne tout* (*Marg. de la Marg.*, IV, 13). De même Louise Labé. Voici d'elle un vers curieux : *Medée fut aymée de Jason* (éd. Blanch., 107).

Le chansonnier huguenot suit en général cette tradition : *Naurée de toutes parts* (heptasyllabe, I, 118; cf. I, 159 ; II, 200, dernier vers; 202, v. 17 ; 203, v. 11; 215, v. 11, etc.).

Mais Dolet (*Manière de trad.*, 1542, p. 37), note comme un fait courant de rythmique la syncope, c'est-à-dire la suppression de *e* : « La tierce facon de ceste figure (la syncope) est, quand deux uoyelles sont r'accoursies et proferées en une : ce qui se faict souuent en rhythme principalement. Exemple : *Pensées*: ou les deux *e* se passent pour ung, proferé par traict de temps asses longuet, quasi comme si lon disoit *pensés.* »

On trouve cette syncope dans Marot : *On s'ennuye d'vn pain a manger* (I, 284).

Ronsard est d'avis de ne pas tenir compte de l'*e* : « Sauf, dit-il, le iugement de noz Aristarques, tu doibs oster la derniere *e* foeminine, tant de vocables singuliers que pluriers, qui se finissent en *ee* et en *ees*, quand de fortune ilz se rencontrent au milieu de ton vers... Autant en est des vocables terminez en *ouë*, et *uë*, comme *rouë*, *iouë*, *nuë*, *venuë*... » (*A. p.*, VI, 456, M.-L.). Et de fait les poètes — plusieurs moins hardiment que Ronsard — syncopent *e* après voyelle.

On trouve déjà des exemples au XVe[2] et au XVIe chez ses prédé-

1. Lemaire de Belges emploie encore *eaue* : *Et la dedens iamais eaue ne gelle* (*Temple Ven.*, III, 108). De même Cordier (*Corr. serm. em.*, 179 C. et ailleurs). « L'opinion de beaucoup est qu'il faut dire *eau'* non *eaue* » (Seb., *A. poet.*, 20, v° 1548). *Eaue* va jusqu'à Montaigne et le dépasse.

2. Voir Tobler, *Le vers fr.*, trad. Sudre, p. 52.

cesseurs, et le *Chansonnier huguenot* montre que cela était d'accord avec les habitudes de la chanson populaire : *oubli l'ingratitude* (39). Derrière Ronsard, on pourrait citer naturellement ses imitateurs, ainsi A. Jamyn : *en trofé : reluist estoffé* (II, p. 176). Baïf transcrit : *le s8freteus Krî vęrs lui* (*Psaut.*, 1295-6).

L'usage de compter *e* s'en trouva frappé à mort. Jusqu'à Malherbe, les poètes le gardent sans scrupule. Malherbe lui-même le suit encore, à son début : *Le tim, le serpolet, et la pourprée fleur* (Gasté, *Jeun. de Malh.*, 45). Mais plus tard il le proscrivit rigoureusement (IV, 291, 384. Cf. *Doctr.*, 518). Les poètes conserveront encore un temps après lui cet archaïsme [1]. Mais il est visible qu'il ne s'agit là que d'une tradition de rythmique.

Elle fut assez forte du moins pour empêcher *e* de s'élider autrement que devant les voyelles, et une fâcheuse demi-mesure écarta de l'intérieur du vers les malheureux mots terminés par cet *e* qu'on ne se décidait ni à supprimer ni à maintenir tout à fait.

A partir de ce moment, l'histoire de *e* final après voyelle appartient à l'histoire de la versification : il n'a plus de valeur phonétique propre, et ne fait qu'allonger la voyelle qui précède.

2° *APRÈS CONSONNE.* — Dans le passage que j'ai cité plus haut, Ronsard recommande de syncoper *comme* en *com.* Il ne faudrait pas, je pense, étendre outre mesure le sens de ce conseil ; et il y a une différence à faire entre les mots proclitiques et les autres.

Parmi les premiers, il y en a un où l'apocope était usuelle depuis longtemps (voir tome I, p. 337), c'est *el'*. Ronsard n'a fait que se conformer ici à une vieille habitude que tout le monde suivait à l'occasion [2].

On retrouve *el'* chez ses disciples, en poésie, au théâtre, partout : Tahur., éd. Blanch., II, 64, son. 54 ; II, 9, son. 6 ; Rivaudeau, p. 80 ; Grev., *Esb.*, a. I, sc. III, *A. th. fr.*, IV, 234 ; *ib.*, 240 ; Jod., *Eugène*, a. I, sc. III, *ib.*, IV, 23 ; Bell., *Recon.*, a. I, sc. IV, *ib.*, IV, 353, etc.

La prononciation courante s'y accordait visiblement. Cependant Ronsard changea d'avis, et l'abbé Froger a compté que sur

1. Tobler, *Le vers fr.*, trad. Sudre, p. 50.

2. *Et en le prenant el' s'oblige. El' n'en prendroit iamais, te dy ie* (*Mar.* I, 33) ; *El' m'ayme bien* (Id., *ib.*, 34) ; *ell' requiert* (Id., *ib.*, 82) ; *Du cul* (*dit ell'*) *vous ferez signe* (Id., III, 70) ; *s'ell'le scait* (Id., *ib.*, 223) ; *Et qu'au néant el' mect* (Dolet, *II Enf.*, 34) ; *Et que de moy el' se sera enquise* (Collerye, *Sat. p. les hab. d'Aux. Œuv.*, p. 28) ; *Car la mamelle el' luy auoit offerte* (Pelet., *Od.*, *Œuv.*, 21 r°) ; *s'el n'est partie du matin* (*Farce des II j. femmes*, v. 11 ; cf. v. 46, v. 49, et *la Farce à 4 personn.*, v. 10, p. 116, v. 36, p. 118, v. 46, *ib.* ; v. 100, p. 122 ; v. 118, p. 123 ; v. 125, p. 124, etc.).

On peut dire aussi que l'apothicaire Lespleigney ne compte guère autrement dans ses vers. C'est toujours *el* pour *elle* ou pour *elles*. Pour le pluriel, voir des exemples dans Collerye, p. 107, etc.

21 exemples de *el*, deux seulement ont été maintenus en 1584 (cité par M.-L., *Lex. de la Pléiade*). Ronsard ne trouvait-il pas alors cette prononciation trop peu soutenue? J'inclinerais à le croire, et à penser que si *elle* fut rétabli, c'est une indication que l'usage de l'apocope devenait de plus en plus vulgaire.

Dans les mots ordinaires les exemples sont beaucoup moins nombreux. Cependant on trouve des vers annonçant la versification populaire contemporaine : *tout' la reste* (Marot, I, 142); *Les uns painctz platz, les aut(res) en grosses bosses*, prononcez : *les aut'* (Marg. de Nav., *Dern. po.*, 176) ; Cf. *De la bon(ne) recueillance Que t(u) as fait à Bourbon.* (*Chans. sur Connét.*, Ler. de L., II, 96), *Jusqu'à Valentiennes conuoyèr(ent) l'empereur* (*Chans. 1538*, *ib.*; II, 125) ; *Auec le duc de Guyse, Qui vint sans nul(e) faintize, ...Et leur liurer bataille A tout(e) ceste canaille Qui vienn(ent) en ce pays* (*Ch. 1587*, *ib.*, II, 405). La chanson sur les funérailles du duc de Guise, qui a servi de prototype à celle de Marlborough (21 mars 1563), et qui est d'un caractère très populaire, a des vers comme ceux-ci : *Aux quatre coins du poele, Quat(re) gentils hom(es) y auoit.* L'apocope est figurée une fois, elle s'y rencontre plusieurs fois : *quat' hom'... Et de biaux bas d'estame... Et des culott(es) de piau* (*Chans. hug.*, 253 et suiv.) ; (cf. *Et ce machiaueliste sorcier de Ferrarois, Qui vouloit mettre en ruin(e) les pauures Lyonnois.* 1591, Ler. de Linc., *Ch. hist.*, II, 553).

Dans la poésie plus relevée, les exemples d'apocope sont naturellement plus rares, mais se rencontrent tout de même : *tu te trauaill(e) en vain* (Marg. de Navarre, *Dern. po.*, 433) [1] ; *lors le prudent Thelemaq repondit* (Pelet., *Od.*, 16 v°; cf. 18 r°); Baïf transcrit *quiconque* par *kikkonk* (*Psaut.*, 463 et s.); cf. *ny tout' la langoureuse suyte* (Grev., *Esb.*, a. IV, sc. I, *A. th. fr.*, IV, 289). Les autographes donnent des indications analogues. Le roi Henri II écrit à Diane : *Je vous suplie, mamie, vouloyr porter set bague pour l'amour de moy* (D. de Poit., *Let.*, 226)[2].

Pour *e* dans les flexions, voir à la Morphologie.

1. La reine de Navarre rime *chaire* pour *chair*, avec *chere* et *chimere*, ce qui atteste d'une autre façon combien e compte peu.

2. Il est remarquable que cet affaiblissement de *e* final n'empêche pas de traiter comme un e muet le e final accentué de ce par exemple, et de le rimer avec voyelle tonique + cons. + e : *audace* (Mar., II, 89; cf. II, 139). Cf. *ostez le* : *ceruelle* (Id., II, 140); *pers le* : *perle* (Id., I, 211) ; Lespleigney est coutumier du fait : *Mesue donne l'ordonnance, Ie croy qu'il n'y a erreur en ce* (*Prompt.*, 83, cf. 47 : *en ce* : *experience*). De même Roger de Collerye : *croyez en ce* (*Œuv.*, 183).

Confusion de *E* et de *A*. — 1° *devant R*. — L'a du parler de Paris continuait à se confondre avec l'*e* devant *r*, et inversement l'*e* avec l'*a*, dans diverses positions. G. Tory rapporte que les dames de Lyon et les dames de Paris se piquaient à ce propos, les premières affectant l'*a* pour l'*é*, et les secondes disant *é* pour *a* : *Mon mery*, *Peris* (33 v°). Sur cette confusion des deux voyelles, Marot faisait des calembours : *ie fuz faict confrere au diocese De Sainct Marry*, *en l'eglise Sainct Pris* (*Au Roy*, *pour le deliurer de prison*, I, 190).

Devant une *r* seule, cette confusion semble surtout s'être produite à l'atone, d'où les hésitations entre *tariere* et *teriere* (R. Est., 1549. Thur., *o. c.*, I, 17-18), *charité* et *cherité* (Marg. d'Ang., *Let. Aut.*, 1526, Herm., *C.* I, 421, *Let. in.*, 201); *charette* et *chairette* (*J. B. P.*, 428).

Quand *r* était suivi de consonne ou était double, l'hésitation restait extrême, et l'incertitude des grammairiens témoigne des contradictions de l'usage[1]. Si l'on ne savait comment écrire, c'est qu'en réalité l'*a* qu'on entendait était si ouvert qu'on ne le distinguait pas de *è*; Ronsard, qui a fait rimer *armes* et *termes* (IV, 243), *ferme* et *m'arme* (V, 413), le dit en propres termes. Il justifie de telles rimes en déclarant que s'en offusquer c'est être « ignorant de sa langue, ne sentant point que *E* est fort uoisine de la lettre *A*, uoire tel que souuent, sans i penser, nous les confondons naturellement » (II, 481, M.-L.).

A la tonique, les exemples des deux confusions sont nombreux : *Le comte de Thouerre* (= Thouars, *J. B. P.*, 230); *Terbe* (= Tarbes, *ib.*, 337); *erres* (= arrhes, Nic. de Tr., *Par.*, 24); *ruberbe* (J. Bouch., VIII, f° 396, H.); *catherres* (Rons., II, 33, 468); *caterre*, (Grev., *Les Esb.*, a. I, sc. II, *A. th. fr.*, IV, 237); *bigerre* (Lar., *Morf.* a. I, sc. V, *A. th. fr.*, V, 312); *mercq* (Mar., I, 81, cf. Vauq., *A. po.*, III, 193); *merque* (Grev., *Les Esb.*, a. II, sc. V, *A. th. fr.*, IV, 265); *epergne* (Bel., I, 108, M.-L.);

Rouargue (*J. B. P.*, 163); *parle* (= *perle*, *Let. Marg. d'Autr.*, *déc. 1521*, Herm., *C.*, I, 84).

Dans beaucoup de cas, on ne sait si c'est *ar* qui passe à *er*, ou *er* qui passe à *ar* :

armes : fermes (Gring., II, 122); *ferme : vacarme* (Coll., *Œuv.*, p. 65); *guiterre : guerre* (Tahur., II, 17, son. 18).

Ce qu'il faudrait pouvoir affirmer, c'est que le mouvement va dans un sens plutôt que dans l'autre, et cela est bien difficile. Si

1. Voir Thurot, *o. c.*, I, 3 et suiv. et notre tome I, p. 407.

on considère le nombre des mots, il semble cependant que l'usage de la forme en *er* prévaut alors pour la plupart : *esquerre*, *guiterre*, *erres* (arrhes), *bizerre*, *caterre*, *asperge*, *serge*, *serpe*, *gerbe*, *guerbe* (galbe), *merque*, *herse*, *tertre*.

ar l'emporte dans *larmes*, *charmes*, *hargne*, *dartre*, *darne*.

Mais il ne s'agit pas seulement du nombre des mots, et Henri Estienne fournit une indication bien curieuse, d'après laquelle la forme en *er* aurait été courtisane, la forme en *ar* populaire : *mon frare Piarre*, *la place Maubart*. Cette constatation repose sans doute sur une observation exacte. Je suppose que les formes comme *liarres*, *escarre* qu'on trouve dans Palissy (Cap, 320 et 91) n'étaient pas du bel usage, ou ne restèrent pas longtemps ; au XVIIe, *Piarre* était nettement patois, comme le montrent les textes de Nisard.

Devant *r* simple, ouble ou suivi d'une consonne muette, en général nous avons gardé la forme en *ar* [1].

A la syllabe atone, la préférence me semble moins marquée. On trouve à peu près également les formes en *ar* et les formes en *er*.

D'après les grammairiens, semblent incliner vers *e : merrain*, *perroquet*, *erné* (esrené), *esternuer*, *hersoir* (hier au soir), *cercelle*, *aperceuoir*, *cherté*, *serpilliere*, *cercueil*, *chercher*, *tergette*.

Voici des exemples de formes en *e* pris aux textes : *en erriere* M. de Nav., *Dern. Po.*, 69) ; *Montmersault* (Mont-de-Marsan, *J. B. P.*, 412) ; *appertient* (Meigr., *Off. de Cic.*, 40) ; *perdonne* (Id., *ib.*, 29) ; *perfum* (Mar., III, 35) ; *perfect* (Meigr., *Off. de Cic.*, 6, peut-être y a-t-il ici une influence latine ?) ; *peruiennent* (Id., *ib.*, 20) ; *merquoit* (Mar., III, 259) ; *cercle* (sarcle, d'Aub., *Trag.*, p. 303, Lal.) ; *iergonnent* (Tah., II, 194, *iergon* est commun) ; *perchemin* (Nic. de Tr., *Par.*, 40) ; *merché : cherché* (St-Gel., I, 260).

Mais, au contraire, c'est l'a qui paraît préféré dans *charette*, *tarir*, *esquarrir*, *sarriette*, *marry*, *marmelade*, *hargneux* [2], *espargner*, *harceler*, *parsonnier*, *pardon*, *harpail*, *parfaict*, *parfum*, *carquois*, *iargon*, *fidarchal*.

Voici quelques exemples : *barlue* (Lar., *Jal.*, a. II, sc. VI, *A. th. fr.*,

1. *Guitare*, *bizarre* sont espagnols. Mais on en peut citer d'autres en *ar* : *arrhes*, *catarres*, *boulevard* (*bouleuert* est très longtemps dans l'usage (J. Lem., *Ill.*, l. II, 8, cf. Lar., *les Jal.*, a. V, *A. th. fr.*, VI, 86).

2. C'est par cette confusion que j'explique un vers obscur de la Satire IX de Régnier : *Il a des mots hargneux, bouffis et releués*. Le sens appelle *ampoulés*. *Hargneux* n'a pas ce sens, mais bien *hergneux* (qui a une hernie), mot très usuel à cette époque. Voir Bachot, *Err. pop.*, 234 et ailleurs.

VI, 38; cf. IX, 58); *apparceut* (Mar., III, 237); *iarçans* (Bell., II, 41, M.-L.); *parceuoir* (Baïf, IV, 8); *charté* (*J. B. P.*, 186 et 384); *parfection* (Marg. de Nav., *Dern. po.*, 104; cf. Dolet, *Man. de trad.*, 1542, 4); *Loys Barquin* (*J. B. P.*, 170); *charchons* (Farel, *Trad. d'un mand. du Sénat de Berne*, Herm., *C.*, II, 55; cf. dans le même texte *darriere*).

L'*Épître du beau fils de Paris* raille *pazoquet*, *sarran*, vous *varriez*.

Comme on le voit par ces listes dont l'ordre permettra de comparer les cas où *er*, *ar* se trouvent devant les différentes consonnes, ce n'est pas la nature phonétique de l'articulation qui suivait qui a déterminé le choix. Ce n'est pas non plus la tradition, puisque dans *esperuier* ou inversement dans *sarcelle* une substitution a eu lieu en sens inverse de l'étymologie.

Après des hésitations qui ont été longues encore, puisqu'elles se sont prolongées jusqu'à l'âge de l'hôtel de Rambouillet, un si grand nombre de gens en dirent leur sentiment que rien de régulier ne put plus sortir de là.

2° *A ET E DEVANT D'AUTRES CONSONNES.* — *A* se prononce très ouvert et avec un son très voisin de *è* devant certaines consonnes autres que *r*. Ainsi dans *trame* (Cf. p. 348)[1].

Cette prononciation a triomphé dans *achete*. Les grammairiens, depuis R. Estienne, acceptent les deux formes (Thur., *o. c.*, I, 20). Elles sont en effet, dans l'usage : *rachaté* (Farel, *Let. aut.*, 1527; Herm., *C.*, II, 66); *acheptent* (Coll., *Sat.*, *Œuv.*, p. 7); *un gros achept* (Id., *ib.*, p. 250).

A l'atone, les hésitations ont été très grandes dans certains mots (Thur., *o. c.*, I, 23 et suiv.). Ainsi pour *acouter* (*escouter*), *bafroi* (*beffroi*, B. An., *Lyon m.*, A. IV), *essaier* (*assaier*, Cord., *Corr. serm. em.*, 216 A.).

O ET OU. — C'est ici une des questions les plus embrouillées de l'histoire phonétique du français au XVIe siècle; une graphie très mauvaise achevait d'y mettre une confusion telle que les grammairiens du temps, emportés par leurs passions et leurs querelles, ne sont pas arrivés à observer nettement les faits. Meigret seul, après s'être d'abord trompé, éclairé enfin par sa querelle avec Peletier, a bien vu l'imbroglio[2]. Et cependant c'est du XVIe au

1. On peut comparer les noms des lettres, qui étaient encore à la fin du XVIe siècle *ame*, *ane* (Tabour., *Big.*, 24 et 26).

2. « Lè' Françoès ont dè' vocables ambigûes qui n'ont ne l'*o* ouuèrt tèl qe nou' le prononçons en *trop*, *vol*, *bloc*, *mort*, *fort*, *Rône* : ne parelhement l'*ou* clos tèl qe nou' le dizons èn *prou*, *dous*, *doulhet*, *couureur* ; de sorte que nou ne proféron' pas *couleur*

XVIIe, au milieu de la querelle des *ouistes* et de leurs adversaires, que paraît s'être résolue à peu près la vieille question ǫ, ọ, *ou*, par une classification incomplètement régulière sans doute, il n'en pouvait être autrement à l'époque, mais cependant à peu près phonétique.

Il est vraisemblable qu'on trouvait bonne grâce à *o* fermé, comme aujourd'hui certains esthètes à *a* fermé. Ronsard était du nombre : « Tu pourras... a la mode des Grecz qui disent οὔνομα pour ὄνομα, adiouster un *u* apres un *o* pour faire ta ryme plus riche et plus sonante, comme *troupe* pour *trope*, *Callioupe* pour *Calliope* » (dans Thurot, *o. c.*, I, 250).

On se rappelle les changements profonds qui avaient déjà atteint ǫ et ọ (voir tome I, p. 332 et suiv.). Le débat du XVIe siècle porte, ce me semble, quand on arrive à démêler les témoignages, sur deux points : *A*) L'*o* primitivement fermé est-il proprement *ou* (*u*) ou bien ọ ? — *B*) L'*o* qui d'ouvert était devenu fermé au XIIIe siècle confond-il sa prononciation avec le premier *o*, est-ce un *ou* (*u*) ?

A) La première question est la moins importante. Autant qu'on en peut juger à cette distance, l'*ou*, s'il n'était pas tout à fait notre *ou* (*u*), en était si voisin qu'il valait mieux l'entendre ainsi que par un ọ même très fermé, et bientôt il fut décidément *ou* [1].

Ou. — On retrouve en général *ou* :

1° A la tonique, là où l'*o* du latin était fermé, et entravé : type *boucle*, *crouste*, *lourde*, *bouche*, *bougre*.

Les grammairiens ont discuté quantité de ces mots, comme on le voit dans Thurot. Finalement quelques-uns sont restés en *ot* : *sanglot* (influence de *sanglotter*, du suffixe *ot* ?).

2° A l'atone, là où l'*o* du latin était soit fermé, soit ouvert, mais entravé : type *courtine*, *courroie*, *pourceau*.

Est resté en *o*, après de longues hésitations : *fossé* ; s'expliquent par reformation : *froment*, *fromage*, pour *fourment*, *fourmage*. Ces formes neuves se rencontrent du reste avec *ou* : *froument*. On trouve *proumesse* (Marg. de Nav., *Aut.* de 1526 ; Herm., *C.*, I, 422). *Pourtraict* passera bientôt à *portrait*, de façon qu'il n'aura

comme *couureur*... aosi ne dizon' nou' pas *coleur* come *col*. » Thurot, I, 242. Suivre la série de ses opinions dans le livre de Gaufinez, 18, 19, 20.

L'orthographe première de Meigret est pleine d'*ou* si on la compare même aux plus *ouistes* de ses contemporains : *nous Ancęstres* (*Off. Cic.*, 25), *toutalement* (28), *voustre or* (29), *troup* (33), *reprouche* (43). On retrouve là la même confusion que dans son *Escriture* et son *Menteur*.

1. Il n'y a pas à se fier beaucoup à la graphie. Ainsi au XVe, l'anonyme auteur des Règles de seconde rhétorique (éd. Langlois, p. 16) donne comme rime équivoque *sanglot* et *glout* : de même il fait une liste de rimes en *ope*, où on lit pêle-mêle *cope*, *soupe*, *houpe*, etc. (p. 87).

plus ni la forme française en *pour*, ni la latine en *pro*. *Soubgectz* a été abandonné pour *suiet*.

3° A l'atone, là où l'*o* latin était fermé et libre, type *nourrir* (*nọdrire*) : *souris*[1], *nouer*, *soulas*.

Cependant *commencer* est fréquent (cf. *coumansé*, *Let.* de H. II, dans les *Let.* de D. de Poit., p. 222).

4° A l'atone, là où l'*o* latin était ouvert et libre, et où dès le moyen âge ǫ > ọ > *ou* (cf. tome I, p. 333, 4°), type *douleur*.

Ainsi sont en *ou* : *couleur*, *souloir*, *douloir*, *moulin*, *pouuoir*.

Bien entendu, la graphie en *o* est constante : *pouoyt*. Voyez D. de Poit., *Let.*, XCVIII, *Aut.*, p. 170, et ailleurs; chez Marg. de Navarre c'est presque toujours *o* qu'on lit.

Dans cette classe sont restés en *o* des mots savants ou demi-savants : *colombe* (cf. *coulombe*, Marg. de Nav., *Heptam.*, p. 517); *colonne*, *volonté* (cf. *voulanté*, H. II, *Let.*, dans *Let.* de D. de Poit., 222); *volume* (cf. *voulume*, Scal., *Let.*, 288).

5° A l'atone, là où l'on avait en latin *au*, passé d'abord à ǫ, puis à ọ, *ou*, devant voyelle : type *louer*.

ouyans (Rab., *Garg.*, ch. VII, t. I, 29)[2].

B) L'*o* qui s'était fermé depuis le XIIIe siècle allait-il rejoindre cet *ou* ? La prononciation, après avoir hésité, s'arrêta à ọ. Ainsi *cọste*.

A cet ọ aboutirent : 1° tous les ǫ < *au* latin qui se trouvaient devant une consonne autre que *m* et *r* : *chose*, *poser*, *povre*.

2° Tous les ǫ toniques placés devant un groupe de consonnes dont la première s'était amuie : *hoste*, *pastenostre*.

On trouve bien entendu *ou* : *oust* (=*ost*, J. d'Aut., *Chron.*, IV, 69); *patenoutres* (Henr. II, *Let. à D. de Poit.*, p. 224).

3° Tous les atones dans les mêmes conditions :

costé (cf. *cousté*, D. de Poit., *Let.*, 1552, p. 100); *broder* pour *brosder* (cf. *broudures*, Lem. de B., *Ill.*, Maresch., l. I, ch. 35, g 5 r°); *vos* (adj. poss.; *vouz bonnes grâse*, D. de Poit., *Let.*, 100[3]).

O. — Sont restés avec un *o* ouvert : 1° les mots en ǫ provenant d'un ǫ latin tonique entrave : *porte*; 2° ceux en ǫ provenant de ǫ

1. Cf. *Que la soris l'acier y peut ronger* (Forcad., p. 28, v. 12).

2. Bien entendu, dans beaucoup de cas, cette évolution se trouva contrariée par l'existence des mots où *o* n'était pas dans la même situation. D'où *arrouse* à cause de *arrouser*, *clos* à cause de *clore*, *donner* à cause de *don* (cf. *douné*, Let. de H. II, 1552, dans les *Let.* de D. de Poit., p. 221).

3. Ajoutons que *on* se confond toujours très souvent avec *ou* : *s'accoustrent* : *monstrent* (Lem. de B., *Templ. Ven.*, III, 114), etc. On trouvera là-dessus des témoignages formels de Palsgrave, Peletier, Meigret, etc. (Thur., *o. c.*, II, 511).

protonique entravé, qui était resté entravé en français : *porter* ; 3° ceux en ǫ provenant de *au* devant *r*, *m*.

1) *corde*, *girofle*, *orde*, *ordre*[1].

2) *corvée*, *porreau*.

3) *or*.

On les trouverait à peu près tous, sauf ceux du groupe 3 avec *ou* au XVIᵉ siècle : *concourde*, *couruée*, *pourreau*, etc. Baïf écrit ω : *lωrs ke* (v. 62) ; *ωrfelin* (*Ps.*, 332) ; *fωrt* (351) ; *flagωrnet* (373), etc.[2].

Les hésitations dont on présente ici l'aboutissement ont été — sauf pour les mots où ǫ provenait de *au* — très longues, et elles se sont compliquées d'une mode qui faisait dire indifféremment *ou* pour *o*, aussi bien dans *chouse*[3] et dans *repous* que dans *roue*. Un nombre considérable des calembours du temps repose sur *o* = *ou*. C'est à cette condition qu'une demoiselle peut entendre qu'on vient lui emprunter le *boudin* de son mary, pour le *Bodin* dont se servait l'honorable président, etc. (Voyez Tabourot, *Big.*, 67 r° et passim).

H. Estienne (*Dial.*, Remonstrance), Tabourot (*Bigarr.*, 66 v°), d'autres encore ont fait la guerre à cette « courtisanerie des nouueaux proferars » qu'on trouve partout. L'hôtel de Rambouillet battait son plein qu'ils n'avaient pas encore gain de cause. On *chousait* encore comme du temps de Henri II[4].

1. Échappent naturellement à ces règles les mots savants : *escole*, *misericorde*, *mode*, *custode*, etc., ou italiens : *banqueroute*, *chiourme*, etc.

2. *Fourmi* < *furmica* (*App. Prob.*, 25 ; Marot, dans la même pièce, écrit *formis* et *fourmis*, III, 89) ; *pourcel* < *purcello* (*Gl. Cassel*, 82) ; *tourment*, *tourner* ont déjà cette forme en a. fr. d'après leur étymologie. Ajouter *fournaise*.

3. *Chouse* se trouve déjà au XVᵉ (*Rond.*, CXXXII) et souvent ailleurs.

4 Thur., *o. c.*, I, 242.

CHAPITRE III

LES DIPHTONGUES

oi[1].— Quand Palsgrave nie que les mots en *oi* se prononcent par *ę* (sauf *roine* qu'il accepte), il semble bien qu'il se trompe (14), et c'est Sylvius qui a raison contre lui. Il a observé et il affirme qu'on entend dire *è* dans la banlieue de Paris et à Paris même : *vèè* (*voie*), *èsè* (*Oise* ou *aise*), *Pontésè*, *par ma fé vérè* (*par ma foi voire*)[2]. Cette prononciation était plus ancienne, et certainement déjà répandue à Paris dès le xve siècle (Voir tome I, 406).

Les adversaires de cette façon de parler, en particulier Des Autels et H. Estienne, s'en prennent aux courtisans et à la mode italienne. Ce n'est pas cette mode — quoiqu'elle ait pu contribuer à la répandre — qui a fait naître cette nouvelle « mignardise ». De Bèze, moins prévenu, concède au moins que la prononciation des imparfaits : *parlet*, *venet* est du peuple de Paris, *vulgus Parisiensium*[3]. Et en effet la satire la raillait comme telle dès le premier tiers du siècle : L'*Épître du beau fils de Paris* la reproduit ironiquement : *regardet*, *ardet*. De même la *Réponse : souspiset*, *diset*, *i'estes*, *sezet* (seroit), *resiouyset*, *set* (soit), *seynt* (soient), *saye* (soie).

Les transcriptions phonétiques de Peletier et de Baïf restent fidèles à la règle, et conservent *oe*. Mais il y a là sans doute parti pris de noter la prononciation reconnue la meilleure, et non traduction exacte de la prononciation populaire. Les autographes des moins lettrés en disent plus long sur l'usage : *ie n'aues* (Bayart, *Let. au Roi* d. le *Loyal Serv.*, 459) ; *m'asseurèt* (D. de Poit., *Let.*, LXV, 114) ; *desyré* (= *desiroit*, Ead., *ib.*, 110) ; *pourest* (*ib.*) ;

1. *Oi* > *Ai*, Horning, *Zeitsch. f. r. Phil.*, XXIII-481-490, et Jahresbericht, VI, I, 223. Clément, *H. Est.*, 309 et suiv., tient que l'influence italienne est en partie cause de ce changement.

2. « Etiamsi in agro Parrhisiensi et Parrhisiis quoque *vèè*, *ésè*, *Pontésè*, etc., pronuntiari quotidie audiuntur, et *par ma fé vérè* (25)... Neque posthac in Normannos cauillentur, omnia haec praedicta et consimilia non per *oi* sed per *e* pronunciantes, *tèlè*, *èstellé*, *fèè*, *fer*, *dé*, *tect*, *vèlè*, *vérè*, *ré*, *lé*, *amèè*, etc., *aimèréè*, etc. Quam pronuntiationem velut postliminio, reversam hodie audimus in sermone accolarum hujus urbis, et incolarum, atque adeo Parrhisiensium » (21).

3. Thur., *o. c.*, I, 375 et suiv.

sarés (Ead., *ib.*, 112) ; *vous ferés* (Ead., *ib.*, 168-169) ; *i ne servyret de ryens* (H. II, dans D. de Poit., *Let.*, 222).

Dans les textes, la graphie donne très souvent et très nettement la prononciation en *wè*. Ainsi le *J. B. P.* écrit *terrouers* (56) ; *ouurouers* (412) ; J. Lemaire rime *toilles* et *moilles* (moelles) (*Templ. Ven.*, *Œuv.*, III, 117).

Mais : *je veoyès* (Nic. de Tr., *Par.*, 267) ; *les Taneurs courrayent leurs peaux* (Paliss., 21) ; on trouve aussi dans les *Chron.* de J. d'Auton *traictet* à côté de *tenoit* (IV, 140). Rabelais fait un calembour sur *toille* = *t-elle* (Garg., ch. 52, t. I, p. 190).

Les gens du Centre ont des graphies inverses intéressantes. Lespleigney écrit *poiement* (*Prompt.*, 27) ; *vroy* (*ib.*, 48) ; cf. *a leur oyse* (Du Bel., *Deff.*, II, 3, éd. Cham., 198).

Les rimes de *oi* à *ai* sont très nombreuses : *playe : ploye : employe* (B. An., *L. march.*, A. VI r°) ; *repaistre : apparoistre* (St-Gel., I, 221) ; *naistre : congnoistre* (Id., II, 61) ; *mangeoire : haire* (Coll., *Œuv.*, 12)[1] ; *toy : vray* (Lespl., *Prompt.*, 87) ; *lointaigne : Babilloine* (Id., *ib.*, 35) ; *foye : gaye* (Id., *ib.*, 54) ; *yuoire : contraire* (Id., *ib.*, 87) ; *cloistre : maistre* (Rons., V, 304, M.-L.) ; *naissent : croissent* (Magn., *Od.*, II, 3, Favre) ; *doire* (douaire) : *complaire* (Grev., *Esbah.*, act. I, sc. II, *A. th. fr.*, IV, 241) ; *desarroy : vray* (Bell., *Recon.*, a. IV, sc. III, *A. th. fr.*, IV, 404) ; *baise : noyse* (*Farce à IV pers.*, P. et Nyr., p. 133) ; *faire : boire* (*F. joy. et recr.*, *ib.*, p. 176, v. 285-6) ;

Les rimes de *oi* à *e* ne le sont pas moins : *Antoine : souuienne* (Mar., I, 270) ; *tranchet : s'approchet : Bouchet* (Bouchet, I, *Mor.*, I, f° 9 *a* et II, f° 14 *b* ; cf. Ham., 355) ; *trespassez : Francoys* (*Chans. s. la bat. de Pavie*, 1525, Ler. de L., II, 89) ; *estre : croistre* (St-Gel., III, 233) ; *Ceres : serois* (Id., I, 130) ; *plaist : explet* (Rog. de Coll., 193) ; *le capitaine Poyet : les Italiens payoit* (*Chans. hug.*, 224) ; *estre : s'accroistre* (*ib.*, 66) ; *dextre : comparoistre* (*ib.*, 102) ; *croistre : senestre* (Rons., I, 240, M.-L.) ; *iauelle : poile* (Magn., *Soup.*, 101, Fav., p. 379) ; *accroistre : peut-estre* (Rons., II, 213) ; *estre : maistre : croistre : aparoistre* (Tahur., II, 28, son. 34) ; *paroistre : promettre* (Rivaud., 230) ; *angoisse : maistresse* (Id., 74) ; *seroit ce : caresse* (Jod., *Eug.*, a. III, sc. I, *A. th. fr.*, IV, 44) ; *escritoire : colere* (Bell., *La Reconn.*, a. V, sc. IV, *ib.*, IV, 429).

L'opposition des grammairiens fut générale. Guillaume des Autels, Pasquier, H. Estienne[2] attaquèrent avec vivacité cette

1. *Distraire* est la seule rime en *ai* parmi les rimes en *oi* : *peremptoire*, *voire*, etc. dans une Ball. du *Voyage de l'homme riche* de Fr. Habert, Troyes, 1543 B 2 v°.
2. Voir Thur., *o. c.*, I, 375.

mignardise. Et c'est à leurs protestations sans doute que la langue dut le maintien d'une prononciation officielle *oé* qui dura longtemps encore. C'est, à mon sens, un des premiers et des plus sensibles exemples de la règle venant contrarier l'usage.

En même temps que la prononciation par *wè*, *è*, la diphtongue *oi* semble avoir gardé jusqu'au XVIe siècle, chez certains Français, une prononciation par *oi* (*ǫy*). Palsgrave l'a notée quand *oi* est final : *roy*, *moy*, *loy*, et aussi dans *moyen*, *ioindre*. Érasme l'a également remarquée, ainsi que H. Estienne, qui se moque de ceux qui l'exagèrent en prononçant avec diérèse de l'*o* et de l'*i*, comme dans le grec ὄϊς (*Hypomn.*, 47).

Mais, dès cette époque, les Parisiens donnaient dans une erreur sans doute liée à la précédente. Très inepte, au dire d'Estienne (*ib.*), elle était pourtant appelée à un avenir très grand. Quand *oi* est final devant *s* et *t*, quand il est médial devant *l* et *r*, constate Palsgrave, on entend au lieu de *oi* à peu près *oa* : *boas*, *francoas*, *gloare*, *poallon*. L'*Epistre du beau fils de Paris* raille cette prononciation : *voua*, *ie ne m'en foua que rise*. On la retrouve dans quelques rimes : *si ne qua* (si ne quoi) : *et reliqua* (Coll., *Œuv.*, p. 165)[1]. Tous les grammairiens, R. Estienne, Bèze, Tabourot, condamnent cette manière parisienne. Elle ne se généralisa pas, mais subsista, pour s'imposer plus tard (Thur., *o. c.*, I, 356). Sur *oi* devant voyelle, voir plus loin, p. 259.

AI. — La diphtongue *ai* avait depuis longtemps commencé par passer à *ei* (*ęy*), puis s'était réduite à *è*[2]. Dans le cours du siècle, cette confusion fut assez complète pour que des mots qui, originairement, avaient *e*, fussent écrits par *ai* (*aile*) par souci étymologique ; inversement, des mots qui avaient *ai* furent écrits par *é*, sans qu'on craignît d'altérer par là la prononciation : *e* et *ai* étant, dans plusieurs cas, le signe d'un même son[3].

Cependant, jusqu'à la fin du siècle, *ai* devenue *ei* semble s'être parfois encore prononcée en diphtongue à la finale, mais en certains mots seulement; et la raison de ce départ entre les mots terminés

1. On notera que cette prononciation semble apparaître très anciennement dans des graphies telles que : *voarre* (*vitrum*), ms. 403 (angl.-norm.) de *l'Apocal. en français*, 77 (XV, 2), *voaes* (*vias*), *Ib.*, 78 (XV, 3).

2. Thur., *o. c.*, I, 303.

3. Il ne s'agit pas ici de *ai* devant *ge* : *fourmaige*, ou devant *gne* : *montaigne*. Dans *aige*, on entend *age*, dans *aigne*, *ign* représentant *ñ*, on entend aussi un *a* : *Champaigne baigne*. On peut considérer comme provinciales les rimes contraires : *Allemagne : enseignes* (*Chans. de 1587*, Ler. de L., II, 414) ; *enseigne : montaigne* (Lespl., *Prompt.*, 58) ; et Palliot se moque des gens qui parlant de la sorte, semblent avoir le mors trop serré, et se gourmer par trop, à en faire la petite bouche (Thur., *o. c.*, I, 330).

par *ai* n'est pas facile à voir. A ce sujet, Lanoue note que dans les mots *i'ay*, *ie scay*, *nay* (né), *renay* (rené), *bay*, *geay*, *papegay*, *lay*, *balay*, *delay*, *may*, *quay*, *ray*, *vray*, *essay*, comme dans les futurs et prétérits des verbes de la 1re conjugaison, le *ai* se prononce *èi*, sans toutefois que le *y* s'y fasse entendre aussi fort qu'en *ei*. Ailleurs, *ai* se prononce *e*, comme dans *net* et dans *faire*. Parmi ces mots qui ont *ay* diphtongue, le futur et le prétérit défini seuls ne peuvent pas rimer avec *e* fermé tout simple, les autres acceptent cette prononciation qui toutefois leur est moins naturelle. Ces réserves cesseront bientôt. Dès Maupas, il semble bien que la prononciation, par *ey* ait disparu, les contestations ne sont plus que pour décider si le *e* auquel on aboutit est ouvert ou fermé.

AI devant nasale. — Il n'y a guère que les syllabes nasales qui aient conservé la prononciation *ęy*. Poisson (1609) écrit avec le signe de la diphtongue *mitcines*, *leinc*, *souuereine*, *domeinc*, mais c'est une prononciation dialectale. H. Estienne blâmait *fonteine* pour *fontaine*; Lanoue déclarait que *ai* s'écrivait mieux *e* : *mondene*, *fere*, *perfet*. Même avant lui Peletier, tout en notant les deux prononciations *èmer*, *èimer*, n'écrivait jamais que *èm* ou *ém*. La réduction est donc faite dès le milieu du XVIe. La seule question est de savoir si *ai* aboutit à *è*, ou bien à *é*. Il est vraisemblable que *e* était ouvert; toutefois, suivant les lois qui régissent le sort de *e*, il est devenu fermé en certaines situations : j'*ème*, nous *émons* (Peletier). Mais le son était trop récent au XVIe pour que, dans ce siècle, l'on pût fixer avec précision les cas où *ai* > *ẹ* et ceux où *ai* > *ę*.

EI. — Le traitement qu'a subi la diphtongue *ai*, après qu'elle fut devenue *ei*, s'est également appliqué à la diphtongue primitive *ei* qui, devenue de très bonne heure *e* devant consonne orale, a hésité entre *ẹ* et *ę*; devant les nasales, la diphtongue a persisté plus longtemps, sans toutefois dépasser Malherbe : il est le dernier à interdire des rimes comme *: arene : peine ; rasserene : peine ; pourmeine : humaine*[1]. Devant les consonnes mouillées *ñ*, *ł*, le *i* n'a sans doute jamais fait diphtongue avec *e*, il marque simplement la palatalisation de la consonne qui suit.

On comprend, d'après tout ce qui précède, le mot du grammairien du Gardin en 1620 : « Nous autres Walons prononçons *ai*, *ei*, et *oi* en telle sorte qu'on oit en ces trois diphthongues l'*a* et l'*i*, l'*e* et l'*i*, l'*o* et l'*i*, par quoy entre nous ceste licence est fort dure » de faire

1. De là les rimes : *pourmaine : doumainne* (Mar., I, 21); *pourmaine : amaine : humaine* (Id., II, 89); *mene : alaine : vilaine* (Id., II, 89); *ameine : plaine : alaine* (Id., II, 69).

rimer *fournaise : seize : françoise : diocese*... Les Parisiens les confondent ».

Cette réduction commune de *ai*, *ei*, *oi* à *ẹ*, *ę* constitue un des faits les plus importants de la phonétique au XVIe siècle.

Ai, *ei* devant voyelle. — Devant voyelle, il semble que *ai* se soit décomposée en : 1°) un *a* très ouvert et très proche de *e* ; 2°) un *y*, qui s'articulait avec la consonne suivante. Lanoue déclare qu'en des mots comme *paya*, *a* ne doit pas se prononcer comme *e* ouvert : « Plusieurs toutesfois le prononcent ainsi, specialement ceux qui hantent la cour ». Mais Maupas nous offre le dernier témoignage que nous ayons de cette prononciation par *a*. Les autres grammairiens déclarent qu'en semblable position *y* a valeur de deux *i*, l'un formant le son *ai* (*ę*), l'autre faisant partie de la diphtongue suivante : c'est notre prononciation moderne (*pęya*). Quelques mots seulement conservent la prononciation ancienne : *aïeul*, *glaïeul*, *païen*.

Quand la voyelle suivante était *e* féminin, la prononciation par *a* semble avoir survécu plus longtemps ; en particulier, quand *aye* était final, on prononçait un peu plus fortement l'*e* final, mais on gardait le son *a* : *playe* se prononce *pla-ye*. Cependant Duez, en 1639, déclarera que, dans la finale *aye*, *e* ne se fait pas sentir, et qu'on allonge le *e* ouvert de *ai* : *playe* se prononce donc dès lors *plę̄*. En revanche, *aye* médial s'est prononcé *ę* dès le milieu du siècle, bien que le triomphe de *ę* n'ait été définitif qu'au début du XVIIe. C'est que *e* féminin tombait très facilement dans la prononciation : par suite la diphtongue *ai*, se trouvant devant consonne, évoluait plus rapidement. *Vrayement* et *gayement*, suivant H. Estienne, se prononcent comme s'ils n'avaient point d'*e* : *vrèment* (Voir à *e* féminin, page 245).

Ei, devant voyelle, a eu le même sort que *ai* : on trouve la graphie *aye* au lieu de *eye* : *claye*.

Oi devant voyelle a une histoire analogue à celle de *ai* dans la même position. La prononciation de *royal*, par exemple, devient décidément *roiyal* (*rwę-yal*) et la vieille prononciation *ro-yal* est abandonnée. H. Estienne préconise déjà la prononciation moderne.

Devant *e*, qui devient muet, au lieu de *ioye* (*jọ-ye*), on dit aussi « en traînant » *jwę̄*. Peletier (dans Thur., *o. c.*, I, 364) admettait déjà cela pour les noms, Baïf pour les verbes. Au XVIIe siècle, l'usage sera généralisé (sauf pour quelques mots *o-yant*, *alo-yau*).

IE. — *Ie* provenant de *ę* latin se maintient, sauf dans les mots d'où l'analogie avait commencé depuis longtemps à le chasser, par exemple dans les radicaux verbaux (*leve* au lieu de *lieve*).

Mais *ie* provenant de *a* influencé par une palatale tendait depuis longtemps à disparaître après *ch* et *g*, qui absorbaient le *y*. Cette tendance, fortifiée dans les verbes par l'influence analogique des formes où le *y* n'existait pas, avait été toute-puissante. Et, dans les substantifs même, *ie* ne se maintenait plus que pour les yeux, ainsi que je l'ai dit au t. I, p. 406. Pour Lanoue, *bouchier* peut rimer avec *chier*, mais à condition de forcer la prononciation : nous sommes donc, désormais, dans la convention rythmique.

AU. — S'il faut en croire Fabri, qui enseigne la rime *aubel* : *aoust bel*, *au* était encore diphtongue au commencement du siècle. De même Barcley et Palsgrave rapprochent l'*au* français de l'*aw* anglais dans *mawe*, *dawe*. Meigret tiendra encore vigoureusement pour cette opinion, et Bèze s'en approchait en 1584, en disant que le son est mêlé de *a* et de *o* (soit *aw*, ou bien $\widehat{ao}$). Mais Peletier et Ramus y voient un son simple *o*. L'avis de Lanoue est que la « diference qu'on fait entre *au* et *o* est si petite qu'à peine s'aperçoit-elle ». A partir de 1624[1], Thurot n'a plus rencontré un seul auteur qui mentionne l'ancienne prononciation (*o. c.*, I, 425-9).

EAU. — D'après le témoignage de Meigret et d'Érasme, *eau*, tout en ne comptant que pour une syllabe, sonnait encore en triphtongue. Cela paraît assuré par les autres témoignages contemporains (Thur., *o. c.*, I, 434 et suiv.), mais ils ne s'accordent pas sur la nature de l'*e*. Baïf transcrit *vęsseω*, *beω* (*Psaut.*, 40, 61). Cependant, au cours du siècle, une réduction se fait. Dès 1568, Meurier enseigne que *eau* se prononce « sans pose » : *bau*, *vau*. Et Palliot reprochera en 1608 cette prononciation aux courtisans : ce qui prouve qu'elle s'était répandue, quoique Maupas et Deimier voulussent maintenir une distinction avec *au*. Au XVIIe siècle, la fusion s'achèvera.

1. D'après l'anonyme de 1624, on distingue encore la diphtongue devant *m* et *n* *iaune*, *royaume*. Mais il est, comme on sait, archaïsant.

CHAPITRE IV

NASALISATION DES VOYELLES

La nasalisation des voyelles fait de nouveaux progrès. On peut considérer que devant nasale *i* et *u* ont désormais pris le son que nous leur donnons en semblable position, et changé leur timbre de manière à devenir respectivement *ẽ* et *œ̃* (*vin*, *un*).

Dire qu'il y a désormais identité entre *ain*, *ein* et *in* serait certainement dépasser un peu la vérité. Pour les deux premiers, on peut admettre qu'ils se confondent presque, mais il y reste quelque chose de *e* qui n'existe naturellement pas dans *in*[1]. Henri Estienne trouve seulement *pain* plus ouvert que *pin* (*Hypomn.*, 41) ; et Lanoue accepte qu'on les rime ensemble, mais « faudra il prendre garde de conformer la prononciation de ceux cy (en *in*) à la leur (*ein*), n'y exprimant point le son de la diphtongue » (p. 181). Il restait d'après cela une nuance de prononciation dans des mots tels que *peinte* et *pinte*, soit approximativement *pẽ$_y$te* (*peinte*) et *pẽte* (*pinte*). Mais cette différence peu sensible ne peut empêcher de considérer *i* comme arrivé à peu près au terme de sa nasalisation *ẽ*[2].

Un cas particulier se présente ici que je ne puis passer sous silence : c'est celui des formes du verbe *prendre : ie prins*, *i'ay prins*. On a dit ces formes influencées par le latin : c'est peu vraisemblable. Mais on ne peut établir avec certitude si l'analogie de *tins* les a seule amenées, ou s'il faut aussi tenir compte du radical nasalisé du présent[3].

Quoi qu'il en soit, *prins* est fort ancien, et tout commun au

1. Contrairement à ces distinctions, il faut citer les graphies telles que *ie veins* (Mar., I, 129), *il veint* (Id., III, 123) qui sont communes.

2. Désormais on verra des mots en *ain* prendre le féminin des mots en *in : sacristain*, *sacristine*.

3. C'est à peu près au même résultat que mène l'analyse des rimes ; *prins*, *prinse* sont extrêmement communs dans la première moitié du siècle : *prinses : vinses* (Marot, I, 70) ; *prinses : princes* (Id., I, 201) ; *prinse : prince* (Id., I, 218) ; toutefois le même Marot rime le plus souvent en *i* : *prins : pris* (prix) (I, 33 ; III, 108, 253 et 256) ; *pris : gris* (I, 29) ; *pris : esprits* (III, 189) ; *prise : mise* (III, 191) ; *prise : requise* (III, 196) ; *esprise : eglise* (II, 225) ; *reprise : assise* (III, 212) ; *surprise : grise : bise* (II, 96) ; *l'eglise Saint-Pris : surpris* (I, 190-191). Comparez Marg. Nav. : *prinse : prise* (imp. de priser) : *desprise* (*Dern. po.*, 417).

xve siècle. Au xvie, les grammairiens se partagent. Sebilet, Meigret, Pillot, Baïf, etc., acceptent la forme nasalisée. Mais une fois arrivés jusqu'à de Bèze, la prononciation par *i* nasalisé est qualifiée de mauvaise (39). Lanoue ne la considère plus que comme une licence poétique.

Ainsin, au temps de H. Estienne, restait encore usité des Parisiens [1] (*Dial.*, II, 294, cf. Thur., *o. c.*, II, 498). Baïf le transcrit avec *n* (*einsin*, *Psaut.*, 463) ; et Pasquier note que Montaigne et Ronsard l'emploient devant voyelle (*Rech.*, l. VIII, ch. 3, t. I, p. 764 C.). Il est très fréquent dans les textes, mais devient à la fin du siècle un provincialisme.

Pour *un*, je ne comprends pas comment Thurot en arrive à conclure des témoignages du xvie siècle qu'on faisait entendre plutôt un *u* nasal (*ũ*).

Des textes qu'il cite, particulièrement de ceux de Fabri, de R. Estienne, de Rambaud, de Lanoue, il ressort très nettement que *u* nasal et *eu* nasal se confondent (soit *œ̃*) [2].

L'existence du son actuel peut être prouvée par les rimes, puisque *un* rime avec *eun*. Les autographes peuvent aussi intervenir. C'est un témoignage que la graphie de Diane de Poitiers : *heumble*, *heumblement* (CIV, p. 186) ; *anvouyé heun laquès* (LXXXIV, p. 145) ; au contraire *hunne* (ib.). R. Estienne orthographie indifféremment *a iun* et *à ieun*.

Quand l'*e* muet de *vne* ou du féminin de l'adjectif s'élide sur un substantif commençant par voyelle, la nasalisation paraît avoir été aussi complète que dans les syllabes masculines. D'où ce résultat qu'au xvie siècle, aussi bien qu'au xive et au xve, on fait des confusions de genre. Du Bellay écrit *vn admirable Iliade* (*Def.*, II, 5, éd. Ch., 236). Et Ronsard dit *vn ombre espars* (*El. de mon tombeau*). Palsgrave donne une règle qui en dit long : à côté de *cette habitation est bonne* (299), il accepte *vng habitation* (152). *Image* et d'autres substantifs commençant par voyelle donnent lieu à des erreurs analogues, juste contraires à celles qui de nos jours résultent de la dénasalisation, et font dire au peuple *une enterrement*.

1. Très ancien. Voyez *Enf. Viv.*, ms. 1448, v. 1219 ; *ensin*; cf. *Rose*, I, 30, 432 : *ainsinc*, etc.

2. Voir o. c., II, 542 et suiv. Les textes sont un peu embrouillés en raison de la préoccupation qui hante des gens comme Meigret de distinguer surtout, sous leur orthographe latinisée, *humble* (*œ̃mble*) et *umbre* (*õbre*).

CHAPITRE V

RÉDUCTION DES HIATUS

Beaucoup d'hiatus, nous l'avons vu, avaient été réduits antérieurement au XVIe siècle. La plupart de ceux où s'étaient rencontrées deux voyelles semblables n'existaient plus. Les graphies *aa*, *oo* ne doivent pas tromper, ce n'est là qu'un procédé pour marquer la longueur [1], et qui ne mérite pas qu'on s'y arrête.

Les autres hiatus continuent à se réduire.

Ae, *ao*, *aou* (*au*) achèvent l'évolution commencée au XIVe-XVe s. (voir t. I, p. 409) et passent respectivement à *e*, *o*, *ou* (*u*) : *pelle*, *orner*, *saoul*.

Seul, dans cette série, le groupe *aï* mérite quelques mots. Il est encore souvent dissyllabique dans *haïne* et ses dérivés. Déjà Gringoire (I, 129) compte *hayneur* pour deux syllabes. Mais bien plus tard Lanoue distinguera encore à la rime *haine* et *gaine*, non seulement de *mondaine*, où, dit-il, *ai* est bref, mais de *chaine* et *enchaine*. Il faut arriver jusqu'à Maupas pour que *aï* soit définitivement réduit à *ai*(*ę*) [2].

Encore dans *aide* la « diphtongue », au dire des grammairiens, resta-t-elle longtemps sensible. Entendez que l'on prononce *a-i-de* ou *ę-i-de*. Cet usage se maintint a Paris jusqu'à la fin du XVIe siècle [3].

La diérèse dure aussi dans *traistre*, souvent écrit *trahistre* (*Amad.*, l. I, f° XVIII r°) ; Lanoue le met aux rimes en *istre*, l'usage change cependant tout à la fin du siècle.

Eï > *i*, *eo* > *o*, *eoi* > *oi* ; malgré l'orthographe, tout cela est déjà à peu près un fait accompli (voir t. I, p. 410). *Eu* seul mérite l'attention.

1. Ainsi Marot, I, 72... *Fut destourné par prince de mesme aage*. Cf. au contraire *L'Enfer : Les engendra des l'aage et le temps*.

2. Cf. Thur., *o. c.*, I, 499. On remarquera que, pendant ce même temps, les formes du verbe sous l'influence de la conjugaison inchoative tendent à devenir : *tu haïs*, *il haït* (voir plus loin, aux formes verbales). Ce mouvement en sens inverse n'empêche pas la réduction dont nous parlons.

3. *Des oraisons m'aÿde*, *De* [*la*] *saincte Brigide* (Marg. de Nav., *Dern. po.*, 68); *cuide : aide* (*ib.*, 109) ; *ayde : guide*, *bride*, *timide* (Corroz., *Hecat.*, éd. Oulm., p. 5) ; *subside : ayde* (R. de Coll., *Œuv.*, 134).

Dans *pays* la diérèse reste de règle (*pa-i-s* ou *pę-i-s*). Les exemples contraires sont des provincialismes : *Croissant au pays de Babilloine* (octos., Lespl., *Prompt.*, 35, ch. 39 ; cf. p. 35 ch. 40).

C'est ici l'un des points où, suivant moi, le témoignage direct des théoriciens doit prévaloir sur l'observation des rimes. Car les poètes, s'autorisant de prononciations locales, accouplent des mots qui, à Paris, n'étaient pas unisones ; d'autres, se fondant sur leur autorité, les imitent; en sorte qu'il faut se garder de prendre pour des témoins de l'usage de véritables abus [1].

Il y a sous l'écriture *eu* deux sons différents : 1° *eu* (*œ*) < *ǫ* latin (*fleur* > *flǫre*), ou bien < *ue* < *uo* < *oo* < *ǫ* latin (*meut* < *mǫvet*); 2° *eu* < *eü* < *e* + cons. caduque + *u* (*meur* > *meür* > *medur* > *madurǫ*; *seur* > *seür* > *segurǫ*).

Je dirai en bref que, dans la catégorie 1e, le XVIe siècle n'a rien changé : *eu* est resté *eu* (*œ*), sauf dans quelques mots où, par analogie, il s'est réduit définitivement à *u* (*u*) : *mûre*, *au fur* (et à mesure). Ailleurs le trouble n'a été que passager.

Dans la catégorie 2e, au contraire, le XVIe siècle achève une réduction importante.

J'ai montré au t. I, p. 410, la réduction de *eü* à un son unique, qui était sans doute diphtongué. Au lieu de s'arrêter à *eu*, *œ*, dans le voisinage duquel il a dû passer, ce son est allé à *u* (peut-être par *eú* [2]). Dès le XVIe siècle, il n'y a aucun doute : sauf en quelques mots, il sonne *u*.

Pour le premier fait, les témoignages sont nombreux. Sur la rime *cueurs : obscurs*, une épître de Fontaine contre Sagon observe : « Ce sont beaulx mots, mais en rithme ilz sont durs » (Mar., I, 252). Baïf figure *eu* par un seul caractère, et Bèze explique fort bien qu'on n'y entend ni un *e* ni un *u*, mais un son mixte, inconnu aux Grecs et aux Latins. Il est facile d'y reconnaître l'*eu* que Martin comparera plus tard à l'*ö* allemand de *schön*, *hören* [3].

Voici quelques preuves pour le second fait, qui est nouveau.

Dans les participes en *eu* et les prétérits en *eus*, Palsgrave enseigne déjà qu'on ne prononce que *u*, écrit abusivement par *eu* (*Escl.*, 15 [4]). De fait, Louise Labé par exemple écrit *u* : *qu'auons ù* (6), *dust* (*ib.*). C'est assez rare.

Sur les mots en *eure* > *ure*, l'accord est aussi assez complet. Lanoue dit sans restriction : « Ceste terminaizon s'escrit impropre-

1. Voir Thur., *o. c.*, I, 462. Un débat entre Talbert (*Du dialecte blaisois*, p. 95-103) et A. Darmesteter (*Rev. crit.*, 16 janv. 1875, 37-40 ; *Rom.*, V, 394) a grandement contribué à éclaircir la question. On trouvera dans Talbert beaucoup d'exemples dont, avec critique, on pourra se servir.

2. Sylvius semble encore entendre une diphtongue *eú* (Thur., *o. c.*, I, 443).

3. Thurot, *o. c.*, I, 442 et suiv.

4. Thur., *o. c.*, I, 513-521.

ment auec la diphtongue *eu*, veu qu'elle ne prend la pronontiation que de l'*u* tout simple, et se prononce comme si elle estoit escrite *ure*. »

Pour les autres mots, Peletier note *sures* (*Art poét.*, 114), *assure* (*ib.*, 38, 85, 98, 117). H. Estienne dit : « In *seur* pro *securo* et *meur* pro *maturo*, alius est sonus quam in primis illis *feu*, *peu*, etc., perinde nimirum ac si *sur* et *mur* scriberetur » (*Hyp.*, 46). Pour *hureux*, nous avons la transcription constante de Baïf : *hureux*, et parmi d'autres le témoignage de Bèze : « Galli recte pronuntiantes omittunt literam *e*, quasi scriptum sit *hureux* » (*Pron. fr.*, 67). Pour *mûr*, H. Estienne (*Hyp.*, 123) nous dit encore : « *meur* per *eu* scribi solet ut distinguatur a *mur* ».

On peut citer, dès le début du siècle, des rimes qui confirment la théorie ci-dessus : *Crassus : deceus* (F. Hab., *Voy. de l'h. r.*, dern. page); *deue : defendue* (B. An., *Lyon march.*, B. VII r°).

En voici qui sont contraires à ce qui a été exposé pour le premier cas : *pleurent : furent* (Mar., III, 174); *heure : future* (Bell., I, 35, M.-L.); *honteuse : Suze* (Rivaud., 67).

Les suivantes sont contraires à ce qui a été exposé pour le cas n° 2 : *sure* (sûre) : *labeure* (Mesch., *Lun.*, 6); *doulceur : seur* (Marg. de N., *Dern. po.*, 139); *seur : possesseur* (*Ib.*, 342); *sœur* (sœur) : *sur* (Mar., III, 48); *demeure* : *meure* (mûre)(Id., III, 13); *ieu*, *vœu : veu* (de *voir*, Id., III, 104); *meurs* (mûrs) : *ie meurs* (Id., I, 197), etc.; *feu : deu* (*Ch. hug.*, p. 215); *rostisseur : seur* (Grev., *Esb.*, a. II, sc. II, *A. th. fr.*, IV, 252); *peur : seur* (*Farce à IV pers.*, Pic. et Nyr., 102, 103); *deux : deus* (dus) (St-Gel., I, 268); *incogneue : queue* (*F. joy. et recr.*, Pic. et Nyr., 319-320); *peu : peu* (pu) (Du Bel., II, 346); *nepueu : veu* (vu) (Dorat, 15); *queue : inconnue* (Bell., II, 377); *despourueuz : neueuz* (Lanc. de C., *Eccl.*, E. II r°); *feu : repeu* (Am. Jam., II, p. 173), etc. On pourrait allonger indéfiniment cette liste.

Ce qui explique la fréquence de ces rimes, c'est d'une part que certaines provinces, et fort diverses, prononçaient *eu* là où Paris prononçait déjà *u* : ainsi en Normandie, dans le pays chartrain, en Bourgogne, en Gascogne, en Anjou : *veu*, mais surtout devant *r* : *peur : Teurc*. Malherbe lui-même — il était Normand — n'abandonne pas *j'ai eü*. En second lieu, *eu*, par exemple en pays picard, passait facilement à *u* : les Picards disent *ju* pour *jeu* (Bèze, *Pron.*, 51). Ramus, qui était Picard, trouvait (31) que *ieu* s'altérait en *iu* dans *Diu*; Tabourot admettait la prononciation *fu*, *ju*, *allu* (feu, jeu, alleu).

De la sorte, ces deux influences inverses contribuaient pareillement à confondre *eu* et *u*; et l'on voit Robert Estienne par exemple hésiter entre *beurre* et *burre*, enregistrer la locution *ni feu ni lu*. Rien d'étonnant donc à ce que les poètes, même à Paris, prissent la liberté de rimer *eu* et *u*.

Au milieu de cette mêlée, *hurter* a passé à *heurter*, et en sens contraire *meure* (mora) > *mûre*, *fleute* > *flûte*, *preudhomme* > *prud'homme*, *feur* > *fur*.

Quand *eu* se trouve devant *l̃*, c'est entre *ẹ* et *ŏ* que le son hésitait [1]. Selon H. Estienne les uns prononçaient *e* long, avec un léger *i* accessoire, les autres faisaient entendre une sorte d'*u*, non pas l'*u* qui, dans la graphie, précède l'*e* (*ducil*), mais un *u* non écrit, et pourtant sensible (*Hyp.*, 51). On voit Tabourot accepter la rime des mots en *eil* et de ceux en *euil*, telle qu'on la trouve dans Ronsard et les siens, originaires d'un pays où *euil* et *eil* se confondaient [2].

D'Aubigné suit encore cette tradition quand il rime *œil* et *soleil* (*Trag.*, éd. Lal., 175), *appareil* et *œil* (*ib.*, 168) [3]. Cependant, sauf dans *orgueil* et *orgueilleux*, où la prononciation était assez nettement en *e* et se conserva longtemps telle, on entendait en général *eu*, et de Bèze le marque nettement. L'influence de la rythmique n'y changea rien : on sent bien aux réserves de Lanoue que rimer *eil* et *euil* c'est licence poétique. Je ne vois guère que *bienveillance*, *malveillance*, où *ei* ait triomphé, et cela n'eut lieu qu'au XVIIe siècle.

L'existence des formes en *aou*, *eou*, *ou* pour *eu* comme *paour* (*Amad.*, l. I, XX r^{o}), est un pur archaïsme, qu'on serait tout d'abord enclin à regarder comme simplement graphique. En fait, ces formes se trouvent à la rime : *Sur le printemps, que la belle Flora Les champs couuers de diverse flour a* (Marot, *Templ. de Cup.*, I, 8). Cf. *Nemours : clamours* (Lem. de B., *Templ. Ven.*, III, 102-103, Stech.); *clamours : amours* (Mar., II, 190; II, 129); *nouds* (ailleurs *neu* et *neud*) : *genoulx* (Id., *Ch.* 2, II, 84). Ces rimes se retrouvent chez Ronsard et sporadiquement jusque chez Passerat (I, 25), plus tard encore [4].

Cela s'explique peut-être et par la nature de *ou* et par celle

1. Thur., *o. c.*, I, 462 et suiv.

2. Du Bellay (Angevin) écrit, même en prose : *veille*, pour *veuille* (*Let. in.*, p. 49, et *Def.*, II, 2, p. 191). Voir la note de l'édition Chamard.

3. Cf. chez Lespleigney, qui est de Tours : *conseil : dueil* (*Prompt.*, 53). Le même rime *fenoil* et *œil* (54).

4. On trouve *ialouse : malheureuse* (Mar., I, 289); il faut peut-être lire *ialeuse* comme I. 123, où il rime avec *heureuse*. Cf. *ialoux*, Id., II, 196.

de *eu* très fermé. L'existence de doubles formes dans les verbes, reste de l'apophonie ancienne, n'est pas non plus étrangère à cette confusion. Quoi qu'il en soit, à la fin du siècle, c'est tout à fait une « ancienneté ».

IE. — Les poètes font la diérèse dans les mots où *ie* était originairement diphtongue, issu du développement d'une voyelle latine, ainsi : *lierre*, *fiel*, *miel*, *hier* (Thur., *o. c.*, I, 490-491). On trouve même dans Jodelle un exemple de *ier* dissyllabique.

Dans le cas contraire, quand *i* provenait d'autre source, il faisait encore une syllabe distincte au commencement du XVIe siècle, mais dans le cours de ce siècle, le *i* devint *y*, faisant une seule syllabe avec la voyelle qui suivait[1].

D'après Peletier (*Art po.*, 86, et *Apol.*, 11) « *cretien* dissilabe pour *cretïen* trissilabe » est tout commun ; cette licence peut à son avis s'étendre, et l'on peut faire contraction de *ïeu* en *ieu*, *ïer* en *ier*, *ïon* en *ion*. Durant le XVIe, les poètes usent du droit de compter ce groupe de voyelles, soit pour deux, soit pour une seule syllabe, et les *Arts poétiques* varient suivant qu'ils « regardent » à l'autorité de Marot et de ses contemporains, ou qu'ils favorisent la prononciation licencieuse nouvelle. Encore faut-il dire que *chrestien* dissyllabe est déjà dans Marot, III, 13.

On trouvera les témoignages dans Thurot, I, 538-539 ; je ne retiendrai ici que celui de Lanoue. Il range parmi les mots en *ien* monosyllabe non seulement *chrestien* et *ancien*, mais encore *mathematicien*, *magicien* et les divers noms de professions. Il n'attribue à *ien* dissyllabe que *lien*, *grammairien*, *historien*, *terrien*, et il ajoute : « Qui ne veut ou ne peut estre si exact, quand il y rimera (à *ien* monosyllabe) ne fera pas erreur de grande importance. » On est revenu depuis de cette simplicité, c'est là une influence des poètes ; la phonétique n'est à peu près pour rien dans les hésitations ultérieures.

IA est diphtongue monosyllabique dans *diable*, *dia*, *opiniatre* ; de même *iant* : cependant *estudiant*, *inconueniant*, *viande* peuvent toujours être prononcés avec *ian* en deux syllabes.

IEU n'est encore que très peu avancé dans la voie de la réduction.

ION n'est à peu près jamais monosyllabique. Dans *pionnier*, *champion*, il ne sera considéré ainsi qu'à partir de Duval (1604). Dans les substantifs, tout le monde, de Meigret à Maupas, compte *ion* pour deux syllabes (Thur., *o. c.*, 539-540). En ce qui concerne les finales, il n'y a que les verbes qui aient *ions* monosyllabe.

1. Sur l'usage des poètes, voir Tobler, *Le vers français*, 78-104.

CHAPITRE VI

CONSONNES

C'est ici surtout que l'influence savante se fait sentir, et amène des troubles. Des consonnes orthographiques s'imposent à la prononciation ; d'autres, par l'effet de l'analogie des mots savants, envahissent des mots populaires ou demi-populaires.

Ainsi *d*, au dire de H. Estienne, doit être prononcé [1] (quoique le peuple ne le fasse pas entendre) dans *adversaire* [2], *admonester*. De même le *b* dans *obscur* (Bèze), *nonobstant* (Maupas), *absoudre* (Bernhard), le *c* dans *octroyer* (Monet). *Respit*, *apprester*, *escueil* ont une tendance à restaurer l'*s* (Thur., *o. c.*, II, 326-329) ; *restraindre*, *jusque*, *rescousse* y parviennent ; *exemple* reprend *x* au lieu de *z* (H. Estienne), *destre*, au lieu de rimer avec *remettre*, comme dans Baïf *dêtre* (*Psaut.*, 490), retourne à *dextre* (Deimier).

Ces restitutions deviendront particulièrement fréquentes et fâcheuses par la suite. Mais un autre effet non moins regrettable de la graphie pédantesque a été, dès l'origine, de retenir les mots savants qu'une tendance naturelle entraînait vers une assimilation plus ou moins complète avec les mots populaires.

Ainsi *adjectif* tendait à *ajectif*, *adjurer* à *ajurer*, *somptueux* à *sontueux*, *obvier* à *ovier*, *substantif* à *sustantif*, *ponctuer* à *pontuer*, *resplendir* à *réplendir*, *ustensile*, à *utensile*, *coulpe* à *coupe*, etc.

Ces fait accidentels ne sauraient pourtant cacher l'évolution naturelle, qui a été assez importante.

CONSONNES FINALES. — La règle était de les prononcer devant voyelle, de les taire devant consonne, excepté *c*, *q*, *l*, *r*, *f*, de les faire entendre à la pause, si faible qu'elle fût, comme le montre la transcription suivante : *Vou me dite touiours que votre pays est plu gran de beaucoup & plus abondan que le notre, e que maintenan vou pourrie bien y vivre à meilleur marché que nou ne vivon depui troi mois en cete ville : mai tou ceux qui en viennet, parlet bien un*

1. Je mets entre parenthèses le nom du grammairien qui, d'après Thurot, réclame ou atteste le premier la prononciation étymologique.

2. Pour éviter des confusions, j'adopte dans ce chapitre les conventions modernes pour l'usage de *i* et de *j*, de *u* et de *v*.

autre langage : ne vou deplaise (H. Est., *Hypom.*, 94). L'*s* de *toujours* se fait entendre parce qu'il y a un arrêt, bien que très court, de la voix.

Mais si telle était la règle de la bonne prononciation, les meilleurs grammairiens reconnaissent qu'à la pause plusieurs consonnes étaient muettes ; et dans le cours du XVIe siècle d'autres le devinrent.

T final cesse de se prononcer dans certains mots : *doig*(*t*), *toi*(*t*), *appéti*(*t*), *bahu*(*t*), *rost* (ro) ; de même où il est écrit *d*, dans *pie*(*d*), *sie*(*d*), *ni*(*d*).

Il commence à s'amuïr dans la série des mots en *aut*, *aud* : *briffau*(*d*), *chau*(*d*), *crapau*(*d*), dans les adverbes en *ment*, et, d'une façon générale, après les nasales : *encan*, *gan*, *trucheman ;* même après les finales verbales en *ent*, il faut que le lecteur s'interrompe « afin de tousser ou de cracher » pour qu'on entende le *t*. Tabourot répugne à la rime : *Plusieurs me blasment : Pour une dame*, mais la phonétique y est pour bien peu (Thur., *o. c.*, II, 99).

T s'amuit par licence après la consonne *r* : *for*(*t*), *boulevar*(*t*).

L'*Épître du beau fils de Paris* témoigne de l'amuissement de *t*. Elle écrit *gran merveille*, *doin*, *to*, *peti*, *mou*, à la rime au contraire *molet*, *folet*.

P s'assourdit assez pour que Tabourot — il est contredit par Lanoue — accorde qu'on puisse rimer *ap*, *op* avec *at*, *ot*, etc., ainsi *drap* et *chat*, *trot* et *galop*.

Mais il n'était vraiment muet que là où il y avait restitution orthographique (*loup*) ou après nasale (*champ*). On l'entendait encore dans *coup*, *beaucoup*, *trop*, *drap*.

F pouvait, dès 1568, être déclarée muette ou semi-muette par Meurier, qui semble représenter la tendance populaire. Ce n'était pas l'avis de tous, pourtant ; il n'y a point de doute pour *couvrechef*, *clef*, on admet les deux dans *apprenty* (à côté de *apprentif*), *plainti*, *bailli*, *neu*(*f*), *bleu*, *cer*(*f*). N'est-ce pas l'influence du pluriel ?

C est muet dans *croc*, *escroc*. Et Tabourot — Lanoue est en opposition avec lui — admet même qu'on peut ne pas tenir compte du *c* dans *blanc*, *banc*, *jonc*, *donc*, qui « a vn besoin » peuvent rimer à *ant*, *ond*. Simple facilité donnée aux poètes sans doute (Thur., *o. c.*, II, 126-133), à moins qu'ici encore, dans les noms, le pluriel n'agisse sur le singulier.

G dans les mots en *ang* et *ourg* commence seulement à s'amuir, et la prononciation officielle y fait résistance (Thur., *o. c.*, II, 116). Le changement définitif dans *sang*, *joug*, *long*, comme dans *bourg*, est réservé au XVIIe.

L est amui après *i* dans *il* (*dîne il*, *ira il*) *fusil*, *coutil*, *gentil*, *chenil*, *fenil*, *baril*, *fournil*, *sourcil*, *connil*, *gril*. (Cf. t. I, 339).

S continue à se prononcer en général devant voyelle [1]. Mais, à la pause, l'usage change dans le cours du XVIe siècle [2].

Dans les terminaisons masculines longues, Érasme constate qu'elle a un son très faible, et Lanoue admet qu'on peut la supprimer dans *ins* (*vins*, *eschevins*). Dans les terminaisons féminines, l'amuissement était plus avancé. Tory rapporte déjà qu'on n'entend point *s* [3].

En 1607, Maupas trouve que faire entendre l'*s* n'est point à reprendre, pourvu que faiblement (18). Son fils ajoute : « Quand bien on la voudra supprimer, si faut-il tenir la syllabe un peu plus longuette (1638, p. 23). » C'est le commencement d'un usage nouveau, qui durera bien longtemps [4].

Je reviendrai plus loin sur les conséquences que cette chute de *s* entraîna en morphologie, mais je veux le dire tout de suite : les longues hésitations qu'on constate dans l'orthographe de certaines formes verbales auraient été impossibles, si *s* avait été autre chose que graphique.

Les rimes n'indiquent rien : *filz : feiz* (J. Bouch., *Triumph.*, fº 181 rº, Ham., 320) ; *iris : pourris* (Rons., V, 116).

Mais les railleries de l'*Épître du beau fils de Paris* sont significatives. Pas d'*s* finale, même à la rime : *dite*, *musaille*, *heuzeu*, *vou*, *laissé*, *fi* (fils), *des jour ouvrié et des dimanche*, *marmiteu*, *piteu*, etc.

R achève de s'amuir dans un très grand nombre de cas à la finale, comme il avait commencé de le faire au XVe siècle [5].

Pendant la première partie du siècle, les grammairiens sont si affirmatifs, qu'on croirait que *r* s'entend toujours. « Nunquam quiescit », dit encore de Bèze (79, cf. Thur., *o. c.*, II, 146).

Mais d'autres témoignages les démentent. L'*Épître du beau fils* raille *pou* (*pour*), et la *Réponse*, *trompeu* (*trompeur*), *tourjou* (*tousjours*), *leu* (*leur*). Le *J. B. P.* appelle *bois de Senac* la forêt de *Senard* (15).

1. Cependant la consonne ne s'entend pas dans *laquais*, *fois*, *amis*, *brebis*, *perdrix*, *appentis*, *palis*, *taillis*, *pis*, *tapis*, *rubis*, *perclus*.
2. Voir Thurot, *o. c.*, II, 36.
3. Les dames de Paris disent, suivant lui : « *Nous avon disne en ung iardin, et y avon menge des prune blanche et noire, des amende doulce et amere, des figue molle, des pome, des poyre, et des gruselle* (*Champfleury*, 57 rº).
4. Voir la bibliographie dans le *Jahresbericht* de Vollmoeller, VI, I, 242-43.
5. Voir t. I, p. 412. A ce que j'en ai dit là, ajouter qu'il y a déjà des exemples dans Guil. de Dôle : *bourjois : avoirs* (593); *large : voiage* (1866); *vert : vallet* (507), etc. Cf. Introd. de l'édition Servois, p. XLI.

Il faut faire des distinctions suivant les différentes catégories de mots.

Après ẹ, *r* est restée : *le fer*, *l'hiver*. Après ẹ, *r* est tombée dans les infinitifs en *er*; Robert Estienne le constate, H. Estienne trouve cet usage bas, il n'en a pas moins prévalu lentement. De même, *r* disparaît dans les substantifs en *er*, *ier* (*conseiller*, *mestier*, *papier*), mais pas encore dans les adjectifs (*léger*). Cf. Thur., *o. c.*, II, 148 et s.

Les habitudes des versificateurs ne changèrent point pour cela, et les rimes ici ne peuvent pas être consultées. Elles sont souvent ou traditionnelles, ou dialectales, et à les en croire, *r* se serait prononcée partout. Ex. :

Juppiter : visiter (Mar., III, 255); *Luther : interpreter* (Id., I, 59); *Juppiter : despiter* (I, 10, III, 165) ; *aller : air* (Id., III, 159); *cercler : cler* (Id., III, 139); *fier : se fier* (Id., I, 236); *chair : toucher* (Id., I, 131); *amer : aymer* (Id., I, 84; *Marg. de la Marg.*, IV, 128); *mer : estimer* (Mar., III, 10); *mer : chommer* (Id., III, 244); *cher : cacher* (Id., I, 210); *enfer : descoifer* (Id., I, 283), etc., etc...

Cependant on observe des confusions de participes et d'infinitifs qui ne s'expliquent que par la chute de *r* : *Laquelle chose si on eust observer* (G. Far., dans Herm., *C.*, I, 247, an. 1524); cf. *veult demouré à son oppinion* (Touss. à Farel, ib., I, 387, an. 1525).

Après *i*, *r* tombe dans les infinitifs en *ir*, et Tabourot accepte cette prononciation[1]. Il tombe aussi dans les noms comme *plaisir*, *désir*, où Estienne constate cette habitude que Maupas acceptera encore (Thur., *o. c.*, II, 161).

Après *eu*, *r* tombe dans les noms d'agents et les adjectifs : *resveu*, *quereleu* (Thur., *o. c.*, II, 165). *Au mal flateux* (Baif, V, 75); *jamais ingenieux ne furent plus empressez à l'assaut* (Paliss., 90, Cap). *Que procureux et advocas* (R. de Coll., *Sat. p. les hab. d'Aux.*, *OEuv.*, 14); *laboureux* (*Farce de Folle Bob.*, 185, Pic., *Sot.*, 1, 250)[2]. D'où le rébus cité par Tabourot, *Big.*, 20 r° : *des chats qui scient un plot de bois : aux chassieux.*

Pour *r* après *ou* les témoignages manquent. Les rimes que j'ai

1. On trouve dans une chanson : *Est-ce pour le salaire qu'il vous a bien servir* (*Ch. hist.*, Pic., *R. h. l.*, I, 301). M. Picot, en commentant cette confusion, dit qu'elle semble indiquer que l'auteur était Flamand, et il renvoie au *Mistère de S. Adrien*, imprimé par lui pour Roxburghe Club. Je la crois plus généralement répandue.

2. *Eur* reste dans les abstraits comme *blancheur*, dont l'analogie a dû plus que toute autre cause le ramener ailleurs; on trouve cependant *humeurs* · *creus* (Jod., II, 117 et 362, M.-L.).

sont comme les précédentes, *r* y est suivie de *s* : *vous : tousjours* (*Farce des 2 j. fem.*, 219-220, Pic. et Nyr.). Cf. *tousjours : coups* (*ib.*, v. 243-244); Regnier (*Sat.* X) rime *bouche : fourche* [1].

Après *o*, *r* tombe : *accort : sot* (Bell., II, 486, M.-L.).

De là la confusion de *suppost* et de *support : Les destinees du trop ferme propos M'ont tost osté mon plus ferme suppost* (*Poésies attr. à Cl. Marot*, 1731, V, 355. G. Sup[t]. Cf. *ib.* d'autres exemples) [2].

Après *oi*, *r* tombe dans les substantifs en *oir*, Peletier écrit *terroe* (terroir) [3], et cela se conservera dans quelques-uns jusqu'au temps d'Oudin (Thur., *o. c.*, II, 149). De là le rébus du Bourguignon faisant peindre en son enseigne des *poulots* (poulets) *noirs : Aux Poulonois* (Tabour., *Big.*, 20 r°). Cf. une autre facétie du même, d'un écolier qui s'est obligé de *vingt livres tout noirs = vingt livres tournois* (*ib.*, 39 r°).

Des retours ultérieurs ont fait reparaître *r* dans plusieurs cas, mais toutes les conséquences de l'amuissement commencé n'ont pas été effacées, ainsi que nous le verrons dans la Morphologie.

CONSONNES MÉDIALES. — S *MÉDIALE*. Devant consonne, *s* était tombée depuis longtemps, que la consonne fût une sonore ou une sourde.

Mais il existait un grand nombre de mots savants, italiens, espagnols, ou méridionaux, où *s* était prononcée : *poste*, *escourre*, *mascaron*, *pasquin*, *bastion*, *plastron*, *jasmin*, *cabestan*, *mousquet*, *gaspiller*, *Gascogne*, *mesquin*.

L'influence de ces mots nouveaux était grande. Les gens du Midi faisaient entendre *s* dans les mots populaires, la graphie l'y conservait pour marquer la longueur de la voyelle. Aussi, quelque étrangère que fût cette prononciation au peuple (il y a là-dessus un texte curieux de H. Estienne, *Hyp.*, 88), les restitutions commencent, il y a des gens qui disent *chascun*, *escueil*, *apprester*, et même *honneste* (Thur., II, 326-329).

Toutefois la tendance à supprimer *s* était encore assez forte pour entraîner l'amuissement de *s* dans un assez grand nombre de mots ou savants ou italiens qui l'avaient : *translation*, *satisfaire*, *bosquet*, *escarmoucher*, *escorne* (Thur., *o. c.*, II, 320-326).

Thurot (II, 324) semble croire que Tabourot est seul à admettre

1. Cf. à l'atone *boussoufflé d'orgueil* (J. d'Aut.. *Chron. de L. XII*, IV, 90).

2. Pour ar, je n'ai guère trouvé que des exemples où a(r)s rime avec *soldats*. Or il faut sans doute lire *soldarts*. Ainsi : *soldats : parts* (*Ch.* de 1587. *Ch. hist.* Ler. de L., II, 430) ; *estandars : soldats* (*Ch.* 1590, ib., II, 515) ; *rempars soldats* (Rons., V, 25, M.-L.) ; comparez cependant *pars : les pas* (Rons., III, 433, M.-L.) ; *bas : couarts* (*Ch. hist.*, Ler. de L., II, 430).

3. Cf. *terroy* (*Od.*, *Œuv.*, 9 r°).

la rime *consiste : calamite*, *terrestre : estre*. Il y a des exemples analogues dans les textes : *caduques : offusques* (adj., Marg. de Nav., *Dern. po.*, 253); *resiste : irrite* (*Chans. hug.*, 64); *rencontres : monstres* (Jod., *Eug.*, a. II, sc. I, *A. th. fr.*, IV, 28).

R *MÉDIAL*. — J'ai déjà indiqué au XVe siècle quelques exemples de la chute de *r* métatonique devant consonne suivie de *e* (I, 412, note 3). Ils sont vraiment abondants au XVIe :

devant *s* : *face : embrace : farce : lasse* (*Serm. de l'And.*, *A. p. fr.*, IV, 90); *bourse : courrouce* (Grev., *Les Esb.*, a. III, sc. II, *A. th. fr.*, IV, 275); *Josse : renforce* (Id., *ib.*, a. IV, sc. II, *ib.*, IV, 291); *verse : detresse* (*Ch. hug.*, 161);

devant *ch* : *loche : escorche* (Grev., *Esb.*, a. I, sc. I, *A. th. fr.*, IV, 234);

devant *g* : *vierges : sieges* (J. Bouch., *Tr.*, 186 r°, Ham., p. 317);

devant *d* : *aborde : Herode* (Id., *ib.*, 287 r°, p. 317); *garde : escalade* (*Chans.*, 1590, Ler. de Linc., II, 528);

devant *b* : *marbre : candelabre : arbre* (J. Lem., *Templ. de Ven.*, III, 117);

devant *m* : *ames : alarmes* (Coll., *Œuv.*, 136); *fame : femme : ferme* (Id., *ib.*, 184); *arme : ame* (*Chans.* de 1590, Ler. de L., II, 507);

devant *l* : *hurle : mule* (*Ch. hug.*, 156). Bovelles parle de cette prononciation qui aurait été très parisienne (Thur., II, 289).

Est-ce parce que *terme* cesse de rimer avec *extreme*, que d'Aubigné changera des vers qu'il avait dû écrire en 1577? C'est fort possible (Voir *Trag.*, Lal., p. 308 et Read, II, 169).

R *APRÈS MUETTE*.

La tendance à l'apocope, qui se remarque encore aujourd'hui dans le parler populaire, existe déjà au XVIe siècle; elle est même probablement antérieure. Elle fait dire non seulement *not' père*, mais *une lèt'* (*une lettre*), c'est dire qu'elle n'atteint pas seulement les proclitiques.

Aucun grammairien du temps ne la note ni ne la censure, mais elle se trouve indiquée par Rob. Estienne pour quelques mots où le groupe est précédé de *r* : *marte*, *meurte*, et pour deux autres : *pampe*, *vive* (vivre) (Thur., *o. c.*, II, 278).

Elle était certainement déjà répandue. Le *J. B. P.* écrit *rue de la Calende* (265), une *sallemande* (*salamandre*, 13 et 76)[1]. Diane de Poitiers écrit *vostre proupe seur* (*Let.*, LXII, p. 110). Marguerite de Navarre rime *paillarde* et *ardre* (*Dern. po.*, p. 89).

1. Cf. du même *merquedy* (126, 87) à côté de *mercredi*.

R > *Z*. — Une réduction spéciale avait aussi atteint l'*r* intervocalique, qui en arrive à se confondre avec *z*.

On a souvent parlé à ce propos d'affectation et de mode. Le phénomène est trop général pour être susceptible de cette explication. On le retrouve hors de Paris, dans tout le Centre et jusqu'à Vézelay. Et d'autre part, il ne s'est pas produit chez les gens qui faisaient la « gorre », mais dans le menu peuple, chez les commères. C'est sans doute un accident survenu à la consonne *r* alors dentale, c'est-à-dire prononcée avec les organes dans une position toute voisine de celle qui donne naissance à *l* dentale ou à *d*. On sait que l'échange de *z* et de *r* s'est produit fréquemment dans d'autres langues (latin, provençal, etc.).

Tous les observateurs, de Barcley et Tory à Godard, Érasme, Palsgrave, Sylvius, Bovelles, Pillot, H. Estienne, Bèze, Cauchie, ont noté cette faute commune : *mon mazy*, *mon pese*, et ainsi de suite (Thur., *o. c.*, II, 271-273).

La faute inverse, qui consistait à dire *mon courin*, *la rairon*, se faisait également, mais elle paraît avoir été moins répandue [1].

Il y a là-dessus quelques facéties qui ont été imprimées et qu'on trouve citées partout [2] : *Madame, je vous rayme tan*, *May ne le dite pa pourtant*, *Les musailles ont de-rozeille...*

Vers 1620, il ne restait, dans la langue de la bonne compagnie, de cette prononciation que le doublet *chaire*, *chaise*. S'est-elle éteinte naturellement, par le déplacement physiologique de *r* ? A-t-elle, sous l'influence des grammairiens, été considérée comme appartenant aux patois du Centre ? Ce serait alors un bel exemple des entraves apportées au libre développement phonétique par les influences personnelles et littéraires. Or j'inclinerais assez à le croire, étant donné que cette confusion se retrouve à chaque ligne dans les textes populaires du XVIIe siècle rassemblés par Nisard (*Langage popul. de Par.*).

CONSONNES MOUILLÉES. — Le groupe *gn* provenant de *gn* latin se prononçait *ñ*. Cependant Palsgrave excepte de cette règle *signe*, *regne*, et les mots qui en proviennent. Pour le mot *digne*, il admet du reste ailleurs la prononciation *dine* [3] (Thur., *o. c.*, II, 345).

1. Le *J. B. P.* appelle le Sr de la Gruthuse *M. de la Grapture*, p. 5.

2. *L'amant despourueu de son esperit escripuant a sa mye, voulant parler le courtisan, avec la Responce de la dame* (*A. poes. franç. des XVe et XVIe s.*, par Montaiglon, V, 127 et suiv.). On trouve aussi la même pièce dans la plupart des éditions de Marot. Je l'ai citée déjà sous le nom de *Epistre du beau fils de Paris*.

3. Thurot a-t-il donné sa signification véritable au témoignage de Palsgrave ? Ce *gn* que demande Palsgrave doit être moins, il me semble, le *gn* que nous faisons entendre dans *gnostique* qu'une sorte de nasalisation avec résonance de la consonne, quelque chose d'analogue au premier γ d'ἄγγελος. C'est ainsi, sans doute, qu'on pro–

Les théoriciens sont en complet désaccord à ce sujet.

Meigret écrit *anhiao*, mais St-Liens *aneau* (*agneau*); Sebilet autorise à rimer *regne* et *chesne* (32 v°).

De même pour *digne* et *signe*. Pasquier ne croit pas qu'ils se prononcent jamais sans le *g* (lisez : par *n* non mouillé). H. Estienne voit au contraire dans la prononciation par *ñ* une sotte affectation (Thur., *o. c.*, II, 348).

L'hésitation s'étend bien entendu aux composés : *resine* et *resigne*, *sinifie* et *signifie*. Les féminins de *malin* et *benin* sont en *igne* ou *ine*[1]. Montchrestien rimera encore *maline* et *orpheline* (*Œuv.*, p. 91).

L'examen des rimes met cette confusion en évidence :

maligne : marine (Mar., III, 263) ; *benigne : cuysine* (Id., I, 246) ; *benigne : divine* (Id., I, 98) ; *benigne : femenine* (Id., II, 207) ; *signes : clandestines* (Id., III, 260) ; *signes : voisines* (Id., III, 228) ; *signes : fines* (Id., I, 34) ; *assigne : medecine* (Id., III, 13) ; *je resigne : je me determine* (Id., II, 65) ; *j'assigne : gesine* (Id., II, 200) ; *dignes : espines* (Id., III, 184) ; *digne : celestine* (Id., II, 70) ; *dignes : courtines* (Id., III, 255) ; *condigne : marotine* (Id., I, 213) ; *dine* (*digne*) : *divine* (Tahur., II, 28, son. 34) ; *digne : qu'on digne* Coll., *Œuv.*, 105) ; *medecine : maline* (Passer., I, 108) ; *rechine : mine* (*Chans. hug.*, 180) ; *ruïne : digne* (*ib.*, 122) ; *esgratigne : poupine* (*Farce à IV pers.*, 440-441, p. 146).

Turene : regne (St-Gel., II, 168) ; *regne : chayne* (Id., III, 232).

ł alterne aussi toujours avec *l*, à la médiale (*jaillir* et *jalir*, *bouillie* et *boulie*) mais surtout après la tonique (Thur., *o. c.*, II, 301-307), la prononciation par *l* simple étant favorisée à la fois par les dialectes gascon et lorrain-champenois.

Il n'y a rien d'étonnant à ce que Marguerite de Navarre rime *gentille : mille* : on prononce *miłe* (*Dern. po.*, 435). Mais on trouve *stile : postille* (Coll., *Œuv.*, p. 46) ; cf. *inutiles : quilles* (Bell., *La Reconn.*, a. v, sc. III, *A. th. fr.*, IV, 423) ; *gentile : inutile* (Passer., I, 6).

seul : recueil (Jod., *Eug.*, a. II, sc. III, *A. th. fr.*, IV, 38) ; *seul : deul* (Coll., *Œuv.*, p. 188) ; *linceuil* subit l'influence de *cercueil*.

nonçait en latin, et alors on s'expliquerait très bien le témoignage de Scaliger qui reproche aux Français de faire entendre *mannus* au lieu de *magnus*. Il ne dit pas qu'on prononçât *manus*. On comprend très bien, si l'on admet cette théorie, la confusion *dine* et *digne*.

1. Pour *cognoistre*, on n'a affaire qu'à une graphie.

Contractions. — A noter enfin des exemples toujours nombreux de contractions : *Qu'a-vous* (*qu'avez-vous ?*), *n'a-vous* (*n'avez-vous?*), *sca-vous* (*scavez-vous?*)[1] (H. Est., *Hyp.*, 98). *Sa vostre honneur* (= *sauve vostre honneur*, *ib.*, 99), *artez* (*arrestez*, Baïf, II, 333, 469). La langue littéraire les acceptera longtemps encore.

1. Dolet, longtemps avant Vaugelas, constate cette façon de prononcer : « La seconde facon de ceste figure est, quand deux mots (desquelz l'ung est detroncqué) sont r'assemblés en ung. Exemple : *au^ous* pour avez-vous ; *qu^auons* pour qu'auez uous ; *m^auons* pour m'auez uous ; *nau^ous* pour n'auez uous : *n^auons* pour nous ne auons. Tel est le commun usage de la langue Francoyse (*Maniere de trad.*, 1512, p. 37).

SECTION III — MORPHOLOGIE

CHAPITRE I

FORMES DE L'ARTICLE

ARTICLE DÉFINI

Des vieilles formes contractes de l'article, plusieurs deviennent archaïques au courant du XVIe siècle. C'est d'abord *ou*, vieille forme contracte de *en le*. Elle disparaît. *Ou* (souvent écrit *on*) se trouve encore chez Lemaire de Belges : *ou signe de Gemini* (*Ill.*, l. I, 35, g 4 r°) ; Palsgrave l'emploie en plusieurs endroits (57, 63, 185) ; et on le trouve chez quelques écrivains tels que Rabelais (liv. IV, ch. 17, t. II, p. 333 ; liv. I, ch. 16, t. I, p. 63, etc.).

Mais c'est une forme rare et, en dehors de quelques expressions (*entrer on couvent*), un archaïsme.

Le pluriel *es* vécut beaucoup plus longtemps. Rabelais en fait constamment usage, de même Marot (I, 10, 17, 60, 94, 98, 106, 145 ; II, 108, 114 ; III, 11, 136, 168, 191). Cf. Meigret, *Off. de Cic.*, 3 ; St-Gel., III, 173 ; Paliss., 18, 19, 20, 36 ; Lar., *Esp.*, a. II, sc. III, *A. th. fr.*, V, 228 ; H. Est., *Apol.*, I, 15 ; Amyot en use encore couramment et aussi Montaigne (liv. III, ch. 13, t. VII, p. 13 ; liv. III, ch. 5, t. VI, p. 11 ; liv. I, ch. 1, t. I, p. 6 ; liv. I, ch. 7, t. I, p. 35 ; liv. I, ch. 11, t. I, p. 51 ; liv. I, ch. 25, t. II, p. 1).

On le retrouve chez les derniers écrivains du siècle. Si le Montaigne de 1595 le supprime parfois, il le garde le plus souvent (voir par exemple liv. I, ch. 1, t. I, p. 6). Il est chez Palma Cayet (*Chron. sept.*, 68, 2) ; chez L'Estoile (p. ex. *Journ. de Henr. III*, 35 a) ; chez Du Vair (p. ex. 346, 4, 19, 372, 10, 395, 21) ; dans les *Lettres missives de Henri IV* (p. ex. III, 237, 365, 392, etc.)[1].

Nous aurons à en reparler au XVIIe siècle.

1. Les composés *onquel* et *esquels* suivent nécessairement la destinée des simples (*onquel*, Rab., I, 30 ; *esquels*, Meigr., *Off. de Cic.*, 13, 39 ; Pasq., *Rech.*, liv. VII, ch. 10, t. I, p. 725 A ; liv. VIII, ch. 14, t. I, p. 787, D. ; Fauch., *Orig. de la l. fr.*, 535 r° ; du Vair, 350, 36, etc.).

Mais *es* ne pouvait guère vivre sans *ou*. Dès le commencement du siècle, l'un et l'autre sont supplantés, soit par la préposition *dedans*, soit par *a* contracté avec l'article masculin : *au* (qui sonne presque comme *ou* = ọ) et *aux*. Les exemples sont nombreux où l'on voit *aux* et *es* alterner :

Aux prez de diuerses couleurs, Aux fleuues, aux bois, aux riuieres, Aux iardins de toutes manieres, En chasteaux et en bastimens, Et en triomphans ornemens, Ne prenez-vous point de soulas? (*Marg. de la Marg.*, IV, 191); *Es päis et Duché de Normandie vne legion. Au päis et Duché de Bretaigne vne legion. Au päis de Picardie vne aultre legion... Et au päis de Languedoc vne aultre legion ... En chascune legion y auroit six mille hommes de pied qui se leueroient esdictz päis* (Dolet, *Gest. de Fr. de V.*, p. 66).

Voici, parmi des milliers, quelques exemples de *au* : *au besoing tu l'as abandonné* (Mar., II, 101); *et entray Dans vng chasteau, auquel ie rencontray* (Marg. de Nav., *Dern. po.*, 154); *Et le Seigneur, peult estre, qui l'a faite, Feit pleuuoir Or aux cymes de sa teste* (Forcad., 20, v. 11-12) ; *contenus aux liures de Plotin* N. du Fail, *Eutr.*, t. II, p. 15); *non point seulement au vers, mais a l'oraison* (Du Bel., *Deff.*, II, 8, éd. Ch. 270); *non seulement aux hommes, mais aussi és bestes* (Bouch., *Ser.*, t. I, p. 3); *ce riche et magnifique temple, auquel seul Dieu a voulu estre serui et adoré* (Du Vair, 376, 1); *rentrer aux charges* (Id., 333, 32); *les Peres se soient retirez aux deserts et aux solitudes* (Id., 333, 17); *receuans et en l'ame et au corps la splendeur incomprehensible de la lumiere eternelle* (Id., 415, 32); *il* (l'homme) *a par le moyen du corps les plus excellentes qualitez, qui soient és choses sensibles et corruptibles, et par le moyen de l'ame les plus excellentes conditions qui soient aux intelligibles et incorruptibles* (Id., 412, 12); *Au regne du magnanime roy Charles... les huguenots ayants recommencé la guerre* (*Mém. de la R. Marg.*, 11); *Basile estoit mieux aux bonnes graces de la fille que moy* (Tourn., *Cont.*, a. II, sc. I, *A. th. fr.*, VII, 141).

Ce fait se retrouve bien après la fin du XVIe siècle.

Il amène une confusion en sens inverse, *es* pour *aux* est commun particulièrement chez Rabelais : *c'est moy qui le foys es aultres* (Rab., *Garg.*, ch. XXVII, t. I, 105); *es vns escarbouilloyt la ceruelle, es aultres rompoyt bras et iambes, Es aultres deflochoyt les spondyles du coul, es aultres demoulloyt les reins* (Id., *ib.*, 106); *Esquelles remonstrances rien plus ne respondoient* (Id., *ib.*, XXVI, I, 102); *s'il a esgard es choses susdites* (Paliss., 36).

Je dois signaler qu'on trouve encore quelques cas où la préposition se contracte encore avec l'article d'un nom qui suit, sans que ce nom soit son régime : *Au fait venger mettroit toute sa cure* (Pel. du M., *Od.*, 8 r°, 1547).

ARTICLE INDÉFINI

PLURIEL DE UN. — Le pluriel de *un* était encore commun au xve siècle, soit auprès des noms pluriels qui ont un sens collectif, soit auprès de ceux qui ne s'emploient pas au singulier : *Vnes ioues rondes* (Coquil., I, 98); *vnes sept seaumes* (*C. Nouv.*, I, 105) ; *vnes vieilles bouges* (*XV joyes*, 43) ; *vnes botes* (*ib.*, 42).

On le retrouve au xvie : *vngz yeux* (Lem. de B., *Ill.*, l. I, ch. 33, g 1 r°) ; *vnes riches chausses* (*ib.*, 43, h 7 r°) ; *C'estoit vnes secondes nopces* (Nic. de Tr., *Par.*, 96) ; *vns cheueulx crespelus* (Mar., III, 144) ; *vnes bardes couuertes de drap d'or* (*J. B. P.*, 72); *le vendredy furent faictes vnes belles processions* (*ib.*, 96) ; *vnes descrotoires* (Cord., *Corr. serm. em.*, 130 c) ; *vnes choses et aultres* (Des Per., *Œuv.*, II, 145).

Palsgrave (p. 182 et suiv.) donne une longue liste des substantifs qui s'accommodent de ces *uns* pluriels : *vnes armes*, *vnes belances*, *vnes besaces*, etc. Il y en a d'intéressants, tels que *vnes chausses*, *vnes decrottoyres*, *vngz degrez*, *vnes endentures*, *vnes entraues*, *vnes escriptoyres*, *vnes estoupes*, *vnes fiansayles*, *vnes forceps*, *vnes heures*, *vnes lettres*, *vnes lunettes*, *vnes nopces*, *vnes obseques*, *vnes orgues*, *vnes pastenostres*, *vngz suffletz*, *vnes tables*, *vnes taylles* (bâtons à entailles pour les comptes de boulangerie), *vnes verges*.

Cauchie fait aussi la théorie de ce tour (80) : « *mõter vns degrez* pro, *vne montée*, gradus seu scalas conscendere : *degrez* enim multitudinem includit et integras scalas significat, *degré* autem unicum gradum ». Mais dans l'édition de 1576, cette théorie a disparu; dans l'intervalle H. Estienne l'avait censurée (*Hyp.*, 208).

Désormais, malgré quelques exemples, le tour agonise.

La langue perdit ainsi un des moyens qu'elle avait d'exprimer un tout, fait de la combinaison de plusieurs parties. Il lui resta, il est vrai, et pour longtemps, l'expression équivalente *une paire de* : *une paire de sept psaumes*, c'est-à-dire l'ensemble des sept psaumes de la pénitence, comme on dirait en langage populaire *une tournée*, et ce tour, dans des expressions comme *une paire d'habits*, *une paire de ciseaux*, a vécu jusqu'à nos jours.

On remarquera au singulier l'emploi suivant de *un : dedans vng quinze iours d'icy* (Nic. de Tr., *Par.*, 77); *pendant le seiour d'vn quatre ou cinq mois* (Tabour., *Big.*, 56 v°). *Une pièce de* est à cette expression ce que *une paire de* est à *un*.

Ajouter que *uns* se met au pluriel pour annoncer une série de noms propres au singulier: *Uns Pontus de Tiart, Estienne Iodelle, Remy Belleau,... moy mesme* (Pasq., *Rech.*, l. VII, ch. VI, t. I, p. 702, CD). A cet *un* s'oppose dans Nicolas de Troyes *autre : véez en cy venir autre dix ou douze* (80); *demeure autre trois iours sans me veoir* (230).

La forme de l'article indéfini pluriel est variable suivant qu'il est suivi immédiatement du nom, ou qu'un adjectif s'intercale entre eux, ou qu'un article est construit avec un adjectif substantivé. On trouve assurément très souvent *des* où nous mettons *de* : *le curé y vient assez souuent et des autres prestres* (Nic. de Tr., *Par.*, 212); *Nous lisons aussi des merueilleux iugemens de Dieu contre ceux qui furent les chefs de la persecution* (H. Est., *Apol.*, II, 108, Ristelh.); *Dieu... ne se contentast point de ses chastiemens ordinaires, ains aioustast des extraordinaires* (Id., *ib.*, II, 104); *estre assez souuent mis en vsage par des simples femmelettes* (Pasq., *Rech.*, l. VIII, ch. 14, t. I, p. 787 C); *Voicy des maigres responses* (Lar., *Espr.*, a. I, sc. V, *A. th. fr.*, V, 216); *des grands Seigneurs* (d'Aub., *Œuv.*, II, p. 270, R. et de Causs.); *des nations incogneuës, poussees par des secrets mouuemens et occultes inspirations* (du Vair, 377, 19).

Mais nombreux sont déjà les exemples de la règle moderne, surtout dans la deuxième moitié du XVIe siècle : *de bien grands princes* (Marg. de Nav., *Heptam.*, p. 517); *de vrais corps sans ame* (N. du Fail, *Eutrapel*, II, 15); *de grandes difficultés* (L'Est., *J. de H. III*, 291, 1); *de bons miracles* (d'Aub., *Œuv.*, t. II, p. 274, R. et de Causs.).

Cauchie blâme *de*, quand il n'y a pas d'adjectif exprimé, et qualifie cet usage de bourguignon (p. 102, n. 2). J'aurai l'occasion de montrer que cette forme a survécu assez tard au XVIIe siècle.

ARTICLE PARTITIF

On peut considérer que c'est au XVIe siècle que la formule partitive devient un véritable article. Henri Estienne et Ramus en constatent l'existence : toutefois, l'un et l'autre admettent encore aussi bien *manger pain* que *manger du pain*[1], tandis qu'en 1607, Maupas fera une théorie complète de l'article partitif.

1. On remarquera que dans la phrase citée par Ramus, il y a une négation, de même dans celle de Estienne ; or, en pareil cas, le nom, étant pris dans toute sa généralité, se passe très facilement d'article, comme nous le verrons à la syntaxe, le cas n'est pas le même pour : *tu mangeras pain*, ou pour : *iamais ne mangeras pain.*

Je me suis demandé si c'était l'emploi du partitif qui éveillait les scrupules de Meigret (121 r°), quand il dit de la construction : *i'ey mis du brochet, de la carpe dedans cet étang* : « çete façon... de parler n'ęt pas dę plus çerteines,... ç'ęt vn langaje rustiqe... Nou' diryon' mieus, *broçhęs ę carpes*, ou bien ... *broçhet ę carpe...* » Je pense que ce qu'il n'approuve pas complètement, c'est l'emploi du partitif avec le nom singulier d'un individu désignant l'espèce. Cet emploi, si général aujourd'hui : *la carpe est chère, la carotte vaut tant*, est nouveau au XVIe siècle.

CHAPITRE II

FORMES DU SUBSTANTIF ET DE L'ADJECTIF

I. — LE FÉMININ

FÉMININ DES ADJECTIFS

Le XVIe siècle voit d'abord s'achever la réduction des anciens adjectifs épicènes à la forme : *bon, bonne.* Dès le début du siècle, même des grammairiens attardés, comme Palsgrave, acceptent l'assimilation pour la plupart des adjectifs qui, autrefois, n'avaient eu qu'une forme commune aux deux genres, celle du masculin.

ADJECTIFS VENUS DE LATIN ALIS, ELIS, ILIS. — Les adjectifs en *al* font désormais leur féminin en *ale*(ou *alle*). Palsgrave lui-même (164) [1] considère comme une irrégularité la forme *liberaulx*, qu'il trouve chez J. Lemaire. Il ne survit guère que la formule *lettres royaux*, conservée par la chancellerie jusqu'à la Révolution ; ajoutons-y quelques rares exemples : *royal promesse* (Mar., *Ep. au Roy pour succeder en l'estat de son pere*, I, 204) [2].

Le type de même origine, mais populaire, en *el*, paraît un peu plus en retard. Palsgrave demande *el* au féminin quand le substantif suit : *vne cruel defense* (297) ; lui-même écrit *las de corporelz besoignes* (430); il étend cette règle à *tel*, *quel* (297, 365). Mais les grammairiens postérieurs, comme Cauchie, qui mentionnent ces formes, les considèrent comme des archaïsmes, ou les expliquent par une élision analogue à *el'* pour *elle* (1570, 37); H. Estienne est si loin d'autoriser ces formes qu'il fait une remarque pour blâmer *quel' qu'elle soit* (*Hyp.*, 98).

Les exemples en *e* sont innombrables : *cruelle* (Mar., II, 85, 180; III, 260); *eternelle* (Id., II, 201); *immortelle* (Id., II, 180); *telle* (Id., I, 123; II, 188; III, 233), etc...

Pourtant les formes en *el* sont assez fréquentes. On peut même se demander s'il faut une apostrophe partout où les éditeurs

1. C'est une règle pour Palsgrave que l'adjectif placé devant le substantif n'est pas traité comme celui qui est derrière.

2. Y a-t-il apocope de e dans cet exemple, comme dans *liberal' planette* (Mar., II, 230); *virginal' noblesse* (Id., III, 195)? C'est probable, car Marot a partout la forme en *e*: *brutale* (II, 71) ; *ducale* (II, 87); *egales* (III, 202); *fatale* (III, 137), etc., etc.

modernes l'ont mise : *telz œuures* (Lem. de B., III, 106) ; *tel' figure* (Mar., III, 169) ; *tell' paincture* (Id., II, 217) ; *tel' persecution* (Id., I, 81) ; *tel' doulceur* (Id., I, 56) ; *tel' roydeur* (Id., III, 205) ; *tel' hardiesse* (Id., III, 246) ; *tel' chose* (Id., III, 170) ; *tel' peine* (Id., II, 65) ; *tel' faulte* (Id., III, 142) ; *tel craincte violente* (Id., III, 176) ; *tel' priere* (Id., III, 195) ; *tel' vertu* (Id., I, 14) ; *a tel' secousse* (Id., III, 181) ; *quell' mouche* (Id., III, 93) ; *quell' pitié* (Id., I, 275) ; *quell' ioye* (Id., I, 205), etc... Pourtant, dans la plupart des cas, il semble bien qu'on ait affaire à une orme apocopée, par licence métrique.

Les adjectifs venus de *ilis* ont presque tous un féminin distinct, sauf dans le composé *gentil-femme*, qui échappe aux règles ordinaires de la morphologie (Lem. de Belges, *Ill.*, l. I, ch. 48, h. 7 r°; H. Est., *Hyp.*, 154 ; cf. Mont., *Ess.*, l. I, ch. 1, t. I, p. 5).

Ex. : *les Dryades gentilles* (Lem de Belges, *Ill.*, l. I, ch. 33, f. 8 r°) ; *gentille : inutile* (Dolet, *II Enf.*, 12) ; *gentile* (Scal., *Let.*, 311).

VERT. — Sauf l'expression : *donner la cotte vert*, le féminin est *verte*. Palsgrave a relevé dans J. Lemaire *sur l'herbe vert* (299). De tels exemples sont rares (cf. *l'escorce vert*, Mar., III, 219).

Au contraire, *verte* est courant (Mar., I, 14, 15, 28, 72, 142 ; II, 113, 166 ; III, 8, 220, 241, 242)[1].

GRAND. — *Grand* est le plus fidèle à l'ancienne forme. Palsgrave pose encore en règle que devant le substantif la forme est *grant* (296 et 299), et lui-même manque peu souvent à sa règle (cependant 469 : *sa grande gourmandise*). Une règle si absolue ne correspond pas à l'usage du temps, et on ne la retrouve chez aucun autre grammairien. Sebilet veut mettre l'apostrophe (*A. poét.*, 20 v°). Meigret néglige la question, mais ceux qui en parlent, comme Cauchie, ou H. Estienne, ne considèrent plus *grand* que comme une forme élidée, par conséquent anormale (Cauch., éd. 1570, 210, et H. Est., *Hyp.*, 98). D'autres, comme Pillot, ne donnent plus que des expressions isolées : *de grand abondance* (87 r°). Dès le milieu du siècle, pour les théoriciens, la forme normale est *grande*.

Les textes paraissent concorder avec les témoignages des grammairiens ; dès le commencement du siècle, on y trouve d'innombrables exemples de la forme *grande*, ainsi chez Marot, I, 14, 36, 91, 99, 117, 136, 167, 201, 220, 257, 272, 277 ; II, 86, 97, 98, 109, 116, 133, 139, 147, 156, 157, 171, 179, 228 ; III, 16, 32, 40,

1. *Verde* se rencontre aussi fréquemment : *J. B. P.*, 191, St-Gel., II, 151, Rab., t. I, 45, Forcadel, p. 40, v. 24.

64, 88, 116, 154, 174, 183, 206, 207, 213, 240, 250, 262, etc. Rabelais, *Garg.*, ch. IV, t. I, 19, *ib.*, ch. VI, t. I, p. 26; Marg. de Nav., *Dern. po.*, 389, f° 2 v°; *Marg. de la Marg.*, IV, 164; Corroz., *Hecat.*, p. 75, 95; Dolet, *Gest. de Fr. de V.*, p. 44, 11, 34, 19, 51; Id., *Man. de trad.*, 8, 13, 8, 33, 36; *Farce de II jeunes fem.*, 120; *J. B. P.*, 8, 10, 12, 13, 16, 20, 22, 25, 38, 56, 60, 86, etc.

Toutefois les formes *grand* et *grande* alternent souvent dans un même texte et dans une même phrase : *Ou de Cesar la grande confiance, Ou de Françoys la grand'fidelité* (Mar., II, 110; cf. I, 220); *estoit grand pitié* (*J. B. P.*, 116); *grande pitié* (*ib.*, 122); *lequel... y feit grand breche, sans bailler assault toutesfoys. Dedans la ville estoit pour le Roy le seigneur ... Cappitaine de grande vigilance, et prudence* (Dolet, *Gest. de Fr. de V.*, p. 41).

Et quand l'adjectif est devant, la forme *grand* ou *grand'* est très fréquente. A défaut de statistique je donnerai une liste à peu près complète des exemples fournis par Marot (j'y supprime les apostrophes modernes) :

A. Au singulier : *grand affaire* (III, 200); *grand alleure* (I, 43); *grand angoisse* (III, 213); *grand année* (I, 186); *grand ardeur* (III, 254); *grand audace* (I, 192); *grand baleine* (III, 215); *grand beauté* (I, 22; II, 82, 117, 184, 189, 234, 236; III, 256); *grand beste* I, 155); *grand bonté* (I, 10, 214; II, 94); *grand cerimonie* (II, 83; III, 176); *grand chaleur* (II, 78); *grand cité* (II, 80; III, 242); *grand closture* (I, 41; III, 124); *grand croix* (II, 74); *grand cruaulte* (II, 157); *grand cure* (II, 86; III, 194, 239); *grand desloyauté* (III, 107); *grand destresse* (II, 130, 175); *grand deuotion* (II, 147); *grand dignité* (I, 189); *grand doulceur* (I, 109, 204; III, 224); *grand douleur* (I, 120; II, 175, 178); *grand durée* (II, 200); *grand efficasse* (I, 109); *grand erre* (I, 132; III, 147, 212, 232, 242); *grand faveur* (III, 223); *grand fille* (III, 156); *grand finesse* (I, 34); *grand flamme* (II, 159; III, 170); *grand folie* (I, 246); *grand forest* (II, 76); *grand forfaicture* (II, 102); *grand fortune* (I, 162; III, 147); *grand foyson* (I, 143, 240); *grand fueille* (I, 212); *grand galere* (I, 282); *grand grace* (III, 114); *grand hardiesse* (III, 240); *grand haulteur* (I, 166; III, 135); *grand ignorance* (I, 124); *grand ire* (III, 218); *grand ieunesse* ((I, 34); *grand ioye* (I, 11, 50, 62, 167; II, 98; III, 182); *grand langueur* (II, 175); *grand lascheté* (I, 177); *grand letanie* (I, 180); *grand liesse* (I, 182; II, 126); *grand loyaulté* (II, 164); *grand lueur* (III, 215); *grand lumiere* (I, 68, 70); *grand medecine* (III, 13); *grand melancolie* (I, 246); *grand mer* (III, 37, 175, 258); *grand mere*

(III, 177); *grand merueille* (I, 228 ; II, 220, III, 7); *grand misericorde* (I, 78); *grand monstre* (III, 189); *grand montaigne* (III, 188); *grand montée* (III, 202); *grand noblesse* (II, 97); *grand nue* (I, 235; III, 16, 148); *grand œuure* (III, 65); *grand ordre* (I, 153); *grand oubliance* (I, 203); *grand oultrance* (I, 161); *grand paour* (I, 193); *grand parenté* (I, 53); *grand part* (I, 88, 213; II, 93; III, 125, 173); *grand partie* (I, 10); *grand passion* (I, 121); *grand peine* (I, 43, 192 II, 104, 139, 171, 189; III, 57, 199, 206, 224); *grand perfection* (II, 145); *grand perplexité* (II, 88); *grand persecution* (II, 119); *grand perte* (II, 219); *grand peur* (I, 55, 281); *grand pitié* (I, 178, 222; III, 18, 22, 97, 264); *grand plaine* (II, 71); *grand planté* (III, 161); *grand pompe* (II, 229); *grand poursuyte* (I, 277); *grand practique* (I, 193; III, 61); *grand preference* (I, 110); *grand prouesse* (II, 185); *grand puissance* (I, 119); *grand quantité* (III, 129); *grand recepte* (I, 31); *grand recompense* (I, 180); *grand renommee* (II, 113); *grand resplendissance* (III, 211); *grand richesse* (III, 147); *grand rigueur* (I, 88); *grand sagesse* (I, 15; II, 184); *grand science* (III, 33); *grand serpente* (III, 210); *grand seruitude* (I, 178); *grand simplesse* (II, 61, 184; III, 31); *grand soif* (I, 76, 153); *grand souffrance* (II, 225); *grand Tartarie* (I, 152); *grand terreur* (I, 143); *grand tetine* (III, 34); *grand tour* (III, 257); *grand troupe* (I, 112); *grand valeur* (I, 35, 237); *grand value* (I, 178; III, 223); *grand vapeur* (III, 216); *grand vertu* (I, 33, 143; II, 118); *grand vigueur* (II, 156; III, 241).

B. Au pluriel : *Grans Alpes* (III, 213); *grans approches* (III, 74); *grans audaces* (II, 192); *grans bragues* (II, 63); *grans brasses* (III, 173); *grands chaines* (I, 16); *grans clameurs* (III, 220); *grans consolations* (I, 20); *grands courts* (I, 60); *grands dames* (III, 140); *grans douleurs* (I, 175); *grans eaux* (III, 161, 173); *grans foretz* (II, 224); *grans guerres* (II, 224); *grans ionchees* (I, 59); *grans iournees* (I, 28); *grans liesses* (II, 160); *grans matieres* (I, 33); *grans mers* (III, 158, 171); *grans plaines* (I, 234; III, 190); *grans praeries* (I, 179); *grans richesses* (I, 216); *grans riuieres* (I, 173); *grans roches* (I, 235); *grans vndes* (II, 68; III, 260); *grans vertus* (III, 8); *grans villes* (III, 212).

La grande masse des exemples est fournie par des phrases où *grand* se trouve devant le nom; il y en a cependant quelques-uns où il est derrière :

une amytié Qui n'est pas si grand' la moytié (Mar., I, 34); *la grand Symonne ou Symonne la grand* (Id., I, 109); *en gueulle grand' rechinee* (Id., III, 226); *les barres grans et lees* (Id., III,

209); *les vmbres grands* (ex. douteux, parce que *ombre* peut être masculin, Id., III, 126).

Quelquefois *grand* est devant, mais ne précède pas immédiatement le substantif: *apres mes grands et louables victoires* (Mar., III, 136); *les grans et longues pompes* (Id., III, 187); *les grans froides montaignes* (Id., I, 218), *de si grans et tant d'autres richesses* (Id., III, 206).

Comparez: *la grand place* (Rab., *Garg.*, ch. XXVI, t. I, 100); *les grands eaulx* (Id., *ib.*, ch. LVIII, 209); *les grans rydes* (Coll., 122); *grans guerres* (Seyss., *Success. d'Alex.*, 14 r°); *par ma grand' perseuerance* (*Marg. de la Marg.*, IV, 135); *grandz torches* (*Heptam.*, 517); *sa grand blancheur* (S.-Gel., I, 103; cf. I, 61, etc., II, 100); *grand's faueurs* (Id., II, 119); *la grand Barbe* (*J. B. P.*, 10); *a grand ioye* (*Ib.*, 75, 77, 85); *la plus grand' part* (*Ib.*, 93); *grand sagesse* (Corroz., *Hecat.*, p. 39); *grand ire* (Id., *ib.*, p. 50); *grand raison* (Id., *ib.*, p. 37); *sa grand fragilité* (Id., *ib.*, p. 33); *en grand desplaisance* (Id., *ib.*, p. 22); *grand nuysance* (Id., *ib.*, 12); *grand rigueur* (Id., *ib.*, p. 59); *grand' bonté* (Dolet, *Man. d. trad.*, 27); *vne grand lettre* (Id., *ib.*, 23); *grand' demonstration* (Id. *ib.*, 14); *grand vehemence* (Id., *ib.*, 23); *grand vertu* (Id., *ib.*, 15, et *Gest. de Fr. de V.*, p. 10).

Ces exemples se continuent jusqu'à la fin du siècle: *si grand' resistence* (La Boet., *Œuv.*, 17-18); *eurent grand' guerre* (H. Est., *Apol.*, II, 63); *une fort grand' larronnesse* (Du Bart., *Sem.*, éd. 1591, 14); *cette grand clarté* (Id., *ib.*, 40); *grand semonce* (d'Aub., *Œuv.*, II, 275).

Toutefois, à cette époque *grande* l'a emporté, sauf dans quelques locutions, sur le nombre desquelles les grammairiens ergoteront, depuis Malherbe jusqu'au règne de l'Académie [1]. Deimier paraît, à cet égard, en retard sur son temps; il accepte encore: *il a de grands richesses* (*Acad.*, 177).

AUTRES FÉMININS. — Les comparatifs peuvent être considérés comme ayant pris dès le siècle précédent l'e du féminin. Les contradictions de Palsgrave à ce sujet n'ont aucune importance (72, 295). Tous les grammairiens sont d'accord (Pillot, 12 r°, Garnier, 12, Meurier, *Br. inst.*, 41 v°, Cauchie, 1576, 107). Si on trouve dans Marot *la mer Maiour*, c'est une sorte de nom propre, qui est ailleurs, par exemple chez Louis Le Roy, *Vic.*, 45 v, cité par Becker [2].

1. Dans ces locutions, on voit du reste l'e du féminin s'introduire aussi: *c'est grande pitié* (Vigor, *Serm. Cath.*, 14); *a grande poine* (Rab., t. I, 26); *en grande peine* (*Sat. Men.*, 55); *la royne mere ou grande mere* (*Ib.*, 17).

2. Cependant *meilleur* est chez Lem. de Belges: *Cuydant mon deuil a meilleur couleur teindre* (*Templ. Ven.*, *Œuv.*, III, 103).

Pour les adjectifs participes en *ant*, voir au participe.

Turc a encore souvent l'ancienne forme *turquoise* (Palm. Cayet, *Chron. sept.*, p. 20, col. 1. Cf. ville *turquesque* (*ib.*). Cauchie, 1570, 65, blâme *turcquesse*. Il veut *turque* ou *turquesque*. En 1576, ce grammairien n'a plus que *turque* (24).

Grec fait déjà le plus ordinairement son féminin en *grecque* : *grecques naufz* (Pel. du M., *Od.*, *Œuv.*, 9 r°); *Helaine grecque* (Mar., I, 123. Cf. III, 154); *grecque poix* (Lespl., *Prompt.*, 47). Cf. Du Bel., *Deff.*, passim.

L'orthographe *greque* est dans Meurier (31 v°), mais Cauchie donne *greque* et *grecque* (1570, 65, 1576, 94). Ramus a *grecque* (64).

RÉACTION DU TYPE QUI N'AVAIT *E* QU'AU FÉMININ SUR LES ADJECTIFS QUI AVAIENT *E* AUX DEUX GENRES

Tous les adjectifs à forme unique sans *e* ayant à peu près disparu, l'adjectif français apparut de plus en plus comme un mot à double forme dont la caractéristique est la présence d'un *e* au féminin, et l'absence de ce même *e* au masculin. Dès lors, l'analogie amena fréquemment dans les textes la suppression de l'*e* là où il existait au masculin, suppression d'autant plus facile que, ainsi que nous l'avons vu dans la phonétique, l'amuissement croissant de *e* rendait la confusion presque insensible.

ADJECTIFS EN IQUE. — On pourrait croire que Palsgrave est de parti pris quand il réclame au masculin *mirifiq* plutôt que *mirifique*, s'il n'avait pris soin de nous rapporter les exemples analogues qu'il trouvait chez Lemaire (303) : *bellicq*, *bucolicq*, *diabolicq*, *gallicq*, *mathematicq*, *mirificq*, *olimpicq*, *publicq*, *sophysticq*, *tirannicq*. Lui-même, bien entendu, est loin d'adopter uniformément ce système, et il écrit à peu près 20 fois *ique* pour 2 fois *icq*. Néanmoins ni lui ni J. Lemaire n'ont inventé cet *ic*, *icq* qui n'est pas non plus un pur latinisme. On le trouve dans les textes : *art poëtic* (Pasq., *Rech.*, liv. VII, ch. 5, t. I, p. 700 A); *ecclesiastics* (Id., *ib.*, liv. VIII, ch. 13, t. I, p. 787 A); *rustics* (Rivaud., 180). Et l'on sait combien les hésitations de la langue moderne ont été longues pour quelques-uns : *hebraïque*, *laïque*, *publique*. Au XVIe, l'usage me paraît être en général d'écrire par *que* : *angelique* (Mar., III, 6); *erratique* (Mont., l. III, ch. 11, t. VI, p. 266); *ethicque* (Mar., III, 241); *fantastique* (Id., I, 288; Mont., l. I, ch. 4, t. I, p. 25); *laïque* (Vigor, *Serm. cath.*, 61); *melancolique* (Mar., I

288); *poëtique* (Id., III, 12); *praticque : traficque* (F. Hab., *Voyage*, B 6 r°); *publiquè* (Sylv., *Isag.*, 70; Mar., I, 79, 171; St-Gelais, II, 141; III, 185; Cord., *Corr. serm. em.*, 328 B, 384 C; Dolet, *II Enf.*, 84 H.; *Chans. hug.*, 114; Mont., l. I, ch. 35, t. II, p. 159; l. II, ch. 12, t. IV, p. 131)[1]; *pudique* (Mar., III, 6); *rusticque* (Pel. du M., *V. lyr.*, 66 v°).

ADJECTIFS EN ALE *ET EN* ELLE. — Pour cette catégorie, c'est à peine si l'on peut signaler quelques reformations analogiques, par exemple celle de *salle* au masculin : *sal* (Du Wez, 917), et, dans la série en *el*, celle de *fidel*, *rebel*. Palsgrave condamne formellement *rebelle* chez Octovien de St-Gelais (298) : *fiers taureaux rebelles*, qui « en prose serait incongru » (cf. 322, 681). Cauchie donne une forme *fidel* (1570, 77); cette forme se retrouve dans les textes : *un fidel conseil* (Lar., *Fid.*, a. I, sc. II, *A. th. fr.*, VI, 312; Brant., *Vies des gr. cap.*, V, 125); mais elle est rare.

ADJECTIFS EN ILE. — Ici, au contraire, les exemples de masculins sans *e* se multiplient. Non seulement en face de *debile*, *inutyle*, *habyle*, on trouve chez Palsgrave : *agil* (322); *facil* (311); *infertil* (305); *senil* (305); *soubtil* (312, 325); *viril* (318); mais ces formes ou leurs analogues se rencontrent assez abondamment chez les écrivains : *inutil* (Corroz., *Hecat.*, 5); *inutilz* (Mar., I, 86); *versatil* (B. An., *Lyon march.*, B. V, r°); *viril* (Dolet, *Gest. de Fr. de V.*, 53); *viril : faut-il* (Jod., *Eug.*, a. III, sc. II, *A. th. fr.*, IV, 53); *fertils* (Forcad., p. 9, v. 3, p. 11, v. 1); *imbecil*, *inutil* (Rons., V, 72, M.-L.; cf. Du Vair, 406, 6); *seruil* (Jod., II, 216, M.-L.); *steril* (Dorat, 17); *vtil* (Gello, *Circé*, 127); *infertil* (Du Bart., *Sem.*, éd. 1591, 54).

C'est en souvenir de cet usage que, au XVIIe siècle, Deimier déclarera qu'*inutils* ne peut rimer avec *abortis*, comme chez Ronsard. « On les couchoit ainsi autrefois, *vtils*, *inutils*, *sterils*. Mais maintenant il faut tousiours *e* » (*Acad.*, 206).

Toutefois les formes en *e* sont les plus communes :

Agile (Mar., III, 186); *facile* (Id., II, 135); *fertile* (Id., II, 225); *habile* (Id., II, 64; cf. III, 186); *hostile* (Id., II, 81); *humile* (Id., II, 135); *inutile* (Id., II, 225); *mobile* (Id., II, 81); *puerile* (Id., II, 82); Cf. *virile* (Rab., *Garg.*, t. I, ch. 3, I, 16; et La Boet., 113, 62); *debile* (Mont., l. I, ch. 9, t. I, p. 40); *indebile* (Id., l. III, ch. 5, t. V, p. 294); *puerile* (Id., l. III, ch. 5, t. VI, p. 40); *vile* (Id., l. II, ch. 11, t. III, p. 166; l. III, ch. 2, t. V, p. 197; l. III,

1. Cependant *publiq'* (Du Bel., *Deff.*, II, 5, 233, éd. Cham.).

ch 13, t. VII, p. 58; *Chans. hug.*, 8); *ville* (Coll., *Œuv.*, 256); *versatile* (Mont., l, III, ch. 13, t. VII, p. 76, n. 2)[1].

AUTRES ADJECTIFS. — Soit chez les grammairiens, soit chez les auteurs, on trouve un certain nombre d'autres adjectifs antérieurement terminés par un *e* muet au masculin et qui l'ont perdu :

Debonair (Palsg., 317); *indigest* (Mont., l. III, ch. 13, t. VII, p. 69); *quit* (Palsg., 313, 322); *sublim* (Id., 315); *tied* (Id., 293)[2].

Pour l'extension inverse, on peut citer *sauve : sain et sauue*)Pillot, 64 r°); *leurs corps et biens saulues* (*J. B. P.*, 145); *caduque* (Mont., liv. II, ch. 2, t. III, p. 21; ib., ch. 12, t. III, p. 188); *decrepite* (Id., l. I, ch. 20, t. I, p. 114; l. II, ch. 12, t. IV, p. 162); *fortuite* (Id., l. II, ch. 12, t. III, p. 176; ib., t. IV, p. 96; l. III, ch. 5, t. VI, p. 9); *inquiete* (Id., l. III, ch. 12, t. VI, p. 273); *promiscue* (Id., l. I, ch. 56, t. II, p. 294); *proclive* (Id., l. II, ch. 8, t. III, p. 96). A *perplex*, qui est dans Marot, I, 136, *perplexe* tend à se substituer : « *perplex*... alii commune sub *e* faciunt » (Cauchie, 1576, 95).

FÉMININ DES SUBSTANTIFS EN *EUR*

Dans les formes des adjectifs et des noms, qui, de tout temps avaient eu deux formes pour le masculin et le féminin, je signalerai quelques changements qui, sans être enfermés dans les limites du XVIe siècle, s'accusent plus particulièrement à cette époque.

Les féminins en *eresse* sont toujours nombreux[3]. Les grammairiens les indiquent. Palsgrave : (154) *brodeur*, *broderesse* ; Rob. Est., *menteresse* ; Cauch. (éd. 1570, 66) : *pecheresse*.

Ils sont également communs dans les textes : *regnateresse et moderateresse de toutes lesdictes nations* (J. Lem. de B., *Ill.*, l. III, f 3 v°, éd. 1548, G.); *la flatteresse esperance* (St-Gel., III, 174); *tromperesse* (Id., III, 202 et 225). Il y en a une amusante énumération dans R. de Collerye (*Œuv.*, 231) *tricherresses*, *pecheresses*, *gaudisseresses*, *menterresses*, *fillerresses*, *fourbisserresses*,

1. Dans les adjectifs en *f*, point de changement. Je noterai toutefois que Palsgrave (293) demandait le maintien de *f* devant *ve*. Et il observe cette règle. Mais l'*f* disparut de bonne heure. Sylvius la condamne (69) et Cauchie (1570, 64) dit : *f* omitti in *fœminimum cœpit.*

2. Comparez des substantifs comme *interprets* (Meigr., *Off. de Cic.*, 6).

3. Rabelais s'amuse à faire des féminins en *esse* *belles et ioyeuses hypocritesses*, *chattemitesses*, *hermitesses* (IV, 64, t. II, p. 497). Il est à remarquer que *eresse* comme *erie* tend à devenir un suffixe simple. Montaigne dit *singeresse* (l. III, ch. 5, t. VI, p. 8, n. 3.).

rapinerresses, *recommanderesses*; cf. *changeresse* (Amad. Jam., I, 87); *assom'resse* (Rons., IV, 288; voir pour la Pléiade le Lexique M. Lav., II, 115); *piperesse* (Tahur., II, 82, ode 7, Bl.); *baiseresse* (G. Durand, *Im. de Bonnefons*, 82); *danseresse* (G. Bouch., *Ser.*, I, 152). Même à la fin du siècle, ils n'ont pas cessé d'être en usage : *adulteresse* (Palm. Cayet, *Chron. sept.*, 75, 1); *intercesseresse* (*ib.*, 93, 1); *flateresse* (Du Bartas, 1591, 60); *basteleresse* (C. Fouc., *Ep. d'Arist.*, 77); *charmeresse* (*ib.*, 148); *broderesse* (*ib.*, 67).

Cependant un changement était en train de s'accomplir. Par suite de l'amuissement de *r* final, les formes en *eur* se rapprochant des adjectifs en *eu*(*x*), fém. *euse*[1], la finale *euse* beaucoup plus proche du radical modifié tendit à supplanter *eresse*. Du Wez donne déjà *trompeur*, *trompeuse*, et Meigret déclare (30 v°) que les dénominatifs en *eur* tirés de verbes font leur féminin en *euze*.

Dans Marot, *chasseuse* rime avec *paoureuse*, III, 227; *flateuse* est dans Forcadel (p. 3, v. 22); *pipeuse*, d'après Godefroy, serait dans Montaigne (*Ess.*, I, 46). Mais le renvoi est faux, Montaigne dit *piperesse* (l. I, ch. 14, t. I, 83)[2].

Féminins en TRICE. — La forme savante en *trice* ne sort pas encore d'un certain nombre de mots savants. Sylvius, ayant à traduire *imperatrix*, *detractrix*. *mentitrix*, les rend par *emperece*[ss], *detractrece*[ss], *mentrece*[ss], en ajoutant « et similiter alia permulta verbalia quae ss gemino imperiti scribunt » (74)[3]

Rectrice est dans Marot (I, 89), *tutrice* dans Rabelais : *Ainsi est vierge dicte Pallas Deesse de Sapience, tutrice des gens studieux* (l. III, ch. 31, t. II, 153); cf. *Necessité feut inuentrice d'Eloquence* (Id., Prol. du l. IV, t. II, 257); *la faculté expultrice* (G. Bouch., *Ser.*, II, 95); *effectrice* (L. le Roy, *Tim.*, 46 r°, Becker); *gesticulatrice* (Cyre Fouc., *Ep. d'Arist.*, 97); *une maniere dubitatrice* (Mont., l. II, ch. 12, t. IV, p. 78). Ces féminins latins en *trice* sont assez fréquents chez Montaigne. Je relève : *diuinatrice* (l. II, ch. 12, t. III, p. 226; ib., ch. 19, t. IV, p. 276; l. III, ch. 13, t. VII,

1. Comme type de cette confusion je citerai une phrase curieuse de Meigret : *Ajouste si tu veux les Perfumeux, les Balleurs* (*Trad. des Off. de Cic.*, 1547, 122).

2. *Prieuse* est déjà dans le *Myst. du Jugement*, 2123; cf. Chr. de Pis., *Dit de Poissy*, 645, II, 178.

3. Masset (*Ach. à la langue franc.*) note aussi *trice* comme un pur latinisme. Il cite : *tuteur* et *tutrice*, *empereur*, *emperiere* et *imperatrice*. Cauchie (1570, 66) écrivait le latin tout cru : *imperatrix*. Le vieux féminin *emperiere* est encore commun au XVIe (Cauch., 1576, 97; Rivaudeau, 75, etc.); Pasquier, l. VIII, ch. 2, éd. 1621, p. 680, observe que *imperatrix* « a esté tousiours mis en œuure par des Essars en son *Amadis de Gaule*, combien que nous eussions... *emperiere* et *imperatrice* ». Montaigne aussi emploie *emperiere* (l. I, ch. 23, t. I, p. 161). Nous en reparlerons au XVIIe siècle.

p. 61); *eiaculatrice* (l. I, ch. 21, t. I, p. 146); *fundatrice* (l. II, ch. 12, t. IV, p. 115, n. 2); *formatrice* (l. I, ch. 26, t. II, p. 52); *generatrice* (l. III, ch. 13, t. VII, p. 4); *mediatrice* (l. I, ch. 28, t. II, p. 90); *ostentatrice* (l. I, ch. 39, t. II, p. 193); *promotrice* (l. II, ch. 35, t. V, p. 92; ib., ch. 8, t. III, p. 85, n. 1); *reformatrice* (l. II, ch. 12, t. III, p. 183). Ils ne sont pas enregistrés par les dictionnaires du temps.

Autres féminins. — Parmi les autres féminins, il en faudrait citer quelques-uns qui ne sont plus guère usuels en langue moderne, et qui se rencontrent encore au xvie : *tyrante* (sur l'ancien masculin *tyrant*), encore dans Rons., III, 217, M.-L.), à côté duquel on a *tyranne* (Desport., *Diane*, I, son. 16).

C'est surtout dans les noms d'animaux qu'on constate les changements. Ronsard dit encore *une tigre* (*Po. ch.*, éd. Becq de Fouquières, p. 19).

Porc a encore une forme *porque*, donnée par Cauchie, 1570, 65[1], et qui se rencontre dans les textes. Maupas la conservera (77)[2].

ORTHOGRAPHIE DU FÉMININ

Doublement de la consonne finale. — Un certain nombre d'adjectifs doublent la consonne finale avant l'adjonction de l'*e* muet.

La plupart des grammairiens notent le fait, sans entrer dans le détail des règles. R. Estienne dit (15) : « Nonnunquam quum addimus istud *e*, consonans præcedens duplicatur. » De même Cauchie, 1570, p. 64, dit simplement : *l*, *n*, *s*, *t*, plerunque geminantur » et donne comme exemples : *royalle*, *bonne*, *fausse*, *nette*, mais sans préciser davantage.

Sylvius, dans son désir de rapprocher le plus possible le français du latin, déclare, p. 69, qu'il faut doubler la consonne finale de ceux-là seuls parmi les adjectifs dont les correspondants latins ont une consonne double; il ne faut donc pas écrire avec le vulgaire *bonne*, *telle*, *quelle*.

R. Estienne aussi a pour principe (p. 103) que, si le latin présente une consonne double, il doit en être de même du français.

Mais cette règle trop savante n'est pas celle qui a prévalu, ni non plus celle qu'indiquent les autres grammairiens.

1. Palsgrave donne *leoparde*, *leuriere*, *lionesse*, *pannesse*, *serpente*.
2. Parmi les féminins curieux acceptés par Maupas, je signalerai : *taure* ou *genisse*, *oüeille* ou *brebis* (82) *lieutenande* (81).

LA CONSONNE EST L. — Palsgrave, p. 294, indique que le féminin des adjectifs en *l* est en *lle*. Aussi écrit-il : *brutalle*, *bestialle* (p. 305), aussi bien que *isnelle* (326), *facille* (311), *molle* (324), *seulle* (*ib.*), *feaulle* (327, à côté de *fealle*).

Toutefois il manifeste quelque hésitation dans l'usage pour les adjectifs où *l* est précédé de *i* : il écrit *facille* (311), *difficille* (315), *iuuenille* (330), *senille* (305), *soubtille* (325), mais *agile* (322), *subtyle* (326).

Du Wez, 917, donne *sal*, *salle*, mais sans énoncer aucune règle.

Meigret déclare, 32 v° et 35 r°, que les adjectifs en *al* ont un féminin distinct du masculin ; 33 r° et v°, que ceux en *el* et *eil* on tous leur féminin par addition de *le* (Cf. Meurier, *Br. inst.*, 31 v°, sur les adjectifs en *ol*). Ainsi *royal* fait *royalle*, *mortel : mortelle*, *pareil : parelle*. Les adjectifs en *il*, comme *çiuil*, *volatil*, *jȩntil* font au féminin : *çiuile*, *volatille*, *jȩntille*.

Meigret ne dit rien des adjectifs en *ol*, dont il ne donne pas le féminin (32 v°). A peu près tous les grammairiens, sans donner de règle, suivent en fait celle qu'a énoncée Meurier, *Br. inst.* 31 v°, en donnant à *mol* et à *fol* les féminins *molle*, *folle*.

En somme, même sans parler des adjectifs où *ll* doit représenter *l* mouillée, l'usage général est de doubler *l* au féminin.

LA CONSONNE EST N. — Palsgrave (p. 294) distingue les cas où la finale est *en* ou *on* et celui où elle est *in*. Dans le premier cas, les adjectifs doublent la consonne finale avant *e* muet. Ex. : *bonne christienne* (il est vrai que p. 309, il écrit *cristiene*) ; dans le second cas, ils prennent seulement *e*. Ex. : *diuine*, *plaine*, *vaine*.

Meigret, parlant des noms d'habitants, donne toutes les finales en *n* : *an*, *ein*, *ien*, *in*, *on* comme ne doublant pas au féminin la consonne finale (32 r° et v° ; c'est dans ce même passage qu'il indique *al* comme doublant *l* final). Je relève parmi les exemples qu'il cite à l'appui, *Limozine*, *Toulouzane*, *Chartreine*, *Pariziene*, *Bourguiñone*.

Sylvius, nous l'avons vu, veut que, la forme française ressemblant à la forme latine, on écrive : *bone* et non *bonne* ; Pillot, au contraire se prononce assez décidément pour la double consonne : « e additur, et geminatur ultima consonans vocis masculinæ, ut *bon*, *bonne*. Et si quidam aiunt alterum *n* superfluum esse : mallem tamen utrunque retinere quam nos assuefieri ad proferendum *o* in similibus locis instar diphthongum *ou* » (9 r°).

Meurier (*Br. inst.*, 31 v°) donne comme féminins d'adjectifs en *n* : *vaine* et *bonne*, sans préciser le cas où l'on doit doubler la consonne finale; toutefois il donne (37 v°) *ine* comme correspondant au masculin *in*. R. Estienne déclare plus expressément (p. 108) qu'on redouble la consonne finale avant d'écrire *e*; mais il en cite comme exemple *diuine* à côté de *bonne* et *Iehanne*. Quant à Cauchie (1570, p. 65), il cite *chienne* comme exemple de noms ou adjectifs doublant la consonne finale, mais ne donne aucune règle[1].

LA CONSONNE FINALE EST R. — Je n'ai trouvé qu'un seul exemple de *r* finale redoublée, c'est *sur*, *surre* dans le sens de aigre (Palsgrave, 325), il se distingue ainsi de *seur*, *seure* = assuré (Id., p. 326)[2].

LA CONSONNE EST T. — Palsgrave, ici encore, est le seul à donner une règle précise (p. 295) : si *t* suit une consonne, il n'est pas redoublé au féminin : *droicte*, *haulte*; s'il suit une voyelle, on le redouble : *ingratte*, *nette*, *mignotte*, *delicatte* (309, 327), *quitte* (322) à côté de *quicte* (323), *complette* (308), *deuotte* (310). De tous les exemples que j'ai relevés, deux seulement font exception : *discrete* (310), *secrete* (321).

Sylvius, fidèle à sa règle, donne aussi le féminin *secrete* (147).

Meigret (32 v°) cite, parmi les adjectifs dérivés de noms de pays, les adjectifs en *at*, fém. *ate : Auuergnate*.

Enfin Meurier donne des diminutifs féminins en *ette*, *otte*, correspondant à des masculins *et*, *ot*, mais sans énoncer aucune règle.

II. — LE PLURIEL

Le XVIe siècle a vu sur ce point des bouleversements considérables, conséquence de l'amuissement de *s*. La vieille loi *l* ou *l* + *s* > *us* tend à disparaître.

PLURIEL DES MOTS EN *L*

1° *L* se vocalise.

MOTS EN AL. — Il est certain que le sentiment de la formation

1. Je relève, à propos de *bon*, la syncope *bon' nuit*, pour *bonne nuit*, rapportée par Cauchie 1576, p. 63.
2. Si la consonne finale est *s*, il ne s'agit plus en réalité d'orthographe : *gros* > *grosse*, *gris* > *grise*.

des pluriels en *aux* n'est pas éteint, tant s'en faut ; aucune menace de changement n'atteint les vieux mots tels que *cheual*, *cheuaux*, *mal*, *maulx*.

Palsgrave, Meigret, R. Estienne, Ramus, ainsi que l'a rapporté Thurot, ne font aucune exception.

Je citerai même des formes semblables qu'on est peu habitué à rencontrer : *fataux* (Lem. de B., *Ill.*, l. I, 34, g 2 v°; Baïf, I, 33 ; Brantôme, *Grands cap.*, V, 128 ; d'Aub., *Faen.*, l. III, ch. 7, t. II, p. 499) ; *paux* (Paliss., 25) ; *carneuaux* (Rivaud., 38) ; *sandaulx* (Lespl., *Prompt.*, 86).

Toutefois on voit apparaître des pluriels en *als*. Des grammairiens les enregistrent. Pillot : *canal*, *canals* (10 r°) ; Cauchie (1570, 78) : Quaedam in *al* regulam sequuntur, ut *Canal*, *Canals* (en 1576, il ajoute : *realz* et *imperialz*, noms de monnaies, p. 100). Lanoue, témoin plus sûr, note *des bals*, *bocals*, *cals*, *canals*, *madrigals*, *vassals* (art. *als*).

Et en fait, si la masse des exemples suit l'ancienne règle, on trouve : *par trois tubules et canals* (Rab., l. V, ch. 42, t. III, 162, M.-L.)[1] ; *les Satyres... Sergens de bandes, Caps d'Escadre, Corporals* (Id., *ib.*, ch. 39, t. III, 150) ; *tres aymés et tres fealz amis* (*Trad. aut. d'un mand. de Berne*, 1527, Herm., *C.*, II, 56).

Et en 1607, Maupas exceptera formellement *bal* des mots qui ont le pluriel en *aux* (100).

MOTS EN AIL. — Même observation pour les mots terminés en *ail*. La forme en *aux* reste de beaucoup la plus usuelle : *portaulx* (Marg. de Nav., *Dern. po.*, 152) ; *espouuantaux* (Rivaud., 127).

Cependant Lanoue, tout en considérant *aux* comme régulier, accepte aussi les pluriels en *ails* dans : *bails*, *soupirails*, *espouuantails*, *trauails*, *gouuernails*, *portails*, *atirails* (p. 258).

Palissy écrit : *les esmails du premier cabinet* (61) ; cf. *l'vn des portails* (*Lett. miss. de H. IV*, III, 391)[2].

Je rencontre chez Palissy (300) un pluriel en *als* : *es aspirals de leurs fourneaux*. C'est une graphie de *ail* + *s* qui n'est pas isolée.

MOTS EN EL. — *Eux* est régulier : *cieulx*.

Mais *els* apparaît : il n'est pas rare qu'on trouve des *ciels*, sans bien entendu que ce pluriel marque, comme les grammairiens l'ont voulu plus tard, un emploi spécial du mot : *la semence des cielz* (Lem. de Belg., *Ill.*, l. II, ch. 6, b 3 r°) ; *tres hault Dieu des Cielz*

1. Cf. *canaux*, Mar., III, 214.
2. Déjà au xv° : *les grandes peines et trauailz* (*XV joyes*, p. 104).

(Rab., l. IV, ch. 64, t. II, 498, M.-L.); *surciels* (*Serm. cont. le men.*, *Recueil* de Pic. et N., 193)[1].

MOTS EN EUL, EUIL. — Ce sont, de toutes les finales, les plus avancées vers le pluriel sans vocalisation : les *oeils* se trouvent assez communément (Marg. de Nav., dans Hug., *Pros. du XVI*ᵉ, 148); cf. Rab. : *la veue de ses oeilz* (l. III, ch. 3, t. II, 29); *par les oeilz* (l. IV, ch. 14, t. II, 321); *de ses oeilz* l. IV, ch. 28, t. II, 370), etc.

On rencontre *des cheureuils, des aisseüils : tirer cheureuils* (Passer., I, 23); *vos chariots, sans aisseüils* (Id., I, 126). Lanoue considère même cette forme comme la vraie.

Cependant, les formes anciennes abondent : *ayeulx* (Mar., III, 151); *lincieulx* (Id., III, 110); *linceux* (Lar., *Les Jal.*, a. v, sc. VIII, *A. th. fr.*, VI, 89); *les escurieux* (Paliss., 87); *seuls : eux* (Rons., *Po. ch.*, éd. Becq de Fouq., 370).

Pour les mots en *eul*, je citerai *accepter trois filleulz* (Montluc, V, 170, let. 203); *les cheureuls* (Amyot, *Œuv. mor.*, II, 611 r° C.).

Et ce n'est pas là seulement une graphie, car au temps de Malherbe, l'hésitation (sauf pour quelques mots comme *yeux*) est parvenue à tel point qu'il déclare qu'il vaut mieux fuir tant que l'on pourra ces pluriels (V. *Doctr.*, 352).

MOTS EN OUIL. — *Ouils* devient également fréquent : *iucques au genoilz* (J. d'Aut., IV, 76); *genouilz* (*J. B. P.*, 368); *de la tumeur des genouils* (Paré, *Huit. liv. des tum.*, XXII); *fermez la porte aux verrouils* (Lar., *Espr.*, a. II, sc. II, *A. th. fr.*, V, 225); *les genoilz en terre* (Rab., Prol. du l. IV, t. II, 257); *a genoilz dauant luy* (Id., l. IV, ch. 14, t. II, 320); *a genouilz* (Id., *Sciom.*, t. III, 407)[2].

MOTS EN OL. — On trouve *ols : ie les fourniray de licolz* (Rab., ib., t. III, 193); *folz* est fréquent (Mar., II, 63, 129, 169, 214, etc.). Est-ce toujours une simple graphie de *ous*?

2° *L* tombe.

Après *i*, *l* écrit ou non tombe assez régulièrement, et cela jusqu'à la fin du siècle :

Perilz : esperitz (Coll., *Œuv.*, 38); *perilz : periz* (Peletier du Mans, *Au Roy*, en tête de ses *Œuvres*, 6 v°); *enuis : inciuilz* (Id., *Od.*, *Œuv.*, 13 r°). Ces sortes de rimes sont autorisées par Sebilet, par Lanoue; elles le seront encore par Deimier.

1. Auprès de ces pluriels en *eux*, il faut citer des exemples de : *tel, tieux* (*Marg. de la Marg.*, IV, 15). Mais est-ce une forme bien française?
2. Au contraire *genoulx* (Mar., II, 84; III, 74), etc.

Après *e*, il n'est pas rare de voir tomber *l* devant *s*, et de rencontrer des pluriels sans *l* comme dans les patois de l'Est. Cela se trouve chez J. Lemaire : *aultez Lugdunois* (*Templ. Ven.*, III, 111, Stech. Cf. aussi l'éd. de 1516, celles de 1528 et 1533 donnent *autelz*). Sebilet autorise la rime *cruelz : tues* (ch. VIII, p. 32 v°). Marot rime *autelz* avec *beautez* (III, 250); Ronsard, *mortés* et *tés* (*Od.*, l. I, *ode au Roy sur la paix*, ép. 8, var. de l'éd. 1553, cité par Laumonier, *R. h. l.*, XI, 460); Baïf transcrit *solennęs* (*Psaut.*, 1043); *ses ωtês* (*ib.*, 2134) ; *mortês* (*ib.*, 295). Cf. *excés : decés : conselz* (Coll., *Œuv.*, 133).

LES AUTRES CONSONNES DEVANT *S*

Devant une *s* qui devient souvent muette, les consonnes n'ont plus les mêmes raisons de tomber; cependant le vieil usage est long à disparaître.

Les règles générales sur ce point ne manquent pas chez les grammairiens de l'époque, mais elles sont peu assurées. Palsgrave dit que toute consonne est muette devant *s*, sauf les nasales et *r* (24-25, Thur., *o. c.*, II, 62); Meigret croit qu'elle se prononce, mais bien légèrement (*Ment.*, 23, et *Gram.*, 36 v°); il est en cela suivi par de Bèze. Peletier (128) est à peu près d'accord avec Palsgrave. Cauchie ne s'en écarte pas sensiblement en 1576; mais en 1586, la règle qu'il donne est loin d'être aussi générale. Des deux principaux dictionnaires de rimes, l'un, celui de Tabourot, est fidèle à la vieille tradition, l'autre, celui de Lanoue, affirme moins fermement. En somme, si la consonne se maintient, cela serait, d'après ces textes, avec une prononciation très atténuée.

MOTS TERMINÉS PAR T. — Le *t* tombe toujours ; qu'on l'écrive ou non, il est muet. Tout le monde est d'accord sur ce point (Thur., *o. c.*, II, 69).

MOTS TERMINÉS PAR DES LABIALES P, B. — Dans les mots terminés par les labiales *p*, *b*, l'ancien usage se conserve aussi fidèlement : Le *b* ne se prononce jamais.

Le *p* tombe le plus souvent : *des sirops et iulez* (Mar., I, 197).

On n'entend *p* que dans *hanaps*, et le mot de l'inquisition *relaps*.

MOTS TERMINÉS EN F. — L'*f* ne s'entend pas dans la plupart des mots terminés en *efs*, ni dans les mots terminés en *eufs* (œufs) : *tes reliez* (Nic. de Tr., *Par.*, 255).

Dans les mots en *ifs*, *f* tombe aussi le plus souvent : *apprentifz : gentilz* (Mar., I, 244) ; Cf. : *excessifz : chassis* (Id., II, 66); *massifz : racourciz* (Id., I, 143) ; *iuifz : fuiz* (Id., III, 142) ; *vifs : enuis* (Saint-Gel., I, 302) ; *vifs : rauis* (Id., II, 164) ; *suyuis : vifs* (Id., II, 122) ; *rauiz : vifz* (R. de Coll., *Œuv.*, 61) ; *deceptis : abetis : brutis* (Id., *ib.*, 248) ; *transifz : trente-six* (Id., *ib.*, 119) ; *vifz : filz* (Pelet., *Od.*, *Œuv.*, 8 v°) ; *naifz : pais* (Id., *ib.*) ; *faittifz : petitz* (Id., *ib.*, 65 r°).

Cependant Lanoue estime préférable le maintien de *f* dans *souefs*, *nefs*, *brefs*, *reliefs*, *griefs*. Il le réclame formellement dans *veufs* (257).

Pour *ifs*, Meigret le conserve dans *actifs*, Ramus aussi, et Lanoue n'accepte *tardis* et *maladis* qu'à la nécessité (p. 250, cf. Thurot, *o. c.*, II, 71-72).

MOTS TERMINÉS PAR C *ET* G. — Les observations des grammairiens sont nombreuses, mais peu concluantes.

Palsgrave maintient *c* et *g* : *secz*, *longz* (297). De même, Rob. Estienne (16), Ramus (59). Est-ce purement orthographique ?

Meigret, peu suspect de garder les lettres inutiles, juge que les consonnes autres que *t* et *d* subsistent, mais prononcées légèrement (36 v°); au contraire, Cauchie (1570) pose la règle générale que toute consonne devant la finale s'amuit (27 ; de même en 1576, 99). Comme on en peut juger, cela est bien contradictoire et peu assuré. Nous avons tout de même un témoignage plus explicite, c'est celui de Lanoue (*Dict. de rimes*, 254 et suiv.). On y voit clairement la lutte entre les deux usages. Voici par exemple ce qu'il dit à propos de *acs* : « Quelques vns de ces pluriers se peuuent accommoder à estre prononcez sans le *c*. Et en ce cas on les pourra rimer a la terminaison en *as*... Il faudra auoir le iugement de discerner ceux que l'usage a plus adoucis..., et n'en vzer pas à tous les iours..., c'est par licence ».

On peut en conclure, il me semble, que, à cette époque, la chute de la consonne palatale était loin d'être régulière.

Mais il faudrait établir des statistiques précises de l'usage, et il est fort difficile de savoir dans quel cas la commodité de la rime a conduit le poète à archaïser. On constate, en effet, dans les vers des suppressions de *c* assez fréquentes :

Laqs : soulas (Mar., II, 61) ; *las* (Id., I, 17) ; *regretz : grecz* (Pelet., *Œuv.*, 14 v°) ; *grecz : hallecretz* (Id., *ib.*, 16 r°) ; *grecz : leur grez* (Mar., II, 114) ; *ioliz : melancholicz* (Pelet., *Œuv.*, 65 r°) ; *espics : inutils* (Rons., III, 371) ; *boucs : tous* (Rons., III, 362, M.-L.) ;

ducz : perduz (Mar., II, 174); *turcs : Lemurs* (Rons., IV, 228); *arcz : estandartz* (*Marg.*, *de la M.*, IV, 143).

Mais Ramus admet *laks* (Thur., *o. c.*, I, 66), et Lanoue ne proscrit pas cette prononciation, bien qu'elle ne soit pas habituelle (*ib.*). Le même, à propos de *secs*, admet seulement qu'il peut se prononcer sans le *c* (*ib.*, 66-67). Des mots en *ics*, seuls « *alembics*, *bazilics*, *aspics* s'accommodent a laisser leur *c*... Les autres s'y peuuent malaizément contraindre » (Lanoue, *ib.*). Les mots en *ocs*, « a grand peine se veulent dessaisir du *c* pour rimer en *os*... Et ne s'en doit on dispencer, s'il n'est plus que necessité » (Id., *ib.*). « Il ne faut forcer (les mots en *ucs*) de rimer a ceux en *us*, car il y a trop de contrainte » (Id., *ib.*). Il n'y a que *boucs* pour rimer à *iougs* (Id., *ib.*, 68).

On voit la conséquence qu'il faut tirer d'un pareil état de choses ; c'est que dès lors la langue commence à s'avancer vers un état qui est proche du nôtre, où le pluriel en *s*, sensible seulement quand il y a une pose, ou bien devant une voyelle, n'a plus qu'une flexion intermittente, en attendant que cette flexion ne soit, dans la plupart des cas, qu'une flexion orthographique.

RÉACTION DES FORMES DU PLURIEL SUR CELLES DU SINGULIER

Le lien normal étant rompu entre le pluriel et le singulier, on voit les formes du pluriel réagir de plus en plus sur le singulier.

Les noms en *al* où l'alternance *al*, pl. *aux*, reste sensible, offrent peu d'exemples de *au* au singulier. Celles qu'on trouve semblent en général patoises :

Qui ne dit dea ne hurehau Pourroit-il toucher son cheuau (R. de Coll., *Œuv.*, 112); *Le franc archer de Paris se disoit Fils d'vn marchand des bateaux capitaine, Lui corporiau, son oncle porte enseigne* (*Ch. du fr. arch.*, Ler. de L., II, 275).

Dans les noms en *el*, la réduction à *eau* est faite. Déjà Palsgrave considère comme vieux *pel*, *agnel*, et, à la fin du siècle, Tabourot rebute également : *mantel*, *ioel*, *coustel*, *tumbel*, *anel*. Il n'admet plus que : *pincel*, *moncel*, *morcel*, *seel*, *vaissel*, *boissel*, *sauterel*, *torel*, *pastorel*, qui ont disparu depuis. Disparus aussi : *iouvencel*, *oisel*, *chastel*, *ratel*, *tonnel*[1], et cela dès avant le XVIIe siècle.

1. Il n'y a pas lieu de tenir compte de l'introduction des mots comme *martel*, ce sont des italianismes (Voir H. Est., *Dial.*, I, 113).

On rencontre *oysel* (Mar., II, 77); *tombel : Luciabel* (Id., II, 217); *en la terre la pel* (R. de Coll., *Œuv.*, 165). Mais *pourceau* (Mar., III, 16); *tumbeau* (Id., II, 224, 229, 230, 234). *Tombeau* est même un titre de poésie usuel au XVIe siècle.

On trouve la rime *sourci : ainsi* (Montchr., *R. d'Esc.*,., *Œuv.*, 91, P. de J.).

Pour les noms en *euil*, il y a des exemples d'*escurieu* dans Marot (par ex. I, 206. Cf. *escureau*, Corroz., *Hecat.*, p. 135).

Des formes tirées des pluriels *verroux*, *genoux*, tendent aussi à se répandre. Palsgrave préfère déjà *poul*, *genoul*; mais le changement fut très lent. Rabelais par exemple ne dit jamais *verrou*, non plus que *pou* ou *genou*, mais *genouil*, et même par graphie inverse, au pluriel, *genoilz* (cf. p. 295); Marguerite de Navarre a aussi *genouil* (*Nouv. let. in.*, 53) ou *genoul* (*ib.*, 37). De même Marot *genoil* (I, 40; I, 155, 216); *Le Loyal serv.* (p. 76) : *genoil*. Au commencement du XVIIe siècle, *genouil* est encore accepté par les grammairiens, ainsi que *verrouil*. J'en parlerai au tome suivant.

On dit *cou*, *licou*, quoique l'orthographe étymologique *col*, *licol*, soit de beaucoup la plus répandue.

DOUBLE FORME DES ADJECTIFS. — Dans les adjectifs en *el* reste une double forme : *nouueau*, *nouuel*. Ici, en effet, la question se complique. Les adjectifs ont un féminin qui tend à maintenir la vieille forme *nouuel* d'après *nouuelle*. *Nouueau* ne se trouve guère que devant consonne, il y est souvent remplacé par *nouuel : nouuel langage* (Mar., III, 41); *nouuel* est plus fréquent devant voyelle : *ce nouuel an* (Id., II, 211)[1].

De même pour *beau* : *ce beau dicté* (Mar., II, 88); *en bel arroy* (Id., I, 241 et part.). Au contraire *ce beau amoureux* (Bretin, *Luc.* Dev. mar., 1).

Ou est sans doute la prononciation usuelle dans les adjectifs *fol* et *mol*. Mais les graphies en *l* persistent : *ie suis bien fol* (Mar., I, 185); *fol desir* (Id., II, 145); *le mol filz de Venus* (Id., III, 137).

Et la prononciation *mol* est parfois assurée : *Sainct-Pol : mol* (Mar., I, 142).

Le plus curieux exemple de ces hésitations est fourni par l'adjectif *vieux*. On l'emploie au singulier sous les formes *vieux* et *vieil*, mais point comme aujourd'hui, car on place *vieil* devant des mots qui commencent par consonne aussi bien que devant les autres.

1. Il ne faudrait toutefois pas croire l'usage plus régulier qu'il n'est. A la fin du siècle, de Laudun d'Aigaliers écrit encore : *un nouueau escolier* (l. I, *Au lect.*, p. 44). J'en reparlerai au XVIIe siècle.

Chez Marot : *ton vieil cousteau* (III, 69) ; *le vieil marquis* (I, 72) ; *vn viel routier* (II, 95), etc., aussi bien que *viel homme* (II, 96). Cet usage se retrouve partout : *le viel lubrique* (R. de Coll., *Œuv.*, 237) ; *le vieil Testament* (Id., *ib.*, 134) ; *vieil faict* (Saint-Gel., II, 150) ; *vn tant vieil cheualier* (*Amad.*, l. I, f° xx v°) ; *ie ne suis pas si vieil qu'on dict* (Grev., *Les Esb.*, a. I, sc. II, *A. th. fr.*, IV, 238) ; *d'vn vieil Menandre* (Jod., *Eug.*, Prol., *A. th. fr.*, IV, 6) ; *l'exemplaire est estimé le plus vieil* (Jos. Scal., *Let.*, 245) ; *le plus viel des troys* (Nic. de Troyes, *Par.*, 37) ; *le vieil Testament* (Vigor, *Serm. cath.*, 48) ; *ce viel taquin* (Lar., *Esp.*, a. II, sc. I, *A. th. fr.*, V, 220) ; *vn vieil routier* (C. Fouc., *Ep. d'Arist.*, 7) ; *en vieil langage* (Fauch., *Orig. de la l. f.*, 535 v°)[1].

Dans quelle mesure ce maintien de *vieil* fut-il favorisé par l'opinion des grammairiens que *vieux* est vulgaire (H. Est., *Hyp.*, 145) ? Il est difficile d'en juger[2].

Au pluriel, à côté de la forme *vieux*, on rencontre *vieils* : *plusieurs viels et deuots* (Nic. de Troyes, *Par.*, 268) ; *que vielz houzeaulx* (Rog. de Coll., *Œuv.*, 195) ; *liures vieilz et antiques* (Dolet, *II Enf.*, p. 8) ; *aucuns des vielz maistres d'ostelz du Roy* (J. d'Aut., *Chron.*, IV, 178) ; *vieils Gaulois* (Fauch., *Orig. de la l. f.*, 535 v°) ; *ç'a esté ou les vieils defailloyent* (H. Est., *Apol.*, I, 34).

III. — ORTHOGRAPHE DU PLURIEL

Dans les substantifs terminés par *s*, *x*, *z* au singulier, la forme reste la même au pluriel, de l'avis de tous les grammairiens.

Toutefois, suivant en cela Meigret (36 r°), d'après lequel les substantifs en *s* peuvent indifféremment, au pluriel, conserver cette *s* ou la changer en *z*, Cauchie déclare (1570, p. 78) : « Interdum migrat *s* in *z* productæ uocalis indicem, nam pluralis numerus fere semper productior est singulari » ; et il cite comme exemples : *propoz*, *criz*. En 1576, 97, il dit simplement : « nonnumquam tamen *s* vertitur in *z* : *propos*, *propoz* ».

1. Ajoutez que le singulier hésite entre *vieil* et *viel*, comme on a déjà pu le supposer par l'écriture des exemples. Cette dernière forme est du reste donnée non seulement par Sylvius, mais par Meigret (35 r°).

2. *Vieux* se trouve aussi, naturellement : *tandis que tu es vieulx : enuieux* (Mar., I, 186) ; devant voyelle : *en vn vieux exemplaire* (Scal., *Let.*, 10).
J'ai relevé aussi l'orthographe *vielz* : *Et d'vn vielz psaultier enfumé* (Coll., *Œuv.*, 111).

PLURIEL DES NOMS TERMINÉS PAR VOYELLE. — 1° S ET Z. — Les mots terminés par voyelle prennent en général *s* au pluriel, *des mercys* (Palsgrave, 67, 179 ; cf. 296 ; Sylvius, 95 ; Meigret, 36 r° ; Pillot, 9 v° ; R. Estienne, 15 ; Garnier, 8, 87, 88 ; A. Mathieu, *Sec. dev.*, 14 v° ; Cauchie, 1570, 77).

MOTS EN É. — Toutefois, Palsgrave déclare qu'après *é*, le pluriel est en *z* ; ex. : *bonté*, *bontez*. R. Estienne écrit de même *lettrez*, *aimez* (p. 16).

Dolet est tout à fait d'opinion contraire : « Ie te veulx aduertir en cest endroict d'une mienne opinion Qui est, que le, *é*, masculin en noms de plurier nombre ne doibt recepuoir vng, *z*, mais une, *s*, et doibt estre marcqué de son accent, tout ainsi qu'au singulier nombre. Tu escriras doncq' : *uoluptés*, *dignités*, *iniquités*, *uerités* : et non pas *uoluptéz...*, Ou sans *é* marcqué auec son accent aigu tu n'escriras *uoluptez...*, Car, *z* est le signe de, *é*, masculin au plurier nombre des uerbes de seconde personne » (*Man. de Trad.*, 28, 29).

On connaît la règle mise sous le nom de Des Périers (*Œuv.*, I, 160) :

Vous auez tousiours *s* a mettre
A la fin de chasque plurier,
Sinon qu'il y ait vne lettre
Crestée au bout du singulier :
Et quand *e* y ha son entier
Bont*é* vous guide a ses bont*ez*,
Si vous suyuez autre sentier
Vos bonnes notes mal notez

Garnier hésite entre les deux formes : *donnez* (18), *chantés* (82). Abel Mathieu (*Sec. dev.*, 23 r°) : *esté* fait « au nombre de beaucoup » (au pluriel) *estez*, par *z*, ou par *s*, car souuent l'une va pour l'autre. De même, Cauchie après avoir déclaré que le pluriel se fait « a singulari, adjecta litera *s* », donne comme exemples : *facultés* vel *facultez*, 1570, 77, et 1576, 98, *beautés* vel *beautez*. Lentulus, enfin, écrit toujours avec *z* le pluriel des noms en *é* : *alé*, *alez*, 73 ; *donné*, *donnez*, 91 ; *de tous costez*, 110.

Pillot constate les hésitations de l'usage, toutefois il signale que *és* tend à prévaloir : « Vulgo solet addi *z* sine accentu, recentiores *s* tantum addunt, retento accentu », ut *lettré*, *lettrés* (9 v°).

Quoique l'usage inclinât vers *és*, les grammairiens du commencement du XVIIe siècle tiennent encore au *z* (Voir Maupas, 99 ; Soulatius, 16 ; Bernhard, 39). Le fils de Maupas, en 1638, voudrait encore réserver *s* à « *e* feminin brief » (p. 104)..

MOTS EN *U*. — Quelque chose de l'indécision que nous venons de voir pour les mots en *é* se retrouve dans les mots en *u*.

Meigret écrit *cocuz*, 36 r°, mais sans formuler de règle ; Pillot donne *rompus* vel *rompuz* cum *z*, 55 v° ; Abel Mathieu, 28 r°, à propos du pluriel de *veu*, donne les formes *veus* ou *veuz*, et ajoute « plus souuent *z* que, *s*... combien quelles soyent de mesme son et prononciation ».

Garnier, après *u*, donne toujours *s*. Cf. : *leu*, *leus*, 87-88.

2° S *ET* X. — *Loi* fait au pluriel *loix* (Palsgrave, 180).

MOTS EN *EAU*, *EU*, *OU*. — Palsgrave essaie d'établir, d'après l'étymologie, une distinction pour le pluriel des mots en *eau* ; ceux qui résultent d'un changement roman de *l* ou *el* en *au*, *ou*, *eau*, ont un pluriel en *aulx : thoreaulx*. Au contraire, les mots en *au* et *eau* ne dérivant pas d'anciens mots romans en *l* ou *el*, ont un pluriel en *aux* ou *eaux : raynceaux*, p. 180 !

Sylvius accepte *ceu-aus* ou *ceu-auls* (98). Pillot, de même (9 v°). Robert Estienne garde *l* (16). A. Mathieu sait bien qu' « en lescripture de plusieurs, *l* s'entremet a *u* et *x* ou *s*, il lairra faire les myeulx avisez » (*Sec. Dev.*, 15 r°). Cauchie (1576, 99) signale *l* étymologique chez les anciens, mais opte pour *cheuaus*.

Pour les mots en *eu*, Palsgrave établit une différence entre les adjectifs, qui font leur pluriel en *s*, p. 296 : *meneu*, *meneus*, et les substantifs, qui font leur pluriel en *x* (180).

Abel Mathieu (*o. c.*, 14 v°), déclare simplement que le pluriel des mots est quelquefois en *x*, spécialement quand *u* est la dernière lettre : *oyseau*, *oyseaux*.

Cauchie pencherait pour *s* (1570, 77, 78). Cette façon lui paraît plus moderne : « Singularibus in *au* et *eu* uetustas potius, *x* quam *s* asscripsit : *veau*, *veaux* ; *ieu*, *ieux*, quæ neoterici per *s* scribi malunt. » Et en 1576, p. 98, il étend la remarque aux mots en *ou* (98). (Notons que pour lui *cheueux* est le pluriel de *cheueul* (1570, 78).

Ramus, réformateur, indique comme pluriel du singulier *heureu* un pluriel *heureus* avec *s*, 59.

Maupas donnera en règle générale que les noms en *eau*, *eu*, prennent *x* : *eau*, *eaux* ; *feu*, *feux* (100). Les noms en *ou*, au contraire, *s* : *clous* (*ib.*)[1]. Palsgrave était pour *cloux* (180).

PLURIEL DES MOTS TERMINÉS PAR CONSONNE. — Palsgrave maintient partout la consonne finale devant *s* de flexion ; mais il fait deux catégories : 1° les mots terminés par *f*, *g*, *t*, (non précédé

1. Pour *pou*, *genou*, voir p. 295.

de *n* ou *r*), *l*; dans tous ceux-là, le pluriel est en *z*. Ex. : *secz*, *hastifz*, *longz*, *cruelz*, *nulz*, *subtylz*, *molz* (297), *perilz*, *folz* (181); *rebelz* (322); *sacz*, *cerfz*, *poingz*, *folz*, *cocqz* (181); 2° les mots en *m*, *n*, *r*, *p*, qui font leur pluriel en *s* : *uillayns*, *durs* (296); *noms*, *brodeurs* (180).

R. Estienne, 16, suivi par Ramus, 59, donne aux substantifs terminés par une consonne un pluriel régulier en *s*, sans parler davantage du maintien ou de la disparition de la consonne finale : *grecs*, *longs*, *champs*.

Meigret (37 r°) déclare que les consonnes autres que *t* et *d* subsistent, mais prononcées légèrement; de là, 36 v°, à côté de *furés*, *louués*, *bus* (= *buts*), *froes*, les pluriels *lacs*, *hanaps*, *loups*. Toutefois, 37 r°, il dit que *mp* + *s* passe à *ms* : *chams*, *cams*.

Pillot ne sait quel parti prendre; il dit (9 v°) : « Quæ desinunt in consonantem assumunt *s*, aut (ut aliis placet) mutant consonantem in *s*, sed in idem recidit, nisi quod, si retineatur postrema consonans singularis, in plurali muta erit et superflua ut *plomb*... *plombs*, *grec*, *grecs*, vel *plons*, *grés*, si cui hæc orthographia magis arridet. »

En 1570, Cauchie n'avait pas d'avis bien net, mais en 1576, p. 99, il montre sa préférence pour l'orthographe où la consonne finale est retranchée, sauf à changer *s* en *z* : « In quibus singularis consonante terminatur, consultius fuerit consonantem, alias soni expertem, in *s* converti (præter *n* et *r*) hoc modo : *plons*, *las*, *dars*, *cous*, *fagos*, *amans*. »

Maupas ne fait plus allusion à la chute de la consonne; après *b*, *c*, *f*, *g*, *m*, *n*, *p*, *q*, *r*, on ajoute *s*, dit-il. Il n'y a que les mots en *f* et en *l* qui changent cette *s* en *z*, et encore pas nécessairement : *bœufz*, *eternelz*, ou *bœufs*, *eternels* (99).

La consonne est une dentale. — Palsgrave établit la distinction très nette, selon que la dentale finale est ou non précédée d'une autre consonne. Si la dentale n'est pas précédée d'une consonne, elle subsiste au pluriel, et la flexion est en *z* (p. 181, 297). Ex.: *nidz*, *motz*, 181; *discretz*, 297; *froytz*, 308. Si, au contraire, devant *t* ou *d* se trouvent *n* ou *r*, le pluriel se fait en changeant *t* ou *d* en *s*, p. 180, 296. Ex. : *accors*, 180; *expers*, 296; *grans*, 660.

Il faut toutefois faire exception pour *chant* et *gant* dont les pluriels sont *chantz*, *gantz*, 180. De même pour les mots en *rt*, *rd*, *lourts*, 306; *orts*, 313, etc.

Quant aux substantifs terminés par *aul* devant la dentale, ils changent *t* en *x* : *herault*, *heraulx*, 180. Les participes suivent la règle générale. Cf. p. 654.

D'après Meigret aussi (36 v°), le *t* et le *d* du singulier se transmuent en *s* ou *z* au nombre plurier, « selon l'uzaje de la prononçiaçion... quoęqe la plume Françoęz' ęn fasse grant etat ęn son ecritture, tant ę' noms qu'ę' participes. » Il faut donc écrire : *dens* et non *dentz*, *soudars* et non *soudardz*.

Robert Estienne est pour la suppression de la dentale, ex. : *dens*, *dars*, sauf dans les mots *secrets*, *regrets*, etc... où la chute du *t* entraînerait une prononciation *sécres*. Aussi supprime-t-il la dentale au participe présent, dont le pluriel se fait « en changeant *t* en *s* : *aimant*, *aimans* » (16).

Garnier (*Inst.*, 87) supprime aussi la dentale : *les lisans*. De même Cauchie, 1570, 77, « desinentia in *d* vel *t* terminationis consonantem mutant in *s* : *grans*, *paillars*. Hæc tamen scribuntur ab alijs, mutis literis retentis, hoc modo : *grands*, *palliards* ». Au sujet des participes présents, il déclare, 1570, 169 « additur ad finalem literam *s*, uel si mavis, *t* in *s*, migrat ».

Ramus déclare sans réserve que devant *s* de flexion, *t* et *d* sont amortis. Pourtant il écrit, comme R. Estienne : *secret*, *secrets*, p. 59.

Lentulus n'a exposé aucune règle, et varie fortement dans son usage : à côté de *aimans*, 42 ; *lisans*, 60 ; *aians*, 69 ; *alans*, 73, on trouve en effet *tenants*, 57 ; *faisants*, 85.

En somme, je ne vois guère qu'un théoricien qui se prononce fermement pour le maintien de la finale devant *s*, c'est Pillot. Il écrit indifféremment *s* ou *z*, mais garde la consonne : *craincts* ou *crainctz* (55 v°) ; *piedz* (78 r°). Malgré cela, il accepte à la fois *aymans* et *aymants* (54 r°).

Pluriel des noms composés. — Il n'y a rien de vraiment intéressant à tirer des observations des grammairiens sur les pluriels de noms composés.

Pour Palsgrave, le premier terme seul est variable (192), quand les noms composants sont unis par une préposition.

Meigret, étudiant le mot *maleur*, observe que nous ne disons pas *mals eurs* pour *maleurs*, et dans ce fait que *mal* reste invariable, il voit justement une marque de la composition (46 v°). Chez Cauchie, cette observation est devenue une règle générale. Rien ne varie que la finale : *vn porteur de Dieu-uous-gards* (1570, 71). De même en 1576, au sujet de *vn boutefeu, deux boutefeux* (57). Pour lui, c'est si bien là qu'est la marque de composition que dans *monsieur*, *monseigneur*, *ledit*, *gentilhomme*, où les deux termes varient, il n'y a pas composition (57, 117, 118).

CHAPITRE III

DEGRÉS DES ADJECTIFS

Comparatifs. — Ceux des vieux comparatifs synthétiques qui ne devaient pas demeurer en langue moderne achèvent de mourir, ou de passer à l'état de substantifs, sous lequel ils devaient se conserver.

Greigneur se rencontre encore chez beaucoup d'auteurs (Rab., l. II, ch. 27, t. I, 346, Scève, *Del.*, XIX (mais avec la mention « comme on dit) », J. Bouch., *2 Mor.*, III, f° 16 c, H. Toutefois il est vieux, Palsgrave le donne comme moins usité que *plus grand* (72, 300) ; Sylvius le dit rare (91); Ronsard le corrige dans ses *Amours* (I, 65; cf. M.-L., *Lang. de la Pl.*, II, 180). Pasquier le mentionne comme un mot des anciens (*Rech.*, l. VIII, ch. 4, t. I, p. 762[d], 763[a]) ; à la fin du siècle, Maupas le déclarera hors d'usage (92).

Maire, *maieur* sont des substantifs qui s'emploient, soit au sens actuel, soit dans quelques expressions toutes faites comme *maieur daage* (Ramus, 69, 136).

Mineur est dans le même cas, quoique un peu moins avancé dans la décadence ; on comprend encore qu'il veut dire *plus petit* (Sylvius, 91, Palsg., 300) ; mais Meigret ne l'accepte qu'au sens d'âgé de moins de 24 ans (27 r°) ; et Ramus dans l'expression *mineur daage* (69, 136); Palissy dit cependant : *Commençons du mineur au maieur* (33).

En somme, des anciens il reste *meilleur*; celui-là est le plus solide, il est toujours obligatoire; *plus bon* est proscrit, et aussi *plus meilleur*, qui apparaît à Ramus comme un pléonasme vulgaire (137)[1]. Restent aussi *pire* et *moindre*. Mais *pire* est concurrencé par *plus mauuais* (Palsg., 71 et souvent dans l'usage); on le prend aussi pour un positif : *il n'est pas pire* pour *il n'est pas mauuais* (Ramus, 137); *moindre*, de l'avis même des grammairiens qui le donnent, est moins employé que *plus petit* (Palsg., 72, 300, Meigret, 27 r°).

Il faut tenir compte de l'existence d'un certain nombre de

1. A ce *plus meilleur* comparez *plus pis* : *Beaucoup plus pis si le Roy n'a mercy* (*Chans. 1594*, Ler. de L., *Chants hist.*, II, 562).

formes savantes, telles que *interieur*, *inferieur*, *superieur*. Toutefois, à propos de ces deux derniers, Meigret observe qu'ils ne sont pas très bien reçus en français, et qu'on dit plus communément *plus haut*, *moins haut*, *plus bas*, *moins bas* (27 r°).

SUPERLATIFS. — *SUPERLATIF ABSOLU.* — Le superlatif absolu donne lieu à peu de remarques. La forme désormais consacrée, grammaticale pourrait-on dire, du superlatif est la forme faite de *tres*, qui entre même en composition quelquefois avec l'adjectif, sous la forme *tré : trébon*. Toutefois, *fort* est aussi très en usage.

La seule question qui se pose vraiment est l'essai de restauration de superlatifs en *issime* et en *isme*, qui a eu quelque conséquence, puisque, sous l'influence de l'italien, ces formes ont laissé des souvenirs au moins dans la formation des titres : *Altesse serenissime*, *reuerendissime Seigneur*, etc.

On a longtemps accusé Baïf, d'après une méprise d'Estienne Pasquier (*Lett.*, XXII, 2), d'avoir imaginé cette restauration. Il n'est pas impossible que la Pléiade, à son début, ait eu quelque velléité de tenter des latinismes de cette sorte ; Ronsard (*Art poét.*, VI, 462, M.-L.) avait promis aux poètes de « leur monstrer a composer des noms comparatifs, superlatifs, et autres tels ornemens de nostre langage ». Mais tout ce qui a été tenté dans ce sens par le Cénacle ne l'a jamais été sérieusement. Sans parler même de la bouffonnerie de Bergier de Montembeuf récitée à la fameuse pompe du bouc, le sonnet de Du Bellay (II, 419, M.-L.) et la réponse de Baïf sont de pures « gosseries ». Jamais le *docte*, *docticur* et *doctime* Baïf n'a risqué vraiment dans ses vers un adjectif de cette forme, un *bonime* ou un *brauime*.

Mais les formes en *issime* imitées à la fois du latin et de l'italien ont une tout autre histoire.

Peletier du Mans leur était favorable : « Nous auons u de noueau *grandissime*, *belissime*, dont ne ferè difficulte d'vser. E ancores, comme i'è dit quelquefoès an ioyeus deuis, ie voudroè que quelque hardi inuanteur ut fèt venir *grandieur* e *belieur*, pour *plus grand* e *plus beau*, afin que nous vssions positiz, comparatiz, et superlatiz » (*A. poet.*, 39).

Ces superlatifs avaient mieux que cela pour eux, ayant la mode italienne : aussi s'insinuent-ils dans les textes. Rabelais emploie ironiquement *verissime* (l. III, ch. 24, t. II, 120, M.-L.) ; *perfectissime* (Prol., t. I, 7) ; Noël du Fail, *scientissime* (I, 128), *beatissime* (I, 54) ; Larivey, *bestialissime* (*Le Fid.*, a. II, sc. XVI, *A. th. fr.*, VI,

375). Cf. *du christianissime Roy Louis XII* (J. d'Aut., *Chron. de L. XII*, IV, 42); *a grandissime felicité* (St-Gel., I, 142); *illustrissime et haultaine princesse* (Lespl., *Prompt.*, *Ball. fin.*, p. 103); *Neronissime est ton cognon* (Id., *ib.*, 13); *ce sera vne grandissime chose* (Paliss., 63, Cap.); *vn doctissime Theologien de nostre temps* (Vigor, *Serm. cath.*, 203); *voz doctissimes obseruations* (J. Scal., *Let.*, 30); *tres chrestien et inuictissime roi Henry IV* (P. Cayet, *Chr. sept.*, 7); *vne lesion enormissime* (Mont., l. III, ch. 5, t. VI, p. 27, n. 1). L'exemple suivant est particulièrement curieux : *Et la iugeay tout oultre bellissime, Sans que beauté du monde la deprime* (Forcad., p. 3, v. 20).

Tous les grammairiens, sans exception, furent hostiles à cette tentative [1], mais surtout H. Estienne, qui en accusa la mode italienne : « A propos de ce *grandissime* dont ie vien d'vser, notez que ces superlatifs sont maintenant fort plaisants aux courtisans... tellement qu'il vous faudra prendre garde de dire plustost *doctissime*, que *tresdocte*, *bellissime* que *tresbeau*, *bonissime* que *tres bon* [2] » (*Dial.*, I, 239).

Les grammairiens du commencement du XVIIe seront, eux, à peu près résignés à laisser les dignitaires d'Église se parer à l'italienne. Bernhard (63) accepte *serenissime*, *illustrissime*, *reuerendissime*, *grandissime*. Maupas, de tous ceux qui sont « écorchez du latin », ne tolère que *grandissime*, mais il ajoute cette réserve : « Sauf és tiltres et inscriptions adressees aux Cardinaux, Euesques et autres Prelats d'Eglise, où aucuns vsurpent, *Illustrissime*, *Reuerendissime* (92) ».

L'usage de faire précéder un adjectif de *si tres* existe encore : *qui l'aimoit si tres fort* (Marg. de Nav., *Dern. po.*, p. 415, cf. 126, 411, etc., Corroz., *Hecat.*, *Le feu*, 114, et Marot, III, 9). Belleau dit encore dans *la Reconnue* : *Ie l'ay trouué homme si sage, Si tres bon et tres honneste* (a. I, sc. III, *A. th. fr.*, IV, 351).

Cet usage disparaîtra peu à peu.

1. Sylvius (92), Meigret (28 v°) : « l'vzaje de la lange Françoęze ne lę' peut goutter : ę ęncores moins dijerer ». Pillot (13 v°) : « Nonnulli hanc linguam cupientes reddere locupletiorem formant superlativum;... quod Aulae debetur, quae hic tanta pollet authoritate ut praestet cum ea errare quam cum caeteris bene loqui, et satis sit allegare ipsa dixit. » Cauchie : « Nec enim recte dixeris *malissime*... et similia a quibus usus abhorret. Et quæ hanc formationem admittunt latina ex parte sunt » (1576, 108). Ramus copie Meigret : Ces superlatifs « sentent vng Latinisme que le Francoys ne peult goutter et encore moins digerer » (69).

2. Le même H. Estienne les emploie en raillerie : *dirions-nous pas... que ces historiens auroyent controuué cela de ces hommes, encore qu'au demeurant ils fussent barbarissimes* (*Apol. p. Her.*, I, 14). Comparez dans Larivey, *Le Fidelle* sc. XVI, (*A. th. fr.*, VI, 375) : *Ie suis vn homme bestialissime et terrible.*

SUPERLATIF RELATIF. — Le superlatif relatif se rencontre encore très fréquemment sans l'article, particulièrement quand l'adjectif (ou l'adverbe) précède le nom ou le verbe : *des choses que plus nous auons aimées en ce monde* (Fauch., *Or. de la l. fr.*, 557 v°) *; au nombre de ceux qui auoient mieux escrit en nostre langue* (Pasq., *Rech.*, l. VII, ch. 5, t. I, p. 700ª).

On le trouve ainsi sans article dans d'autres cas : *qui a plus d'interest a la verité de la description de ce subject* (*Mém. de la reine Marg.*, 3) ; *se vouloyt cascher entre les seps plus espes* (Rab., *Garg.*, l. I, ch. 27, t. I, p. 106)*; Le nauigage qui est l'art par lequel plus de terres ont esté decouuertes* (Fauchet, *Or. de la l. fr.*, 534 r°) ; *ses plus forts instruments, et dont elle nous gesne plus cruellement, ce sont les maux à venir* (Du Vair, 344, 43).

Mais l'article devient, au fur et à mesure qu'on avance, de plus en plus commun.

CHAPITRE IV

NOMS DE NOMBRE

Preu. — Le xvie siècle connaît encore l'énigmatique *preu* au sens de *un*. Non seulement Sylvius, qui serait suspect, mais Meigret (38 v°) et Cauchie (1570, 195, 1576, 238) le déclarent très en usage. C'est surtout sous la forme *empreut* qu'on le rencontre dans les textes (voir Godefroy, au mot).

Au commencement du xviie siècle, le P. Monet le signale comme appartenant à la langue spéciale des comptables, et on peut considérer que depuis lors il s'est réfugié où il est encore, dans la langue des écoliers, des faubourgs de Paris, et de quelques provinces.

Autres nombres cardinaux. — La lutte continue entre les nombres hérités du latin pour les dizaines, et les formes faites par addition : *soixante dix, quatre vingt dix*. Presque tous les grammairiens donnent encore *septante* et *nonante* (Palsg., 367-8, Sylv., 99, Garn., 20, Meur., 43 v°). Cependant Palsgrave reconnaissait que si cette manière de compter était celle des gens instruits, le peuple tenait pour *soixante dix*, et Meigret (39 r°) dit formellement que la manière nouvelle est plus reçue et plus approuvée. Ces témoignages sont confirmés par celui de Fabri (*Art de rhét.*, 280), qui se plaint « de cet erreur incorrigible de dire *quatre vingt douze* pour *nonante deux*[1] ». Rabelais a-t-il eu l'intention de plaisanter dans des phrases comme celle-ci : *Par dieu, c'est ici vin de Beaune, meilleur qu'onques iamais ie beus, ou ie me donne a nonante et seize diables* (l. V, ch. 42, t. III, 163) ? Cependant l'effet ne serait alors que dans *nonante et seize*, car *nonante* seul, comme *septante*, est partout.

En second lieu, il faut signaler la continuation de la lutte entre le système latin de numération par dix et le système rival de numération par *vingt*.

Quatre vingts s'impose peu à peu aux dépens de *octante* ou *huitante*. Non que *octante* soit proscrit; il est au contraire recommandé

1. Cf. Soulat., 18 : solemus dicere *soixante et dix*, *soixante et onze*, loco *septante et un*.

par plusieurs grammairiens et donné par tous (Palsgr., 367, Sylv., 99, Meigr., 38 v°, Garn., 20, Meur., 43 v°). Il se rencontre de même chez les auteurs (J. Bouch., 1 *Mor.*, XIV, f° 35 d; Rab., l. II, ch. 29, t. I, 359; l. V, ch. 38, t. III, 148, M.-L.).

Mais Meigret considère déjà *qatre vins* comme plus reçu (39 r°). En revanche, les autres multiples de *vingt*, quoique usités jusqu'à 400, ne sont pas également en usage. *Sis vins* l'emporte sur *cent vins*, mais *çęnt soęssante* est aussi bien dit que *huyt vins* (Meigr., 39 v°), et *quinze vins*, sauf dans le nom de l'hospice, est à peu près abandonné. Déjà la *Légende de St-Anthoine* dit: *trois cens abres*, 10[1].

Mil a toujours ses deux formes; mais il y a lieu de se demander si ce sont bien deux formes : *mil* même devant consonne faisant entendre *l*, et *mille* laissant tomber *e* devant voyelle et réduisant d'autre part sans doute *ł* à *l*, comme nous l'avons vu dans la phonétique, *mil hommes* et *mille hommes* ne diffèrent vraiment que par l'orthographe, au moins dans une partie des cas.

Palsgrave enseigne déjà (371) qu'on dit *mil* devant voyelle, que le nombre soit multiplié ou non, de même devant *ans*, et enfin dans la supputation des années de l'ère chrétienne. H. Estienne se borne à remarquer que devant consonne, comme dans *par mil dangers*, le mot a fort mauvaise grâce (*Dial. du fr. ital.*, I, 64).

Dès lors on peut s'attendre à une confusion complète dans les textes : *centz mil grandz philosophes* (Marot, I, 113); *trois cent mil pietons* (Id., III, 132); *mille autres* (Id., I, 257); *cent mille bien uenues* (Id., II, 101); *pres de mil ans* (Id., I, 111); *sept cens mille et troys* (Rab., l. I, ch. 32, t. I, 121); *sept cens mil et trois* (Id., *ib.*, 122).

Au delà de *mille*, il est indifférent de dire *quinze cents* ou *mille cinq cents*; cependant, sauf pour le millésime, la première forme paraît l'emporter : *s'esleua au pays de Poictou... plus de quinze cens aduanturiers* (*J. B. P.*, 166).

Million est tout à fait acclimaté : (*de*) *Nymphes vn million* (Lem. de Belg., *Œuv.*, III, 106); *on estimoit le butin de la ville a trois millions d'escuz* (Loy. Serv., 284); *vng million de bien bons tours* (Dolet, *II Enf.*, p. 9), etc.

1. C'est Meigret (*l. c.*) qui donne les renseignements les plus complets. Il accepte également *neuf vingts* et *çęnt qatre vings* pour *cent huytante*. Il ajoute : Pour *douze vins*, *tręze vins*, *qatorze vins*, *dizęsęt vinz*, *dizęhuyt vins*, *dizęneuf vins*, nous lę dizons aosi comunément, lęs vns plus qe lęs aotres, selon qe l'uzaje de çerteins ars lęs a vzurpé, qe nou' fęzons *deus çęns qarante... Deus çęns çinqante*, *soęssant' dis*, *ę qatre vins dis* ne sont pas rebuttez » (40 r°): cf. *de sept a huict vingtz personnes* (*J. B. P.*, 134); *neuf vingts ils ont occis* (*Ch. de 1587*, Ler. de L., *Chants histor.*, II, 406).

Au-dessus, la numération est encore incertaine :

Dont on peult bien conter millions plus de mille (Lem. de B., *Œuv.*, III, 130); *Pour mille millions d'escuz* (Coller., *Œuv.*, 133); *les millions de mille* (Marg. de Nav., *Dern. po.*, 435); *cent mille millions de fois* (Lar., *Les Esc.*, a. I, sc. III, *A. th. fr.*, VI, 110).

Cependant *milliard* apparaît, avec une valeur variable. Il signifie dans Peletier du Mans (*Arith.*, 1554, p. 2 r°) : *million de millions* [1]; c'est un nombre vague qui, comme *milliasse*, veut dire une quantité infinie. Cf. *Les ioyeuses recherches de la langue toulousaine* d'Od. de Triors, 1578, 8. Le mot ne paraît pas connu de Meigret qui conseille de se servir de *mille millions*. Bernhard lui donne plus tard encore un autre sens : *decies centies centum millia* (64) [2].

Nombres ordinaux. — Dans les formes même des ordinaux, le XVIe siècle apporte peu de nouveautés; toutes les formes en *ième* sont antérieures.

Toutefois celles qui étaient encore en concurrence avec les vieux ordinaux latins, savoir : *deuxiesme*, *troisiesme*, *quatriesme*, *cinquiesme*, l'emportent de plus en plus. Les grammairiens considèrent en général les deux séries comme équivalentes, et les textes montrent que telle est en effet la situation dans l'usage. On rencontre d'assez nombreux exemples des formes en *iesme*, là où l'usage moderne a conservé les autres pour la désignation de certains personnages historiques : *vers le regne de Charles cinquiesme* (Pasq., *Rech.*, l. VII, ch. 5, t. I, p. 699a).

Contrairement aux précédents, *vniesme* employé seul ne paraît pas en progrès; Meigret ne veut déjà plus lui donner que la signification de *seul* dans des expressions comme *moę vnieme* (41 r°).

Dans les autres formes numérales, je signalerai seulement la curieuse tentative par laquelle Meigret, frayant la voie aux mathé-

1. « Ie n'eusse point, dit l'auteur, vsurpé ce mot de *Milliart*, n'eust eté l'autorité de Budé au *Traitté de la liure et de ses parties* » (3 v°).

2. Je dois ajouter que les techniciens vont plus loin. Voici ce que dit l'*Arismetique* d'Est. de la Roche, f° 5 v° (éd. 1538, Lyon) :

« Et pour plus facilement nombrer vn grant nombre, l'on peult diuiser les figures de six en six en commencant tousiours a dextre : et sur la premiere figure d'vne chacune sixiesme la premiere exceptee l'on peult mettre vng petit point : et doit on scauoir que toutes les figures depuis le premier point iusques au second (si tant y en a) sont tous millions, et du second au tiers sont millions de millions : et du tiers au quart sont millions de millions de millions. Et ainsi des aultres pointz en proferant ce vocable *million* autant de fois comme il y aura de pointz : ... le premier point peut signifier million; le second point, billion; le tiers point, trillion; le quart, quadrilion; le cinquiesme, quillion; le sixieme, sixlion; le septiesme, septilion; le huitiesme, octilion; le neufiesme, nonillion. Et ainsi des autres se plus oultre on vouloit proceder. »

maticiens modernes, introduit une longue série de multiplicatifs : *sextuple* ou *sizuple*, *settuple*, *octuple* ou *huytuple*..., et si cela semble bon jusqu'à *soessante decuple*, *qatreuintuple*[1], etc. (42 v°). On les retrouve ou à peu près dans l'*Arithmétique* de Jean Trenchant. Lyon, M. Jove, 1571.

Les anciens multiplicandes : *double*, *cent*, encore si communs au XIVe-XVe siècle[2], se font plus rares. Cependant *paire* est toujours usité : *deux paires de voz lettres* (Scal., *Let.*, 16, cf. 25). On trouve aussi *tant*[3].

1. Est-ce cette proposition, ou quelque autre analogue, que le fils de Maupas a eu l'intention de blâmer : « Les autres formules que plusieurs mettent en auant sont manques, ne seruans pas en tout degré de nombre, il se faut retrancher en l'vsage, comme ceux qu'ils appellent Proportionnels, *Simple*, *Double*, *Quadruple* ou *quatruple*... Vous suyurez les Latins, en reiettant l'*x* » (éd. 1638, p. 112).

2. *Rendu et meri a cent doubles* (*Chev. de la Tour Landr.*, 172), *a dix tant de gens que ilz n'estoient* (*Id.*, 124).

3. Rien à dire de *et* entre les nombres. Il s'emploie toujours régulièrement : *mil cinq cens et vingt et quatre* (Mar., II, 215) ; *au temps des soixante et dix ans de la captiuité de Babylone* (Rivaud., 46) ; *Les vingt et huit senateurs* (Amyot, *Vie de Lyc.*, I, 51, A).

CHAPITRE V

PRONOMS

PRONOMS PERSONNELS

LEUR. — Il paraît à peu près certain que, au XVIe siècle, *leur*, pronom personnel, recevait déjà souvent l'*s* qu'il a aujourd'hui dans la bouche au peuple, et qu'il se prononçait déjà *leuz : i leuz a dit* (voir pour a chute de *r* à la phonétique) ; Sylvius ne fait aucune différence entre : *g-è leûrs hai donè* = ego illis donavi et *leûrs liu-res* = illorum libri (109). Robert Estienne — est-ce une erreur ? — donne dans ses déclinaisons des pronoms *leurs, de leurs, a leurs.* Ramus commet la même confusion ; il donne pour exemple : *ce qu'il leurs a donné a entendre* (144). Cependant d'autres, ainsi Pillot et Garnier, s'ils ne font pas la distinction des deux *leur* dans leur théorie, semblent l'observer dans la pratique. Et Meigret la donne avec précision : *nou' ne dizon pas : ie le leurs amenerey, pour ie le leur amenerey* (60 v°).

Il y a des exemples de *leurs* chez les écrivains, particulièrement chez Rabelais : *veu qu'il leurs auoit donné de passe temps* (*Garg.*, XX, I, 73) ; *que leurs auez par cy dauant tenue* (liv. I, ch. 32, t. I, p. 122) ; *il leurs transpercoyt la poictrine... leurs subuertissoyt l'estomach* (l. I, ch. 27, t. I, p. 106-107), etc. Cf. *il leurs fauldroit* (Nic. de Troyes, *Par.*, 17).

ILS ET *ELLES.* — J'ai déjà signalé au tome I, p. 421, que la confusion de *ils* et de *elles* se retrouvait jusque dans Ronsard. Elle ne lui est pas particulière : *ils sont bien eschancrées, Nos poupinettes tant sucrees* (Mar., I, 281 ; cf. *ib.* un autre exemple) ; *tendre les chesnes de fer ou ilz ont accoustumé d'estre mis* (*J. B. P.*, 179) ; *il ne fut rien faict ne tenu par ledict Roy de France desdictes promesses, parce qu'ilz estoient trop desraisonnables* (*ib.*, 275) ; *ils sont allees a la feste... Ils n'en sont gueres esbayes, Ils sont bien ayses toutesfois* (*F. de II j. f.*, 30-35 ; Pic. et Nyr., 99) ; *Tu vois en ce temps nouueau L'essain beau De ces pillardes auettes Volleter de fleur en fleur Pour l'odeur qu'ils mussent en leurs cuissettes* (Bell., *Avril*, *Œuvr.*, M.-L., I, 202).

LI. — La forme *li* est considérée comme disparue. En réalité, c'est elle qui s'entend dans la conversation courante. Cf. *Je tiens tant de ly* (Mar., *Epit.*, 8).

POSSESSIFS

NOS ET *NOSTRES*. — Le xvie siècle achève la distinction entre les formes adjectives et les formes pronominales du possessif. Palsgrave s'y trompe encore en donnant *les noz*, *les voz*, comme pluriel de *le*, *la nostre; le*, *la vostre* (80)[1]. Mais Meigret signale déjà la prononciation différente de *nos*, *vos* par ǫ ouvert, et de *notres*, *votres* par ọ fermé (47 v°, 60 r°). Sans marquer la nuance de prononciation, les autres grammairiens séparent *nos* et *nostres*. Si l'on ajoute que, au singulier, la forme *nọtre* est très souvent abrégée en *not* dans la prononciation[2], par suite de la position proclitique de l'adjectif, on voit que le français, sans avoir suivi le picard dans l'extension de la forme *vo*, n'en arrivait pas moins à se faire deux séries de formes distinctes, les unes adjectives, les autres pronominales, *nọt*(*re*) à côté de *nọtre*, *vọt*(*re*) à côté de *vọtre*, *nos*, *vos* à côté de *nọtres*, *vọtres*.

MON, TON, SON, AU FÉMININ. — Le changement de *m'* en *mon* devant les noms féminins commençant par voyelles est définitif. Les grammairiens sont d'accord (Palsgr., 347; Sylv., 94; du Wez, 923; Meigr., 59 r°; Pillot, 19 r°; R. Est., 29; Garnier, 38-39; Cauchie, 1570, 14; Ramus, 147-148).

Il n'y a plus que des discussions de détail sur l'opportunité d'employer *m'amie* ou *m'amour*. Palsgrave montre là-dessus des délicatesses, mais les autres grammairiens sont plus indulgents à ces vieilles formes (voir aux passages cités plus haut).

Dans les textes, *m'amie* est commun au commencement du siècle. Il est à chaque page dans Marot, III, 40, 48, 51, 62, 64, etc....., *m'amour* n'est pas rare non plus (I, 115; II, 175; III, 8; 57). *T'amie* est moins banal (Mar., I, 127; III, 70). Cf. *t'amour* (II, 157, 160, 177, 182; III, 36). *S'amye* est chez Marot (II, 62, 90, 188; III, 13, 232); *s'amour* également (I, 109; II, 79, 96; III, 61).

Mais ce qui montre bien qu'il s'agit là de particularités, c'est que le même Marot emploie régulièrement *mon*, *ton*, *son* devant les autres substantifs: *par mon ame* (I, 207); *son alaine* (II, 159); *son escole* (II, 171); et même *ton amour* (II, 155, 157); *mon amour* (III, 29).

1. C'est l'usage du xve qu'il suit ici. *Nostres* y était encore adjectif, et *nos* pronom: *a nostres piez* (*Leg. de S. Anth.*, 33); *ce tousiours soit deuant nostres yeulx* (*ib.*). Le Bourgeois de Paris écrit: *Ils tuerent enuiron vingt de nos* (334). Y a-t-il un mot passé ou faut-il lire *nous*?

2. On trouve cette prononciation figurée dès le xve: *Ha! par le Sainct tour Dieu not dame!* (*Farce du pont aux Asnes*, Fourn., *Théâtr.*, 153, 1). Cf. à la Phonétique, p. 273.

DÉMONSTRATIFS

CIL. — Cette forme peut, selon Palsgrave, se substituer indifféremment à *celuy* (358). En fait, François Habert, par exemple, la met à chaque page dans son *Voyage de l'homme riche*. Meigret, Pillot, R. Estienne, Cauchie dans l'édition de 1570, n'expriment aucune réserve. Mais Sylvius, Garnier, Meurier, Ramus, ne citent pas cette forme, et Cauchie, en 1576, ne la donne plus que comme accessoire (118) : *celuy* pro quo et *cil*.

Les poètes s'en servent souvent, ainsi Marot (I, 57, 77, 89, 104, 142, 147, 202, 211, 285, 286, etc...) ; Marguerite de Navarre (*Dern. po.*, 58, 208) ; Roger de Collerye (30) ; Corrozet (*Hecat.*, p. 153). La Pléiade le garde (Bel., II, 244 ; Dor., 19, 31 ; Du Bel., I, 260 ; Rons., V, 350). Mais on ne peut pas dire qu'il soit commun dans ses productions. Du Bartas, 1591, p. 50, et d'Aubigné (p. ex. III, 365), s'en serviront aussi. Mais c'est par affectation d'archaïsme ; dès le début du XVIIe siècle, la forme est abandonnée. Deimier est là-dessus aussi formel que Malherbe[1] Voiture s'en servira bientôt pour faire du vieux langage. En réalité, dès le XVIe, c'est un mot littéraire. Il manque dans la plupart des écrivains en prose.

CES. — La forme abrégée *ces* l'emporte définitivement sur *cestes* comme forme adjective. Palsgrave, Pillot, Garnier les confondaient encore, Meigret (54 r°) et Ramus donnent seulement *ces* (p. 141). Comparez *nos* et *nostres*.

CESTUY. — *Cestuy*, non composé avec *ci* et *là*, vieillit aussi, mais moins rapidement que *cil*. Il est donné par Sylvius : *chèstil*, vulgo *chèstui* (105). Meigret (55 r°), Pillot (15 r°), le donnent également. De même, R. Estienne (24), Ramus (72) et Cauchie dans ses deux éditions (1570, 46, 92 et 1576, 127).

On pourrait donc le croire en pleine vie. Mais Meigret constate (55 r°) que *cestuy* est le plus souvent joint à *cy* et à *là*. Cauchie n'en donne la flexion que parce qu'il est le simple du composé toujours en usage, *cestuy-cy*.

On le trouve encore assez fréquemment dans les textes ; je n'en relève qu'un exemple dans le *Bourgeois de Paris : cetuy s'enfuit en France* (161). Mais il est ailleurs : *qui doubte que les Patriarches n'ayent esté participans de cestuy?* (Vigor, *Serm. cath.*, 32) ; *cestuy n'eut le loisir* (Pasq., *Rech.*, l. VII, ch. 3, t. I, p. 690 c ;

1. Cf. F. Brunot, *Doct.*, 393-4.

cf. l. VII, ch. 5, t. I, p. 698 D, I, 701, 702 A, 707 C, 708 B, etc., etc.) ; *a la verité la drogue de ce stuy estoit souueraine* (*Texte ms de la Ménippée*, éd. Giroux, 15)[1].

ICELUY. — Les formes lourdes : *iceluy*, *icelle*, *iceux*, *icelles* sont encore données par les divers grammairiens : Palsgrave (75, 82), Sylvius (105), Pillot (15 r°), Garnier (43-44), Meurier (*Br. instit.*, 39 v°), A. Matthieu (19 r°), Cauchie (1570, 85, 92), Lentulus (31, 97, 99). Cependant Meigret dit formellement (56 v°) que les courtisans n'en usent pas communément, « çe sont plutót relatifs vzurpez par lę' pratiçięns », il leur préfère *le la les* relatifs. Ramus (145) reproduit cette remarque. Enfin Cauchie, qui avait donné *iceluy* et *iceux* dans son édition de 1570, ne les donne plus à l'endroit correspondant de l'édition de 1576.

Il faut donc prendre garde que, si nous les trouvons avec fréquence dans certains textes, c'est vraisemblablement l'habitude de la pratique qui les y a introduits. C'est ainsi qu'ils sont usuels dans Pasquier (l. VIII, ch. 3, t. I, p. 774 B, etc.) ; dans Palma Cayet (*Chron. sept.*, 32, 2) ; dans L'Estoile (*Journ. de H. III*, 35, 37, 39, etc.), et jusque dans les lettres de Henri IV, pour peu qu'elles aient un caractère administratif. Même observation pour Du Vair (332, 31, 371, 17).

Toutefois ces mêmes formes ne sont nullement rares dans des écrits de langue commune. Sans parler de Rabelais, on les rencontre dans Dolet, *Man. de trad.*, 12, 14, 15, etc., dans l'*Heptaméron*, éd. Jac., 516, dans Nicolas de Troyes (*Par.*, 151), dans Noël du Fail (*Eutr.*, II, 15, 78), dans Larivey (*Jal.*, a. I, sc. II, *A. th. fr.*, VI, p. 16), dans Diane de Poitiers (*Let.*, LXXIX, p. 136), dans H. Est. (*Apol.*, II, 26).

Elles sont aussi chez des poètes comme Marot (I, 39, 89, 101, 105, 115, 203 ; II, 173 ; III, 103, 140, 154, 198, etc.) et quelquefois chez Ronsard et les siens (Lex. de M.-Lav., I, 297).

Toutefois, l'assertion de Meigret me paraît mériter toute attention. Les textes gardent *icelui*, parce qu'il y a dès ce moment séparation profonde entre la langue parlée et la langue littéraire[2].

1. *Cestuy* reste tout à fait usuel avec *ci* et *là* : *Cestui-ci auoit demandé d'estre mis en sentinelle* (d'Aub., *Œuv.*, II, 265, éd. Réaume et Causs. ; cf. 241) ; *une si bonne mere... qui sur tout cherissoit cestuy-la* (*Mém. Marg.*, 11, éd. Lal.) ; *cestuy-ci est l'vn des condemnez, homme de notable vertu* (Mont., l. I, ch. 3, t. I, 25, éd. Louandre) ; *mais parmy ces humeurs, il auoit cette-cy* (*ibid.*, I, 21) ; *comme il feit beaucoup de choses pour complaire au peuple, il feit ceste la bien mal* (Meigret, *Off. Cic.*, 1547, p. 185).

2. *Ledit*, *ladite*, qui avaient failli devenir de véritables démonstratifs, entrent alors dans la même décadence qu'*icelui* ; ils se trouvent encore très fréquemment dans les textes, par exemple dans Rabelais (*Garg.*, ch. 6, t. I, 27, etc.).

Icestui n'est donné que par Palsgrave, et comme dépourvu de flexion (75, 82). Il voudrait dire, d'après lui, *ce même homme* et non, comme *cestui*, *cet homme*.

RELATIFS

Qui et *que*. — Le trouble que j'ai signalé dans la déclinaison du pronom relatif au XIVe et au XVe siècles dure encore au début du XVIe. La vieille forme du féminin (1°) et du neutre (2°) *que* s'emploie toujours (cf. Hug., *Synt. de Rab.*, 116-119).

1° *C'est vne chose que ne dure guayres* (Palsgr., 425); *la roigne que vient aux testes des petitz enfants* (Id., 432); *la mort que luy deuoit aduenir* (Seyss., *Succ. d'Alex.*, 6); *quelle chose as-tu que tu n'aye receu, c'est a dire que ne te ait esté donnée* (Lef. d'Ét., *Pref.*, 2e p., *N. Test.*, 1523; Herm., *C.*, I, 162); *la plus grande triumphe que iamais en France fust veüe* (*J. B. P.*, 85); *Gardons nous d'ingratitude Qu'est moult desplaisante a Jesus* (*Ch. hug.*, LXXX); *pour la perte de la marmite qu'est renuersee* (*ib.*, 457); *la S. Escripture, que doit estre la table en laquelle*... (Far. aux lect., Herm., *C.*, I, 248); *vne dent... Que par l'acier de tomber ne soit preste* (Corroz., *Hecat.*, p. 73).

2° *Qu'est ce que vous reueille ?* (B. An., *Lyon march.*, A. 3 v°); *ce que se trouua encores en nature de leurs biens* (Seyss., *Succ. d'Al.*, 24 v°); *ce que n'est vraysemblable* (Rab., I, 30); *que pis est* (Id., liv. I, ch. 25, t. I, p. 97. Cf. liv. I, ch. 32, t. I, p. 1); *ce que plus-tost entre aux cueurs femenins* (Mar., II, 109); *ce qu'est sans foy n'est rien qu'ordure* (*Ch. hug.*, LXXVII, 1533); *ce qu'auient a tous ceulx* (Du Bel., *Def.*, II, 5, éd. Ch., 243); *ce que iour et nuict tourmente ma pensée* (Saint-Gel., III, 163).

On le trouve aussi, quoique plus rarement, au masculin : *n'y a corps humain... Que ne s'en voise* (Corroz., *Hecat*, p. 91). On le rencontre de même au pluriel masculin ou féminin : *ses leures corallines et bien ioinctisses que delles mesmes sembloient semondre vng baisier* (Lem. de Belges, *Ill. des G.*, l. I, ch. 33); *les grans pardons que estoyent aux freres mineurs* (Palsg., 432) ; *les simples que ne sont point exercittés en la S. Escripture* (Far. aux Lect., Herm., *C.*, I, 247); *Picards, Normans, Bretons, Que tenez les frontieres* (*Ch. hist.*, Pic., *R. h. l.*, 1894, 300)[1].

1. On trouve souvent dans les textes *qu'*. A en croire Sebilet (*A. poet.*, 20 r°), il serait toujours pour *que*, car si « *qu'es* se trouue en auteur prouué, ie dy qu'il est de *que est*, et non de *qui est* ». Il faudrait y voir de près. En tous cas, les textes populaires ont souvent *qu*, où il n'est pas bien sûr qu'il remplace *qui*, bien au contraire : *Il y a en ceste armee Tant de braues soldats Qu'endurent et pastissent* (Ch. de 1583. Ler. de L., II, 395); *C'est du grand duc de Guise, Qu'est mort et enterré* (*Ch. hug.*, 254).

Les écrivains gascons conservent *que* beaucoup plus tard : *tous ceulx que y viennent en general* (Montluc, *Lett.*, 158, t. V, p. 74).

Inversement, on rencontre encore *qui* pour *que*. Nous en reparlerons à la syntaxe.

Cependant, dès la deuxième moitié du XVIe siècle, l'état moderne se prépare. Rob. Estienne (27) donnait encore *que* relatif sujet, Meigret (57 r°) disait même plus explicitement, en parlant de *quoi* relatif : si nous voulons lui bailler un nominatif, nous dirons qu'il est le génitif de *que*.

Or, à la fin du siècle, la doctrine des grammairiens a complètement changé, et Maupas prononce d'une manière très générale : « *Que*, vray relatif, n'est point nominatif, c'est *qui*, et regarde tant les personnes que toutes autres choses que l'on peut signifier par substantif antecedant » (156). Malherbe croit aussi qu'il faut *qui* dans ce vers de Desportes : *L'outrage du malheur se peut il endurer, Que si cruellement nous arrache d'ensemble ?*

A partir de ce moment, on peut donc considérer comme restaurée une déclinaison réduite du relatif, avec un nominatif *qui*, semblable à tous les genres et à tous les nombres, un régime direct *que*, également commun aux trois genres et aux deux nombres, et un régime prépositionnel *qui*, en concurrence avec les pronoms adverbiaux.

L'établissement normal d'une déclinaison paraîtrait bien étrange à une époque où la déclinaison achève partout de disparaitre, s'il ne s'expliquait, à mon sens, par des raisons très fortes, qui du reste font en même temps comprendre pourquoi ce n'est pas l'analogie des formes en *que* qui a prévalu.

Qui est, comme *il*, très souvent sujet du verbe ; il a, comme lui, besoin de distinguer sujet et régime. Il se prononce comme *il* (où *l* ne sonne pas), même au pluriel (car *s* est orthographique et *l* ne sonne pas devant consonne). Dans ces conditions s'exerce une analogie inverse de celle qu'on a signalée à l'époque romane, et *i*(*l*), *le* maintient *qui*, *que*, sans toutefois que cette analogie soit assez forte pour entraîner reformation des régimes féminin et pluriel.

Lequel. — J'ai dit ailleurs quel développement avait pris *lequel*, et comment il servait à diverses constructions toutes latines. Au XVIe siècle, il devint, s'il est possible, encore plus répandu ; tous ceux qui écrivent, ignorants comme savants, s'en servent, Montluc aussi bien que Rabelais :

De laquelle race peu furent qui aimassent la ptissane, mais tous furent amateurs de puree Septembrale. Nason et Ovide en prindrent leur origine. Et tous ceulx desquelz est escript : Ne reminiscaris. Aultres croissoyent par les aureilles, lesquelles tant grandes auoyent (Rab., *Pant.*, ch. 1, t. I, 221-222).

Et luy mennay sept a huict cens hommes... monsieur d'Aussun en demanda la moitié pour dresser sa compaignie, ce que luy accordis. Et fismes nostre partaige aupres d'Alexandrie, apres la prinse de laquelle monsieur de Lautrec enuoya messieurs de Gramond et de Monpezat assieger le chasteau de Vyjeue, deuant lequel, en faisant les approches et les tranchées pour mettre l'artillerie, ie feuz blessé d'vne harquebuzade par la iambe droicte, qui feust cause que ie demeuray boyteux fort longtemps... de sorte que ie ne pus estre à l'assaut qui se donna a Pauie, laquelle feust emportée et demy-bruslée (Montluc, I, 77-78).

L'abus qui en est fait commence à éveiller des plaintes. Cauchie accuse *lequel* d'être la ressource des gens qui tirent à la ligne [1]. On sait que Malherbe le trouve peu élégant et le barre partout dans les vers de Desportes. C'est le commencement de la décadence, elle ne se marquera cependant qu'au XVIIe siècle.

INTERROGATIFS

Les interrogatifs périphrastiques deviennent de plus en plus usuels.

Sire, qu'est-ce que i'ay dit? (Nic. de Troyes., *Par.*, 151-152); *des autres qui est ce qui te pourroit compter leurs mensonges?* (Id., *ib.*, 231); *hé! que auez vous? hé! qu'est-ce qui vous fait mal?* (Id., *ib.*, 143); *quant Alison ouyt monter, demanda qui c'estoit qui monstoit* (Id., *ib.*, 250); *pourquoi est ce que ie me desconforte ainsi?* (Tourn., *Cont.*, a. IV, sc. V, *A. th. fr.*, VII, 198); *tu ne penses pas pourquoy c'est que l'on t'eniuroit* (Nic. de Troyes *Par.*, 220); *on demanda... pourquoy c'est qu'y aiant plusieurs liqueurs...* (Amyot., *Œuv. mor.*, 415 r° A, cf. *ib.*, 373 r° B); *ie me suis enquis d'ou c'estoit que le bois reduit en pierre auoit esté apporté* (Paliss., 49).

Les adverbes autres que *pourquoy*, *où*, subissent le même allongement :

Comment est ce que Venus m'a voulu tant honorer? (Cyre Fouc., *Ep. d'Arist.*, 17).

1. P. 96 : « satis crebro usurpatur ab iis qui paginis impletis quaestum faciunt. »

On rencontre *c'est* aussi bien que *est-ce :*

Ne plus ne moins, que font nos damoiselles, quand c'est qu'elles ont leur cache-laid, que vous nommez touret de nez (Rab., l. V, ch. 26, t. III, 103); *L'homme Qui bas et hault de baston et mains taste Ou c'est qu'il est* (Marg. de Nav., *Dern. po.*, 207); *dittes, si vous sauez Qui c'est qui a ce concile excité* (Pelet., *Od.*, *Œuv.*, 22 v°).

Les grammairiens les enregistrent; Pillot traduit par: *Qui est ce qui est le iour d'huy plus heureux que moy?* ecquis me vivit hodie fortunatior? (1561, p. 187). Et Maupas justifiera ces périphrases en les expliquant : « *Que*, sent mieux sa conjonction qu'autrement, car n'ayant point d'articles, il faut qu'il succede à quelque propos articulé auquel il soit rapporté le conjoignant et liant auec le suiuant, y ayant souuant le verbe substantif interposé auec le demonstratif, *ce*, ou autre verbe, commode au sens. Ex. : *Ie ne sçay de quoy c'est que vous me parlez. Dites de quoy c'est que vous voulez que l'on vous traite.* » Et il ajoute : « on peut bien aussi dire plus court : *Dites de quoy vous voulez*, etc. » (éd. 1607, p. 162).

INDÉFINIS

Le fait le plus important de l'histoire des indéfinis au XVIe siècle est la diffusion de l'adjectif *chaque*, né de *chacun*, dont on a séparé *un*. A vrai dire, *chaque* existe depuis le XIIIe siècle. Le fragment du *lai d'Ignaure* cité par Bartsch (*Chrest.*, 558, 37, 560, 19) en offre deux exemples, où du reste *chaque* est pronom. Mais cette forme est tout à fait exceptionnelle à cette époque. Le *Dictionnaire général* le relève dans les *Miracles* de Gautier de Coincy, on en rapportera peut-être d'autres exemples [1], néanmoins on peut considérer que, au XVe, *chacun* est encore le seul mot usité, tant comme pronom que comme adjectif. Il faut arriver à la deuxième moitié du XVIe pour que l'usage de *chaque* se répande ; il est chez Montaigne (l. I, ch. 13, add. de 1595 , et souvent, chez Amyot, par exemple : *disposer chasque chose en lieu ou elle puisse...*(*Œuv. mor.*, 70 B); *aussi est il vray-semblable que l'ame de chasque criminel et meschant...* (*Ib.*, 265 v° E); *a chasque genre de beste il y a chasque sorte de nourriture qui lui est propre* (*Ib.*, 276 r° B ; cf. *Ib.*, 280 r° C).

Comparez : *Bien que... Chaque personne ait la voix plus hardie* (Jod., *Eug.*, Prol., *A. th. fr.*, IV, 7); *Nymphes tenans en chasque*

1. Il y en a un dans Ol. Maillard, *Serm.*, p. 9 : *a cesque foiz qu'il nous en souiengne.*

main diuers vases (Bouch., *Ser.*, I, 2, t. I, 79) ; *vne heure chasque iour* (Scal., *Let* , 23 fév. 1587, p. 242). Désormais on le retrouve un peu partout, ainsi chez la reine Marguerite : *s'estoient trouué chaque trouppe en vn pré a part* (*Mém.*, 10, éd. Lalanne). De même chez Montluc : *et voloient que chesque prouince* (V, 27, *Let.*, 137) ; *chasque capitaine auec sa compagnie* (Hug., *Port. et réc. du XVIe s.*, 192; *chacun* est à la ligne suivante) ; *chaque* = *quelque*, jamais *quelqu'un*.

Toutefois on trouve encore si souvent *chacun* adjectif, qu'il m'a toujours paru étonnant de voir Malherbe poser, dès le commencement du XVIIe, en règle absolue, que *chascun* se dit absolument et non avec un substantif (IV, 431)[1].

Se flétrissent sans être complètement abandonnés les pronoms suivants :

Les aucuns, que Palsgrave donne encore comme très usuel (360-61) : on le rencontre assez tard dans le siècle : *Dont les aucuns ie voyoys abattuz* (Marg. de Nav., *Dern. po.*, 150) ; *les aucuns prennent leur plus grande occasion a faire outrage* (Meigret) *Off. Cic.*, 18, cf. 75; Pasq., *Rech.*, l. VII, ch. 3, t I, p. 690 D).

Nulli encore donné par Palsgrave, 362, est très commun dans les premiers livres de Rabelais (*Pant.*, ch. 23, I, 330, *ib.*, ch., 24, I, 335. Cf. Lex.) ; il se rencontre chez Marot, I, 76, 129, 200, 269 ; Marguerite de Navarre, *Dern. po.*, 212, *Marg. de la Marg.*, IV, 15, 129 ; Dolet, *II Enf.*, 18, Coll., 37 ; et même Charron, *Disc. chrét.*, Red. 2.

Cependant on le remplace souvent ou par *nul* ou par *personne*, *aucun*, qui deviennent négatifs.

Ame se fait plus rare ; il est vrai que souvent on n'est pas sûr si on a affaire à lui, ou simplement au substantif *ame*. Je citerai pour exemple cette phrase de Montaigne, où il ne faut pas sans doute le reconnaître : *Et luy partoit cette humeur d'vne grande bonté de nature ; il ne fut iamais ame plus charitable et populaire* (l. III, ch. 10, t. VI, p. 218). Cependant Maupas l'enregistre encore : *A qui a vous parlé ? A ame* (190)[2].

Je signalerai aussi la transformation de l'expression *quelque chose*, qui existe longtemps avant le XVIe siècle, mais qui, à partir de cette époque se fond en un pronom. On le fait suivre quelquefois d'adjectifs au neutre, au lieu de les accorder avec *chose*, et de les mettre

1. *Vn chacun* reste très usuel (Meigret, *Trad. des Off. de Cic.*, 33, Tahur., II, 173, Vigor, *Serm. cath.*, 63-64, Du Vair, 361, 35, etc.).

2. Rabelais dit *toutes les ames* dans le sens de *tout le monde* (Rab., *Garg*, XXIX, I, p. 113).

au féminin comme autrefois : *quelque chose de bon* (Du Bel., *Let.*, 38); *quel que chose qui luy soit aduenu* (Cayet, *Chron. sept.*, 22, 2). Mais on trouve pendant longtemps des traces de l'ancien usage. Du Vair écrit encore : *s'il n'y auoit quelque chose mauuaise dedans* (383, 44). Et le petit poème de *Quelque chose* de Philippe Girard, publié en 1588 en réponse au *Nihil* de Passerat, reste d'un bout à l'autre à peu près fidèle au genre féminin[1]. On y trouve cependant plusieurs fois : *quelque chose de bon*, p. 15-16.

Personne subit lentement un changement analogue. On trouve encore l'accord fait régulièrement : *Il n'y a personne qui ne soit estonnée* (Farel, *Let.*, 1531, Herm. *C.*, II, 363). Au contraire, Rabelais écrit : *si personne tant feust esprins de temerité qu'il luy voulust resister...* (l. I, ch. 27, t. I, p. 106).

Plusieurs anciens indéfinis disparaissent : *autel*, encore donné par Palsgrave et Sylvius, *itel* également donné par le même Palsgrave (365)[2].

Nesun est considéré par Palsgrave lui-même comme un vieux mot roman (363) ; Roger de Collerye le met deux fois dans des rondeaux (*nesune*, p. 189, et *nesung*, 197). Il était dans Marot, II, 171.

Quant est encore très employé, dans la première moitié du siècle surtout : *Combien de François, quants Italiens, quants Allemans, et Hespagnols?* (Meigret, *Trait. de l'Escrit.*, 1545, B. III r°; cf. Rab., *Garg.*, ch. 5, t. I, 22; l. III, ch. 6, t. II, 39; Lar., *Les Jal.*, a. III, sc. V, *A. th. fr.*, VI, 50), etc. On sait que, avec certains substantifs comme *fois*, il se conservera longtemps encore : *quantes fois*. J'y reviendrai dans le tome suivant.

Ce qui a été plus rarement observé, c'est que dans *combien*, il tend à prendre la place de *com*. Palsgrave donne : *quant biens a il extorcionné*, qui n'est pas très probant (542) ; mais Sylvius met en parallèle *combien* et *quant bien* (144) : on dit *quam bien hat*, ou *quant bien i hat*, ou *quant long temps hat*, vulgairement *combien hat*; et Robert Estienne dit à propos de *combien de temps* : quidam scribunt *quant bien* (72).

1 Ce poème a été réimprimé avec le *Nihil* par P. Blanchemain, Vendôme, Lemercier, 1868. Voici un exemple du féminin : *Car Dieu considerant des le commencement Que Rien n'estoit pas bon, crea premierement Quelque chose confuse, et sans vie, et sans forme, Obscure, malplaisante, embrouillée et difforme* (p. 19).

2. On sait qu'il s'est conservé obscurément dans la langue populaire sous la forme vocalisée *itou* (< *iteu* < *itel* + cons.) On le retrouve jusqu'à nos jours : *Et autre chose itou ; et moi itou.*

Faut-il voir le vieil *autretel* dans des exemples comme celui-ci : *Et autres telz epithetes* (Rab., l, I. ch. 25, t. I, p. 28)?

Trestout est encore, non seulement dans Marot (I, 187), Rabelais (*Garg.*, ch. 18, t. I, 311 ; l. IV, ch. 16, t. II, 329), Marguerite de Navarre (*Dern. po.*, 423, 431, 433), et St-Gelais (III, 191), mais jusque dans l'Estoile (*Journ. de H. III*, 295). Henri Estienne le trouve cependant populacier. De fait, Nicolas de Troyes en use et en abuse (20, 84, 147, etc.).

Que... que devient aussi plus rare : *que du leur, que du mien* est une façon de parler du siècle précédent, que cependant on retrouve encore de ci et de là : *Le chevalier d'Omale... fit violer trente ou quarante que femmes que filles* (L'Est., *Journ. de Henr. III*, 294, 1).

Il importe de remarquer que Barth. Aneau blâme Du Bellay d'avoir employé *qui... qui* (Du Bel., I, 395, et 485). On ne s'explique guère cette observation, car *qui... qui* est partout : *qui en Picard, qui Champenois, qui Prouençal, qui Tholosan* (Pasq., *Rech.*, l. VIII, ch. 3, t. I, p. 761 A) ; *leurs puissances (des dieux) sont retranchées selon nostre necessité : qui guerit les chevaux, qui les hommes, qui la peste, qui la teigne, qui la tous; qui vne sorte de gale, qui vne autre ; qui faict naistre les raisins, qui les aulx ; qui a la charge de la paillardise, qui de la marchandise ; qui a sa prouince en oriant et son credit, qui en ponant... qui n'a qu'vn bourg ou vne famille en sa possession, qui loge seul, qui en compagnie, ou volontaire ou necessaire* (Mont., l. II, ch. 12, t. IV, p. 40-41).

Vn est encore souvent pronom, surtout chez les poètes : *Fay moy vomir contre vne, telle ordure, Qui...* (Jod., II, 92, 360, note 22, M.-L. ; cf. *Marg. de la Marg.*, IV, 14, 49) ; on le trouve aussi en prose : *Vne femme auoit fait tuer son mary par vn qui estoit son paillard* (*J. B. P.*, 374 ; cf. Des Periers, *Nouv.*, II, 166 ; Amyot, *Œuvr. mor.*, t. II, 373 v° H ; H. Est., *Apol.*, I, 155 ; *Lett. miss. de Henri IV*, III, 366 ; L'Est., *Journ. de H. III*, 38,1).

Au pluriel, il s'oppose à *autres : vns ronds... autres en forme lachrymale* (Rab., l. IV, ch. 62, t. II, 488) ; *les quelles sont vnes noires, aultres fauues, aultres cendrées, aultres tannées et basanées* (Id., l. III, ch. 22, *ib.*, 111).

CHAPITRE VI

VERBE

I. — LES DÉSINENCES

PROGRÈS DE LA CONJUGAISON INCHOATIVE

La conjugaison inchoative fait encore des progrès. Elle s'assimile en partie le verbe *haïr*, et, par les exemples qu'on trouve de je *haïs*, tu *haïs*, il *haït*, il est visible que cette assimilation eût été complète sans l'intervention des théoriciens, qui l'arrêta pour les personnes du singulier : je *hais*, tu *hais*, il *hait*.

On verra dans ma *Doctrine* (414) et dans Thurot (*o. c.*, I, 500) les témoignages des grammairiens. Parmi eux Cauchie, et surtout Lanoue, qui est très formel, admettent partout les formes en *aï* et les font rimer avec *obéïr*. H. Estienne les corrige au contraire chez Du Bellay (Clém., *H. Est.*, 443).

On trouve très souvent les vieilles formes : *hayrra* (Mar., III, 142); *il ne hayoit point les moines* (H. Est., *Apol.*, II., 69). Mais on trouve aussi : *les poignans haït iusqu'a la mort* (St-Gel., II, 2); *ie haïs* (Cyre Foucault, *Ep. d'Arist.*, 99); *qui haït* (Ronsard, VI, 472); *mon ame haït mesme a la penser* (*la menterie*) (Mont., l. II, ch. 17, t. IV, p. 236, n. 7), à l'impératif : *haïs donques* (Du Bel., II, 233) ; à l'imparfait : *hayssoyent* (H. Est., *Apol.*, II, 64).

On peut citer comme autres exemples des mêmes empiétements : *i'abhorris : aulcun mal que tu n'abhorrisses* (Dolet., *Il Enf.*, 81, Hipp.) ; *i'ouy : si ie ouy dire quelque chose de mal de vous* (Nic. de Tr., *Par.*, 132)[1] ; *tollissant : en nous tollissant nostre prince* (Dolet, *Gest. Fr. de Val.*, 55) ; *ie vestis : qui mangez le laict et vestissez la laine* (Paliss., 12, 82).

Du Bellay emploie *ie recueillis* pour *ie recueille*, que H. Estienne n'a pas manqué de relever dans son exemplaire (Clém., *H. Est.*, p. 434).

Finer cède lentement à *finir*. Il est encore commun dans Marot

1. Peut-être n'y a-t-il ici qu'un fait d'*ouisme*.

(I, 145 ; II, 223 ; cf. *Marg. de la Marg.*, IV, 19 ; H. Est., *Apol.*, II, 64 ; Forcad., 12, v. 12). Au contraire, *finir* (Mar., II, 82, 173, 180, etc.).

Disparaît au contraire *i'aueuglis : aueuglissant* (Marg. de Nav., *Dern. po.*, 226)[1].

L'S FINALE

Je ne connais que Sebilet qui ait eu, sur l'addition de *s*, une opinion d'ensemble : « Tu te dois garder, dit-il, de mettre *s*, aus premieres personnes singulieres des verbes de quelque mœuf ou temps qu'ilz soient : comme, *ie voy*..., *i'aimoye*..., *ie rendy*..., a cause que, *s*, est note de seconde personne aus Grecz et aus Latins... Que si tu rencontres en Marot... *ie veys*, *ie dys*, *ie feis*..., et autres auec, *s*, ... appelle cela licence Pöetique... dy que c'est faute d'impression... ou l'attribue a l'iniure du temps, qui n'auoit encor mis ceste verite en lumiere » (*A. poet.*, 36 r° et v° ; cf. 37 v°).

Certes la question avait perdu beaucoup de son caractère primitif par l'amuissement partiel de *s* : elle devenait en grande partie orthographique. Il n'en est pas moins vrai qu'ajouter *s*, c'était faire un pas de plus dans l'assimilation des diverses formes personnelles, et par suite détruire un reste de la flexion verbale.

AU PRÉSENT. — Aucune question n'a plus divisé les théoriciens au XVIe siècle, que celle de l'addition de *s* à la première personne du présent. Palsgrave se contredit de la page 392 à la page 395. Ici, il veut *s* dans les verbes terminés en *ir* et *oir* ; là, il déclare que *ie scay*, *ie voy*, etc., malgré l'analogie, peuvent être sans *s*.

Sylvius est opposé à l'*s* : *g-è sui* (132), *g-è nōırci* (115), *g-è mēūr* (30, 117), encore constate-t-il (85) l'existence des formes comme *g-è crōıs* (cresco) en regard de *g-è crōı* (credo).

Meigret est tout à fait indécis ; devant une voyelle, il estime qu'il faut *s*, mais cela dépend des verbes, car nous disons aussi bien *ie voęs Anthoęne*, et *ie voę Anthoęne* ; dans ses paradigmes, il donne également les deux orthographes, *ie fens* et *ie fen* (81 v°). Seuls à *i'ey* ou *é*, *ie sey*, *ie sié* (79 v°) ne prennent pas l'*s*.

Pillot est aussi incertain, il écrit le plus souvent sans *s* : *ie vien*, *ie cour*, *ie puni* (33 v°, 34 v°), *ie sçay*, *ie croy*, *ie boy* (38 v°). Mais : côté de cela on trouve chez lui : *ie pars*, *ie quiers*, *ie plais*, *ie*

1. J'ai relevé : *a deulx genoulx me fleches* (Coll., 920).

cognois (38 v°) ; après avoir écrit *ie tiens*, il ajoute : « vel ut multis placet *ie tien*, *s* dempto ad differentiam secundae personae » (37 r°). Même concession au sujet de *ie crains* et des verbes en *re*. La seule règle qu'il ait semblé vouloir adopter, c'est de distinguer par l'absence de *s* le présent de l'indicatif du passé défini : *ie blanchi* au présent, *ie blanchis* au passé défini, de même *i'occi* et *i'occis*, *ie puni* et *ie punis*. Encore reconnaît-il que certains n'adoptent pas *s* au passé.

A partir de cette époque, le développement de *s*, loin de s'accentuer, subit un temps d'arrêt. Garnier, sauf dans *ie suis*, écrit à peu près invariablement sans *s* : *ie ly*, *ie croy* (46), *ie dor* (63), *ie vien* (54). De même Meurier : *ie voy*, *doy*, *vainc*, *clo*, *fay* (12 r°), *fuy*, *scay*, *di* (12 v°). De même encore Cauchie : *ie bati* (135, éd. 1570), *ie hay*, *i'oy*, *ie pu* (139), *ie meur*, *ie fier* (141), mais : *ie sers*, *mens*, *dors* (139), *ie sens*, *cours*, *quiers* (140-141).

H. Estienne, dans les *Hypomneses*, s'est prononcé en faveur de l'omission de *s*, qui appartient à la seconde personne, quoique beaucoup le mettent à la première, surtout après *i* : *i'escris*, *ie fais*, *i'apperçois*, et même avec *ie viens* et les verbes analogues. Il reproche à Pillot *ie cognois* (196 et 200). Toutefois, il autorise l'emploi de *s* après quelques monosyllabes terminés en *i* : *ie suis*, *ie puis*, *ie dis*, *ie lis*, et même *ie meurs*, *ie dors*. Il donne de ces anomalies une raison d'euphonie. Cette raison, Ramus la donne aussi, Cauchie également, dans son édition de 1576 (40). Il ne s'agit donc plus là de fixer une forme, mais de régler une question de phonétique syntaxique ; c'est à ce point qu'en reste le XVIe siècle.

Quelques exemples seulement pour montrer les contradictions. Je les prends à Marot :

Avec *s* : *ie dis* (I, 90, 120) ; *ie bois* (III, 15) ; *ie crois* (I, 112) ; *dois-ie* (II, 165) ; *i'escris* (I, 248) ; *ie scais* (I, 92, 213).

Sans *s* : *ie dy* (II, 135, 182 ; III, 7) ; *ie boy* (III, 55) ; *ie croy* (II, 180, III, 8, 32, 56) ; *doy-ie* (III, 47) ; *ie ne t'escry* (I, 154 ; III, 27) ; *ie scay* (II, 199 ; III, 44).

Tous les textes présentent cette même indécision. Cependant *s* devient de plus en plus commun : *ie dis* (Rab., *Garg.*, ch. 6, t. I, 26) ; *ie quiers* (St-Gel., I, 91) ; *ie tordz* (*Marg. de la Marg.*, IV, 140) ; *ie suis* (Rivaud., 76) ; *ie dis* (Lar., *Esp.*, a. I, sc. I, *A. th. fr.*, V, 203) ; *ie me souuiens* (Pasq., *Rech.*, l. VIII, ch. 8, t. I, p. 780 A) ; *ie fais* (*ib.*, l. VII, ch. 6, t. I, p. 708 C ; l. VIII, ch. 9, t. I, p. 782 A), etc. [1].

1. *Aller* a au présent des formes très diverses : *ie vas* (Palsgr., 123, 517) ; *ie voy* (Du Wez, 930 995) ; *ie voe* (Meigret, 78 r°, faute fréquente, dit H. Est., *Dial.*, I, 169) ; *ie*

Par une réaction inverse, il arrive que l'*s* de la deuxième personne disparaît :

Que crie-tu a moy ? (Lef. d'Ét., *Pref. 2e part. du N. Test.*; Herm., *C.*, I, 162); *cuyde-tu ?... tu te trompe* (Rab., *Garg.*, ch. 31, t. I, p. 117); *pense-tu que ie y vise de si pres ?* (Nic. de Tr., *Par.*, 6); *tu ayme mon honneur* (Id., *ib.*, 70); *grande : tu luy commande* (Mar., I, 91); *tu ne m'en dy rien* (Id., *ib.*, 34); *tu scay* (Id., II, 98); *tu entre, tu repousse* (Marg. de Nav., *Dern. po.*, 405, 411); *tu te trauaille* (*ib.*, 433); *si tu ioue bien ton personnaige* (Lespl., *Prompt.*, 57); *tu l'assaille* (*Farce a 4 pers.*, Pic. et Nyr., 95); *se tu me touche* (*ib.*, 876).

S *A L'IMPÉRATIF.* — A l'impératif, la deuxième personne avait commencé aussi à prendre une *s* sous l'influence des autres temps; on la trouve, à partir du XIVe siècle, dans des verbes de toutes les conjugaisons : *clos* (*Mir. de N.-Dame*, I, 65); *secours* (E. Desch., II, 76) ; *aymes* (Id., III, 252) ; *donnes* (*Mir. de N.-Dame*, I, 84); *vas* (*ib.*, I, 65); *fais* (*Chem. de Povret.*, *Men. de Paris*, II, 25, 2; *crois*, *ib.*, 25,1); *metz* (*Myst. S.-Laur.*, 4490)[1].

Néanmoins, au XVIe siècle, la confusion est encore aussi complète qu'à la première de l'indicatif. Palsgrave déclare (398-399) que la deuxième personne de l'impératif est ordinairement semblable à la deuxième de l'indicatif, sauf cependant si celle-ci a une voyelle devant *s*, auquel cas on supprime cette *s* : *tu vas* > *va*; il n'y a que *sois* qui garde toujours *s*; quand devant *s* se trouve une consonne, Palsgrave déclare tour à tour que la deuxième de l'impératif est semblable à l'indicatif, et qu'elle est incertaine.

Son usage présente une confusion singulière; c'est apparemment là un de ces cas où, selon son propre conseil, il faut se défier des formes données dans son livre et qui sont, non de lui, mais de l'imprimeur. Par exemple, pour les formes à finale *e*, on trouve ou non *s*, pas tout à fait au hasard, mais par séries : aux environs des pages 430 à 440 les formes avec *s*, plutôt rares jusque-là, se multiplient tout à coup de façon très sensible[2].

voys, *ie voęs* (Meigret, 78 r°); *ie vois* (Pillot, 49 v°) ; *ie voas* est fréquent chez les courtisans (H. Est., *Dial.*, I, 11); *ie vay* (R. Est., 46; Meur., *C.*, 23 v°; H. Est., *Dial.*, I, 169) *ie vais* (Lent., 69).

Je pense que *ie voy* devait bien souvent se confondre avec *ie vay*, car Ramus les brouille. Il donne *vay* dans son écriture ordinaire, *voy* dans l'écriture phonétique.

1. Cf. au contraire : *enten* (Desch., I, 216); *pran* (Id., 217) ; *tien* (Id., 235); *vi* (Id., 6); *muef* (*Men. de Paris*, II, 176); *met* (*Mir. de N.-Dame*, V, 96, v. 93), etc.

2. A côté de formes en *e* : *parle* (89), *sayche* (600), ou en *s* : *effaces* (435), *aies* (436), *gardes toy* (*ibid.*), on trouve aussi très fréquemment des formes où s final est remplacé par *z* : *accollez moy mon fils, et tu auras vne figue* (577).

Pour les formes terminées par une voyelle autre que *e*, on relève à côté de *fay* (100), *fuy toy* (121), conformes à la règle, les impératifs *conuertys* (92), *esbahis toy* (118), *nays* (128), etc.

Même indécision pour les terminaisons par consonnes : *pren*, *vien* (420, 492), etc. ; mais, *prens* (400), *respons* (432).

Les contradictions abondent d'un grammairien à l'autre [1]. Meigret seul approche des modernes en mettant l'*s* partout, sauf dans les verbes en *er* où *aller* seul a les deux formes, *vas* et *va* (95 r°) [2].

Il n'y a guère qu'une règle qui se dégage nettement, pour les verbes des conjugaisons autres que la première, c'est que *sois* a toujours *s*.

Pour la première, une règle tend aussi à se faire. Si Sylvius donne *hâiès* (130), *âimès* (134), si R. Estienne donne *ayes* (36) à côté de *aime* (41), si Meigret ici encore reconnaît *s* comme facultatif : *veuille* ou *veuilles* (95 r°) [3], Du Wez orthographie : *aime*, *garde* (934), Garnier : *aye* (57), Meurier : *aye* (18 v°). Et Pillot, conformément à sa règle, selon laquelle la deuxième de l'impératif est identique à la première de l'indicatif, ne peut y mettre une *s*. Quant à Cauchie, il déclare formellement : « In prima coniugatione omittitur *s* » (1570, 109). Après lui, cette règle semble uniformément suivie, H. Estienne écrit *aime* (*Hyp.*, 211-212), et, Ramus, se séparant de R. Estienne, chose significative, écrit *aye* (91) aussi bien que

1. Voici un résumé des opinions des grammairiens :

Pour Pillot : « Secunda persona imperatiui et prima præsentis indicatiui semper eaedem » (28 r°). Aussi écrit-il : *vien* (49 r°) comme *ie vien* (34 r°) ; *romps* (48 r°) comme *ie romps* (44 r°).

R. Estienne orthographie ordinairement sans *s* : *va* (47), *voy* (50) ; toutefois : *bastis* (64).

Garnier (50) déclare que l'impératif « est communiter idem cum suo praesenti indicatiui, in plurali saltem », mais sans préciser davantage au sujet du singulier, Cf. *dors tu* (64).

Abel Mathieu (*Sec. Dev.*, 28 v°) : *cours toy* ou *cour toy*, tous deux en usage.

Cauchie (éd. 1570) : *batis* (136), *faus* (174), *vois* (181), *va* et *vas* (132) ; mais (éd. 1576) : *vien* ou *viens* (140), *croi* (*ib.*), *repon* ou *repons* (141). En réalité, lui aussi hésite et ne précise pas sa règle : 1576 (108) : « Secunda singularis semper exeat in *s*, excepto imperativo. » Cf. 1570 (109) : « In prima coniugatione omittitur *s* : *tu aimes*, *aime* », ce qui semble impliquer que *s* peut subsister aux autres conjugaisons.

Lentulus écrit presque toujours avec *s*, sauf pour la première conjugaison : *tiens toy* (54), *lis toy* (58), *peus toy* (75), *fais toy* (82) ; mais *vien toy* (86), *oy toy* (62), *va toy* (70).

H. Estienne (*Hyp.*, 199-200) condamne *s* à l'impératif et reproche à Pillot d'avoir écrit non seulement à l'indicatif : *ie cognois*, mais encore à l'impératif : *cognois*, où nul ne prononce cette *s*.

2. Inutile de citer des exemples de verbes en *ir*, *oir* ou *re*, ayant *s* à l'impératif ; voici quelques exemples où *s* manque : *ne t'esbahy* (Mar., I, 54) ; *noircy toy* (Id., II, 75) ; *destrui ce sacrifice* (*Ch. hug.*, 40, 1550) ; *voy ce* (Mar., III, 230) ; *croy moy* (Id., I, 51) ; *parfay* (Id., I, 68 ; les mêmes vers répétés, I, 70, donnent *parfaits*) ; *appren* (Id., I, 41) ; *croy doncq* (Dolet, *Gest. de F. de Val.*, 1540, 8) ; *dy moy* (Id., *ib.*, 1542, 12) ; *ne les ensuy en cela* (Id., *ib.*, 14) ; *descen*, *vien* (H. Est., *Apol.*, II, 93).

3. Cf. *veuilles* (Mar., I, 182 ; III, 188, 216).

aime (77)[1]. Malherbe a blâmé *s* à la suite de *e* (IV, 344, *Doctr.*, 412).

S AU PASSÉ DÉFINI. — Palsgrave déclare que les passés en *i* et en *u* ont la première personne en *s* : *ie me esbahys*, *ie men fuys* (117, 119), *ie aparus* (717). Mais cette *s* est souvent apocopée : *ie vy*. Sylvius ne met jamais l'*s* (118). Du Wez la met toujours 932, 933). Meigret donne quelquefois *s* comme facultatif : *ie vi*, *vis* (87 r°), *ie voulu*, *voulus* (86 v°), mais en général il est pour *s* : *ie dis* (88 v°), *ie rezolus* (90 v°). Cependant *veinqi* (89 v°). Pillot écrit généralement avec s les passés définis en *i*. Dans toute une liste de deuxième conjugaison (33 v°, 34 r°), il donne une seule forme sans *s* : *vesti*; et il a la pensée de se servir de cette *s* pour distinguer le passé du présent : prés., *ie blanchi*; pass., *ie blanchis* (33 v°). Mais il sait bien que personne ne suit cette prétendue règle (33 v° et 44 r°) ; lui-même écrit : *i'ouy*, *ie craigni*. Les passés en *u* sont très souvent écrits par lui sans *s* : *ie creu* (28 r°), *ie couru*, *mouru*, *leu* (34 r° ; cf. 37 r° et 24 r°, sur *ie fu*, *tu fus*). Robert Estienne (36, 38, 57), Garnier (47, 63, 66), Meurier (16 v°, 17 v°), Ramus (84, 91, 93, 103), H. Estienne (*Hyp.*, 194-195), ne donnent pas *s*.

Cauchie et Lentulus n'ont pas de doctrine[2]. Mais en somme, on le voit, la grande majorité des théoriciens est encore hostile à l'addition de *s*.

Les textes sont hésitants. Marot a très souvent *s* : *ie m'assis* (I, 128) ; *vainquis* (III, 133) ; *dys* (II, 179) ; *souffris* (III, 127); *congneuz* (I, 114) ; *euz* (III, 72) ; *fuz* (II, 166); *receuz* (I, 128); mais très souvent aussi il le néglige : *i'aduerty* (I, 24); *rendy* (III, 136) ; *seruy* (I, 7) ; *vy* (I, 30) ; de même les autres poètes ou prosateurs : *ie senti* (Saint-Gel., I, 89); mais : *ie leu* (Pasq., *Rech.*, l. VII, ch. 5, t. I, p. 701 A) ; *receu* (Rivaud., 124) ; *cogneu* (Paliss., 38) ; *fu* (Gello, *Circé*, 137)[3]. Mais : *ie vendis* (Nic. de Tr., *Par.* 26); *ie vys* (*ib.*, 118, 346) ; *ie fus* (Paliss., 38)

S A L'IMPARFAIT. — A l'imparfait et au conditionnel, la question de *s* ne peut être traitée séparément de celle de *e*. Pendant tout le siècle, les désinences *oye*, *oy*, *oys* sont encore en concurrence. Mais à la fin, le succès de *oys*, *ois* est visiblement assuré. Voici quelques détails :

1. A la première conjugaison, l'usage général des textes est d'écrire sans *s*. On le trouve néanmoins, même au verbe *avoir* : *en lizant cette epistre ayes en ta pensee...* (Am. Jam., II, 280); *n'ays paour* (Mar., I, 56); *n'en ays regret* (Forcad., 1579, p. 19, v. 28); *ayes pitié de nous* (Vigor, *Serm cath.*, 93); *ayes donc patience* (Paliss., 63).

2. Cauchie (1570, v. 126) : *ie frappis* vel *ie frappi*, (142) *ie creus* vel *creu*, etc. Lentulus (43) *ie fus*, mais (65) *i'eu* ; (61) *i'ouy* ; mais (82) *ie fis*.

3. La vieille forme *ie fuy* est encore dans Lemaire de Belges (*Ill.*, l. I, ch. 43, h. r°).

Palsgrave est pour *oye* (94) ; Sylvius parle à plusieurs reprises de cet *e* 122, 125, 130), et il déclare qu'il serait enclin à le supprimer, « nisi altius in Gallorum sermone haesisset. » Du Wez tient pour *oye* 932, 935, 976). De même aussi Robert Estienne (31), Meurier (13 v°), Ramus (76). Meigret hésite entre *i'ęymoę* et *i'ęymoęs* (85 v°); Pillot mentionne la forme en *e* et la forme en *oy*, mais il affirme que l'usage le plus répandu est pour *ois* (27 r°). Garnier considère au contraire comme régulier *oy* (46), à côté duquel il admet *oye* (56). Abel Mathieu ne voit point que le peuple fasse la différence que certains veulent faire entre *i'auoy* et *tu auoys*, il prend donc la forme en *s* (*Sec. dev.*, 19 v°), et présente comme un vice fort commun en France la forme en *oye : couroye*, *vouldroye* (29 v°). Cauchie n'a point d'opinion arrêtée, toutefois il pencherait pour *ois* devant voyelle (éd. 1570, p. 108, 115, 125). En 1576, sa préférence s'accuse en faveur de *i'aimois* ou *i'aimoi* (143). H. Estienne se rapproche ici de celui qu'il a critiqué ailleurs. Il veut *ois* pour la première aussi bien que pour la seconde, en dépit des imaginations de Pillot. Il sait bien que *oie* est encore en usage de son temps, soit en vers, soit en prose. Mais *s* s'est développé par raison d'euphonie : c'est ainsi que beaucoup prononcent : *i'alloys a la ville*, mais *i'alloy dehors* (*Hyp.*, 196-7). Il ajoute toutefois, ce qui est très important, que devant consonne quelques-uns remplacent *s* par une apostrophe. Et de Bèze reproduit la remarque de H. Estienne (43. Cf. Lentulus, 43, et Thur., *o. c.*, I, 180).

Ronsard est moins formel, mais il se prononce dans le même sens. « Tu pourras ... adiouster, par licence, vne *s* à la premiere personne, pourueu que la ryme du premier vers le demande », tu pourras aussi « vser de la seconde personne pour la premiere, pourueu que la personne se finisse par une voyelle ou diphtongue, et que le mot suivant s'y commence, à fin d'euiter vn mauuais son » (VII, 333, Bl.). Et il ajoute : « Tu ne reietteras point les vieux verbes Picards, comme *voudroye* pour *voudroy*, *aimeroye*, *diroye*... car plus nous aurons de mots en nostre langue, plus elle sera parfaicte » (*ib.*). A la fin du siècle, l'hésitation dure toujours, car de Laudun d'Aigaliers (*A. poét.*, l. I, ch. 10), considère toujours comme un abus *i'allois* au lieu de *i'alloi*, sauf dans les cas où la rime y contraint.

Dans les impressions, *s* est déjà très fréquent, même chez Marot : *ie donneroys : scauroys : auroys : seroys* (II, 198-199) ; *ie suyurois* (III, 176) ; *i'en croirois* (III, 46) ; *ie respondrois* (II, 153), etc., etc.

J'observe chez quelques poètes des applications de l'usage visé par Ronsard : *ie m'alloys euentant* (Tahur., II, 27, son. 33, Bl.);

i'estoys vn soir (Id., 65, son. 57, *ib.*); *i'acompagnoys au serein* (Id., 9, son. 7, *ib.*). Toutefois dans la même pièce : *i'alloys troublé* (Id., 11, son. 9, *ib.*).

En somme, la forme la plus rare est la forme en *oi* : *si i'en voulloy' parler* (Du Bel., *Deff.*, II, 2, éd. Cham., 178); *ie scauroy* (Rivaud.44); *i'auoy*, *ie faisoy* (Id., p. 51, c'est son orthographe ordinaire); *i'entrenouoy* (Tahur., II, 76, son. 72, Bl.); *ie desiroy* (Cyre Fouc., *Ep. d'Arist.*, 28)[1].

Dans les textes en vers on peut constater la décadence des formes en *oie*. Sans doute Marot fait encore rimer quelquefois *oye* des verbes avec des noms en *oye : auoye : voye* (I, 58, 172; III, 130); *donnoye : monnoye* (III, 38); *trouuoye : voye* (I, 11, 22); *desiroye : proye* (III, 128); *scauoye : la Sauoye* (I, 260); *aduisoye : soye* (III, 146); *songeoye : ioye* (III, 8)[2].

En prose, la graphie *oie*, *oye* est fréquente : *i'aymeroye* (Nic. de Tr., *Par.*, 90); *auseroye* (Rab., *Garg.*, ch. 1, t. I, 10); *estoye*, *auoye* (Gello, *Circé*, 112); *auroie* (*Let. de Marg. d'Ang.*, fév. 1523, Herminj., *C.*, I, 189); *mettroie* (Scal., *Let.*, 74), etc

Mais *oi* ou *ois* le sont beaucoup plus. Sebilet a même l'air de recommander cette graphie en conseillant l'apostrophe : toutefois il la conseille pour des formes qui n'ont pas régulièrement *e* (20 v°).

E FINAL

E *A LA 1re PERSONNE DU PRÉSENT DE L'INDICATIF.* — L'*e* devient peu à peu obligatoire après voyelle à la 1re personne de l'indicatif présent. Fabri donne encore *ie supply*. Palsgrave considère *ie te pry* comme apocopé. Peletier seul tient toujours pour *pri*. Mais H. Estienne donne *prie* et Lanoue *pri* pour *prie*. Mlle de Gournay déclarera que *pry* est proscrit par la nouvelle école (*O.*, 955).

Dans les textes, le plus souvent la 1re personne est tenue pour rime féminine : *prie : munie* (Mar., I, 96); *prie : crie* (Id., I, 108, 210); *supplie : accomplie* (Id., I, 168).

E *AU SUBJONCTIF.* — Dès le commencement du siècle, la forme la plus fréquente est en *e*, toutefois on retrouve longtemps des for-

1. Il est plus curieux de trouver *dormoy tu* souvent répété dans une chanson d'Eustorg de Beaulieu, 1546, *Ch. hug.*, 127-128.

2. Dans le corps du vers Marot écrit très fréquemment *oie*, comme le dit Estienne (I, 12, 114, 131, 179, 208, etc.).

mules qui conservent l'ancien subjonctif, au moins à la 3e personne : *Dieu le prent a mercy* (Mesch., *Lun. des pr.*, 9) ; *Dieu nous gard* (Mar., I, 10, 159, 238, etc., etc.) ; *Celuy mesmes vous gard* (*Marg. de la Marg.*, IV, 108) ; *Dieu me gard* (St-Gel., II, 140) ; *le diable emport : il mord* (Mar., III, 65, cf. III, 63) ; *Dieu pardoint* (*Marg. de la Marg.*, IV, 88 ; *Dieu doint* (Gello, *Circé*, 137 ; *Lett. miss. de Henri IV*, III, 628 ; Régnier, *Macette*, 277).

A vrai dire, ce sont là des formules de souhaits qui se transmettront telles quelles jusqu'au XVIIe siècle : *Dieu lui doint la vie eternelle* (Loret, *Gaz.*, 7 oct. 1656) ; *A qui Dieu doint bonne auenture* (Id., *ib.*, 29 janv. 1661) ; *Ah ! Dieu vous gard, mon frere !* (Mol., *Fem. sav.*, a. II, sc. 2 ; cf. d'autres exemples nombreux dans le Lex. de Livet, II, 8).

La 3e personne *ayt* [1] compte chez Marot tantôt pour une syllabe tantôt pour deux : *aye* [2].

La 1re personne du subjonctif de *étre* est encore souvent *soye* (I, 148) [3].

La 2e paraît être toujours *soys ; soys : Francoys* (II, 105 ; cf. II, 99 et 182).

La 3e est presque toujours *soit* (I, 242 ; II, 87, 113, 115 ; III, 189, 192).

LES FINALES EN OIENT. — Les grammairiens ont donné peu de renseignements sur la finale *oient*, mais leurs avis sont concordants (Thur., I, 180-181) [4]. Sylvius atteste que le peuple disait *aimoint* (121). Sebilet semble être à peu près du même avis. « Encor si tu y auises de pres, tu verras beaucoup de gens les prononcer et escrire sans *e*, comme *disoint*, *soint*, *auoint*, *couroint*, l'opinion desquels n'est sans grande apparence de raison » (15 vo). Meigret écrit *etoèt*, *venoèt*, sans nasalisation de *oi* (il dit cette nasalisation beauceronne) et sans *e*. H. Estienne reconnaît que *oient* ne fait qu'une syllabe [5]. Cauchie mentionne aussi que *n* est muette et que quelques-uns écrivent *ils auoet* (1570, 115).

Marot compte *feroient*, *auoient*, *gisoient*, etc., pour deux syllabes (III, 54, 73, 156, etc.). Dans la *Deffence*, en 1549, les désinences en *oint* sont constantes ; mais en 1557 on a imprimé *oient*. Elles se retrouvent dans l'orthographe de bien des textes. *Lors seroint au*

1. *Que ma chair vile ayt esté* (I, 216, cf. I, 84, 113, 91, 274, III, 52, 65).
2. La graphie *aye* est la plus fréquente. Voyez-en de très nombreux exemples dans la correspondance des Réformateurs. Cf. p. 259.
3. On trouve aussi *soye* à la deuxième (Rab., I, XXXI, 119 et ailleurs).
4. Il faut cependant mettre à part A. Mathieu qui veut qu'on « ait l'œil et l'oreille » à dire *oient* et non *oint* (*sec. dev.*, 25 vo).
5. Cf. Tobler, *Le v. fr.*, trad. Sudre, 47.

deuant Francoys par droict (Dolet, *Gest. Fr. de Val.*, p. 7); *ilz pourroint faire* (Nic. de Tr., *Par.*, 16); cf. *meneroint* (Id., *ib.*, 186); *regardoint* (Id., *ib.*, 2); *buuoint* (Id., *ib.*); *sauroint* (Scal., *Let.*, p. 81). Là où l'on écrit *oient*, on ne compte pas l'*e* dans le vers : *Mais s'ilz sentoient la venue de luy* (Pelet., *Od.*, *Œuv.*, 12 r°).

LE *T* DE LA 3e PERSONNE DU PRÉSENT DE L'INDICATIF DANS LES FORMES INTERROGATIVES

Au XVIe siècle, *t* paraît s'être définitivement étendu à tous les verbes non terminés par un *t* à la 3e personne et placés devant le pronom.

En vieux français on disait : *dort il? boit il? chantent ils? chantoit il? chanteroit il?*, etc., mais *aime il, aima il, dira il*, depuis le temps où le *t* final s'était amui.

Au XVe siècle, il y a encore beaucoup de vers où l'élision montre le maintien de cette prononciation : *Pour qui amasse il? Pour les siens* (Vill., *G. Test.*, p. 92, éd. Jann.). « *Me semble il pas* » *dit il a sa seruante* (Baude, *Vers*, p. 31)? Le premier vers est un octosyllabe, le second un décasyllabe. Il n'y a donc aucun doute. De même, dans la *Ballade des Proverbes* (Vill., 117, éd. Jann.) : *Tant ayme on chien qu'on le nourrist... Tant garde on fruict qu'il se pourrist... Tant tarde on qu'on fault a l'emprise; Tant se haste on que mal aduient; Tant embrasse on que chet la prise; Tant crie l'on Noel qu'il vient.* (Quelquefois *a* est de même élidé : *direlle* (*Chans. XVe*, p. 13)).

Au XVIe, cette élision apparaîtra bientôt comme une licence poétique[1]. Tous les grammairiens sont d'accord pour reconnaître l'existence d'un *t*. Sylvius, dans sa manie de latiniseur, ajoute le *t* à toutes les formes : *a͡imèt, a͡imat, a͡imèrat* (133-134). Peletier déclare que ce serait ridicule d'écrire *t*, mais qu'il se prononce (*Dial.*, 57). Belleau le rencontrant dans un vers de Ronsard : *at elle pris sa race?* (I, 183, M.-L.), dit que le *t* est là pour éviter la cacophonie (Cf. Du Bel., II, 466 et 567, note 137); Cauchie (éd. de 1570, 36-7, éd. de 1576, 65) et H. Estienne le trouvent élégant et avantageux pour l'euphonie (*Hyp.*, 72).

Bèze (40) lui consacre un passage curieux, où il rappelle l'ancien *t* de la conjugaison primitive : *aimerat, aimat*. Chez Maupas, il n'y a plus trace de la prononciation sans *t*[2].

1. On la trouve encore dans toute la Pléiade : *Ou est-il? Me cherche elle ou non?* (Baïf, *Eun.*, V, 7.)

2. Cf. sur l'origine de ce *t*, *Romania*, 1877, p. 438 et suiv. Il est fort probable que

Les poètes prennent également de bonne heure l'habitude de tenir compte du *t*.

Ou trouue-t-on que les Apostres saincts... (*Ch. hug.*, 113); *Pour quoy leur Dieu les souffre il esclaues?* (Rivaud., 104, décasyl.).

Baïf l'écrit, *P8rkoę le pęruęrs blasfémant dedans son keur De Dieu dirat-il* (Baïf, *Psaut.*, 327-328) ; *Par mégarde le peuple mién manjet il kome leur pein?* (Id., *ib.*, 442).

Le *t* manque dans la plupart des textes du temps, et les impressions plus modernes ont souvent respecté l'habitude du xvie siècle : *Et le iour dura il vn moys?* (Lar., *Les Esb.*, a. II, sc. V, *A. th. fr.*, IV, 265) ; *Pourquoy empeche il que le Roy valeureux* (*Ch. de 1590*, Ler. de L., II, 503); *Que reste il plus* (Du Vair, 381, 21); *Ce desir insatiable d'apprendre... ne nous temoigne il pas le semblable?* (Id., 410, 26).

Des éditeurs ont au contraire rétabli le *t*, il convient de ne point s'y fier : *Y a-t-il rien* (St-Gel., I, 277) ; *Quantes fois m'a-t-elle donné* (Jod., *Eug.*, a. I, sc. III, *A. th. fr.*, IV, 21) ; *que vous en semble t-il, ma femme* (Bel., *La Recon.*, a. III, sc. IV, *A. th. fr.*, IV, 390) ; *si me fache-t-il bien qu'il faut* (Id., *ib.*, a. I, sc. I, *ib.*, IV, 345) ; *encore passa-t-on plus outre* (Pasq., *Rech.*, l. VIII, ch. 13, t. I, p. 786^c^).

Il y a peut-être plus de fonds à faire sur les exemples de Nicolas de Troyes : *quel mal a-t-il fait* (*Par.*, 208) ; *n'y a-t-il point de reconfort* (*ib.*, 245) ; *A-t-il esté icy* (*ib.*, 265) ; *combien y a-t-il plus de terme?* (*ib.*, 136).

Ramus va plus loin que les autres grammairiens, et marque le *t* dans *est-ce-t-il?* (159). Ce serait alors la première apparition du *ti* devenu particule interrogative détachée du verbe et s'ajoutant dans la langue moderne à toutes les personnes : *Je suis-ti heureuse* [1].

Devant *on* le *t* s'introduit également. Car Du Wez disait qu'on prononçait *pourran* (900). Mais Meigret (75) est d'avis qu'on doit employer *l'on* pour lequel on dit sans raison *pourra-t-on*.

L'on est, cela va sans dire, la forme des textes. *Et verra l'on* (Mar., I, 65) ; *trouue l'on point* (Id., I, 78) ; *que veult l'on* (Id., I,

l'explication analogique telle que l'a donnée là G. Paris est la bonne. Il faut tenir compte toutefois de ce fait que dans toutes les provinces l'usage s'était conservé de dire *il vat a l'église, il at esté*; les erreurs de certains grammairiens à ce sujet prouvent qu'à Paris même cette manière de parler était usuelle (Thur., *o. c.*, II, 241).

1. En tous cas, pas trace de *t-il* derrière *voici* et *voilà* : *Voilà pas vn beau fondement* (Vigor, *Serm. cath.*, 11) ; *Mais ne voici pas grand pitié* (Grev., *Les Esb.*, a. II, sc. IV, *A. th. fr.*, IV, p. 262) ; *Voyla pas gentilement exprimer le son de la chalemie* (Tabour., *Big.*, 160r°). *Ne voila-t-il pas* est cité, mais n'est pas reçu par Oudin, en 1645, p. 298, « car *voy* est seconde personne de l'impératif, qui ne se peut rapporter a *il*, qui est vn (*sic*) troisième ». Mais cette condamnation montre que la forme est vivante désormais.

167); *tient l'on* (Id., III, 218); *icy void l'on* (Marg. de Nav., *Dern po.*, 401)[1].

PLURIEL ET SINGULIER

A L'INDICATIF PRÉSENT. — La forme du pluriel tendit très sérieusement à se substituer à celle du singulier : *i'allons*[2]. Cet usage, visiblement emprunté aux patois, paraissait à Palsgrave très général (331). « In comune speche they use to saye : *Ie allons bien, ie ferons bien.* » Il ajoute que cela est d'auteurs non approuvés.

Meigret condamne (p. 53 v°) ce solécisme qu'Henri Estienne trouve populacier (*Hypomn.*, 211). Ramus y voit un francisme irrégulier, mais qui a des chances de durer (164-165). Cet usage a laissé peu de traces dans les textes; mais cependant Talbert cite une phrase de François Ier : *I'auons esperance qu'il fera beau temps, veu ce que disent les estoilles que i'auons eu le loysir de voir* (*Du dial. blaisois*, 288). Nicolas de Troyes en offre de nombreux exemples : *toute la gageure que i'auons fait* (209).

Et j'en ai trouvé d'autres dans des textes populaires : *I auons aussi bien de quoy disner chés nous, que luy* (Cord., *Corr. serm. em.*, 113 B); *En leur disant : Adieu, I'auons perdu noz peines* (*Ch. de 1540*, Ler. de L., II, 129); *Trop longuement i'ons attendu* (*Ch. de Marcel, prévôt*, *Ib.*, II, 296); *Le sang bieu, i'en auons pour vne* (*Farce de 2 j. fem.*, v. 297, Picot et Nyr., p. 113).

Ce tour ne disparut que lentement, et, au XVIIe siècle, le satirique Du Lorens se moque des seigneurs qui le gardent encore: *A-t-il dit a la Cour : « Parta, i'auons esté »* (*Sat.* XXVI)[3].

Nicolas de Troyes fait même dire à deux paysans : *Ie nous sommes adressés par deuers vous* (*Par.*, 88); cf. *Ie sommes plus de cinq cens* (*Ch. de Marcel, prev.* 1570, Ler. de L., II, 295), et *Quant ie partismes de Guyse* (*ib.*, II, 120).

1. Est-ce d'après *l'on* que Marot a employé *ly?*
   C'est pour Marot, vous le congnoissez ly ;
   Plus legier est que *Volucres Caeli* (I, 189-190).

2. Voir Lorentz, *Die erste Person Pluralis im Altfranz.*, p. 30 (thèse de Heidelberg, 1886).

3. Au XVIIIe siècle, ce sont déjà des raffinés qui disent *j'avons*. Les vrais paysans disent *j'ons*, dont j'ai donné ci-dessus un exemple du XVIe. « JOLINOIS : *On dit : j'ons été là et là.* SANS REGRET : *J'ons été... N'est-ce pas vrai qu'il faut dire : j'avons été ?* LA RAMÉE : *J'avons ! tu gn'es pas non pus, toi avec ton j'avons. On dit : nous ont été queuque part* » (Vadé, *Les Racoleurs*, sc. X).

A L'IMPARFAIT. — A l'imparfait, la déformation était plus grande, elle consistait à employer *estions* à la fois à la 3e du pluriel, et à la 1re du singulier : *ils estiont*, *i'estions*.

Marot pose en règle que cela est interdit :

> Ie di qu'il n'est point question
> De dire *i'allion* ne *i'estion*.

Mais l'usage de ce barbarisme n'en continua pas moins, et H. Estienne le prête à ses courtisans (*Dial. du fr. ital.*, I, 11, 172)[1].

Je ne sache pas qu'aucun grammairien l'accepte pour la 1e du singulier. Mais Sylvius mentionne au pluriel *ils hauiont* (125), et Cauchie, en 1570, accepte les formes *pourroyent* et *pourriont* (148), *voudroyent* et *voudriont* (150). Il garde même *pourriont* en 1576.

Certains textes fournissent des exemples : *Les medecins d'icy n'auyont cognoissance d'vne fieure lante qu'il auoit* (Let. de L. Aleman, év. de Grenoble, 1512, dans Le Loy. Serv., p. 436); Farel écrit ainsi : *lesquelz, ainsy qu'ilz ont confessé, ne sauiont pas ce que ie dis ne presche, et cuydant que feusse tout autre auiont fort crié contre mes predications* (Herm., *C.*, II, 66); *fust respondu que MM. ne vouliont prescheurs* (II, 371); *ceux quipreschoient, ou qui aliont et veniont d'ouyr la predication* (*ib.*, II, 373, cf. *ib.*, *preschiont*, *repreniont*, et 374, *desiriont*).

Chez les Gascons, ces barbarismes sont fréquents. Ainsi *donniont*, *voliont* (Montl., V, 23, *Let. aut.*, n° 137 ; le même dit ailleurs : *nommiont*, *estiont*, *auiont*, etc.).

FORMES DU PASSÉ SIMPLE

EXTENSION DU PARFAIT EN I. — L'ancienne langue avait formé, à la 1re conjugaison, dans les verbes terminés au radical par une palatale, des parfaits en *i : tu pechis* (*Dial. animae et rationis*, *Romania*, 1876, 287); *encarqui* (J. Bodel, *Jeu de St-Nicolas*, 1360); *obligi* (*Renard le Nouvel*, 6750).

Dans le cours du xve et du xvie siècle, la langue offre des exemples de ces parfaits : j'engagis (*Farce de f. Bob.*, 70, Picot, Sot., I, 244);

1. *I'aimissions* fait horreur à Sebilet : « Tu pourrois auoir autrement le mieus composé qu'il seroit possible, s'il t'estoit auenu d'auoir dit *i'aimissions*... ton papier ne seroit estime bon a autre chose qu'a enueloper du beurre ou a encorneter des espices » (*A. poét.*, 37 1°).

mengit (*ib.*, 140; *ib.*, 247). En outre ces parfaits sont étendus par analogie à des verbes de la 1re conjugaison, où la flexion n'est précédée ni de *j*, ni de *ch* : *iamais tu ne hantis homme* (Nic. de Tr., *Par.*, 69) ; *ne montistes vous iamais sur luy* (Id., *ib.*, 144) ; *comment te trouuis-tu* (Id., *ib.*, 261) ; *ie luy demandis s'il auoit presché* (Farel, *Aux relig. de Ste-Claire*, 1527, autogr., Herm., *C.*, II, 66 ; cf. *commencis* (*ib.*, 69). Marot l'emploie une fois exceptionnellement : *dont me trouuiz au large* (I, 114, *Dit du baladin*). Les chansons populaires ont très souvent cette forme : *le premier qui entrit dedans* (*Chans. de 1521*, Ler. de L., II, 84) ; *regardant par la fenestre Vn courrier par la passit* (*Chans. sur Pavie*, 1525, Ler. de L., II, 93) ; *pas plus tost dit la parolle, Que monsieur de Guise arriuy* (*ib.*, II, 94) ; *puis le bon duc du Mayne, Qui chargit la cuysine Au sieur de Chastillon* (*Chans. de 1587*, Ler. de L., 404) ; *et l'empereur de Romme S'en allit droict a Gand* (*Chans. de 1539*, *ib.*, II, 125) ; *si ie le dict iamais Si iamais i'en parlis* (*Chans. sur le duel de Jarnac*, Ler. de L., II, 187) ; *a la seconde fois Les iarretz lui coupit* (*ib.*, II, 188) ; *chacun s'allit coucher* (*Funer. du duc de Guise*, 1563, *Ch. hug.*, 256).

Les grammairiens paraissent s'être attachés à arrêter ce mouvement : Palsgrave condamnait déjà les *donismes*, *enfermismes* d'Alain Chartier (393)[1]. Sylvius les accepte en déclarant « ratione non carent » (126). Mais Robert Estienne (41) considère la forme en *i* comme secondaire ; Ramus (84), comme vulgaire. D'autres sont plus sévères, dont Meigret, qui estime que *ęymy* « n'a jamais été paisible possesseur de ce temps » ; c'est, selon lui, le pouvoir de la grammaire de faire triompher la forme régulière contre les formes *alimes*, *frapimes*, *ҫhassimes*, *donimes*, *ęymimes*, procédées d'erreur et d'ignorance (86 r° et v°). Pillot ne mentionne pas les formes en *i* (26 r° et 27 r°). Cauchie donne *ie frappy* comme une faute grave (1570, 126). Au XVIIe siècle encore, Mlle de Gournay déclare que : *i'allis*, *ie donnis*, *ie bailly*, s'entend chez les « aigrettes » et les « mignards » de la cour (*O.*, 604).

La satire s'en mêla. L'*Épître du beau fils de Paris* a toute une série de parfaits en *i* : *C'est au iardin : mon peze entry*, *D'avanture me rencontry Aupres de vous, et si i'avoy*, *Touriou l'yeu dessu vostre voy*, *Laquelle me sembly depuy Aussy claize que l'iau de puy*. Et ainsi de suite : *vous commensite*, *racheuite*, *marchiste*, etc. Aussi à la fin du siècle, les Gascons seuls parlaient ainsi, par exemple

1. Il l'emploie cependant (547), en traduisant une phrase anglaise : *il lassommyt.*

Montluc, qui ne dit guère autrement : *ie demeuris* (*Let.*, 137, V, 27) ; *ie n'en enduris* (*Let.*, 217, *ib.*, 190). C'est si bien un paysanisme qu'il donne lieu à un calembour grivois fondé sur la prononciation gasconne dans les *Serées* de Bouchet (I, 129)[1].

Inversement, on trouve dans les conjugaisons des parfaits en *ay : celuy qui en auoit la clef ouura l'huys* (Nic. de Tr., *Par.*, 32) ; *i'en couuray trois ou quatre cent pieces d'esmail* (Paliss., 312). Mais cette confusion est beaucoup moins fréquente, et comme H. Estienne l'a remarqué, elle ne s'étend guère en dehors de la 1re personne[2].

ARENT *ET* ERENT. — La 3e personne du pluriel de la 1re conjugaison est en *arent*, suivant Sylvius, de même suivant Sebilet (*A. poet.*, 34 r°), et aussi Garnier (47, qui donne cependant, p. 60, *aimerent*). Abel Mathieu, au contraire, dit que quelques-uns, qui veulent suivre le son d'a au dernier ordre de cette variation (conjugaison) sont « contre l'vsage des mieulx enseignés en langage francoys » (26 v°-27 r°). Cauchie tient la forme *arent* pour une ineptie (1576, p. 160). Ramus (84) et Lentulus (70) conjuguent à la moderne.

Erent triomphait donc chez les théoriciens, sauf chez de Laudun d'Aigaliers, qui donnait encore *ils aimarent* comme forme normale (l. I, ch. 10, p. 32). Dans les textes, *arent* est commun au commencement du siècle : *ceulx du pays accordarent* (Bayart, *Let. or.*, Loy. Serv., p. 462) ; *quelcques sergents qui auec nous soupparent Et le matin aux prisons se trouuarent* (Dolet, *II Enf.*, 10) ; *et le tuarent a la fin* (Id., *ib.*, 86) ; *n'entrarent point en celle terre* (*Ch. hug.*, LXXX) ; *tombarent* (*ib.*, 224, 14, autour de 1562).

Chez Du Bellay, il est intéressant de signaler que les formes en *arent*, constantes en 1549, disparaissent de la *Deffence* en 1557 (voir éd. Cham., *Pref.*, XII).

A la fin du siècle, c'est un franc gasconisme. Il est courant chez Brantôme : *et se presentarent, tous lui conseillarent* (*Gr. Cap.*, V, 104) ; *s'aduisarent, sauuarent, donnarent* (*ib.*, 105).

D'Aubigné, Tallemant, tout le monde s'en moquait. Toutefois,

1. « Il n'y a pas long tems qu'vn homme et vne femme tomberent en dispute s'il falloit dire *tomba* ou *tombit :* celuy qui contestoit contre elle, tenoit resolument que *tomba* est bien meilleur, elle luy repliquoit a tous les coups, c'est vostre opinion, mais quand a moy i'aimerois mieux *tombit.* »

2. « Ut *i'alli*, *ie bailli*, *ie mandi*, dicitur pro *i'allay*, *ie baillay*, *ie manday*, ita vice versa *ie cueillay* et *ie recueillay*, *i'escrivay*, *ie renday*, *ie venday*, pro *ie cueilli*, et *ie recueilli*, *i'escriui*, *ie rendi*, *ie vendi*. Sed hic reciprocus (ut ita dicam) error potius in prima persona quàm in secunda et tertia committitur. Siquidem multorum aures qui dicent, *i'escrivay*, *ie venday*, abhorrebunt tamen ab his tertiis personis : *il escriua*, *il venda* » (H. Estienne, *Hyp.*, 195)

il faut avoir présent à l'esprit ce que nous avons dit (p. 249) de la confusion de *a* et de *e* devant *r*. Elle explique ici la tendance à garder l'*a* des autres personnes ; il ne devait pas y avoir grande différence de son.

NOUVEAUX PARFAITS EN US. — Aux autres conjugaisons, il y a toujours une certaine hésitation entre les passés en *is* et les passés en *us*. Ces derniers, fortifiés par l'analogie des participes, empiètent.

Vequit est encore vivant : Meigret le donne seul, à l'exclusion de *vecut* (90 r°) ; de même Pillot (44 r°), Cauchie (1570, 160). Mais déjà Palsgrave mettait à côté l'un de l'autre *vesquis* et *vecus* (396, 612). *Vesquit* est commun dans Marot (II, 227, 238) ; dans Rabelais (I, 78, 191) ; dans le *J. B. P.* (78) ; dans Marg. de Navarre, (*Dern. po.*, 222) ; dans La Boetie (p. 85, l. 44) ; dans Montaigne (l. II, ch. 35, t. V, 97), etc. Mais on commence à trouver *vescut* (H. Est., *Apol.*, II, 103).

De même, *il tyssut* (Mar., II, 81) ; *ie cousu* (de Laud. d'Aig., *A. po.*, I, 10, p. 35). Meigret ne donne que cette dernière forme, 90 v°, et Cauchie, 1576, p. 199, la préfère aussi. *Volsis*, étendu à toutes les personnes, est un gasconisme, fréquent chez Montluc. La forme ordinaire est désormais en *us : voulus*[1].

IMPARFAIT DU SUBJONCTIF

ISSIONS, ISSIEZ, ASSIONS, ASSIEZ. — La 1re et la 2e personnes du pluriel, à l'imparfait du subjonctif, avaient, on ne sait pas pour quelles raisons, préféré les formes *amissions*, *amissiez*, à *amassions*, *amassiez*, ce qui ne laissait pas d'exercer sur les parfaits une grande influence. Pillot, qui est Poitevin, recommande encore (28 r°) de dire *aimissions*, non *aimassions*. R. Estienne (41-42) suit ce paradigme. De même, J. Garnier (61), Meurier (24 v°).

Au contraire, Sebilet recommande formellement les désinences en *assions*, *assiez* : « I' enten vn qui pensé auoir delicates aureilles, auquel ces mos : *iouassions*, *aimassies* escorchent le bout du ne... Mais ces gens la tombent dans l'anacoluthe : « ... s'il reçoit l'a au singulier... il n'y a raison du monde qui le luy doiue faire refuser au plurier » (*A. poet.*, 34 r° et v°). A. Mathieu est aussi pour les

1. Je rappelle ici que les formes en *indrent* sont toujours usuelles, ainsi dans le Loyal Serviteur, p. 78 et partout, chez Marot, I, 13, 15, 214 ; à la fin du siècle chez G. Bouchet, *Ser.*, I, 3, 89 ; Du Vair, 394, 26 ; Passerat, I, 110, etc. J'y reviendrai au XVIIe siècle.

On trouve encore souvent les formes fortes de l'ancienne langue : *Finalement ils atteindrent au dessus de la Gaule* (Pasq., *Rech.*, I, 6).

formes en *assions* (*Sec. dev.*, 30 r°). Et de même Ramus, qui abandonne ici Rob. Estienne (83).

C'est que, au temps de H. Estienne, l'usage est changé : on le voit, si l'on veut bien comprendre les justifications embarrassées qu'il donne de l'erreur paternelle : son père aurait ordonné de mettre dans sa grammaire les deux formes : *aimassions*, *aimissions*, mais on n'y aurait mis que la dernière. Ceux qui disent *aimissions*, prononce-t-il ailleurs, sont ceux qui parlent mal, et qui même en disant *aimissions*, avouent que l'on doit dire *aimassions*; *issions* n'est bon que dans les verbes qui ont *a* dans la syllabe précédente : *blasmissions* (*Hypom.*, 201).

Cauchie donnait en 1570 les deux séries de formes, en indiquant qu'on trouvait *assions* dans des auteurs excellents (128) : mais en 1576, il est averti et considère que *aimissions* est tiré de *aimi* qu'il blâme ; il préfère donc *aimassions*, quoique l'autre soit plus fréquent (161, cf. 166). Toutefois, les vieilles formes survécurent longtemps. Elles sont encore dans Maupas, et ne disparaîtront des grammaires qu'à l'époque d'Oudin.

Les exemples fourmillent : *pensissions* (Calv., *Inst.*, 649, L.) ; *troublissions* (Id., *ib.*, 567, L.) ; *laississions* (Rab., l. V, ch. 17, t. III, 68) ; *adioustissiez* (St-Gel., III, 209) ; *voulissiez* (Id., *ib.*, 230) ; *alongissions* (Lar., *Les Esc.*, a. I, sc. III, *A. th. fr.*, VI, 108) ; *allissions* (Id., *ib.*, p. 112) ; *nous sustentissions* (Mont., l. III, ch 13, t. VII, 87) ; *monstrisse* (Nic. de Tr., *Par.*, 70) ; *mangissions* (Id., *ib.*, 268) ; *mocquisiez* (Id., *ib.*, 90) ; *gaingnissiez* (Id., *ib.*, 26) ; *bougissiez* (Montl., V, 15, let. 130) ; *commencissies* (Id., *ib.*, 186, let. 213) ; D'Urfé emploie encore *ignorissions* (*Ep. mor.*, 228 r°)[1]. Naturellement on trouve aussi *assions* : *touchassions*, *mangeassions* (Vigor, *Serm. cath.*, 221).

SISSE *ET* USSE. — Les imparfaits du subjonctif en *sisse* cèdent la place à des formes en *usse* :

Chaulsist ou *chaillist* (Palsgr., 413, cf. 475), passe à *chalust* (Ramus, 97) ; *faulsist*[2] est déjà donné par Palsgrave comme équivalent de *falust* (413) et Robert Estienne (54), Ramus (97) ne gardent que le dernier.

Vaulsist, suivant Palsgrave, 431, est plus usité que *valust*. Ramus (93) ne donne que *valust*[3].

1. Je ne sais si on trouverait beaucoup d'analogues à : *qu'il ne se portit bien* (Nic. de Tr., *Par.*, 13), *qu'il n'assemblist* (Des Pér., *Œuv.*, I, 379). Il y a cependant des grammairiens qui sembleraient autoriser de telles formes. Rog. de Collerye a écrit : *que ie tenasse* (*Sat.*, *Œuv.*, 255).

2. Encore dans Lem. de Belges, 1524, *Ill.*, I, 33, Venus devant Paris, g. 1 r°, col. 1.

3. *tenir* est encore très hésitant *que ie retinse* (Mar., III, 204) ; *sans que pour luy en retiensist la valleur d'vng denier* (Loy. Serv., 85) ; *Pleust a Dieu que ne vous en tenist nonplus qu'il fait a moy* (Nic. de Tr., *Par.*, 274).

Voulsist résista beaucoup plus longtemps. Palsgrave donne à côté *voulusse* (402) mais déclare que *voulsisse* est plus en usage. C'est aussi la forme admise par R. Estienne, 56-57, par Ramus, 95, et par H. Estienne, *Hyp.*, 207-208, qui toutefois accepte *voulusse*. Pillot (50 r°) et Cauchie (1576, 184) seuls préfèrent *voulusse*. La lutte entre les deux types continuera au commencement du XVIIe s.

Je ne citerai que quelques exemples de *voulsissent* (Mar., I, 191, II, 132; Nic. de Tr., *Par.*, 192; La Boét., *Œuv.*, 31, l. 36; Baïf, IV, 214).

En voici de *voulusse : tant s'en faloit qu'ils ne voulussent resister* (Gello, *Circé*, 108) ; *ie pensoye, Vlysses, que voulussiez employer ce peu de temps* (Id., *ib.*, 190 ; cf. Pasq., *Rech.*, l. VIII, ch. 3, t. I, p. 760 C ; P. Cayet, *Chron. sept.*, 30, 2)

SUBJONCTIF PRÉSENT

ONS, EZ, IONS, IEZ. — Au XVe siècle, les subjonctifs en *ons*, *ez* sont encore tout à fait usuels : *...Que me donnez en octroy don si grant* (Ch. d'Orl., I, 15) ; *ie vous prie, ma godinette, Que vn petit parlez a my, Et si m'appellez vostre amy* (*Farce d'un chauldr.*, *A. th. fr.*, II, 112) ; *Ie vous pri que ne me reffusez pas* (*XV Joyes*, p. 59); *Ie vous prie donc, dist le roy d'Espaigne, que vous nous declairez comment vous entendez ce que vous luy distes* (*J. de Paris*, 110).

On les trouve à toutes les conjugaisons : *Le Dieu d'Amours vous prie que venés* (Ch. d'Orl., I, 5) ; *Certes, mon amy, n'est ia mestier que le sachez* (*XV Joyes*, p. 91) ; *Par Dieu, mon amy, ie ne vous demande rien, fors que bonne chiere fassez* (*ib.*, p. 58).

Ces formes envahirent même l'imparfait du subjonctif : *Ie vous auoye bien dit piecza... que vous feissés fermer nostre poulailler* (*ib.*, p. 46, cf. p. 55).

Au commencement du XVIe, on trouve encore dans Marot : *Enfans, ie veulx que vous iouez* (I, 254), et dans Rabelais : *ie vous prirois voluntiers que de debtes me laissez quelque centurie* (l. III, ch. 5, t. II, 37) ; *Ie vous pry... que uous rendez noz cloches* (*Garg.*, ch. 19, *Har. de Jan. de Bragm.*) ; *Ie pry à Dieu que vous rencontrez* (St-Gel., I, 79) ; *il fault que vous y allez* (Nic. de Tr., *Par.*, 60) ; *ie vous diray que venez* (Id., *ib.*, 281) ; *elles veulent que vous deuinez* (Id., *ib.*, 232). Dans Montluc c'est encore l'usage constant : *il faut que vous commandez* (V, 210, let. 229 ; cf. *et suys d'auis que vous layssés Lauaur* (*ib.*, 211, let. 230).

Cependant, au xve, *iez* avait apparu : *Ie ne vueil pas de ce vous destourber Que ne m'amiez de vostre courtoysie* (Ch. d'Orl., I, 123); et il se répand assez vite pour que Palsgrave donne en règle absolue que le subjonctif se forme à l'aide des flexions *ions*, *iez* [1].

C'est désormais le paradigme ordinaire des grammairiens, si l'on excepte Du Wez et Pillot [2]; et H. Estienne corrige dans Du Bellay, 496 : *sans qu'autrement vous le recompensez*; il faut : *recompensiez* [3].

Les textes sont pleins de l'une et l'autre forme.

1° *Ons*, *ez*.

Ie vous prye... que... ne le laissez (Marg. d'Ang., *Let.*, 1521, Herm. *C.*, I, 67); *debuez... ne permettre que... combatez vostre bien aymé* (Briç., 24 fév. 1524, *ib.*, I, 199); *ie suis d'opinion que retenons... et au reste nous hastons* (Rab., *Garg.*, ch. 32, t. I, p. 122); *ledit seigneur a enuye que retournés* (D. de Poit., *Let.*, LXXIX, p. 136); *l'heure n'est pas que me retenez plus* (Pelet, *Od.*, *Œuv.*, 17 r°); *aydez : accordez* (B. An., *Lyon march.*, B., V r°); *affin que nous resistons* (Farel, 17 nov. 1527, Herm., *C.*, II, 55); *que me pardonnez* (Mar., I, 134); *que le scellons* (Id., I, 189); *que nous nous gardons* (Id., I, 185); *que vous iouez* (Id., I, 254); *que les miens vous sachez* (St-Gel., I, 278); *A fin que mieux vous y pensez* (Id. I, 270); *tant que... Vous pourchassez* (Id., I, 79); *ie vou diray que venez* (Id., *ib.*, 281); *il conuient que vous iurez* (*Amad.*, l. I, f° XX v°); *il fault bien que vous entendez* (*Farce à IV pers.*, 549, Pic. et Nyr., p. 155) [4].

En voici un exemple au début du xviie siècle :

Moderateurs de l'Vnivers, Ne faites que franc de votre ire, L'erreur s'enracine peruers ; Qu'au Ciel spectateurs immobiles, Vous laissez courir au hazart, Tout ce que fortune depart A nos iours caducs et labiles (Hardy, *Did.*, 1716-22).

2° *Ions*, *iez*.

Que vous rapportiez (Mar., II, 72); *affin que suyuiez* (Id., I, 211); [*de peur*] *que n'esprouuiez* (Id., III, 234); *ie vouldrois que... vous me disiez* (Id., III, 29); *affin qu'en ceste saison nous facions bien serrer et faire le vin et qu'en hyuer, nous le humons* (Rab., *Garg.*, ch. 27,

1. Il lui arrive toutefois d'oublier *i* dans ses exemples : *auant que nous y donnons* (501); *auant que vous vous leuez* (537).

2. Le premier donne *allons* (999), *cognoissons* (986), et Pillot, après avoir déclaré que le subjonctif présent de la 1re conjugaison est pareil au présent de l'indicatif, donne effectivement *aymons*, *aymés* (28 r°).

3. Clément (*H. Est.*, 435) donne de ce fait une autre interprétation, à mon avis inexacte.

4. Marty-Laveaux n'a rassemblé que quelques exemples (*Lex. de la Pl.*, II, 242-243), croyant avoir affaire à l'indicatif.

t. I, p. 105); *que me saichiez* (Nic. de Tr., *Par.*, 178); *ie vous prie que me faciez* (Id., *ib.*, 35); *il fault souuent que nous obeissions a la force* (La Boét., 3-4, Bonn.); *ie ne veux pas que vous le poussiez ou l'esbransliez* (Id., *ib.*, 14); *ie suis tresbien d'auis Que demeuriez* (Pelet., *Œuv.*, 95 r°); *A fin qu'vsiez mieux*... (St-Gel., II, 109); *afin que... nous annoncions* (*Ch. hug.*, 365, 1553); *afin que... viuions* (*ib.*, 349, 1548). *Mais tous d'accord te cognoissions Desormais, et seul adorions* (*ib.*, 209, 1561); *portiez, faciez* (*Amad.*, l. I, f° xvii r° et partout); *il veult que nous mangions et beuuions* (Vigor, *Serm. cath.*, 39).

A la fin du siècle les Gascons se servent encore de la forme en *ons, ez*, ainsi Montluc.

La confusion syntaxique des modes, qui permet souvent d'employer à volonté indicatif et subjonctif, comme on le verra à la syntaxe, a contribué à maintenir cette indécision entre les formes, l'auteur n'éprouvant pas le besoin impérieux de choisir entre les deux modes, et, par suite, entre les deux formes. Une correction de Montaigne en est un indice : en 1580, 1582, 1587, et en 1588, il écrit : *il se faut reseruer vne arriereboutique, toute nostre, toute franche, en laquelle nous establissons nostre vraye liberté;* le texte de 1595 corrige : *establissions* (l. I, ch. 39, t. II, p. 181-2). Sans doute dès 1580 il avait l'intention de mettre le subjonctif : la forme en *ons* lui paraissait alors l'exprimer suffisamment.

Remarque. — Quand cette flexion se rencontrait dans l'écriture avec un *y* ou un *i* final du radical, cet *i* ou *y* du radical se confondait-il avec celui de la flexion ? Il y a hésitation. Meigret dit : (85 v°) : « Si le plurier du pręzent a *yons* ęn la premiere, allors l'imperfęt ne çhanje rien ęn se' premier' ę seconde pęrsones : de sorte qe nou' dizons *pryons, voyons, fuyons, voyez, fuyez, oyons, oyez*, tout einsi q'ao prezęnt, lęqels toutefoęs dusset fęre *voiyons, fuiyons* : męs l'vzaje ne lęs a pas reçus. » Cauchie voudrait même éviter les imparfaits de *fier, nier, lier* pour fuir la cacophonie (1570, 126), ce qui prouve qu'il entend deux *i*; et Palsgrave (121), R. Estienne aussi, acceptent *nous voiyons, vous voiyez*. Maupas décide qu'il y a deux *i* (222) : « Pour moy ie ne suis pas de cet aduis, qui tiens en tous imparfaits, tant indicatifs qu'optatifs et conionctifs et en tous presens conionctifs ou optatifs, ces personnes là ont vn *i, voyelle* auant la terminaison. Ainsi *Enuoiyons, iouyons, louyons*. Et quand deux *i* s'y rencontrent, nous allongeons et trainons la syllabe comme se fait és autres voyelles doublees : *roole, aage, guéer*. De mesme *priyon* '*sniyons, criyons, riyons*. »

L'*i* est presque introuvable dans les textes : *Si trouuez que... soyons* (Mar., I, 274) ; *lequel fait... Que nous ayons* (Id., I, 100) ; *ne craignez pas que voyez aduenir* (Dolet, *II Enf.*, 31) ; *vous suppliant que vous y pouruoyez* (St-Gel., I, 110) ; *Soudain que l'on le mettoit sur l'vn ou l'autre de ces poincts, vous le voyez trauerser* (Pasq., *Rech.*, l. VIII, ch. 8, t. I, p. 779 A) ; *il n'est raisonnable que vous sacrifiez ou priez* (Vigor, *Serm. cath.*, 79) ; *D'autre costé nous oyons la douce Musique que rendoit le murmure du vent* (Cyre Fouc., *Ep. d'Arist.*, 23) ; *si nous voyons aussi à clair* (Du Vair, 349, 43) ; *ie desire surtout que vous vous employés* (*Let. mis. de Henri IV*, III, 234).

Faut-il se fier à quelques exemples : *Bien voyions nous* (*Ch. hug.*, 202) ? La lecture est douteuse, *i* ne s'écrivait pas.

INFINITIF

Les infinitifs en *ir* semblent prévaloir peu à peu, mais très lentement, sur les infinitifs en *re*, encore bien fréquents.

Les exemples de *querre*, *acquerre*, *conquerre*, *courre* sont innombrables : *querre* (Corroz., *Hecat.*, 99) ; *enquerre : conquerre* (Forcad., p. 24, v. 7-8) ; *querre* (Vauquel., *A. poet.*, III, 496) ; *courre* (*Marg. de la Marg.*, IV, 162) ; *secourre* confondu avec *secouer* (Briç., *Let. 25 fév. 1524*, Herm., *C.*, I, 201).

Querir, *acquerir*, *courir*, me semblent pourtant plus fréquents, au fur et à mesure qu'on avance. On disait autrefois *cœurre* pour *courir*, dit Bèze (61).

Pour *suiure*, le mouvement inverse se dessine nettement. *Suiuir* se trouve (Lem. de B., 1524, *Ill.*, II, 6, b. 4 r°) ; *poursuyuir* (Corroz., *Hecat.*, Prol., xxvi) ; *ensuiuir* (Mar., I, 97) ; *poursuyuir* (Id., I, 12) ; *suiuir* (Marg. de Nav., *Dern. po.*, 189, 191, Forcad., p. 21, v. 24, Rivaud., 59), mais *suivre* est plus usité. *Cousir* et *cremir* cèdent aussi définitivement à *coudre* et à *craindre*.

On trouve *benistre* (Mar., II, 191), et *tistre : epistre* (Id., I, 203) à côté de *tissir*.

A signaler aussi la confusion qui fait naître par apocope les infinitifs *confir*, *suffir*, *circoncir* (Thur., *o. c.*, I, 205). Ici l'analogie et la phonétique (celle-ci par l'amuissement de *e*) concourent au même résultat.

II. — LES RADICAUX

L'analogie continue à transformer les radicaux, en effaçant de plus en plus ce qui reste des anciennes alternances.

VERBES QUI DEVIENNENT DÉFECTIFS

Un certain nombre de verbes ne résistent pas à cette épreuve, et, incapables, faute de vitalité, d'unifier leurs radicaux, deviennent défectifs. Alors, et c'est chose qui est arrivée à toutes les époques modernes, le verbe embarrasse, on ne l'emploie plus qu'à certains temps ou modes de formes invariables et connues, ou même il devient peu à peu complètement inusité.

Restent ainsi un certain temps à l'état d'unipersonnels : il *affiert* [1], il *appert* [2].

Les grammairiens semblent de bonne heure enclins à faire aussi *douloir* unipersonnel. Palsgrave (419) le conjugue, mais il déclare que *ie me deuls* est rare, on dit plutôt : *il me deult*. Il ne donne (420) que les 3es personnes du singulier et du pluriel (cf. au contraire 725). Meigret (78 r° v°) et Cauchie (1576, p. 182) sont seuls à conjuguer *douloir* à toutes les personnes. Sylvius (138), Rob. Estienne (p. 54) et Ramus (1572, 95-97) le déclarent unipersonnel [3]. Mais les textes donnent des exemples des autres personnes : *ie ne dueil* (Coll., *Œuv.*, 109) ; *que ie me deulle* (St-Gel., I, 100) ; *ie me deulx* I, 67. Cf. Jod., *Eug.*, a. I, sc. I, *A. th. fr.*, IV, 16) ; *tu te deulx* (Mar., III, 99, 196) ; *si ie me deulx* (Du Bel., I, 99) ; *sans que t'en doulusses* (Baïf, V, 22) ; *se ainsi est que vous vous douliez* (Lem. de Belg., 1524, *Ill.*, II, 6, b. 3 r°).

Chaloir est tout à fait réduit à l'état d'unipersonnel. Tous les

1. Palsgrave le conjugue encore (413 et 447). Ailleurs (434 et 447) il ne donne que *il affiert* et *ils affierent*. Ce pluriel est aussi dans Marot (III, 153). Maupas fils donnera un imparfait, mais analogique, il *affieroit* (1638, p. 250).

2. Marot employait encore le subjonctif qu'il *appere* (II, 143, III, 79, 203). Sylvius (137) et Cauchie (1576, p. 183, 203) conjuguent encore le simple *paroir*. H. Estienne (*Dial.*, II, 290) explique *appere* : il signifie *apparoisse*.

3. Au futur, Meigret hésite entre *deuldrey*, *deulerey* et *deulrey* (93 v°). Palsgrave donnait *il doulera* (420), Rob. Est. et Ramus, *il deuillera* (*loc. cit.*). Maupas (259) a de même : *deuillera*. Bernhard (99) et Duval (236) ont *deurray*.

Noter au présent la forme analogique : *quest-ce qui luy deuilt le plus?* (Cord., *Corr. serm. em.*, 286 A).

grammairiens le donnent pour tel : de même pour les textes. Le futur même est incertain. Rob. Estienne (53) donne *chaura*, Maupas (259) : *chaudra*.

Il loist perd tout autre temps que l'imparfait *loisoit* (Maup., p. 259) et le subjonctif *il loise* (Mont. l. I, ch. 43, t. II, p. 222, cf. Vauquel., *A. po.*, l. II, v. 3) [1].

Ferir demeure personnel, mais défectif ; Palsgrave mentionne *fierons* ; R. Estienne conjugue en entier l'indicatif présent, de même Cauchie (1576, 176) ; mais Meigret dit que l'usage n'a pas donné à ce verbe le pluriel du présent (84 r° et 85 r°), qu'au reste, il n'est en usage que chez les poètes (92 r°). Ramus (113) a *fierons* [2]. Meigret cite *ferir* au parfait : *ie feris* (92 r°) ; Cauchie donne ce même passé, et le futur *ie ferirai* (176). H. Estienne garde *il ferit* (*Dial.*, II, 40). Rabelais a employé *ferir* à l'indicatif présent : *ferissent* (l. V, ch. 23, t. III, 88), au conditionnel : *feriroit* (l. III, ch. 31, t. II, 152), au parfait : *ferut* (*Garg.*, ch. 38, t. I, 142, cf. *ib.*, 159, 162). Ronsard a ce même parfait, *ferut* (III, 120 et VI, 164 Bl.). Nicolas de Troyes emploie *ferit* (*Par.*, 47). Mais *tu fiers*, imprimé par Baïf, en 1552, dans les *Amours de Meline*, a été remplacé dans les éditions postérieures par *tu mors* (I, 79 et 407, note 70, M.-L.).

Souloir est donné au futur par Palsgrave : *souldray* (438). Mais en fait, le verbe n'a guère, en dehors de l'infinitif, que l'imparfait. C'est l'avis de Rob. Estienne (56), de J. Garnier 84), de Cauchie (1570, p. 146, et 1576, p. 182), de Ramus (91). Je ne trouve, en effet, pas trace des autres temps dans les textes [3].

Saillir. Palsgrave conjugue : *ie sauls*, *nous saillons*, *ie saillis*, *i'ay sailly*, *ie sailliray*, *que ie saille*, *que ie saillisse* (606, 719 ; cf. 492, où le futur est *ie sailleray*).

Sylvius a aussi : *g-è saûl* (14, 89) ; de même Rob. Estienne : *ie sau*, *nous saillons* (67), et Ramus (113). Mais Meigret conteste le singulier pour lequel on emploie *saoter* (83 v°). Et Cauchie, en 1576 (175), observe aussi qu'on remplace ces formes par les correspondantes de *sauter* [4].

Marot employait encore *sailloient* : *ceux de nostre village sail-*

1. Du Wez donne encore le futur *loisera* (100).

2. Bernhard conjugue encore avec le balancement d'accent : *nous ferons*, *vous ferez*, *ils fierent* (110).

3. Bernhard lui-même ne donne plus de singulier du présent. Au pluriel : *nous soulons*, *ils soulent*, ou *seulent* (101). Maupas ne connaît que l'infinitif et l'imparfait (259). De même Ph. Garnier (*Praec.*, 91-92).

4. « Quidam dicunt : *ie sau*, *saus*, *saut* », dit Bernhard (118). Mais il préfère *ie sailli*. De même Duval (233). Maupas déclare que *saillir* n'a pas de présent indicatif singulier ; *ie saille*, qu'on lui donne, ne convient qu'au subjonctif (253).

loient (I, 104); *saillez* (II, 62); *le lyon saillit* (I, 155); cf. *i'assaulx* (II, 131); *m'assault* (I, 196); *il assaudra* (II, 121).

Rabelais fournit aussi des exemples de *assaillir*, qui demeure usuel jusqu'au commencement du xvııe siècle. De même Nicolas de Troyes : *nulle sailloit de mon vouloir* (*Par.*, 267); *elles... saillent deshonnorees* (Id., *ib.*, 242); *sault hors de l'esglise* (Id., *ib.*, 185); cf. *ie tressaus* (Am. Jam., II, 282); *contre luy elle sault* (Corroz., *Hecat.*, p. 139). Aussi dans Montaigne : *elle assaut* (l. III, ch. 13, t. VII, p. 50), *tressaux-ie* (l. II, ch. 31, t. V, p. 39); *Pallas saillit de la teste de son pere* (l. II, ch. 12, t. IV, p. 54).

Traire et *retraire*. Palsgrave conjugue encore à l'ancienne mode : *ie retrais, nous retrayons* (453); de même Rob. Estienne (61). Mais Meigret (81 r° et 88 v°) dit que le verbe emprunte à *retirer* les formes *retirons, retirez, retirent*, et son passé défini.

Maupas déclare en 1607 que le parfait manque (259). Chose curieuse, il est rétabli dans l'édition de 1638 (p. 240).

Traire n'est pas tout à fait dans la même situation. Palsgrave le conjugue (526). De même Rob. Estienne (61, copié par Ramus, 99). Meigret donne un passé défini : *ie trahyey* (88 v°), mais Cauchie (1570, p. 155, et 1576, p. 193) déclare que la plupart du temps on se sert de *tirer*.

ASSIMILATION DES RADICAUX TONIQUES ET ATONES

ALTERNANCE A-AI. — Les restes d'alternance dans ces radicaux cessent à peu près d'exister au cours du xvıe siècle.

La plupart des verbes qui les présentaient sont déjà réduits. Je considère *embraise : plaise* (Tahur., II, 24, son. 27), *embraise : plaise : braise* (Baïf, I, 26), comme influencés par *braise*.

Declaire, encore fréquent, n'est pas un verbe à alternance. Les grammairiens ne semblent pas connaître *desclarer*, pourtant déjà introduit.

Declaire est souvent dans Marot en rime avec *claire* (I, 60), avec *adultere* (II, 123), cf. *se declairent* (Rab., l. III, ch. 32, t. II, 157); *declaire : Claire* (*Ch. hug.*, 152); *ma sœur leur eclere* (Baïf, III, 23). Marot emploie aussi fréquemment le radical en *e*, *ai* dans les formes atones : *s'esclerant* (III, 183); *declairant* (III, 53), etc. Ces formes sont chez tout le monde alors : *nous declairons* (Loy. Serv., 317); *elle declaira* (*Amad.*, l. I, f° III r°); *ie te veulx declairer* (Dolet, *II Enf.*, p. 5); *declairer* (Rab., l. IV, ch. 53, t. II, 458).

Ils sceuent ou *scaiuent* est encore chez Lemaire de Belges (*Ill.*, II, 6, b 4 r°), chez Marot (II, 132, et 176), dans une lettre autographe de Toussaint à Farel (1525, Herm., *C.*, I, 389).

Mais *ils scavent* est dominant, et aucun grammairien ne donne plus la forme concurrente[1].

Devant nasale. — *Amer.* Sylvius se souvient encore de l'infinitif *amer* (13, 135), et du participe *amé* (136). Mais peut-être ne fait-il là comme ailleurs que latiniser, puisqu'il déclare (p. 134) qu'il faudrait refaire tout le verbe en *a* d'après *ami*, *amiable*, etc.

Du Wez donne : *aimons*, *aimer* (934, 937). De même la *Maniere de tourner* (A, iij, r° et v°), Meigret (85 v°, 86 r°), Pillot (26 v°, 29 r°), Rob. Estienne (40), J. Garnier (45, 62), Cauchie (1570, p. 125, 130), Ramus (77, 83) qui déclare *amer* hors d'usage (80) ; cf. dans Lanoue, *Les conjug.*, p. 339 et suiv. L'ancien radical se rencontre encore : *amé* est non seulement dans les formules de chancellerie, mais chez Rabelais (*Garg.*, ch. 10, t. I, 42), *amoit* est chez Jean d'Auton (IV, 1) et chez Marot (I, 85, seul exemple du tome I jusqu'à cette page) ; le participe *amant* se trouve, chez Saint-Gelais : *le cœur amant* (II, 126). L'influence des substantifs *amant* et *amour* est ici évidente.

On trouve même encore la forme analogique *ame* (Mar., II, 93 ; J. Bouch., 1 *Mor.*, I, f° 8 a, Ham., p. 230) ; cf. *mon cueur qui n'en ame cun* (Marg. de Nav., *Dern. po.*, 116 ; dans l'édition corrigé en *ayme*).

Clamer est peut-être un peu moins avancé dans l'unification. Palsgrave connaît : *ie claime* (485, cf. 567). Cependant les textes me paraissent avoir partout *clame* (cf. *clameur*).

Tramer sera encore longtemps incertain (v. Thur., *o. c.*, I, 325). Rob. Estienne hésite comme Sylvius. Le substantif *treme* est dans Belleau (*La Reconnue*, a. IV, sc. III, *A. th. fr.*, IV, 404) : *De la fille, ie sçay qu'elle aime, Mais elle sait bien que la treme, N'est pas pour ourdir cette toile.*

Il est peu probable, étant donné que ces verbes n'évoluent pas à la même époque, qu'il s'agisse d'un changement phonétique. Toutefois, le voisinage de *a* et *e*, et le changement qui atteint *ai* aident peut-être à la transformation.

ALTERNANCE E-IE. — Devant les labiales, l'alternance ne disparaît pas, elle devient autre ; de *lieue* on passe à *leue*. Il ne faut pas oublier que *e* féminin tonique passe à *ẹ* : *tremble ie* > *tremblẹ ie* : il est donc difficile de savoir si le nouveau radical en *ẹ* repré-

1. Qui *auent mauluaises femmes* chez Nic. de Troyes (*Par.*, 183) est ou bien un provincialisme ou bien un archaïsme.

sente toujours une transformation phonétique du radical tonique de *ie* en *ẹ* (ce qui me paraît peu problable, étant données les dates), ou s'il n'est pas sorti du radical atone, qui aurait changé son *e* muet en *ẹ*, là où il était sous l'accent (Cf. p. 259).

En tous cas, le changement n'est pas achevé au commencement du XVIe siècle : il me paraît, en revanche, à peu près terminé vers 1550.

Acheuer. Palsgrave a encore souvent les formes en *ie* (416, 533, 550). Je n'en trouve pas d'exemples sûrs dans les textes.

Creuer. Palsgrave a : *ie crieue, i'ay crieué* (675), mais dans la même page : *ie creue*. Les formes en *ie* reparaissent p. 774 et 507. *Crieua* est chez J. d'Auton (IV, 10). Marot dit : *creuent* (I, 172).

Greuer. *Ie grieue* est donné par Palsgrave (394) à côté de : *i'ay greué* (cf. 419, 575). Mais, p. 765, il n'est plus question de *ie grieue*. Cauchie (1570, p. 131) signale *grieue* « in vetustis scriptoribus ».

Griefue adjectif se trouve dans Marot et aussi *griefve* verbe (I, 93 et 96). Il est chez Rabelais : *que plus griefue le Pape* (*Let. et doc.*, t. III, 342, M.-L.) ; cf. *Marg. de la Marg.*, IV, 13 : *et grefue moult*.

Leuer est, dans cette série, le moins avancé vers la réduction. Palsgrave donne encore les formes en *ie*. Il est vrai que tantôt il les fait alterner avec les atones : *nous leuasmes* (464), tantôt il étend *ie* aux formes atones : *eslieué, lieué* (684, 665, 436), *se lieueront* (571). Cauchie a encore connaissance que quelques-uns disent : *ie lieue*, il le déclare barbare (1576, p. 159).

Lieue est assez commun dans les textes, jusqu'en 1550 : *Plus de bruyt se lieue* (J. d'Aut., IV, 134); *voz clers penons en Asie se lieuent, Les Turqz ont peur de vostre bruit et fame, Et voz fiertez redoutent et eschieuent* (J. Lem., III, 122, Stech.); *ne lieue ia tes draps* (Mar., III, 114 ; partout ailleurs *leue*, I, 129, 153, 171, II, 118, 122, III, 159, 175) ; *les vents l'eslieuent en l'air* (Dolet, *Gestes de Fr. de V.*, p. 32).

Seoir. Le verbe le plus hésitant entre les divers radicaux est le verbe *seoir*.

Les formes toniques en *ie*, encore vivantes aujourd'hui, sont à peu près régulières : *sies, siet* sont dans Ramus, Meigret (79 r°), etc. Elles se réduisent cependant quelquefois à *e*. Rob. Estienne conjugue : *ie sié, tu sees, il sed, ils seent*.

D'autre part, on a un passage à *i* ; Palsgrave donne *ie m'assis* (713) ; cf. *il siet* ou *seyet* (Meigret, 79 r°) ; *des ministres s'assient* (Vigor, *Serm. cath.*, 322) ; d'où : *s'assisent* (Rons., VI, 249, M.-L.).

Le radical atone n'est pas plus fixe : *seoit* (Mar., III, 202), *seez* (St-Gel., I, 73), sont déjà parfois remplacés par *sions* : *ẹn laquelle nous assions la sapiẹnce* (Meigret, *Off. de Cic.*, 12, cf. *Gram.*, 79 r°), ou *sisons : assison nous* (Rons., I, 194 M.-L.). Ces formes feront l'objet de longues discussions au XVIIe siècle.

Cheoir est moins irrégulier.

Le radical tonique *ie* est cependant le plus souvent remplacé par un radical en *e : il chet* est donné par Rob. Estienne, 53, Ramus, 93, Meigret, 79 r°, Cauchie, 1570, p. 146. Ce radical est dans Marot (I, 192, III, 108, 218) et ailleurs : *les cheueulx me cheent* (Cord., *Corr. serm. em.*, 281 A) ; *ce qui echet ẹn deliberacion* (Meigret, *Off. de Cic.*, p. 7) ; *en ruine dechet par lasche oysiueté* (Am. Jam., II, p. 168), etc.[1].

A l'atone, on hésite entre *cheons* et *cheyons*. Meigret donne *çhayons*, *çhayez* (79 r°) ; de même Cauchie, qui fait cependant des réserves (1570, p. 146). La généralité des textes a *che : escheoit* (Rivaud., 50) ; *cheant* (Du Vair, 358, 31).

ALTERNANCE E-OI. — La confusion phonétique de *oi* et de *ẹ* contribue ici à détruire la tradition.

Croire. Palsgrave donne encore *creroye* « pour *croyeroye* » (394), mais il est seul à attribuer le radical faible au futur. Tous les autres grammairiens, et lui-même (447), ne connaissent plus pour ce verbe que la forme tonique du radical (cf. Pillot, 42 r°).

Peser. L'analogie de *nous pesons* semble avoir d'abord donné *ie pese*, *tu peses* avec un *e* féminin tonique (*œ*) ; ce n'est que cinquante ans plus tard que l'*e* y est ouvert. Cet *ę* peut d'ailleurs provenir à la fois du renforcement de *e* féminin tonique, devenant *ẹ* puis *ę* sous l'accent, et d'une réduction à *ai* (*ę*) de la diphtongue *oi*, dans la forme *poise* > *paise*, vivante à côté de *pese* (*pœze*)[2].

Poise est encore tout commun dans les textes de la première moitié du siècle : *dont me poise fort* (Mar., III, 41 ; cf. 66, 171 ; *Marg. de la Marg.*, IV, 13) ; *quant elle poise* (Lespl., *Prompt.*, 39) ; *pource qu'elle poize* (Am. Jam., I, 77). De même chez Montaigne.

On trouve quelquefois des formes analogiques en *oi : poisans bien cela* (Vigor, *Serm. cath.*, 220).

Esperer. On trouve quelquefois le radical tonique aux formes atones : *espoirans* (Farel, *Trad. d'un mand. de Berne*, nov. 1527, Herm., *C.*, II, 55 ; cf. *espoirance*, *ib.*, 57, *espoirons*, *Lettre du cons.*

1. Le subjonctif *cheye* est donné par les grammairiens. Il est chez Du Vair, 357, 9.

2. Voir le témoignage de Lanoue (Thurot, I, 45) et Th. Rosset, *E feminin au XVIIe siècle*, dans les *Mélanges Brunot*, p. 411 et suiv.

de Berne, Original, 1528, *ib.*, 109). Mais ces textes sont fortement dialectaux.

Au contraire, dans les textes français, les formes fortes ont le radical atone : *i'espere* (Lar., *Esp.*, a. I, sc. I, *A. th. fr.*, V, 205).

Deuoir. Ce verbe prend quelquefois, depuis le XVe siècle, surtout au subjonctif, une forme *doyent*, analogique de *doy*, *dois*, etc. Elle est donnée par Palsgrave (521, 650). Au XVIe siècle, on la trouve bien rarement, sauf dans des textes qui ont un caractère dialectal (*Lett. cons. Berne*, 1528, Herm., *C.*, II, 108).

Au contraire, le radical *doiv* est assez commun aux formes faibles : *doibuez* (Rab., *Garg.*, ch. 19, t. I, 71); *doiuoit* (*ib.*, ch. 4, t. I, 20); *doiburoit* (*ib.*, ch. 9, t. I, 37); *doibuant* (*ib.*, l. III, ch. 4, t. II, 34); *croyre doyuons* (Lespl., *Prompt.*, 18, cf. 77).

Les autres verbes en *evoir* ont hésité aussi entre les deux radicaux, quoique l'alternance soit demeurée jusque dans la langue moderne.

Pour *aperceuoir*, *receuoir*, les grammairiens donnent les conjugaisons régulières; mais pour *ramenteuoir*, Palsgrave donne *ie ramenteue* (474), tandis que Cauchie tient pour *r'amentoy* (145).

Pour *voir*, Du Wez (*Introd.*, 1001) est seul à donner : *veons*, *veoie*, *veions ;* tous les autres grammairiens attestent les formes *voyons*, *voyoie*, etc. Le futur seul donne matière à hésitation.

Dans Rabelais on trouve *veoit* (voyait) (*Pant.*, ch. 32, t. I, 374), *veoyent* (*ib.*, ch. 28, t. I, 354), à côté de *voioyt* (l. III, ch. 25, t. II, 124). Cf. Amyot, *Dion*, 46.

La confusion entre radicaux toniques et atones, dans l'alternance *e-oi*, est telle que l'on trouve des verbes qui n'ont jamais eu le double radical *oi*, *e*, changeant un *e* atone du radical en *oi*, tel : *s'en adroisser* (Rivaud., 37; cf. *droissee*, Id., 66. Est-ce l'analogie de *droit?*).

Ou bien, au contraire, ils changent *oi* en *e*, ainsi *il auoit espleté* (Nic. de Tr., *Par.*, 171).

Boire présente une complication particulière. Les formes en *be*, qu'on retrouve du reste encore au XVIe siècle (Rab., *Pant.*, ch. 2, t. I, 229), étaient passées à *beu* ou *bu*. Ces deux types se rencontrent, soit qu'ils n'aient différé que par la graphie, soit que *beu* ait traduit quelque chose qui s'approchait de l'ancien *e* (œ), et qui eût été par suite assez différent de *bu*.

Palsgrave est pour *beuuons*, *boyuent* (94). Robert Estienne pour *buuons*, *buuez*, *buuent* ou *boiuent* (61). Ramus ne donne que *boyuent* (101) et Meigret (81 r°) que *buuet*.

On trouve : *ils buuent* (J. Bouch., I *Mor.*, XIV, f° 37 a, Ham. 358); *ils beuuent* (Rab., *Prol. d. liv. III*, II, 13; Pelet, *Oê.*,

Œuv., 18 r°). Aux formes faibles, le radical tonique est commun : *boiuoit* (Rons., VI, 254, M-L.) ; *boiuant* (Id., III, 406) ; *reboiuons* (Magn., *Gayetez*, 69, Hom. 331).

ALTERNANCE OU-EU. — Palsgrave (394) alterne encore à peu près régulièrement d'après ce modèle. Mais les deux radicaux peuvent être considérés comme indistincts dans la plupart des verbes. Il ne faut pas oublier que *eu* est très fermé.

On trouve : *il* *ᶜᶜceurt* (Sylvius, 61, 85 et 114). Tous les autres donnent *il court*. Dans les textes, *queurt* est très rare : je citerai cependant Baïf, *Psaut.*, 1355 : *l'Anje keure lęs chasant.*

Couurir garde encore son vieux radical tonique. Palsgrave (400) le cite comme une vieille forme. Sylvius conserve *cueuu-rès* (117). Meigret le donne, et à côté, *ie couure* (83 v°). Cauchie de même 1576, p. 29 ; cf. Ramus, 113). Bèze et Lanoue n'admettent plus que *couure*.

Marot emploie très souvent *cœuure*, ainsi *tu cœuures : oeuures* (II, 229 ; cf. I, 78, 108, 213, 248, III, 6, 156 ; *la couleuure : se cueuure*, I, 160). Il est chez Collerye, *Œuv.*, 35 ; chez Dolet, *II Enf.*, 11 ; cf. Marg. de Nav., *Dern. po.*, 83[1], 228). On le retrouve chez Du Bellay (I, 145, II, 388 et 562, note 101, M.-L.), chez Rivaudeau (209), chez Jodelle (II, 181), chez Ronsard (VI, 296, M.-L.).

Demeurer se conjugue encore souvent à la façon ancienne. Palsgrave fait l'alternance : *ie demeure, ie demouroye* (394 ; cf. 530 et 393). Cauchie, en 1570, tenait que *ie demeure* était seul usité (12) ; Mais, il hésitait sur l'infinitif *demeurer* ou *demourer*. Il conserve *ou* au futur (161).

Les formes régulières sont encore les plus fréquentes dans Marot. On les retrouve très souvent ailleurs : *demouré* (Meigr., *Off. de Cic.*, 28) ; *demourera* (Rab., *Garg.*, ch. 31, t. , p. 118 ; cf. Du Bel., I, 379 et 504, note 206, M.-L.).

Toutefois, *ou* empiète sur *eu* : *il ne demoure plus en ceste ville* (Cord., *Coll.*, 1533, II, 40, p. 15) ; *est de necessité que l'vng ou l'autre demoure vaincqueur* (Loy. Serv., 93).

Au contraire, *eu* l'emporte (sous l'influence du substantif *demeure* ?) *demeura* (Mar., III, 187, etc.) ; *demeurera* (Nic. de Tr., *Par.*, 155) ; *demeuré* (Dolet, *II Enf.*, 8) ; *demeurera* (St-Gel., III, 204, Paliss., 30) ; *demeurerent* (Rivaud., 59) ; *demeurer* (Gello, *Circé*, 114) ; *au demeurant* (Pasq., *Rech.*, l. VIII, ch. 3, t. I, p. 762).

Labourer. Le subjonctif *labeure* se trouve encore dans une chanson antérieure à 1548 (*Ch. hug.*, 350). Cf. *m'amie, tu labeures : cent heures* (Rivaud., 103).

1. L'édition Lefranc donne *descouvre*.

Mouuoir, quoique régulier jusqu'aujourd'hui, a incliné à prendre des formes irrégulières en *ou : ie meuue* et *ie mouue* (Palsgr., 635; cf. Sylvius, 138, Rob. Est., 55, et Ramus, 93); chez Marot : *mouuent : approuuent* (III, 169).

Ouurer fait également : *i'œuure* et *i'ouure : i'œuure* (Palsgr., 560; Cauchie, 1576, p. 29). *Oeuure* me paraît la forme ordinaire dans les textes (Mar., II, 131; Jod., II, 153).

Plorer. Palsgrave fait l'alternance : *ie pleure : ie plouroye* (394); Sylvius dit : *g-è plorè* vel *plĕũrè* (116); Cauchie : *pleurer* et *plourer* (1570, p. 12); Lentulus a encore : *i'ai ploré* (93).

Les textes se contredisent. Ainsi, Marot : *Passans, ne pleurez point, Plorer ne vient a poinct De ceste dame bonne* (II, 237).

Les formes modernes sont très nombreuses chez lui : *pleurer* (I, 161, 164; II, 216), *pleurant* (III, 219), *pleuré* (II, 231), *pleurez* (II, 76, 91, 143, 217), *pleurons* (II, 115), *pleura* (III, 233, 242).

De même, à plus forte raison, dans les textes ultérieurs.

Pouuoir est encore régulier. A noter au XVIe siècle une tendance à employer des formes en *e : peuoit* (Marg. de Nav., *Dern. po.*, 190) et *peuent*, Lefèv. d'Ét., *Pref. des Euangiles*; ce sont sans doute des graphies pour *eu* (œ). Cf. *ilz recepuent* (Rab., *Garg.*, ch. 31, t. I, p. 116).

Prouuer. Peu de témoignages décisifs. R. Estienne accepte *approuue*, Lanoue le met à côté de *apreuue*. De même pour *esprouue* et *espreuue* (voir Thur., *o. c.*, I, 455-456). H. Estienne préfère *prouuer* à *preuuer* (*Hyp.*, 35).

Les vieilles formes se rencontrent pendant toute la première partie du siècle : *il espreuue : neufue* (Mar., II, 112); *s'espreuue : treuue* (Id., I, 70); *ils preuuent* (Farel, *Trad. d'un mand.*, 1527, Herm., *C.*, II, 56); *tu epreuues* (Du Bel., *Deff.*, II, 1, éd. Cham., p. 315. Cf. St-Gel., III, 205).

Cependant on trouve : *approuue : reprouue* (Mar., I, 86); *il esprouue* (Corroz., *Hecat.*, Le vaincueur, p. 73); *esprouue : trouue* (Pelet., *Œuv.*, 31 r°)[1].

Secourir. Palsgrave (394) condamne *sequeure*, qu'il a lu dans A. Chartier. On trouve quelques exemples de cette forme. Ainsi *sequeure : demeure* (Mar., II, 122); *sans que nul sequeure Nostre infirmité* (*Ch. hug.*, 47).

Souffrir. Meigret donne encore *il' seufret* = ils souffrent (55 r°, cf. un exemple 53 v°). Rob. Estienne : *il souffre, uel seuffre* (67); cf. Cauchie, 1570, p. 138, et 1576, p. 175.

1. Le substantif a souvent la forme *prouue* (Dolet, *II Enf.*, 29). Cf. *certaine esprouue* (Pelet., *Œuv.*, 25 v°).

Les formes en *eu* ne sont pas rares : *il seuffre* (Mar., III, 191 ; *Amad.*, I, fº VI rº) ; *ilz seufrent* (Meigr , *Off. de Cic.*, 20 et 45).

Mais *souffre* est partout : *souffre!* (Mar., II, 117) ; *ilz souffrent* (Id., III, 206), *ie souffre* (Rivaud., 77 ; Gello, *Circé*, 157), etc.

Trouuer. L'alternance est encore observée par Palsgrave ; mais Peletier (97) constate qu'on dit aussi souvent *trouue* que *treuue*. Rob. Estienne donne *ie trouue*. Tabourot et Lanoue acceptent les deux. Je ne vois guère qu'un grammairien qui ne mentionne pas *treuue*. C'est Meurier, 12 vº ; encore est-ce peut-être par oubli plus que par doctrine.

Chez Marot, il y a en foule des exemples de *treuue*. Mais aussi de *ie trouue*, II, 154 ; *tu trouues*, III, 73 ; *il trouue*, II, 156 ; *ils trouuent*, I, 94, etc., etc. Cf. : *ie trouue*, Loy. Serv., 294 ; St-Gel., I, 289, II, 146 ; Lespl., *Prompt.*, 74 ; *prouue : trouue* (Dolet, *II Enf.*, 37 ; Paliss., 15)[1].

Il y a aussi des exemples de l'analogie inverse : *treuua* (Mar., III, 247) ; *treuuer* (Nic. de Troyes, *Par.*, 203) ; *treuué* (Id., *ib.*, 77).

Florir. Aux verbes précédents, quoiqu'il ne s'agisse pas de balancement d'accent, je rattacherai *fleurir*, qui est sous l'influence de *fleur*.

Palsgrave donne *fleurir*, 458 ; de même Lanoue. Au contraire, Sylvius : *flo͡urir* (29) ; cf. R. Estienne (93), Tabourot (*Dict.*). Cauchie admet également *flourir* et *fleurir* (1570, p. 12).

La forme *florit* se trouve. Ainsi dans Marot (I, 71 ; cf. : *florissant*, II, 230) ; *flori*, Rab., Prol. du l. V, t. III, 5 ; *florissent*, Du Bel., I, 59, 118, 197 ; II, 152 ; Rons., V, 297, M.-L. ; *florit*, Pasquier, *Rech.*, l. VII, ch. 5, t. I, p. 701 A.

Mais les formes en *eu* sont de beaucoup les plus fréquentes. Ainsi chez Marot *fleurissans* (I, 13, 133 ; II, 61, 85, 98 ; III, 188) ; *il fleurist* (II, 161) ; *fleurira* (I, 78), etc... *fleurir* (Tahur., II, 192) ; *fleurissante* (Forcad., *Opusc.*, 2, v. 8).

VERBES EN DRE. — *Paindre*, *plaindre*, *attaindre*, *poindre* abandonnent les formes en *d : paindons*. Tous les grammairiens (Palsgrave, 651, Meigret, 82 rº, Pillot, 44 rº, Rob. Estienne, 62, Ramus, 105) sont pour les formes en *gn : paignons*.

Cependant on trouve encore *paindant* (Mar., II, 120) ; *paindez* (Id., I, 84) ; *Pourquoy donc vous plaindez-vous* (Lar., *Le Fid.*, a. I, sc. V, *A. th. fr.*, VI, 326) ; *Vienne quelqu'vn qui de noir atrament*

1. Ajoutons qu'on trouve quelquefois *voulent* (Rab., *Garg.*, ch. 31, t. I, p. 118 ; Dolet, *Gest. Fr. de V.*, 32).

Tainde mon corps (Lem. de Belges, *1re Ep. de l'A. vert*, *Œuv.*, III, 5).

Mais ce sont des formes qui s'en vont. Les formes en *gn* (ñ) sont partout : *ne paignez plus* (Mar., III, 42) ; *le iour poignoit* (Tahur., II, p. 11, son. 9), etc.[1].

Pondre. Palsgrave donne *nous ponnons* (601). Tous les autres grammairiens hésitent entre *ponnons* et *pondons* (Rob. Estienne, 62, Meigret, 82 r°); Cauchie (1576, 199) est plus favorable à *ponnons*, *ez*. De même Ramus (107-109)[2].

Cf. : *le gros lingot d'or qu'elle ponnoit* (Nic. de Troyes, *Par.*, 38) ; *Alcyones... qui... ponnent et esclouent leurs petits* (Rab., l. V, ch. 6, t. III, 26, le *Lexique* de M.-L. l'attribue à un prétendu verbe *ponner*) ; *leurs nids, ou ils ponnent* (Bell., I, 247, M.-L. Même erreur au *Lexique*).

Semondre. Les grammairiens donnent *semonons*. Ramus seul, qui est Picard, tient pour *semondons* (105), comme ailleurs pour *enfreindons*.

Cf. : *Nature le semonoit* (Lem. de Belg., *Ill.*, ch. 43, h 6 v°) ; *mais si tu veulx que d'aymer te semonne : Symonne* (Mar., I, 115) ; *Bacbuc les semonnoit* (Rab., l. V, ch. 47, t. III, 228) ; *Qui d'elle mesme en s'eleuant semonne : bessonne* (Rons., I, 122, M.-L.).

Soudre. Palsgrave donne *nous soulons* (438), Meigret, *soluons* (mais il mentionne *soudons*, 81 v°) ; Robert Estienne *soudons* et *soluons* (62, cf. Ramus, 107) ; Cauchie accepte *soluons* en mentionnant *soudons* (1570, p. 159).

Cf. : *Que les dieux absoullent* (Lem. de B., *Ill.*, II, 5, b. II r°) ; *dissoudant* (Paliss., 62) ; *l'vn les confessoit et absouloit* (Rab., *Sciom.*, III, 408) ; *resoulons le different* (Id., l. IV, Prol., t. II, 262).

ALTERNANCES L, Ł ; N, Ñ. — Les formes palatalisées envahissent les autres ou inversement ; et cet échange est à coup sûr favorisé en certains cas par la tendance qui pousse à confondre *ł* et *l*, *ñ* et *n*, après certaines voyelles. V. à la Phonétique, p. 274.

Cueillir. *Cueult* existe encore. *S'on ne les cueult* (Mar., II, 86) ; *le laboureur... Cueult le fruict* (Baïf, II, 129) ; *On cueult... la fleur* (Rons., III, 432, M.-L.) ; *elle cueult sur la branche* (Forcad., p. 20, v. 26 ; cf. p. 15. v. 7).

Mais *cueille* est fréquent : *lors qu'on cueille ladicte herbe* (Rab., II, 235).

1. J'ai trouvé *atteinse* dans une chanson : *Les enuoie attaquer Par Monseigneur de Vince, Afin qu'il les atteinse* (*Ch. de 1587*, Ler. de L., II, 405).

2. Les hésitations sont les mêmes pour les participes passés *ponu* et *pondu*, *res ponu* et *respondu* (cf. Meigr., 91 r°).

Falloir. Dans *falloir*, les actions sont réciproques : *ie fail* n'existe à peu près plus, c'est *ie faux* (Nic. de Troyes, *Par.*, 24; Rivaud., 89; Rab., *Garg.*, ch. 19, t. I, 72; *Pant.*, ch. 31, t. I, 371, M.-L.).

Valoir. *Ie vail* a aussi partout cédé à *ie vaux* (Palsgr., 431, 440, Du Wez, 931, Sylvius, 89, 137, Meigret, 78 v°, Rob. Estienne, 56, Cauchie, 1570, 146, Ramus, 93).

Vouloir. Pour *ie veuil*, il n'en est pas de même.

Marot emploie toujours *ie veux*, sauf une fois, dans la Préface de l'*Adolescence Clementine*. Cf. : Nic. de Troyes, *Par.*, 55, 220; Dolet, *Man. de trad.*, 3, 13, *Gest. de Fr. de Val.*, 9; Pasq., *Rech.*, l. VII, ch. 6, t. I, p. 708 A., etc.

Mais *vueil* n'est pas rare : *ie ne vueil* (Lem. de Belg., *Ill.*, II, 5, b 2 r°); *ie n'en vueil point* (Loy. Serv., 294); *ie vueil* (Marg. de Nav., *Dern. po.*, 38; St-Gel., II, 140; Tahur., II, 6, son. 1; Gello, *Circé*, 111, 116, et souv.; Forcad., p. 28, v. 15, p. 24, v. 7, etc.).

Les grammairiens montrent les progrès faits par la forme analogique.

Palsgrave dit *ie vueil* ou *ie veulx* (104, cf. 448, 617); Rob. Estienne (56-57) n'a que *ie vueil*; de même Ramus (95). Meigret au contraire se prononce pour *ie veux* (78 r°); Pillot est indécis (51 r°). De même Cauchie (1570, p. 149); mais en 1576 (p. 183-4), il a changé d'avis, il signale *ie vueil*, mais n'admet plus que *je veu*.

Au commencement du XVIIe siècle, Soulatius (30), Maupas (257) acceptent encore les deux formes. C'est Maupas fils qui rejettera définitivement *ie vueil* en 1638 (p. 238).

Les formes du subjonctif où la liquide est mouillée par le *y* se conservent cependant, et agissent sur le radical tonique ou atone de l'indicatif. Ainsi : *ne la vueillent car ne scauent l'anoncer* (Briçonn., *Let.*, Herm., *C*, I, 186).

Falloir est particulièrement atteint en raison de l'influence de *faillir*, avec lequel il se confond au présent ; *peu s'en faillit* (Loy. Serv., 346) entraîne *il le faillit aller coucher* (Nic. de Troyes, *Par.*, 261); *desirant plus qu'il ne luy failloit* (Mar., I, 124); *Pour entrer faillut que me courbasse* (Id., I, 50); *il failloit cercher* (*Marg. de la M.*, IV, 47); *il le failloit lyer de chaisnes* (Rab., *Pant.*, ch. 4, t. I, 235); *il failloit iouer des cousteaux* (Id., *Sciom.*, t. III, 403); *il ne te failloit tant arrester surmes rymes* (Du Bel., II, 261, suivent des répétitions de cet imparfait); *comme il m'en failloit eschapper* (Grev., *Les Esb.*, a. IV, sc. III, *A. th. fr.*, IV, 295); *faillut autre chose* (Palm. Cayet, *Chron. sept.*, 33, 2, 21, 2), etc.

On trouve *falloit* (Marot, I, 157); *fallut* (Id., I, 152); et même *peu s'en fallut* (Pasq., *Rech.*, l. VI, ch. 48). Mais *ll* ne représente-t-il pas ici *ł*? Les grammairiens sont unanimes à donner cette forme en double *ll*. Seulement la transcription de Ramus indique qu'il n'y a pas grand fonds à faire là-dessus. Il donne *failloit*, et dans son écriture phonétique *falloit* (p. 97). C'est donc que *ll* lui paraît traduire ici *ł*.

Les subjonctifs à radical en *ł* se maintiennent : *que ie veuille*, *que ie vaille*, *que ie faille*. Je considère *veulle*, *fale* qu'on trouve (Lar., *Esp.*, a. II, sc. V, *A. th. f.*, V, 237) comme des graphies de *ł*.

Mais la question est intéressante pour d'autres subjonctifs. *Preigne*, *tieigne*, *vieigne*, *aduieigne*, vont en effet disparaître au cours du siècle[1].

Palsgrave a *preigne* (96, 647, 746 et ailleurs). Cette forme est chez Marot (I, 165, III, 54, à la rime avec *daigne*); chez Rabelais (l. I, ch. 28, t. I, p. 111); chez Nicolas de Troyes (*Par.*, 180); chez St-Gelais (I, 149). Ce dernier dit même à l'indicatif *Aucuns preignent* (II, 155)[2].

En revanche, on trouve *prenne* dès l'époque de Marot (I, 172, 197).

Pillot (38 r°), Lentulus (57) donnent uniquement *qu'il tienne*. Cependant Farel écrit encore : *que vous le maintiegnés* (Autog., 1527, Herm., *C.*, II, 67). Cf. Rab., *tieignent*, II, 458, M.-L.

Vieigne est également chez Farel : *tellement*, *qu'en toute sainctelé... viegnés au dauant du vray espous* (Herm., *C.*, II, 65); cf. : *que ...ne vous viengnons querir* (Le loy. Serv., 323); *fault que tous Roys... vieignent la* (Rab., l. IV, ch. 53, t. II, 458).

Palsgrave le donne (395, 454, 492, 578, etc.). Pillot au contraire *ie vienne* (48 v°, 49 r°). De même Lentulus (86).

Toutefois il est bien difficile, étant donnés les témoignages que nous avons rassemblés, p. 274 et suiv., sur la prononciation de *n* et de *ñ* au XVIe siècle, de distinguer, dans cette lutte de *preigne* et de *prenne*, de *tieigne* et de *tienne*, de *vieigne* et de *vienne*, ce qui est graphie de ce qui est prononciation.

RADICAUX IMPARISYLLABIQUES. — *Manger*. Palsgrave (400) admet encore *mange* et *mangeue* (c.-à-d. *manjue*). Le second se retrouve chez J. Bouchet (*Triumph.*, f° CXXVIII r° et CXXXII r°, Ham., *o. c.*, 354), et chez Rabelais assez fréquemment (I, 20, 276; III, 340, 361, M.-L.). Ce ne sont plus que des fossiles.

1. Les vieux subjonctifs par *r* palatalisée, *quierge* (l. vulg. *kęrya*, de **quaeriam*), *demourge* (l. vulg. *demorya*, de **demoriam*) sont en complète décadence. Palsgrave écarte déjà *acquierge* (397) et *demourge* (393).

2. Cf. *affaire que montz et boys... Apreignent soubz ta voix* (Mar., I, 41).

RADICAUX DU SUBJONCTIF

J'ai signalé plus haut diverses particularités communes au radical de l'indicatif et au radical du subjonctif, j'ajouterai seulement ici quelques observations spéciales.

Doint est toujours très vivant, dans certaines locutions au moins, surtout dans les souhaits : *Dieu vous doint* (Palsgr., 393, 483 et 564; Du Wez, 919; Meurier, 27 v°; Cauchie, 1576, p. 165; cf. Marot, I, 198, 209, 212, 224, 237, etc.; St-Gel., I, 79; *Ch. hug.*, 177; *Marg. de la Marg.*, IV, 135; Gello, *Circé*, 137; Lar., *Les Esc.*, a. II, *A. th. fr.*, VI, 121).

On retrouvera ces formules jusqu'en plein XVIIe siècle : *Dieu lui doint la vie éternelle* (Loret, 7 oct. 1656, v. 214); *A qui Dieu doint bonne auanture* (Id., 29 janv. 1661, v. 119).

Mais ordinairement le subjonctif est *donne : O que sa fille vnique Donne a la republique* (Mar., I, 271-2); même quelquefois quand c'est Dieu qu'on invoque : *ie pry a Dieu qu'il vous donne richesse* (St-Gel., I, 80).

Die est dans une situation toute différente : On peut dire qu'il reste la forme normale partout (Marot, I, 57, 102, 191, etc.).

Je noterai cependant quelques exemples de *dise*, si toutefois on peut se fier aux éditions (Palissy, 33; Lar., *Les Jal.*, a. III, *A. th. fr.*, VI, 52)[1].

La forme sans *s* entraîne même des analogues d'après *bruye*, *benie*, etc. Ainsi : *rien qui les enhardie* (La Boét., *Serv. vol.*, 7); *Iesus ....nourrie et augmente vostre foy* (Farel, *Aux rel. de Ste-Claire*, Herm., *C.*, II, 65).

Voise est également en pleine vie : il est superflu d'en citer des exemples.

Mais *aille* commence à lui faire une concurrence mortelle : *il faut que ie m'en aille* (Bell., *La Recon.*, a. I, sc. IV, *A. th. fr.*, IV, 353); *voulez-vous que ie l'alle trouuer* (Lar., *Jal.*, a. II, sc. II, *A. th. fr.*, VI, 28).

Palsgrave met les deux formes sur le même plan (123-4, 410). De même Meigret (98 v°; Pillot, 50 r°; Meurier, 24 v°).

Robert Estienne n'a que *aille* (48), de même, Cauchie, 1570, 133, Garnier (72) et Ramus (85-6).

1. Cf. *occise* (Mar., I, 112) à côté de *occie* (Jod., *Eug.*, a. IV, sc. III, *A. th. fr.*, IV, 62).

LE QUE *DU SUBJONCTIF*[1]. — *Que* ne fait évidemment pas partie de la forme verbale du subjonctif, toutefois il me paraît indispensable de marquer ici que le subjonctif sans *que*, très fréquent au xve siècle, se fait de plus en plus régulièrement précéder de la conjonction. A l'exception d'A. Mathieu, qui conjugue toujours les subjonctifs sans *que : i'eusse* (*Sec. dev.*, 20 v°), *ie sois* (*ib.*, 21 v°), les grammairiens mettent presque toujours ce *que*[2], quand ils ne prétendent pas distinguer un optatif (v. plus haut, p. 156).

On trouve dans les textes de nombreux exemples où *que* n'est pas exprimé, surtout quand le subjonctif a le sens optatif, ou fait fonction d'une sorte d'impératif : *se aucuns vouloyent..., ilz sachent que I.-C. parle contre telz* (Lef. d'Et., *Préf. de l'Évang.*, 1523, Herm., *C.*, I, 137) ; *vous soubuienne de boyre a my pour la pareille* (Rab., *Garg.*, *Prol.*, t. I, 7) ; *ordinairement il s'esueilloit entre huyt et neuf heures, fust jour ou non* (Rab., *ib.*, ch. 6, t. I, 77 ; cf. 26, *Pant.*, ch. 20, t. I, 320) ; *ce que i'ay dit suffise* (Mar., I, 121) ; *plaise vous donc* (Id., I, 194) ; *iamais ie n'entre en paradis S'ilz ne m'ont perdu ma ieunesse* (Id., I, 225) ; *mais regarde nostre immitateur premierement...* (Du Bel., *Deff.*, II, 3, Cham., 199) ; *quelcun icy me porte Quelque deuot reliquaire* (*Ch. hug.*, I, 156) ; *chacun face Deuoir d'escouter mes dicts* (*ib.*, I, 118).

Encore dans Montaigne : *Ny le plus ieune refuie a philosopher, ny le plus vieil s'y lasse* (*Ess.*, I, 26, t. II, 51, n. 1) ; *Suffise vous qu'il vous oye* (*ib.*, III, 13, t. VII, p. 42), etc...[3]. Mais déjà l'usage moderne tend à prévaloir.

Au reste, la formule : *Que pleust a Dieu* est déjà usuelle (Mar., I, 169 ; III, 38, 63, 176).

FORMATION DU FUTUR ET DU CONDITIONNEL

Les verbes dont l'infinitif se termine par *r*, ou par une consonne qui nécessite entre elle et la flexion du futur ou du conditionnel l'intercalation d'un *d* (*tiendrai*), présentent toujours, comme au xve siècle, une incertitude dans la formation de ces deux temps.

On a tendance à introduire un *e*, et cette tendance se trouve d'autant plus favorisée que l'*e* se prononce moins.

1. Voir des exemples dans Benoist, *Synt. fr. entre Palsgr. et Vaug.*, 110.
2. Toutefois, il arrive à Palsgrave de l'omettre dans ses exemples : *facent les autres comme leur plaira* (417).
3. Quelquefois le *que* qui manque n'aurait pas du tout le sens de la conjonction antérieurement employée : *Bien qu'vn prince voulust darder Les flots armez de son orage Et tu le viennes regarder Ton œil appaise son courage* (Rons., 81, B. de Fouq.). Entendez : *à supposer que tu le viennes regarder* (Cf. en grec καί).

Palsgrave donne : *i'ascenderay* (438); *ie tenderay* (448); et l'on trouve : *coureroient* (Lar., *Le Fidèle*, a. II, sc. VIII, *A. th. fr.*, VI, 357); *responderez* (Rons., *Po. ch.*, de Fouq., 76); *m'attenderai ie* (Dolet, *Man. de trad.*, 38); *fonderoit* (Corroz., *Hecat.*, p. 133); *tiendera* (Marg. de Nav., *Dern. po.*, 437); *ie ne voulderoys* (Henri II, *Let.*, dans *Let. de D. de Poit.*, 219; cf. *pleynderege* (Id., *ib.*, 220).

La tendance inverse, due à la même cause, me paraît aussi forte. Les verbes en *rer* : *demeurer*, ou des verbes dans lesquels *er* est précédée d'une consonne susceptible de faire groupe avec *r*, ont toujours perdu l'*e* muet : *demourera* > *demourra*. Ce futur admis par Cauchie (1570, 127; 1576, 161) est fréquent dans Marot (I, 289, etc.; St-Gel., I, 311) ; *ie montray* (Grev., *Les Esbah.*, a. III, sc. V, *A. th. fr.*, IV, 288)[1]. Voici des exemples du même phénomène dans d'autres conditions :

Chantrez (*Ch. hug.*, I, 182); *ie demandroye* (Lespl., *Prompt.*, p. 11); *il me coustra* (Grev., *Les Esb.*, a. V, sc. IV, *A. th. fr.*, IV, 323) *bess' ra* (*Chans. c. les hug.*, 1572, dans Ler. de L., *Ch. hist.*, II, 307). Baïf transcrit *donnrę* (*Psaut.*, 37); *rachétroęt* (*ib.*, 2013); *le Siñeur me swura* (*ib.*, 2244); *me plantra* (*ib.*, 1038). François Ier écrit dans une Ballade : *conserura* (Marg. de Nav., *Let. in.*, 280).

Quand l'*e* suit voyelle, Cauchie nous avertit qu'il est indifférent de le supprimer (1570, p. 127) : « Futurum *e* breve habet, adeo ut desinentia in *er* purum videantur ipsum rejicere : discrimen enim pronunciationis exiguum est inter *ie lieray* et *ie liray* » (cf. 1576, p. 161). De même : *vous cririez* (H. Est., *Dial. fr. ital.*, I, 22).

Tout ceci, en somme, concerne plus la phonétique que la morphologie (Cf. p. 245).

DÉVELOPPEMENT DES FUTURS ANALOGIQUES. — Le retentissement de la lutte entre les divers radicaux, s'il est grand dans tous les temps, n'en trouble aucun plus que les futurs, où apparaît une mêlée confuse de formes primitives et de formes analogiques de toutes sortes.

Assaillir : assauldray et *assailleray* (Palsgr., 437); *assailliray* et *assaudray* (Maup., 248).

Cueillir : cueilliray est cité par Palsgrave (560) au lieu du vieux *cueudray*. Il est dans Du Perron, Rons., *Œuvr.*, VIII, 180, Bl.); *en* cf. *recueillirez le fruict* (Lar., *Les Esc.*, a. I, sc. I, *A. th. fr.*, VI, 99).

Faillir hésite entre *faillirai* et *faudray*. Palsgrave donne *fau-*

1. Cf. *ie descouuray* = *ie descouuriray* (Mar., I, 274).

dray (543, 571); Meigret accepte les deux (94 v°); Cauchie est pour *faudray* (1576, p. 174); A. Mathieu tient en faveur de *failliray*, en raison de la confusion possible avec *falloir* (*Sec. Dev.*, 1560, 33 r°); *faudray* est seul employé par Rabelais (*Pant.*, ch. 18, t. I, 309; l. IV, ch. 45, t. II, 428, etc.; cf. Nic. de Troyes, *Par.*, 61). Cependant, *failliray* est dans Lar. (*Espr.*, a. I, sc. III, *A. th. fr.*, V, 213); dans les *Let. miss. de Henri IV* (III, 75), etc.

Issir. A côté du vieil *ystra* (Lem. de B., 1524, *Ill.*, l. I, ch. 34, g 3 r°), on trouve *yssiroit* (*J. B. P.*, 204).

Deuoir n'hésite guère qu'entre des formes en *e* et des formes sans *e* : *deueray* (Palsgr., 650) ; *deueray* ou *deburay* (Ram., 95); on trouve cependant aussi : *doiburoit* (Rab., *Garg.*, ch. 9, t. I, 37).

Mouuoir hésite entre *mōu-ray* et *mōuue-raī* (Sylvius, 138; Rob. Est., 55; Cauchie, 1570, p. 147, et 1575, p. 182; cf. *mouuerey*, Meigret, 93 v°) ; *meuuerai* et *mouurai* (Ram., 93). L'incertitude dure encore chez Bernhard (100) et chez Maupas (257).

Voir paraît sur le point d'abandonner la vieille forme *verrai*. Ce n'est pas qu'on n'en trouve d'innombrables exemples. Mais *voirai* est aussi très répandu. Palsgrave donne *verray* et *voirray* (707), *voyrres* (553). Pillot (80 v°), Rob. Estienne (50) et Ramus (89) écrivent : *voirai*. Cauchie donne les deux (1576, p. 181). *Voirray* est tout à fait commun (Mar., I, 48, 85, 107, 108; Lespleign., *Prompt.*, 52 et souv.; Marg. de Nav., *Dern. po.*, 373, 399, 403 ; St-Gel., II, 95; Dolet, *Man. de trad.*, 33, 38; *II Enf.*, 15, 26, 96; Rab., I, 49; Du Bel., I, 168; Rons., II, 313, M.-L.).

Il ne faut pas oublier que, à cette époque, *oi* (*wè*) passe à *ę*. *Voirai*, en changeant *oi* en *ę*, s'est donc confondu avec *verrai*.

Boire. Palsgrave conjugue : *ie buueroys* (519), mais aussi : *ie buray*, *ie boyray* (529); Du Wez : *ie buueray* (933) ; Cauchie : *ie boirai, vel buurai, siue beuurai* (1576, p. 181).

Toutes ces formes existent dans les textes : *vous le burez* (Nic. de Troyes, *Par.*, 24); *ie beurai bien* (Id., *ib.*, 65); *vous beurez* (*Farce à 4 pers.*, 539, p. 154, Pic. et Nyr.); *celluy qui beuura de l'eaue* (Lef. d'Ét., *Pref. de la 2e p. du N. Test.*, 1523; Herm., *C.*, I, 161); *beuuoit* (Amyot, *Œuv. mor.*, 372 B). Comment faut-il lire les deuxième et troisième exemples ? Quelle y est la valeur de *u* ? Dans les derniers, en tous cas, il y a incontestablement un *v*. *Boyrez* est dans Vigor (*Serm. cath.*, 39).

Faire. Tous les grammairiens sont unanimes à donner *ferai*, *feroy(e)* : Palsgrave, 97-100; Du Wez, 1012; Garnier, 69; Meurier, 14 v°, 15 v°; Lentulus, 82.

Il faut noter cependant que Pillot (avec quelle intention?) se prononce pour *fairai* (43 r°) et qu'A. Mathieu, dans ses *Devis*, a toujours cette forme (*Sec. Dev.*, 19 v°, 1560).

En tout cas, l'usage semble ici contre les grammairiens, car *fairai* est assez répandu :

Fairoient (Mar., I, 104); *faira* (Dolet, *Man. de trad.*, 4); *fairas* (*ib.*, 38, etc.; *Gest. de Fr. de Val.*, p. 3, 8; *II Enf.*, p. 6, 34, 41, 44); *ie ne vous fayré* (Henri II, *Let. à D.*, 1547, dans les *Let. de D. de Poit.*, 220; cf. Scal., *Let.*, 57, 58, 69). Henri IV écrit encore en parlant de sa première messe : *Ce sera dimanche que ie fairay le sault perilleux* (*Let. miss.*, III, 821).

Avoir, savoir. — Les deux futurs de *auoir* et de *scauoir* sont, comme les autres formes de ces deux verbes, en étroite corrélation. Le XVIe siècle marque pour les deux le triomphe de la forme moderne : *sauray*, *auray* (Cf. t. I, p. 445). Barcley donne : *auray*, *aueroy* : la seconde graphie indique qu'il faut lire *v*. Sylvius est pour *g'-haûraî*, tout en notant que d'autres préfèrent prononcer par *u* consonne, et quelques-uns sans *u* : *g'-haraî* (130). Cauchie, en 1570, maintenait encore les deux formes (116), mais en 1576, il n'a plus que *aurai* (150), que Meigret enregistre également à côté de *arey* (94 r°). Bèze, en regrettant la disparition de *arai*, qu'il déclare devenu populaire, marque la date de sa déchéance probable. Le témoignage de Pillot (p. 123, n. 1) est encore plus important, car en demandant une graphie *naüra* (vulneravit), distincte de *naura* (non habebit), il prouve qu'il faut bien lire *au* et non *av*.

Arai, ara, aroit, sont encore dans bien des textes : *il y ara* (Nic. de Troyes, *Par.*, 5; cf. *aroit*, Id., *ib.*, et *tu aras*, 24); *i'arois* (Coll., *Œuv.*, 9); *tu l'aras* (Id., *ib.*, 203); *n'arés poynt de honte* (Henri II, *Let. à D.*, dans les *Let. de D. de Poit.*, 222; cf. *vous aryès* (Id., *ib.*, 220). Baïf transcrit encore fidèlement les formes en *a* dans le *Psautier* v. 38, 75, 282, 362, etc. Je renvoie, sans le citer, au calembour ordurier recueilli par Tabourot (*Bigar.*, 56 r°) avec la note : « La syllabe *au* du mot *aura* se prononce ordinairement *a*, comme qui diroit *ara* ».

Mais les formes en *au* prévalent visiblement (Mar., II, 185, 198, III, 29, 51, 121; *Marg. de la Marg.*, IV, 133, 142; Tahur., II, 199 et souv.)[1].

Sçarai suit le même chemin, tant que la forme en *v* semble désormais inexistante : *Nostre Seigneur ne vous en sçara nul mal gré*

1. Comparez : *ie scé que vous auerez receu mes lettres* (Toussaint à Farel, 21 sept. 1525, Herm., C., I, 387).

(Nic. de Tr., *Par.*, 147); *sçaroient* (Coll, *Œuv.*, 14); *vous en sçarès trèsagement vser* (D. de Poit., *Let. XCI*, Autogr., p. 161, cf. p. 223).

Il sçaura, scauroyt (Mar., II, 63, 133, 198; *Marg. de la Marg.*, IV, 129; Tahur., II, 199, 200, et ailleurs; Forcad., p. 4, v. 8, etc.).

FUTURS A CONSONNE ASSIMILÉE. — Ils vivent, mais avec des concurrents.

I'amerrai. H. Est. (*Hypomn.*, 100) le dit surtout poétique. Maupas (231) le déclare rare. *Amenront* est donné par Palsgrave (401). On a le moderne *ameneray* dans les *Sermons* de Vigor, 39.

Cherrai est donné par Palsgrave, 544; cf. Du Wez, 922; Meigret, 94 r°; Ramus, 93; Cauchie, 1570, p. 147.

Il est dans Mar., I, 75, 192; III, 206; dans Nic. de Tr., *Par.*, 233; dans Jod., *Eug.*, a. I, sc. I, *A. th. fr.*, IV, 13, etc.

Dorrai, donrai. Aux yeux de Palsgrave, *donray* est une apocope usitée en vers (392). On le retrouve dans la *Briefve Doctrine*, 1533, 15 r°; chez Cauchie, 1570, 127; 1576, 161; chez H. Est., *Hypomn.*, 100. Pour tous c'est une forme poétique de *donneray*. Lentulus ne cite que celui-ci (89).

On trouve souvent *donrai* en vers (Marot, III, 238); cf.: *mon esprit te donra intelligence* (M. de Nav., *Dern. po.*, p. 347; cf.: 117, 118, etc.)[1]. Il se conserve jusque chez Régnier (*Sat.*, IX). En prose, il est fréquent chez des écrivains comme Montluc (V, 25, *Let.*, 137; cf. *ib.*, 30), etc.

Mais chez les poètes même, *donnerai* est courant (Mar., I, 41, 151; II, 87, 177; *Ch. hug.*, 3, 1532; St-Gel., I, 232).

Lairrai est considéré comme une syncope par Palsgrave, 401 (cf. 607), par la *Briefve Doctrine*, 15 r°; comme une seconde forme par Cauchie, 1570, p. 127. Meigret, 93 r°, ne se prononce pas.

Dans les textes, il est plutôt plus fréquent que *dorrai* (Marot, I, 95, 124, 234, 239; St-Gel., II, 204; *Marg. de la Marg.*, IV, 133). *Lairrai* vivra longtemps encore.

Mais on trouve *laisserai* en prose et dans la langue courante (Nic. de Tr., *Par.*, 11; Paliss., 55, etc.). Et il est même commun en vers (Mar., I, 99; II, 146, 177; II, 177; III, 124, 226).

Orrai est donné sans observation par Palsgrave, 418, 667; cf. *orroys*, 500. Pillot le préfère à *ouyray*, 34 v°, 37 r°. Lentulus ne mentionne que lui, 62. De même H. Est., *Dial.*, II, 91. Meigret a *orrey* et *oirey*, 94 v°.

1. Il faut se défier de la prose, où l'on n'a pour se guider que la graphie: car Marguerite de Navarre écrit: *que ie donneray ordre a vos cas* (*Dern. po.*, 75), et le verbe ne compte que pour deux syllabes.

Les écrivains du siècle l'ont tous (Mar. I, 73, 163; II, 220; III, 8, 111; Marg. de Nav., 434; Forcad., p. 25, v. 22).

On trouve aussi *oyrrons*, *oirois*, tiré du présent (Mar., II, 120; *J. B. P.*, 155; Lar., *Jal.*, a. IV, sc. II, *A. th. fr.*, VI, 60; Bell., *La Reconn.*, a. III, sc. V, *ib.*, IV, 394).

Ouyrai est encore assez rare. Cependant, *s'il ouyroit* (Montl., *Com.*, V, 59; cf. P. Cayet, *Chron. sept.*, 62, 1).

Sierrai. Palsgrave écrit *sycra* (445); Sylvius, *serraî* (138); Meigret, *sęrrey* (94 r°); R. Est., *serray* (55); Cauchie de même (1570, p. 147); Ramus également (91).

En somme, à considérer ces diverses espèces de futurs, on voit à côté des formes organiques se développer des formes où l'on reconnaît l'influence de l'infinitif. Mais celle de l'indicatif présent peu à peu s'y ajoute, surtout à la première conjugaison. La chute totale de *e* sourd dans *jet(e)rai* amène le premier *e* à *é*. Dès lors *jét(e)rai* paraît tiré de *jét(e)*. Et ainsi naît une nouvelle règle de formation du futur qui a eu son plein développement dans la langue moderne : *j'aime-rai*, *je joue-rai*, *je pèle-rai*.

FORMES PÉRIPHRASTIQUES

C'est Malherbe seulement qui mettra un terme au développement des formes périphrastiques du verbe, telles que *estre attendant*, *aller priant*, *rendre assouui*, *s'en aller perdu*.

Il en est une pourtant qui me paraît vieillir dès le XVIe siècle, c'est *aller*, suivi de l'infinitif, sans idée de futur. Elle est encore tout à fait commune dans Lemaire de Belges : *A donc Mercure va dire* (*Ill.*, l. I, ch. 33, f° 8 r°); *dont la pudicque virgine ala promptement mourir sur le champ* (*ib.*, l. II, ch. 9, C 1 r°). Elle se trouve à toutes les pages dans le Loyal Serviteur. Marot l'a aussi : *Lors ce va dire vn gros paillard* (II, 78). De même Collerye : *Sur ce point elle me va dire* (*Œuv.*, 69); Bouchet : *Le Roy... le regardant va dire que...* (*Ser.*, I, 1, t. I, p. 11; cf. 12).

Elle se rencontre dans les textes postérieurs : *Mais sur ces entrefaites il se va souuenir d'vn ieune homme* (Amyot, *Œuv. mor.*, 241 H); *Il y eut vne autre femme tout aupres d'elle qui la poussant du coude luy va dire* (Cyre Foucault, *Ep. d'Arist.*, 98-99). Elle reparaît jusque dans le *Journal* d'Héroard (né autour de 1550) où elle est assez commune, et dans d'autres textes du début du XVIIe siècle.

On ne trouve plus guère non plus *venir* avec un infinitif comme dans cette phrase : *Or vient arriuer le iour de Noel* (Nic. de Tr., *Par.*, 80). C'est à peine si j'en ai rencontré quelques exemples : *quand il sçeut que Fouquet pouuoit estre bien eschauffé... il vint entrer au ieu de paulme* (Des Per., *Œuv.*, II, 53).

Faire entendant, dernier reste d'un vieux tour, se conserve, mais à l'état de locution toute faite : *a qui on fit entendant* (Nic. de Tr., *Par.*, 141) ; encore n'est-elle pas fréquente.

Cuider cède à *penser*, mais bien lentement. Il y a encore une foule d'exemples analogues à ceux que j'ai cités pour le xve siècle : *I'auoys amené icy la bande de gens de pié de Longueual pour m'en cuider aider* (Bayart, *Let. au Roy*, 1521, orig., Loy. Serv., 455) ; cette construction est très fréquente dans le Loyal Serviteur : *pour luy cuyder faire la reuerence* (82) ; *qui s'enfuyoient pour cuyder gaigner Rauenne* (326) ; *fut deuers le peuple esmeu pour le cuyder adoulcir* (J. d'Aut., *Chron.*, IV, 99 ; cf. IV, 54, 84, etc.). *Ce prisonnier, pour cuyder eschapper, proumettoit des choses si difficiles* (Marg. de Nav., *Nouv. Let.*, 212) ; *Viendroit-il point pour cuyder La Royne de mort garder* (St-Gel., III, 235) ; *Il y eut vn cappitaine de lansquenets, de gens de bien, qui eut la teste tranchée, parce qu'il cuyda tuer Monsieur de la Chesnaye..., et luy cuyda aualler le col* (*J. B. P.*, 85, cf. 108, 217) ; *laquelle si longuement meit peine a se cuyder contregarder* (*Amad.*, l. I, f[o] V r[o]) ; *sa vie, qu'il y cuida perdre* (Mont., l. III, ch. 10, t. VI, 218) ; *il cuida tuer le François qui luy faisoit cest interrogat* (Tabour., *Big.*, 70 v°)[1]. Dans les phrases principales, *cuider* au sens de *penser* vivra jusqu'au xviie siècle.

LES AUXILIAIRES AVOIR *ET* ESTRE. — Rien de décisif ne se fait encore en ce qui concerne l'emploi des auxiliaires : le choix d'*auoir* ou de *estre* ne se détermine pas sur la nature des verbes. On trouve *estre* dans des phrases comme celles-ci : *Veu les vertus dont estes herité* (Coll., *Œuv.*, 212) ; et d'autre part *i'ai sorty* (Lar., *Les Esc.*, a. v, sc. x, *A. th. fr.*, VI, 183) ; *il ne sen a quasi rien fallu* (Cord., *Corr. serm. em.*, 389 A).

Estre se conjugue toujours avec lui-même : *iamais ie n'eusse mis le pied ou vous fussiez esté* (Lar., *Les Jal.*, a. i, sc. ii, *A. th. fr.*, VI, 17) ; *sy i'en feusse eté aduertye* (D. de Poit., *Let.*, XCIV, Autogr., p. 165).

1. Je signalerai un emploi tout voisin de *vouloir* : *descendirent les Angloys en Guyenne... pour vouloir reconquester la duché* (*J. B. P.*, 161) ; *Fut faicte ladicte assemblée pour vouloir traicter la paix* (*ib.*, 104 ; cf. 172).

FORMATION DES PARTICIPES

Participes passés. — Des changements, peu nombreux, mais assez importants, se produisent.

1° *Suiure, poursuiure* prennent décidément la forme *suiui, poursuiui*. *Poursuy* est encore dans Marot (I, 139), et dans Dolet (*Gestes de Fr. de Val.*, 42). Cauchie le trouve un peu dur (1576, p. 201).

2° Les formes terminées par voyelle sont toujours, dans quelques verbes, en lutte avec les formes terminées par *t*.

Ainsi pour *cheu* et *cheut*. Presque tous les grammairiens ne mentionnent que *cheu*. Palsgrave seul écrit *cheut* (604) [1].

Le féminin est *cheutte* (*J. B. P.*, 133, 420; Coll., *Œuv.*, 95; Paliss., 60; Nic. de Tr., *Par.*, 269; Lespl., *Prompt.*, 87; *Ch. hug.*, 121). Il est évident que cette forme demeure très usuelle.

Faut-il donc croire à une différence complète entre le masculin et le féminin? c'est vraisemblable. *Cheut* au masculin n'est sans doute qu'une orthographe.

Conclu et *conclud* se trouvent également : *conclud* est dans Rabelais (*Garg.*, ch. 17, t. I, 67, l. IV, ch. 35, t. II, 395); Marot (I, 235, III, 63). Le féminin est plus rare : *la chose feut conclute* (Loy. Serv., 373).

Pour *beni*, l'indécision est extrême. Palsgrave conjugue *i'ay beny*. Il n'y a qu'à l'optatif passif qu'il garde *benoist : Benoyst soit Dieu* (457); et aussi dans l'expression *eaue benoyte* (228). Du Wez a de même *beny* et *benie* (936); Cauchie est pour *benit*, comme dans *pain benit* (1576, 177 et 201).

Dans les textes, mêmes contradictions. *Benoist* reste toujours en possession de certaines locutions : *benoiste soit l'heure ... et beneis soient tous ceulx...* (Lef. d'Et., *Pref. du Nouv. Test.*, 1523, Herm., *C*, I, 168); *l'eaue benoiste* (Rab., *Pant.*, ch. 2, t. I, 227, et *Lex.* de M.-L., I, 80; Nic. de Troyes, *Par.*, 21 (*beneite*); Mar., I, 18, 83; III, 262).

Mais *benit* est la forme générale. Elle se trouve même dans la locution : *eau beniste* (Mar., I, 32). Comparez : *O filz benitz* (Marg. de Nav., *Dern. po.*, 427); *la terre seroit benite* (Paliss., 87). On trouve aussi *benye* (Mar., III, 176).

3° Les anciens participes forts sont de plus en plus menacés par les formes analogiques :

1. *Descheut* est encore indiqué dans la grammaire de Maupas fils en 1638 (p. 238).

Mors. Palsgrave donne *mort* (456), Du Wez est pour *mors* (935); de même Meigret (89 v°), qui toutefois mentionne *mordu*, comme moins employé; Cauchie (1576, p. 198) déclare que *mordu* n'est point à imiter. Au contraire, Sylvius donne *mordu* (81), et avec lui Pillot (44 r°). Dans les *Dialogues du françois italianizé*, *mors* est appuyé de l'autorité de Marot, mais blâmé par Philausone. Celtophile déclare que *mordre* doit suivre le sort de *tordre* (I, 170).

Mors est commun dans les textes (Mar., I, 202; III, 20; Jod., *Eug.*, a. I, sc. I, *A. th. fr.*, IV, 16; Amyot, *Œuv. mor.*, 375 B).

Pont est encore chez Rabelais (*Garg.*, ch. 6, t. I, 27). Tous les grammairiens sont pour *ponu* (Palsgr., 601, 473; Ramus, 107-109; Meigr., 91 r°) ou *pondu* (Cauchie, 1576, 199; cf. plus haut). Et cependant d'Aubigné s'en servira encore (*Trag.*, l. VII, Read, II, 168).

Rescous encore donné par Palsgrave, 687, et Cauchie (1570, 159), (1576, 200), se trouve chez Ronsard, VI, 322; Baïf, I, 183; IV, 388, M.-L.; Rivaudeau, 58, etc.

Resoultes est encore dans Paré, V, 19; on le retrouvera jusque dans Hardy, *Alceste*, V, 575. A *resoult* Rabelais préfère *resolu* (II, 54, 70, M.-L.).

Tins. Palsgrave ne donne déjà que *tenu* (586). De même, Sylvius (84), Du Wez (935), Meigret (91 v°), Pillot (38 r°), J. Garnier (83); Lentulus (57); Cauchie se souvient d'avoir lu quelque chose de plus barbare que le passé *ie teni*, c'est *i'ay tins* (1576, p. 175).

Mais Maupas (247) et Du Val (233) donnent encore les deux formes. On trouve encore *tins* ou *tint* dans de nombreux textes, et jusque dans Regnier, *Sat.*, VI.

Tors et *tort* n'ont plus qu'un reste de vie. Cauchie recommande encore formellement *tors* en 1576 (198). Dans les *Dialogues du françois italianizé*, il est défendu par Marot, blâmé par Philausone, autrement dit peu courtisan; Celtophile se prononce pour lui (I, 170). Ph. Garnier s'en souvient encore en 1618 (100). On trouve tantôt *tors* (Rons., *Po. chois.*, B. de Fouq., 85), tantôt *tort* (Vauquel., *A. poet.*, III, 151)[1].

C'est la forme en *u* qui gagne surtout[2].

1. Il y a lieu d'ajouter que *recouuert* et *recouuré* commencent à se distinguer. On trouvait dans les textes l'un pour l'autre : *avec vostre aide ie l'ay recouuerte* (St-Gel., III, 194); *ainsi i'ay recouuert l'instrument du moine au lieu du mien* (Nic. de Tr., *Par.*, 159); *Le moyne luy disoit... comment il auoit recouuert les pelerins* (Rab., *Garg.*, ch. 45, I, 166; cf. d'autres ex. au *Lex.*, M.-L., II, 134-5).

A la vérité, la confusion s'étendait aux autres formes. Meigret avertit ses lecteurs que ce sont deux verbes, 84 v°, cf. Cauchie, 1570, 135; H. Est., *Dial.*, I, 156.

2. *forclos* subit l'influence de *inclus*, *exclu(s)*; *forclus* n'est pas rare : Rab., l. III, ch. 33, t. II, 162, 287; Dolet, *II Enf.*, 41; Jod., *Eug.*, a. IV, sc. II, *A. th. fr.*, IV, 59); Sylvius l'accepte, 141, mais non R. Estienne, 62. Cf. *forclurre*, *reclurre*, Maup., 263.

Eslu tend à remplacer *eslit*, encore très commun : *l'ay eslite* (Coll., *Œuv.*, 179; cf. *Ventes d'amour*, dans le recueil de Montaigl., VII, 21 ; Mar., III, 83, 207). Mais *eslu* est le titre officiel dans les élections, et constamment il empiète sur la forme concurrente : *le Seigneur pour sienne l'a esleue* (Mar., I, 92; cf. Dolet, *Man. de trad.*, p. 6 ; Rab., l. IV, ch. 62, t. II, 490).

Sentu est dans Palsgrave (670), Du Wez (935); H. Est., *Dial. du fr. ital.*, I, 170) dit que c'est une faute commune.

Il se lit dans Nic. de Tr. (*Par.*, 157 ; cf. *consentu*, 158), dans une *Let. du Cons. de l'arch. de Lyon*, 23 janv. 1525, Herm., *C.*, I, 324, Paré, IV, 34.

Tondu, cité par Sylvius, 81 ; H. Est., *Dial. fr. ital.*, I, 211, est dans les textes (Pasq., *Rech.*, l. VIII, ch. 7, t. I, p. 775 B)[1].

En revanche, *boullu* est remplacé par *bouilly* (Rab., *Pant.*, 28, t. I, 353, l. IV, ch. 59, t. II, 478 ; Paliss., 45)[2].

1. Comme autre type de l'analogie on peut citer *requeru* (Farel, 1531, Herm., *C.*, II, 373).

2. Je ne tiens pas compte de rimes comme *reueny : banny* (*Ch. hug*, 168).

CHAPITRE VII

LES MOTS INVARIABLES

1 — ADVERBES

ADVERBES EN *MENT*

L'assimilation aux adjectifs du type *bon*, *bonne*, de ceux qui n'avaient pour le masculin et le féminin qu'une forme, devait naturellement entraîner une reformation des adverbes correspondants. Tant que *grant* était au féminin *grant*, l'adverbe dérivé était *gramment*; du jour où *grand* faisait *grande*, l'analogie entraînait un adverbe *grandement*,. Elle se serait vraisemblablement exercée sur tous les adverbes du type *gramment* si tous les adjectifs correspondants avaient à la fois changé leur féminin : mais comme je l'ai montré, il n'en fut rien. Dès lors, commence pour les adverbes une période d'hésitation qui dura très longtemps.

Bien avant le XVIe siècle, il y a, surtout pour les adverbes usuels, des exemples de reformation. Littré relève *tellement* au XIIIe siècle, dans *Berte* (laisse 19, 47) ; de même *fortement* (*ib.*, l. 9). *Meschantement* est dans le *Troïlus*, p. 277.

En moyen français, les formes nouvelles se font assez nombreuses : *souptilement* (Ch. d'Orl., II, 19) ; *egallement* (*Mist. V. Test.*, 34508, 35605), à côté de *egaument* (*ib.*, 6058); *loyallement* (*ib.*, 11322, 37859), à côté de *loyaulment* (*ib.*, 10802, 11506, 13549, etc.); *prudentement* (*ib.*, 33070, 35378); *royallement* (*ib.*, 33269); *reallement*, m. s. (*ib.*, 36207, 47337, 9901, 12621, 13149, etc.), à côté de *reaument* (*ib.*, 47860). Cependant chez les écrivains de cette époque, c'est encore très nettement l'ancienne forme qui prévaut.

Au XVIe siècle, l'opinion des grammairiens varie, suivant les diverses classes d'adjectifs. Pour les adjectifs en *al* ou en *il*, la forme nouvelle est généralement reçue; Du Wez, qui conserve *cordialment* et *realment*, les croit tirés du masculin (925); c'est la preuve que ce sont là des exceptions, et que dans l'usage courant les adverbes de cette catégorie ont déjà subi la reformation.

C'est sur les adjectifs en *ant* et *ent* que le débat va porter : débat d'autant plus indécis que les adjectifs et surtout les participes hésitent, au féminin, entre *ant* et *ante*.

Des primitifs en *ant* on tire des dérivés en *amment* : c'est la règle que donnent Palsgrave (798), Sylvius (146-147), Du Wez (925), Rob. Estienne (79). Toutefois plusieurs voient dans *elegamment*, *abondamment*, *vaillamment*, *ignoramment*, une syncope pour *elegantement*, *abondantement*, etc. ; ainsi Garnier (89), Cauchie (1570, p. 198) qui pose du reste l'une à côté de l'autre les deux séries de formes; *amment* est bien entendu prononcé *āment*.

Pour les adjectifs en *ent*, Palsgrave admet les deux formations *prudentement* et *prudemment*, *violentement* et *violemment*, *consequentement* et *consequemment*. Pillot (73 r°) donne sans autre explication *prudemment* comme paradigme. Garnier et Cauchie traitent la question sans la distinguer de la précédente.

Il est superflu, alors que M. Vaganay publie, dans la *Revue des Études rabelaisiennes*, t. I et II, une liste très complète d'adverbes en *ment* du XVIe siècle, de donner des exemples qu'on pourra trouver là à foison. Les documents qu'il a rassemblés témoignent que, pour toutes les séries autres que *antement*, *amment*, le choix de la langue est décidé. Les adverbes sont en rapport avec la forme nouvelle des adjectifs : les exemples contraires se rencontrent encore très longtemps; mais les adverbes nouvellement forgés sont tous du type nouveau : ainsi *coniecturallement* (Rab., II, 208) ; *coniugallement* (Mont., IV, 275); *homocentricalement* (Rab., l. III, ch. 22, t. II, 109); *mammallement* (Id., *Garg.*, ch. 7, t. I, 30), cités par M. Vaganay.

ADVERBES TIRÉS D'ADJECTIFS TERMINÉS PAR VOYELLE. — Après ce que j'ai dit à la Phonétique de l'*e* muet dans des adverbes tels que *aiseement*, je n'ai pas à insister ici sur la question. La plupart des grammairiens du XVIe sont pour cette forme : Palsgrave (799), Rob. Estienne (79). Cauchie cependant, en 1570, p. 198, se prononce pour la forme sans *e* muet ; en 1576, p. 236, il revient à la question pour affirmer de nouveau que l'*e* ne s'entend pas, quoiqu'on en tienne compte en vers. Lanoue (Thur., *o. c.*, II, 585) déclare que *aiguëment*, *nuëment*, *incongruëment* se prononcent sans l'*e*, avec allongement de l'*u*. Il ne s'agit donc en vérité que d'une question de rythmique et d'orthographe. On peut voir par les grammairiens eux-mêmes combien l'hésitation orthographique est grande. Palsgrave écrit *aisement* (441), et plus loin *assureement* (799) ; Meigret : *separément* (129 r°) ; Pillot : *assurement* (71 r°), *moderement*, *temperement* (74 r°), mais *nommeement* (73 r°); Rob. Estienne : *assureement* (77) ; H. Estienne, *priuement* (*Dial. du fr. ital.*, I, 20), *infiniment* (I, 117); Lentulus, *separeement* (108, 111).

La liste publiée par M. Vaganay montre les mêmes hésitations orthographiques : *aiseement* et *aisement*, *communeement* et *communement*, *desmesureement* et *desmesurement*, *effronteement et effrontement*, *hardiement* et *hardiment*, *gouluement* et *goulument*. Ajoutez *infiniement* (Tabour., *Big.*, 42 r°), *estourdiement* (Id., *ib.*, 160 v°).

LES ADVERBES ET AUTRES MOTS EN S

Une question se pose au XVIe siècle, qui intéresse non seulement les adverbes, mais encore les conjonctions et les prépositions : c'est celle de *s* finale [1].

Certes, d'après les grammairiens, prenait cette *s*, qui d'ailleurs se prononçait : cf. Rob. Estienne, 77 ; Pillot, 70 v°, Garn., 96 ; Cauchie, 1570, 194 ; 1576, 232 ; Du Val, 262 ; cependant Sylvius (152) donne *certè*. Lanoue ajoute que, pour les commodités de la rime, il est licite de retrancher *s*. Nous en reparlerons au XVIIe siècle.

Encores garde très souvent *s* finale même en prose ; les grammairiens sont partagés : Palsgrave (858) donne les deux formes *encore* et *encores*, mais ailleurs (879) il semble restreindre l'emploi de *encor* et *encore* à la poésie. Sylvius est pour *encorè* (157) ; Pillot hésite entre *encore* (69 v°) et *encores* (104 v°) ; aussi Ramus : *encore* (121), *encores* (117). D'après H. Estienne (*Hyp.*, 72), *encore* s'emploie devant consonne, et *encores* devant voyelle.

Cette indécision se retrouve chez les auteurs. Marot emploie indifféremment *encor* (I, 35, III, 15, 39, 65, etc.), *encore* (III, 264, etc.) et *encores* (I, 27, 32, 37, III, 36, 50, 61, 88, 209, 222, etc.). La forme *encores* se rencontre chez Rabelais (*Lett. et doc.*, III, 361), chez Du Bellay (I, 9), chez Dolet : *Noz forces ne sont encores bien attainctes au vif. Les Francoys n'ont encores soustenu...* (*Gest. de Fr. de Val.*, p. 30). *Encores maintenant* (Id., *ib.*, p. 45).

Gueres et *nagueres* conservent aussi assez longtemps leur *s* finale : cf. Palsgrave : *guayres* (855, 147 et passim), et *naguayres* (807); Pillot (66 v°); Rob. Estienne : *nagueres* (72), de même

1. Cf. Thurot, o. c., II, 58 et suiv.

Cauchie (1570, 191; 1576, 240); cependant Sylvius donne *n-hat ᵘgaîre* 144), et Rob. Estienne *guere* (73), comme Tabourot.

Dans Marot (III, 194) : *gueres* rime avec *legeres* (cf. II, 149, 160; et Ronsard, III, 292). On trouve cependant la forme sans *s* (Baïf, IV, 170; Rons., II, 221, M.-L.). En prose, l'orthographe par *s* est courante chez Rabelais, I, 139, 215, 376; cf. Des Periers, *Œuv.*, II, 53; Amyot, *Œuv. mor.*, 11 B.

Iusques se trouve au XVIe siècle sous les deux formes *iusque* et *iusques*. Palsgrave donne exclusivement *iusques*, aussi bien devant consonne (826, 827) que devant voyelle (434, 797, 856). Du Wez écrit *iusques* (926), Sylvius *i-usquè* (156-157). Je relève chez Meigret *iuqes a* (118 v°). Pillot donne côte à côte *iusque* et *iusques* (60 v°). Meurier (*Br. Inst.*, 43 r°), Ramus (120), Lentulus (109) sont pour *iusques*. Rob. Estienne admet l'un et l'autre (84). Cauchie mentionne : *iusques a la fin* ou *iusqu'a la fin* (1576, 223). Dans la même édition (290) il se déclare pour *iusques a*, sauf devant *ici*, « euphoniae gratia ». H. Estienne (*Hypomn.*, 197-8) reprend cette doctrine, en la complétant : on ajoute « euphoniae causa » *s* devant voyelle : *iusques a ma maison*, mais on dit sans *s* : *iusque chez moi*, usage qu'il rapproche de l'alternance ἄχρι, ἄχρις, μέχρι, μέχρις du grec. Cf. Rab., *Pant.*, ch. 1, t. I, 220; l. III, ch. 3, t. II, 26; *ib.*, ch. 7, *ib.*, 44; Mont., l. I, ch. 14, t. I, p. 68; l. II, ch. 12, t. IV, p. 37.

Mesmes peut dès lors s'écrire avec *s* ou sans *s*. Palsgrave donne *mesme* (830) et *mesmes* (835, 840), Meigret aussi (61 v°); Lanoue : *mesme*. Cependant la forme *mesmes* semble plus fréquente. Cf. Marot, II, 116, 199, III, 182, 204, etc.; Rab., l. IV, ch. 29, t. II, 372; Du Bellay, I, 8; j'en reparlerai au XVIIe siècle.

Presques. Palsgrave donne la forme avec *s* (516, 830 et passim). Meigret (127 r°), Pillot (98 r°) et Rob. Estienne (95) sont pour *presque*; de même Cauchie (1576, 240). Ramus était pour *presques*. Lanoue admet les deux formes.

Adjectifs et adverbes. — J'ai longuement expliqué ailleurs les rapports et les différences qui empêchent l'adjectif de s'employer partout indifféremment pour l'adverbe (*Doctr.*, 359-362).

Il faut le reconnaître, la distinction n'a pas été toujours bien marquée. Au XVIe siècle, les grammairiens ne s'en occupent guère; R. Estienne se borne à mentionner qu'on dit *vite*, *soudain* pour *soudainement* (71). H. Estienne essaie surtout d'expliquer des tours comme *il parle gras* ou *il sent mauuais* (Cf. *Conform.*, p. 21 et 26)[1].

1. Cf. *tenir bon* (Mar., II, 96); *piquer dru* (Id., II, 141); *respondre franc* (Id., II, 133); *vendre bon* (Yver, dans Darm. Hatzf., *Le XVIe s.*, p. 578).

Cauchie cherche cependant à distinguer pour le sens *mal* de *mallement* (1576, p. 241), *pire* de *pirement* [1].

Pour l'usage qu'en font les auteurs, on verra une note intéressante de M. Laumonier, dans la *R. h. l.* (XI, 465, n. 4) où les façons de parler si communes des poètes : *Tu paueras espais* (Rons., II, 200, Bl.) ; *Pan trepignant menu* (Id., *ib.*, 347) ; *leurs voix frappoient aigu les rochers* (Variantes de la *Franc.*, 1573, f° 6 r°) sont rapprochées des adjectifs composés de même, tels que *doux-fleurant.*

Formes archaïques. — Un très grand nombre de formes adverbiales vieillissent [2]. J'en citerai quelques-unes :

A l'heure pour *alors* est encore assez commun pendant tout le siècle (Mar., II, 216 ; *Amad.*, f° XX v°) : *A l'heure ceulx du chasteau crierent au portier qu'il fermast la porte ; Ce que a l'heure vous demandiez* (Marg. de Nav., *Let. in.*, 188) ; La Pléiade en a beaucoup usé : *A l'heure, de honte, a l'heure, Mignon, ton petit œil pleure* (Rons., VI, 346 ; cf. *Lex.* de M.-L., II, 344) ; *eu* est tout proche de ǫ (*ou*).

Asteure, *asture*, forme parlée de la locution *à cette heure*, doit être rapproché du précédent. Il est, à la fin du siècle, particulièrement usuel chez les Gascons, comme l'a montré Lanusse (*Dial. gasc.*, 285-7). Mais il n'a rien de gascon, quoique Pasquier ait jugé que malaisément Montaigne lui donnerait vogue (*Let.*, liv. XVIII, l. I, t. II, p. 515). Cf. Mont. : *si i'estois asture forcé de choisir* (l. III, ch. 8, t. VI, p. 82 ; ch. 6, t. VI, p. 59 ; ch. 9, t. VI, p. 189, etc.).

Nicot l'écrit *astheure*, en expliquant sa formation, et Duval le considère aussi comme une syncope poétique (*Esch. fr.*, 261). Ni Monet ni Oudin ne le conservent. On le retrouvera écrit jusque dans les *Opuscules tabariniques : ie me contente pour asture* (Tabarin, *Œuv.*, II, 385). Dans la langue parlée, il ne s'est jamais perdu.

Antan. Sylvius disserte sur ce mot : « *ante*, *ant*, rarum nisi in hoc composito *anten*, id est anno superiore proximo, quasi ante annum hunc. Unde *antenois antenoise*, id est bimus, a, um de ovibus et vitibus. Et ab eo aliud *deuant anten* : quasi ante annum superiorem dicas, pro tertio abhinc anno » (154). Cauchie est repris par H. Estienne pour avoir accepté la forme *antem* (191) qu'il change

1. Palsgrave ne voulait pas de *pirement* (798). Il est cependant chez ses contemporains : *Doncques ma fille, dit Celestine, tu n'es pas trop pirement* (Nic. de Tr., *Par.*, 260).

2. La liste d'adverbes de Ramus est curieuse : elle est tout à fait archaïque (116 et suiv.).

en 1576 en *antan* (p. 229). Mais H. Estienne accepte le mot lui-même (*Hyp.*, 102 et 208).

Il est chez Rab. (l. V, ch. 44, t. III, 70), *entan* (*Garg.*, ch. 2, t. I, 13), *antan*; chez N. du Fail (*Prop. rust.*, *Œuv.*, I, 17), dans la Pléiade (Baïf, III, 21 et 376, n. 8; chez Despériers, I, 96, 133).

Mais il n'est plus chez Nicot, Maupas ne l'a pas, Monet non plus.

Anuyt est encore dans Marot, II, 85, et même J. Godard, *Les Desguises*, III, 8.

Atant est chez Marot, II, 139; chez Rabelais, *Pant.*, ch. 20, t. I, 320, l. III, ch. 43, t. II, 206, etc. Ronsard l'a affectionné, III, 343; IV, 333, M.-L. Comparez Amyot, *Œuv. mor.*, 7 v°.

Il est dans Maupas, 343, dans Nicot et dans Monet. Balzac l'emploiera comme archaïsme : *A tant* (*pour user des termes de M. le cardinal d'Ossat*) *ie vous donne le bon soir* (Balzac, liv. I, *Lett.* 16). La Fontaine s'en sert dans ses Contes (IV, 353; V, 406).

Ci s'employait au commencement du XVIe siècle dans toutes sortes de locutions adverbiales, dont quelques-unes nous sont restées : *cy-deuant* (Mar., II, 106); *cy-dessoubz* (Id., II, 222, 236); *cy-entour* (St-Gel., II, 168).

Mais il s'employait en outre librement en concurrence avec *icy* : *les corps humains que i'ay cy declairez* (Mar., II, 227)); *cy entrez vous* (Rab., *Garg.*, ch. 54, t. I, 197).

Dans le cours du siècle, il cède à *icy*. Meigret dit : *icy* est communément plus usité; *ci* n'est usité qu'avec infinitifs et participes, sans préposition devant le verbe : *il a ci esté*, *il est ci venu*, avec la préposition *par* après le verbe : *le roi passera par ci* (127 v°, 128 r°). H. Estienne constate moins explicitement *ci* = *ici*, « quod frequentiore in usu est ».

Oudin (261) professera qu'il ne se construit guère absolument, mais seulement après des adjectifs et des pronoms démonstratifs, en outre dans la vieille façon d'écrire : *cy gist*. Dès ce moment, le rapport entre *ici* et *icelui*, etc., cesse d'exister, si bien que l'adverbe se maintient, pendant que les pronoms disparaissent.

Encependant, encore commun chez les poètes de la Pléiade (Voir *Lex.*, M.-L., II, 345), vieillit à son tour dans la seconde moitié du siècle : « Je dirai plutôt *cependant* que *encependant* », dit Malherbe (F. Brun., *Doctr.*, 261). Maupas ne mentionnera que *cependant* et *ce temps pendant* (*Gramm.*, 343). L'adverbe n'est ni dans Nicot, ni dans Monet, ni dans les *Phrases* de Oudin.

Endementiers est employé par Du Bellay au lieu de *encependant*, par affectation d'archaïsme[1].

Ennement, dont on trouve des exemples au xve siècle (*Farce de Mimin;* cf. *Anc. th. fr.*, II, 346,) employé encore par Collerye (64, G.), disparaît au xvie.

Ens, que Ramus cite encore, devient rare, sauf dans des locutions : *ioye prenons comme vous ens et hors* (Bouchet, *Le Chappelet des Princes*, G.). Les grammairiens ne donnent que les composés : *ciens*, *liens* (Palsgr., 143 ; Sylvius 84 ; Rob. Est., 75) ; et Palsgrave fait observer que le simple n'est plus en usage.

Nicot l'a trouvé dans le langage administratif *faire venir les deniers du Roy ens*. Il l'explique en ajoutant qu'il se retrouve dans *cy ens*, et qu'on use surtout du composé *d'ens* et *dedens*.

Entour, employé comme adverbe chez Commynes et dans Saintré, ne se rencontre plus guère comme adverbe que chez Rabelais (*Garg.*, ch. 22, t. I, 84; *ib.*, ch. 34, t. I, 130).

Enuis vieillit, mais seulement à la fin du siècle. Maupas le citera encore dans la locution *bien enuis* (*Gramm.*, 1607, p. 361) : *vn tel est si coustumier de mentir que bien enuis le croit-on, voire quand il dit vray* (*ib.*, p. 129).

Il est encore commun chez les écrivains du second tiers du siècle : H. Estienne, *Precell.*, 218, Feugère le cite dans un proverbe, Montaigne : *à escrire, i'accepte plus enuis les arguments battus* (l. III, ch. 5, t. VI, p. 8; cf. l. I, ch. 14, t. I, p. 87; l. III, ch. 9, t. VI, p. 201 ; l. III, ch. 9, t. VI, p. 146) ; chez Ronsard (I, 186, M.-L.). Il est dans Nicot et dans Monet.

Espoir, au sens de *peut-être*, se trouve encore dans la *Preface du Dict. fr. latin* de R. Estienne (1539), mais il meurt au xvie siècle.

Hors, adverbe, se restreint à quelques emplois : *issir hors* (Rab., *Garg.*, ch. 57, t. I, 206); *tout le monde sortit hors* (Id., *Pant.*, ch. 7, *ib.*, 245; cf. l. V, ch. 26, t. III, 107)[2], et à la locution *en hors : de Romme en hors je tiens et regente ma maison* (Mont., l. III, ch. 9, t. VI, p. 170) ; *les fumiers qui se feront de Noël en hors, seront serrés pour les bleds hyuernaux* (O. de Serres, 102, L.).

Ila (cf. *icelui*, *itel*) est accepté par Sylvius (141), Pillot (57 v°), Rob. Estienne (76) et Ramus (118). Mais Meigret (127 r°) dit : « Le bon courtisan le laissera au peuple de Paris. » H. Estienne confirme

1. « I'ay vsé de *endementiers* pour *en ce pandant* » (Du Bellay, I, 137) : *endementiers l'Aurore se leuoit* (346).

2. *Mettre hors* (Montaigne, l. III, ch. 6, t. VI, p. 45 ; Nicot) est encore dans Molière (*Tart.*, V, 4), dans Bossuet (*Règl. pour les filles de la propagat.*, I, 3, éd. Lach., XVII, 287), etc...

qu'il est vulgaire (*Hyp.*, 183; cf. Cauchie, 1576, p. 226). Belleau l'a employé : *que cerchez-vous illa* (I, 133). Je le trouve encore mentionné par Duval (*Esch. fr.*, 262).

Illec vit plus longtemps. Commun chez Jean Lemaire de Belges (*Ill.*, II, 9, C i r°) et chez Marot (I, 52, II, 74, III, 157, 174, 195, 202, 237); employé par Seyssel (*Suc. Al.*, 12 v°); Dolet (*II Enf.*, 72), Rabelais (l. V, ch. 47, t. III, 226, M.-L.); Des Périers (*Lysis*, 14, *Poésies*, 142, Lex. de Frank et Chenev.); Noël du Fail (*Prop. rust.*, 20); il se retrouve chez Pasquier : *pour illec faire conuenir le peuple* (*Rech.*, l. VI, ch. 46, t. I, p. 675 C); chez L'Estoile : *Le cœur du feu roi Charles fust porté aux Celestins de Paris... et illeq inhumé* (*J. H. III*, p. 39, I). Toutefois, il est déjà noté comme populaire par Meigret (*Gramm.*, 127 r°) et Henri Estienne (*Hyp.*, 210) reprend Cauchie de l'avoir donné (1570, p. 189). Il sera cité comme vieux par Nicot. « Les anciens, dit-il, en vsoient a tout propos; mais les auteurs modernes ne l'ont en si frequent vsage. Ains au lieu de *illec* vsent de cet autre adverbe : *là*[1]. »

Ius est donné par Palsgrave (825) : *Pallas ne voulut mettre ius sa chemyse. Mets ius ton ignauité ruralle*, etc.; *Ne prinssiez pas la peine de mettre ius* (Lem. de B., *Ill.*, Maresch., 1524, l. I, ch. 33, f. 8 r°); *Ruer ius* (Mar., I, 136, II, 106, III, 129, 159, 181); *mirent ius* (St-Gel., II, 167); *mets ius tes Dieux* (Du Bel., I, 384); *craignit qu'on mist ras, ius, bas, mat l'empire* (Rab., *Garg.*, ch. 2, t. I, 13, M.-L. Cf. l. IV, ch. 33, t. II, 387, et Seyssel, *Suc. Al.*, 12 v°). Mais il ne sort guère de ces deux expressions. (Cf. *ius la.*)

L'autrier (*autrehier*) est encore dans Marot (II, 95, 188); dans Baïf (I, 103).

Il disparut sans être condamné par personne (il n'est ni dans Maupas, ni dans Nicot, ni même dans Cotgrave).

Leans (pour les grammairiens, cf. à *ens*) est commun pendant tout le siècle : *plus grande enuie de loger leans qu'il n'auoit par deuant quant il ouyt parler de la grande beaulté de l'abbesse* (Nic. de Tr., *Par.*, 168); *Don Louys, ayant sceu qu'il s'estoit allé ietter leans* (Brantôme, *Grands Cap.*, V, p. 108); *leans y a de petits, grands, secrets, moyens* (Rab., l. V, ch. 13, t. III, 211); *gens de bien, Dieu*

1. Maupas (341) le mentionnera encore, ainsi que Duval (262), mais Sorel déclarera que personne ne comprend plus ce mot (*Disc. sur l'Ac.*, 1654; dans Livet, *Hist. de l'Ac.*, I, p. 470, cf. Oudin, 263). Furetière le rappelle comme « vieux mot », hors d'usage, excepté dans le style marotique (cf. Ménage, *Req. des Dict.*). En fait, il n'est guère employé au XVIIe siècle que par La Fontaine et es burlesques, p. ex. Loret, 14 janv., 28 janv., 18 fév., 7 av., 26 mai, 23 juin, 26 oct. 1652; cf. Scarr. Virg., *Œuv.*, II, 121.

vous doint de leans bien tost en santé sortir (*ib.*, l. V, ch. 11, t. III, 45); *leans caché est amour gracieux* (Amyot, *Œuv. Mor.*, 9 E; cf. 28 D); *entrez leans : la seruante de leans* (Lar., *Jal.*, a. III, sc. v et vi, *A. th. fr.*, VI, p. 56)[1].

Nicot renvoie à *liens*. *Leans* est dans Maupas, 341, dans Bernhard, 124; Oudin ne l'a pas mis dans ses *Phrases*, et dans sa *Grammaire*, 26, il dit : *leans* est antique et hors d'usage.

Main (= matin) n'est plus qu'un souvenir, que Sylvius (142) et R. Estienne (72) rappellent encore.

Mesouan est extrêmement rare. On le trouve cependant chez Rabelais (*Garg.*, ch. 39, t. I, 147).

Parenuers n'est pas français, suivant Henri Estienne (*Hyp.*, 211).

Piece est encore mentionné comme adverbe de durée par Palsgrave (*bonne piece*, 144), mais disparaît au XVIe siècle : *ie n'en serois en piece marry* (Rab., I. IV, Prol., II, 253); *quant aux oracles il est certain que bonne piece auant la venuë de Iesus-Christ ils auoyent commencé à perdre leur credit* (Mont., l. I, ch. 11, t. I, p. 51).

Pieça était encore commun au XVIe siècle. Ronsard l'emploie : *Pieça ne vois homme* (VI, 278; cf. 289), et Montaigne aussi : *la fortune... a... pieça fait perdre ces histoires* (l. I, ch. 40, t. II, p. 194; cf. Forcadel, p. 14, v. 31).

Cependant, il commençait déjà à vieillir; H. Estienne était obligé de le défendre contre des contemporains qui trouvaient qu'il sentait trop sa place Maubert (*Conform.*, p. 8 et 10).

Maupas le met dans sa grammaire, p. 343; Nicot en explique l'origine sans faire aucune réserve.

Oudin n'accepte plus ni *pieça* ni *des pieça* (268). D'après Sorel (*Disc. sur l'Acad.*, 1654, dans Livet, *Hist. de l'A.*, I, 470), personne ne le comprend plus. Et ce témoignage est confirmé aussi bien par les railleries de la *Requête des Dictionnaires* que par une lettre de Costar (1658, t. I, 638-639) à laquelle on comparera une lettre de Balzac (*Let. chois.*, 1647, p. 70).

Tresque, que H. Estienne trouve dauphinois et qu'il emploie lui-même à plusieurs reprises (*Dial. fr. ital.*, I, 184, 272, etc.), devient de moins en moins fréquent. Il est dans Rabelais : *Il nous fist tresque bon recueil* (l. V, ch. 2, t. III, 14, M.-L.); *soyez les biens, les plus, les tresques bien venus* (Id., *ib.*, ch. 19, t III, 73).

1. La Fontaine l'emploiera dans ses *Contes* : *Et n'étoit bruit qu'il se trouvât leans Fille qui n'eût de quoi rendre le change* (IV, 489); *L'épouse de leans* (V, 30; cf. V, 399, 401, 405, 411; IX, 104); et Scarron : *On nous eût fait mettre leans* (*Virg.*, I). Cf. Loret, 15 oct. 1650, 12 mars 1651, 5 oct. 1651. 7 av. 1652. etc.

Tretous, tretout est populacier, dit H. Estienne (*Hyp.*, 210), quoique cité par un grammairien.

Toutes voies ne dépasse guère le commencement du XVIe siècle. On le rencontre encore chez Lemaire de Belges (*Ill.*, l. I, ch. 35, g 5 r°).

DISPARITION D'ANCIENS SENS

Quelquefois, sans disparaître, les adverbes perdent un ou plusieurs sens qu'ils avaient antérieurement.

Comment est encore quelquefois au XVe siècle l'équivalent de *comme* et se place devant le deuxième terme de comparaison. Ainsi : *i'estoye ainsy Mignon comment cest enfant sy* (*Farce du Franc Archier, A. th. fr.*, II, 331); cf. *Escoutez, ma mère, ie truynte Comment un pinçon ardenoys* (*Farce de M° Mimin, ib.*, 356). C'est un emploi qui disparaît au XVIe siècle.

(Sur *comme* et *comment* interrogatifs, voir au XVIIe siècle.)

Mais, au sens de *plus, plutôt*, se maintient encore longtemps. Rabelais en use souvent : *allons boire. Mais repaistre* (l. V, ch. 5, t. III, 24); *Troubler ainsi le seruice diuin? Mais : (dist le moyne) le seruice du vin* (*Garg.*, ch. 27, t. I, 105); comparez *mais bien* : *O corps celeste et digne d'vn autel... Mais bien d'vn lict* (St-Gel., II, 100).

Cependant, peu à peu ce sens ne se retrouve plus que dans la locution *n'en pouuoir mais*.

Si était encore très usuel au XVe siècle au sens de *et* : *si conuint que tous ceulx de lempire qui de luy tenoyent y fussent. Si que Virgille et ses compaignons et grant foison de ces parens y fussent. Si vint Virgille deuant l'empereur* (*Faits merv. de V.*, A 4 v°).

Au XVIe siècle, le sens adversatif prévaut : *encor qu'il y faille de l'heur et de la prosperité, si est-ce chose dont l'homme par nature peut bien estre capable* (Amyot, *Œuv. Mor.*, 1587, 8 G). Il se conservera encore au XVIIe siècle[1].

AFFIRMATION ET NÉGATION

On peut considérer que c'est à partir du XVIe siècle que *oui* cède la place à *si*, quand la question est faite par une proposition négative. Les exemples de *oui* sont encore nombreux : *Auez-vous point veu*

1. H. Estienne dans les *Hypomneses* condamnait déjà l'exemple de Cauchie *montez à cheual, donnez des esperons, et si courez* (*Hypomn.*, 210; cf. Clém. o. c., p. 435).

d'autres femmes que vous eussiez mieulx aymé coucher auec elles que auec la vostre? Helas! monsieur, ouy, dit le sergent (Nic. de Tr., *Par.*, 117, 118, cf. 66); *demanda à la damoyselle si son chemin s'adresseroit point vers la court du Roy Languines. Ouy, vrayement, dit elle* (*Amad.*, l. I, f° XXI v°); *Seroit ce pas sacrifice? Ouy* (Vigor, *Serm. cath.*, 55).

De vieilles formes disparaissent :

Nemplus, qu'on trouve encore dans *Jean de Paris* (44, 61), ne paraît pas avoir vécu au XVIe siècle.

Nen, encore dans Pathelin (1027), a eu le même sort.

Nenny est encore fréquent dans la première moitié du siècle ; on le trouve chez Nicolas de Troyes (*Par.*, p. 60; cf. Marot, *Epigramme de ouy et de nenny*, II, 61, 72), Rabelais (dans Huguet, *o.c.*, p. 266), Des Périers (II, 15) et plus tard chez Montaigne (III, 288).

Il sort ensuite peu à peu de l'usage, ou du moins devient très familier. Palsgrave le donne (146) ainsi que Meigret (128 r°), Pillot (71 v°), Garnier (90), Cauchie (1570, p. 194), R. Estienne (77), Ramus (119). Mais Henri Estienne l'ayant rencontré dans Cauchie, le qualifie de « plebeium » (*Hyp.*, 210).

Il se conserve çà et là dans les textes de la fin du siècle (Pasq., *Rech.*, l. VII, ch. 8, t. I, p. 718[1]; cf. d'Aub., *Trag.*, l. VII, p. 314, éd. Lal.).

Mie, grain, maille. Les anciens mots complétifs de la négation disparaissent de l'usage littéraire.

Mie est qualifié de vieux mot roman par Palsgrave; Marot l'emploie souvent (II, 61, 78, 90, 149, 239); Cauchie le donne en 1570 (194); mais en 1576 (223), il le dit rare. Cf. : *ils n'estoient mie absoulz de leurs promesses* (Rab., *Garg.*, ch. 20, t. I, 75); *il ne fait mie bon estre si subtil et si fin* (Mont., l. II, ch. 12, t. IV, p. 82); *pour mendier, l'homme pis ne vaut mie* (Amyot, *Œuv. Mor.*, 1587, 13 F). On le retrouve de ci de là : *ie n'en fais mie grand cas* (Tabour., *Big.*, 58 v°). Il est dès lors familier.

Grain est encore donné par Robert Estienne (107) en compagnie de *goutte* : cf. *ceste-cy* (cognée) *n'est mie la mienne. Ie n'en veulx grain* (Rab., l. IV, Prol., t. II, 264). H. Estienne cite un calembour : *Comme celuy qui disoit : En nostre caue on n'y voit goutte, en nostre grenier on n'y voit grain* (*Apol.*, II, 260)[2].

1. On le retrouve au XVIIe siècle, mais désormais comme mot familier ou comique : dans Racan (*Bergeries*, I, p. 31) ; Furetière (*Rom., bourg.*, II, p. 14) ; Molière (*L'Et.*, III, sc. 8, t. I, 189 ; *Dép. am.*, I, sc. 4, t. I, 421 ; *Mar. forcé*, sc. 4, t. IV, 41. etc.); La Fontaine (*Fabl.*, I, 3, t. I, 66; *Contes*, II, 16, t. IV, 486, etc...).

2. Au XVIIe siècle, *grain* est burlesque : *Qu'elle a beau coucher au serain, Qu'elle ne se tourmente grain* (d'Assouc., *Ovid.*, 1650. 107).

Maille est aussi vieux : *non, non, pas maille de crainte* (Rab., II, 352)[1].

II. — PRÉPOSITIONS

FORMES VIEILLIES. — Un grand nombre de prépositions vieillissent :

Ains : mille ans ains sa venue (Marot, dans Darm., *Le XVIe siècle*, p. 283). Ce mot est presque introuvable en qualité de préposition.

Atout est encore très usuel dans les deux premiers tiers du siècle : *Puis a tout son baston de croix guaingna la breche qu'auoient faict les ennemys* (Rab., *Garg.*, ch. 27, t. I, 108) ; *il se rameine luymesme atout son tabourin a l'eglise* (Des Pér., *Œuv.*, II, 192) ; *atout vne boucle iaune* (N. du Fail, *Prop. rust.*, I, 14) ; *Et ne peut a tout son eau Noyer d'amour le flambeau* (Baïf, II, 130 et 467, note 36) ; *a tout les armes du desespoir consoler sa mort en la mort de quelque ennemy* (Mont., l. I, ch. 1, t I, p. 9, n. 1).

Dauant : dauant boire (Rab., *Garg.*, ch. 26, t. I, p. 100) ; *dauant leur roy* (*ib.*) ; il est peu à peu remplacé par *deuant*.

Decoste : se ie me trouue de coste elle (Coll., *Œuv.*, 142)[2].

Empres (voir aux Conjonctions, p. 383, l. 24) : *empres eulx* (Nic. de Tr., *Par.*, 78). Encore commun chez Brantôme : *ampres toutes ces expeditions* (V, 139 ; cf. *ib.*, 105, etc.).

Endroit survit quelque temps dans des locutions telles que : *endroit moi* (Mar., II, 160 ; cf. Id., *ib.*, 137) ; *endroit soy* (Guill., Haudent, II, 9, G.) ; *chascun endroit soy* (La Boétie, *La mesn. Xen.*, 155).

Ensemble, encore fréquent chez Rabelais : *ensemble eulx commença rire maistre Ianotus* (Rab., *Garg.*, ch. 20, t. I, 73 ; cf. *Lex.* M.-L., I, 228) ; *lequel il menoit auec luy ensemble son second filz* (Dolet, *Gest. de Fr. de V.*, p. 69) ; *y fis apporter vne barrique de vin, ensemble mon disner* (Montl., dans Hug., *Port. et réc.*, 192).

Fors, *hors*. La concurrence entre *fors* et *hors* dure toujours, mais ce dernier prend décidément l'avantage. Robert Estienne (*Gr. fr.*, 75, 76) dit : *fors* pro *hors*, et il le donne comme adverbe.

1. Encore au XVIIe siècle : *de nouveauté dans mon fait il n'est maille* (La Font., *Juge*, dans Littré) ; *C'est que vous ne valiez maille derriere moi, comme dit M. de la Rochefoucauld* (Sév., 7 juin 1671, *ib.*).

2. *Dernier* pour *derriere* se trouve souvent chez les Gascons, comme Montluc.

On rencontre *fors* tout communément : *ie ne crains rien, fors les dangiers* (Rab., l. IV, ch. 55, t. II, 464); *fors les Moines* (Pasq., *Rech.*, l. VIII, ch. 9, t. I, p. 782 A); *fors une oraison d'Arnoul* (Id., *ib.*, l. VII, ch. 5, t. I, p. 700 A). On trouve aussi *fors de* (Mar., II, 184, 185).

Mais les exemples de *hors* abondent : *hors lesquels les prophetes* (N. du Fail, *Eutr.*, II, 14); *hors de France* (d'Aub., *Œuv.*, II, 270, R. et Causs.); *hors de mon cœur* (*Marg. de la Marg.*, IV, 104). Ce n'est toutefois qu'au XVIIe siècle que *hors* prévaudra complètement.

Lez, donné encore par les grammairiens, Palsgrave (818), Meigret (118 v°, cf. *delez* employé par H. Estienne en rapportant un récit de Froissart (*Dial. fr. ital.*, II, 40), tend à rester confiné dans certains noms de lieu, *Saint-Victor-lez-Marseille*. On le trouve dans Rabelais : *vn petit port desert... situé lez vne touche de boys* (l. IV, ch. 35, t. II, 393; comparez : *se tenoit de lez le comte d'Alençon*, Nic. de Tr., *Par.*, 47); mais dès la fin du siècle il a disparu. Nicot et Monet le conservent. Oudin le jugera antique (312).

O mérite à peine d'être mentionné. Ronsard, qui l'a trouvé chez Lemaire de Belges : *faux espoir que i auoye d'vser Mes jours o toy* (*1re Ep. de l'Am. vert*, *Œuv.*, III, 4), a essayé de lui rendre la jeunesse, le préférant à *auecques* qui « donne grand empeschement au vers » (Rons., VII, 329, Bl.). Godefroy en cite deux exemples en dehors de la Pléiade : *portant o soy de papiers vng pacquet* (Voir à *Od.*, t. V, 570, 1). C'est un mot dépourvu de vie au XVIe siècle.

Puis est encore préposition dans Marot, au sens de *depuis : puis dix ans* (II, 106) ; *puis le temps de...* (I, 143).

Sus ne faisant pas entendre *s*, et *sur* ne faisant pas entendre *r*, les deux prépositions se confondent. La plupart des grammairiens disent : *sus* ou *sur* (Palsgr., 137 ; Sylvius, 154 ; Meurier, *Br. inst.*, 43 r°). Comparez le rébus $\frac{a}{é}$ = *a sué* (Tabour., *Big.*, 32 r°). Voir Thurot, II, 176. Dans les textes, *sus* est fréquent, même après 1550 : *sus tant d'heureuses langues, sus tant de douces et scauantes pleumes* (Tahur., II, 194; cf. Lar., *Jal.*, a. I, sc. II, *A. th. fr.*, VI, 14; Fauch., *Orig. de la l. fr.*, 534 r°). Mais on ne sait s'il ne s'agit pas là de graphies, et si l'on n'a pas affaire à *sur*.

Formes concurrentes. — Tantôt ce sont des locutions prépositives qui prennent la place des prépositions déchues : ainsi *a l'entour de*, *aupres de*, qui se substituent à *entour*, *emprés*, comme un peu plus tard, *a l'endroit de*, *a l'encontre de*, *aux enuirons de*, etc., se substitueront à *endroit*, *encontre*, *enuiron*.

Tantôt ce sont des prépositions concurrentes, ainsi : *hors*, *dans*.

Dans n'apparaît pas chez Marot, mais le mot se trouve chez Saint-Gelais : *dans le chasteau* (III, 190). Il n'est pas dans la *Deffence* de Du Bellay, mais on le trouve dans les poésies de la Pléiade, en particulier chez Ronsard : *attaché dans le ciel* (*Po. ch.*, éd. B. de Fouq., 67) ; *dans un marbre* (*ib.*, 77 ; cf. 39, 50, 357, 358, 361). M. Laumonier (*R. h. l.*, XII, 239) a signalé que Ronsard, à partir de 1553, emploie « presque partout » (il y a là quelque exagération) *dans* au lieu de *en*.

Dans est ailleurs aussi ; *affin qu'il se recree, Dens le giron de son espouse nue* (Pelet., *Vers lyr.*, 64 r°) *elle est encores dans le lict* (*F. de 2 Jeun. Fem.*, v. 9, *Rec.* de Picot et Nyrop) ; *aller prescher l'Euangile dans France* (*Chans. de Eust. de Beaulieu*, *Ch. hug.*, 104, 1546) ; *ie mis aussi mes vaisseaux dans ledit fourneau* (Paliss., 314).

Un peu plus tard elle devient très fréquente. On peut citer les *Lettres* de Scaliger : *dens le texte* (p. 58 ; cf. 68, 297, 330) ; les *Memoires* de Marg. de Valois : *dans chacune* (*de ces niches*) (p. 9 ; cf. 21) ; P. Cayet : *tellement que dans vn mois* (*Chron. sept.*, 52, col. 2) ; Passerat : *la verité dans toi se cache* (*Od.*, I, 133) ; les *Lettres missives* de Henri IV (III, 225, 371, 388, 391, 397, etc.).

Bref, quoique *dedans* se dise toujours, *dans* est désormais une forme établie, dont le succès prochain se trouve assuré par le vieillissement des formes *ou* et *es*[1] (v. à l'Article p. 276).

Désormais *en* ne se construira ni avec l'article masculin, ni avec l'article pluriel. Il durera encore longtemps avec le féminin *en la*, mais ne pourra guère se maintenir sous cette forme défective.

Voici, *voila*, forment décidément des composés dont la syntaxe ressemble à celle des prépositions, si bien que les grammaires usuelles les classent là. On en trouve encore les éléments séparés et parfois variables : *veez en cy* = *en voicy* (Nic. de Tr., *Par.*, 80) ; *voi le cy venir* (St-Gel., III, 208) ; *Tenez, maistresse, Voy le la* (Rons., I, 178, Bl.) ; *aprochez, voy me cy* (Id., IV, 285) ; *Heure tant desirée, Mes filles, voy la cy* (Du Bel., II, 423).

Mais le contraire est bien plus fréquent : *voicy la remission du Roy* (*J. B. P.*, 191) ; *voicy l'oustil* (Forcad., 17, v. 25) ; *voyla Pompeius qui pardonna a toute la ville* (Mont., l. I, ch. 1, t. I, p. 7).

1. Des renseignements très précis, auxquels on pourra comparer ceux-ci, sont donnés sur l'histoire de *dans* par une petite brochure de Darmesteter : « *Note sur l'histoire des prépositions françaises* en, enz, dedans, dans » (Paris, Leop. Cerf., 1885, p. 11 et suiv.).

Dès le commencement du siècle, on voit dans une même page alterner les deux formes : *veez en ci venir autre dix ou douze... voici tout le plus fin meilleur* (Nic. de Tr., *Par.*, 80).

Vecy, *vela*, encore fréquents dans Lemaire de Belges (*Ill.*, Mareschal, I, 6, B 3 v°); dans Marot (I, 279); dans Meigret (*Off. de Cic.*, 56), se maintient par le passage de *oi* > *ai* > *e*. Les textes réunis par Thurot (I, 529-530) montrent bien qu'on faisait entendre *ę* et non *e* sourd.

Inversement, il semble que *maugré* tende à se décomposer. Les exemples en sont encore très nombreux : *maulgré temps*, *maulgré fer*, *maulgré flamme*, *maulgré mort* (Mar., I, 221; cf. II, 142, 165, III, 51, 113, 121, etc.).

Mais on trouve aussi *malgré* (Id., II, 119) [1].

III. — CONJONCTIONS

Formes qui disparaissent. — *A peu que*, encore chez Lemaire de Belges : *a peu que tu ne t'es meffait trop malheureusement*, se rencontre aussi chez Du Bellay : *A peu que le cueur ne me creuve* (II, 353) (Cf. Montaigne). Il sera condamné par Oudin (304).

De quoy, au sens de : *de ce que*, est encore tout commun dans Montaigne.

Dont, au même sens, est encore commun chez les premiers écrivains du siècle : *si s'esbahit dont...* (Mar., III, 190 ; cf. III, 131) ; *ainsi il fault.... t'esjouyr dont Pan est a son aise* (Marg. de Nav., *Dern. po.*, 60 ;cf. 179) [2].

Empres que : *Ampres que ce gentilhomme m'eut tout conté, ie ne luy peus que dire...* (Brant., IX, 282, éd. Lal.).

Iouxte que se lira encore dans Tabarin : *Le neud qui tenoit ceste alliance si serrée et en son point vertical de bon heur se deslie et renuerse ces pauvres gens au nadir de malheur ; iouxte aussi que quant vn homme est porté d'vne cupidité et auidité des sens, apres hyurognerie... ruine la maison* (*Invent. univ.*, *Dial.* 7, t. II, p. 40).

1. Comparez l'expression correspondante *bon gré : bon gré ma vie* (Mar., III, 34).

2. Ce même *dont* se confond toujours avec *donc* : *dont apres, son filz s'en vint rendre en France; dont le Roy luy bailla la charge et garde de ladicte ville, pensant qu'il deust estre bon et loyal, et la garda par quelque temps; dont apres, par subornation il la rebailla es mains du dict empereur* (*J. B. P.*, 92).

Mais ce n'est qu'une apparence, on doit analyser *jouxte ceci que* : *jouxte* est en réalité ici proposition. *Jouxte que* ne se rencontre ni dans Rabelais, ni dans Ronsard, ni dans Montaigne.

Iusques et *iusques que* étaient encore très communs au xve siècle : *si cheuaucha si fort iusques qu'il vint devers le roy* (*J. de Par.*, 38); Ils semblent disparaître au xvie siècle devant *iusques a ce que*. Cf. cependant Philieul, *Pétrarque*, I, son. 127.

De mode que est commun chez Rabelais (l. III, ch. 51, t. II, 238, l. IV, ch. 3, *ib.*, 278; *ib.*, ch. 5, *ib.*, 287; *ib.*, ch. 12, *ib.*, 310, l. V, ch. 38, t. III, 147), chez Montaigne : *de mode que personne ne scache leur naissance* (I, 43; dans Voizard, *Lang. de Mont.*, p. 145), chez Larivey : *de mode qu'il n'y peut entrer ame viuante* (*Jal.*, a. I, sc. II, *A. th. fr.*, VI, p. 17 ; cf. *ib.*, sc. III, p. 30). Il durera, sous l'influence de l'espagnol, pendant quelque temps, mais disparaîtra au commencement du xviie siècle.

Soudain que passe d'usage : *soudain qu'elles sont a nous, nous ne sommes plus a elles* (Mont., l. III, ch. 5, t. VI, p. 17) ; *soudain qu'il reçoit quelque humidité* (Paliss., p. 28)[1].

Subit que : *subit que M. de Guise vid l'artillerie assise* (Paré, *Apol.*, *Voy. de Metz*) ; *subit qu'il est nay* (Id., *ib.*, *Generation*, p. 600).

De tant que : *Ie ne scay si ce seroit sagesse : de tant qu'on l'oste de la ou il faisoit bien pour l'auancer en lieu ou il pourra mal faire* (La Boét., *Serv.*, f° 84 r°, 1578, G.) ; *ce fut vn pretexte pour le chasser, de tant qu'il fauorisoit aux Orleannois* (Pasq., *Rech.*, l. III, ch. 29, t. I, p. 278 B). *M. le Maréchal se trouua fort fâché ...de tant que cette courtine lui demeurait ouuerte* (dans Hug., *Portr. et Réc.*, 191).

Sur tant que : *Ie vous prie sur tant que vous m'aimés et que desirés l'aduancement de mes affaires en ladite prouince, de vous y rendre au plus tost* (*Lett.* de Henri IV, 27 juin 1591, III, 406).

Si que ne sera condamné que par Vaugelas (II, 160), mais son composé *par tel si que*, quoique dans Maupas (374), tombe en désuétude. Encore très usité au xvie siècle : *lequel pour lire ie vous liure par tel si que vous me le rendrez* (Des Per., 1544, p. 181, G.); *le larrecin y estoit action de vertu, mais par tel si qu'il estoit plus vilain qu'entre nous d'y estre surpris* (Mont., l. I, ch. 14, t. I, p. 76.

1. Il devient très rare au xviie siècle : *soudain qu'elle m'a vu, Ces mots ont éclaté d'un transport imprévu* (Corn., *Veuve*, a. IV, sc. I, v. 1181-2, t. I, 460).
On trouve quelquefois au xvie siècle *soudain* comme préposition : *soubdain ce propos entendu* (Rab., *Garg.*, ch. 18, t. I, p. 68).

NE ET *NI*. — *Ne* tend à disparaître devant *ni*. Il est encore habituel dans Rabelais, l'*Heptaméron*, Noël du Fail, et se retrouve chez Amyot : *il n'auoit iamais trouué homme qui seust tant comme lui, ne qui parlast moins* (Amyot, *Œuv. mor.*, 25 v° E : cf. 2 v° E, 4 r° B, 5 v° E, 7 r° A, 25 r° B, 10 v° G) ; chez L'Estoile : *desquels on ne peust onques scauoir les noms ne l'entreprise* (L'Estoile, *Journ. de H. III*, 362) ; chez Du Vair : *ne demeurant rien ferme ne stable que le Theatre* (Du Vair, 360, 34).

Mais *ny* est déjà beaucoup plus fréquent, surtout dans la seconde moitié du siècle. Il est constant chez Rivaudeau et chez Meigret : *ny aux affaires publicz, ny priuez, ny iudiciaires* (*Off. de Cic.*, p. 4) ; *ie respondis n'auoir ny volonté ny eslection que la sienne* (*Mém. de la reine Marguerite*, p. 24, éd. Lal. ; cf. *ib.*, p. 3, 12, etc.) ; *encor que les Ecritures Canoniques ne nous apprennent pas a reconoistre ni l'autorité de l'Eglise Romaine, ni les traditions* (d'Aubigné, t. II, p. 244, R. et Causs.).

Souvent les deux formes sont en concurrence : *ne pour debattre, ny par aucun droit publiq* (Meigret, *Off. de Cic.*, p. 45) ; *ne saueur, ny vertu, ne odeur* (Paliss., p. 20, édit. Cap) ; *car je ne voudrois que l'enfant fust presomptueux, ni aussi estonné, ne par trop craintif* (Amyot, *Œuv. mor.*, 4 v° F)[1].

SENS VIEILLIS. — Dans certaines conjonctions qui subsistent, des sens, autrefois usuels, sans disparaître, deviennent plus rares ; ainsi dans *pourtant*, *puisque* les sens de *pour cela*, *après que* :

Respondent... qu'il n'auoit la veüe tant bonne comme de coustume... Pourtant ne congnoissoit il tant distinctement les poinctz des dez (Rab., II, 186 ; cf. Id., I, 149, 371 ; II, 353, 356 ; III, 193, 352) ; *C'est le vray auantage des dames que le corps ; les discours, la prudence et les offices d'amitié se trouuent mieux chez les hommes ; pourtant gouuernent ils les affaires du monde* (Mont., l. III, ch. III t, V, p. 226 et 227)[2].

Ie ne vous auois oncques puys veu que iouastez a Monspellier... la morale comœdie de celluy qui auoit espousé vne femme mute (Rab., l. III, ch. XXXIII, t. II, 167).

1. *Ne* ou *ni* continuent à remplacer *et* chaque fois que la phrase est négative ou même interrogative : *autrement, comme pourroy-ie ny auec quel front me trouuer en la compagnie des autres honestes Dames* (Amyot, *Agis et Cleom.*, 969 E). En voici un exemple très remarquable, qui rend la phrase presque incompréhensible, si l'on n'y prête attention : *Ie vy pour mon martyre, helas! ciel endurci. Quand seras-tu lassé de me gesner ici? Ne m'auras tu fait naistre en ce monde immortelle, Afin que ma douleur me tenaille eternelle?* (Garnier, *Juives*, Amital et le chœur). Je donne à *ne* le sens de *et*.

2. Encore dans Malherbe (II, 149). Voir au XVII° siècle.

SECTION IV. — SYNTAXE[1]

CHAPITRE I

ARTICLE[2]

ARTICLE DÉFINI

Il s'emploie de plus en plus régulièrement et sa nature est parfaitement reconnue des théoriciens.

Ronsard, lui-même, on le sait, trouvait que rien ne défigurait tant un vers que les articles délaissés (*Œuv.*, VII, 329, Bl.). Meigret, 123 v°, 124 r°, démêle que la locution sans article est de sens plus général que celle qui a l'article. Quand on dit : *il est en prison*, cela veut dire qu'*il est dans quelque prison que ce soit*. Mais si l'on dit : *il est en la prison*, cela nous semble démontrer ou mettre en désir de savoir quelle prison (Cf. 120 v° sur la phrase : *Vn fol a*

1. *BIBLIOGRAPHIE.* — Dans les études générales signalées plus haut, la syntaxe de divers auteurs a été souvent l'objet d'observations importantes. Je ne signalerai ici que les travaux spéciaux à cette partie :

A. Benoist, *De la syntaxe française entre Palsgrave et Vaugelas*. Paris, 1877, 8°;

Huguet, *Étude sur la syntaxe de Rabelais, comparée à celle des autres prosateurs de 1450 à 1550*. Paris, 1894, 8°;

Grosse, *Syntactische Studien zu J. Calvin*. Diss de Giessen, 1888, 8°;

Fr. Glauning, *Syntaktische Studien zu Marot*. Diss. d'Erlangen. Nordlingen, 1873, 8°;

K. Ernst, *Syntaktische Studien zu Rabelais*. Diss de Greifswald, 1890, 8° (porte surtout sur le participe passé et le verbe auxiliaire);

Saenger, *Syntaktische Untersuchungen zu Rabelais*. Diss de Halle, 1888, 8° (porte sur l'infinitif, le participe et la préposition);

Carl Toepel, *Syntaktische Untersuchungen zu Rabelais*. Oppeln, 1887, 8°;

E. Platen, *Syntaktische Untersuchungen zu Rabelais*. Diss. de Leipz., 1890,

Karl Becker, *Syntactische Studien über die Plejade*. Darmstadt, 1885, 8°;

Rübner, *Syntaktische Studien zu Bonaventure des Periers*. Diss. de Leipzig, 1896;

A. Haase, *Zur Syntax R. Garnier's*, dans les *Franz. Studien*, 1887, V, 1;

Procop, *Syntactische Studien zu Robert Garnier*. Eichstädt. Diss. de Erlangen, 1885;

A. Jensen, *Syntactische Studien zu Robert Garnier*. Diss. de Kiel, 8° 1885;

F. Glauning, *Versuch über die syntaktischen Archaismen bei Montaigne* (Herrig's Archiv, tome XLIX, 1872, p. 163);

Max Wagner, *Étude sur l'usage syntaxique dans la Semaine... de du Bartas*. Diss. Kœnisberg, 1876, 8°;

Ed. Lücken, *Zur Syntax Montchrestien's*. Darmstadt. Diss. de Giessen, 1894;

1. H. Schüth, *Studien zur Sprache d'Aubigné's*. Diss. de Iéna, Altona, 1883.

2. Em. Zander, *Recherches sur l'emploi de l'article dans le fr. du XVIe siècle, comparé aux autres époques de la langue*. Diss. de Lund, 1892, 4°.

bezoin du conseil. Voir aussi H. Est., *Conf.*, 121 et suiv., Feug.). Cauchie (p. 42, 48, 49) donne une théorie analogue où sont opposées les expressions *habit de roy*, *l'habit d'vn roy*, *la robe du roy*. « *Vn habit de roy*, id est *royal*. Ubi sermo non est de certo rege, sed tantum regia vestis notatur, vel certe ita exponi potest, *l'habit d'vn roy*. Verum cum dicimus, *la robe du roy*, intelligitur vestis ejus regis, qui eo loci imperat, vel de quo sermo habitus fuit, quique auditoribus notus est. Sic *l'indignation du Roy est redoutable*, definite magis significat quam haec propositio : *Indignation de Roy est redoutable ;* haec enim convenit cum his enunciationibus : *indignation des roys*, *d'vn roy*, *royalle est redoutable*. »

Les omissions d'articles qu'on trouve en foule dans les textes, surtout dans les textes poétiques, ainsi chez Maurice Scève (voir ma thèse latine *De Phil. Bugnonio*, p. 131), ne doivent pas égarer. L'article était devenu nécessaire pour annoncer les noms communs déterminés. On pourrait citer une foule de phrases toutes semblables aux nôtres : *C'est raison de laisser l'administration des affaires aux meres pendant que les enfans ne sont pas en l'eage, selon les loix, pour en manier la charge; mais le pere les a bien mal nourris s'il ne peut esperer qu'en cet aage la ils auront plus de sagesse et de suffisance que sa femme, veu l'ordinaire foiblesse du sexe* (Montaigne, l. II, ch. 8, t. III, p. 101).

De même en vers : *Ce fut en Mars, et ia l'humide nuit Auoit le cours des estoilles reduit Plus qu'à demy : ia le Coq esueille Tençoit chascun d'auoir tant someillé : Ia suruenoit ceste liqueur petite, Qui de la nuit et de l'air est produite, Pour amortir par ses menues eaux Le feu qui croit au milieu des ruisseaux. Le feu d'amour par qui fut ars en mer Le fier Neptun...* (Forcad., p. 35, 36).

Et c'est là désormais l'usage normal, malgré d'innombrables exemples contraires, que la liberté de la syntaxe d'alors permet.

L'ARTICLE AVEC LES NOMS ABSTRAITS. — Où le changement est sensible, du XVe au XVIe, et même de Rabelais à Montaigne, c'est dans la régularité croissante avec laquelle l'article s'accole aux abstraits. Un progrès s'accuse dès le commencement du siècle : *M'ont osté la puissance et le nom* (Corroz., *Hecat.*, Fortune, 177, éd. Oulm.); *comme si tu voulois dire la vertu .... estre origine de l'esprit* (Dol., *Man. de trad.*, 12); *toutes les choses, que la Nature a creees, tous les ars et sciences, en toutes les quatre parties du monde* (Du Bel., *Def.*, p. 48-49, Cham.).

Il reste toutefois beaucoup de flottement dans l'usage poétique :

affin que l'œil choisisse Vertu tant belle, et delaisse le vice (Corroz., *Hécat, Prol.*, XXVII); *Pleurez doulceur, pleurez l'humilité, Qui en son cueur ont faict maint bel ouvraige* (Marg. de Nav., *Dern. po.*, 423).

Scève supprime l'article de parti pris [1].

En prose, à la fin du siècle, chez Montaigne, par exemple, l'article est presque régulier : *Il me semble que la vertu est chose autre et plus noble que les inclinations à la bonté qui naissent en nous* (l. II, ch. XI, t. III, p. 144); *Nous deuons la iustice aux hommes, et la grace et la benignité aux autres creatures qui en peuuent estre capables* (*ib.*, ch. XII, *ib.*, 168).

Nature, *terre*, *ciel*, etc., restent communément employés sans article : *Qui luy fit voir Enfer* (St-Gel., II, 143); *Voila comment Terre et Ciel font effort* (*Marg. de la Marg.*, IV, 14); *Foy me promect* (Marg. de Nav., *Dern. po.*, 63, cf. 389, et au contraire : *le soleil*, *ib.*, 389); *Il n'y auoit rien laid en nature* (N. du Fail, *Eutr.*, II, 14); *Il semble, à la verité, que nature, pour la consolation de nostre estat miserable et chetif, ne nous ait donné en partage que la presumption et le cuider* (Mont., l. II, ch. 12, t. III, p. 259); *monstrer les beautez de nature* (d'Aub., II, 247). Voir en particulier le passage des *Tragiques* (VII) où l'auteur résume le Pimandre (p. 316 et suiv., éd. Lal.).

Cependant, on trouve l'article : *ou nous viuons plustost guidez par la nature... que comme hommes regis... par la raison* (*Mém. de la Reine Marg.*, 4). Le mot *Église* ne s'en passe pour ainsi dire plus jamais.

L'ARTICLE ET LES NOMS EN APPOSITION. — Avec les noms en apposition, l'usage tend à se fixer aussi. On dit ordinairement non seulement : *Ieanne la rousse* [2], mais *Iean l'euangeliste*, *Theon le grammairien* (Amyot, *Œuv. mor.*, II, 373 v°, G); Montaigne lui-même omet encore l'article : *Eudamidas, corinthien, auoit deux amis, Charixenus sycionien et Aretheus corinthien* (l. I, ch. 28, t. II, p. 95). De même H. Est., *Apol.*, II, 87 : *Iean euangeliste*; Fauch., *Orig. de la l. fr.*, 534 r° : *Diodore Sicilien... dit.*

L'ARTICLE ET LES NOMS PROPRES. — Les noms propres de rivières

1. On peut voir quelque chose des libertés prises par les poètes, dans Marty-Lav., *Lex. de la Pl.*, II, 5 et 6. Mais il faut prendre garde que beaucoup d'exemples cités s'expliquent par des particularités : personnifications, locutions verbales, prise du mot dans toute sa généralité, etc.

2. Cf. *Venus la deesse* (Forcad., p. 33, *Hercules le hardy* (*Id.*, 48). Cette façon d'écrire (en mettant le nom propre devant) dont nous usons surtout, sauf des exceptions comme : *Napoléon le Grand*, pour déterminer un individu entre plusieurs de même nom se.t très souvent au XVIe, à qualifier.

sont assez régulièrement accompagnés de l'article : *le long de la riuiere de Loire, le long de la Gironde, de la Garonne, du Lot, du Tarn* (Paliss., 58).

Cependant les poètes se permettent encore très librement de l'omettre, ex : *que Seine embrasse* (Rons., *Franc.*, III, 167, Bl.); *on ira dans Seine* (Grev., *Esbah.*, a. 1, sc. II, *A. th. fr.*, IV, 240); *deça l'eau de Styx* (Magn., *Od.*, l. 54, J. Favre, *o. c.*, 321).

En prose aussi, ce n'est pas seulement Rabelais qui emploie tour à tour ou supprime l'article. Ramus admet encore la liberté (1572, p. 132).

Avec les noms propres de provinces, l'article est assez souvent omis au commencement du siècle : *Entre Dauphiné et Prouence* (Marg. de Navarre, *Heptam.*, 73). Encore chez Montaigne (l. I, ch. 42, t. II, p. 216) : *Bretaigne*. Comparez : *trois frontieres de Bretagne* (d'Aubigné, *Œuv.*, II, 261, R. et Causs). Mais peu à peu *le*, *la*, deviennent plus communs. On les trouve même après *en*, là où nous ne les mettrions plus : *en la Bresse* (Mont. l. I, ch. 3, t. I, p. 17). *La desfaite de Monsieur de Sourdi en la Brie* (titre d'un pamphlet, l'Est., *Journ. de H. III*, 293 col. 1)[1].

Pour les noms de pays, l'hésitation continue aussi. Ce sera une question à résoudre pour le siècle suivant.

Voici quelques exemples de l'article : *elle peult faire guerre et à la Grece et à l'Italie*; *les quelles regions ont esté tenues sieges propres des letres* (Dolet, *Gestes de Fr. de V.*, p. 18); *De la Grece seront pour tesmoings Demosthene, Aristote* (Id., *Man. de trad.*, p. 3-4); *Son fouet feut d'œillets, roses et lys Blancs, liez d'or, en la France cueillis* (Forcad., p. 1). *Nostre Patron cingla vers la Morée* (Id., p. 2); *Après, Amour la France abandonna* (Rons., *Po. ch.*, éd. B. de Fouq., 316); *gens qui ont gagné place au Paradis de la France* (d'Aubigné, *Œuv.*, t. II, 261, R. et Causs).

Exemples contraires : *Ie ne veis iamais ni Amboise, ni Enuers, ni Italie, ni Orleãs* (Dolet, *Man. de trad.*, p. 34); *Le Roy a escript à l'Empereur, que le passage luy estoit seur par Frãce, pour aller en Flandre* (Id., *ib.*, 26); *ces bonnes œuures... ont gagné... aux autres Mareschaussees de France et Gouuernement aussi* (d'Aubigné, *Œuv.*, t. II, p. 262).

En ce qui concerne les noms de personnes, il faut noter l'emploi fréquent de l'article devant les noms de femmes ou d'hommes : *la Ieanne, la Marguerite;* jusque-là non considéré comme bas, cet

1. Au contraire: *La defaite des troupes Politiques en Champagne* (titre de pamphlet, Id., *ib.*).

usage commence à le devenir. H. Estienne dit qu'il est dialectal (*Hypom.*, 205)[1].

En regard il faut signaler comme une vraie nouveauté dans la langue que les noms propres au singulier et au pluriel deviennent tout à fait fréquents pour désigner des gens qui ressemblent aux personnes nommées, et en ce cas l'article accompagne les noms propres (1).

Il l'accompagne souvent aussi quand ces noms au pluriel ou au singulier désignent réellement les personnages (2).

1) *Qui serez vne fois Par vos vertus l'Hercule des François* (Rons., *Boc. royal*, III, 312, Bl.).

Les exemples fourmillent dans la *Deffence et Illustration* cf. *les Thebes aux cent portes,... les doctes Athenes* (Du Vair, 361, 20 et 22).

2) *Ceste imitation des Anciens Hercules, Alexandres, Hannibalz, Scipions, Cesars... est contraire à la profession de l'Euangile* (Rab., *Garg.*, I, ch. 46, t. I, p. 169).

On retrouve le même usage quand le nom propre est le titre d'une œuvre : *la Medee d'Euripide*. Ainsi : *des Lancelots du Lac, des Amadis, des Huons de Bordeaus... ie n'en connoissois pas seulement le nom* (Mont., . I, ch. 26, t. II, p. 71). Cf. au contraire : *en Exode* (*Mén.*, p. 21, éd. Lab.,); *au Liure de Genese* (Paliss., 35); *les heretiques diffameroyent nos affaires auec les passages de Bible* (d'Aub., II, 244, R. et Causs.)[2].

1. Auparavant, Sylvius admettait que l'article défini pouvait avoir un sens emphatique, *du Pierre* comme *d'un Pierre* : « Quemadmodum et differentia utendi articulo *dè* et *du* in genitivo et *a*, *aû* in dativo singulari. Nam liber Petri *dè Pierrè*, non *du* dicimus. *Du* enim et *aû* foemininis et propriis virorum nunquam jungitur, nisi per emphasim, vt *du Pierrè*, tanquam notissimo, vel *du dict Pierrè* » (*Isag.*, p. 97).

2. Cf. avec l'article indéfini : *en sa tente escrira, Comme vn Cesar, des liures* (Rons., III, 314, Bl.); *auez fait de vostre beau cerueau Naistre en sauoir vn Mercure nouueau* (Id., *ib.*, 324); *comme a faict de nostre Tens... vn Arioste Italien, que i'oseroy... comparer à vn Homere, et Virgile* (D. Bel., *Def.*, 119-120, Pers.); *quand plus ilz ressemblent vn Heroet ou vn Marot* (*ib.*, p. 73); *vn Catule, vn Pontan* (*ib.*, II, 4, p. 118); *si nous auions des Mecenes et des Augustes... eussions encores des Virgiles. Et si i'étoy' du nombre de ces anciens critiques iuges des poëmes, comme vn Aristarque e Aristophane* (*ib.*, II, 2, p. 105); *chastrer vn Martial, vn Terence, Suetone* (N. du Fail, *Eutr.*, II, 15); *nôtre France est pleine d'une infinité d'Homeres, de Virgiles, d'Euripides, de Senecques, de Menandres, de Terences, d'Anacreons, de Tibulles, de Pindares, d'Horaces, de Demosthenes, de Cicerons Francoys* (Tahur., II, 195-196); *dont luy en fut la teste tranchée comme à vn Goliath* (P. Cayet, *Chron. Sept.*, 20, col. 1).

ARTICLE PARTITIF

Le partitif est encore tres souvent omis : *qui n'apporte Fruict ou plaisir* (Corroz., *Hecat.*, *Prol.*, XXVI) ; *i'ay grande enuye d'en dire bien* (Marg. de Navarre, *Heptam.*, 521, éd. Jacob) ; *quant ils aroint temps et espace* (Nic. de Tr., *Par.*, 31) ; *et par consequent aux nouuelles choses estre necessaire imposer nouueaux motz, principalement és Ars* (Du Bellay, *Def.*, éd. Person, 126) ; *Baillant ærain pour or de fin aloy* (Forcad., p. 10) ; *pour vous recouurir argent* (L'Est., *Journ. H. III*, 296, 1 ; cf. qq. lignes plus haut : *de l'argent*).

Mais il est très usuel : *Donne moy* (*ce dit-il*) *des vertus et du bien* (Rons., *Odes*, M.-L., II, 75) ; *bien souuent lon grossit et espessit de l'eau douce, avec de la cendre ou auec des pierres* (Amyot, *Œuv. mor.*, 374 r°, B) ; *en aucuns lieux elle produit du charbon fort vtile, en d'autres lieux elle conçoit et engendre du fer, de l'argent, du plomb, de l'estain, de l'or, du marbre, du iaspe, et de toutes especes de mineraux* (Paliss., 35) ; *habillee en seruante, qu'on enuoyoit puiser de l'eau* (Mont., l. 1, ch. 2, t. I, p. 10)[1].

Henri Estienne en donne une théorie très significative dans la *Conformité*, page 50 (Cf. 66 et 124), et l'exemple qu'il cite de l'omission de l'article est parfaitement conforme à l'usage, car la phrase est négative. *Il a juré qu'il ne mangeroit jamais pain ni boiroit vin.* Ailleurs on met *de* « pour déclarer part ou portion seulement de la chose. »

Le partitif se rencontre aussi avec les noms abstraits[2].

1. Avec *pas*, *point*, *plus*, *moins*, le partitif est régulier : *luy dist qu'il ne se donnast point de melencolie et qu'il n'auoit logé que de ses amys* (Loy. Serv., 287).

2. J'ai dit plus haut, p. 280-281, que la forme de l'article partitif au singulier et de l'article indéfini au pluriel était *de* ou *du* ou *des*, et qu'on trouvait *de* même alors qu'il n'y a pas d'adjectif exprimé. J'ajoute ici des exemples de ce fait, qui par suite d'une erreur matérielle ont été oubliés et qui montrent que la langue populaire confond entièrement *de* et *du* ou *des* : *veu qu'il leurs auoit donné de passetemps* (Rab., l. I, ch. XX, t. I, 73) ; *tout le monde ne peult pas estre mignon, et auoir de senteurs, comme vous* (Cord., *Corr. Serm. em.*, 439, A) ; *Ie n'ay besoin de Vulcan qui me forge de foudres* (L. Lab., *Deb.*, p. 13, éd. Bl.) ; *Donnez leur de cliquaille Et ils vous saueront* (*Ch. hug.*, 129, avant 1555) ; *Tu boiras d'eau ou vin poussé* (*Farce j. et recreat.*, 23, Pic. et Nyr., 164) ; *homme à qui ie demande de liures rares* (Scalig., *Let.*, p. 57) ; *Il m'a semblé qu'il y auoit de choses* (Id., *ib.*, 63) ; *Nous auions de la bière* ; *De fromage et de pain* (*Chans. de 1583*, Ler. de L., II, 395) ; *L'autre sorte est lors que... Il y en a aussi d'autre qui est diuisée* (De Laud. d'Aig., l. I, 13, p. 42 et 43).

ARTICLE INDEFINI

Quand Sylvius veut opposer aux cas où on emploie l'article défini les cas où il n'est pas de mise, il propose la forme sans article du tout. « Dedi homini, *à homè; magistro*, *à maîstrè;* patri, *à perè :* tanquam dicas, alicui homini, alicui magistro, alicui patri. Sed, *à l'homè*, *aû maîstre*, *aû perè* dicentes, addimus vel intelligimus *à l'homè du lieû*, *aû maîstrè de la maîson*, *âu perè de Jân*, vel quid simile, quo propter possessionem aut relationem, restringatur illorum infinitas, tanquam illis indefinitum aliquid, hoc certum definitúmque significetur » (97-98).

Cette doctrine retarde en réalité sur l'usage, on dit encore dans des cas que nous verrons : *donner à homme*, mais dans les phrases ordinaires : *ie l'ai donné à un homme*, *à vn maistre*, *à vn père*.

Par l'usage qui est fait des articles indéfinis, on constate même que les règles, telles qu'on les trouvera exprimées par Maupas ou Deimier, sont en train de se préparer. On ne saurait toutefois dire qu'elles aient déjà pour elles l'usage général. Ce sont de fortes tendances, rien de plus.

1° *L'INDÉFINI ET L'ATTRIBUT DE* ÊTRE. — On incline à faire accompagner de *un*, *des*, l'attribut du verbe *être*, précédé ou non de *ce*, quoique les exemples contraires abondent, même en prose [1].

Il y a un passage très caractéristique de Dolet (*II Enf.*, p. 32), où tous les substantifs ont l'article, où aucun adjectif ne l'a : *Suys-ie vng larron, vng guetteur de chemin... suys-ie mutin, suys-ie en rien oultrageux*? etc. Comparez : *ce sont des legiers effects que les sens produisoyent d'eux-mesmes* (Mont., l. II, ch. 6, t. III, p. 65); *ce sont icy ... des excremens d'vn vieil esprit* (Id., l. III, ch. 9, t. VI, p. 119); *c'est vn grand ornement que la science* (Id., l. I, ch. 26, t. II, p. 27); *tu fais icy semblant que des arbres ce sont des hommes* (Palis.,

1. Exemples de l'omission : *c'est viande celeste* (Rab., l. I, ch. 25, t. I, p. 97) ; *qui sont arts concęrnans la rechęrche de verité* (Meigret, *Off. de Cic.*, 14); *tout ainsi que si c'eussent esté escolliers auditeurs* (Des Per., *Nouv.*, II, 261); *ce sont moqueries* (Lar., *Jal.*, a. I, sc. II, *A. th. fr.*, VI, 14); *tous ses propos estoyent belles chansons* (Amyot, *Vie de Lyc.*, 49); *si est la pitié passion vitieuse aux stoïques* (Mont., l. I, ch. 1, t. I, p. 5); *les Chrestiens doiuent penser que c'est punition de Dieu* (Fauchet, *Orig. de la l. fr.*, 533 v°); *Ses conseils sont abysmes profonds et inscrutables* (Du Vair, 388, 39); *Ne pensez pas que ce soit fables ce que les poëtes representent* (Id., 389, 10).

En ce cas, il y a souvent aussi ellipse du défini : *Bardus, V. roy des Gaules en feut nuenteur* (Du Bel., *Def.*, II, 8, éd. Cham., 272) ; *Huon de Meri est autheur du Roman d'Antechrist* (Fauchet, *Orig. de la l. fr.*, 561 r°); *ce comte de Rais estoit fils aisné d'vn banquier florentin* (L'Est., *Journ. H. III*, 37, 2).

25); *Chastillon... leur respondit qu'ils estoient tous des proditeurs* (L'Est., *Journ. H. III*, 294, 2); *C'est vn grãd cas d'auoir mesmes ęnseignemęns d'Ancęstres* (Meigr., *Off. de Cic.*, 39); *ne seroient tels liures... vn banquet de diables* (N. du Fail, *Eutr.*, II, 15); *d'Omale estoit vn grand politique à ceux de Paris, un traistre* (L'Est., *Journ. H. III*, 295, 1).

2° *L'ARTICLE ET LES COMPLÉMENTS DIRECTS DE VERBE.* — L'article tend aussi, mais on ne peut pas dire plus, à se régulariser devant les noms compléments de verbe. A la fin du siècle, on ne dit plus, suivant Deimier : *le soleil donnoit fleurs ou fruicts aux iardins.* Sans doute Palissy écrit encore librement : *ils se hastoyent de fleurir et produire graines et fruits* (30). Mais il semble bien en effet que l'usage général soit plutôt de dire *des fleurs, des fruicts*, ainsi : *le Roy... prepara vne puissante armée, le roy... leua grosse armée* (Dolet, *Gestes de Fr. de V.*, p. 39 et 41); *ses moyens à conduire vne guerre, à commander vn peuple, à pratiquer l'amitié d'vn prince ou d'vne nation estrangiere, qu'à dresser vn argument dialectique ou à plaider vn appel, ou ordonner vne masse de pillules* (Mont., l. I, ch. 26, t. II, p. 27); *le roi de Nauarre fist de grandes difficultés* (L'Est., *Journ. de H. III*, 291, 1); *affin d'euiter vne nouuelle guerre* (*Let. in. de H. IV à de Vil.*, fév. 1600, p. 11) [1].

Toutefois il s'en manque bien que l'usage soit constant, même chez les derniers écrivains du siècle. Exemples d'omission de l'article : *y laissant portes de chaque costé* (L'Est., *Journ. H. III*, 36, I); *allerent .... faire semblables prieres et requestes à ladicte roïne* (Id., *ib.*, 35, II); *ayant pris haleine, et faict noueaux desseins* (*Mén.*, 45 éd. Lab.); *i'ay moindre enuie d'y retourner que les aultres* (*Let. de H. IV à de Vil.*, 24 mars 1599, p. 24); *il me fascheroit fort d'espouser personne qui ne fust de ma religion* (*Mém. de Marg. de Val.*, 24).

OBSERVATIONS COMMUNES AUX DIVERS ARTICLES

1° *LOCUTIONS VERBALES.* — Il existait une foule de locutions verbales comme nous en avons encore : *faire grace, merueilles, avoir tort, inspirer confiance.*

Elles ne sont pas restreintes aux noms de qualité et d'accident,

1. On peut comparer les phrases où *il* neutre, exprimé ou sous-entendu, est sujet : *y eut vne maison honnorable qui* (L'Est., *Journ. H. III*, 295,1); *s'il se presentoit a vous des occasions plus importantes* (*Let. in. de H. IV à de Vil.*, 7 mars 1600, p. 17); *il y a du respect pour ceux qui le suyuent, et pour l'ennemy de l'effroy, de voir...* (Mont., l. II, ch. 17, t. IV, p. 224).

comme *force*, *vigueur*, mais se forment de toutes sortes de substantifs. Il y en a en très grand nombre. En voici quelques-unes prises aux derniers écrivains : *acquerir creance* (Du Vair, 334, 1); *acquerir gloire à l'art et foy à gens que...* (Id., 363, 38); *apprendre mestier* (Id., 359, 38); *auoir absolution* (*Mén.*, 50, éd. Lab.); *auoir commencement* (Du Vair, 359, 1); *donner occasion* (Id., 356, 38); *donner cœur* (L'Est., *Journ. H. III*, 293, 1); *se donner garde* (Des Per., II, 283); *donner loisir* (Du Vair, 353, 35); *faire chose* (*Mén.*, 1, éd. Lab.); *faire conte* (Du Vair, 355, 16); *faire contenance* (Id., 357, 33); *faire distinction* (Id., 383, 14); *faire miracles* (*Mén.*, 30, éd. Lab.); *faire ouuerture* (Du Vair, 379, 20); *faire voye* (Id., 396, 15); *porter calottes* (*Mén.*, 2, éd. Lab.); *porter hoquetons* (*ib.*, 17); *porter tesmoignage* (Du Vair, 404, 25); *receuoir profit* (Id., 386, 2); *rendre combat* (Id., 347, 14); *voüer seruice* (Id., 332, 6); *prendre tiltre de clers* (Fauch., *Orig. de la l. fr.* 560 v°)[1].

A vrai dire, le nombre de ces expressions n'est encore nullement limité.

D'autre part, il n'y a pas là comme plus tard des juxtaposés immuables. Un qualificatif, un déterminatif s'y ajoutent librement, sans rendre pour cela l'article nécessaire : *donner pront remede au mal ia commencé* (L. Labé, *Disc.*, V, p. 34, éd. Bl.); *vous trouuez matieres assez ioyeuses et bien correspondentes au nom* (Rab., *Prol.*, I, 5); *aussi auons nous grand desir de...* (J. de la Taille, *Corrivaux*, prol. p. VI, Maulde); [*Ils*] *font iustice particuliere aux depends de la iustice publique* (Montaigne, l. I, ch. III, t. I, p. 16, note 3); *qui est-ce qui peut auoir iuste occasion de desesperer du salut d'vn Estat?* (Du Vair, 334, 32); *qui portoit grand chapeau* (*Mén.*, 2, éd. Lab.).

Pour la même raison, la forme de ces locutions n'étant point fixée, on y trouve l'article (là où nous ne le mettrions point) : *Ha! i'ay le tort, ie le voy bien* (Grev., *les Esb.*, act. IV, sc. III, *A. th. fr.*, IV, 293); *ayant la charge d'esteindre les chandeles* (N. du Fail, *Eutr.*, II, 3); *se faisoit prendre la mesure de quelque pourpoint* (Des Per., *Oeuv.*, II, 283); *il me fit vn present de la dite pierre* (Paliss., 38); *nous auons bien eu la raison de tous ces Valesiens* (*Mén.*, 73, éd. Lab.); *Luy eust serui d'vne chapelle ardente* (St-Gel., II, p. 167); *Prenant le nom d'une mere cruelle* (Corroz., *Hecat.*, Defense, 11).

1. Cf. *faire ombre* (Forcad., 5); *traicter paix* (Dolet, *Gest. Fr. de V.*, 24); *faire guerre* (Id., *ib.*, p. 18); *perdre temps* (Lar., *Jal.*, act. I, sc. I, *A. th. fr.*, VI, 11); *mettre peyne* (Marg. de Navarre, *Heptam.*, 76); *tenir hostelerie* (N. du Fail, *Eutr.*, II, 12).

En somme, les locutions verbales juxtaposées se distinguent des phrases ordinaires par ce caractère qu'on les trouve plus souvent sans article que les expressions ordinaires qui ne sont pas en chemin vers la juxtaposition, mais on ne saurait opposer encore les unes aux autres; l'obligation de l'article n'est pas encore assez stricte pour cela.

2° *L'ARTICLE APRÈS LES PRÉPOSITIONS.* — Après les prépositions, l'article devient aussi de plus en plus commun, au fur et à mesure qu'on avance dans le siècle : *l'eau de pluye, qui tombe en l'esté* (Bouch., *Ser.*, I, t. I, 69); *Si i'eusse ouy lors quelque voix par l'air* (Forcad., p. 7); *comparaison de moy a vng si iuste personnaige* (Du Bel., *Let. in.*, 49); *en vne si iuste deffence que celle de mon honneur* (Id., *ib.*, 51); *la poësie, que i'ayme d'vne particuliere inclination* (Mont., l. I, ch. 26, t. II, p. 21, cf. *me fiert d'vne plus viue secousse* (*ib.*); *ie desire que vous l'aymiez* (la vie solitaire) *comme eux, et auec les mesmes considerations qu'eux, et non par vn descouragement* (Du Vair, 333, 5); *troublé de guerres ciuiles, sous les pretextes de religion et bien publiq* (L'Est., *Journ.*, *de H. III*, 35, 1).

Mais les exemples contraires sont extrêmement nombreux. Il y a d'abord des expressions toutes faites : *à port* (Du Vair, 336, 40); *à bride auallée* (Rab., l. I, ch. 43, t. I, p. 159); *conduire à fin* (Du Vair, 378, 2); *de paroles* (Amyot, *Vie de Lycurg.*, p. 48, I.); *en bouche* (Du Vair, 386, 21); *en estat de* (Id., 415, 25); *en paix et concorde* (Marg. de Nav., *Dern. po.*, 387); *en parole* (Du Vair, 404, 17); *en intention* (Fauch., *Orig. de la l. fr.*, 533 v°); *par force* (Amyot, *Vie de Lycurg.*, 48, H.); *par ieu* (Id., *Œuv. mor.*, 377 v°, G.); *par armes* (*Mén.*, p. 5, éd. Lab.); *faictz par artifice, et non par inspiration diuine* (Du Bel., *Deff.*, II, 8, Cham., 280).

En dehors de ces expressions, je citerai : *quand vn peuple est contraint... viure sous loix nouuelles* (Fauchet, *Orig. de la l. fr.*, 535 r°); *elle peut estre continuee par seconde election* (Mont., l. III, ch. 10, t. VI, p. 217); *l'honneur ...., ne nous pourra estre oté, ne par finesse de larron, ne force d'ennemis, ne longueur du tems* (L. Labé, p. 4, éd. Bl.); *auec regrets de ce que nul n'auoit pitié de moi* (Paliss., 316); *chantoint melodieusement leurs rymes auecques instrumentz* (Du Bel., *Deff.*, l. II, ch. 8, Cham., 273); *auec tonneaux et barriques* (*Mén.*, 23, éd. Lab.); *en peines et destresses, En grans labeurs et obstinez trauaulx?* (Corroz., *Hecat.*, Insuffisance, p. 7); *se transforma en hydeuse Furie* (Forcad., 5); *à l'esprit par lecture complaire* (Corroz., *Hecat*, Huictain.); *peruertie par courtisans* (Du Vair, 363, 25); *elles ne se font pas cognoistre par tesmoignages empruntez*

(Id., 409, 22); *Mais la graua sus acier ou porphyre* (Forcad., p. 4).

Les auteurs se contredisent d'une page à l'autre, quelquefois dans une même phrase : *ie n'ay le cœur en si bas lieu* (Du Bel., *Let. in.*, 54); *ce qu'en vne si iuste deffence* (Id., *ib.*, 51); *leur coulant la raison en l'esprit par la parole, et les ramenant par discours peu a peu en ce qui est iuste* (Du Vair, 400, 5).

3° *L'ARTICLE DANS LES COMPLÉMENTS DÉTERMINATIFS DU NOM.* — Quand un nom est complément déterminatif d'un autre, souvent il ne se place pas d'article entre la préposition et lui : *au commencement de automne* (Rab., l. I, ch. 25, t. I, 97); *la saison de vendanges* (Id., *ib.*); *Sans eclipser par empesche de Lune* (Forcad., p. 10); *des froidures du vent de Nord et Ouëst* (Paliss., 78). Ici, c'est peut-être parce que *Nord* et *Ouëst* sont des sortes de noms propres que l'article est absent. De même pour *Sorbonne* dans l'exemple suivant : *et deuant luy marchoit le doyen de Sorbonne* (*Mén.*, 17, éd. Lab.); *Et si ne fut la crainte de supplice, Qui est celuy qui seroit vertueux?* (Forcad., p. 24).

4° *LES SUBSTANTIFS PRIS DANS TOUTE LEUR GÉNÉRALITÉ.* — L'analogie ne joue pas encore un très grand rôle dans cette extension des articles, et lorsqu'il s'agit de prendre un substantif dans toute sa généralité, c'est presque toujours le substantif sans article qui fait l'office. Ainsi dans les phrases négatives, dans les interrogatives, les hypothétiques : *Il n'est homme à qui il siese si mal de se mesler de parler de memoire qu'à moy* (Mont., l. I, ch. 9, t. I, p. 39); *n'obeissez ny a Dieu, ny a roy, ny a loy* (*Mén.*, 8, éd. Lab.); *ie ne luy pouuois faire présent plus agreable* (Du Bel., *Let. in.*, 35); *il n'y a homme qui se puisse vanter d'auoir plus auancé les lettres, que j'ai faict* (Jos. Scaliger, *Let.*, p. 317); *s'il se trouue .. liure ou tiltre faisant mention de quelcvn d'eux* (Fauch., *Orig. de la l. fr.*, 557 r°); *il auoit appris a mespriser le corps comme chose qui n'est point a nous* (Du Vair, 355, 8).

Il suffit que le sens soit indéterminé pour que cette syntaxe reparaisse : *s'en vous y a pitié* (St-Gel., I, p. 98); *de penser seullement (non qu'escrire) chose qui soit contre son honneur* (Du Bel., *Let. in.*, 50); *non tant pour plaisir que je y prinsse que pour vng relaschement de mon esprit* (Id., *ib.*, 43); *vous sçavez, mieulx qu'homme du monde* (Id., *ib.*, 37).

Il faut même ajouter que dans d'autres passages, alors qu'il n'y a ni négation, ni hypothèse, et que le sens est beaucoup moins défini, l'ellipse se fait encore. Ç'est sans doute pour cette raison que les adjectifs indéfinis tels que *autre*, *tels*, *tous*, *mesme*, se construisent encore à la fin du siècle sans article.

Avec *autre*, ce sens général est très sensible : *Attendray-ie plustot qu'autre le luy reuelle* (St-Gel., III, p. 169) ; *Il n'auoit garde de souffrir Qu'autre du pain luy vint offrir* (Id., I, p. 59) ; *pour ne vous ennuyer de plus longue lectre, encores que ie m'asseure ce discours vous estre aultant agreable qu'aultre pourroit estre* (Du Bel., *Let. in.*, 40) ; *les choses prendroient aultre chemin* (*Let. H. IV à de Vill.*, 5 mars 1599, 21). *Il n'est point vray que iamais autre amie Puisse en mon cœur loger n'y trouuer place* (St-Gel., I, p. 62) ; *ne se sont proposez aultre but* (Du Bel., *Let. in.*, 53) ; *n'en fust faite autre poursuitte* (L'Est., *Journ. de H. III*, 209, 1) ; *Et tout poisson... N'eut autre habit que d'escaille d'argent* (Forcad., p. 14) ; *et ne tiray autre fruict de mon voyage* (*Mén.*, 39, éd. Lab.).

Se renforçant les troupes d'vne part et d'aultre (*St-Gel.*, III, p. 172) ; *n'ait beu d'vng ou d'aultre breuuaige* (Corroz., *Hecat.*, Liesse, p. 25) ; *fuyez d'aultre costé* (Id., *ib.*, Brocardeurs, p. 8).

Avec *tous*, l'omission de l'article demeurera usuelle jusqu'au XVIIe siècle : *tous royaumes ou pays diuisez cheent sans ressource* (J. d'Auton, *Chron. de Louis XII*, t. IV, p. 94) ; *fault laisser tous habits de ioye* (St-Gel., III, p. 226) ; *ainsi que auez accoustumé receuoir toutes œuures doctes et bien limées* (*Epitre à Hierosme Chastillon*, St-Gel , I, p. 145) ; *pource qu'en toutes langues y en a de bons et de mauuais* (Du Bel., *Deff.*, II, 3, Cham., 193) ; *Là est encore vn haure conuenable A tous nochers de la terre habitable* (Forcad., p. 2) ; *Bien qu'on croye toutes brauades Rendre les courages plus fades* (Jod., *Eug.*, a. II, sc. II, *A. th. fr.*, t. IV, p. 35) ; *guerir de tous maux* (Lar., *Jal.*, a. II, sc. II, *A. th. fr.*, VI, 27) ; *le Concile de Trente, selon lequel estoit commandé à tous Imprimeurs de corriger les plus rudes passages* (d'Aub., *Œuvr.*, II, 245) ; *tous Estats ont leur naissance et commencement* (Du Vair, 362, 17).

On voit cependant apparaître souvent l'article : *toutes les eglises* (*J. B. P.*, 178) ; *Tous les deux* (Rons., *Po. ch.*, B. de Fouq., 47) ; *tous les carrefours de Paris* (*Mén.*, 3, éd. Lab.,) ; *faire tous les jours la court* (L'Est., *Journ. H. III*, 288, 2) ; *la Terre et Mer de tous les deux costez* (Pelet., *Od.*, *Œuv.*, 8 v°) ; *De tous les coups que l'archer tyre* (Corroz., *Hecat.*, Parler peu, p. 3) ; *de tous les anciens poëtes francoys* (Du Bel., *Deff.*, II, 2, Cham., 174) ; *Tous les confederez et voysins, et tous les Ilotes... se descoupoient le front* (Mont., l. I, ch. 3, t. I, p. 17, note).

Avec *tel*, l'ellipse est commune : *pourueu que telle maniere de parler adioute quelque grace* (Du Bel., *Deff.*, II, 9, Cham., 284) ; *ie viendray sentir telle outrance Que despit me fera creuer* (Jod., *Eug.*, a. IV, sc. III, *A. th. fr.*, t. IV, p. 61) ; *auoir telle puissance sus vous* (Lar., *Jal.*, a. I, sc. II, *A. th, fr.*, VI, 14) ; *a quoy peut seruir telle enqueste?* (Fauch., *Orig. de la l. fr.*, 533 v°) ; *Quelque vil frippier qui voudroit faire son profit de telle denrée* (Du Vair, 355, 14. Cf. : 343, 39 ; 344, 30 ; 398, 18 ; 350, 35, etc.).

Avec *mesme*, il est toujours habituel de ne pas exprimer l'article : *Ceux que tu vois d'vn visage si blesme Couchés icy ont eu fortune mesme, De mesme ville, issus de mesme part*, (Ronsard, *Franc.*, II, t. III, p. 104, éd. Bl.) ; *Iadis Cyrus, le felon Roy de Perse, Eut mesme soif* (Forcad., p. 5) ; *la parole n'a pas touiours eu mesme son* (Fauch., *Orig. de la l. fr.*, 534 v°) ; *en mesme mot* (Du Vair, 334, 9 ; cf. 367, 5) [1].

Avec les expressions de quantité, l'usage de mettre l'article se répand au XVIe siècle, mais bien lentement : *il degorgea vne infinité de vilanies* (L'Est., *J. de H. III*, 285, 2). Au contraire : *Ia ont-ils enuoié... grand nombre de nauires* (*Let. inéd. de H. IV à de Vill.*, 16 janvier 1599, 12) ; *Ce qui monstre que partie des Romans ont esté en prose* (Fauch., *Orig. de la l. fr.*, 558 v°).

RÉPÉTITION DE L'ARTICLE. — Dans le cas où il y a plusieurs substantifs — et on sait que le style du XVIe siècle en admet souvent trois, couramment deux, là où au XVIIe on cherchera à n'en mettre qu'un — l'usage est le même pour l'article, l'adjectif pronominal, la préposition, etc. ; on ne les exprime le plus souvent qu'une fois, sans tenir compte des différences de genre, ni de nombre. Les exemples sont innombrables : *comme si tu voulois dire la vertu et instruments vitaulx estre origine de l'esprit* (Dol., *Man. de trad.*, p. 12) ; *il fault que le traducteur entende parfaictement le sens et matiere de l'autheur* (Id., *ib.*, p. 11) ; *la fin totale et fruict principal* (Id., *G. de Fr. de V.*, p. 3) ; *chascun se delibere de perdre plustost la vie que liberté et... chascun pense estre l'ennemy plus intolerable que la mort* (Id., *ib.*, p. 54) ; *Et qui voudroit oster l'impieté et dangereux termes contenus aux liures de Plotin...* (N. du Fail, *Eutr.*, II, p. 15) ; *en façon et maniere* (Corroz., *Hecat.*, Brocardeurs, p. 9) ; *Tout le tresor et richesse du monde* (Id., *ib.*, Suffisance, p. 125) ; *En l'ordure et fanges* (*Ch. hug.*, 46, 1561) ; *orra mes plaincts et*

1. L'article est omis quelquefois devant *pareille* comme devant *mesme* : *On faict pareilles choses auec diuers efforts* (Mont., l. III, ch. 10, t. VI, p. 221).

lamentation (de Magn., *A.*, 71, J. Favre, *o. c.*, 322); *de recourir au discours, raison et conseil* (Du Vair, 342, 36); *l'imbecillité de ma memoire et rudesse de ma langue* (Id., 416, 41); *viure auec vne grande securité et repos d'esprit* (Id., 389, 37); *laquelle n'est autre chose qu'vne langueur d'esprit et descouragement* (Id., 343, 34); *qu'il precheroit la vie, gestes et faits abominables de ce perfide tyran* (L'Est., *Journ. H. III*, 285, 1).

Toutefois on trouve déjà la répétition de l'article : *la brauerie, la constance et la resolution, moyens tous contraires, ont quelquefois serui a ce mesme effect* (Mont., l. I, ch. I, t. I, p. 3 et 4).

CHAPITRE II

SUBSTANTIF

GENRE DES SUBSTANTIFS

Il est impossible d'examiner ici tous les mots dont, au XVIe siècle, le genre est indécis, comme on le ferait dans un tableau de la langue à cette époque ; je ne saurais même noter tous les mouvements qui, chez un auteur ou un groupe d'auteurs, portent un nom vers un genre nouveau [1]. Je ne retiendrai que ceux qui ont abouti, ou qui du moins ont eu une certaine ampleur.

Il y a d'abord un certain nombre de substantifs qui, comme à toute époque, changent de genre sans raison bien définie.

CHANGEMENTS DE GENRES DUS A UNE CAUSE INCERTAINE. — *Art.* Palsgrave critique l'évêque d'Angoulême qui l'a fait masculin, ainsi qu'Alain Chartier (164). Le genre féminin se retrouve fréquemment : *vne art excellente*, (Du Bel., I, 299, M.-L.) ; *Des bonnes arts* (St-Gel., I, 295 ; cf. II, 2 ; et Baïf, V, 33).

Mais le masculin se rencontre dans Marot : *cest art* (III, 11). En 1588, Montaigne avait écrit : *cette belle art ;* l'édition de 1595 porte : *ce bel art* (*Ess.*, l. I, ch. 9, t. I, p. 43 ; cf. l. III, ch. 13, t. VII, p. 2) ; Nicot et Cotgrave le font masculin [2].

Arbre au féminin est encore tout à fait usuel dans Rabelais (I, XXVII, t. I, 106, et souv. ; cf. Lespl., *Prompt.*, 60, 62, 79). Est-ce un latinisme ? Et pourquoi change-t-on ?

Doubte. Le féminin est encore tout à fait commun (Marot, III, 203 ; *Marg. de la Marg.*, I, 126 ; Scève, *Del.*, CCCCXXXVI,

1. Ainsi Montaigne, au dire de Pasquier, gasconisait en disant : *vn couple*, *vn debte* (*Let.*, l. XVIII, 1, t. II, p. 517).

2. Si la nasalisation de *vn* a été pour quelque chose dans le passage de *art* au masculin, ce qui est probable, on pourrait rapprocher d'autres mots commençant par voyelle : *vn ambassade... lequel passa* (*J. B. P.*, 265 et 387) ; *ledict apostrophe* (Dol., *Man. de trad.*, p. 31, fém., p. 33 et 34) ; *vn anchre* (Passer., I, 116) ; *ce petit armoyre* (*Ch. hug.*, 101, 1532). Voir à la Phonétique, p. 262, et rapprocher un certain nombre des noms cités dans ce qui suit.

A. Jam., II, 176 ; H. Estienne, *Precel. du lang. fr.*, 153, dans Clem., *o. c.*, 428. Rabelais emploie déjà le masculin (l. III, ch. 63, t. II, 493 ; Mont., l. III, ch. 13, t. VII, p. 9 ; *Let. miss. de H. IV*, III, 234). Au commencement du XVIIe siècle, le genre n'était pas encore fixé.

Coche (voiture) est encore féminin dans les *Marg. de la Marg.* (titre d'une poésie du tome IV, 203), dans Ronsard, V, 72, et 114.

Ailleurs, Ronsard l'a fait masculin (I, 172, 284) ; comparez Amyot, *Nicias*, 639 A. ; Mont., l. III, ch. 6, t. VI, p. 47 : *des lyons attelez a vn coche*, et *ib.*, p. 48. Nicot distingue *coche*, truie, qui est féminin, de *coche*, sorte de char masculin. Cotgrave maintient le féminin. Maupas admet les deux genres (88). Pour ces deux mots, la raison de l'évolution est des plus obscures.

Image. Le masculin, blâmé par Palsgrave (169), est extrêmement commun (Mar., III, 160 ; Bell., II, 23, 469, note 3 ; Dorat, 31 ; La Boét., p. 37, l. 35 ; Mont., l. III, ch. 10, p. 185 ; dans Darm., § 136). On trouve toutefois le féminin très souvent, ainsi : *Let. de Briçonnet*, 1524, Herm., *C.*, I, 186 ; Du Bel., *Deff.*, II, 1, éd. Cham., p. 174 ; Mont., l. II, ch. 1, t. III, p. 2 ; l. III, ch. V, t. VI, 9 ; l. II, ch. 12, t. IV, p. 4 ; l. III, ch. 6, t. VI, p. 58, etc., etc. Nicot et Cotgrave gardent aussi le féminin. Revient-on au latin ?

Ombre. Le masculin est assez fréquent : *ton saint ombre* (Bell., I, 165 ; cf. 237, et II, 310 ; Jod., II, 6 ; Rons., II, 316 et 498, note 4 ; cf. III, 22 ; IV, 405, etc. : Nicot : féminin ; Cotgr. : féminin. Est-ce encore un retour au latin, malgré l'influence de la nasalisation de *un* ?

MOTS QUI OPTENT ENTRE DEUX FORMES ORIGINELLES. — Il y avait certains substantifs qui correspondaient aux deux nombres à deux noms latins de genre différent : *delices, euangiles*. Les uns, comme *delices*, n'arriveront jamais à n'avoir qu'un seul genre, au contraire *euangiles* deviendra peu à peu masculin.

Palsgrave (161) le voulait encore féminin au pluriel, épicène au singulier. De fait, au pluriel, le féminin est commun : *les sainctes euangiles* (P. Cayet, *Chron. sept.*, p. 12, 2). Au singulier, les deux genres se trouvent, ainsi chez les écrivains protestants, où le mot revient souvent : *L'Euangile soit cogneu* (*Ch. hug.*, 246) ; *La pure Euangile* (*ib.*, 238). Cf. *vne Euangile armée* (Rons., V, 340) ; *la sainte Euangile* (J. Bouch., f° VI v° dans Talbert, *Dial.*, *Blais.*, p. 267) ; *cestuy euangile* (Rab., t. II, 251). Le masculin tend cependant à l'emporter, même au pluriel. Rabelais fait une plaisanterie sur : *les beaux euangiles de boys* (*Garg.*, ch. 22, t. I, 84). Cotgrave ne connaît plus que le masculin.

INFLUENCE DU SENS. — Quelquefois, on voit nettement que ce sont des raisons psychologiques qui sont en cause. Le sens agit sur le genre de certains noms. Ainsi *personne*, qui désigne souvent des êtres masculins, tend à devenir du genre neutre, dont la forme est le masculin. En effet, il était bizarre de dire : *homme de bon iugement pour bien cognoistre les semences de vertu naissante en vne ieune personne* (un jeune homme, Amyot, *Cat.*, 6, L.); *et surtout ne baillez iamais charge pour la guerre à ieunes personnes inexperimentées* (Carl., 1, 23, *ib.*). *Personne* tend donc à devenir masculin : *i'ai veu des personnes reprins d'auoir obei* (Mont., I, 60, *ib.*) ; *faire succer la playe par quelque personne, lequel ne sera à ieun* (Paré, IX, 23, *ib.*). De même pour *rien*, de même pour *gens*. Quand l'adjectif est proche, l'influence du genre accoutumé se fait sentir : *les vieilles gens* (Amyot, *Œuv. mor.*, 373, r°, titre du chap.; Tourn., *Cont.*, act. I, sc. VII, *A. th. fr.*, t. VII, 137) ; quand il est loin, le sens l'emporte : *quant toutes leurs gens furent couchés* (Nic. de Tr., *Par.*, 49). De là une tendance à mettre le masculin partout : *ces meschants gens* (B. An., *Lyon march.*, A VII v°).

INFLUENCE DE LA FORME. — Dans la plupart des cas, c'est cette influence de la forme qui est prédominante. La désinence féminine pousse vers le féminin un grand nombre de noms.

Affaire. Le masculin est encore extrêmement fréquent : *entreprendre vng affaire* (Çorroz., *Hecat.*, Deffiance, p. 109; Rab., liv. I, ch. XXVIII, t. I, 111, ch. XXXII, *ib.*, 121 ; J. d'Auton, *Chron.*, IV, 154; Des Per., *Nouv. Recr.*, II, 82, 166; St-Gel., *Po.*, I, 94; Amyot, *Vies*, *Aux Lect.*, p. 2, ligne 20 ; Mont., l. III, ch. 10, t. VI, p. 246 ; *ib.*, ch. 9, t. VI, p. 132 ; *ib.*, ch. 8, t. VI, p. 100 ; Tourn., *Cont.*, act. V, sc. V, *A. th. fr.*, t. VII, p. 122 ; Du Vair, 406, 20). Nicot et Cotgrave n'admettent que ce genre.

Cependant, Palsgrave (160) a déjà relevé le féminin dans l'évêque d'Angoulême, et on le trouve dans l'*Heptaméron* (I, 245), dans Noël du Fail (*Prop. rust.*, I, 93). Abel Mathieu, (*Devis*, 1572, 24 v°), le recommande. La question sera reprise au XVIIe siècle.

Age. Le masculin demeure commun (Rab., l. I, ch. I, t. I, 9 ; L'Est., *Journ. H. III*, 37, 2). C'est le genre donné par Nicot et Cotgrave. Mais on trouve le féminin (Rab., Préface III, 5 ; Baïf, l. I, 317 ; l. II, 197 ; Rons., IV, 313) [1]. Voir au XVIIe siècle.

Alarme. On trouve fréquemment le masculin (*Marg. de la Marg.*, IV, 209 ; St-Gel., II, 76 ; Du Bel., I, 198, 279 ; II, 14, 207). Montaigne

1. Comparez Hug., o. c., 29, sur *oraige* et *ouvraige*.

se sert du féminin (l. I, ch. 2, t. I, p. 12). Au contraire, H. Estienne le note dans Du Bellay (Clem., *o. c.*, 427). Cotgrave conserve l'ancien genre.

Eschange. Il est féminin dans Jean de la Taille, *La Famine*, IV, Darm. H., *Le XVI*e *s. en F.*, 247); Cotgrave : féminin (cf. Malh., II, 45).

Populas. Ce mot, alors tout neuf, est fréquemment masculin (Jod., *Eug.*, Prol., *A. th. fr.*, IV, 7; La Boétie, 40, 41; Baïf, I, 182; Rons., IV, 65; Jod., II, 325; Tahur., II, 35, son., 42; *Ch. hug.*, 299). Toutefois, on trouve *la populasse* (Ramus, *Gram.*, 1587, 62; Scaliger, *Let.*, 291); Thurot cite (*o. c.*, I, 275) : *Le peuple grossier qu'on appelle auiourdhuy la populasse* (H. Est., *Dial.*, 137; cf. *Chans. de 1590*, Ler. de L., II, 499, et le texte de Ramus cité dans ce volume, p. 31, n. 1. Cotgrave le fait féminin, et Maupas commun (88).

Presche. *En sa presche* (Vigor, *Serm. cath.*, 199); *pour la rendre seruille Et la presche y planter* (*Ch. hist.*, Ler. de L., II, 485, 1590). Cotgr. : féminin.

Prestige. *Leurs prestiges vaines* (Dorat, 19). Cotgr. : féminin.

Tige s'emploie encore presque exclusivement au masculin (Rab., II, 228, 229; Baïf, I, 67, 406, note, 58; Jod., II, 162).

Cependant le féminin apparaît. Il est dans la préface de Meigret (*Trad. des Off. de Cic.*). Cf. *Chans. de 1572*, Ler. de L., II, 306; *Mén.*, (230, Read; au contraire le masculin, *ib.*, 266). Cotgrave, Nicot, ne connaissent plus que ce genre. La question sera reprise au XVIIe siècle [1].

L'analogie des suffixes amène aussi des changements.

C'est ainsi que *parenté* (ensemble des parents) assimilé aux substantifs abstraits en *té*, dont il a du reste en certains cas le sens, devient féminin (Rob. Est., 1539). Nicot, Cotgrave, le traitent comme tel, le premier cependant donne : *né de parenté bien renommé*.

Est-ce par une influence de même ordre que divers mots en *on* deviennent peu à peu masculins? On peut citer *frisson*, *poison*, *soupçon*. Toutefois, le mouvement est bien lent.

Frisson est encore le plus souvent féminin chez les poètes (Marg. de Nav., *Dern. po.*, 156; Baïf, II, 246; Rons., I, 47; Tyard, 92). Pour *poison*, il en est de même, Palsgrave soutient encore le genre féminin (165); cf. Marg. de Nav., *Dern. po.*, 136, *Marg. de la Marg.*, IV, 52; St-Gel., I, 280; Baïf, I, 104, 156; Ronsard, I, 96;

1. Est-ce à cette influence de la finale qu'il faut rapporter *la traffique* (J. Scal., *Let.*, 106; Mont., l. III, ch. 6, t. VI, p. 63; l. II, ch. 8, t. III, p. 84); *la triumphe* (*J. B. P.*, 75, 85, 321), etc.

Bell., II, 241 ; Jod., *Eug.*, a. IV, sc. III, *A. th. fr.*, IV, 61 ; Vigor, *Serm. cath.*, 199 ; *Ch. hug.*, 49 (1561). Ronsard critique le masculin, VI, 445. Pour *soupçon*, les opinions sont moins nettes. Mais on le trouve au féminin jusque dans Montluc (V, 95, let., 171). A la fin du XVIe siècle, le masculin s'implante peu à peu. Nicot admet encore que *poison* soit des deux genres, mais Soulatius, Cotgrave le déclarent masculin. *Soupçon* est encore féminin dans Cotgrave, mais masculin dans Nicot. Le XVIIe siècle en aura bientôt décidé.

ACTIONS SAVANTES. — Les forces naturelles se trouvent parfois contrariées par les actions savantes. L'étymologie ramène vers le genre latin comme vers l'orthographe latine une foule de mots, et ce retour a parfois été définitif. Sont ainsi employés aumasculin :

Abîme, encore souvent féminin au XVIe siècle : *De l'abysme la plus profonde* (Rons., II, 126 ; cf. III, 45) ; *Aux abysmes profondes* (Jod., , 31). Rabelais le fait toujours masculin : *on profond abisme de ce monde* (Rab. t. II, p. 34, cf. 336, 472). Chez Marguerite de Navarre, le mot hésite entre les deux genres (*Marg. de la Marg.*, I, 15, et I, 106). Palsgrave blâme le féminin (173). Maupas de même (p. 86), et aussi Nicot. Malgré cela, les hésitations seront très longues.

Comete, d'abord féminin, est refait masculin au XVIe siècle [1]. Rabelais, à côté de la forme féminine : *notoient les cometes sy aulcunes estoient* (*Garg.*, ch. 23, t. I, 93), emploie couramment le masculin : *le comete de l'an passé* (l. IV, ch. 3, t. III, 239) ; *Comete* est masculin chez Baïf : *les Cometes longs* (l. IV, ch. 3, t. II, 21) ; *Il ne s'etonne pas de voir luire vn Comete* (22) ; *le Comete s'alume* (25) ; *Il se fait ainsi que le Comete* (30) ; *Vn Comete plein de terreur* (V, 34). De même chez d'Aubigné : *du regard d'vn comette* [2] (*Trag.*, p. 52, éd. Lalanne). Mais à la fin du siècle, la forme féminine prévaut. Nicot : *vne comete ou estoille cheuelue.* Il est donné comme féminin par Cotgrave. Voir la suite au XVIIe siècle.

Emplastre, féminin dans Froissart, se retrouvera avec ce genre jusqu'au XVIIe siècle, mais il apparaît au masculin à divers endroits (Mont., III, 105 L.). L'incertitude ici aussi durera longtemps.

Estable, généralement féminin. Cependant : *les longs estables* (Baïf, II, 282) ; *vng estable* (*Chans. hug.*, Ch. prélim. LXXIX).

Estude. Anciennement féminin, il tend, dès le XVe siècle, par réac-

1. Cf. *planete : en Orient le grand Planete luyt* (Lanc. de C., *Eccl.*, C., 1 v°).
2. Les savants le feront encore masculin au XVIIIe siècle ; *ces affreux cometes* (*Merc. de Fr.*, oct. 1779, p. 23, L.).

tion étymologique, à devenir masculin. Chez Rabelais, ce genre est commun : *encores que mon feu pere... eust adonné tout son estude* (I, 254, Hug., *o. c.*, 24) ; *au dur trauail de l'estude obstiné* (Lanc. de Carles, *Eccl.*, D., 1 r°) ; *l'estude des loix plus vtile que delicieux* (Forcad., *Pref.*); *O le vilein et sot estude, d'estudier son argent* (Mont., l. III, ch. 9, t. VI, p. 132). Les exemples du féminin sont fréquents (Corroz., *Hecat.*, Ingrat., p. 13; Dolet, *Man. de trad.*, p. 7).

A la fin du siècle, le masculin est assez commun pour qu'une distinction de genre tende à se faire, suivant le sens. Il y en a déjà des exemples au XVIe siècle. Montaigne semble la faire, il dira : *une estude fournie de toutes sortes de liures* (Mont., l. I, ch. 17, t. I, p. 98, note 4).

Hymne. Ronsard le fait des deux genres (II, 103 et 484, note 52). Cotgrave : masculin.

Idole, encore souvent féminin : *ceste ydole* (Nic. de Tr., *Par.*, 31), commence à devenir masculin. Rabelais : *son grand Idole* (l. III, ch. 45, t. II, 213) ; *Tous les Idoles d'icy* (Jod., II, 332 ; cf. Rons., II, 256 et 494, note 127). Nicot ne le donne que comme féminin (Voir au XVIIe siècle).

Infortune, déjà féminin chez Al. Chartier, devrait être masculin, dit Palsgrave (173). Il l'est chez Rabelais (l. IV, ch. 61, t. II, 486). Il est féminin dans Mont. (l. II, ch. 8, t. III, p. 86), dans Nicot et Cotgrave.

Nauire est encore couramment féminin : *ceste nauire* (Palsgr., 415 ; Corroz., *Hecat.*, Repub., 141 ; Rab., *Pant.*, ch. 24, t. I, 334, c . : 337, etc. ; Amyot, *Œuv. mor.*, 414 r° B.).

Cependant Palsgrave note qu'il est quelquefois masculin (161); H. Estienne (*Dial. du fr. ital.*, II, 9 et 10, Liseux) constate que ce changement est récent et de la cour. Le Quintil reprochait à Du Bellay (I, 484, note 50) d'avoir suivi cette mode. A. Mathieu proteste de même (1572, 24 v°). Du Bellay n'était cependant pas seul à écrire ainsi : *Ou il estoit allé en son nauire* (Pelet., *Od.*, *Œuv.*, 15 r° ; cf. Lar., *Les Jal.*, a. II, sc. III, *A. th. fr.*, VI, 30).

Office, généralement féminin (J. d'Aut., *Chron.*, IV, 27 ; Rab., *Garg.*, 50, t. I, 183; Baïf, IV, 404; Bell., *la Recon.*, a. I, sc. V, *A. th. fr.*, IV, 357 ; Grév., *Les Esb.*, a. III, sc. I, *A. th. fr.*, IV, 272), est souvent masculin chez Montaigne : *ces vains offices* (l. I, ch. 13, t. I, p. 60 ; cf. l. II, ch. 8, t. III, p. 102, note ; l. III, ch. 13, t. VII, p. 11 ; l. III, ch. 5, t. VI, p. 14 ; etc.).

Il est considéré comme des deux genres par Nicot et Maupas fils (1638, p. 94). Cotgrave : féminin

Obole, féminin, est refait masculin : *Vn million d'Or luy est aussi peu qu'vn obole* (Rab., *Prol.* du l. IV, II, 268) ; *de tels dix grains est fait vn obole* (A. Paré, XXV, 12, L.) ; Nicot : *vn obole et demi.* Cotgr. : masculin (Voir au XVIIe siècle).

Œuure se rencontre le plus souvent au masculin (Rab., l. IV, ch. 53, t. II, 459 ; Dol., *Man. de trad.*, 7, et souv. ; St-Gel., I., 109 ; Rons., II, 157 ; VI, 227 ; Jod., II, 210 ; Tahureau, II, 186 ; Forcad., p. 6 ; Fauchet, *Orig. de la l. fr.*, 558 v° ; Pasq., *Rech.*, VII, 6, I, 708 A ; d'Aub., *Œuv.*, II, 235 ; Du Vair, 372, 12). Suivant Nicot, il est masculin ; suivant Cotgrave, féminin (V. au XVIIe siècle).

Ordre, encore souvent féminin (Marg. de Nav., *Let.*, 196 ; Dolet, *Gest. de. Fr. de Val.*, 13), est masculin dans Rabelais (l. III, ch. 28, t. II, 140) et dans Montaigne (l. II, ch. 8, t. III, p. 83) ; Maupas (88) admet encore les deux genres, Nicot et Cotgrave seulement le masculin (Voir au XVIIe siècle).

Paroi est très souvent masculin : *vn paroy* (Mont., l. II, ch. 32, t. V, p. 52 ; l'éd. de 1595 corrige en *une*) ; *du mesme paroy* (Desp., *Disc. sur les vertus*, dans Frémy, *Acad. des Val.*, p. 231) ; *le paroi* (Çyre Fouc., *Ep. d'Arist.*, 118). Suivant une indication de Nicot, il est masculin, mais c'est là une inadvertance, car les exemples mettent l'adjectif au féminin. Cotgrave : féminin.

Periode, est masculin dans Rabelais (t. II, 258 ; III, 6, 60 et ailleurs). Cf. Dolet (*Man. de trad.*, p. 19) ; *Que les periodes soint bien ioinctz, numereux* (Du Bel., I, 52) ; B. Aneau objecte ici « si tu fais *Ode* féminin (comme il est), pourquoy fais tu *Periode* masculin » (I, 485, note 59) ? Montaigne dit : *nous ne sommes pas pourtant, à nostre dernier periode* (l. III, ch. 9, t. VI, p. 141). Cotgr. : féminin (Voir au XVIIe s.).

Silence, encore féminin dans Rabelais (*Pant.*, 19, t. I, 313 ; l. III, ch. 19, t. II, 96 ; cf. Corroz., *silence est plaisante* (*Hecat.*, Brocardeurs, p. 9), est masculin dans Nicot, Cotgrave[1].

Quelquefois, ce sont des séries entières qu'on essaie de faire retourner au genre étymologique, ainsi celles des mots en *é* (*atu*) anciennement féminins : *comté*, *duché*, *euesché*.

Les genres anciens se retrouvent cependant le plus souvent : (*François Ier*) *donna à sa mere la duché d'Aniou, et la comté du Maine qu'il erigea en duché, auec la comté d'Angoulesme qu'il luy donna aussy et la duché de Berry* (*J. B. P.*, 4) ; *la duché* (Rab.,

1. *Asperge* est féminin à peu près partout. Rabelais l'a cependant fait masculin (l. IV, ch. 7, II, 293).

Prolog. du IVe livre, II, 261); *vne bonne euesché* (Rons., V, 399, M.-L.) ; *vne double Euesché* (Regn., *Sat.*, III, p. 27, éd. Courb.). H. Estienne affirme que c'est un caprice de cour qui a fait *comté* et *duché* masculins (*Dial. fr. ital.*, II, 10, Lis.). Le masculin apparaît de ci de là. Nicot a l'air de donner *comté* comme féminin, et dans le cours de l'article il dit : *un comté*. Cotgrave considère les deux mots comme masculins ; ce sera l'avis du XVIIe siècle. *Euesché*, encore féminin pour Cotgrave, est masculin pour Nicot.

L'exemple le plus remarquable de ce retour est offert par les noms abstraits en *eur :*

Erreur. Palsgrave maintient encore le féminin contre Jean Lemaire de Belges (166). Mais le masculin devient très fréquent (Rab., liv. IV, ch. XLII, II, 416 ; chap. V, III, 241 ; Meigret, *Off. de Cic.*, 64 ; Du Vair, 403,1 ; 375, 13). Le féminin se conserve pourtant, non seulement dans la langue commune (Nic. de Tr., *Par.*, 231 et passim), mais dans la langue littéraire (Lem. de Bel., III, 126 ; St-Gel., III, 191 ; Pontus de Tyard : *Erreurs amoureuses*, titre de la p. 11 ; Mont., l. I, ch. 9, t. I, p. 44, note 1). Cotgrave le tient pour féminin (Voir au XVIIe siècle).

Honneur. Le féminin se trouve fréquemment. On ne peut pas alléguer toutefois la locution : *l'honneur sauue* (Nic. de Tr., *Par.*, 145 ; Rab., l. IV, ch. 7, t. II, p. 292 ; cf. Mont., l. I, ch. I, t. , p. 5 : *retire son honneur sauue* ; Du Vair, 340, 4 : *son honneur sauue*) ; *sauue* est là une forme masculine (v. plus haut, p. 289). Au reste, même dans cette locution, Nicot donne *sauf*. Mais le masculin est chez Montaigne : *l'ancien honneur de sa maison* (l. II, ch. 8, t. III, p. 92). Cotgrave marque *honneur* féminin, et pourtant donne : *tous honneurs*.

Odeur. Rabelais le fait souvent masculin (Prolog. I, 6 ; liv. III, ch. XLIX, II, 229 ; cf. Lespl., *Prompt.*, 42). Nicot accepte ce genre. Cotgrave est pour le féminin, toutefois un de ses exemples porte : *mauuais odeur*.

Humeur est fait masculin dans Rabelais : *cestuy humeur* (l. III, ch. XXIII, II, 118) ; dans Jodelle, (II, 182, M.-L.) : *tout humeur*, *ib.*, 221 : *chaud humeur* ; cf. Lespl., *Prompt.*, 45 ; Jos. Scal., *Let.*, 312 ; Bouch., *Ser.*, I, 67). Montaigne est fidèle au féminin (l .II, ch. 12, t. IV, p. 62 ; l. III, ch. 10, t. VI, p. 215 ; *ib.*, ch. 9, t. VI, p. 208, etc., etc.). Nicot, Cotgrave sont aussi pour le féminin [1].

1. Comparez dans Rabelais : *quel ferveur* (t. I, 5) ; *ce long teneur* (t. II, 82, Hug., *o. c.*, 22) ; *vn ardeur* (Pelet., *Od.*, *Œuv.*, 9 v°) ; *vn solitaire horreur* (Am. Jam., I, 49).

LES CAS

Il ne reste plus rien à dire des cas. Je noterai seulement en passant qu'un substantif se rapporte, sans l'intermédiaire d'aucune préposition, à un adjectif ou à un substantif, comme en grec les noms à l'accusatif dit de qualité, ainsi dans ces vers : *Et couronné la teste d'une branche... Diuin Muret, tu nous liras Catulle* (Rons., VI, 176, éd. Blanch.). C'est vraisemblablement le στεφανώμενος τὴν κεφαλὴν qui a été transporté en français.

Toutefois ce tour se retrouve encore ailleurs : *il fut oingt et frotté la gorge et le col d'huilles* (*J. B. P.*, 373) ; *O foible boys pour faire telle force, Tout vermoulu et le cueur et l'escorce* (Marg. de Nav., *Dern. po.*, p. 140) ; *bien antidoté l'estomac* (Rab., l. I, ch. 18, t. I, p. 68). Il est donc peu probable qu'on ait ici une imitation de l'antique.

Mon opinion est différente en ce qui concerne les constructions en apposition, telles que la suivante, visiblement imitée du grec : *Car, auant que faire vn tel tort A mon ami, la seule mort Vengera mon infirmité, Exemple à la postérité* (Grev., *Les Esb.*, a. II, sc. VI, *A. th. fr.*, IV, 269).

CHAPITRE III

ADJECTIF

ADJECTIFS ET ADVERBES

ACCORD. — Deux adjectifs réunis, dont l'un qualifie adverbialement l'autre, s'accordent encore en général, suivant la syntaxe ordinaire : *bourgeois... tous roides morts de faim* (*Mén.*, 129, Lab.) ; *apres estre las et tous enrouez de force de crier* (H. Est., *Apol.*, II, 37) ; *deux wallons... tous parsemez de croix* (*Mén.*, 17, éd. Lab.) ; *les oreilles qui sont pures françoises* (Mont., l. II, ch. 27, t. IV, p. 221) ; cf. *il en auoit passé vne toute entiere* (Id., *ib.*, ch. 32, t. V, p. 53) ; *ses naseaux hauts ouuerts* (d'Aub., *Trag.*, p. 128, édit. R. et Causs.). Il en est de même quelquefois, quand l'adjectif ne qualifie pas un autre adjectif : *ie leuay les cornes hautes* (*Mén.*, 45, mais ici *hautes* peut être considéré comme un attribut.

Cependant des exemples contraires commencent à se rencontrer. Ils sont rares, et il est difficile souvent de savoir si l'invariabilité apparente n'est pas, au début tout au moins, une simple graphie, représentant l'élision de *e* sur la voyelle du second adjectif. Les éditions sont-elles du reste bien fidèles? Marot, III, 122, porte *tout tremblans* à côté de *tous seuletz*. Voici un exemple plus probant : *D'vne blanche surquenie Hault troussee elle se vest* (Baïf, II, 45).

EMPLOI DE L'ADJECTIF ADVERBE. — Il faut signaler ici, quelque artificiel qu'ait été ce procédé de la langue littéraire, l'extraordinaire développement d'un tour imité des langues anciennes, mais non ignoré du français antérieur, qui consiste à substituer à l'adverbe un adjectif rapporté au sujet. Lemaire de Belges faisait ainsi. La Pléiade, après Scève, l'imite : « Uses donques hardiment... des noms pour les aduerbes, comme *ilz combattent obstinez* pour *obstinéement*, *il vole leger* pour *legerement* », dit Du Bellay dans la *Deffence* (l. II, ch. 9). M. Chamard (p. 285 de son édition) en rapproche Peletier (I, VIII, 39)[1].

Aucun procédé ne fut plus employé dans l'école et hors de l'école. On le retrouve dans St-Gelais (II, 173) : *Marchez leger sur ceste*

1. Les exemples rassemblés sous ce chef par Marty-Laveaux (*Lex. de la Pleiade*. II, 351) se réfèrent en réalité uniquement à l'emploi d'adjectifs en qualité d'adverbes, comme dans *hachez menu*. De ceci j'ai parlé en étudiant les formes. Voir p. 372.

tombe sienne, comme dans Ronsard : *En lieu d'un aigle, vn soin horriblement Claquant du bec et tresmoussant de l'aile, Ronge, goulu, ma poitrine immortelle* (*Am.*, l. 1, son. 13, t. I, éd. Blanch.). *Pour, deuôt, n'auoir satisfait A ses honneurs* (*Odes*, I, 1, t. II, p. 27, éd. Blanch.).

Bertaut écrit encore : *ie ne chanteray plus : non, libre, ie confesse Que ie n'ay plus de cœur, n'y d'esprit, ny de voix* (*Elegie*, dans Desportes, *Cléonice*, p. 228, éd. Alf. Michiels) ; Cf. Vauquelin (*Idil.*, 4, II, 450) : *Philanon de ses desirs maistre, Libre menoit son troupeau paistre.* Bref, tous les disciples attardés de l'école en usent encore au commencement du XVIIe siècle.

Mais Malherbe est impitoyable pour cette façon d'écrire (*Doctr.*, p. 360), même là où elle se justifie. Il condamne : *elle flotte incertaine en cette extremité* (Desp., *El.*, II, *Av. prem.*, IV, 389, cop. B.).

Quelquefois c'est le substantif lui-même qui accompagne le verbe, d'une manière sensiblement analogue. Ronsard calque ainsi le *it comes* de Virgile : *Qui, compaignon, ses pas alloit suiuant* (III, 173, éd. Bl.). Comparez : *Et, suiuant ce conseil, à nul des vieux antiques, Larron, je ne déuray mes chansons poetiques* (Rons., *Hymne à la mort*, t. V, p. 240, *ib.*).

On trouve aussi, au XVIe siècle, l'adjectif servant d'épithète à un substantif, employé pour qualifier adverbialement le verbe de la proposition : *entre autres dommages, il y auoit receu deux fresches blessures sur sa personne* (= il y avait reçu freschement, Mont., I, ch. 1, t. I, p. 8). On trouve même l'adjectif qualifiant un autre adjectif formant une locution adverbiale : *à l'antique catholique* (*Mén.*, 15, éd. Lab.). Toutes ces façons de parler vont disparaître.

COMPLÉMENT DU COMPARATIF

Le complément du comparatif est encore souvent, au XIVe et au XVe siècle, construit comme dans l'ancienne syntaxe, avec *de*, correspondant à l'ablatif latin : *plus grandes d'elle* (Comm., I, 338, M.) ; *moindre de toy* (*Intern. cons.*, 127) ; *plus riche d'vn tel* (*ib.*, 37)[1].

Ce tour se retrouve au XVIe siècle : *Nul mieux de toy* (Du Bel., II, 419). Mais il reste surtout fréquent avec *mesme : ils s'aident des mesmes raisons des atheistes* (Vigor, *Serm. cath.*, 249). Comparez avec *pareil : Dieu tout pareilz de luy les veulle randre* (Marg. de Nav., *Dern. po.*, 425).

1. *Plus gracieuse en humilité de Hester, plus pure en chasteté de Suzanne... elle est plus haulte des cieulx, plus longue que la terre, plus lée que le monde, plus parfonde que la mer* (*Mir. N. D.*, XXVII, IV, 243).

CHAPITRE IV

NOMS DE NOMBRE

CARDINAUX ET ORDINAUX. — Le fait important est le commencement de substitution des cardinaux aux ordinaux. On dit toujours : *Charles second*, *Henri troisième*, mais on commence aussi à dire : *les quatre et sixiesme Liures de Virgile* (Pasq., *Rech.*, VII, 6, t. I, p. 708, B.); *Le Caduc est le Sept des Aages le dernier* (Rons., VI, 406, M.-L.); *en l'epistre 80 du liure II* (D. Bart., 1591, 14). Les variations des textes auraient besoin d'être vérifiées de près. Ainsi on lit dans L'Estoile : *le Lundy 24* (*Journ. de H. IV*, 36, 1) ; *le mardi 25* (*ib.*,). N'y a-t-il pas un point oublié?

Quoiqu'il en soit, le flottement de l'usage, qui est réel, est dû surtout, suivant moi, à l'imprimerie, qui alors commence à multiplier les textes français. Le chiffre est un idéogramme, où chacun a l'habitude de lire un groupe de sons qui forme le nombre cardinal. Il y a là, entre la figure et la chose, un lien si constant que ce qu'on peut écrire près du nombre est tout à fait secondaire. L'indication ordinale en lettres, quand elle existe, ou le point qui la remplace, disparaît auprès du reste. De là la tendance, aujourd'hui arrivée à son maximum, qui fait tenir compte du nombre seul, toujours lu de façon identique. Un conducteur d'omnibus appelle le *un*, le *deux*, le *trois*, et non *le premier*, *le deuxième*, etc.

En tout cas, il n'y a point de doute que des formes comme *le premier*, *le second*, *le tiers*, *le quart*, dont le radical n'avait rien de commun avec les nombres cardinaux : *un*, *deux*, *trois*, devaient, du jour où la langue était lue, céder la place à des formes qui, elles, étaient toutes proches des formes cardinales correspondantes[1].

Au reste, il faut dire que la substitution des cardinaux aux ordinaux n'en est au XVIe siècle qu'à son début. L'ordinal est infiniment plus fréquent : *le ieudi quatriesme octobre* (*J. B. P.*, 25), est une façon de parler courante jusqu'à la fin du siècle : *le Lundi 27e Febvrier* (L'Est., *Journ. de H. III*, 67, 2), etc. S'il y a deux nombres, le premier seul est cardinal (voir l'exemple de Pasquier).

1. Pour preuve des hésitations je citerai, par exemple, chez Dolet, *Man. de trad.*, p. 14 en marge : *la quarte reigle*, dans le texte : *La quatriesme reigle*. D'Aubigné appelle encore le pape Jules III *Jules tiers* (*Trag.*, liv. VII, p. 327, éd. Lal.).

CHAPITRE V

PRONOMS

PRONOMS PERSONNELS

PRONOM SUJET[1]. — Le pronom personnel sujet est très souvent absent dans les écrits du XVIe siècle ; il semble bien qu'il y ait là fréquemment un fait d'ordre conscient, provenant de l'imitation du style marotique[2].

Scève se complaisait à cette suppression (voir ma thèse *De Ph. Bugn.*, p. 132). Et c'est sans doute pour cette raison que Ronsard l'a blâmé discrètement (*Art. poet.*, VI, 457). Les grammairiens, Ramus (*Gram.*, 91), H. Estienne (*Hyp.*, 204-205), condamnent aussi l'omission, et dans la dernière partie du siècle on a fait de tels progrès sur ce point que les théoriciens du début du XVIIe siècle noteront l'ellipse comme une licence condamnable. Par là se juge ce que dut être la marche réelle de l'usage.

Cependant, jusqu'au bout, la prose elle-même témoigne d'une véritable liberté. Écartons les exemples du commencement du siècle. En voici d'autres : *son mary la traite mal, à cause d'vne garse qu'il entretient exprès ; de quoy se voulant esclaircir, et le voulant surprendre sur le fait, a pris vne porte pour l'autre, et, ayant trouué ma maison ouuerte, y est entrée en deliberation de bien crier apres son mary* (Tourn., *Cont.*, act. IV, sc. V, *A. th. fr.*, t. VII, p. 207) ; *Si i'ay eu quelques parties de celle que m'attribuez* (*Mém. R. Marg.*, p. 2) ; *Si voulez venir auecques moy iusques chez le frippier à qui les ay baillées* (Lar., *Jal.*, act. I, sc. III, *A. th. fr.*, VI, p. 19) ; *les yeux ne nous seruent que pour pleurer, et diriez que nous ne sommes rien que des statuës suantes* (Du Vair, 357, 22).

En poésie le sujet manque même dans des phrases optatives : *Ie te supplie* (*ainsi tousiours Puisses iouir de tes amours*) *De dire a ma douce inhumaine* (Rons., *Po. ch.*, éd. B. de Fouq., 165).

1. Radisch, *Die Pronomina bei Rabelais*, Leipzig, 1878, 8°. Fr. Jung, *Syntax des Pronomens bei Amyot*, Diss. de Iéna, 1887.

2. Marot écrit par exemple : *Pourquoy me fais tant de pompes funebres, Puis que ta bouche inutile me nomme ?... Pourtant si suis deffaicte et descirée, Ministre suis des grans tresors du ciel...* (*Deplor. de Fl. Robertel*, t. II, p. 252-253).

IL *NEUTRE*. — *Il*, neutre, suit à peu près la même marche que les autres pronoms, sous réserve de cette observation que nombre de verbes impersonnels : *semble*, *faut*, *suffit*, forment dès lors une sorte de formule reçue, où le pronom mettra très longtemps à s'introduire [1].

Cependant, même avec ces verbes, on commence à le rencontrer souvent : *i'en diray en ce traicté ce qu'il en fault dire* (Dolet, *Man. de trad.*, 25) ; *semble qu'il n'y a point de mal* (N. du Fail, *Eutr.*, II, 8) [2] ; *mon pere, il me semble qu'il sera temps de me marier* (Tourn., *Cont.*, act. II, sc. I, *A. th. fr.*, VII, 141).

En général, *il* est encore peut-être un peu plus souvent absent que les autres pronoms : *si on regardoit aux autres disciplines,... se trouuera qu'elles demeureront seiches* (N. du Fail, *Eutr.*, II, 15) ; *et a touiours esté conseil hazardeux de fier...* (Mont., l. I, ch. VI, t. I, p. 32, note 3) ; *et estoit bruit que* (L'Est., *Journ. H. III*, 36, 1) ; *et est à noter, que* (Id., *ib.*, 294, 2) ; *le roy d'Espagne,... rompit tout le mariage du roy de Portugal ; et ne s'en parla plus* (*Mém. Marg. de. Val.*, 24).

Ce qui empêchait peut-être le développement de *il* neutre d'être plus rapide, c'est que sa valeur démonstrative était encore assez sensible pour qu'on s'en servît très fréquemment, là où nous mettrions *ce* et *cela* : *il me cousta beaucoup* (Rab., *Pant.*, ch. 17, t. I, 304) ; *il ne faut point plorer de tout cecy que ie vous compte, car peult estre qu'il n'est pas vray* (Des Per., *Nouv. Récr.*, II, 10) ; *Il vous plaira prendre cella en gré aussi bien que s'il le meritoit* (Jos. Scaliger, *Let.*, 134) ; *ie leur en lairrois l'vsage, parce qu'il ne me seroit plus commode* (Mont., l. II, ch. 8, t. III, 91) ; *et puis vous pensez qu'il en soit quitte pour l'espouser ? Par la mercy Dieu ! il ne sera pas vray* (Tourn., *Cont.*, a. IV, sc. IV. *A. th. fr.*, VII, 195) ; *Le voila mort ! Il en est fait* (Lecoq, Cain, dans *Le XVI*e *siècle* de Darmest. et Hatzf., 324).

LE PRONOM DANS LES PHRASES IMPÉRATIVES ET INTERROGATIVES. — Ce qui paraît le plus caractéristique, en ce qui concerne le XVIe siècle dans l'histoire du pronom sujet, c'est la disparition de ce pronom à l'impératif *a*), et en revanche, la régularisation du même pronom dans les phrases interrogatives *b*).

1. *La dessus y eust grandz disputtes* (Montluc, I, 371) ; *Et semble certainement* (Du Vair, 365, 31 ; *Et ne fault raporter cela a Louis le Gros* (Fauch., *Orig. de la l. fr.*, 560 v°).

2. Avec *avoir*, on trouve les trois formes : 1° a ; 2° *il a*, *y a* (confondues dans la prononciation), 3° *il y a* : *Tant a en vous de graces* (St-Gel., *Po.*, I, 109) ; *n'auoit pas longuement* (N. du Fail, *Eutr.*, II, 9) ; *y auoit vng gentil homme* (Marg. de Nav. *Heptam.*, 73, Jac.).

a) Les exemples du pronom dans les phrases impératives sont très rares : *veuillez-vous, mon amour, vous-même secourir* (Garn., IV, 84). Il ne reste usuel que dans la formule : *tu sois le bienvenu* (Pillot, 73 v°) ; *vous soyez les très bien venus* (Nic. de Tr., *Par.*, 27 ; cf. Lar., *Les Tromp.*, act. II, sc. VII, ; cf. Regn., *Sat.*, X, etc.).

Palsgrave mettait presque toujours le pronom dans ses exemples, dans les paradigmes, il se contredit : *fay* ou *fay tu* (100) ; *nous esbahissons nous* (118).

b) L'absence du pronom dans les phrases interrogatives est encore commune ; en particulier, à la 3e personne, quand il y a un autre sujet, on n'exprime pas *il* : *Qui estes vous ? Comment vous appellez* (Pelet., *Od. Œuv.*, 12 r°) ; *Que reste plus ?* (Jod., *Eug.*, a. V, sc. II, *A. th. fr.*, t. IV, p. 72) ; *Peut quelcun s'accroistre en se souciant ?* (*Ch. hug.*, 66) ; *Veult bien la terre me porter ? Veult bien l'air sans me tormenter Rafraichir de sa doulce aleine* (Grev., *Les Esb.*, a. II, sc. VI, *A. th. fr.*, IV, 269)[1].

SUBSTITUTS DU PRONOM. — La vieille locution *son cors* cesse à peu près d'être usitée comme substitut des pronoms. Les quelques exemples qu'on en trouve sont presque tous du commencement du siècle : *estans venues les nouuelles de la mort de Alexandre, sans hoirs de son corps* (Seyss., *Suc. d'Al.*, 14 r°).

SUJETS ET RÉGIMES. — C'est à la fin du XVIe siècle que le pronom détaché cesse de se mettre au sujet, et que la forme du régime *moi, toi, lui*, remplace définitivement *je, tu, il.* Au début du siècle, on trouve encore le sujet aux 2e et 3e personnes : *Et tu, Echo, qui faiz l'air résonner* (Lem. de Belg., dans Darm. et Hatzf., *Le XVIe s. en F.*, 172) ; *Tu estant mort, diras encore mieux* (Forcad., p. 13) ; *il de son cousté, paouure plus que ne feut Irus* (Rab., l. III, ch. 25, t. II, 124) ; *i'espere qu'il et ses deux compaignons satisferont a vostre desir* (*Let. de Briçonnet*, 1523, Herm., *C.*, I, 111).

Je (sans parler des formules de procédure) est beaucoup plus fréquent, et se conserve bien plus tard. Il est constant chez Jean Lemaire de Belges : *ie qui suis vostre chef souuerain, Condamneray vostre erreur si difforme. Ie Genius, grand Primat* (*Templ. Ven.*, *Œuv.*, Stech., III, 119) ; *et tant que, tantost apres ce, ie estant dedans*

1. Desportes écrit encore : *Hé ! pourquoi la Nature et les Cieux n'ont permis ?* Cette façon d'interroger ne plait pas à Malherbe (IV, 377), quoique lui-même (I, 218) présente la même tournure : *Verras tu concerter a ces ames tragiques Leurs funestes pratiques, Et ne tonneras point sur leur impiété ?* (Il est vrai qu'il y a un premier sujet exprimé.

Il a aussi rayé dans Desportes ce vers : *Viendra iamais le iour qui doit finir ma peine ?* (f° 93 v° ; cf. Brunot, *Doctrine*, 498).

ladite eglize, viz partye du cueur et pilliers d'icelle par terre, et les voultes percées en plusieurs lieux (J. d'Aut., *Chron.*, t. IV, p. 146); *ie (combien que indigne) y fuz appellé* (Rab., *Garg.*, ch. 1, t. I, 11); *Et ie, ton serf, Seigneur, t'ay supplié* (*Bal. de Fr. I*er, dans les *Let. in. Marg. de Nav.*, 280; cf. Mar., II, 247); *ie, folle adoncq, prins hardiesse, tant Que sur son dos ie montay* (B. An., *Lyon m.*, B., IV, v°); *ie la venu, de veoir le Roy prins cure* (Id., *ib.*, A., VIII v°); *ie hors de soing et cure M'acheminai dans la forest obscure* (Forcad., p. 5; cf. p. 6, : *ie, de plaisir si recent inspiré, Ay oublié partie ma tristesse, Et me rendi capable de liesse*) *; Cependant ie, pauure banny, m'en iray sans confort, blasmant la tardité des heures* (Lar., *Les Tromp.*, a. II, sc. V, *A. th. fr.*, VII, 43); *ie, qui n'ay accoustumé frapper telle canaille... m'accostay de lui auec vn visage riant* (Id., *ib.*, act. II, sc. VI, *ib.*, 45).

Le régime est déjà commun au commencement du siècle : *viue-ie, moy? non point moy, mais J. Ch. vit en moy* (Lef. d'Ét., *Pref.*, *2e p. N. Test.*, 1523, Herm., *C.*, I, 163); *Las! qui me dict le contraire, m'irrite; C'est moy, c'est moy qui de larmes le sers* (M. de Nav., *Dern. po.*, p. 396); *Iamais ne sera departy Moy de son cœur, ne luy du mien* (*Marg. de la Marg.*, IV, 134); *veu que ne peux desprendre Ton cœur de luy, ne luy ton amour rendre* (*ib.*, IV, 19); *monte a cheual luy et ses gens* (Nic. de Tr., *Par.*, 186); *de maniere que lui-mesme souldra quelques vnes des questions* (Amyot, *Œuv. mor.*, 418 r° B.).

On retrouve le sujet de la 1re personne jusque chez Amyot, mais il paraît étranger à Montaigne (cf. *Herrig's Archiv*, 49, p. 182) et à Du Bartas. H. Estienne donne dans les *Hypomneses* une règle semblable à la nôtre (161).

En vers, Baïf a corrigé *je* dans sa pièce à Ronsard (I, 51 et 405, note 44, M.-L.), tandis que le Quintil reprochait à l'école d'employer *moi* pour *ie* (Du Bel., I, 485, note 53, M.-L.). A la fin du siècle, c'est *moy* qu'on trouve à peu près exclusivement dans les textes : *mais moy, qui sçauois la malice, perdois patience* (*Mém. de la reine Marg.*, 22); *Moy, qui auois par commandement la bouche fermée* (*ib.*, 21).

Formes lourdes et formes légères. — Les formes lourdes et les formes légères tendent à se confiner dans les emplois qu'elles ont gardés depuis. Sans doute, il est encore fréquent de trouver les lourdes devant l'infinitif et le participe : *Or, suis-ie femme bien malheureuse de moy estre consentie a vostre plaisir faire* (Nic. de Tr., *Par.*, 202); *pour toy aller faire besongner a mon mary* (Id., *ib.*, 194; cf. 69, etc.).

Mais de bonne heure *me*, *te*, *se*, prévalent : *mots... hors lesquels les prophetes mesme n'ont peu s'expliquer et depestrer* (N. du Fail, *Eutr.*, II, 14) ; *si elles se veulent priver* (Id., *ib.*, II, 15) ; *ie me haste de me produire et de me presenter* (Mont., l. II, ch. 8, t. III, p. 99) ; *ie fus contraint, me faisant iournellement battre, me desrober de luy et m'en fuïr* (Id., *ib.*, ch. 12, t. III, p. 239) ; *il sera temps de me marier quand i'auray attaint l'aage de discretion* (Tourn., *Cont.*, a. II, sc. 1, *A. th. fr.*, VII, p. 141).

En revanche, derrière un impératif, la forme lourde devient constante : *laissez moi faire.*

Un assez grand nombre de verbes continuent à se faire accompagner des pronoms lourds précédés de la préposition, qui aujourd'hui prennent *me*, *te*, *se*. Le plus connu est *parler*, qui s'emploiera encore de la sorte au XVIIe siècle : *il a parlé a nous.*

Mais on en trouve encore d'autres : *A toy disant* (Corroz., *Hecat.*, Faire tout, p. 133) ; *qui sont a vous obligez* (Id., *ib.*, Estre tondu, 169) ; *la duché de Bourbonnois et d'Auvergne... qu'elle disoit et pretendoit a elle appartenir* (*J. B. P.*, 150). Quelques exemples inverses se rencontrent, mais ils sont rares : *Ie ne me plainds qu'on m'vse de rigueur* (Dol., *II Enf.*, 28) ; *ils se reuiennent incontinent* (Amyot, *Œuv. mor.*, 414 v° E.).

H. Estienne a donné là-dessus une règle que je ne vois pas mentionnée dans Clément, mais qui mérite d'être citée. « Nous disons : *respondez-moy*, *monstrez moy cela*, non *respondez a moy*, *monstrez cela a moy* (comme disent des gens novices dans notre langue) et pourtant : *venez à moy*, *Il est venu à moy*. Et de la même manière : *il a parlé à moy*, non *il a parlé moy*. Néanmoins il y a des verbes qui se font suivre de *moy* et *a moy*, parmi lesquels se trouve *parler* ; quoiqu'on ne dise pas : *il a parlé moy*, mais seulement *il a parlé a moy*... on n'use pas seulement de *parlez a moy*... mais *parlez moy* est aussi en quelque usage, de même qu'on ne dit pas seulement : *il a parlé a moy*, mais aussi : *il m'a parlé*. Même, ajoute-t-il, un observateur rigoureux blâmerait peut être : *parlez a moy*, *il a parlé a moy*, lorsqu'on ajoute quelque chose, et préférerait : *il m'a parlé de cela*, *parlez moy de cela.*

Le lecteur doit savoir aussi qu'il entendra dire : *venez moy dire le faict* et *venez me dire le faict*... on entend également : *il luy faut parler* et *et il faut parler a luy* [1] (H. Est., *Hyp.*, 170-71). »

1. Montchrestien écrit encore : *Plaise toy l'accepter* (ma priere) *en sa seule faveur* (*Reine d'Esc.*, act. IV. P. de J., p. 101, correction de 1604).

PRONOMS RÉFLÉCHIS

PROGRÈS DE LA FORME SE. — On a vu (tome I, 457) comment, au XVe siècle, *eux*, *elles* empiètent sur le réfléchi. Au XVIe siècle, ils continuent à remplacer *soy* devant un infinitif, non seulement au début, mais assez avant dans le siècle. Les exemples sont innombrables : *Et delibererent d'eulx venger d'Hammon* (Lemaire de B., *Illust.*, 18, Hug., *o. c.*, p. 66) ; *sans eulx mesler d'vng costé ne d'autre* (Seyssel, *Suc. Al.*, 15 v°) ; *les Hespaignolz furẽt contrainctz honteusement leuer leur siege, et eulx en aller* (Dolet, *G. de Fr. de V.*, p. 38) ; *iurerent les dictes cautions de tenir l'appoinctement et de eux departir de la duché de Milan, ...Or est-il ainsy, que combien qu'ilz eussent iuré et promis faire paix et aliance auec le Roy et eux departir, neantmoins ilz n'en firent rien* (*J. B. P.*, 20 et 21 ; cf. 16, 174, etc.) ; *comme qui sauoient tenir secret, eux taire* (Meigret, *Off. Cic.*, p. 76).

Inutile de citer des exemples de *soy : a la fin de la dicte neufayne, elle y fit chanter vne messe par grande deuotion, apres soy estre confessée* (*J. B. P.*, 69) ; *La dicte armée... contraignit la plus part des bonnes uilles... soy rendre a l'obeissance du Roy* (Dolet, *G. de Fr. de V.*, p. 66).

Mais la forme *se*, qui, nous l'avons vu, tendait dès le temps de Commynes à s'étendre analogiquement aux cas où l'usage de l'ancien français l'ignorait presque, continue son extension, et s'introduit devant l'infinitif et le participe, supplantant à la fois l'ancien *soi* et son substitut *elle, eux : il luy conuenoit soy retirer et s'en aller hors de la ville* (*J. B. P.*, 217) ; *se heberger* (Rab., l. I, ch. 28, t. I, p. 109) ; *L'Empereur... trouua moyen de se sauluer* (Dolet, *G. de Fr. de V.*, p. 70) ; *faisoient semblant de se vouloir retirer* (Bouch., *Ser.*, t. I, 107) ; *A quoy Lucianus, Aulus Gellius et autres semblent s'incliner* (Mont., II, 12, t. III, 288) ; *Il est malseant a vn homme se vanter* (Lar., *Les Tromp.*, a. II, sc. VI, *A. th. fr.*, VII, 46)[1].

SOY. — Ailleurs que dans le voisinage immédiat des verbes, le réfléchi, soit du singulier a), soit du pluriel *b*) est toujours *soy*.

a) *La bouteille de trois choppines, laquelle il tenoit toute la nuict aupres de soy* (Des Per., *Nouv.*, II, 264) ; *il a beaucoup d'ouuriers soubs soy* (Du Vair, 370, 23).

b) *Pour cause que les coquilles sont salées, elles attirent a soy ce qui leur est propre* (Paliss., 39) ; *Et veirent contre soy cent peuples fort vaillans* (Rivaud., 59) ; *N'ayment que soy* (St-Gel., t. I, 265).

1. On trouve des phrases où *se* et *eux* alternent : *fut dict que les Espaignolz qui estoient en Italie se pourroient retirer où bon leur sembleroit,.. dedans vng moys, et eux en aller dehors la duché* (*J. B. P.*, 26).

Cependant *elle*, *lui*, commencent à devenir communs dans les deux cas : *et ont leur cotidien empres eulx* (Nic. de Tr., *Par.*, 78); *puis tirant l'huys apres elle, rentra au iardin* (*Amad.*, l. I, f° IV v°); *L'homme doibt bien prendre a luy garde* (Corroz., *Hecat.*, Contre celuy, p. 69); *et le feit iouir d'elle paisiblement, et receuoir tous les bons traitemens que peut receuoir...* (H. Est., *Apol.*, II, 12).

PRONOMS ET ADJECTIFS POSSESSIFS

POSSESSIFS ET PERSONNELS. — Il semble que désormais on emploie moins souvent le tour concurrent, formé du pronom personnel et de la préposition, encore si fréquent au XVe siècle : *le mary d'elle disoit* (*C. Nouv.*, I, 67); *la mere d'elle...* (Comm., I, 194, M.). Toutefois, il se retrouve au XVIe siècle, il persistera même jusqu'au XVIIe : *l'œil d'elle* (Mar., III, 227); *on manda le mary d'elle* (Nic. de Tr., *Par.*, 127); *apres auoir appaisé le pere d'elle* (Lar., *Le Fid.* (prol.), *A. th. fr.*, VI, 306; cf. Id., *ib*, act. I, sc. IV, *ib.* 319, 321); *de maniere qu'vn frere d'elle,... ne feignit pas de luy dire* (Amyot, *Vie Lyc.*, 49, B.); *selon l'age d'elle* (Des Pér. *Œuv.*, II, 35); *il fust impetré par les prieres de nous et des saincts personnages* (H. Est., *Apol.*, II, 92).

POSSESSIFS ATONES MON, TON, SON *JOINTS A UN NOM AVEC UN ARTICLE, UN DÉMONSTRATIF*, etc. — Il n'est pas rare de voir en ancien français un démonstratif ou un indéfini joint non seulement à la forme tonique, mais à la forme atone de l'adjectif possessif auprès d'un substantif : *Si'n apelat Gemalfin un sun drut* (*Rol.*, 2814); naturellement cette construction se rencontre aussi en moyen français : *qui rien de ceste sa venue ne scet* (*C. Nouv.*, I, 86); *de ceste son aduenture beaucop luy desplaisoit* (*ib.*, I, 14); cf. : *entre aultres ses seruiteurs* (*ib.*, I, 67); *conduit avec les aultres ses freres* (*ib.*, I, 102).

M. Huguet considère cet usage comme sur le point de se perdre au XVIe siècle, où on n'en trouve plus que quelques exemples isolés. Il en cite deux (*o. c.*, p. 80), l'un de Rabelais (II, 475), l'autre de Des Périers (*Œuv.*, I, 362). Il y en a d'autres. Sans parler des phrases où *nostre*, *vostre*, sont joints à un démonstratif, et ceci arrive souvent (*quelcque vice, qui ait empesché ce vostre Roy de vous bien gouuerner* (Dolet, *Gest. de Fr. de Val.*, 17); *en ceste vostre ville de Cirte* (St-Gel., III, 165); *Comme si la nostre captiue* (Grev., *Les Esb.*, act. V, sc. IV, *A. th. fr.*, IV, 326), on peut citer : *ceste ma pauure fille* (Lar. *Le Fid.*, a. II, sc. 3, *ib.*, VI, 384); *cestuy mon maistre* (Id., *ib.*, a. I, sc. I, *ib.*, 309).

Des exemples avec l'indéfini *un* se trouvent également : *Un mon semblable ne deuroit iamais venir aux mains sinon...* (Lar., *Les Tromp.*, act. IV, sc. II, *A. th. fr.*, VII, 72) ; *quand vn bien vostre amy* (*Amad.*, l. I, f° XIX r°) ; *on m'a baillé vne vostre lettre* (Jos. Scal., *Let.*, 60 ; cf. 77, 285).

POSSESSIFS TONIQUES MIEN, TIEN, SIEN *JOINTS A UN NOM AVEC UN ARTICLE, UN DÉMONSTRATIF*, etc. — M. Huguet (*o. c.*, p. 77-80), a signalé aussi la persistance de cette construction. On trouve également les possessifs après le substantif : *est suruenu vn gentilhomme mien amy, lequel...* (Tourn., *Cont.*, act. IV, sc. I, *A. th. fr.*, t. VII, p. 184) ; *Et le mardi ensuiuant, me fust dit par vn conseiller des generaux, mien amy* (L'Est., *Journ. de Henr. IV*, p. 53, col. 1).

Toutefois, Meigret signale comme poétique le tour : *la mien' amour* (59 v°), que Sylvius citait sans observation, et qu'on trouvait de leur temps : *c'estoit la sienne vache* (Nic. de Tr., *Par.*, 6) ; *la sienne intention* (Corroz., *Hecat.*, Entreprendre, p. 189). Ronsard s'en sert aussi, et met souvent le possessif derrière : *vous donnant l'ame mienne* (I, 263, M.-L.). Il semble bien que Meigret ait dit juste, car à la fin du siècle, la construction de *le mien* avec substantif est peu commune, pendant qu'avec les articles indéfinis les formes lourdes demeurent usuelles : *vn sien tel enfant* (Rab., *Garg.*, ch. XIII, t. I, 51).

Avec les démonstratifs, relatifs, indéfinis, *mien*, *tien*, *sien* sont fréquents : *Ce livre mien* (Mar., III, 5 ; cf. II, 197, 199, etc.) ; *ceste mienne aduersité* (Du Bel., *Let.*, 49) ; *Aucuns miens amis* (H. Est., *Apol.*, II, 69) ; *Maint amy mien* (Tahur., *Son.*, II, 29, 36) ; *quelque sienne deuotion* (Mont., l. I, ch. 3, t. 1, p. 21, note 1) ; *autres siens ouurages* (Du Bartas, 1591, p. 38) ; *Laquelle mienne conuersation a esté... non sans peché... mais sans reproche* (Rab., *Pant.*, ch. VIII, I, 253) ; *ceste sienne bonté infinie* (Du Vair, 370, 21).

A l'attribut, on hésite toujours entre *ceci est a nous*, et : *ceci est mien*. Chez Palsgrave, l'inclination est très décidée en faveur du premier tour (346, 350). Mais son témoignage est isolé en face de ceux de Robert Estienne (1557, 23 : *ils sont leurs*) et de Ramus (1572, 139, 149). Ce choix était cependant celui que devait faire la langue, on le verra au XVIIe siècle[1].

1. Dans les textes, *mien* attribut est encore tout à fait usité (voir les exemples de la Pléiade dans M. L., *Lex.*, II, 191). Il y en a une foule d'autres : *Elle est a moy, disoit l'vne. C'est la mienne, disoit l'aultre* (Rab., *Garg.*, ch. XI, 1, 46) ; *la victoire est nostre* (Dolet, *Gest. de Fr. de Val.*, p. 29) ; *Et mon vouloir, qui est vostre, surprendre* Forcad., p. 4) ; *elle demeure mienne* (Lar., *Jal.*, a. V, sc. VII, *A. th. fr.*, VI, 87) ; (*elle n'est vostre* (Id., *ib.*, a. IV, sc. VI, *ib.*, p. 70).

PRONOMS ET ADJECTIFS DÉMONSTRATIFS

ADJECTIFS ET PRONOMS. 1° *SÉRIE* CESTUY. — Entre les diverses formes, des distinctions assez nettes tendent à s'établir. On peut dire que les formes de la série : *cest*, *cestuy* (sans *ci* ni *la*) ne sont plus guère qu'adjectives [1].

Ramus le dit formellement, p. 140, et aussi Cauchie, p. 93. Et en fait, on les trouve très rarement comme pronoms.

Cependant, *cestui*, tout le temps qu'il a prolongé sa vie, est resté pronom, jusqu'au XVIIe siècle. Voici même un exemple où il semble encore s'opposer à *celuy : cestui qui communie tous les iours, ne blasme celuy qui cõmunie rarement* (Vigor, *Serm. cath.*, 63).

Ceste paraît plus rare que *cestuy* dans cet emploi, bien qu'on puisse en citer des exemples, même en prose : *soubstenir autre reigle que celle que Dieu a mise, qui est ceste seule* (Lefev. d'Ét., *Pref.*, *Ev.*, 1523; Herm., *C.*, I, 134); *et ceste ne te la veux dire* (Nic. de Tr., *Par.*, 253).

2° *SÉRIE* CELUY. — La distinction est moins nette : *celui*, *celle*, servent encore souvent d'adjectifs (Palsgr., 358-359) [2]; *celluy Guillemin print congé* (Nic. de Tr., *Par.*, 5); *sans celle confession* (Calv., *Inst. chr.*, IV, 105; cité par Hug., *o. c.*, 96); *celluy temple* (Mar., I, 21); *Celuy chemin* (Id., I, 13; cf. d'innombrables exemples : I, 23, 146, 179; II, 96; III, 40, 58, 132, 147, 159, 160, 166, etc.); *En celle heure* (Rab., *Garg.*, ch. XXX, t. I, 114, etc.); *En celuy an* (Dol., *Gestes de Fr. de V.*, 40); *Quand celuy Dieu* (St-Gel., II, 185); *celluy amour* (Corroz., *Hecat.*, La déception, p. 179; cf. Fortune p. 81); *pour celle fois* (Des Per., II, 67); *celuy grand conseruateur de nos troupeaux* (Noël du F., *Prop. rust.*, I, 34); *a ceux de celle lignee* (Amyot, *Œuv. mor.*, II, 374 v°, H); *celle diuine semblance* (Lar., *Le Fid.*, a. I, sc. IV, *A. th. fr.*, VI, 322 et 323); *à celle fin que tant moins d'air luy touche* (Amyot, *Œuv. mor.*, II, 418 v°, G) [3].

A la fin du siècle, les exemples en deviennent cependant moins nombreux.

1. Quelques exemples de *cestuy* adjectif : *en cestuy monde* (Mar., I, 22); *En cestuy temps* (Id., I, 65; cf. I, 129, 131, 155; II, 231; III, 191, 194, 196, 197, 198); *En cestuy temps* (Rab., *Garg.*, ch. 25, I, 97).

2. On pourrait citer aussi des exemples de *iceluy* adjectif : *iceluy Seigneur* (Mar., I, 146); *en iceluy temps* (Id., III, 173). C'est plus rare.

3. Cette locution, qui est restée : *a celle fin*, est très fréquente (Marg. de Nav., *Dern. po.*, 428; St-Gel., III, 229).

Inversement, on trouve *celui, celles, ceux*, comme pronoms : *Trouuez vous point celles a dire* (St-Gel., I, 232) ; *Ceux sont haineux du romain Antechrist* (*Ch. hug.*, 109) ; *Ie dis que Dieu manifeste la cure Qu'il a de luy, l'ayant persecuté, Et que par ce celuy est reputé Estre des siens* (Mar., I, 90).

Mais ces exemples, qu'il ne faut pas confondre avec d'autres où *celui* antécédent de *qui* en est séparé [1], ne sont pas en nombre très considérable. Ce qu'on trouve encore vraiment fréquemment, c'est *ce*, là où plus tard on mettra *cela*.

Et de ce ie te vois bailler exemple (Dolet, *Man. de trad.*, p. 11) ; *que tout ce sera beau S'il est bien painct en vn tableau !* (St-Gel., I, 60) ; *en recompense de ce* (Scal., *Let.*, 59) ; *le faut il pour ce croire* (N. du Fail, *Eutr.*, II, 92) ; *et pour ce lon peut maintenant demander* (Fauch., *Orig. de la. l. fr.*, 534 v°) ; *Et estoit bruit que ce faisoit elle* (L'Est., *Journ. de H. III*, 36, 1) [2].

DÉMONSTRATIFS ET DÉTERMINATIFS. — Une autre distinction se marque déjà très nette. Les formes : *celuy cy, cestuy cy* (ou *icy*), *celuy la, cestuy la, ceci, cela* et leurs correspondantes des autres genres sont seules vraiment démonstratives.

J'ai déjà dit que la concurrence de *cestuy* ne compte plus. *Celuy*, de son côté, prend le rôle de déterminatif qu'il a en langue moderne.

Des grammairiens constatent impérativement ce caractère, tels Cauchie qui dit en substance : *celle* est un démonstratif indéfini qu'il faut préciser par une proposition relative (92), ou Ramus : « nous abuson' de *sesi* et *sela* pour *se*... comme *tou sesi* ou *tou sela ce vou dites ne ser' de rien* » (*Gram.*, 1562, p. 86) ; Estienne dit aussi : *celuy qui* est beaucoup mieux que *celuy la qui* (*Hyp.*, 183).

Assurément on trouve jusqu'au XVIIe siècle, et même après Malherbe, des violations de cette règle qu'il a cependant renouvelée. Elles sont innombrables au XVIe siècle : *celle la qui* (Mar. I, 21) ; *ceulx la qui* (Id., I, 58 ; cf. III, 15) ; *cestuy la qui* (Id., III, 221 ; cf. 98, 248) ; *ceste la qui vaincue seroit* (Corroz., *Hecat.*, Estre cause, p. 153) ; *Voudriez-vous aymer desormays Celle la qui n'ayma iamais ?* (Jod., *Eug.*, a. II, sc. IV, *A. th. fr.*, IV, p. 42) ; *Pour mon nom mettre en cela qui contient* (Dolet, *II Enf.*, 7) ; *de cela qu'il*

1. Ex. : *sy ceulx tastent du pyot qui n'auront secouru la vigne* (Rab., l. I, ch. 27, t. I, p. 105). On trouve quelquefois en ce cas un adjectif suivant *celuy : Qui est celuy bien né, qui ne le sent ?* (Forcad., p. 15). Ce qui est plus curieux, c'est de trouver un substantif joint à la formule : *il n'y a celuy*, ainsi : *n'y a celuy Saluateur que luy* (*Ch. hug.*, 58, v. 44).

2. Il est à propos de noter que *ceux de* devient si bien une sorte de nom : *ceux de Paris* = les Parisiens, que le vulgaire dit : *les ceulx de Paris* (Ram., 1587, p. 153).

deuoit dire (Nic. de Tr., *Par.*, 17 cet auteur écrit presque toujours ainsi); *mais cela quime fit bien heureux de tout point* (de Magn., *S.*, 37, Favre, *o. c.*, 329); *entendront assez que cela que i'ay dict pour la deffense de nostre langue* (Du Bel., *Deff.*, l. I, ch. 11); *Fit trembler tout cela qui souz la lune coule* (Am. Jam., t. II, p. 279); *cela que tu dis est faux* (Amyot, *Œuv. mor.*, 374 r° C); *Ie ne veux pas faire cela que tu penses* (Tourn., *Cont.*, a. III, sc. IX, *A. th. fr.*, VII, 180); *puis que vous voyez que nous ne pouuons auoir mes habis, ie m'en vay enuoyer querir ceux la du cousin, qui sont tout de mesme les miens* (Id., *ib.*, a. II, sc. VI, *ib.*, 160).

Les grammairiens postérieurs ont prétendu contester qu'on pût faire suivre un *celui* d'un adjectif qui le qualifie, ou de certains déterminatifs, ainsi : *prenez celui posé à gauche.* Il est bon de remarquer que le tour est déjà usuel au XVIe siècle : *Qui fut semblable a celuy donné par l'oracle d'Apollon au Roy Croesus* (Tab., *Bigarr.*, 63 r°).

DÉMONSTRATIFS EMPHATIQUES ADJECTIFS. — Je ne sais s'il faut attribuer au latinisme le développement des adjectifs démonstratifs employés avec un sens emphatique. Les exemples foisonnent chez Du Bellay : *si i'estoy' du nombre de ces anciens critiques juges des poëmes* (*Deff.*, II, 2, Cham. p. 185 et 186). Mais le tour se retrouve chez des écrivains qui ne sont pas des latiniseurs : *toutesfois qu'il ne se peut passer encores, aux festes, de nous aporter de ces vieux liures... comme un Kalendrier des Bergers* (N. du Fail, *Prop. rust.*, *Œuv.*, I, 13); *Aussi ne se peult tenir qu'aux Dimenches ne chante au lutrin, auec ceste mode antique de gringoter* (Id., *ib.*, 13 et 14) [1].

PRONOMS RELATIFS

Le principal événement dans la vie des pronoms relatifs est la restitution d'une déclinaison régulière. Les causes syntaxiques se mêlent sans doute ici à d'autres pour produire cet effet, néanmoins j'ai cru devoir en traiter dans la Morphologie (p. 318).

Aucune tentative encore pour faire une distinction entre les relatifs qui se réfèrent aux personnes et ceux qui se réfèrent aux choses : *c'est ceste bonne femme de quoy vous me parliez* (Nic. de Tr., *Par.*, 236); *c'est l'homme dequoy nous parlions* (N. du Fail, *Eutr.*, II,

1. Je considère comme particulier et provincial l'emploi de *ils* au sens de *ces*, ainsi : *ilz huguenotz*, très commun dans les *Mémoires* de Claude Haton, I, p. 184, et souvent ailleurs.

31) ; *vne espée... Autour de qui il esprouue sa force* (Corroz., *Hecat.*, Le vaincueur, p. 73) ; *quelque promesse, et conuenance, l'accompliment de qui seroit inutile* (Meigret, *Trad. Off. Cic.*, 1547, p. 22) ; *Et n'y a sort tant au monde ennuyeux, Sus qui mon cœur ne puisse auoir enuie* (Forcad., p. 22) ; *Ceint et suiuis de Lyerre parmi, De qui le lieu fut couuert à demi* (Id., p. 7). Nous y reviendrons au XVIIe siècle.

DONT *ET* D'OU. — *Dont*, par suite de la prononciation fermée de l'*o* nasal, se confondait à peu près avec *d'où*. Ainsi s'explique que la plupart des grammairiens ne fassent pas la distinction : voir Palsgrave, 142, 344; Pillot, 62 v°, 83 r°; Ab. Mathieu, 34 r° ; Ramus, 118; Lentulus, 110.

De même dans les textes : *la lumiere de paix vous viendra dont ne l'attendez* (*Let. de Briçonnet*, 12 fév. 1524, Herm., *C.*, I, 190); *il est retourné tout court dont il venoit* (Cord., *Corr. Serm. em.*, 300, B) ; *d'ont me vient* (Mar., III, 48) ; *dont vient cela?* (Id., III, 83).

Dans ces conditions, aucune distinction rigoureuse n'était possible, qu'il s'agît de *dont* pronom relatif ou de *dont* interrogatif[1]. De sorte que, si H. Estienne blâme *dont* pour *d'où*, il écrit lui-même : *Mais dont vient, Iupiter, que* (Clém., *H. Est.*, 431). On est donc encore bien loin de la règle de Malherbe, et la confusion persiste dans les textes de la fin du siècle : *la parole n'a pas touiours eu mesme son en la bouche des hommes... Dont vient que vous oyez aucuns tirer leur parole plus du gosier* (Fauchet, *Orig. de la l. fr.*, 534 v°) ; *vn son ayant pleu aux vns plus qu'aux autres, fut suiuy par ceux du mesme quartier, dont vint la multitude des langues* (Id. *ib.*, 534, r°).

DONT *POUR* OU *ET* QUE. — Les divers cas de *qui*, et surtout les pronoms *que*, *dont*, *où*, sont constamment brouillés dans les textes un peu populaires. Laissons de côté *que* pour *où*, ou bien *dont*, dans un tour qui sera encore classique : *en l'aage qu'il en a plus de besoing* (St-Gel., III, 239) ; *de la courtoisie qu'il vous a pleu vser* (Scal., *Let.*, 71).

Mais voici *dont* pour *où* : *Le matin dont le bon chevalier deuoit desloger* (Loy. Serv., p. 293) ; *elle luy dist qu'il falloit qu'il*

1. Voici des exemples pour ce dernier : *Dont vient cela, messieurs* (Rab., l. I, ch. 27, t. I, p. 103); *dont vient l'estonnement que vous monstrez?* (Jod., *Eug.*, Prol., *A. th. fr.*, IV, 7); *dont peut estre proveau que nos predecesseurs* (Pasq., *Rech.*, VIII, ch. 9, t. I, p. 780, C).

2. Voir Brunot, *Doctrine*, 397-398.

allast sur la fosse de sa mere, dont il luy promit qu'il iroit sans nulle faute (Nic. de Tr., *Par.*, 61, je répugne à traduire par *donc*).

Le voici pour *que : de ses biens, dont il n'auoit pas gueres grant peine a departir* (Id., *ib.*, 37, *departir* signifie ici *partager*); *ce ne fut pas sans grandes iniures et reproches deuant tout le monde, dont l'auoit bien merité* (Id., *ib.*, 101; cf. p. 102).

QUE. — *Que* se trouve encore bien plus souvent que *dont* pour les autres relatifs : *sans vous fère ce mot de lectre, pour vous asseurer tousiours ma continuelle bonne volunté que ie ne me lasseray iamès, quant i'aray moyen* (D. de Poit., *Let.*, XCVI, p. 168); *elle s'auisa de ce qu'eux ne s'estoyent auisez* (H. Est., *Apol.*, II, 26).

Cette ligature par *que* est très fréquente. Souvent on démêle un sens conjonctionnel : *Il est bien homme plus estrange Que, si bien tost il ne se change, Il nous fera tous enrager* (Grev., *Les Esb.*, a. I, sc. III, *A. th. fr.*, IV, 247); *Auez-vous point veu d'autres femmes que vous eussiez mieulx aymé coucher auec elles que auec la vostre?* (Nic. de Tr., *Par.*, 117, 118); *en Arabie, pres la mer Rouge, il y a vne fontaine, que si les brebis en boiuent, elles muent de couleur* (Bouch., *Ser.*, I, 2, t. I, 78); *Vne fieure me prist et cruelle et meurdriere Que i'estois tout en feu* (Passer., I, 107 et 108). Ici à la rigueur on peut traduire par *tel que*. Comparez : *Si vous supply, benigne et doulce dame, Ne me donner mal talent n'aucun blasme Que ie me suis hardiment ingeré De vous louer de cueur* (Rog. de Coll., *Œuv.*, 43; on peut entendre *de ce que*); *pour Dieu qu'il ne vous eschappe, ne celluy qui est auec luy, qu'autant de mal a faict l'vn que l'aultre* (*Amad.*, l. I, f° XVIII r°); *auant qu'il eust dit vne douzaine de motz, il demeura tout court; qu'il ne sçauoit plus ou il en estoit* (Des Per., *Nouv.*, II, p. 261). On peut encore à la rigueur traduire *attendu que*, *parce que*, sans beaucoup forcer le sens. Toutefois le lien marqué par *que* est beaucoup plus faible, et s'approche du lien relatif.

Voici d'autres phrases où il est impossible de traduire par une conjonction : *Ç'a esté le plus beau siege qui fust iamais... fors les assautz, qu'on n'en liura iamais* (Brant., *G. Cap.*, V, 104); *et qu'elle dist qu'elle n'auoit pas onze ans, toutefoys qu'elle en auoit treize* (Marg. de Nav., *Let in.*, 182); *en toutes les heures, prieres et suffrages qu'il se dist iournellement* (*Let. de l'Év. de Gren, Laurent Alleman*, 1512, Loy. Serv., p. 436); *ilz le sont allé loger tout en hault du donion, la ou l'on mect les criminelz, que vous promectz quant l'on luy a dict, que le cueur luy est cuydé creuer*

(*Lett. miss. de Regnault de la Duché à Mlle de Terrenoire, à Anet*, D. de Poit., *Let.*, XXIV); *C'est vne sorte de poëme, que d'autant qu'elle est la plus ancienne, aussi est elle la moins vsitée* (Laud. d'Aig., II, 4, p. 54); *tout ainsin qu'elle a faict pastir... et mesmes a nous autres François, que vous eussiez dict qu'ilz auoient pris a prix faict la ruyne de la France* (Brant., *G. Cap.*, t. V, p. 122).

Je trouve même *qui* remplaçant ce *que*, mais c'est une faute évidente : *Voila vng autre, Iehan Peschat, qui il n'y a que quinze iours qu'il fut foité par les carrefours de la ville de Bourges* (Nic. de Troyes, *Par.*, 36).[1]

Constructions relatives latines[2]. — En moyen français, on commence, d'après les modèles latins, à se servir du pronom relatif *lequel*, nouvellement né, pour rattacher les phrases les unes aux autres. Différents types existent, qu'il importe de distinguer :

1° *Lequel*, est accompagné d'un participe passé passif, il en sera parlé plus loin (p. 466-467).

2° *Lequel* adjectif ou pronom, ou *quoi* sont soit régimes directs, soit régimes indirects d'un participe présent ou d'un gérondif.

3° Le relatif est régime d'un infinitif lui-même régi par une préposition. On a déjà dans Joinville : *pour laquel guerre appaisier messires li roys y envoia monsignour Gervaise d'Escrangnes* (458, F).

De même au xve siècle : *pour laquelle acheuer il ne finoit nuyt ne iour de aduiser et penser* (*C. Nouv.*, I, 235); *Pour lesquelles rendre, le roy,.. enuoia le sire de Maupas* (*Chron. du M.-S.-Mich.*, I, 77); *si deslibera en soy vne moult estrange façon de faire, laquelle il delibera en son entendement de faire et acomplir* (*J. de Par.*, 29, dans Hug., *o. c.*, p. 122); *comme sont prudence, attrempance,... pour lesquelles garder sont faictes les fors ciuiles...* (Gerson, *Serm. sur le ret. des Grecs à l'unité*, éd. Galitzin, 1859, p. 34).

Il n'est rien peut-être qui ait autant rapproché le style du xve et du xvie siècles des modèles latins que ce *lequel*, élément essentiel de la nouvelle phrase, qui fournissait le moyen de rattacher les

1. Cette confusion de *qui* et *que* est encore commune : *il n'est pas loing d'icy Celuy qui c'est et le saurez tantost* (Pelet., *Od.*, 23 r°); *et de scauoir encore de plus pres Ce qui tu es, ce qui je suis apres* (Forcad., p. 8); *Veu que tu fais de rien tout sans matiere, Et qui n'es sourd vers quelque humble priere* (Id., p. 9).

2. Par un accident d'impression, un chapitre, relatif aux latinismes de syntaxe, a disparu de mon premier volume. Je reprends donc dans celui-ci, d'un peu plus haut, les diverses questions que j'avais commencé à traiter là.

phrases elles-mêmes les unes aux autres dans l'ensemble d'un développement.

Tous ces types divers se développent encore au XVIe siècle, et se rencontrent chez une foule d'écrivains qui, sans être des latiniseurs, sont des latinistes. Voyez l'histoire de ce fait dans Huguet, *o. c.*, 139.

2e type. Le relatif dépend d'un participe ou d'un gérondif : (*il*) *fut tant oppressé de pierres, qu'il luy conuint s'en aller mucer en la caue du dict pillory. Quoy voyant le peuple, mist le feu dedans la dicte caue* (*J. B. P.*, 53) ; *Quoy voyant le Grand Turcq fut contrainct de prendre la fuicte* (*ib.*, 399) ; *lesquelz voyant chanter... C'est, dist-il, bien chien chanté* (Rab., *Garg.*, XXVII, t. I, 104) ; *Quoy entendant, ie demeuré si transporté* (Lar., *Jal.*, a. I, sc. I, *A. th. fr.*, VI, 11) ; *dont se voyant repris pour avoir violé le droit de la guerre* (Tabour., *Big.*, 67 r°) ; *l'entendement... peult amander et radresser ses faultes; quoy faisant il se declaire assez* (Desportes, *Disc. sur les vertus*, dans Frémy, *Ac. des Val.*, 232). Les verbes sont toujours à peu près les mêmes.

3e type. Le relatif est complément d'un infinitif dépendant d'une préposition : *auoir pitié des pauures ignorans et de leur enclinée aveugleté, pour a laquelle bailler le dernier remede* (*Let. de Marg. d'Ang.*, février 1524, Herm., *C.*, I, 191) ; *Il suruient quelques fois des choses pour ausquelles pouruoir on employe souuent, et en vain, tout soin, diligence et esprit* (Lar., *Les Jal*, a. II, sc. VI, *A. th. fr.*, VI, 40) ; *le langage Gaulois estoit doux et abondant, pour lequel rendre plus graue, la ieunesse apprenoit le Latin* (Fauchet, *Orig. de la l. fr.*, p. 534 v°).

En présence d'exemples aussi tardifs, il serait téméraire d'affirmer que le tour meurt au XVIe siècle, toutefois, je le crois au moins sur ses fins.

4e type. Il ne se développe guère qu'au XVIe siècle : une proposition commençant par une relative, renferme une conjonction : *qui si venisset*. Ex. : *Lesquelles si le traducteur ignore, il faict tort a l'autheur, qu'il traduict* (Dolet, *Man. de trad.*, p. 13) ; *Ce que si aulcuns font, ne les ensuy en cela* (Id., *ib.*, p. 14) ; *et me suis icy transporté,... pour seulement te veoir, et conferer avecques toy d'aulcuns passages de Philosophie, de Geomantie et de Caballe,... lesquelz si tu me peulx souldre, ie me rens des a present ton esclaue* (Rab., *Pant.*, ch. XVIII, I, 307) ; *il n'y a gueres de personnes auiourd'huy que si leurs valets vouloient plaisanter de ceste sorte qui ne leur fissent rabattre leurs plaisanteries Aesopiques* (Tabour., *Big.*, 60 r°) [1].

1. Un tour ordinaire, c'est de dire comme Amyot (*Œuv. mor.*, 417 v° H) : *le chardon*

Comparez : *et autres semblables resueries transferees des villes en nos villages, quelles choses tant s'en faut qu'elles nourrissent le corps de l'homme, qu'elles le corrompent, ou tout mettent au neant* (N. du Fail, *Prop. rust.*, I, 19) ; *Homere, lequel tant s'en faut qu'il exclue et destourne le boire de l'aspre artere, et qu'il iette le boire et le manger ensemble, qu'il dit...* (Amyot, *Œuv. mor.*, 416 v°, H).

LIAISON DES PHRASES AU MOYEN DES RELATIFS. — L'influence du latin se marque aussi dans la façon dont on fait désormais commencer des phrases par un relatif[1]. Déjà chez Froissart : *il a pleu a monseigneur le prince qu'il m'a donné cinq cens mars de reuenue par an; pour lequel don ie li ay encores fait petit seruice* (V, 62, 8; ap. Riese, *o. c.*, p. 53).

Au xve siècle : *en yuer, par especial, s'occupoit souuent a oyr lire de diuerses belles ystoires, de la Saincte Escripture, ou des fais des Romains, ou moralistes, de philosophes et d'autres siences iusques à heure de soupper, auquel s'asseoit d'assez bonne heure et estoit legierement pris ; apres lequel vne piece s'esbatoit* (Ch. de Pis., *Ch. V*, coll. Petit., V, 280); *Princes doit estre large en dons et graces donner. Lesquelles choses auons assez prouuees de nostre Roy. Sage doit estre...* (Ead., *ib.*, coll. Petit., t. VI, p. 21); *clerement appert que ce monde en soi n'a eu iamais que toutes miseres... Ce que moy, douloreux homme... ay bien largement experimenté* (G. Chastell., *Chron.*, I, p. 9-10); *les avoit recueillis le duc de Bourgongne en sa maison, comme ses parens de Lanclastre avant le mariaige. Lesquelz ie veiz en si grant poureté que...* (Comm., III, 4, ap. Toennies, p. 62). Dans la plupart des cas, il faudrait citer tout le contexte pour établir qu'il s'agit d'une nouvelle phrase, séparée de la première par une forte pause.

De même au xvie siècle : *au bout de quelque temps, vint encores vng autre aduertissement, confirmant le premier. Dont le gouverneur, bruslant de l'amour de son maistre, luy demanda congé de le chasser* (Marg. de Nav., *Heptam.*, II, 96, Hug., *o. c.*, 130); *en la teste du jeune Roy Charles. Sans la mort duquel il ne faut douter*

a cent testes, que si vne cheure le prend en sa bouche, tout le troupeau incontinent s'arreste.

1. Je ne rappelle que pour mémoire quelques autres tournures reposant sur l'emploi du vieux régime *cui*, qui serrent de très près les habitudes du latin; le relatif au cas oblique (génitif déterminatif) est placé entre la préposition et le mot qu'elle régit : *la reflambeur de vostre diademe... par qui lueur toutes terres s'esclairent* (Christ. de Pisan, *Hist. de Ch. V*, coll. Petit., t. VI, p. 2); *fils du bon duc... par qui main et... preud'hommie... le royaume... auoit esté maintenu.., en tranquillité* (G. Chastellain, *Chron.*, t. I p. 13). Ces phrases ont à peu près complètement disparu au xvie siècle.

que... (*Mén.*, 191, éd. Read); *par le moyen des brigues que vous fistes a l'election des deputez des Provinces. En quoy on ne veit iamais vne telle impudence* (*ib.*, 214).

Le pronom relatif prend un rôle synthétique dont il avait été dépouillé au profit de constructions analytiques faites de la conjonction *que* et d'un pronom personnel. Ex. : *il ne trouva pas les hommes dignes pour lesquels on se mit aucunement en peine* (Mont., l. I, ch. 50, t. II, p. 271). Ces phrases, directement imitées du latin et complètement étrangères à la vieille langue semblent, il est vrai, à peu près particulières à Calvin, à Montaigne, aux latinistes.

Propositions relatives et conjonctionnelles. — La forme la plus complexe de proposition relative qu'on pouvait trouver au temps du Ménestrel de Reims (voir t. I, p. 345) et qui a survécu jusqu'aujourd'hui, est la suivante, elle peut se présenter de deux façons :

a) *Deus brebiz que il dit que je li ay mangies* (405).

b) *Les bestes que tu vois qui monstrent felonnie* (*Li romans d'Alixandre*, 507, 3).

Sur le type *a*, il n'y a pas lieu à méprise ; on admet sans difficulté que le premier *que* est le pronom relatif régime, le second, la conjonction *que*. Sur le type *b*, des explications différentes ont été données [1], qu'il faut rapporter brièvement :

1. On y a vu deux propositions relatives juxtaposées, c'est-à-dire équivalant à : *que tu vois* et *qui montrent félonie*. C'est l'opinion de E. Koschwitz et de H. Schmidt, elle est peu suivie.

2. On peut expliquer *qui* par *que il*, c'est-à-dire par la conjonction *que* suivie du pronom personnel *il*; le premier *que* serait l'adverbe relatif : *Berars c'on dit k'il fu mors* (W. Schaefer). Dans cette phrase, l'adverbe relatif *que* serait employé, par un fait de syntaxe populaire, à la place du pronom relatif *dont : Berard dont on dit k'il fut mors*. Et de même toutes les fois que la construction logique demanderait dans ces phrases un pronom relatif précédé d'une préposition, *à qui, en qui, pour qui,* etc., la langue aurait remplacé cette syntaxe correcte et compliquée par une tournure incorrecte, mais très simple et très facile. Ad. Tobler a fait remar-

1. Voir : A. Tobler, *Mélanges de grammaire française*, trad. par Max Kuttner, 1905, p. 156-166; *Zeitsch. für roman. Philol.*, t. XX, p. 55-58, sur la thèse de Strohmeyer, *Ueber verschiedene Funktionen des altfrz. Relativsatzes* (1892); E. Koschwitz, *ibid.*, I, p. 115; Plattner, *Herrig's Archiv*, t. LXIV, p. 355 sqq.; Wilh. Schaefer, *Ueber die altfr. Relativsätze*, diss. Marburg, 1884; H. Schmidt, *Literaturbl. für die germ. u. rom. Philol.*, 1886, col. 63; H. Morf, *ibid.*, 1887, col. 216-218; Mussafia, *ibid.*, 1890, col. 151; Ch. Gebhardt, *Zeitsch. für die rom. Phil.*, XX, 45-48.

quer que les exemples de *qu'il* et *qu'elle* étaient rares dans cette construction en ancien français. Il cite lui-même cependant quelques exemples où l'on trouve « ce qui devrait être la forme primitive et naturelle de cette construction » : *uns freres Qu'ele disoit qu'il ert ses peres* (*Rose*, 12991); mais il est bien sûr qu'on trouve plus souvent la graphie *qui : Ne dirai chose que je cuit qui vos griet* (Chrest., *Cligés*, 5523).

3. Tobler propose une autre explication; il considère les mots *que tu vois* comme une proposition incise analogue à *que je crois*, *que je sache* et signifiant à peu près « à ce que tu vois ». Ces propositions incidentes, au goût de la langue moderne, doivent être placées soit à la fin de la phrase : *Parbleu! vous êtes fou, mon frère, que je croi* (Mol., *Tartuf.*, I, 5, v. 311), soit à l'intérieur de la proposition dont elles dépendent: *Monsieur... Verra, que vous croyez, la promesse accomplie* (Mol., *Sgan.*, sc. XXIII, v. 625). La première construction est connue de l'ancien français : *Des biens qu'a fait, que nus savum* (*Rou*, III, 412); mais la seconde construction est particulière à la langue moderne; l'ancien français préférait que la proposition incise dépendante d'une subordonnée fût placée entre la proposition principale et la subordonnée : *les bestes — que tu vois — qui monstrent felonnie*[1]. Telle fut à l'origine cette construction; « le caractère primitif en a été altéré de bonne heure, d'une manière ou d'une autre », et la cause de ces altérations est dans l'existence de la construction *a*. Il y avait donc régulièrement deux constructions bien distinctes et bien claires, chacune, mais qui, réagissant l'une sur l'autre, avaient amené la langue à employer une troisième tournure en elle-même illogique et inexplicable, celle pour laquelle on propose ces diverses explications.

4. Selon d'autres (Plattner, H. Morf, Ch. Gebhardt), la seconde proposition n'est que l'équivalent d'une proposition infinitive du latin transformée en français en une proposition relative; l'équivalent français de *video eum mori* est soit : *je le vois mourir*, soit : *je le vois qui meurt; homo quem video mori* se trouvera être en français : *l'homme que je vois qui meurt;* on admet alors que la construction *b* renferme deux relatifs, tandis que la construction *a* renferme un relatif et une conjonction.

1. C'est un ordre des mots familiers à l'ancien français que celui qui consiste à placer entre la proposition principale et la subordonnée une troisième proposition qui en réalité dépend de la proposition subordonnée : *i'ai ma dame a ce menée — S'ele parjurer ne se viaut — Que tot aussi come ele siaut Iert vostre dame et vos ses sire* (Chrest., *Chev. lion*, 6685; cf. 5063, 6645); *prisoniers, S'il n'ont secors, qui tuit perdront les chiés* (*Cor. L.*, 353), etc.

De toutes ces explications, en particulier des deux dernières, il ressort que, dût-on considérer les deux types *a* et *b* comme étant primitivement de nature différente, une sorte d'équivalence a été vite admise, en pratique, par les sujets parlant français, entre la particule *que*, conjonction, et l'adverbe ou le pronom relatif. Entre ces deux exemples : *Que voulez-vous que je craigne?* et : *Qu'y a-t-il que je craigne ?*, entre ces deux autres : *Que voulez-vous qu'il arrive* et *Que voulez vous qui arrive*, le Français du XIXe siècle aperçoit malaisément la différence ; le Français du XIVe ou du XVe employait déjà ce tour, qui devait avoir une si grande fortune au XVIe et au XVIIe, avec la même indécision ; qu'il y eût là un pronom, ou un adverbe, la relation était exprimée sous le mode le plus court, le plus simple, le plus clair à l'esprit. Le langage vivant se dérobe aux exigences d'une logique trop minutieuse. Même remarque pourrait être faite sur l'emploi du *que* répété (*car elle scet bien que ce* (se) *il l'oit dire, qu'il y viendroit voulentiers* (*Cheval du Papegau*, p. 44-45), sur l'emploi du *que* ayant une fonction double[1], et sur celui du *que* introduisant le discours direct [2].

Ces constructions sont communes au XVIe siècle : *il ne scay quoy qu'on luy a dict que voulez vendre* (Lar., *Jal.*, a. I, sc. III, *A. th. fr.*, VI, 18); *Fidelle... lequel je scay que des longtemps l'a fort aymee* (Id., *Le Fid.*, a. I, sc. II, *Ib.*, VI, 311) ; *chose qui est tenue pour bien certaine qu'elle se fait ainsi* (Amyot, *Œuv. mor.*, 417 v°, H) ; *entre autres beaux traictz que i'ay ouy raconter et rememorer qu'aye faict M. de Guyze* (Brant., *G. Cap.*, V, 107); *que l'admiral d'Aragon a permis que l'armee qu'il commande aye faictes dans leur pays* (*Let.*, *H. IV. à de Vill.*, 5 mars 1599, p. 20). Nous retrouverons ces constructions au XVIIe siècle.

PRONOMS INDÉFINIS

Aucun a encore couramment le sens positif, les exemples sont innombrables, même dans la deuxième moitié du siècle : *et en furent aucuns des Roys successeurs hays de mort* (Amyot, *Vies*, *Lyc.*, p. 48, H); *mais en auoyent aucuns neuf, aucuns onze... aucuns treze* (H. Est., *Apol.*, II, 28); *Aucunes causes du changement des langues* (titre du Ch. II de Fauchet, *Orig. de la l. fr.*, 534 v°); *Il*

1. Cf. Tobler, *Mélanges*, 1905, 281-286, sur le type : *mielz voeill murir qu'entre paiens remaigne;* on trouvera là toutes les références bibliographiques désirables.
2. *Ibid.*, p. 331-338, sur le type : *et vous dy que.... jectez-le ou feu.*

nomme aucuns tauerniers de Paris (Id., *ib.*, 557 v°) ; mais *aucuns* tend à s'employer surtout en phrases négatives ; c'est par là que plus tard le sens changera : *n'ayant laissé aucuns enfans* (*H. IV*, *Lett. miss.*, t. III, p. 364). Il faut remarquer toutefois que les exemples au singulier sont rares : *Au regard des promesses qu'aucun aura faictes* (Meigret, *Off. Cic.*, 23). Ceux qu'on trouve appartiennent en général à des phrases négatives : *tout ce qui n'est deffendu par aucune loy expresse* (Lar., *Jal.*, prol., *A. th. fr.*, VI, 8).

AUTRE. — On trouve souvent ce mot auprès des pronoms personnels. Il faudrait savoir si l'abus de *autres* n'est pas dû chez quelques-uns au moins, comme Brantôme à l'influence des langues du Midi, particulièrement de l'espagnol : *A la vigne que vous autres dittes, Ie suis esté certes et y restay un peu* (Brant., IX, 289).[1] Mais on le trouve ailleurs : *pour nous autres Bretons* (N. du Fail, *Eutr.*, II, 74) ; *vous autres hommes* (Lar., Le *Fid.*, act. I, sc. v, *A. th. fr.*, VI, 327) ; *Nous autres Chrestiens sommes* (Du Vair, 414, 43), et là il est pur français.

Autre s'ajoute aussi à *cet* pour donner un équivalent de *celui la : a cestuy ci i'esgratignay les ioues, a cet autre ie plumay les cheueux* (Lar., *Les Tromp.*, a. II, sc. 6, *A. th. fr.*, VII, 46 ; cf. Meigret, 55 r°).

Mais on ne peut voir là rien de pareil au développement qui a conduit *l'autre* dans les dialectes de l'Est à se substituer aux démonstratifs (*l'ôt-ci*, *l'ôt-là*).

Autre est encore quelquefois pronom (cf. à l'Article), mais rarement au singulier : *tant secrettement Qu'autre n'en ayt iamais nul sentement* (*Marg. de la Marg.*, IV, 16 ; cf. Magny, *S.*, 31 dans Favre, *o. c.*, p. 329 : *Autre que toi, Dilliers, possible ne m'entend*).

Cependant, il tend à devenir un pur adjectif, là où il n'est pas précédé de l'article *de*. Il reste aujourd'hui de l'emploi pronominal du mot *autre* des formules comme *entre autres*, mais le vers de Desportes fut bientôt archaïque : *Et par mesmes appas autres pourchasseront* (*El.*, I, 9, p. 258, éd. Mich.). Malherbe le blâmera (IV, 364).

Nul conserve toujours le sens négatif. On voit cependant l'édition de Montaigne de 1595 l'accompagner de *ne*, là où le texte antérieur ne le donnait pas : *nulle occasion d'vn si horrible souhait* (*ne*) *peut estre ny iuste ny excusable* ? (l. II, ch. 8, t. III, p. 87). Il arrive aussi que *nul* y soit remplacé par *aucun*, ainsi dans la phrase suivante : *Cet effaict est plus apparent en ceux qui ont l'ima-*

1. Cf. Lanusse, *Dial. gasc.*, 392-3.

gination plus vehemente et puissante; mais il est pourtant naturel, et n'est nul qui ne s'en ressante aucunement. Malgré la répétition, Montaigne remplace *nul* par *aucun* (l. II, ch. 17, t. IV, p. 241).

Il faut en rapprocher ce fait que *nul* se fait souvent accompagner de *ne pas : Nulle, et fut-ce Procris, ne sera point marrie* (Rons., *Po. ch.*, éd. B. de Fouq., 73).

Rien reste encore positif dans la plupart des cas. Cependant, il est surtout employé dans des phrases hypothétiques ou négatives: *certes, s'il y a rien de clair ni d'apparent en la nature et ou il ne soit pas permis de faire l'aueugle, c'est cela que...* (La Boet., *Œuv.*, 15, 40; Bonnef.) *il ne voudroit pour mourir faire rien qui soit contre vostre volonté* (Tourn., *Cont.*, act. I, sc. 7, *A. th. fr.*, VII, 136). Rob. Estienne (108) déclarait que c'était une erreur de le considérer comme négatif. Et Ramus estime, ce qui est significatif, qu'il y a redondance de négations dans la phrase : *vous ne m'en scauriez rien apprendre* (187).

Voici toutefois des exemples où *rien* est bien nettement négatif : *Ie croy des hommes plus mal aisément la constance que toute autre chose, et rien plus volontiers que l'instabilité* (Mont., l. II, ch. 1, t. III, p. 3); *I'en ferau mon éme et rien contre* (Baïf, IV, 156, M.-L.; cf. Du Bel., II, 292).

On sait que Pasquier (*Rech.*, VIII, 53, t. I, p. 85), en traitant de ce mot, dit : « Vn chacun de nous estime que ce mot ne signifie autre chose que ce que nous disons autrement *Neant*, et pour cette cause qui voudroit représenter en nostre langue ce que le Latin dit, Ex nihilo nihil fit, il ne le pourroit en meilleurs termes représenter que de *Riens ne se faict de riens.* Aussi quand il advient au commun langage à quelqu'un de dire : *s'il veut riens mander*, on s'en mocque, et dit-on ordinairement *qu'a riens mander, il ne faut point de messager ou response...* » Ce quolibet montre assez le changement du sens.

Quiconque et *quelconque* deviennent bien distincts. Le premier reste pronom : *Ie sçay bon gré a ceste damoiselle, quiconque elle soit* (H. Est., *Dial. fr. ital.*, I, 118).

Le second cesse d'être pronom, comme il l'était encore dans Calvin et Rabelais : *Le baptesme n'est point d'homme mais de Dieu, par quelconque il ait esté administré* (Calv., *Instit.*, 1059, L.).

CHAPITRE VI

VERBE

PASSIF ET ACTIF

Au XVIe siècle, le passif est, grâce à l'imitation latine, toujours fréquent dans les textes littéraires, ainsi *fiat* est souvent traduit par *soit fait*, comme *videri* par *estre vu : De brasser vn tel mariage, Dont il faudra que le mesnage Soit faict la fable au populaire* (Grev., *Les Esb.*, a. I, sc. II, *A. th. fr.*, t. IV, p. 244); *ie diray, afin de n'estre veu examiner les choses* (Du Bel., *Deff.*, II, 2; Cham., 189)[1].

Des tours tels que : *aisez a estre vaincus*, se rencontrent aussi : *elle est bien aisee d'estre esprise et enflammee* (G. Bouch., *Ser.*, l. I, ch. 3, t. I, p. 92).

Mais ce sont vraisemblablement là des façons d'écrire plutôt que de parler. Malgré tout, la syntaxe populaire ne va pas en ce sens.

Elle nous montre des substitutions très hardies de l'actif au passif, surtout à l'infinitif : *me voyant digne d'estimer* (*Marg. de la M.*, IV, 134); *Ton plumage tumbe, Et toy aussi prest a mettre soubz tumbe* (Corr., *Hecat.*, éd. Oulm., 133); *tant y a que... le tondre estoit imposé au vaincu* (Pasq., *Rech.*, l. VIII, ch. 9, t. I, p. 780).

Il faut toutefois considérer comme populaire l'emploi du passif dans des phrases dont parlera Vaugelas, et qui sont fort anciennes. Ainsi, on a dans Beaumanoir (*Coust.*, t. I, 60, ch. II, 97) : *se ceste chose est fete sauoir au conte*. Voici des exemples analogues du XVIe siècle : *furent iceulx ambasadeurs transmys querir* (J. d'Aut., *Chron. de Louis XII*, IV, p. 59) ; *puis fut enuoye querir par le maistre d'hostel* (Loy. Serv., p. 287) ; *ie serois acheué de peindre* (Bell., *La Reconn.*, a. II, sc. IV, *A. th. fr.*, t. IV, p. 373) ; *estant fait iouissant d'vne beauté qui surpasse* (Cyre Fouc., *Ep. Arist.*, 6)[2].

1. H. Kenntje, *Der syntaktische Gebrauch des Verbums bei Amyot*. Diss., Leipz., 66 p. Ringenson, *Studier öfver verbets syntax hos Blaise de Monluc, ett bidrag till kämedomen om 1500 Talets Franska*. Upsala, 1888, 8°.

2. Comparez : *afin de purger l'honneur de sa maison, essaiée estre diffamée par cest hoste reuerend* (N. du Fail, *Eutr.*, II, p. 11).

Emploi du pronominal pour le passif. — Les constructions pronominales du verbe dont j'ai signalé le développement (I, 464-5), ont, au xvie siècle, une grande fortune.

Malgré la boutade de Béroalde de Verville, si souvent citée (*Moyen de parvenir*, § 2)[1], ce n'est pas un tour de pindariseur, c'est au xvie siècle une locution de tout le monde, qui ne doit probablement rien ni à l'italien, ni à l'espagnol, ni même aux patois.

Les grammairiens, qui voient bien les défauts de la forme du passif en français, se rendent compte de l'utilité de ce substitut[2].

Les exemples, tant ceux où le verbe est seul que ceux où il s'accompagne du complément du passif, sont innombrables : *Si ceste ville se prent d'assault, elle sera ruynée* (Loy. Serv., p. 278 ; cf. p. 286) ; *la sagesse de Dieu ne se comprend point par les plus excellens du monde* (Calv., 78 ; dans Hug., o. c., 177) ; *mais ne pense pas que cela se doibue plus obseruer par les orateurs que par les historiographes* (Dolet, *Man. de trad.*, p. 16) ; *la dicte voyelle se doibt escrire* (Id., *ib.*, p. 30) ; *les pleurs deuroyent au poids d'or s'achetter* (St-Gel., II, p. 93) ; *les choses precieuses ne se desirent que des gentilz courages* (Des Per., *Nouv. Recr.*, II, 79) ; *comme d'vn cheval qui se vent au plus offrant* (Grev., *Les Esb.*, a. ii, sc. vi, *A. th. fr.*, IV, 268) ; *l'amitié c'est vn nom sacré, c'est vne chose saincte, elle ne se met iamais qu'entre gents de bien, ne se prend que par vne mutuelle estime, elle s'entretient non tant par vn bienfaict que par la bonne vie* (La Boétie, *Disc. de la serv.*, p. 53, éd. Bonnef.) ; *les eaux... se retienent et arrestent sur les carrefours desdits Noyers* (Paliss., 28) ; *cette roüille... qui s'accueille en l'ame par tels accidents* (Du Vair, 343, 39) ; *et pour ceste occasion se voit il* (le ciel) *par les hommes... quasi tout en tous les endroits de la terre* (Id., 347, 36).

Dans les phrases impersonnelles, le tour se répand également : *il se lict dans la Bible que...* (Mont., l. II, ch. 3, t. III, p. 35) ; *le discours en seroit bien aisé a faire, comme il se voit du ieune Caton* (Id., *ib.*, ch. 1, t. III, p. 5) ; *en nostre Marseille, il se gardoit, au temps passé, du venin preparé a tout de la cigue aux despens*

1. Béroalde trouve que dire : *la soupe se mange*, c'est pindariser. Il n'eût peut-être pas dit la même chose de : *la soupe se mange chaude*. On notera que Meigret trouve aussi cette façon de parler : *le pais se ruine*, étrange, mais fort usitée (63 r°).

2. Cauchie dit : « In passione rerum inanimatarum vel animantium, quibus natura sermonem negavit, non licebit tibi usurpare vocem praeteriti temporis in praesenti ; nam si illi praefixeris verbum substantivum aliqua perfectio notabitur, et tempus praeteritum ut : *la maison est bastie*, domus est extructa ; sic : *le vin est bu*, *la terre est labourée* » (107. Cf. une observation semblable de Meigret, 101 r°).

publics, pour ceux qui voudroyent haster leurs iours (Id., *ib.*, ch. 3, t. III, p. 43); *en lieu inhabité il s'estoit basti en trois ans quatre vingts maisons et cinquante hosteleries* (d'Aub., II, 270, éd. R. et Causs.); *il se parla pour moy du mariage du roy de Portugal* (*Mém. de la Reine Marg.*, 22).

On comprend que ce développement amena la disparition du tour encore usité au xve siècle : *il y eult fort combatu d'vn costé et d'autre* (J. Chart., *Chr.*, I, 31). On préfère dire : *il se combattit fort.*

Forme pronominale des verbes intransitifs. — La construction qui consiste à joindre *se* aux verbes intransitifs ne paraît plus au xvie siècle continuer les mêmes progrès qu'au xive ou au xve. Tous les observateurs en ont noté des exemples (v. Hug., *o. c.*, 171). Il serait facile d'y en joindre une foule d'autres : *des qu'il eut tout son cas prest... se partit secretement* (Seyssel, *Success. Alex.*, 52 v°); *les riuieres tant de Seine que de Loire se deborderent* (*J. B. P.*, 328); *comme va mon ventre, qui se grossit tousiours* (Marg. de Nav., *Let. in.*, 193); *Ie me consens a sa liberté* (Dolet, *Gestes de Fr. de V.*, 57); *le Roy... se delibera de les attendre* (Id., *ib.*, 26; cf. Des Per., II, 260); *qui se perit contre vng roch* (Corroz., *Hecat.*, Péril, p. 175; cf. *ib.*, Service, p. 127); *Nous endurons ces gentilshommes, depuis le matin iusque au soir, se deuiser sur vn contoir avec nos femmes* (Grev., *Les Esb.*, a. i, sc. i, *A. th. fr.*, IV, 231); *maint gros tonnerre ensoufré s'esclattoit* (Rons., III, 46, on trouvera pour la Pléiade une très longue liste dans Mart. Lav., *Lex. de la Pl.*, II, 238); cf. : *Tu m'as esleu fils de Roy et grand Prestre Où le Soleil se commence de naitre* (Forcad., p. 8,); *il se faut prendre garde d'vne chose* (Mont., l. II, ch. 13, t. IV, p. 166).

Toutefois, le mouvement est arrêté. Beaucoup même de ces pronominaux tendent à prendre désormais la forme intransitive : *se combattre, se desdaigner, se dormir, s'habiter, se marcher, se soupçonner* passent à *combattre*, etc.

Le retour fut très lent, et il n'a jamais eu lieu pour certains verbes, puisque nous avons encore beaucoup d'intransitifs pronominaux, quoique les fausses analyses sur lesquelles se fonde la règle du participe passé empêchent de les apercevoir. Le xvie siècle en conservait encore qui ne sont plus : *s'apparoistre, se bouger, se deliberer, se feindre, se sourire.* C'est un point sur lequel il faudrait des statistiques, car les textes se contredisent trop souvent pour que dans l'état actuel des recherches on puisse rien affirmer de précis. Ainsi :

le vendredy ensuiuant iceluy duc de Chifort (Suffolk) *se partit de Paris... peu de iours apres madame la Regente et toute la cour partist de Bloys* (*J. B. P.*, 386) ; *le duc de Ferrare et madame Renée, sa femme, partirent de Paris* (*ib.*, 363). Au reste, on sait combien la différence de sens est délicate à saisir entre un verbe transitif et le même verbe sous forme pronominale intransitive : *s'attaquer à quelqu'un* est loin d'être synonyme de *attaquer quelqu'un*. La nuance est, je crois, aussi fine dans ces exemples de Du Vair : *nostre corps mesmes ne pourrit que pour germer* (Du Vair, 406, 35); *les fruicts... se noüent, se nourrissent, se meurissent, se pourrissent* (Id., 361, 2).

Les études qui seront faites à ce sujet devront contenir les exemples inverses d'intransitifs exprimant une idée réfléchie ou tenant la place qu'un verbe, soit réfléchi, soit simplement pronominal, a eue antérieurement ou postérieurement.

Ces exemples sont en très grand nombre au XVIe siècle (cf. Hug., *o. c.*, 174): *Et lors que Gargantua beut le grand traict, cuyderent noyer en sa bouche* (Rab., *Garg.*, ch. 38, t. I, 142); *tu debuois premier enquerir de la verité* (Id., *ib.*, ch. 31, t. I, p. 118); *aller auecques luy pour le garder d'ennuyer* (Marg. Nav., *Let. in.*, 189); *Voy que son chef vers toy abaisser vient Pour te baiser* (Ead., *Dern. po.*, p. 419); *En les lisant me prins a consoller* (Ead., *ib.*, 179); *le Roy et aucuns ieunes gentilzhommes de ses mygnons... alloient en aucunes maisons iouer et gaudir* (*J. B. P.*, 55); *l'empereur... donna quelque espoir de vouloir accorder auec le Roy* (Dolet, *Gestes de Fr. de V.*, 67); *que mon desir n'en croisse, et renouuelle* (St-Gel., II, 146); *dont ie plaings, souspire et regrette* (Corroz., *Hecat.*, Estre tondu, p. 168); *la fureur afoiblit* (Baïf, II, 7); *les ondes... commencent a calmer* (Bell., I, 32); *tel fleurist auiourd'huy qui demain flestrira* (Rons., V, 206, M. L.); *afin... que iamais son front ne ridast de vieillesse* (Id., IV, 308, *ib.*); *il n'est pas seur d'arrester, long espace* (Forcad., p. 16).

PARTICIPE PASSÉ PASSIF AU SENS ACTIF. — Il est indispensable de signaler ici un fait, qui n'est pas nouveau assurément au XVIe siècle, mais qui commence alors à entrer dans la controverse grammaticale, c'est le passage du participe passé passif au sens actif. Cette forme, quoique passive par son origine, entrait dans les temps composés du verbe à l'actif, et elle devait se ressentir de ce rôle. Qu'on considère un verbe intransitif comme *il a enragé*, c'est en partant d'une forme de l'actif que le participe devient adjectif : *un chien enragé*.

En ancien français, on trouve avec ce sens actif : *esfreé* (effrayante, Chr. de Tr., *Perc.*, 271) ; *foimenti* (Id., *Er.*, 6114) ; *trespansé* (Id., *Cligès*, 4053) ; *enparlé* (Id., *Perc.*, 9641) ; *failli* (Id., *ib.*, 8163) ; *forssené* (Id., *Cligès*, 6242) ; *celés* (*Rose*, 13374), etc.

H. Estienne a déjà considéré cette particularité (*Conf.*, 117) ; il cite : *forsené*, *enragé*, *esplouré*, *desesperé* (*ib.*, 120). Il eût pu citer : *resolu*, *deliberé* et d'autres, ils existaient.

Ce développement tend à s'étendre à un certain nombre de verbes intransitifs, pronominaux ou non : *Puis du dos et des bras efforcés par ahan, Fait sauter le froment bien haut dessus le van* (Rons., *Po. ch.*, éd. B. de Fouq., 377-8) ; *quand i'auisay que sa beauté perie Se transforma en hydeuse Furie* (Forcad., p. 5) ; *l'Europe conspiree N'attend plus rien que ma mort desiree* (Du Bel., II, 146).

VERBES TRANSITIFS ET INTRANSITIFS

Un grand nombre de verbes flottent, comme à toutes les époques, entre l'emploi transitif et l'emploi intransitif. Quelques-uns tendent à n'être plus que transitifs : *prier*, *supplier*, *approcher*, d'autres marchent en sens inverse : *sourdre* (encore transitif dans Commynes, I, 456, M. : *Dieu luy sourdit vng ennemy*).

Il arrive souvent que, dans la même phrase, un verbe pris dans le même sens est tour à tour transitif et intransitif. Littré a déjà relevé dans Mont., III, 178 : *ne regardez pas a cette voix piteuse, regardez ce teinct*. Comparez-y : *il ne voulust... aucunement escouter ou regarder le prebstre qu'on auoit mis au tombereau pres de lui, mesme a vng cordelier* (L'Est., *Journ. de H. III*, 382). De même : *ressemblant ces ieunes chiens* (N. du Fail, *Eutr.*, II, 7) ; au contraire : *Elle ressemble a Diane* (Forcad., p. 18).

Voici quelques faits[1]. Verbes employés en qualité d'intransitifs : *celuy qui plus luy assista en toutes choses* (Amyot, *Vies*, *Lycurg.*, 50, 1) ; *pour lui* (à Henri III) *congratuler l'adeption de la couronne de France* (L'Est., *Journ. Henri III*, 36, 2) ; *combien qu'Ouide contrarie aux poëtes susdicts, ...il ne leur contrarie pas* (H. Est., *Apol.*, II, 118) ; *Aristote contredit a ceste raison* (Amyot, *Œuv. mor.*, 418, v°, H.)[2] ; *la Prouidence esclaire iournellement en toutes les par-*

1. Cf. Hug., *Synt. de Rab.*, 164 et suiv.
2. Quelquefois c'est sur le grec que se règle la syntaxe, ainsi chez Estienne et chez Rabelais. *Cesser du labeur* (Rab., l. III, ch. xv, II, 78) en est un exemple : *du* s'y justifie par le génitif grec παύεσθαι πόνου.

ties du monde (Du Vair, 368, 39; cf. 385, 33); *ceulx qui auparauant favorisoient au plus foible* (Dolet, *Gestes de Fr. de V.*, p. 52); *affin... qu'a icelle favorises* (Id., *ib.*, p. 3); *l'estranger fournissant aux ligueurs de pecune* (*Ch. de 1590*, Ler. de L., II, 499); *guignant sous son capuchon a la pauure femmelette* (N. du Fail, *Eutr.*, t. II, p. 8); *Affin qu'au ciel auec les sainctz hantions* (Marg. de Nav., *Dern. po.*, 403); *en incommodant a mon Roy* (Rab., *Garg.*, ch. 31, t. I, p. 118); *ie pry a Dieu qu'il uous donne richesse* (St-Gel., I, 80); *regardant au passé d'vn œil desdaigneux* (*Mém. de Marg. de Val.*, 17); *les soudards... requirent à ceux qui estoient a la garde d'icelles de leur donner vn pain* (Amyot, *Œuv. mor.*, 414 r°, C.); *comme il sçauoit Bien seruir a nos princes* (*Ch. hug.*, 275); *A celle fin que tant moins d'air luy* (au vin) *touche* (Amyot, *Œuv. mor.*, 418 v°, G); *iamais homme ne luy auoit touché* (H. Est., *Apol.*, II, 26).

Verbes employés en qualité de transitifs : *vous auriez trop bon marché de ne contribuer à ceste compagnie que vostre simple memoire* (Du Vair, 395, 5); *a moy qui ay plustost empiré qu'amendé l'ouurage de ce grand homme la* (Du Vair, 332, 9-11); *il auint... a quelqu'vn... de s'escrier tout haut ces vers d'Alcaeus* (Amyot, *Œuv. mor.*, 416 r°, D); *en tout peché et vice les enseignent* (Corroz., *Hecat.*, Maulv. nourrit., p. 129); *ceulx qui estoient entrez le clous* (Rab., *Garg.*, ch. 28, t. I, p. 109); *les meschans n'eschapperont point ses fleaux ne son glaiue* (Calvin, *Inst.*, I, p. 73; dans Hug., *o. c.*, 167); *nous ne le sçaurions eschaper* (le destin), *nous le trouuons en le fuyant, y tombons en reculant, et l'inuitons taschant de l'euiter* (Du Vair, 374, 22; cf. 351, 30; 362, 6; 389, 40); *encore qu'il l'ait fiancée, Par ma foy, ce n'est pas pour luy* (Grev., *Les Esb.*, a. I, sc. II, *A. th. fr.*, IV, 235); *des pertes qui sont a lamenter* (Du Vair, 351, 16); *il n'y en auoit encore point vu* (de mouvements) *qui menaçassent la ruine, et dissipation de l'Estat* (Du Vair, 406, 16); *ne mentir vn seul mot de ce qui s'estoit passé* (N. du Fail, *Eutr.*, II, p. 12); *Apolonius Tyaneus, qui... nauiga le grand fleuue Physon, iusques es Brachmanes* (Rab., *Pant.*, ch. XVIII, I, 307); *assister aux hommes, sans les nuire* (Lem. de B., *Œuv.*, III, 120); *perissant iceulx mariniers* (Corroz., *Hecat.*, Péril, p. 174); *ces galands vouloyent persuader la suppression d'vn liure nommé index expurgatorius* (d'Aubigné, *Œuv.*, II, 245; R. et Causs.); *il pretend les superfluitez* (Corroz., *Hecat.*, Suffisance, p. 125); *chascun d'eulx pretend la victoire* (Dolet, *Gestes de Fr. de V.*, p. 32); *ilz* (les Suisses) *furent recullez* (Id., *ib.*, p. 31); *il m'est dur... De renoncer mon païs, sans offense* (Id., *II Enf.*, p. 32); *qui refusoit son maistre et tous ses amis de leur ayder d'argent* (*Mén.*, p. 43, Lab.) ; *et luy s'en alla en son logis, pour reposer son trauail* (Marg. de Nav., *Hept.*, II, 56, Hug., *o. c.*, 167) ; *retourner* (les armées) *au logis* (Brant., *Grands Cap.*, V, 130) ; *songeant* (cherchant dans son imagination) *les moyens d'y remedier* (*Mém. de la reine Marg.*, 15) ; *sortir ledict Perès du lieu ou i auoit esté mené* (*Disc. des Troub. d'Arragon*, *Var. hist. et litt.*, I, 174) ; *la meilleure partie de nous suruit nostre corps* (Du Vair, 406, 34) ; *si nous les suruiuons* (Id., 351, 43) ; *que vent aucun ne vous tombe* (Lem. de B., *Œuv.*, III, 117).

Une catégorie d'exemples, et non des moins curieux, montrerait le participe passé de certains verbes intransitifs employé passivement : *a propos de ceste clemence, courtoisie, douceur et misericorde vsée par ce grand duc* (Brant., *Grands Cap.*, V, p. 105). C'est là un des stades par lesquels passent les verbes intransitifs pour devenir transitifs.

La plupart de ces exemples ont leurs analogues au commencement du XVIIe siècle, et même plus tard. Ce n'est pas en effet au XVIe siècle que la séparation entre verbes transitifs et intransitifs se fait rigoureuse. On rapporte, sur la foi de Pasquier, que Montaigne s'entendait reprocher le gasconisme : *iouir quelque chose : Il y a du mesnage à la iouyr* (la vie), *ie la iouys doublement des autres* (liv. III, ch. 13, t. VII, p. 84-85). Les avertissements de Pasquier n'empêchaient pas Du Vair d'écrire : *il nous la baille a iouir a tous en commun* (391, 21). Était-ce bien un gasconisme ? Peut-être ! Mais quand Montaigne écrivait ailleurs : *il faut vn peu legierement et superficiellement couler ce monde et le glisser, non pas l'enfoncer* (l. III, ch. 10, t. VI, p. 216), il faisait un effet de style qui serait encore élégant.

Malherbe posera des règles étroites qui annoncent celles de Vaugelas ; elles me paraissent, malgré Pasquier, peu dans l'esprit du XVIe siècle.

NOMBRES ET PERSONNES — ACCORD DU VERBE

La syllepse est toujours d'un usage très fréquent : *nul prince catholicque se doyuent recepuoir ne parmectre* (J. d'Aut., *Chron.*, IV, 38) ; *et quiconques vouldroyent* (Lefev. d'Ét., *Préf. de la trad. des Ev.*, Herm., *C.*, I, 134) ; *tout le peuple de l'isle estoient charpentiers* (Rab., l. IV, ch. XXV, t. II, 359) ; *et le trefle y croissoient par les pastis herbeux* (Am. Jam., II, 213); *ne tay que leur bonté royale Ont ouuert la main liberale* (Baïf, II, 459 et 470, note 64); *comme aux moissons demarchent pas a pas Le peuple oysif* (Id., *ib.*, 425 et 470, note 63).

Le genre aussi est celui qui comporte l'idée : *Sa Saincteté estoit allée... et portant le diadesme pontifical, estoit assis en son throsne* (Palm. Cayet, *Chron. sept.*, 29, 1); *Et ne fust Sa Maiesté bien asseurée iusques a ce qu'il eust ouï* (L'Est., *Journ. Henri III*, 293, 2).

Il importe de marquer que l'accord se fait souvent « avec le génitif » déterminatif du sujet, comme dira Vaugelas. Marty-Laveaux a rassemblé des exemples de la Pléiade après les avoir méconnus dans son texte (II, 243) : *l'aspét de Mercure et Saturne Me firent promt... Des iumeaux la douce influance... Des Muses m'ont fait curieux* (Baïf, II, 460 et 470, note 66); *tant plus ie le fuy, plus vn espais nvage De pensers orageux me troublent le cerueau* (Bell., II, 475, note 59); *le troupeau des neuf Muses compaignes Ainsi qu'en friche ont laissé nos montaignes* (Rons., III, 423); *Quand le dos escumeux des ondes empoullées S'enflent* (Id., IV, 118 et 389, note 50); *le trait de ses feux radieux en le voyant luy aueuglent les yeux* (Id., *ib.*, 128 et 390, note 52); *si la fureur de tes mains tant cruelles ont tel pouuoir* (Id., V, 19 et 450, note 5).

Quand le sujet suit son verbe, les textes sont pleins de contradictions. Voici le pluriel : *de la Grece seront pour tesmoings Demosthene, Aristote, Platon...* (Dolet, *Man. de trad.*, p. 4). Au contraire : *semblable chose que moy a faict Leonard Aretin, Sañasare, Petrarque, Bembe...* (Id., *ib.*). Le singulier demeure très fréquent : *et la fut tenu conseil sur le trecté dudit mariage et oy l'oppinion de chascun* (J. d'Aut., *Chron.*, IV, 45); *comme fait le vin et l'amour* (Mont., l. III, ch. 1, dans *Extraits de M.*, éd. Jeanroy, 256).

L'accord se fait toujours de temps en temps par attraction avec l'attribut : *le Code qui ne sont que requestes respondues, non comprises les cinquante Decisions de Justinien* (N. du Fail, *Eutr.*, II, p. 93); *De nostre gibier, qui sont les lettres* (Jos. Scalig., *Let.*, p. 259); *la maison de Montmorency estoient ceux qui en auoient porté les premieres paroles* (*Mém. de la reine Marg. de Val.*, p. 24); *on pense icy que donner vne bataille et la gaigner, ce soit vne mesme chose, on leur apprist bien que c'en sont deux* (Du Vair, 380, 19).

Cet accord est particulièrement usuel quand le verbe est un des impersonnels, *il est*, *il y a* : *quinze iours a (ie les ay bien contez) Et des demain seront iustement seize* (Mar., I, 190); *il fut chantée et celebrée dedans ladicte eglise vne grande messe* (*J. B. P.*, 110) ; *il y a assez bonne pieche qu'il sont neuf heures passees* (Cord., *Corr. serm. em.*, 415, A); *Qu'ilz sont assez, voire trop de volumes* (Corroz., *Hecat.*, Prologue, xxv)[1].

L'accord en personne se fait avec une première ou une deuxième personne du singulier, quand même le verbe a un autre sujet à la troisième personne, cependant, de semblables exemples sont fort rares : *dont toy et tes compagnons nous empeschas bien* (N. du Fail, *Eutr.*, II, p. 79) .Et on trouve le cas inverse, c'est-à-dire le verbe à la 3e : *tout ce que vous n'autre a dit contre moy* (Farel, *Let. aux rel. de Ste-Claire*, Herm., *C.*, II, 70).

Dans les propositions relatives, l'accord en personne avec l'antécédent de *qui* ne se fait guère encore. On accorde le verbe avec son sujet *qui* dont la forme est du reste tout à fait voisine de *i(l)*, pronom sujet de la 3e personne ; *De iour en iour i'ay long temps actendu De vous, qui a esprit bien entendu* (Coll., *Sat.*, *Œuv.*, 254) ; *Chez moy, qui le tiendra* (Rons., IV, 48, M.-L.) ; *et moy qui n'a repos* (Bell., II, 59, et 474, note 65, M.-L.); *suis ie toute seule Qui prend auiourd'huy du bon temps* (Grev., *Les Esb.*, a. I, sc. II, *A. th. fr.*, t. IV, p. 240) ? *C'estoit vous mesme, que ie voy, Qui la tenoit en la chambrette* (Id., *ib.*, a. IV, sc. IV, *ib.*, 299); *Vous tous y gagnez, fors que moy, Qui a demeslé l'escheucau* (Bell., *La Reconn.*, a. V, sc. V, *ib.*, IV, 435).

Cependant, on trouve quelquefois la 1re personne : *Ie suys... Le tout puyssant ... Qui fut, qui suys* (Marg. de Nav., *Dern. po.*, 213) ; *Ie suys qui suys qu'œil viuant ne peult veoir* (Ead., *ib.*, 203). Mais c'est là une phrase toute faite.

Développement de la formule. — *C'EST MOI.* — Robert Estienne (25), Pillot (261), donnent encore la préférence à *c'est il, ce sont ils*. Et on trouve souvent ces formes dans les textes : *Ce n'ay ie pas esté* (*A. th. fr.*, II, 336); *Qui est lors esbay ? C'est il* (Coll., 115) ; *Voyez le la, Ma foy, c'est il* (*Marg. de la Marg.*, IV, 161).

Meigret institue à ce propos une longue dissertation logique, où il qualifie *c'est moi, c'est toi* de façon de parler incongrue, tout en admettant que les interrogatifs correspondants, que l'écrivain devrait éviter, sont tout « communs » (49 v°, 50 r°).

A quoi Ramus répond : « Combien que la raison de grammaire

1. C'est un des exemples sur lesquels s'appuie A. Mathieu pour montrer « *qu'on s'estudie d'accommoder la façon, et la maniere de parler François à la maniere de parler Latin* », ainsi quand à la question « *quelle heure est-il?* » on répond : « *elles sont huit heures* » (*Dev.* 1572, 23 r° et v°).

vaille aussi en quelqu'vn comme : *ce suis ie*, *ce sommes nous*, *ce sont ils*, pour *c'est moy*, *c'est nous*, *c'est eux*, en aulcun l'vsaige a surmonté l'art, comme *est ce moy*, etc..., et non pas *sui ie ce ?* » « Si quelque grammairien vouloit depouiller nostre langue de tels ornements : *est ce toy... c'est moy*, ce seroit comme desgainer l'espee luy tout seul a l'encontre de toute la France » (ch. 7, De l'anomalie du nombre et de la personne).

Les exemples, à mesure qu'on avance, donnent de plus en plus raison à Ramus : *c'estoit moy qui...* (Dolet, *II Enf.*, 6) ; *Ha ! seigneur Eustache, c'est donc vous?* (Tourn., *Les Cont.*, a. II, sc. IV, *A. th. fr.*, VII, 155) ; *c'est moy qui suis Iean* (Tabour., *Big.*, 71 r°).

Ainsi on trouve le verbe à la 3e personne du singulier avec toutes les personnes du singulier et du pluriel, sauf à la 3e personne du pluriel. *Ce sont* reste commun : *les biens du corps, ce sont faulses richesses* (Corroz., *Hecat.*, Gloire, 199) ; *ce ne sont pas les gens de pied... il faut que ce soient les gens de cheual* (Brant., *Grands Cap.*, V, 125).

Toutefois, Maupas donnera encore les deux formules : *c'est nous, ce sommes nous ; c'est eux, ce sont eux ; ce suis ie, c'est moy* (p. 147) [1].

TEMPS [2]

Je ne vois pas qu'un temps nouveau apparaisse au XVIe siècle ou qu'un des temps anciennement formés change véritablement d'emploi.

Tout au plus noterai-je dans cet ordre d'idées le développement de la forme *estre pour*. Elle garde son vieux sens de *être de nature à, être tel que* : *mon esprit n'est iamais pour mectre en oubly vne si grande et si estimée grace* (St-Gel., III, 181). Mais elle s'approche de plus en plus du sens qu'ont les auxiliaires *aller*, *devoir*, suivis de l'infinitif : *davantaige vous estes pour en peu de iours retourner a Carthage* (St-Gel., III, 231) ; *a present ie suis pour vous descouurir ce que i'ay touiours tenu caché* (Lar., *Le Fid.*, a. I, sc. IV, *A. th. fr.*, VI, 318) ; *n'eust esté l'esperance que i'auois me retrouuer le lendemain matin auecques Magdelaine... i'estois pour deuenir fol* (Id., *Jal.*, a. I, sc. I, *Ib.*, p. 11).

1. De même, le verbe varie toujours en temps : *pourquoy fut-ce que... vous ne partastes oncques d'elle* (St-Gel., III, 213)? Voir au XVIIe siècle.
2. Voir Vogel, *Der syntakt. Gebrauch der Temp. u. Modi bei Pierre de Larivey* (Böhmer's *Roman. Studien*, V, 445). Schlütter, *Beitrag zur Geschichte des Syntakt. Gebrauchs des Passé défini...* Diss. de Iéna (Halle, 1884).

Dans plusieurs cas il équivaut à un vrai futur : *ie suis pour vous aymer esternellement* (Id., *Le Fid.*, a. III, sc. III, *A. th. fr.*, VI, 385) En changeant de temps, il équivaut à un futur dans le passé : *et alla errant ça et la par le monde, iusques a ce que mon neueu eust engendré vn fils qui fust pour luy succeder* (Amyot, *Vies*, *Lycurg.*, 49, B).

Correspondance des temps. — On est étonné de voir combien cette correspondance est demeurée irrégulière, et je ne parle pas même d'exemples comme celui-ci, où le temps absolu se justifie : *Filz, i'ay sçeu que vous voulez suyure les armes* (*Amad.*, l. I, f° XXII r°) [1].

Mais ailleurs le temps relatif se fût imposé, si les règles de relation avaient été strictes : [*ilz*] *dirent qu'ilz n'iront point* (*Traduct. d'une lettre de Paolo Giovio citée* dans *J. B. P.*, p. 353) ; *lesdictes lectres que luy enuoyoit ledit lieutenant du Roy, desquelles choses fut tres mal content et tres anymé contre les Boullongnoys, disant qu'il les destruyra, s'il fault qu'en armes aille sur le lieu et que a bon droict auoyent deservy cruelle pugnicion* (J. d'Aut., *Chron.*, IV, 85) ; *voulut mener et conduyre, ayant souuenance du triumphe que les Genneuoys luy ont promys s'il gaigne la place* (Id., *ib.*, 121) ; *Si vostre vis-roy vouloit vuyder ce different... ie ferois bien que tous mes amys et compaignons qui sont auecques moi s'i consentiront et... s'en retourneront* (Loy. Serv., 317) ; *mais que, cependant vous n'auyés que faire de vous metre en despense, iusques a ce qu'yl le vous mande* (D. de Poit., *Let.* XCVII, *Aut.*, p. 170).

Comme en ancien français, les verbes *pouvoir*, *vouloir*, *devoir*, etc., se font volontiers suivre d'un passé de l'infinitif ou d'un subjonctif, au lieu de se mettre eux-mêmes à un temps passé : *ie voudrois que tu m'eusses dit quelque chose de l'essence des metaux* (Paliss., p. 53). C'est un fait que nous retrouverons au XVIIe siècle.

Quand le verbe principal est au passé, le verbe dépendant se met toujours fréquemment au passé du subjonctif : *a esté cause que Masinissa, auec l'aide des Romains, ait recouuert son royaume* (St-Gel., III, 166).

Cet usage se conservera encore longtemps. De même, celui qui consiste à exprimer deux fois l'idée du passé, et dans la principale

1. Comparez ce fragment de lettre : *vous ay bien volu escripre, a celle fin que par vous feusse et soye certiffié* (Coct à Farel, 1526, Aut., Herm., *C.*, I, 442-3) ; ou bien : *lesquelz... ilz luy feirent oraison que son plaisir fust de leur donner la meilleure chose qui puisse aduenir a l'homme* (Dolet, *Il Enf.*, p. 61-62).

Dans le premier cas, le présent est de rigueur, dans le deuxième, l'idée est générale et peut être exprimée absolument.

et dans la subordonnée: *Plusieurs eussent bien voulu qu'il n'en feust iamais party; toutesfois il s'en retourna en France* (Loy. Serv., 362); *car qui ust sù si son affeccion ust passé celle des autres femmes* (L. Lab., *Deb.*, I, p. 17, Blanch); *O! Combien m'eust il esté meilleur qu'il m'eust dict, des le commencement, qu'il ne vouloit prendre ceste peine pour moy* (Lar., *Jal.*, a. II, sc. II, *A. th. fr.*, VI, 26); *Platon eust bien voulu que les femmes se fussent exercees en l'art militaire* (Bouch., *Ser.*, l. I, ch. 3, t. I, p. 91); *si Nature... eust congnu qu'il eust esté meilleur que le mari et la femme mourussent en vne mesme heure, elle l'eust fait* (Gello, *Circé*, p. 157); *i'eusse fort desiré que vous y fussiés allé plus tost* (*Let. mis. de H. IV*, t. III, p. 369); *Qui eust iamais pensé qu'vn Roy fortifié de tous ces moyens-la eust deu rien craindre* (Du Vair, 378, 27); *que i'eusse souhaitté qu'il eust poursuiuy le propos qu'il auoit entamé* (Du Vair, 368, 6). On remarquera que le passé exprime l'idée modale de l'irréel.

MODES

La syntaxe des modes ne paraît pas s'être beaucoup éclaircie ni fixée. C'est à peine si dans un ou deux ordres de propositions, l'usage marque des tendances un peu claires [1].

PROPOSITIONS COMPLÉTIVES

A la proposition complétive, la syntaxe demeure toujours très indécise. On passe de l'indicatif au subjonctif avec une grande facilité.

Toutefois, il est visible que le subjonctif tend à être considéré comme le mode du doute, tandis que l'indicatif est pris pour marquer les faits positifs.

Le contraire de *savoir*, c'est-à-dire *ignorer*, est encore considéré par la langue moderne comme une sorte de certitude et entraîne l'indicatif. Il n'en est pas de même au XVIe siècle : *ie t'ay prouué... que... il y auoit du sel, et a present tu veux ignorer qu'il y en aye en toutes terres* (Paliss., 31).

Avec les verbes qui expriment la vraisemblance, l'incertitude, le subjonctif est général : *il semble que mon ame... soit sur le point*

1. Voir pour la bibliographie au chapitre des Temps. Ajoutez : B. Hörnig, *Syntaktische Untersuchungen zu Rabelais...* Leipzig, 1888, 8° (Subj., temps et modes de la prop. hypothétique). H. W. Philp, *Le subjonctif et les grammairiens français du XVIe s.* Thèse Upsala, Stockholm, 1895.

d'abandonner ce corps (Lar., *Jal.*, a. I, sc. II, *A. th. fr.*, VI, 13); *car il est vray-semblable que ceste luette ait esté posée* (Amyot, *Œuv. mor.*, 417 r°, C); *il faut donques voyr, si ce que dit Platon pour les philosophes, ne soit point assez suffisant* (Meigret, *Off. de Cic.*, 20); *ie ne veux point sçauoir leur nom, et veux presupposer qu'ils n'ayent point esté, puisqu'ils en sont si indignes* (Du Vair, 369, 2).

Même syntaxe dans l'interrogation indirecte[1] : *ie ne sçay que ie doibue respondre a ce probleme* (Rab., l. III, ch. XXXI, II, 150); *il est incertain ou la mort nous attende* (Mont., l. I, ch. 20, t. I, p. 118); la seconde phrase est positive de forme, mais négative de sens, et il n'en faut pas tant. La réponse ne devant pas exprimer un fait établi, le subjonctif est de rigueur.

On comprend dès lors qu'après les verbes signifiant *croire*, *penser*, les deux modes se rencontrent[2]. Les exemples de l'indicatif n'ont pas besoin d'être cités: *ie cuyde qu'il veut auoir mon pourceau* (Nic. de Tr., *Par.*, 2).

Mais le subjonctif apparaît à peu près partout où il y a un doute, une incertitude, quand on croit une chose qui n'est pas : *pensant que Marquet luy deust deposcher de ses fouaces* (Rab., l. I, ch. 25, t. I, p. 98); *vous pensez donc que ie puisse demeurer en ce monde apres vous?* (St-Gel., III, 229); *il croiroit* (ce qui est faux) *que nous fussions de ces deuotes* (Lar., *Le Fid.*, a. II, sc. III, *A. th. fr.*, VI, 345); *tu ne me scaurois faire a croire qu'il y eust du sel és fumiers* (Paliss., 19); *Par ma foy, madame, vous ne vous cacherez tant de moy que ie ne vous descouure; vous penserez que ie sois en bas empeschée a quelques affaires, et ie seray en quelqu'autre lieu a espier; vous croirez que ie sois couchée et endormie, et ie seray a escouter* (Lar., *Le Fid.*, a. II, sc. VII, *A. th. fr.*, VI, 354-5); *il est vray semblable que ce mot* « Landier » *ait esté mis en vsage françois du temps que les Anglois estoient en France* (Nicot, 366, col. 2); *vous pensez peut estre que ce fantosme ait les oreilles meilleures que les yeux* (Du Vair, 375, 11); *se sont couuerts de peau de Veau marin, croyant que ce poysson seul ne soit iamais touché de la fouldre* (Gello, *Circé*, p. 118).

Un passage d'Amyot mettra bien ceci en lumière : *Timaeus se doute, qu'il y ait eu deux de ce nom, en diuers temps : mais* (sous-entendez : *il pense*) *que l'vn ayant esté plus renommé que*

1. On trouve aussi l'indicatif : *elles s'enqueroient l'vne de l'autre lesquels de ceux qui les auoyent embrassées estoyent plus gentils compagnons* (N. du Fail, *Eutr.*, II, p. 2).
2. Cf. Hug., o. c., 193.

l'autre, on luy ait attribué les faits de tous les deux (ce n'est qu'une hypothèse), *et que le plus ancien n'ait esté gueres de temps apres Homere: encore y en a il, qui veulent dire, qu'il l'a veu. Xenophon mesme nous donne bien a penser, qu'il soit fort ancien, quand il dit, qu'il a esté du temps des Heraclides...* (*Vie de Lycurgue*, 47, D-E).

L'influence du doute qui plane sur la pensée se fait souvent sentir très délicatement, ainsi H. Estienne écrit : *lequel ie pense estre d'vn liure qui ne soit point imprimé, car autrement ie me fusse contenté*, etc. (*Apol.*, II, 69). Le soupçon exprimé dans *ie pense* se transmet dans la phrase relative par dessus l'infinitif.

Toutefois, comme en langue moderne, il arrive que l'idée de doute est niée, et cependant le mode reste celui de l'incertain, le subjonctif : *Il ne faut pas douter que ce ne soit l'vsage le plus honorable que nous leur scaurions donner, et qu'il n'est occupation ny dessein plus digne d'vn homme chrestien* (Mont., l. II, ch. 12, t. III, p. 175).

De façon générale, les verbes qui expriment un sentiment : *plaisir*, *douleur*, *regret*, *étonnement*, n'exigent pas encore le verbe subordonné au subjonctif. La conception n'est visiblement pas la nôtre encore, on énonce la cause de ce sentiment comme un fait, avec le mode des faits positifs. Le sentiment contenu dans le verbe principal ne domine pas la pensée : *ie suis marrye que vous n'auez rencontré aussi bonne partie* (Nic. de Tr., *Par.*, 131) ; *Ie regrette de tout mon cueur que n'est icy Picrochole* (Rab., *Garg.*, ch. L, I, 185); *l'abbé fut bien aise qu'ils faisoient ceste despence* (Marg. de Nav., *Hept.*, I, 243 ; Hug., *o. c.*, 199)[1].

Les verbes signifiant *craindre* sont un peu plus avancés vers la syntaxe moderne. Les exemples de l'indicatif sont encore nombreux : *I'ay grand peur que toute ceste entreprinse sera semblable a la farce du pot au laict* (Rab., *Garg.*, ch. XXXIII, I, 128) ; *m'emerueille de ce que Panaece l'a oublié* (Meigret, *Off. de Cic.*, p. 6) ; *i'ay grand peur qu'elle a esté cause de beaucoup de maux* (*Mén.*, 191, Read).

Mais le subjonctif devient fréquent : *il craignoit de n'auoir pas bien caché ce pot et qu'on le lui desrobast* (Des Per., *Nouv. Recr.*, II, 92) ; *ie crain que Vincent n'ayt prins en mauuaise part ce que ie fis l'autre iour* (Lar., *Jal.*, a. I, sc. II, *A. th. fr.*, VI, 13).

Les verbes signifiant *désirer*, *vouloir*, *commander*, se font de plus en plus régulièrement suivre du subjonctif. Cela n'est pas très

1. De même, après *louer*, l'indicatif est encore dans Malherbe, IV, 138.

nouveau, cependant le progrès s'accuse, les exemples de l'indicatif ne sont plus très fréquents. En voici : *mon destin voulut que ie party d'icy* (Lar., *Le Fid.*, a. I, sc. IV, *A. th. fr.*, VI, 320; ici la proposition principale est en réalité la seconde, et le lien de subordination est plus apparent que réel) *ie desire que vous faites part de ce discours* (*Let. mis. de H. IV*, III, 251).

Mais ces phrases sont rares. Le subjonctif est déjà d'usage général : *ie ordonne et veux que Ponocrates soit* (Rab., l. I, ch. L, I, 185) ; *ie veus... qu'il reçoiue de moy ce tesmoignage en toute verité* (Mont., l. II, ch. 8, t. III, p. 80).

Après *empescher* l'indicatif se rencontre encore : *i'empescheray bien qu'il n'y entrera aucun secours* (*Let. mis. H. IV*, III, 371).

PROPOSITIONS CONSÉCUTIVES ET FINALES

Il ne semble pas qu'il y ait rien à dire de net sur l'emploi des modes dans les consécutives. On sait combien aujourd'hui encore les nuances sont fines. On dira : *cela fait qu'on vient me voir*, parce qu'il s'agit d'un fait, au contraire : *ie fais qu'on vienne y voir*, parce qu'il s'agit de l'intention du sujet de la principale. A proprement parler, la première proposition est purement consécutive, la deuxième est en même temps finale. Le XVIe siècle a encore tendance à employer surtout le subjonctif : *l'ignorance qui est en toy, ô Axiochus, faict que ta conclusion soit mauluaise* (Dolet, *II Enf.*, 57) ; *Et Amour fait que plus fort ie le sente* (St-Gel., II, 125) ; *c'est moy qui fais qu'on n'en puisse mesdire* (Id., *ib.*, 180).

L'indicatif reparaît cependant souvent, quand le résultat est présenté comme un fait : *elle nous a formé d'vne façon, que peu de choses nous sont necessaires* (Du Vair, 348, 41) ; *ie troueray bien moien que ce* defunctis *ne vous scandalizera plus* (d'Aub., *Faen.*, II, 1, t. II, p. 425 ; R. et Causs.).

Dans les finales, l'indicatif se trouve encore au commencement du siècle après *afin que : c'est assauoir afin que les suiets de nos princes entendront l'illustrité de leurs princes ancestres* (Lem. de Belges, 5; dans Hug., *o. c.*, 201).

Toutefois, quand le verbe subordonné a pour sujet un *qui*, l'expression est déjà très nuancée, et le subjonctif intervient surtout lorsqu'il faut un potentiel : *ie n'ay faict chose qui uous doiue aigrir* (Lar., *Jal.*, a. I, sc. II, *A. th. fr.*, VI, 14).

La syntaxe a encore des libertés précieuses. L'indicatif est employé dès qu'il s'agit de faits : *homme ne voy qui me plainct et supporte* (Rog. de Coll., *Œuv.*, 163); *Il n'est rien... qui le faict plus indiscret* (Corroz., *Hecat.*, Le secret, p. 89). Dans cette seconde phrase il y a cependant une négation à la principale.

Voici un exemple intéressant de Du Vair, montrant les deux modes : *Qui sera l'esprit si affermy, qui pourra supporter telles atteintes? et qui... ne maudisse cent fois* (352, 30-32) [1].

PROPOSITIONS CAUSALES

Dans les causales, on sent aussi très bien l'influence d'un doute. Non seulement la fausse cause présentée comme telle, soit par une proposition, soit par *non que*, est au subjonctif : *sachant tres bien que ce n'est par ta force et vertu que tant de miracles soient avenuz au monde* (L. Lab., *Deb.*, p. 14, Blanch); *non tant pour ce qu'il y ait en eux beaucoup de choses qui se doyuent immiter* (Du Bel., *Deff.*, II, 2, Cham., 174); *non que ie voulusse par la* (Du Vair, 402, 16). Mais quand la cause dépend d'une hypothèse, on use du même mode : *Si nous tenions vne maison a loüage, et qu'il prinst fantasie au proprietaire de l'abatre, pour ce qu'elle fust vieille et qu'il la fallust rebastir, ou qu'il la voulust...* (Id., 359, 27-29).

De même quand elle dépend d'une interrogative : *quand la Brebis fuyt le Loup, le fait elle par ce que sa couleur luy desplaise, ou qu'elle ayt en hayne sa figure?* (Gello, *Circé*, 284).

Voici un exemple où la syntaxe est bien nette : *non que ie me sente plus cler voyant en cela, ou autres choses, qu'ilz ne sont, mais pour ce que l'affection qu'ilz portent... ne permet qu'ilz veillent faire sain et entier iugement de leur vulgaire* (Du Bel., *Deff.*, I, 1; Cham., p. 53).

Toutefois, on trouve aussi le subjonctif, même si l'idée est positive, après *comme*; la forme l'emporte ici sur l'idée : *comme il y ayt maintes choses en la philosophie* (Meigret, *Off. de Cic.*, 4); *comme en diuisant ce soit vn bien grand vice* (Id., *ib.*, 8).

Dans les causales présentant une cause véritable et annoncées par *par ce que*, *pour ce que*, le subjonctif devient rare.

1. Il est remarquable que *qui est ce qui* n'étant pas encore un simple synonyme de *qui*, le deuxième verbe peut être un subordonné au potentiel : *qui est ce qui en plain iour puist veoir les estoilles?* (Lef. d'Et., *Préf. des Evang.*, Herm., C., I, 135).

PROPOSITIONS TEMPORELLES

Dans les propositions temporelles, quand la conjonction est *comme*, le subjonctif demeure commun : *comme les signes et prognostiques des hosties ne se monstrassent point propices* (Amyot, (*Œuv. mor.*, 377 r° D).

Quand la conjonction est *iusqu'a ce que, tant que*, la syntaxe demeure confuse ; s'il s'agit d'un fait passé, l'indicatif est le plus fréquent : *il mit son doigt au feu, et le laissa brusler iusques à ce que Gentius mesme l'en retira* (Du Vair, 354, 41-2). S'il s'agit d'une chose d'avenir, seulement possible, c'est le subjonctif qui domine, ex. : *de la on peut bien conclurre que les hommes ne sont iamais assez bien touchez et esmeus du sentiment de leur poureté iusques a ce qu'ils se soyent comparez a la maiesté de Dieu* (Calv., *Inst.*, I, 1, 3).

Mais l'indicatif n'est pas rare : *ie ordonne et veux que Ponocrates soit sus tous ses gouuerneurs entendant... iusques a ce qu'il le congnoistra idoine de pouoir par soy regir et regner* (Rab., *Garg.*, ch. 50, t. I, 185).

Voici un exemple très frappant de l'incertitude de l'usage : *Et voila pourquoy tant que l'ame Me batte au corps, pour une dame Qui sera d'vn fidele cueur, Ie hazarderay mon honneur, Mon corps, mes biens, voire ma vie, Au fer d'vne espée ennemie, Tant qu'en mon cueur i'auray la force* (Grev., *Les Esb.*, a. IV, sc. I, *A. th. fr.*, IV, 289).

PROPOSITIONS HYPOTHÉTIQUES [1]

Les tours usuels sont les suivants :

1° Le subjonctif plus-que-parfait aux deux termes : *ie ne l'eusse pas creu si ie ne l'eusse veu* (Des Per., II, 147); *si le vray, lequel est contenu En leurs escriptz fust a leurs cueurs venu, Il y eust eu autant de bons prophetes* (Marg. de Nav., *Dern. po.*, p. 214) ; *si ces aucteurs eussent iugé que... elles n'eussent sceu produyre* (Du Bel., *Deff.*, I, 3, Cham., 68) ; *ayant a m'y pourtraire au vif, i'en eusse oublié vn traict d'importance, si ie n'y eusse representé l'honneur que i'ay tousiours rendu a vos merites* (Mont., l. II, ch. 8, t. III,

1. Voir en particulier B. Hornig, *Syntaktische Untersuchungen zu Rabelais*, Leipzig, 1888, 8°.

p. 79) ; *Et n'y avoit homme, ny saint, ny ange, S'il fust venu d'vn tel cas m'aduertir, que i'eusse crainct soudain le desmentir* (Marg. de Nav., *Dern. po.*, p. 132) ; *si ceste pensée nous fust souuent venuë en l'esprit... nous nous fussions garentis de tant de maux* (Du Vair, 391, 26-32) ; *si la mort m'eust pris partant hier d'auec vous, elle m'eust trouué fort content, et eust clos ma vie fort a propos* (Id., 367-8) ; *il sembleroit que ceste loy n'eust point esté necessaire au monde, si chaque chose eust gardé le premier mouuement que Dieu luy auoit donné a sa creation* (Id., 371, 39-41).

Ce tour est extrêmement répandu (v. t. I, p. 473), et se retrouve là où, au lieu d'une proposition commençant par *si*, on a un relatif : *et comme se fut il demeslé des arguments d'vn Medecin bon Physicien, qui luy eust monstré par...* (Fauchet, *Orig. de la l. fr.*, 534 r°) ; *Mais qu'eust il respondu a quelque moqueur, qui luy eut soustenu que...* (Id., *ib.*).

2° A la principale, le plus-que-parfait est remplacé par un imparfait, qui indique le résultat qui existerait actuellement de l'accomplissement d'une action passée : *si vous eussiez puny par le glaiue tranchant Le huguenot mutin, l'heretique meschant, Le peuple fust en paix...* (Ronsard, *Po. ch.*, éd. Becq de Fouquières, 372).

3° Dans le même cas, au subjonctif imparfait peut être substitué un conditionnel présent : *si Actéon l'eust veuë en la fontaine, moins de regret auroit il de sa peine* (Forcad., p. 18).

4° L'hypothèse est dans le présent, la supposition est irréelle ou potentielle. Les deux termes sont à l'imparfait du subjonctif ; cela est tout à fait rare : *qui me payast, replique l'autre, ie m'en allasse*, (Pasq., *Rech.*, l. VIII, ch. 59, t. I, 870, D).

5° En pareil cas, le conditionnel remplace souvent le subjonctif à la principale : *si ie peusse tant faire qu'elle print ce que vous luy voulez donner, nostre besongne seroit faicte* (Nic. de Tr., *Par.*, 281) ; *si cela fust, vous feriez choses plus merueilleuses* (Des Per., *Cymb.*, *Œuv.*, I, 341) ; *si feust condition a laquelle ie peusse obuier, ie ne me desespererois du tout* (Rab., l. III, ch. 30, t. II, 147) ; *si mon parler de toy fut entendu, Bien tost seroit deuant tes yeulz rendu Le Pan lequel tu estimois deffaict* (Marg. de Nav., *Dern. po.*, 58). Malgré l'apparence, il ne s'agit pas ici d'un temps passé.

6° Le conditionnel peut à son tour être remplacé par l'indicatif imparfait : *si personne tant feust esprins de temerité qu'il luy voulust resister en face, la monstroyt il la force de ses muscles* (Rab., *Garg.*, ch. 27, t. I, p. 106).

Toutefois, ce tour est fortement concurrencé par le tour moderne avec l'imparfait de l'indicatif aux deux termes, et ne se prolongera guère au delà de la fin du siècle.

7° Une des choses les plus notables, c'est que, dans la phrase hypothétique, le temps ou mode qui exprime le conditionnel dans une proposition n'entraîne pas encore forcément un temps ou un mode analogue dans l'autre, et s'accommode d'un indicatif.

Voici par exemple un *si* avec un imparfait suivi d'une principale au présent : *mesme quand ie me vais esbatre Si i'y estois trois iours ou quatre, Elle n'en dit rien au retour* (Jod., *Eug.*, a. I, sc. III, *A. th. fr.*, IV, 22).

Inversement, voici le conditionnel dans la principale, et l'indicatif présent dans la subordonnée : *ilz seroient tous reiectez et mesprisez, si ceulx ausquelz le Prince preste l'oreille ne se trouuent uuides d'enuie en leur endroict, et ne font trouuer bon les Œuures de si diuins personnages* (Dolet, *Gest. de Fr. de V.*, p. 10).

Je donnerai quelques exemples du premier tour : *comment profiteray ie si ie ne faisoys cela ?* (Nic. de Tr., *Par.*, 34) ; *s'il s'en falloit quelque chose, me veulx tu aduouer ?* (Id., *ib.*, 6) ; *s'il vous plaisoit de vostre grace les me prester a ceste heure, vous me ferez vng gros plaisir* (Id., *ib.*, 15) ; *Que si on regardoit aux autres disciplines, comme la iurisprudence... se trouuera qu'elles demeureront seiches* (N. du Fail, *Eutr.*, II, 15) ; *il lui faut rendre Auiourd'huy ce que i'ay presté, S'il ne vouloit estre arresté Dedans l'enfer du Chastellet* (Jod., *Eug.*, a. III, sc. II, *A. th. fr.*, IV, 57) ; *si ie deuois fendre la porte I'iray i'iray de telle sorte Que le mur tremblera d'horreur* (Id., *ib.*, a. III, sc. I, Id., *ib.*, 47) ; *que recueillerez vous, S'on ne voyoit icy que des sabots ?* (Id., *ib.*, prol., *ib.*, 7) ; *seulement, si ce capitaine Estoit mort, ie suis hors de peine* (Bell., *La Reconn.*, a. II, sc. I, *Ib.*, IV, 361).

Le développement de ce tour dans la langue populaire est considérable, on le retrouve jusqu'à la fin du siècle, surtout dans les comédies.

8° Il faut noter aussi que le conditionnel après *si*, quoiqu'il se soit prolongé jusqu'au XVIIe siècle, devient assez rare.

En somme, notre tour est déjà de beaucoup le plus fréquent, avec cette réserve que le conditionnel de la principale est souvent remplacé par le subjonctif : *si nostre salut estoit entierement entre nos mains, pieça nous fussions peris* (Du Vair, 334, 41).

C'est là une face particulière d'un fait très général : le conditionnel a progressé. Mais il s'en faut encore bien que le subjonctif lui cède la place [1].

1. Ainsi quand il n'y a qu'un verbe, le subjonctif est commun : *quant a toy, tu fusses demeuré a garder les oyes* (N. du Fail, *Eutr.*, II, 84). De même : *par le sang bieu, dit-il, ce m'est tout vng et y fut ma sœur propre* (Nic. de Tr., *Par.*, 80).

INFLUENCE DE LA MODALITÉ HYPOTHÉTIQUE SUR TOUTE LA PHRASE. — Je noterai ici que, dans la syntaxe du XVIe siècle, le caractère hypothétique d'une proposition s'étendant à une proposition qui en dépend, le verbe de celle-ci se met au subjonctif. Voici un exemple, de St-Gelais : *Si c'est fatalle destinée Qui m'ait a ces maulx condamnée, Ie scay bien a la fin que vaine Sera toute prudence humaine* (III, 202).

Il arrive encore par suite qu'un premier mode hypothétique en attire un autre à sa suite, ou pour parler plus exactement, ne l'empêche pas d'être employé pour marquer à son tour le caractère problématique d'un fait qui a été énoncé dans une conditionnelle : *s'il y alloit pour dire ses heures, encore diroit-on qu'il iroit pour autre chose* (Nic. de Tr., *Par.*, 185) ; *S'il n'y auoit des heresies, ie dirois qu'il n'y auroit point de verité en l'Escriture* (Vigor, *Serm. cath.*, 6) ; *s'il n'approchoit plus pres, il iugeroit qu'il n'y auroit que celle-là* (Du Vair, 369, 21).

MODE APRÈS QUAND. — Lorsque au lieu de *si* on emploie *quand*, les vieux tours se conservent, mais dans l'ensemble, on peut dire que *quand*, seul, non accompagné de *bien* ou de *même*, devient rare.

Quant, suivi du subjonctif, était encore commun au XVe siècle : *Quant n'eust esté la nuyt, il en fust mort plus de quinze mille* (Comm., I, 111, M.).

On le trouve au XVIe siècle avec le futur : *quand cela ne seruira d'autre chose, pour le moins sera ce un suiet a nous exerciter* (Amyot, *Œuv. mor.*, 374 v°, G.).

On le trouve aussi avec le conditionnel : *quant on aroit le membre si grant, est il possible de l'appetisser* (Nic. de Tr., *Par.*, 172).

Après *comme si*, le subjonctif se rencontre toujours concurremment avec l'indicatif : *les Geans estoient aises comme s'ilz feussent de nopces* (Rab., *Pant.*, ch. 29, t. I, 360) ; *comme si par contrainte et en cholere il en declarast la cause* (Cyre Fouc., *Ep. d'Arist.*, 59) ; *a tous les mauuais succés que l'on leur a predict qui arriueroient de leurs precipitez conseils, on n'a en autre response, sinon que Dieu y pourvoiroit. Comme si Dieu eust esté assis la haut expres pour obseruer leurs passions* (Du Vair, 401, 6-9).

MODE APRÈS QUE. — Bien entendu, quand les conjonctions annonçant la phrase hypothétique sont remplacées par *que*, le subjonctif est de règle. Alors que ce *que* n'est pas exprimé, il en est encore de même : *si par cas il estoit deuenu furieux, et que pour luy reha billiter son cerueau tu me l'eusse icy enuoyé* (Rab., *Garg.*, 28, t. I, 110); *Si ung conseil est assemblé, Et raison ne soit...* (Corroz., *Hecat.*, p. 5); *si chacun s'excuse et ne vueille manger, est ce pourtant a dire, qu'il ne doiuent point desieuner* (Vigor, *Serm. cath.*, 64).

Il arrive cependant qu'on trouve, mais rarement, le conditionnel : *s'il arriuoit vne soudaine... irruption... et que la contrainte voudroit que... nous irions habiter nouuelles terres, vous uous donniez...., a tous les harquebusiers d'enfer... que seriez maistre d'eschole* (N. du Fail, *Eutr.*, II, 86).

SUBJONCTIF DU CONDITIONNEL. — De façon générale, comme en ancien français, quand il est nécessaire d'exprimer une idée conditionnelle, et que l'usage syntaxique appelle le subjonctif, au subjonctif présent se substitue l'imparfait ; au passé simple, le plus-que-parfait, nonobstant la correspondance des temps (cf. t. I, 245) : *Elle me dit : Sauf vostre grace, Mais cuidez vous que bien l'osasse Brizer ainsi mon mariage* (Coll., *Œuv.*, 65); *impossible est qu'vne mortelle aureille Sceust distinguer ceste voix non pareille* (Marg. de Nav., *Dern. po.*, 240-241); *et n'y mets point tant mon esperance que le contraire ne sceust donner peine* (Ead., *Let. in.*, 193); *S'il est tel qu'on s'y deust fier* (Corroz., *Hecat.*, Preuve, p. 119); *Il n'y ha nul qui par solicitude Me sceust iamais oster ce digne ranc* (*Marg. de la Marg.*, IV, 102); *mes memoires, a qui ie ne donneray plus glorieux nom, bien qu'ils meritassent celuy d'histoire* (*Mém. reine Marg.*, 3, 4); *Tant y a que ce sont aduertissements qu'il ne faut pas redouter comme arrests necessaires du conseil de Dieu, mais il ne faut pas aussi les mespriser comme choses inutiles et sans effect, qui aduinssent par cas fortuit* (Palm. Cayet, *Chron. Sept.*, 63, 2), *cela ne peut estre, si ce n'estoit que dedans vn peu d'eau, on mist vne grande quantité de ladite chaux* (Paliss., 33, éd. Cap); *il faut que ce soient les gens de cheual qui en facent la victoire entiere... si ce n'est que la bataille se donnast en lieu si aduantageux pour l'infanterie, que la cauallerie n'y peust aysement aduenir* (Brant., *G. Cap.*, t. V, p. 125).

INFINITIF

PROPOSITION INFINITIVE [1]. — Nous avons vu que le latin vulgaire

1. Voir Walker, *The infinitive with subject accusative in Marg. de Navarre*, *Mod. lang. notes*, XIV; cf. Wilson, *Bemerkungen zu Walkers...* etc., même volume. Il vient de paraître un bon travail, très substantiel ; *Observations sur l'infinitif dans Agrippa d'Aubigné* de Mlle Valfrid Palmgren. (Thèse d'Upsal), Stockholm, 1905.

avait substitué à la proposition infinitive du latin classique les propositions complétives précédées de *quod, quia*, etc... (t. I, p. 98, 99).

Aussi la proposition infinitive, là où elle apparaît en ancien français, n'est, en général, qu'une imitation latine. Elle n'est régulière qu'après les verbes : *faire, veoir, laissier, esteveir, deveir* (cf. I, 249) ; elle se trouve plus rarement avec : *voleir, doner, cuidier*[1].

De la construction de l'infinitif avec *laissier*, accompagné d'ordinaire de l'accusatif plutôt que du datif, en ancien français[2], on est amené à user de la même tournure avec les verbes *permettre* ou *souffrir : La ou Dieu les a souuent permis trauailler* (G. Chast., *Chron.*, I, p. 3) ; *esquelles toutes choses la... puissance diuine a ouuré et souvent permis auoir durée et règne aux mauuais* (Id., *ib.*, I, p. 2).

A partir du XIVe siècle, cette imitation devient assez commune, même en dehors des traductions. Froissart en use de temps en temps (v. Riese, *Rech. sur l'us. synt. de Froiss.*, 39) ; *et puis ordonna toutes gens aler a piet et retaillier cescun son glaue* (V, 168, 2) ; *laquele, se impetrée estoit, nous volons estre nulle* (VI, 17, 5).

Ce sont les verbes signifiant : *penser, savoir, dire, vouloir*, et les expressions impersonnelles, qui se font d'ordinaire suivre de propositions infinitives.

Au XVe siècle, les exemples se multiplient : *ie les presumoye, non obstant leurs vieulx iours, estre nus et ignorans des iugemens de bien cognoistre* (Christ. de Pis., *Charl. V*, 271, 11, Müll., *o. c.*, 61) ; *et sauoit ces choses estre vrayes* (Ead., *ib.*, 115, 16) ; *comme il appert Dieu estre fin de tout* (Ead., *ib.*, 119, 22). Elle suit chez Christine les verbes : *il auient, il appert, conclure, considerer, conuenir, cuidier, dire, estre de bonne coustume, estre voir, n'estre point de doute, iuger, mander, noter, presumer, regretter, sauoir*[3] ; *ie vous sans et congnois venir* (Ch. d'Orl., II, 270) ; *Quand les Anglois apperceurent les Françoys estre desia entrez dedans icelle ville* (J. Chart., *Chron.*, II, 132) ; *il entendoit et connoissoit beaucoup de choses aller contre poil* (G. Chastel., *Chron.*, I, p. 14).

On la trouve quelquefois jusque dans Saintré : *si ie sçauoye les Dieux n'auoir point de congnoissance* (42) ; assez souvent dans les *Cent Nouvelles : La vieille, voyant la chose estre necessaire, n'osa desdire sa maistresse* (I, 237) ; *luy dire la chose en ce monde que plus vouldroye en estre celée* (I, 225) ; *Le clerc, pensant sa femme estre*

1. Cf. Tobler, *Mélanges*, 1905, p. 112-117.
2. Cf. Ch. Gebhardt, *Zeitsch. für rom. Phil.*, XX, p. 44-45.
3. Ernst Müller, *Zur Syntax der Ch. de Pisan*, Diss., Greifswald, 1886, p. 61-62.

morte, et la cure de sa ville vacquer (I, 264); *chascun de vous scet ceci estre vray comme l'Euangile* (II, 183); *saichant estre le bon plaisir de Mgr et de Madame* (I, 52).

Commynes en fait usage couramment : *il luy sembloit le Roy estre affoibli* (Comm., I, 95, M.); *congnoissant la nature de celluy a qui il parloit estre telle qu'il prendroit plaisir ausdites parolles* (Id., dans Hug., *o. c.*, 215) [1].

On ne peut pas dire assurément qu'elle est alors populaire, mais elle est entrée chez des écrivains qui ne sont pas des latinistes.

Au XVIe siècle, l'emploi de la proposition infinitive est devenu d'un emploi si général que je présenterai les principaux cas où on la trouve, à part les uns des autres.

A. Le verbe à l'infinitif est à la voix active.

1° Le sujet de l'infinitif est un substantif. — *Et d'autant plus que Mars, belliqueux dieu, on dit traicter quelque amour en ce lieu* (St-Gel., I, 227).

Même tour, le verbe est *estre : elle fera les hommes furieux estre courtoys* (Corroz., *Hecat.*, Complexion, p. 155); *si vous voyez amour estre tout seul* (Id., *ib.*, Amour, p. 181); *ceux qui ont dit vne amour vertueuse Estre a vn cœur seruitude et prison* (*Marg. de la Marg.*, IV, 103); *que si les Hebrieux soustiennent leur langue estre la plus ancienne* (Fauchet, *Orig. de la l. fr.*, 533 v°); *les Égyptiens penserent estre nais avant tous autres* (Id., *ib.*, 533 v°); *ie croy le Pape estre plus que tout le monde ensemble* (d'Aubigné, *Œuv.*, II, 240, éd. R. et Causs.); *le Roy, aduerty son camp estre en bon ordre et bien dressé partit de Lyon pour y aller* (Dolet, *Gestes de Fr. de V.*, 69); *Luy qui affirmoit le monde estre immortel* (Du Vair, 362, 12).

2° Le sujet de l'infinitif est un pronom. — a) Personnel : *Monseigneur vostre gracieux langage, qui vous monstre auoir quelque compassion de moy* (St-Gel., III, 179); *C'est de celluy qui vous desire nue Estre avec luy en vng lict, bras a bras* (Coll., *Œuv.*, 32).

b) Démonstratif : *I'estime celuy dire le mieux qui me loue le plus* (*Mém. de la reine Marg.*, p. 1).

c) Relatif : *M. de la Noue qu'on disoit auoir quitté le parti et religion des huguenos* (L'Est., *Jour. de H. III*, 36, 2); *conduite...*

1. Commynes l'emploie après : *cognoistre, croire, cuidier, desirer, dire, esperer, estimer, iuger, pretendre, reputer, il semble, veoir, vouloir* (cf. Stimming, *Zeitschf. rom. Phil.*, I, 218).

Dans les *Cent Nouvelles nouvelles*, les verbes qui commandent la proposition infinitive sont : *connoistre, cuidier, desirer, iuger, oïr, penser, regarder, sauoir, sentir, souffrir, tenir, voir* (Schmidt, *Syntakt. Stud.*, p. 57).

a vne autre fin que la Prouidence iuge luy estre salutaire (Du Vair, 374, 2); *que nous estimons nous deuoir apporter de l'affliction* (Id., 345, 35).

Remarque. — Le verbe à l'infinitif serait à l'indicatif un impersonnel: *ie diray n'y auoir au dela* (*Mém. de la reine Marg.*, p. 4); *au premier poinct ou ie me puisse ressouuenir y auoir eu quelque chose remarquable a ma vie par auant* (*Ead.*, 4); *ie pense devoir estre icy sa totale ruine* (Du Vair, 377, 31-2).

B. Le verbe à l'infinitif est à la voix passive.

1° Le sujet est un nom. — *Ie scay que ne seras si contraire a l'immortalité de ton nom que veuilles la grandeur de tes faictz estre supprimée* (Dolet, *Gestes de Fr de V.*, p. 4); *disans le tout auoir esté faict...* (Rab., *Garg.*, ch. 26, t. I, p. 100); *Ne souffre point sa loy estre flaitrie* (Forcad., p. 10); *ces Hugenots... desclarerent cette loy inique, et n'auoir iamais esté pratiquee que par les Albanois* (d'Aubigné, *Œuv.*, II, 267, R. et Causs.).

2° Le sujet est un pronom. — *a*) Personnel : *Iamais ie ne m'eusse pensé Estre en la fin recompensé* (Grév., *Les Esb.*, a. I, sc. I, *A. th. fr.*, IV, 231); *Se souhaite estre expirée* (St-Gel., I, 129).

b) Relatif : *La mere du Roy, laquelle ils estimoyent auoir esté mesprisée* (Amyot, *Vies*, *Lycurgue*, 49 B); *tout ce que permettras estre escript de toi* (Dolet, *Gestes de Fr. de V.*, 5).

C. Le verbe est un pronominal, soit réfléchi, soit en fonction de passif.

Ce qu'on luy faict cognoistre se deuoir faire (Du Vair, 305, 16); *vn qu'on disoit s'appeler le capitaine de La Roche, et auoir esté moine* (L'Est., *Journ. de H. III*, p. 38, 1).

L'INFINITIF APRÈS PRÉPOSITIONS. — Je vois peu d'autres nouveautés à signaler dans la syntaxe de l'infinitif. Je noterai cependant que l'infinitif a pris définitivement la place du participe derrière toutes sortes de prépositions.

Ces prépositions sont souvent des temporelles, ainsi *depuis*, *après*, etc. (cf. le présent ouvrage, t. I, p. 474): *depuis estre deuenu courtisan* (H. Est., *Apol.*, II, 111); *donnez moy vostre auis sur quelques doutes, qui me sont entrez en l'esprit depuis auoir ouy Orphée* (Du Vair, 395, 12-3).

Quand la préposition est *après*, on trouve souvent le présent, là où on attendrait le passé de l'infinitif : *Troie. . fut ruée ius, apres estre priuée de son Hector* (Dolet, *Gestes de Fr. de V.*, p. 15); *l'Empereur... apres estre aduerty que le Roy estoit en personne a son camp... trouua moyen de se saulver* (Id., *ib.*, 70); *apres auoir le poing coupé... il dict...* (H. Est., *Apol.*, II, 62) ; *C'est ici, Huguenots, qu'il faut aduoüer nulle iustification d'œuure estre difficile apres telles œuures estre iustifiees* (d'Aubigné, *Œuv.*, II, 262, R. et Causs.).

On trouve aussi très fréquemment l'infinitif dépendant de la préposition *par* (cf. I, 474)[1] : *Ainsi amour, qui est l'esprit et l'ame, Ne decroist point ny ne perd de sa flamme, Pour estre en cœur qu'il voye desmembrer Par rompre foy, par ne se remembrer De son deuoir* (St-Gel., II, p. 139) ; *vous facent quelques rudesses, par ne congnoistre combien vous nous estes vtiles* (Gello, *Circé*, 149) ; *Par trop monter, trop luy conuint descendre* (Forcad., p. 23).

Ainsi construit avec préposition, l'infinitif ou bien se rapporte à un autre terme de la phrase que le sujet, ou même ne se rapporte à aucun des termes de cette phrase, il a son sujet propre non exprimé. Quoique quelque chose de cette liberté ait persisté au XVIIe siècle, et jusque dans notre langue à nous, par exemple quand la préposition est *sans*, je citerai quelques phrases particulièrement hardies : *qu'elle me fust ostée par les seigneurs du Senat de Carthage, pour la luy donner* (St-Gel., III, p. 211) ; *le bien de vous voir est digne d'oublier tout aultre chose* (entendez : *qu'on oublie*, Marg., *Let. inéd.*, 37, Gén.) ; *a aller par les rües* (entendez : *pendant que le cortege parcourut les rues*) *il y eut la plus belle triumphe qu'on vit iamais* (*J. B. P.*, 75) ; *vng sayon faict pour vestir sans robe* (Cord., *Corr. Serm. em.*, 131, A) ; *Voulons-nous abaisser nostre esprit et l'asseruir a nostre corps, pour se condouloir auec luy et compatir a ses maux* (Du Vair, 355, 1-2) ; *Ce destin part d'vne puissance trop sage... pour y pouuoir resister* (Id., 374, 23-4).

L'INFINITIF PRÉCÉDÉ DE A *ET* DE. — J'ai déjà montré comment en moyen français *de* et *à* tendent à accompagner l'infinitif de plus en plus fréquemment, dans des tours assez divers (t. I, p. 475).

Je n'ai rien à signaler de plus, sinon que ce développement, pour réel qu'il soit, se fait avec une extrême lenteur. D'innombrables exemples de l'infinitif sans préposition peuvent être relevés pour chaque cas. Je donnerai seulement quelques observations en suivant la classification adoptée dans mon premier volume :

1° *De* manque souvent devant l'infinitif sujet : *Tant caqueter, tant parler... Est maintes foys espece de folie* (Corroz., *Hecat.*, Brocardeurs, p. 9) ; *Car trop grand mal seroit clorre les yeux* (St-Gel., I, 226) ; *Ma mignonne, ce n'est pas a vous, ne charge qui vous apartienne,*

1. Cf. Hug., o. c., 211.

vous soucier et empescher du fait de la guerre (N. du Fail, *Eutr.*, II, 90-1).

2° Mais *de* est devenu tout à fait usuel, et il restera classique : *de vouloir sofistiquer... cela n'a point de nez* (Lar., *Jal.*, Prol., *A. th. fr.*, VI, 8) ; *Car d'alleguer la reformation du royaume... ils eussent eu peur* (L'Est., *Journ. de H. III*, 186, 1) ; *d'esperer contre la Prouidence, ce n'est pas simple folie, c'est vne double fureur* (Du Vair, 396, 18-9).

3° Après des adjectifs, la proposition infinitive qui expose en quoi ou pourquoi l'adjectif convient au sujet, est souvent introduite par *de*, et non par *que de* : *et qu'estes fort adroit de vous estre peu sauuer de tant de bouletz* (Lar., *Jal.*, a. II, sc. V, *A. th. fr.*, VI, 35) ; *Tu me dis que i'estois trop chaut De vouloir redoubler le sault Estant assez pour vne fois* (Grév., *Les Esb*., a. I, sc. II, *ib.*, IV, 238).

Mais, inversement quelquefois, *de* est absent : *ne soyez pas si legere Que nostre amour refuser* (*Ch. hug.*, 178).

4° La préposition *de* continue à s'imposer de plus en plus devant l'infinitif complément de verbes (cf. t. I, p. 474) : *les aultres bendes... s'attendoient bien de mectre en desarroy les Françoys* (Dolet, *Gestes de Fr. de V.*, 26 et 27) ; *commencez icy auec moy de celebrer par voz escriptz vostre fauteur* (Id., *ib.*, 18) ; *au long aller eust esté contrainct de se rendre* (Id., *ib.*, 42) ; (*les Suisses*) *delibererent de faire vn villain et lasche tour* (Id., *ib.*, 25) ; *i'espere de dire* (Brant., *G. Cap.*, V, 162) ; *ou tu auras le mesme Cymeterre, Qui Pyramus estendit mort sus terre, Ou l'Amendier où Phyllis s'alla pendre, Ou bien tous deux, s'il te plait de les prendre* (Forcad., p. 18) ; *Pour ceste necessité extreme se resolut de combatre* (Dolet, *Gestes de Fr. de Val.*, 45) ; *elle se resolut de partir auec le roy* (*Mém. de la reine Marg.*, p. 11).

Malgré cela, il serait hardi de dire que l'usage est sur ce point plus avancé qu'au XVe siècle. L'infinitif pur est encore extrêmement fréquent après toutes sortes de verbes : *lequel il adiura ne mentir vn seul mot de ce qui s'estoit passé* (N. du Fail, *Eutr.*, II, 11-2) ; *ie me suis aduisé la demander pour toy* (Lar., *Jal.*, a. I, sc. I, *A. th. fr.*, VI, 10) ; *n'auoit garde... iouer autre personnage que d'vn Roy...* (N. du Fail, *Eutr.*, II, 85) ; *commencerent esgourgeter et acheuer* (Rab., *Garg.*, ch. 27, t. I, p. 108 ; après ce verbe les exemples d'infinitifs sans prépositions sont innombrables) ; *ceux qui... ce matin m'ont conseillé partir* (Marg. de Nav., *Let. in.*, 39) ; *beaucoup d'eux sont contrains tenir hostelerie pour viuoter* (N. du Fail,

Eutr., II, 12); *pour ceste cause estoit contrainct aller en aultre part* (Dolet, *Gestes de Fr. de V.*, 36); *les Hespaignolz furent contrainctz honteusement leuer le siege* (Id., *ib.*, 38); *quand vn peuple est contraint receuoir en sa terre, vn nouueau maistre* (Fauchet, *Orig. de la l. fr.*, 535 r°); *ausquels il defendit parler en leur presence* (Id., *ib.*, 533 v°); *le Roy... prepara vne puissante armée, deliberant passer les monts pour recouurer sa duché de Milan* (Dolet, *Gestes de Fr. de V.*, 39); *delibera... se heberger* (Rab., *Garg.*, ch. 28, t. I, p. 109); *ilz entreprennent exposer* (Du Bel., *Deff.*, I, 6, Cham., 93); *que i'aurois quasi honte t'en esconduire* (Lar., *Jal.*, a. III, sc. V, *A. th. fr.*, VI, 56); *toutesfois il est bon faire ainsi, et pour cause* (Id., *Les Escol.*, a. III, sc. V, *A. th. fr.*, VI, 141); *ceulx qui meritent tenir le lieu* (Dolet, *Gestes de Fr. de V.*, 11); *En oubliant luy dire « Granmercis »* (Marg. de Nav., *Dern. po.*, 178); *De quoy nous sert se plaindre et mener bruit Et nous donner nouueaux maux et alarmes* (St-Gel., II, 93); *luy permit espouser Sophonisba* (Id., III, 197); *Platon la permet prendre chez son voisin* (Bouch., *Ser.*, l. I, ch. 2, t. I, p. 65); *si n'estes ingratz, et qu'il vous plaise celebrer les labeurs d'vng Prince tant illustre* (Dolet, *Gestes de Fr. de V.*, 19); *ie vous prirai me vouloir communicquer vostre sçavoir* (Id., *ib.*, 16); *vous priant luy donner* (Lar., *Jal.*, *Prol.*, *A. th. fr.*, VI, 8); *et prierons Dieu, Monsieur, vous faire la grace de reuenir* (L'Est., *Journ. de H. III*, 296, 1); *ie te promets te le bailler* (Nic. de Tr., *Par.*, 70); *mon nombre des nouuelles que i'ay promises compter* (Id., *ib.*, 191); *Ie luy promets coquille et bordon rendre, Ny plus iamais pelerin deuenir* (St-Gel., II, 24); *les requirent... leurs en bailler* (Rab., *Garg.*, ch. 25, t. I, p. 97); *les suppliant estre traictez plus humainement* (Id., *ib.*, 26, t. I, 102); *il estoit requis s'egaier et s'ouurir aux compagnies* (N. du Faïl, *Eutr.*, II, 77); *ie vous supplie, Monsieur, auoir pitié de moy et de ne me laisser venir en la seruitude* (St-Gel., III, 179).

A fait aussi des progrès, comme *de*, mais c'est tout ce qu'on en peut dire, car cette préposition, comme l'autre, manque très souvent : *ie m'enhardiray getter quelques pierres en son iardin* (Lar., *Les Escol.*, a. II, sc. IV, *A. th. fr.*, VI, 126); *car Troye fut par dix oiseaux iugée, Cinq et cinq ans deuoir estre assiegée* (St-Gel., II, 142); *qui m'a poussé... me leuer ceste nuit* (N. du Faïl, *Eutr.*, II, 13); *las! tels propos ne seruent qu'inciter L'ame et le corps* (*Ch. hug.*, 364-5); *Mesmes de iour en iour plus pres Tache s'approcher de nos forces* (Jod., *Eug.*, a. II, sc. I,

A. th. fr., IV, 28) ; *par lequel tendoient me mettre a mort..* (Dolet, *II Enf.*, p. 5-6).

Voici quelques exemples parmi beaucoup où *a* est exprimé : *Mars commença a adherer a la partie des Francoys* (Dolet, *Gestes de Fr. de V.*, 32) ; *fauldra il que ie vous empesche a me y ayder* (Rab., *Garg.*, ch. 28, t. I, p. 111); *pour essaier a faire quelque bon exploit de guerre* (L'Est., *Journ. H. III*, 293, 1); *la ville de Douay qu'il faillit a prendre* (Brant., *G. Cap.*, *Œuv.*, V, 128); *quelques vns qui taschoyent a empescher son accroissement* (Amyot, *Vies, Lyc.*, 49, A); *nous deuons... tascher a faire dextrement le mieux que nous pouuons* (Du Vair, 399, 3-6); *l'ame, laquelle tasche tant qu'elle peut a reparer ceste fluante mortalité du corps* (Id., 410, 42-3).

Mais pour donner une idée de l'indécision qui règne encore dans la syntaxe sur ces divers points, il suffira de citer quelques phrases où l'on trouve, ou bien les deux prépositions s'échangeant *a*), ou bien l'infinitif pur alternant avec l'infinitif prépositionnel *b*) :

a) *L'un de ces Prélats... auroit aussitost appris a croire en Dieu que nous de croire en lui* (d'Aub., *Œuv.*, II, 246, R. et de C.) ; *il* (*le serpent*) *commence de se contourner... Les Suisses se commencerent a retirer* (Dolet, *Gestes de Fr. de V.*, 33).

b) *Il auoit esté condamné de par la cour... estre criminel de lezemaiesté... dont a cause de ce il fut condamné par la cour d'estre digne de mort* (*J. B. P.*, 190); [*François I*[er]] *delibera recouurer sa Duché de Millan... delibera aussi de faire la guerre aux Suisses* (Dolet, *Gestes de Fr. de V.*, 22) [1].

Infinitif de narration. — J'ai signalé son apparition en moyen français (I, 476) [2]. Au xvie siècle, les exemples en deviennent moins rares : *et femmes de venir a l'offerande* (Nic. de Tr., *Par.*, 80) ; *lors flaccons d'aller, iambons de troter, goubeletz de voler, breusses de tinter* (Rab., *Garg.*, ch. 5, t. I, 21) ; *Et chiens d'aller apres, et elle de se cacher, et chamberieres de rire* (Id., *ib.*, ch. 22, t. I, 329) ;

1. *De* n'est même pas toujours exprimé après les adjectifs, ainsi : *elle mesmes sera contente... se venir rendre* (Lem. de Belges, *Ill.*, 1524, l. II, ch. 7, B, 4 v°) ; *Lupolde qui estoit bien ayse se voir contrefaire* (N. du Fail, *Eutr.*, II, 75).

2. J'ajouterai ici deux exemples où on voit naître l'usage nouveau : *Sur l'heure y arriua[stes] vous, Monsieur, Monsieur de Vienne, qui pour lors estoiez son medicin, et sur l'heure luy fut baillé vng clistere, et ouurir les fenestres et bailler l'air* (Commynes, éd. de Mandrot, t. II, p. 40); *la faulte... que le dit duc commit en baillant bon et loyal sauf conduict audict connestable, et puis le prendre et le vendre par auarice* (Id., V, 6, dans Toennies, *o. c.*, p. 44). Depuis la publication de mon premier volume, il a paru sur ce sujet un article intéressant de L. E. Kastner, *L'infinitif historique au XV*[e] *siècle*, dans la *Rev. de phil. fr.*, 1905, p. 161-167.

Et puis votre Alix de crier et Guillaume de supplier (Jod., *Eug.*, a. III, sc. II, *A. th. fr.*, IV, 53).

INFINITIF PASSÉ, SANS PRÉPOSITION. — J'ai également signalé la construction du passé de l'infinitif sans préposition. Le tour se maintient, quoiqu'il n'ait jamais été d'une très grande diffusion : *Mons*[r], *m'aian madame vostre fame anuouyé heun laquès et auoyr receu de vous lestre que Mons*[r] *d'Avanson m'a anuouyé* (D. de Poit., *Let.*, LXXXIV, autog., 145). Comparez Rabelais, l. III, ch. 1, t. II, p. 15 : *Pantagruel, auoir entierement conquesté le pays de Dipsodie, en icelluy transporta vne colonie de Vtopiens* (Cf. Loyal Serviteur, ch. 7, p. 31, et le texte de Champier cité dans ce volume, p. 38, note, ligne 7). — H. Estienne catalogue cette conformité avec le grec, qui sous-entend κατὰ, διὰ (*Conf.*, p. 149). Le tour est aussi mentionné par Cauchie (223-224).

GÉRONDIF ET PARTICIPE

La confusion du gérondif et du participe, telle que nous l'avons montrée au xve siècle, continue. Le gérondif se fait un peu plus souvent accompagner de la préposition *en : en les mettant dedans* (= *alors qu'on les mettoit*) *ils chanterent Te deum laudamus de ioye* (*J. B. P.*, 185) ; *pourquoy les grains qui en les semant tombent sur les cornes des bœufs en deuiennent durs* (Amyot, *Œuv. mor.*, t. II, Somm. du l. VII, p. 145 v°) ; *la figure que nous appelons synalelphe ou collision, oste et mange la voyelle en proferant seulement et non en escriuant* (Dolet, *Man. de trad.*, p. 30) ; *pourueu que la mort nous arriue en luy obéïssant* (Du Vair, 392, 38) ; *des espines et des ronces qui les esgratignent en passant* (Id., 407, 25).

Les exemples de ce genre sont assez nombreux, cependant les exemples inverses ne le sont pas moins. Quelquefois le latinisme tend à faire employer le participe, là où nous mettons le gérondif, et à confondre par conséquent la syntaxe des deux : *les Aethiopes... elisants leurs roys et magistrats, auoient esgard a la beauté* (Mont., l. II, ch. 17, t. IV, p. 224).

Mais en outre, comme la forme du participe n'est souvent plus accordée, on ne voit pas toujours du premier coup si on a affaire à un gérondif sans *en*, ou à un participe sans accord : *se fiant en eux, nous serions trop eloingnez de la victoire* (Du Bel., *Deff.*, éd. Cham., 186) ; *les ennuys, les effaceant de l'exterieur* (traits du visage) *en ont aussi effacé la souuenance de ma memoire* (*Mém. de la reine Marg.*, 2) ; *Comme les geographes nous descriuant la terre, quand ils sont arriuez ou dernier terme* (*Ib.*, p. 4) ; *sur lesquels* (batteaux) *venant de Bayonne a cette isle, l'on fust tousiours accompagné de la musique...* (*Ib.*, p. 10) ; *sondant et approfondissant ceste proposition... ie l'ay trouuée imprudente* (Du Vair, 396, 22-4).

Un exemple de Desportes nous fera voir les deux formes se succédant à une ligne d'intervalle : *regrette en pleurant ma ieunesse passée, Maudissant le pipeur qui m'a tant abusé* (Desp., *D.*, l. Contram., p. 61, éd. Michiels).

PARTICIPE PRÉSENT

Accord du participe. — Le participe, de son côté, s'avance vers la forme adjectivale, mais l'analogie n'est pas assez forte pour qu'il y aille jusqu'au bout, et prenne partout l'*e* du féminin. Et bientôt on va cesser l'accord en nombre, parce que l'accord en genre ne se fait pas [1].

Palsgrave, qui, pour tous les adjectifs de cette sorte, fait des distinctions, selon que ces adjectifs sont ou non placés devant le substantif, n'en fait aucune pour le participe présent : il déclare (135) que le participe présent varie en nombre, mais non en genre, de sorte que les pluriels en *antes* sont d'adjectifs, les pluriels en *ans* de participes. Lui-même accorde ainsi : *i'ai maintes choses a dire concernans ce propos.*

Après lui, tous les grammairiens, au contraire, donnent au participe présent un féminin en *ante*. Cf. Sylvius, 128, 132 ; Meigret, 103 r° ; Pillot, 54 r°, v° ; Garnier, 17, 86 ; Cauchie, 1570, p. 168, 169 ; Ramus, 80.

Toutefois, certains d'entre eux, comme Meigret, ne l'imposent pas. Le participe est de genre commun, mais il peut former un féminin en ajoutant un *e* : *vne fame dormant, vne fame dormante* (103 r°).

Faut-il voir dans un mot du même Meigret l'annonce de la future distinction du participe et de l'adjectif verbal ? Il dit en tout cas : On use plus souvent du féminin dans les participes qui ont nature de nom (entendez d'adjectifs et de substantifs) : *vne femme plęizante, l'amante* (103 r°). Et Ramus copie ici son modèle ordinaire (1562, p. 63). Chez Maupas, la distinction sera vraiment faite en ce

1. Cf. Hug., *o. c.*, 378.

qui concerne l'accord en genre. Quand le participe attribue au nom « vne qualité adherante », il s'accorde; au contraire, quand « il attribue vne action ou effect au substantif » comme ici : *les voluptez corrompantes les mœurs*; on se peut accommoder du pluriel féminin, mais le participe « semble plus coulant sous forme masculine comme estant de commun genre » (1607, p. 331-332). Dans le volume suivant, je reprendrai la question à ce point.

Si on consulte les textes, il est hors de doute que l'adjectif a le plus souvent un féminin en *e : la triumphante armée* (Mar., I, 144); *par trop ardante ire* (Id., I, 9); *la vache luysante En son poil blanc* (Id., III, 193); *veu ceste foy constante* (Id., I, 95), etc., etc. Cependant, il ne faudrait pas croire la règle absolue : *la resonnant buccine* (Mar., III, 174); *en eau bouillant* (Id., III, 168), *la done a la poignant mammelle* (Id., I, 183); *Mignonne est trop plus affettée, Plus fretillant, moins arrestée* (Id., III, 87), etc.; *C'est vne drogue précieuse, Odorant et delicieuse* (Lesp., *Prompt.*, 16).

Pour le participe, l'usage est très incertain.

A. Les exemples d'invariabilité en genre sont nombreux :

1° *sur l'herbe verdissant* (Mar., III, 245); *la plus noble Marguerite Qui soit point au monde viuant* (Id., I, 140); *sur l'estomac est sa gorge pendant* (Id., III, 245); *Chaque trouppe dansant a la façon de son païs* (*Mém. de la r. Marg.*, 10).

2° Les exemples d'invariabilité en nombre ne sont pas rares non plus : *larmes de gomme en ambre durcissant* (Mar., III, 220). Comparez ce qui est dit ci-dessus, p. 462.

B. 1° L'accord est fait en nombre avec des masculins : *se mocquans de ces beaulx fouaciers* (Rab., *Garg.*, ch. 25, t. I, 99); *les fouaciers de Lerné passoient le grand quarroy menans dix ou douze charges* (Id., *ib.*, ch. 25, t. I, p. 97); *plusieurs dieux marins, chantans et recitans des vers* (*Mém. de la reine Marg.*, 10); *plusieurs gens de guerre... tenans les champs... et viuans a discretion* (L'Est., *Journ. de H. III*, 36, 2); *accompagné... de religieux faisans les prieres iour et nuict* (Id., *ib.*, 36, 1); *les huguenots ayants recommencé la guerre* (*Mém. de la reine Marg.*, 11); *les propos s'en continuans tousiours* (Ib., 24); *les hommes estans premierement esbloüis* (Fauchet, *Orig. de la l. fr.*, 533 v°).

2° L'accord est fait avec des féminins en nombre seulement : *Ses sœurs... se frappans l'estomach* (Mar., III, 219); *les Nymphes vertueuses, Regnans en mer* (Id., III, 173); *fouldroyans tempestes* (Id., III, 129); *chandelles flambans ou estainctes* (Id., I, 15); *Nymphes adonc, pleurans, escheuelées* (Id., III, 213); *les semences des choses Conceuans fruict* (Id., III, 179) ; *Les femmes... amadoüans les hommes* (Rons., I, 127, M.-L.) ; *les Bretonnes dansans leurs passe-pieds* (*Mém. de la reine Marg.*, 10) ; *les polices de Platon et Aristote permettans tant de vilaines copulations* (N. du Fail, *Eutr.*, II, 15) ; *lesquelles* (*les bestes*) *bastissans industrieusement leurs nids, esleuans leurs petits, pourchassans leur viure* (Fauchet, *Orig. de la l. fr.*, 533 r°) ; *cloches sonnants, et chandelles esteintes* (*Mén.*, 20, éd. Lab).

C. L'accord est fait en genre comme en nombre.

1° Singulier : *vne Amour venerique et ardante Le bon renom des humains retardante* (Mar., I, 22); *l'admiratif* (le point d'exclamation) *eschet en admiration procedante de ioye* (Dolet, *Man. de trad.*, 23); *Chinaulx qui est vne petite ville appartenante au duc de Sauoie* (Id., *Gestes de Fr. de V.*, 23 et 24); *Appartenante a immortalité* (St-Gel., I, 203); *puis esperer qu'en ceste-cy elle me sera aydante* (Id., III, 184) ; *elle s'excusoit, alleguante que ce n'auoit esté de son consentement* (Rab., l. III, ch. 19, II, 98) ; *vne chaine d'Or pesante vingt et cinq mille soixante et troys marcz d'or* (Id., *Garg.*, ch. 8, t. I, 34) ; *l'année precedente la tyrannie de Agathocles* (Seyssel, *Suc. Al.*, 7 r°); *vne cruauté ne procedante point de vengeance* (H. Est., *Apol.*, II, 65) ; *la terre... cherchante vn soupirail* (Baïf, II, 34) ; *essuyante la chair* (Amyot, *Œuv. mor.*, 372) ; *sois vengente Mes... soucis* (Rons., II, 277 et 495, note 139); *vne ieune nourrice veuue, couchante en un arriere cabinet* (N. du Fail, *Eutr.*, II, 10).

2° Pluriel : *par parolles persuadantes a le bien seruir* (Mar., I, 144); *il apporta lettres du Roy adressantes a Madame* (*J. B. P.*, 258, 373) ; *bien entendentes les beaulx et ioyeux menuz droictz de superfetation* (Rab., *Garg.*, ch. 3, t. I, 18); *et de larmes tumbantes auec telle impetuosité que...* (St-Gel., III, 239) ; *la resemblance des syllabes finissantes les vers françois* (Seb., *A. poét.*, 5 r°); *iusques au Ciel les poudres eleuantes* (Rons., IV, 361, M.-L.) ; *les deux Ourses Fuyantes de Thetis les sourses?* (Du Bel., I, 189) ; *ces filles de Scedasus plourantes a l'entour de leurs sepultures, et maudissantes les Lacedœmoniens* (Amyot, *Vies*, *Pelop.*, p. 346, G.); *toutes choses infinies et se transformantes les vnes es autres* (Du Bart., 1591, p. 31).

PARTICIPE ABSOLU

Participe présent. — La construction absolue du participe présent ne semble pas exister en ancien français, celle du gérondif, au contraire, est vieille comme la langue, si on entend par là qu'on peut en rapporter des exemples très anciens, ainsi les formules de l'épopée : *oiant les chevaliers*, *voiant tot le barné*[1].

Mais cette construction était fort peu étendue, et elle semble avoir appartenu spécialement aux verbes *voir* et *oïr* : *voiant tous, s'ala rendre pris Au roi Artu* (Chrest. de Tr., *Perc.*, 5386).

Dans les traductions, le tour fut repris et étendu à toutes sortes de verbes, en outre, le participe avec flexion y prit la place du gérondif ; ainsi déjà dans les *Dial. Greg.* : *tesmonianz les bons et les feoz hommes* (7, 9) ; *racontanz quatre disciples* (*ib.*, 55, 16). Ce latinisme se retrouve du reste chez d'autres que chez des traducteurs.

En moyen français, l'imitation du latin amène une extension vraiment grande de ce tour : *ensi prist li contes de Derbi, le roy d'Engleterre seant devant Calais, la cité de Poitiers* (Froiss., IV, 16, 3, ap., Riese). Stimming a relevé de nombreux exemples analogues dans Commynes (*Zeitsch. f. rom. Phil.*, I, 220) : *ces terres que la maison de Bourgogne avoit occupées..., vivans les ducs Philippe et Charles* (V, 15) ; *estans a Paris les ambassadeurs et ayant parlé, parla... ledit comte* (VII, 2).

Des adjectifs comme *present* sont assimilés aux participes : *Present le notaire d'Amours... Passe ceste obligacion* (Ch. d'Orl., I, 117)

Au xvie siècle, les poètes de Lyon usent et abusent de cette construction : *Continuant toy, le bien de mon mal, A t'exercer, comme mal de mon bien : I'ay obserué pour veoir, ou bien ou mal, Si mon service en toy militoit bien* (Scève, *Del.*, LXV, p. 33) ; (*Ma Dame*) *Est de Pallas du chef ingenieux Celestement, voulant Dieu, departie* (Ph. Bugn., *Erot.*, LXXVI, p. 68)[2]. Ce sont là de vrais ablatifs. Au reste, dans cette école, on ne semble pas se douter qu'il fallait des cas au latin pour lui permettre certains tours, et que le français, ne les ayant pas, ne saurait reproduire ces tours librement.

Mais il faut dire que des participes absolus se trouvent partout.

1. V. Max Roitzsch, *Das Particip bei Chrestien*, Diss., Leipzig, 1885, 8°, et P. Klamenz, *Der syntaktische Gebrauch des Participium Praesentis und des Gerundiums*, Breslau, Diss., 1884. Cf. Tobler, *Gött. Gel. Anz.*, 1874, 34, 1060, 1061.

2. On trouve même cette construction avec un adjectif : *Mon luth... A cousté de Venus marine Sera gardé, elle voisine* (Philibert Bugnyon, *Erot.*, p. 99) ; *Ton doulx venin, grace tienne, me fit Idolatrer en ta diuine image* (Scève, *Del.*, III, 1).

(Cf. Hug., *o. c.*, 219, 223) : *et si tost qu'elle fut leuée et ensevelye, actendant la compaignie pour son enterrement, arriua son pauure mary* (Marg. de Nav., *Heptam.*, I, 269, H., *o. c.*, 224) ; *restant seulement vne maison, y mist le feu dedans* (Rab., l. III, ch. 2, t. II, 24); *Tu sçais que cest esté, nous estant au village, sortit hors sa maison madame Victoire* (Lar., *Le Fid.*, act. II, sc. II, *A. th. fr.*, VI, 311) ; *Et entre ceux qui estoient familiers de Drusus, fils de l'Empereur Tybere, il y auoit vn medecin qui deffioit tout le monde a boire, mais estant espié de pres, on trouua que deuant boire, a tous coups il prenoit cinq amandes ameres, a fin qu'il ne s'enyurast point : ce qu'aiant esté obserué, et lui estant defendu de ce faire, il ne peut pas depuis tant soit peu durer ne resister* (Plut., *Œuv. mor.*, 372 v, E); *il est presque desia imprimé, ne restant a faire que trois quayers au plus* (Jos. Scaliger, *Let.*, p. 31) ; *ledict sieur du Ferrier n'a eu le moyen d'en escrire à Monsieur d'Abain, causant la peste, qui est si grande* (Id., *ib.*, p. 61); *Et il y a grande apparence que les regions temperees furent les premieres habitees, comme la Mesopotamie et Palestine : estant vraysemblable, tout ainsi que le cœur et le foye sont (au dire d'vne bonne partie des Medecins) formez en l'homme auant les bras et les iambes : qu'aussi celles du milieu de la terre, ont esté premierement habitees* (Fauchet, *Orig. de la l. fr.*, p. 534 r°).

Participe passé. — *PARTICIPE CONSTRUIT ABSOLUMENT.* — Le participe passé, construit absolument, ne se rencontrait pas en ancien français, en dehors des traductions et des œuvres soumises à l'influence latine. C'est même là une caractéristique de notre langue en opposition avec le groupe hispano-portugais.

Il ne faut pas, en effet, considérer comme présentant des constructions absolues des phrases telles que la suivante, qui sont très fréquentes : *si s'en reuint lance leuee* (*Perc.*, 2646). On a là affaire à un simple complément du verbe, complément de manière, qui est à l'accusatif.

Pourtant, ce participe construit absolument, qui manquait à Villehardouin, mais qui apparaît déjà chez Joinville et chez Beaumanoir, se retrouve plus fréquemment, au fur et à mesure qu'on avance, surtout avec les verbes *voir* et *ouïr*, mais aussi avec toutes sortes d'autres verbes.

En moyen français la construction est presque naturalisée. On trouve, dès le XIVe siècle, de véritables constructions absolues, comme dans les phrases latines : *et yce ouy, ... son pere commanda* (*Chron. paris. anon.*, p. 36).

Au xve siècle, ces constructions deviennent toutes usuelles : *Et ce venu a la congnoessance de messire le Porc, François... se partit dudit lieu a bien de huit vingtz... combatans* (J. Chart., *Chron.*, I, 44) ; *Qui fut esbahy et courroucé, ceste response oye, ce fut nostre va luy dire* (*C. Nouv.*, I, 130) ; *ie scay, qu'elle vouldra, moy la venu, sentir et taster la lance dont ie entens a fournir mes armes* (*ib.*, I, 83) ; *lesquelles a son plaisir leues, me dist* (*Saintré*, 97) ; *alors ouyes ces paroles, le mareschal va au roy faire son raport* (*Ib.*, 119) ; *faict ces traictés et tous les Almans qui estoient en Bourgongne retirez au seruice et gaige du Roy, la puissance des Bourgongnons fut de tous pointz rompue* (Id., p. 23-24).

Le participe passé, ainsi employé, est plus que jamais de mode au xvie siècle : *Passee la mer Picrocholine, voicy Barberousse qui se rend vostre esclaue* (Rab., *Garg.*, ch. 33, t. I, 125) ; *Passée la pestilence, cestuy home caché dedans le benoistier, aroyt vn champ grand et restile* (Id., l. IV, ch. 45, t. II, 427) ; *mais il en auoit deux cens quatorze de le despendre, hors mis la reparation de dessoubz le nez* (Id., *Pant.*, ch. 17, t. I, 305). *Si s'en allerent par deuers luy, et, eulx venus en sa chambre, leur dist...* (Jean d'Aut., *Chron.*, IV, p. 59). Dans le deuxième tiers du siècle, le tour est encore partout : *il veult rauir, moy contraint, ma pensée...* (Forcad., p. 4) ; *M'ayant donques esté proposé discourir des passions humaines... fault sçauoir que tout ce que nature fait...* (*Disc.* dans Frémy, *Ac. des Val.*, 243).

Il ne faut pas confondre avec le cas où ce participe est rapporté au sujet du verbe [1] : *Ellés arriuées se vont gecter a genoulx* (Loy. Serv., 295) ; *et elle entree en sa chambre secrette... Tousiours pleuroit* (Pelet., *Od.*, *Œuv.*, 19 r°).

PARTICIPE PASSÉ RAPPORTÉ A UN SUBSÉTANTIF DPENDANT DE PRÉPOSITION. — Je considère comme une imitation du latin la construction du participe où Stimming (*Zeitsch. f. rom. Phil.*, I, 221) voit un participe absolu, auquel on aurait ajouté une préposition pléonastique : *apres la paix conclue, il pust retourner* (Comm., II, 9). C'est à mes yeux le latin *post pacem conclusam* [2].

Au xve siècle, ce tour se trouve fréquemment et bien ailleurs que chez Commynes. Ainsi : *apres les congez a madame sa femme prins* (*C. Nouv.*, I, 85) ; *assez tost apres ceste nouvelle oye* (*Ib.*, I, 129) ; *tu... apres ton cœur ammolly par diuine œuvre, tu es reuenu a ta nature* (G. Chastell., *Chron.*, I, p. 222).

1. Cette façon d'écrire est courante au vxe siècle : *eulz la doncques venuz et arriuez disposerent de leur fait comme de guerre* (*C. Nouv.*, II, 126 ; cf. 133, etc.).
2. Cf. : *apres plusieurs menues choses faictes par le gouuerneur* (Comm., t. II, p. 24, éd. M.) ; *apres ce cas aduenu peu de iours, ie arriuay* (Id., *ib.*, p. 30).

Le XVIe siècle garde cette syntaxe : *le roy apres les lettres veues et auoir ouy parler la dicte dame de Lorraine, il fut tres content* (*J. B. P.*, 155) ; *qui est chose plus cruelle que veoir l'ennemy... apres touts bien rauiz, submettre les personnes a seruitude perpetuelle...* (Dolet, *Gestes de Fr. de V.*, p. 54).

Il est même à remarquer que ce tour pénètre jusque chez les gens qui n'ont point de lettres : *apres luy reuenu* (Nic. de Tr., *Par.*, 151) ; *depuys mes lestres ecrystes* (D. de Poit., *Let.*, LXIV, p. 112, autogr.).

PARTICIPE PASSÉ SUIVI DE QUE *ET DES VERBES* ÊTRE, RESTER, *ETC.* — Ce tour que j'ai signalé au XVe siècle, où un participe se rencontre suivi d'un *que* et d'un verbe attributif, est en pleine vigueur : *La bonne dame fut bien estonnée... et releuée qu'elle fut, dist...* (Loy. Serv., 294) ; *et la venuz que fusmes* (Dolet, *II Enf.*, 11) ; *Venu que fut, raconta* (Rab., *Garg.*, ch. 36, t. I, 135) ; *Descendu que feut, le Moyne se deffist de tout son arnoys* (Id., *ib.*, ch. 42, t. I, 157) ; *et marié qu'il fut, sa femme... cõmencea a le pratiquer* (Amyot, *Œuv. mor.*, 240 r°, D) ; *au demeurant tué qu'il l'eut* (Id., *ib.*) ; *toutesfois escrit qu'il reste ne se prononce point* (Pelet, 19 v°) ; *arriuez que fusmes en la maison, le capitaine nous mena en vne chambre* (Lar., *Jal.*, acte IV, sc. II, *A. th. fr.*, VI, 59) ; *arriués que fusmes au bout... il fauzist descendre* (Montl., I, 118)[1].

A la fin du siècle, Palma Cayet en use encore fréquemment : *Acheué qu'il eut, le roy confirma encores derechef ces paroles* (*Chron. Sept.*, 90, 1) ; *Approchée que fut Sa Maiesté... le comte de Gavry* (*ib.*, 103, 2). On le retrouve dans la *Ménippée* : *arriuez qu'ils furent tous en cest equipage* (Text. prim. de la *Ménippée*, éd. Read, 19 ; cf. p. 28).

Et au XVIIe siècle, quelques fidèles de la tradition le défendront encore : quelle frenaisie cependant de rebutter... *retourné qu'il fut, depesché qu'il fut, marie qu'il fut ?* (Mlle de Gournay, *Ombre*, 962)[2].

Accord du participe passé

Les règles d'accord du participe passé avaient, on le sait, été résumées en quelques vers par Marot. C'était en gros la consécration de la règle de position[3] :

1. Cf. Hug., *o. c.*, 226.
2. On comparera un autre tour, tout semblable de sens : *fut il descendu, pour ostage Ie me cache derrier la porte* (Coll., *Œuv.*, 66) ; *eust il bien cryé, bien presché, Et mon cerueau bien empesche. « Sus, a coup qu'on mette la nappe »*. (Id. *ib.*, 67).
3. Cf. Hug., *o. c.*, 384, et Bastin : *Le participe passé avec* avoir *au XVIe siècle. Rev de phil. fr. et prov.*, IX, 237-40).

Nostre langue a ceste façon
Que le terme qui va devant
Voluntiers regist le suyvant.
Les vieux exemples je suyvray
Pour le mieulx : car, à dire vray
La chanson fut bien ordonnée
Qui dit : *m'amour vous ay donnée.*
Et du bateau est estonné
Qui dit : *M'amour vous ay donné.*
Voilà la force que possede
Le femenin quand il precede.
Or prouveray par bons tesmoings
Que tous pluriers n'en font pas moins;
Il fault dire en termes parfaictz :
Dieu en ce monde nous a faictz;
Fault dire en parolles parfaictes :
Dieu en ce monde les a faictes;
Et ne fault point dire en effect :
Dieu en ce monde les a faict,
Ne *nous a faict* pareillement,
Mais *nous a faictz*, tout rondement.
L'italien, dont la faconde
Passe les vulgaires du monde,
Son langage a ainsi basty
En disant : *Dio noi a fatti.*

(III, 32.)

Sans s'imposer, la formule devint célèbre, et les textes lettrés l'appliquent en général tant bien que mal.

Mais était-elle pour cela la règle de la langue populaire? Nullement. Le plus observateur des grammairiens, Meigret, lui est hostile. A propos des phrases : *lę́ graçes qe ie vou' ey fętes... Si on vou' lęs auoęt dittes*, « lourdes incongruités, s'écrie-t-il, reçúes pour courtizanes elegantes » (66 r°). Et il veut aussi qu'on dise : *nou nous somes ęymé.* Abel Mathieu, sans être aussi net, admet que les deux « liaisons de parole » sont également belles : *les deniers qu'Alexandre a donné à ses gendarmes*, et *les deniers qu'Alexandre a donnez* (*Dev.*, 1572, 31 v°).

Et ce n'est qu'après avoir reproduit la protestation de Meigret, que Ramus se range à l'avis de Marot. Il est vrai qu'il en donne pour raison « la souveraineté du peuple » (182).

Les écrivains, les poètes surtout, en prennent à leur aise avec cette règle.

A. Ils font l'accord contre la règle. Type : *mignonne, allons voir si la rose Qui ce matin auoit desclose sa robe de pourpre au soleil. I'ay mise mon estude d'auoir le corps et le cœur libre et franc* (*Marg. de la Marg.*, IV, 102); *une... longue maladie... qui m'a toute eslourdie La povre teste* (Mar., I, 196); *ces faux deuineurs qui d'vne bouche ouuerte De son sceptre Royal ont predite la perte* (Id., V, 348); *ie luy ay eslargie ceste-cy* (Des Per., *Œuv.*, II, 107); *le zele desquels... vous a rendus force disciples* (d'Aub., *Œuv.*, II, 236 et 237, R. et Causs.); *ayant esteinte ceste ancienne langue* (Fauchet, *Orig. de la l. fr.*, 536 r°).

B. Bien plus souvent, ils ne font pas l'accord, malgré Marot : *l'acteur qui ceste hystoire a recuilly et mis en la forme* (Lem. de Belges, *Ill.*, 1524, l. I, ch. 5, A, VI r°); *laquelle Luy, qui est verité infallible nous a promis* (Lef. d'Ét., *Pref. des Év.*, Herm., *C.*, I, 135); *toutes les choses que ie vous ay dict* (Id., *ib.*, p. 136); *toutes ses œuvres aussy a faict et continue* (Briçonnet, *Let.*, 1524, Herm., *C.*, I, 188); *voz lettres que auez escript a mon frere* (Laur. Coct à Farel, Autog., 25 juill. 1526, *ib.*, I, 442); *... tousiours la frequentation De vous i'ay eu* (*Marg. de la Marg.*, IV, 55); *promesse tu nous a fait* (*Ch. hug.*, p. 354, 1550); *de l'angoisse nouuelle, qu'elle à receu par mesme moyen* (*Amad.*, l. 1, f° 3 r°); *les choses que tu auras prins pour ton vsage* (Meigret, *Off. de Cic.*, 34); *Les douleurs qu'en viuant i'auray receu par vous* (Rons., IV, 381, M.-L.); *Tu sçaiz bien les tours que tu m'as faict* (Des Per., II, 150); *la plante qu'on a veu en vn endroit* (La Boet., 24, éd. Bonn., *Œuv.*); *la puissance que le peuple lui a baillé* (Id., 20, *ib.*); *entre toutes les choses que tu m'as conté* (Paliss., 48); *plusieurs choses que par cy deuant tu as ignoré* (Id., 18); *vne telle folie, que tu m'as icy proposé* (Id., 40); *conuoiteux d'honneur, Les loix du Seigneur Vous auez laissé* (Rivaud., p. 96); *aux discours que i'en ai fait sur Electre* (Id., p. 45); *la diuersité des vins que i'ai beu* (Bouch., *Ser.*, l. I, 1, t. I, p. 10); *les excuses que i'en ai faict* (Jos. Scaliger, *Let.*, p. 27); *les lettres que Monsieur Cuias a receu de Romme* (Id., *ib.*, 165); *ce n'est pas la premiere honnesteté et courtoisie que i'ai receu de vous* (Id., *ib.*, 178); *la preface que Lipsius lui a faict* (Id., *ib.*, 260); *quant a ceux de Ennius ie ne sçay ou il les a veu* (Tabour., *Big.*, 135 r°); *quelque bonne mine que i'aye faict* (*Mén.*, 39, éd. Lab.); *les raisons que i'ay maintenant appris de vous* (Du Vair, 417, 20); *ceux que vous auez veu au supplice* (Id., 388, 9); *les loix qu'elle a donné et publié depuis tant de siecles* (Id., 360, 18).

CHAPITRE VII

NÉGATION

NE PAS, NE POINT. — Nous avons vu qu'au xve siècle déjà, la négation simple commençait à se compléter ordinairement par *pas* et *point* (voir t. I, 478). Toutefois, l'addition de *pas, point* n'est pas, même au xvie siècle, d'un usage absolument régulier, tant s'en faut. Rabelais écrit très souvent *ne* sans particule : *ce n'est faict de bons voisins* (*Garg.*, ch. 25, t. I, 98); *Mais il ne se contenta de leur responce* (l. II, ch. 5, t. I, 238); *l'absence duquel n'avoit amoindry sa bonne volunté* (Marg. de Nav., *Heptam.*, p. 74); *ce n'est chose si nouuelle* (Ead., *ib.*, p. 521); *N'est faict viuant l'homme pour tost mourir* (Ead., *Dern. po.*, p. 394); *regarde nostre immitateur premierement ceux qu'il voudra immiter, pour ne faire comme ceux...* (Du Bel., I, 38); *il ne fut l'on de ceux...* (Rons., III, 343); *ie ne veux vous molester dauantage* (Lar., *Jal.*, act., I, sc. I, *A. th. fr.*, VI, 12); *d'un charretier qui ne s'estoit a sa priere voulu arrester* (*Mém. reine Marg.*, p. 5); *le testateur n'oublioit les noms des particuliers (*d'Aub., *Œuv.*, t. II, p. 267, R. et Causs.). Et on pourrait faire une liste sans fin d'exemples analogues [1].

Il n'y a pas lieu de distinguer des propositions indépendantes les propositions dépendantes, où l'emploi de la négation simple est également très fréquent : *ie m'asseure que vous n'oublierez de representer le festin superbe* (*Mém. reine Marg.*, p. 9 ; cf. Eamd., *ib.*, p. 3, 12, 15, 24, etc.) ; *afin que les Heretiques ne s'en seruent* (d'Aub., *Œuv.*, t. II, p. 245, R. et Causs. ; cf. Id., *ib.*, p. 248, 249, 262, 272, etc.) ; *combien qu'il ne hennisse apres autre auoine* (L'Est., *Jour. H. III*, 295, 2).

Toutefois, il convient de tenir grand compte de ce fait que les Latins disaient *non* tout court, car il n'est pas démontré que cette manière de faire ait été sans influence sur la langue littéraire.

1. Il faut noter aussi que l'on trouve l'interrogation négative avec *ne* seul : *n'auons nous les dictions aussi propres,... aussi bien que cest ancien Romain* (Pasq., *Lett.*, liv. I, 2, t. II, p. 3, C).

Meigret, le premier, a observé très nettement que la négation composée était conforme aux habitudes du français. « Nous auons infinies façons de parler qi se trouveroęt bien froędes, si nou' leur' retranchions *pas*, ou *point* : come, *il n'a diz ans*, pour *il n'a pas diz ans*, *il n'a arjęnt*, pour *il n'a point*, *il n'y va* pour *il n'y va pas*, *il n'ęn a* pour *il n'ęn a point* » (129 v°).

Les phrases où la négation composée est employée abondent : *il n'auroyt pas s'amye* (Marg. de Nav., *Heptam.*, p. 76); *le secours venoit si tard qu'il ne pouoit plus estre creu ne esperé* (Ead., *ib.*, p. 76. On trouvera à la page 517 du même ouvrage trois exemples de négation composée, de même à la page 519, etc.) ; *revenir à la cour pour ne bouger plus d'auprès d'elle;* (*Mém. reine Marg.*, p. 9, etc.); *mais il n'y prenoit point de plaisir* (Des Per., *Œuv*, t. II, p. 51 ; cf. Id., *ib.*, p. 53); *Ces cautions ne deffendent point* (d'Aub., *Œuv.*, t. II, p. 236, R. et Causs.; cf. Id., *ib.*, p. 242, 244, 247, 251, 255, etc.).

Un fait caractéristique prouve qu'à la fin du XVIe siècle la négation composée tend à remplacer la négation simple. En 1595, le nouveau texte de Montaigne ajoute des *pas* là où ils manquaient dans l'édition de 1588 [1].

NON PAS, NON POINT. — Joints à *non*, *pas* et *point* se rencontrent surtout dans les phrases comparatives, dans le terme auquel on compare, que la proposition renferme un verbe, ou qu'elle n'en renferme pas: *luy rendoit plus de fruict que non pas vne grande quantité de celles de ses voisins* (Paliss., 16); *qui ne penseroit que cela fut plustost feint et trouué que non pas veritable?* (La Boétie, 9, éd. Bonn.) ; *la caualIerie de laquelle l'on se seruira mieux estant reduicte en compaignies de gens d'armes, que non pas comme elles estoient* (*Let. miss. H. IV*, t. III, 221); *mes iours Deuoient plustost finir, que non pas son discours* (Régnier, *Sat.*, VIII, 64, éd. Courbet). Il est à remarquer qu'en langue moderne nous ne mettons dans ces phrases aucune négation [2].

PAS ET *POINT* SANS *NE.* — Les mots complétifs ne suffisent pas sans *ne* à marquer la négation. On trouve, il est vrai, des exemples nombreux où ils sont seuls : *on luy auoit point fait faire de seruice* (N. de Tr., *Par.*, 17); *poinct soupper seroit le meilleur* (Rab., I.

1. M. Clément a relevé dans un volume de Du Bellay d'intéressantes annotations d'Estienne, où celui-ci a ajouté après *ne*, *pas* et *point* qui avaient été omis (cf. Clément, *H. Estienne*, p. 435).

2. *Non pas* a quelquefois le sens de *pas même*. On trouve même la négation simple *non* avec ce même sens: *las, il n'y a rien net, non les estoiles deuant son œil* (Forcad., p 11). Il ne subsiste que de très rares exemples de cette construction au XVIIe siècle.

III, ch. 13, t. II, 68); *Doit pas regret la ioye estre suyuant* (Marg. de Nav., *Dern. po.*, p. 395); *Comment ! dit le preuost, i'auois pas dict cela* (Des Per., *Œuv.*, t. II, p. 219). Mais ils sont encore si rares que Maupas condamnera cet emploi de *pas* sans *ne*, comme une faute d'étrangers [1].

Il en va tout autrement dans les phrases interrogatives directes où l'omission de *ne*, que nous avons déjà signalée au XVe siècle, est tout à fait fréquente : *est ce point le Dieu Mars* (Rons., I, 155, M.-L.); *conois tu pas Archidemi* (Baïf, IV, 35); *t'auroit il point, Madame, ainsi trompée* (Tahur., II, p. 19, son. 20, Blanch.); *voudriez vous point m'enuoyer vn tonnerre* (*Marg. de la Marg.*, IV, 17); *auez vous pas oy ce que ie veux* (Lar., *Jal.*, act. II, sc. I, *A. th. fr.*, t. VI, p. 22); *est ce pas de vous que i'ay entendu* (Du Vair, 334, 6; cf. 349, 35; 355, 11; 395, 29, etc.) [2]. Les exemples abonderont encore au XVIIe siècle.

Même dans l'interrogation indirecte, on rencontre cette omission de *ne* : *Il fault encores sauoir d'eulx... s'ilz se vouldroient point rendre* (Loy. Serv., p. 278); *voir si les Cheuaux, Vaches, ou Porcz y ont point entré* (Noël du Fail, *Prop. rust.*, I, 33); *apres disner enuoyerent sçauoir si les eaues estoient point escoulées* (Marg. de Nav., *Heptam.*, I, 242, Hug., *o. c.*, 265); *ie vas veoir s'il a point affaire de moy* (Lar., *Jal.*, act. IV, sc. V, *A. th. fr.*, t, VI, p. 69); *chacun peut iuger si les heretiques de nostre temps, sont pas les auant-coureurs de l'Antechrist* (Vigor, *Serm. cath.*, 41); *Ie desire sçauoir de vous... s'il y a point quelque chemin...* (Du Vair, 395 et 396). Nous en reparlerons au XVIIe siècle.

RESTRICTIONS DANS L'EMPLOI DE *NON*. — La forme tonique de la négation *non*, là où nous mettrions *ne*, est encore très commune chez Rabelais : *non pouant en subiection contenir les Saxons* (l. III, ch. 1, t. II, 19); *non doubtant de leur feaulté* (*ib.*); *il me bailla en penitence non le dire ne deceler a persone ib.*, ch. 19, *ib.* 98); *non fera* (Prol. du l. III, *ib.*, 12); *paraduanture non seroys* (l. III, ch. 24, *ib.*, 120); *le roy osta a tous privilegiez quelconques... de*

1. « Les estrangiers font souuent ce solœcisme en nostre langue d'obmettre la negatiue *Ne*, quand leur propos contient l'vn desdits termes negatifs en apparence; Disans : *i'ay rien fait, i'ay iamais entendu...* » Le propos, ajoute-t-il en substance, est ainsi plutôt affirmatif, car c'est proprement la négation adhérente au verbe qui fait le sens négatif (Maupas, 1607, p. 358). Même remarque dans Oudin (1645, p. 290).

2. Cf. une fine remarque de Meigret dont voici le sens. On peut dire sans négative : *Iré' vou' pas a Rome? A' vou, point eté a Lion?* Mais cette interrogation semble enlever le doute même de l'interrogation. La véritable interrogation est : *Irez vous a Rome?* (129 r°).

non pluz auoyr du sel (*J. B. P.*, 46) ; *affin que me fasses inhibition de non proceder oultre* (Dolet, *Gest. de Fr. de V.*, p. 4). Malgré cela on peut dire que *non* se restreint peu à peu aux emplois où nous l'avons gardé, et qu'on ne le rencontre plus guère, en dehors de ces emplois, qu'après les verbes *être* ou *faire*, dans des formules négatives : *non est certainement* (H. Est., *Apol.*, II, 95) ; *non feras certes* (Id., *ib.*). Maupas, en 1607, donne encore une grande place à ces locutions (353 et 354).

CHAPITRE VIII

PRÉPOSITIONS

A se trouve encore dans le sens de : *au moyen de, avec*, ainsi : *ceulx qui le seruoyent, le lierent a gros cables* (Rab., *Pant.*, ch. 4, t. I, 234) ; *a peu de cohorte* (Mar., III, 128) ; mais cet emploi devient plus rare. Il faut signaler en particulier le vieillissement des expressions : *se battre a, auoir debat, combat a : l'aigle vollant eut au formis debat* (Corroz., *Hecat.*, Les petis, p. 104) ; *voulut a l'elephant combatre* (Id., *ib.*, Subtilité, p. 110 ; *se combattre à* est encore dans Nicot).

J'ai parlé des confusions que la chute de *ou* et de *es* amène entre *à* et *en*, et marqué que souvent *au, aux* se rencontrent à la place des formes contractes disparues.

L'analogie amène même *à* à suppléer souvent *en*, dans d'autres cas : *y auoir eu quelque chose remarquable a ma vie par auant* (*Mém. reine Marg.*, 4) ; *a toute autre qu'a elle... l'on eust aisement congneu le transport qu'vne si excessive ioye luy causoit* (Ead., 13). De sorte que *à* et *en* sont alors bien proches, même ailleurs que chez les Gascons : *il n'a tenu sinon en toy, que ce ma esté faict* (Cord., *Corr. serm. em.*, 421, A) ; *a la presence des hommes* (Du Vair, 354, 34).

A continue à marquer le rapport de possession. A l'époque de Marot, il est tout commun en ce sens : *La fille au roy* (Mar., III, 245) ; *De la beauté des hommes me deporte ; Et quant a celle aux dames, ie rapporte Qu'en ce monceau laide seroit Helaine* (Id., II, 71 ; cf. I, 244 ; III, 19, 197, 200). Ronsard l'emploie aussi : *l'Eglise a Iesus-Christ* (*Disc. a Guil. des Autelz*, dans les *Po. ch.*, éd. Becq de Fouq., p. 367) ; Et après lui toute l'école en use de même. Ainsi Desportes : *la femme a Tithon* (*El.*, livr. II, *Eurylas*) ; comparez Montaigne : *le Pere aux Juifs* (l. II, ch. 3, t. III, p. 35), etc.

Toutefois Meigret, en citant l'expression : *le bonnet a Jacques*, imagine un verbe sous-entendu : « combien q'on díe *le bonęt a Iaqes*, nous y surętęndons qi appętient : bien *la rúe aoz oz* aosi, ę aotres sęmblables, sont par abbreuiaçíon de langaje : car lę' prepoziçions *a*, *ao*, *aoz*, sont plutót aqizitiues, qe possęssiues : parqoę ęlles reqieret ętre gouuęrnées par vęrbes, ou partiçipes » (118 v°). C'est la première réserve faite par un grammairien sur ce vieux tour auquel des générations de théoriciens ont fait par suite une guerre séculaire.

A se rencontre toujours devant l'attribut : *le ieune brodequin prenoit la vieille botte a femme* (Rab., l. IV, ch. 9, t. II, 303); *vous auez prinse a femme Sophonisba* (St-Gel., III, 195); *De luy bailler sa fille à sa femme* (Godard, *Desguis.*, a. V, sc. v, *A. th. fr.*, t. VII, p. 460); *demander a femme* (Lar., *Esp.*, act. II, sc. I, *A. th. fr.*, V, 220); *craignant qu'elle ne print a mary vn infidele* (Vigor, *Serm. cath.*, 108).

La construction sans préposition perd du terrain : *Si ne croy-ie pas... que Dieu... peut auoir agreable la sottise des femmes* (Marg. de Nav., *Heptam.*, p. 517); *tiens heureulx* (Coll., *Œuv.*, 28); *de ce iour me acceptastes vostre* (*Amad.*, l. I, f° XVI v°); *i'ay cher que m'auez descouuert vos amoureux accidens* (Lar., *Jal.*, act. I, sc. I, *A. th. fr.*, VI, 12); *ce que vous tenés si cher* (J. Scal., *Let.*, 32); *à combien plus forte raison doiuent ils auoir agreable la calamité decernée par la Iustice diuine* (Du Vair, 388, 19). On retrouvera cependant cette syntaxe beaucoup plus tard.

AUPRÈS se trouve encore, mais moins souvent que *auprès de : tout aupres le grand autel* (H. Est., *Apol.*, II, 25).

DE. Il est impossible, à mon avis, de faire remonter au XVIe siècle la répartition des fonctions entre *de* et *par*, qu'il s'agisse de verbes passifs ou actifs. On dit aussi fréquemment encore : *se laisser transporter de la colere* (St-Gel., III, 200) que *par la colere*. Ainsi : *ce qui fut dict des gens de bon scauoir* (Corroz., *Hecat.*, Prol., p. XXVI); *il estoit visité des plus celebres hommes de la ville* (Du Vair, 406, 23) [1]. Montchrestien, qui écrit tout à la fin du siècle, use encore couramment de *de*. En se reportant à la seule page 81 de l'édition moderne, on en trouve cinq ou six exemples : *Il n'estoit affligé de crainte et d'esperance, Ni meu d'ambition... De son plaisir conduit... La sans estre touché des vains soucis du monde*, etc.

Avec le sens de *au sujet de*, la préposition *de* se trouve encore souvent derrière les verbes signifiant *demander : il luy demanda de son affaire* (Amyot, *Vies*, *Lyc.*, p. 50, H); *quand on l'interrogue de chiens* (Id., *Œuv. mor.*, 376 v°, E); *on lui demande des ieux où l'on s'exerce a nud* (Id., *ib.*).

J'ai noté au tome I, p. 454 du présent ouvrage, la longue survi-

1. Cf. au contraire : *Incongneu par les nautonniers* (Corroz., *Hecat.*, Peril, p. 174).

vance du tour par lequel l'ancien français marquait la dépendance sans préposition ; je n'y reviendrai pas [1]. *De* est devenu depuis longtemps nécessaire.

On ne peut en dire autant en ce qui concerne l'apposition. Soit avec un nom, soit avec un pronom, le *de* manque encore souvent : *il n'est rien plus sot* (Marg. de Nav., *Heptam.*, XXVIII, p. 299) ; *il n'est rien pire au monde* (St-Gel., III, 200) ; *rien plus vray* (Des Per., *Œuv.*, I, 320) ; *il ne se peut rien faire plus admirable* Meigret, *Off. de Cic.*, 165) ; *y auoir eu quelque chose remarquable* (*Mém. reine Marg.*, 4). Néanmoins on trouve déjà très souvent *de* : *vne belle ieune garse de chambrière* (Nic. de Tr., *Par.*, 68) ; *vn arbre de serisier* (Paliss., 32) ; *Voila ! ceste breneuse de ma femme voudroit* (Lar., *Les Escol.*, a. II, sc. I, *A. th. fr.*, VI, 118) ; *qu'est il rien de doux* (Rons., p. 24, *Po. ch.*, éd. Becq. de Fouq.,). On sent se préparer la règle de Malherbe.

EN commence une nouvelle histoire, du jour où cette préposition cesse de se contracter avec l'article en *ou* et en *es*, et où *dans* entre en concurrence avec elle. Mais c'est par la suite seulement que les conséquences de ces faits vont se remarquer.

PAR est encore fréquent au sens temporel : *la pure predication de l'Euangile a esté cachée par longues annees* (Calv., IV, 578 ; Hug., o. c. p. 301) ; *S'estant ainsi bien apresté par l'espace de quinze iours* (Des Per., *Œuv.*, II, 261) ; *Errant seulet par trois ou quatre années* (Passer., I, 24). Le tour vit encore à l'époque de Du Vair : *par l'espace de pres de douze cens ans* (Du Vair, 376, 19) ; *ceux qui veulent faire gouuerner le monde a ceste temeraire aueugle par tant de siecles* (Id., 374, 42). Néanmoins, c'est un tour qui va se perdant.

POUR cesse de s'employer aussi communément qu'auparavant pour indiquer la raison d'une chose. Il y a là un mouvement analogue à celui qui prépare la substitution de *par ce que* à *pour ce que*. On trouve encore des exemples nombreux : *pour l'obscurité de la chambre, ne les povoit congnoistre* (Marg. de Nav., *Heptam.*, 518) ; *non pour crainte que i'aye de luy* (Lar., *Jal.*, act. I, sc. IV, *A. th. fr.*, VI, 20) ; *ce faisoit elle pour doute des entreprises et conspirations* (L'Est., *Journ. H. III*, 36, 1) ; *estant paruenue au manie-*

1. Voici quelques exemples à ajouter : *Deuant l'ymage Cupido* (Mar., I, 15) ; *par le sang Sainct George* (Id., *ib.*, 27) ; *l'espee Sainct-Pol* (Id., *ib.*, 142) ; *Le feu Sainct Antoine* (Id., *ib.*, 157) ; *semblable aux filles Iuppiter* (Id., *ib.*, III, 255) ; *la veille Nostre Dame aoust* (*J. B. P.*, 338) ; *la puissance Nostre-Seigneur* (*Ib.*, 21) ; *la maison Monsieur maistre Loys de Harloy* (*Ib.*, 347) ; *le iour Sainct Yves* (N. du Fail, *Eutr.*, t. II, p. 74).

ment et gouuernement des affaires, pour le bas aage de son fils (L'Est., *Journ. H. III*, 37, 2). Mais la construction se restreint de plus en plus aux tours bien connus du XVIIe siècle : *pour auoir demeuré en Gaule, il sauoit le Gaulois*; *pour être grand il n'en est pas moins sot*, etc.

RÉPÉTITION DES PRÉPOSITIONS. — Il n'y a rien à dire encore de la répétition des prépositions devant les termes régis. Elle se fait quelquefois, mais n'a rien d'obligatoire, ni même de régulier. Les derniers auteurs du siècle, et les plus soignés, comme Du Vair, ignorent cette exigence moderne. Ils écriront : *il fut contraint pour se sauuer d'abandonner la ville, et se retirer comme a la fuitte* (379, 11); *Cela est miserable d'estre tué en quelque coin et demeurer sans sepulture* (356, 1).

Pour montrer en une seule fois combien on considère encore comme peu nécessaire de donner à chaque proposition tous ses éléments, en reprenant les termes autant de fois qu'il le faut, je citerai une seule phrase, prise à d'Aubigné (*Trag.*, l. VII, p. 188, éd. Read : *Quand vous auriez les vents collés soubs vos aisselles, Ou quand l'aube du jour vous presteroit ses aisles, Les monts vous ouuriroient le plus profond rocher, Quand la nuict tascheroit en sa nuict vous cacher, Vous enceindrè la mer, vous enlever la nüe, Vous ne fuiriez de Dieu ni le doigt ni la veüe.*

CHAPITRE IX

ORDRE DES MOTS

La syntaxe moderne s'annonce nettement, ici comme ailleurs, non qu'on ne puisse citer de toutes ou presque toutes les anciennes constructions des exemples souvent abondants, mais, en général, ces constructions ont déjà le caractère de transpositions. L'ordre usuel de la proposition est, dans la plupart des cas, le nôtre, et des grammairiens commencent — chose significative — à prétendre qu'il est le plus naturel. Meigret dit : *Si nou' considerons bien l'ordre de nature, nou' trouuerons qe le stile Françoęs s'y ranje beaocoup mieus que le Latin* (143 v°).

Il faut rappeler ici qu'un essai fut fait par Scève et son école pour introduire dans la langue poétique un libre arrangement des mots comme en latin. J'ai étudié ailleurs ces fantaisies qui aboutissaient à des vers comme ceux-ci :

> *Est de Pallas du chef ingenieus*
> *Celestement, voulant Dieu, departie* [1].

Les poètes eux-mêmes ne persistèrent pas longtemps, et Ronsard leur donna un conseil bien sage : *Tu ne transposeras iamais les paroles ny de ta prose ny de tes vers ; car nostre langue ne le peut porter, non plus que le latin vn solecisme. Il faut dire : le roy alla coucher de Paris à Orleans, et non pas : A Orleans de Paris le roy coucher alla* (Rons., III, 26, 1572, Blanch.).

A vrai dire, on se licencia encore longtemps de ranger les mots suivant la commodité du vers, mais en général la langue prit des habitudes plus régulières, et la « transposition » commenca, en prose au moins, à devenir quelque chose, sinon de choquant, du moins d'exceptionnel [2].

Je me bornerai à marquer ici les constructions qui se trouvent

1 *De Phil. Bugn. vita et er. versibus*, 135-138. Comparez : *pour non la fin a mon doulx mal prescrire* (*Del.*, LXXVI, p. 38) ; *que pour aimer, Dit il, d'amer Le cœur de Rhidie supporte* (Bugn., *Er.*. 113); *entre vne grand'de dames legion* (XVIII, p. 15).

2. Voir Philippstal, *Die Wortstellung in der franzoesischen Prosa des XVI*[ten] *Jahrhunderts*. Diss. de Halle, 1886, 8° ; et Orlopp, *Ueber die Wortstellung bei Rabelais*, Diss. d'Iéna, 1888, 8°.

au XVIe siècle, mais qui deviennent plus rares, au point que Malherbe les notera comme forcées [1].

PLACE DU SUJET. — La transposition du sujet, sans raison apparente, se trouve encore : *Rioit Eutrapel, s'addressant à Polygame* (N. du Fail, *Eutr.*, II, 71) ; *fut tout a propos dressé vn festin* (Id., *ib.*, 75) ; *son nid faict La pie* (Corroz., *Hecat.*, Se gouverner, p. 148) Elle devient de moins en moins usuelle.

Quand la phrase commence par un adverbe, une conjonction, un complément circonstanciel, le sujet est encore presque toujours postposé au verbe, — il l'est encore aujourd'hui avec *encore*, *peut-être*, etc. — : *En celle heure partit le bon homme Gallet* (Rab., *Garg.*, ch. 30, t. I, 114) ; *Alors descendit Gymnaste de son cheval* (Id., *ib.*, ch. 42, t. I, 157) ; *Combien fasche aux mortels de vous l'esloignement* (St-Gel., III, 169)[2] ; *mais bien soutiens-ie que* (Du Bel., *Deff.*, II, 2, Cham., 175-6) ; *Cela veulx-ie bien tesmoigner* (Coll., *Œuv.*, 21).

Voici des exemples où la proposition commence par *et* : *Et fut l'armee iusques a sainct Iehan piedeporc... Et luy succeda le Roy present* (Dolet, *Gestes de Fr. de V.*, p. 21) ; *le Pape Clement alla de vie a trespas, et tient on qu'il fut empoisonné* (Id., *ib.*, p. 65) ; *on le tueoit et pilloit-on* (*J. B. P.*, 235) ; *disant que en plusieurs choses on y defailloit, et abbusoit on* (*Ib.*, p. 94).

Mais l'ordre moderne se répand : *Et ne faut pas faire comme Aristote escrit* (Amyot, *Œuv. mor.*, 60 v°, F) ; *Voilà comment la ville de Cumes fut deliurée* (Id., *Ib.*, 243 v°, G) ; *Et à la fin, l'heritage demoura... a sa fille Rolandine* (Marg. de Nav., *Heptam.*, 365) ; *Quand le matin fut venu* (Ead., *ib.*, 371) ; *Or je reviens a moy mesmes* (Des Per., *Œuv.*, I, 345) ; *Et, toutes foys, je suis bien asseuré que si je vouloye* (Id., *ib.*, I, 364) ; *Et encores en Normandie on appelle douit vn canal* (Fauchet, *Orig. de la l. fr.*, 559 r°).

Quand la phrase commence par le régime indirect, on fait généralement la transposition : *A leur requeste ne feurent aulcunement enclinez les fouaciers* (Rab., *Garg.*, ch. 25, t. I, p. 97) ; *A ceste destinée ne pouons nous contreuenir* (Id.. l. III. ch. 51, t. II , p. 239) ; *De la peau seront faictz les beaux marroquins* (Id., l. IV, ch. 6, t. II, p. 291).

1. J'accompagne de quelques exemples mon exposé. On en trouvera d'autres dans Huguet, *o. c.*, 398 et suiv.

2. On trouve même cette construction dans les propositions subordonnées : *Venez et tesmoignez combien de fois le iour Ay je troublé vos bois* (Rons., *Po. ch.*, éd. Becq de Fouq., 65).

Mais cette construction n'a plus rien d'obligatoire. A preuve dans la même page de L'Estoile (*Journal de Henri III*, 36) : *le jeudi 3 juing les lettres de la regence de la roine furent publiees*[1] ; *le vendredi 4 furent depeschés ...trois signalés gentilshommes.*

L'inversion du sujet nominal peut être considérée aussi comme ne suffisant plus à marquer l'interrogation. On la trouve sans doute : *Ne viendra point le temps que dessous les rameaux?* (Rons., *Po. ch.*, Becq de Fouq., 61) ; *n'ont pas lęs armes durãt nostre gouuęrnemẽt cedé au cõseil?* (Meigret, *Off. de Cic.*, p. 54). Mais elle se fait rare dans la prose, et disparaît vers la fin du siècle.

Le sujet postposé au verbe, et précédant le régime, est commun pendant la première partie du siècle, mais beaucoup plus rare à la fin : *pas ne coupa sa lance le sifflet* (Amyot, *Œuv. mor.*, 416 v°, G)

On peut considérer comme disparaissant également dans la seconde moitié du XVIe siècle la construction : verbe, attribut, sujet. La langue parlée éprouve désormais de l'aversion pour de telles tournures. Celles qui subsistent proviennent de la transposition du sujet après un adverbe : *souvent sont differens les fardeaux de l'homme et de la femme* (Marg. de Nav., *Heptam.*, II, 172, Hug., *Rabel.*, 406). Nous avons parlé plus haut de ce cas.

On trouve également de moins en moins, à mesure qu'on avance, l'attribut après le sujet, mais avant le verbe, comme ici : *qu'estes tant rogues de uenuz* (Rab., *Garg.*, ch. 25, t. I, 98) ; *... le dict Archeduc, qui ieune estoit* (Dolet, *Gestes de Fr. de V.*, 37) ; *Pouuoir morte estre laissee* (St-Gel., I, 130).

PLACE DU RÉGIME DIRECT. — On peut considérer aussi comme sortant enfin de l'usage les vieilles constructions, encore très usuelles au XVe siècle :

1° régime, verbe. *Le temps qui toutes choses ronge et diminue* (Rab., *Garg.*, ch. 50, t. I, p. 184) ; *Toutes choses prenoit en bonne partie* (Id., l. III, ch. 2, t. II, p. 21) ; *Ceste hayne dissimulerent* (N. du Fail, *Prop. rust.*, II, 77) ; *Ceste charge accepta moult voluntiers Phiton* (Seyssel, *Succ. Alex.*, 12 r°).

2° régime, sujet, verbe : *Ceste exemption ils appellerent Noblesse* (N. du Fail, *Prop. rust.*, I, 5) ; *Pource qu'un moindre mal un pire mal n'esteint* (d'Aub., *Trag.*, p. 57, éd. Lalanne).

PLACE DU RÉGIME INDIRECT. — Les constructions des régimes indirects et circonstanciels sont toujours restées, même en langue moderne, relativement libres. Celle qui consiste à commencer la

1. Cf. : *En ce temps, le Roy... assembla son conseil* (L'Est., *Journ. de H. III*, 293, 1) ; *la veille de la St-Iean, le feu fust mis en Greve* (Id., *ib.*, 33, 1).

phrase par le régime indirect, bien que moins fréquente qu'au xve siècle, n'est pas encore rare au xvie. *Car à toi rien ne peut estre celé* (Rab., *Garg.*, ch. 28, t. I, 110) : *Car de leur labeur je suis entretenu* (Id., *ib.*, p. 111) ; *Or est il besoing que par tel discours nous venions à quelque but* (Des Per., *Œuv.*, I, 39) ...*et a ceux du conseil d'estat et priué... fit prendre de grandes robbes de veloux violet* (L'Est., *Journ. H. III*, 180-1) ; *Un des Protecoles lui respond qu'a deux choses on conoissoit la vehemence de ses tourmens* (d'Aub., II, 271, R. et Causs.).

On peut dire aussi que les compléments déterminatifs commencent à suivre les termes déterminés, malgré une foule d'exemples contraires, dont on trouve les analogues jusque dans la poésie d'aujourd'hui. Malherbe blâmera déjà des phrases telles que celles-ci : *la ou des autres liquides les parties qui sont dures* (Amyot, *Œuv. mor.*, 415 r°, B).

Place de l'adjectif. — L'adjectif commence à n'être plus indifféremment placé devant ou derrière le nom. Les grammairiens cherchent la règle — sans la trouver d'ailleurs — ; ils s'accordent cependant à peu près à fixer les adjectifs monosyllabiques devant le nom [1], et à rejeter tous les participes derrière [2].

On trouve encore le nom placé entre deux adjectifs : *cela se doit faire par bonne vie et irréprehensible* (Calvin, *Excuse*, 8); *se relascher a cette molle et basse façon, et populaire, de dire* (Mont., l. II, ch. 17, t. IV, p. 220); *i'accepte de bon cœur et reconnaissant* (Id., l. I, ch. 13, t. VII, p. 88, note 1). *C'est a bon droit que i'ose reciter Le nompareil triomphe et magnifique Que...* (Forcad., p. 40); *tres habille, et vaillant gentilhomme et ingenieux* (Brant., *G. Cap.*, V, 131). Rien ne donne à la phrase du xvie siècle un aspect plus négligé. On dirait qu'on lui a ajouté quelque chose après coup. Le plus souvent il n'en est rien.

1. Je signalerai une curieuse distinction administrative. En 1533, le 4 octobre, François Ier fait une déclaration sur le sens de *bois mort* et *mort bois* (Fontanon, II, 276) : « par ces mots : *bois mort*, il s'entendra et sera signifié bois sec, en estant ou gisant, Et par ces mots, *mort bois*, sera entendu et signifié bois de saux, mort-saux, espinne, puinne, seur, aune, genest et genesvre et non autre.

2. Rabelais s'amusait à mettre non pas un adjectif, mais toute une suite d'adjectifs devant : *couuroit vn gros, gras, grand, gris, ioly, petit, moisy liuret* (*Garg.*, ch. 1, t. I, 11); cf. Lar., *Jal.*, a. iv, sc. vi, *A. th. fr.*, VI, 69 : *une horrible, cruelle et diabolique vengeance*, etc.

Ce qui est plus curieux, c'est de trouver préposé à son substantif l'adjectif qui doit ensuite être complété : a *vos ardentes et trop gracieuses requestes pour estre refusées* (St-Gel., III, 180).

Place de l'adverbe. — L'adverbe suivra le même mouvement que l'adjectif. Mais, comme l'adjectif, on le trouve très souvent encore avant le verbe qu'il qualifie : *Moyse... aigrement punissoit les mutins* (Rab., *Garg.*, ch. 50, t. I, p. 85) ; *Mais cecy guere ne leur dura* (N. du Fail, *Prop. rust.*, II, 77) ; *qui volontiers accepta ladite regence* (L'Est., *Journ. H. III*, 35, 2) ; *attirer les hommes a volontairement luy obeir* (Amyot, *Vies*, *Lyc.*, 50, G) ; *pour a l'aise du ventre et religieusement philosopher* (N. du Fail, *Eutr.*, II, 88). Ces constructions ne disparaîtront que bien plus tard seulement.

L'adverbe de quantité qui modifie un adjectif est souvent derrière lui : *l'ardeur est plus grande beaucoup* (Corroz., *Hecat.*, Haine, p. 14) ; *auoir l'esprit grand assez* (L. Lab., 4, Blanch.) ; *il y ayt des iuges assez* (Mont., l. I, ch. 56, t. II, p. 295). Comparez derrière d'autres mots : *Souvenir assez vous peut de la mansuetude* (Rab., *Garg.*, ch. 50, t. I, p. 183) ; *La terre offre a vos sens dequoi le vray sentir Pour vous convaincre assez, sinon vous convertir* (D'Aub., *Trag.*, VII, éd. Read, p. 181)[1].

On observe une construction analogue des adjectifs indéfinis. Ils sont souvent encore derrière le substantif : *sçauoir si embuche aulcune estoyt par la contree* (Rab., *Garg.*, ch. 26, t. I, p. 101) ; *Le Pape et les siens tous* (*Ch. hug.*, 129, avant 1555). Mais dans un passage de Montaigne, *en ce lieu mesme* est corrigé en = *en ce mesme lieu* (l. III, ch. 10, t. VI, p. 218). C'est le commencement d'une distinction de sens fondée sur l'ordre des mots, dont nous aurons à reparler au xviie siècle.

1. Dans certains cas, quand l'adverbe accompagne non plus un adjectif, mais un substantif, cet usage amène une modification dans l'emploi de l'article, ainsi au lieu de *beaucoup de mal*, on écrira : *pour me dresser du mal beaucoup* (Dolet, *II Enf.*, 45) ; c'est une forme de langage qui est restée usuelle en bien des contrées.

ADDITIONS

Ce volume étant cliché, il n'était possible d'y faire que des remaniements partiels. Il a donc semblé bon de réunir ici un certain nombre de corrections et d'additions importantes.

P. 24, l. 11 : En 1557, on imprima à Reims, avec les autres offices du diocèse, les offices des saints qui reposent dans l'église d'Avernay, et une traduction française en regard pour aider la dévotion des fidèles (*Recueil de documents sur l'histoire de Lorraine*, Nancy, 1862, p. 17).

Même endroit : En 1560, un prédicateur de Dijon, prieur des Carmes, semble avoir autorisé le chant des psaumes *en français*. Un jour que ce prédicateur se faisait attendre, les fidèles chantèrent à haute voix et « scandaleusement » des psaumes en français.

Le Prieur fut alors mandé et admonesté par Messieurs de la Chambre de Ville. Il promit « de se contenir, parce que ce sont nouvelletez indehues, scandaleuses et prohibées par les sainctz décretz et constitutions de notre mère saincte église, aussi par les royaulx et par les magistrats » (Ch. Muteau, *Les Écoles et Collèges en province*, Paris, 1882, p. 209).

P. 32, en conclusion du chapitre, ajouter : En 1555, François de Némond, Angoumois, prononce une « Oraison » imprimée à Poitiers par les Marnefs et Bouchets frères (1555), réimprimée dans le *Bulletin et Mémoires de la Société archéologique et historique de la Charente* (1875, p. 389 et suiv.), sur la nécessité d'introduire le français dans les ouvrages de droit « aussi bien que ceux des autres sciences », et pour sa part il s'engage à traduire le droit romain. Cf. du Vair, *Eloq. fr.*, éd. Radouant, p. 89, n. 1. L'auteur cite cette Oraison de F. de Némond ; il y ajoute des passages de Louis le Caron et Germain Forget (*Les paraphrases sur les loix des républiques anciennes*, 1577, in-8°). Le texte extrait de ce dernier est une réponse à ceux qui craignaient que la connaissance du droit ne se vulgarisât. M. Radouant, p. 91, n. 4, de son excellente étude, a indiqué quelques survivances du latin dans les tribunaux.

Parmi les ordonnances qui ont précédé et préparé celle de Villers-Cotterets (1539), on peut citer l'*ordonnance du 28 décembre 1490*, art. 101 : « Est ordonné que les dits et depositions des temoins qui seront oüis et examinez d'oresnavant és Cours et en tout le païs de Languedoc, soit par forme d'enqueste ou information et prise sommaire, seront mis et redigez par écrit en langage François ou maternel, tel que lesdits temoins puissent entendre leurs depositions, et on les leur puisse lire et recenser en tel langage et forme qu'ils auront dit et deposé. Et ce pour obvier aux abus, fraudes et inconveniens qui se sont trouvez avoir esté faits en telles matieres » ;

L'*ordonnance de juin 1510*, art. 47 :

« Pour obvier aux abus et inconveniens qui sont par ci-devant advenus au moïen de ce que les juges desdits païs de droit escrit ont fait les procès criminels desdits païs en latin, et toutes enquestes pareillement, avons ordonné et ordonnons, afin que les temoins entendent leurs depositions, et les criminels les procés faits contr'eux, que doresnavant tous les procès criminels et lesdites enquestes, en quelque matiere que ce soit, seront faites en vulgaire et langage du païs où seront faits lesdits procés criminels et enquestes, autrement ne seront d'aucun effet ou valeur » ;

L'*ordonnance d'octobre 1535*, art. 57 :

« Pour obvier aux abus et inconveniens qui sont par cy-devant advenus au moyen de ce que les juges de nostre païs de Provence ont fait les procés criminels dudit païs en Latin, et toutes enquestes pareillement : Ordonnons afin que les temoins entendent leurs depositions, et les criminels les procés faits contr'eux, que d'oresnavant tous les procés criminels et lesdites enquestes, en quelque matiere que ce soit, seront faits en François, ou à tout le moins en vulgaire du païs où seront faits lesdits procés criminels et enquestes : autrement ne seront d'aucun effet et valeur. »

(Voir : P. Guénois, *La grande Conférence des Ordonnances et Edits royaux, distribuée en XII livres*, éd. de 1678, 3 vol. in-fol., Paris, t. I, p. 589-590.)

Sur les *débuts de l'enseignement français « moderne et technique »*, noter le fait suivant : Ce 9 février 1581, Odinet Gondran, président et garde des sceaux du Parlement de Bourgogne, signa un testament olographe faisant don par indivis au Conseil de ville de Dijon et au Collège des Jésuites situé à l'Hôtel de Langres, à Paris, de tous ses biens, pour la fondation, bâtisse et entretien d'un collège de l'ordre des Jésuites, où s'enseigneraient les lettres grecques et latines.

Ce testament spécifiait notamment :

Que le recteur et les régents seraient de nationalité et de *langue françaises*; qu'on établirait, avec de bons appointements, un régent particulier pour enseigner à écrire *celles lettres françoises* et celles qu'on appelle italiennes..., que ce régent serait tenu, un jour de chaque semaine et aux petites fêtes non solennelles, de faire *en françois* une leçon sur l'agriculture, et d'expliquer les auteurs qui en ont traité le mieux *en notre langue* ou qui y auront été traduits.

Avant d'accepter le testament, les Jésuites présentèrent au Conseil de ville de Dijon, cohéritier avec eux, un mémoire très habile pour essayer de se soustraire à certaines clauses, notamment à celle qui exigeait que tous les maîtres fussent Français. Le Conseil de ville rejeta ces demandes, et le Parlement consulté exigea que le testament fût intégralement appliqué. Les Jésuites acceptèrent donc les conditions et les biens du donateur, et se hâtèrent d'ouvrir un collège qu'on nomma *Collège des Godrans* (la rue se nomme encore *rue des Godrans*). Plus tard, ce collège fut transféré rue du Petit-Potet, et Bossuet y fit ses premières études.

Mais les Jésuites tardèrent à désigner le régent qui devait enseigner à lire, à écrire aux enfants pauvres et à faire des lectures d'agriculture en français, si bien qu'au bout d'un an, mis en demeure d'exécuter la clause du testament, ils répondirent que, malgré toute leur diligence, ils n'avaient pu trouver personne qui acceptât cette charge.

Sur nouveau réquisitoire du procureur général, intervint, le 14 août 1582, un arrêt par lequel il était provisoirement ordonné que les Jésuites seraient tenus, au lieu de ces leçons d'arithmétique et d'agriculture, d'avoir un régent suffisant et capable pour enseigner la philosophie et faire un cours aux arts (Ch. Muteau, *Les Écoles et Collèges en province*, p. 257 et suivantes).

P. 163 et 220 : Ce serait un sujet de fécondes recherches que la formation des langues techniques. Certains auteurs du temps, particulièrement en sciences naturelles et en médecine, se sont préoccupés de leurs « dictions », les ont cataloguées ou expliquées. Au premier rang il faut citer : Charles Estienne, qui, dans un recueil latin des termes d'histoire naturelle, a fait une place au français [1]. Ce Charles Estienne appartenait par ses goûts, comme par ses origines, à la famille des célèbres philologues. Ses divers travaux fourmillent d'indications sur les mots [2].

Pour la médecine, le livre le plus important est un traité de Manard, écrit en italien et intitulé : *Traicté familier des noms Grecz, Latins et Arabicques ou vulgaires, avec les definitions de toutes les maladies qui surviennent superficiellement au corps humain, tres utile à tous medecins et chyrurgiens, extraict du septiesme livre des epistres de maistre Jehan Manard, medecin tres excellent du duc de Ferrare, traduict de Latin en François* [3]. On peut citer aussi l'*Index* de Paracelse, établi par Fischart [4]. Une *Interprétation des langues*, de Guy de Chauliac, a été

1. *De latinis et graecis nominibus arborum fruticum, herbarum, piscium... cum Gallica eorum nominum appellatione*, Lutetiae, 1545, Rob. Estienne. Les divers livres sont suivis d'index des mots où latin et français se mélangent. Cf. du même le *De re hortensi libellus* (1545).

2. Voir : *La dissection des parties du corps humain*, Paris, Simon de Colines, 1546. Le livre est précédé d'un répertoire où on relève que, ce que Galien appelle *acrochère* (359, 4) « a esté appelée du grecz *ancyroides*, ou *coracoides* » (v. bec de corbin); *amphibilistroide*, c'est à dire *retiforme* (328, 44), « appelée du grecz *anevrisme* (146, 29), *artere trachee* », et ainsi de suite.

3. A Paris, Jean Langlois, imprimeur, 1552. Privilège du 7 juillet. Ce livre, fort rare sous sa forme française, se trouve à la Bibliothèque Nationale et aussi à la Bibliothèque Sainte-Geneviève, sous la cote : 1463, T. 213.

4. *Onomastica II, I. Philosophicum medicum, synonymum ex variis vulgaribusque linguis.*

II. *Theophrasti Paracelsi, hoc est, earum vocum, quarum in scriptis ejus solet usus*

ajoutée à l'édition que Laurent Joubert avait donnée du vieux chirurgien, par son fils Isaac Joubert en 1578 [1].

On est tout étonné de trouver parmi les dictions barbares, c'est-à-dire du moyen âge : *conjonctive*, *metatarse*, *carnosité*. Le plus souvent l'auteur met en regard le grec et le latin qui vont déborder sur l'ancien fonds : *commissure* est un mot bien élégant pour dire *jointure ; cyst*, diction grecque pour *vessie* ; *bubon*, diction grecque, signifie le *phlegmon des glandes ; empyème*, en grec, *amas de pus ; loup*, *ulcère phagédénique ; sang mort* : le grec l'appelle *ecchymose* [2].

Le livre de Manard peut être considéré comme l'archétype du livre du Dr Brissaud sur les expressions vulgaires employées en médecine. Le tra-

esse, *explicatio*... (Avec Priv. imperial, Strasbourg, 1574.) Préface de Haguenau, 1574, signée Michel Toaites. Il y présente l'ouvrage de Fischart, qui lui-même ajoute une préface aux Lecteurs. L'auteur s'appuie sur l'exemple d'Amatus Lusitanus, d'André Matthiole, de J. Ruel, de Jean Linocier, d'Hadrien Junius.

C'est un véritable index polyglotte des termes employés en médecine : 1° De gemmis et metallicis ; 2° Sequuntur animalia quorum usus est in Officinis (p 51) ; 3° Sequuntur arbores et quae ex arboribus generantur.

Exemple : Astworm, Goldworm, Goldkäfer, Grünflige. Gal. Cantharide ; ital. cantarella verde ; hisp. cubillo, abadeio (suivent les noms savants : albariel, κάνθαρις, acharavich).

1. *La grande chirurgie de M. Guy de Chauliac*, medecin tres fameux de l'univ. de Montpelier, composee l'an de grace 1363, restituee par M. Laurent Joubert, medecin ordre du Roy et du Roy de Navarre, premier Docteur regent stipendié, Chancelier et Juge de ladite Université. Tournon, pour P. Frellon, m. libr. de Lyon, 1619. (Livre écrit en 1578.)

Interpretation des langues de M. Guy de Chauliac : « Ces langues sont dictions antiques desquelles on n'use guere plus. Je dis gueres : parce qu'il y en a bien qu'on a retenu depuis en ça. »

Les « langues » se divisent en quatre sections : dictions anatomiques, pathologiques, medicaments, instruments et operations chirurgicales.

Quoique fait à un autre point de vue, c'est un véritable répertoire des termes du métier. I. Joubert donne les « Barbares » (c'est à dire celles du moyen âge) et aussi les grecques, latines et françaises.

L'auteur n'a pas prétendu être complet. Il dit (p. 345) à la fin de l'explication des dictions pharmaceutiques : « Je laisse en arriere infinies autres dictions Grecques et Latines, qui n'ont besoin d'interprétation, pour estre des choses mieux cogneues sous tels mots anciens, que modernes. Je me contente d'expliquer principalement ceux qui sont moins usitez des practiciens d'aujourd'huy, lesquels se plaisent à l'elegance Latine, ayans esté nourris aux bonnes lettres. Cest advertissement doit servir aux quatre parties de ce traité : auquel je ne recherche que les dictions plus scabreuses qui peuvent donner peine au nouveau chirurgien. »

2. Cf. *cataracte* : les Barbares ont emprunté ce mot pour dire *la taye*, vulgairement dite *maille*.

Cepa muris, en françois l'*oignon du rat*, à cause qu'elle fait mourir les rats, est *scylla* en grec et en latin.

Lermel en arabic, c'est *paganon agrion* en grec, et *ruta sylvestris* en latin. Nous disons *ruë sauvage*.

Pigment ou *pument*, autrement dit des Barbares *claretum*, c'est du *cleré*, vin composé d'espice forte et du miel : qui est l'*hippocras* du menu peuple.

La *bistoire* n'est pas terme usité de Guy.

Cauteres, *cauteres potentiels*, lesquels sont medicamens caustiques, c'est à dire bruslans : autrement appelez *ruptoi* et *vesicatoires*.

Proba, disent les Barbares pour *esprouvette*, en latin *specillum*.

Spathula est diminutif du grec *spatha*, qui signifie *une espatule escumoire*.

Quand on met un *trepan* au *chaperon*, on l'appelle *abaptiste*, etc. (387).

ducteur estime que son travail sert « speciallement aux jeunes chyrurgiens qui ne sont exercitez en la langue Grecque ne Latine. Si est ce neanmoins que les autres qui sont promeuz ausdictes langues n'en reporteront peu de prouffit.

« Car ce n'est assez de scavoir les noms Grecz et Latins des maladies, mais fault aussi estre usité aux termes et noms vulgaires des chirurgiens modernes, si on veult aujourd'huy suyvre et converser en la practicque. Et n'aydera aussi moins les medecins nouveaux, qui ne sont encore fort exercitez aux noms frãçois et vulgaires de la commune practique, aux quels convient communicquer, nommeement en consultation, avec les chyrurgiens, s'ils se veulent accommoder à eulx, et mieulx entendre leurs communs termes [1]. »

Le Dr Dorveaux, dans de savantes recherches sur l'identification de plantes ou de substances diverses, a cité d'autres recueils, particulièrement les traductions de Fuchs, données par Guéroult et Maignan, la traduction de Dioscoride par Martin Mathée [2]. Darmesteter, dans la note citée p. 222, renvoyait à Fr. Thevenin, *Œuvres*, Paris, 1558, et au *Dictionnaire étymologique des mots grecs servant à la médecine, avec leur transcription en lettres Romaines, leur explication en François et quelques definitions tirées et traduites de celles de Me Degorris.*

Il y a d'autres recueils où on pourrait non glaner, mais faire tout de suite de belles gerbes : le livre des *Goutteux* de Collin, la *Pharmacopée* de Laurent Joubert, les œuvres de Lucas Tremblay, etc.

En dépouillant ces textes à la lumière des indications qu'ils donnent, on arriverait à un double résultat : on verrait se former la nomenclature savante, et, ce qui serait sans doute beaucoup plus précieux, on dresserait un catalogue des appellations populaires des simples, des substances et des maladies.

1. Voici quelques échantillons : p. 2 : Maladies du cuir de la teste : *porrigo*, gr. *pityra*, ou aut. *pyturiasis* d'Avicenne; *furfur* : qui vaut autant que en françois du son; *ficus* sont *eruptions ulcereuses*; *psydracia* sont *eminẽces superficieles*; grec : *phlyctenae* et *exanthemata* sont ulcerations de couleur rouges et aspres à la sommité de la peau.

P. 7, r° : *phisis*, qui vault autant que *tabes* en Latin, qui se peut dire en langage françois *flaitrissement d'œil* ; le vulgaire des chirurgiens : *cataracte*.

P. 10, r° : nostre vulgaire appelle *ordeolum orgueilleux*, voulants dire *ordeeux*.

P. 13, r° : *gargareon*, les barbares françois l'appellent *vulve*.

P. 15, r° : le *goitre* en vulgaire est appellé *bosse*.

P. 16, r° : De *multitudine erectionis* absque desiderio : c'est en françois, de *prou arrecer* sans appetit de besogner.

P. 17, r° : *hydrocele*, se dit vulgairement *hergne aqueuse*.

P. 19, v° : les *engelures*, *mugas*, sont appelées *mules*.

P. 21, v° : *sphacele*, c'est *feu Sainct Anthoyne*.

P. 27, v° : *verrucae*, du vulgaire françois *porreaux*, etc.

P. 35, v° : *icteros*, en françois proprement *jaunisse*.

P. 44, v° : *furunculum*, *feroncle* en françois.

2. Voir *La botanique dans les « Satyres chrestiennes de la cuisine Papale »* (Bullet. des Sc. pharmacologiques, déc. 1916).

BIBLIOGRAPHIE SUPPLÉMENTAIRE

I. — Etudes sur les œuvres.

Augé-Chiquet, *La vie, les idées et l'œuvre de Jean-Antoine de Baïf.* Paris, 1909, 8°.

Clair (M.), *Essai sur les particularités de la langue de Montaigne* (Revue de philol. franç., 1910, p. 51-60).

Hartmann (H.), *Guillaume des Autels* (1529-1581 ?), *ein französischer Dichter und Humanist*, I. *Biographisches.* Diss. Zürich, 1907, 8°.

Oulmont (Ch.), *Estienne Forcadel. Un juriste, historien et poète vers 1550.* Toulouse, Privat, 1907, 8°.

— *Pierre Gringore.* Paris, Champion, 1911, 8°.

Philipot (Em.), *Essai sur le style et la langue de Noël du Fail.* Paris, Champion, 1914, 8°.

Rabelais, *Œuvres*, éd. Lefranc, Boulenger, Clouzot, Dorveaux, Plattard, Sainéan. Paris, 1910 et suiv., 4°.

— *Quart Livre*, éd. Plattard. Paris, Champion, 1910, 8°.

Sébillet (Th.), *Art poétique françoys*, p. p. F. Gaiffe. Paris, Cornély, 1910 (*Soc. des textes français modernes*).

II. — Phonétique et orthographe.

Gassmann (Waldemar), *Die Vokalquantität des Französischen im 16. Jahrhundert.* Diss. Halle, 1906, 8°.

Hillmann (E.), *Geschichte der Accentsetzung im Französischen seit der Erfindung des Buchdrucks.* Diss. Halle, 1907, 8°.

Matzkes (John E.), *The history of ai and ei in French before the dental, labial and palatal nasals* (*Publications of the modern Language Association of America*, 21, 1906, 637-686).

Scherk (O.), *Ueber den Französischen Akzent.* Diss. Berlin, 1912, 8°.

Schinz (A.), *Les accents dans l'écriture française.* Paris, Champion, 1912, 8°.

III. — Lexicologie.

Curtis (F. J.), *A 16th century English-french phrase-book* (*Hollybands French Littelton*) (Festschrift zum 15 Neuphilologentage in Frankfurt a. M., 1912).

Picot (Émile), *Les Français italianisants au XVIe siècle*. Paris, Champion, 1906, 2 vol. 8°.

Vaganay (Hugues), *Le vocabulaire français du XVIe siècle et deux lexicographes flamands du même siècle. 2000 mots inconnus à Cotgrave* (Congrès international pour l'extension de la langue française). Paris, 1906, 8°.

— *Deux mille adverbes en ment de Rabelais à Montaigne* (Extrait de la *Revue des Études rabelaisiennes*, t. I et II). Paris, 1904, in-4°.

— *De Rabelais à Montaigne. Un millier de vocables en -en, -éen, -ien* (Revue du xvie siècle, V, compl., pp. 162-179).

— *Pour l'histoire du français moderne* (L'Université catholique, nouv. sér., t. LV-LVI). Lyon, 1907, 8°.

— *Les vocables en -eus, -eux dans la seconde moitié du XVIe s.* (Zeitschr. f. französische Sprache und Litteratur, t. 32). Chemnitz, 1908, 8°.

IV. — Formes et syntaxe

Daub (Hjalmar), *Die Entwicklung des französischen Infinitivausgangs* (Vok. oder Kons. +) *stimmloses s+er*. Diss. Kiel, 1907, 8°.

Day (Th.), *Beiträge zur Geschichte der Anrede im französischen zu Beginn der Neuzeit* (16. und 17. Jahrhundert). Diss. Heidelberg, 1911, 8°.

Henkel (K.), *Syntaktische Untersuchungen zu Guillaume Bouchets « Serées »*. Diss. Marburg, 1908, 8°.

Lorenz (H.), *Die Entwicklung des französischen Infinitivsausganges* (Vokal + palatales *l + er*). Diss. Kiel, 1906, 8°.

Manz (G.), *Das Verbum nach den französischen Grammatiken von 1500-1700 zusammengestellt*. Halle, Niemeyer, 1909, 8°.

Schäfer (C.), *Zur Syntax Claude Gauchets*. Diss. Giessen, 1908, 8°.

Schönfelder, *Die Wortstellung in den poetischen Werken Pierre de Ronsards*. Diss. Leipzig, 1906, 8°.

Spitzer (L.), *Die Wortbildung als stilistisches Mittel exemplifiziert an Rabelais* (29[en] Beiheft zur Zeitschrift für romanische Philologie). Halle. Niemeyer, 1910, 8°.

V. — Revues

On trouvera dans la *Revue des Études rabelaisiennes*, continuée par la *Revue du XVIe siècle*, des observations multiples sur la langue de l'époque, ainsi qu'une bibliographie périodique des travaux qui s'y rapportent.

TABLE DES MATIÈRES

LIVRE PREMIER
L'ÉMANCIPATION DU FRANÇAIS

CHAPITRE PREMIER
CONSIDÉRATIONS GÉNÉRALES.

CHAPITRE II
LES OBSTACLES

LA TRADITION LATINE DANS L'ÉCOLE.

LA TRADITION LATINE DANS L'ÉGLISE.

CHAPITRE III
INFLUENCE FAVORABLE DE LA ROYAUTÉ.

CHAPITRE IX

LE FRANÇAIS DANS LA LITTÉRATURE PROPREMENT DITE.

LIVRE DEUXIÈME

TENTATIVES DES SAVANTS POUR CULTIVER LA LANGUE

CHAPITRE PREMIER

ESSAIS DE SIMPLIFICATION ET D'UNIFICATION DE L'ORTHOGRAPHE

CHAPITRE II

EFFORTS POUR CONSTITUER UNE GRAMMAIRE.

LIVRE TROISIÈME

LE MOUVEMENT DE LA LANGUE

SECTION I. — LE VOCABULAIRE

CHAPITRE PREMIER

NÉCESSITÉ D'UN DÉVELOPPEMENT NOUVEAU DU VOCABULAIRE.

CHAPITRE II

DÉVELOPPEMENT DU FONDS FRANÇAIS.

I. — Mots dialectaux.

II. — Mots archaïques.

III. — Formation de mots nouveaux.

CHAPITRE III
EMPRUNTS AUX AUTRES LANGUES.

I. — Italianisme et hispanisme.

SECTION II. — PHONÉTIQUE

CHAPITRE PREMIER
GÉNÉRALITÉS.

CHAPITRE II
VOYELLES.

CHAPITRE III
LES DIPHTONGUES.

CHAPITRE V
PRONOMS.

Pronoms personnels.

Possessifs.

Démonstratifs.

Relatifs.

Interrogatifs.

Indéfinis.

CHAPITRE VI
VERBE.

I. — les désinences.

Progrès de la conjugaison inchoative

SECTION IV. — SYNTAXE.

CHAPITRE PREMIER
ARTICLE.

CHAPITRE II
SUBSTANTIF.

Pronoms et adjectifs démonstratifs.

Pronoms relatifs.

Pronoms indéfinis.

CHAPITRE VI
VERBE.

VOIX

Passif et actif.

INFINITIF.

GÉRONDIF ET PARTICIPE.

PARTICIPE PRÉSENT.

PARTICIPE ABSOLU.

ACCORD DU PARTICIPE PASSÉ.

CHAPITRE VII

NÉGATION.

CHAPITRE VIII

PRÉPOSITION.

CHAPITRE IX

ORDRE DES MOTS.

9377. — Coulommiers. — Imp. Paul Brodard. — 1-28.

2085. — Paris. — Imp. Hemmerlé, Petit et Cie. 6 1927.

www.ingramcontent.com/pod-product-compliance
Lightning Source LLC
Chambersburg PA
CBHW070350030726
47504CB00001B/133

9782329200699